Buch-Updates
Registrieren Sie dieses Buch auf unserer Verlagswebsite. Sie erhalten dann Buch-Updates und weitere, exklusive Informationen zum Thema.

Galileo
BUCH UPDATE

Und so geht's

> Einfach **www.galileocomputing.de** aufrufen

<<< Auf das Logo **Buch-Updates** klicken

> Unten genannten **Zugangscode** eingeben

Ihr persönlicher Zugang zu den Buch-Updates

102824100406

Helmut Vonhoegen

Einstieg in XML

Liebe Leserin, lieber Leser,

ich freue mich, dass Sie sich für ein Galileo Computing-Buch zum Thema »XML« entschieden haben. Sie halten ein Buch in Händen, das für technisch versierte Fachleute geschrieben wurde, die einen soliden, praxisnahen Einstieg in XML suchen. Es ist an der Zeit, sich mit dem Technologiebündel XML auseinanderzusetzen und seine Vorteile und Einsatzmöglichkeiten kennenzulernen.

Hier finden Sie alle wichtigen Themen rund um XML: den Aufbau eines XML-Dokuments mit seinen Elementen, die Definition eines Dokumentmodells mit DTD oder XML Schema, den Zugriff auf die einzelnen Teile des XML-Dokuments mit XPath, XPointer und XLink, die Umwandlung in andere Datentypen mit XSLT, die Formatierung mit CSS oder XSL und die Auswertung und Verarbeitung von XML-Dokumenten mit DOM und SAX. Die Einsatzmöglichkeiten von XML werden besonders deutlich in den Kapiteln zu Webdiensten und dem Einsatz von XML in Microsoft Office 2007.

Genau wie der Standard wird auch dieses Buch regelmäßig aktualisiert und um neuhinzugekommene Themen ergänzt. Das ist bereits die 4., vollständig aktualisierte Auflage. Neu darin sind Abschnitte zu Open XML, Open Document, XPath 2.0, XSLT 2.0 und XML in .NET 2.0.

Dieses Buch wurde sorgfältig lektoriert und produziert. Sollten Sie dennoch Fehler finden oder auch weitere Anregungen haben, zögern Sie nicht, sich mit uns in Verbindung zu setzen. Wir freuen uns, wenn Sie uns Ihre Meinung mitteilen.

Viel Spaß beim Lesen wünscht Ihnen

Judith Stevens-Lemoine
Lektorat Galileo Computing

judith.stevens@galileo-press.de
www.galileocomputing.de
Galileo Press · Rheinwerkallee 4 · 53227 Bonn

Auf einen Blick

Der Name Galileo Press geht auf den italienischen Mathematiker und Philosophen Galileo Galilei (1564–1642) zurück. Er gilt als Gründungsfigur der neuzeitlichen Wissenschaft und wurde berühmt als Verfechter des modernen, heliozentrischen Weltbilds. Legendär ist sein Ausspruch *Eppur se muove* (Und sie bewegt sich doch). Das Emblem von Galileo Press ist der Jupiter, umkreist von den vier Galileischen Monden. Galilei entdeckte die nach ihm benannten Monde 1610.

Gerne stehen wir Ihnen mit Rat und Tat zur Seite:
judith.stevens@galileo-press.de bei Fragen und Anmerkungen zum Inhalt des Buches
service@galileo-press.de für versandkostenfreie Bestellungen und Reklamationen
stefan.krumbiegel@galileo-press.de für Rezensions- und Schulungsexemplare

Lektorat Judith Stevens-Lemoine, Anne Scheibe
Korrektorat Hendrik Cremer, Hamburg
Cover Barbara Thoben, Köln
Titelbild Corbis
Typografie und Layout Vera Brauner
Herstellung Steffi Ehrentraut
Satz SatzPro, Krefeld
Druck und Bindung Koninklijke Wöhrmann, Zutphen, NL

Dieses Buch wurde gesetzt aus der Linotype Syntax Serif (9,25/13,25 pt) in FrameMaker.
Gedruckt wurde es auf fein holzhaltigem Naturpapier.

Bibliografische Information der Deutschen Bibliothek
Die Deutsche Bibliothek verzeichnet diese Publikation in der Deutschen Nationalbibliografie; detaillierte bibliografische Daten sind im Internet über http://dnb.ddb.de abrufbar.

ISBN 978-3-8362-1074-4

4., aktualisierte und erweiterte Auflage 2007

Inhalt

Vorwort

Werden die Technologien, die sich unter dem Namen XML gruppieren lassen, mit einem Gebäudekomplex verglichen, so hat es sich dabei einige Jahre lang eher um eine Baustelle gehandelt. Die Fundamente waren schon gelegt und zwei, drei erste Aufbauten bezugsfertig. Inzwischen aber sind die Hauptgebäude hochgezogen, der Kern des Komplexes steht und es geht in Zukunft nur noch um diese oder jene Anbauten. Allerdings wurden auch schon Stimmen laut, die bereits eine Grundrenovierung des Ganzen ins Gespräch gebracht haben. Dabei geht es darum, die im Zentrum von XML stehenden Spezifikationen, die ja zeitversetzt entstanden sind, besser aufeinander abzustimmen. Mit der Verabschiedung der Spezifikationen rund um XPath 2.0 und XSLT 2.0 im Januar 2007, die in dieser Auflage in einer Übersicht vorgestellt werden, hat dieser Prozess in gewissem Sinne bereits begonnen.

Einige Zeit war nicht so ganz sicher, ob sich XML tatsächlich in der IT-Industrie etablieren würde. Einige Szene-Päpste und -Evangelisten schrieben dicke Wälzer, um die Branche von den Vorzügen des Projekts zu überzeugen. Heute ist die Frage entschieden. Die aktuellen Office-Anwendungen, die ja zu den Programmen gehören, die in der Praxis am meisten genutzt werden, verwenden XML als Standarddatenformat, sei dies nun Open XML oder Open Document. Meistens geschieht in diesen Bereichen der Einsatz der XML-Technologie zwar im Hintergrund, aber für die Entwicklung von Anwendungen ergeben sich daraus ganz neue Möglichkeiten, mit Informationen umzugehen, sie zu verarbeiten, zu verwalten oder auszutauschen.

Das Buch richtet sich in erster Linie an alle, die mit XML und den damit verbundenen Sprachen und Werkzeugen arbeiten oder sie erlernen wollen, um damit entsprechende Anwendungen zu realisieren. Es gibt ihnen eine fundierte Basis für ihre Aktivitäten rund um XML. Die Darstellung wird dabei jeweils durch nachvollziehbare praktische Beispiele vertieft und erprobt.

Anstelle einer Batterie von oft weitschweifigen Büchern im XXL-Format zu den verschiedenen Teilstandards der Sprachfamilie XML bietet das Buch in konzentrierter Form das, was zur Entwicklung eigener XML-Lösungen benötigt wird. Ein bei Büchern über XML nicht leicht zu vermeidendes Handicap ist die Rasanz der Entwicklung in diesem Feld. Die wichtigsten Mitglieder der Sprachfamilie sind inzwischen akzeptierte Standards, andere sind aber noch in Bearbeitung.

Das Buch konzentriert sich im Wesentlichen auf die fertigen Standards, zumal mit der Verabschiedung der XML Schema-Empfehlung der Kern der XML-Welt wohl fixiert ist. Was nachkommt, wird darauf aufbauen.

Helmut Vonhoegen

www.helmut-vonhoegen.de

Vor Babel: »Alle Welt hatte nur eine Sprache und dieselben Laute.« (Genesis 11,1)

1 Einführung

Damit Sie gleich wissen, wovon in diesem Buch die Rede ist, wird zunächst ein kleines Beispiel durchgespielt. Die Daten aktueller Buchprojekte sollen in einer Liste zusammengestellt werden, um sie auf einer Seite im Web zu veröffentlichen.

1.1 Kleines Einstiegsprojekt zum Kennenlernen

Der übliche Weg zu einer solchen Liste wäre vielleicht eine Datentabelle, wie sie in einer Datenbankanwendung oder einem Kalkulationsprogramm realisiert werden kann. Sie würden sich einige Gedanken darüber machen, welche Feldnamen in der Kopfzeile dieser Tabelle auftauchen müssten, und später die einzelnen Datensätze unter dieser Kopfzeile eintragen.

1.1.1 Ein erstes XML-Dokument

Um das Problem mit den Mitteln von XML anzugehen, ist ein XML-Dokument erforderlich. Eine erste Lösung könnte in einer einfachen Variante so aussehen:

```
<?xml version="1.0" encoding="ISO-8859-1"?><buchprojekte>
  <projekt name="GoLive">
    <teilnehmer>
      <autor>Christian Fleischhauer</autor>
      <autor>Helmut Vonhoegen</autor>
    </teilnehmer>
    <verlagsbereich>Galileo Design</verlagsbereich>
  </projekt>
  <projekt name="Einstieg in XML">
    <teilnehmer>
      <autor>Helmut Vonhoegen</autor>
    </teilnehmer>
```

```
    <verlagsbereich>Galileo Computing</verlagsbereich>
  </projekt>
</buchprojekte>
```

Listing 1.1 projektdaten.xml

Es wird sofort sichtbar, was bei XML-Dokumenten anders ist: Während Sie bei jedem Tabellenfeld nur über die Feldbezeichnung in der Kopfzeile erfahren, welche Information in dem einzelnen Feld enthalten ist, bringt in dem XML-Dokument jede Informationseinheit das Etikett mit der Beschreibung der Information gleich mit.

1.1.2 Standardausgabe im Webbrowser

Wenn Sie einen aktuellen Webbrowser verwenden, bei dem ein spezieller Prozessor, ein Parser für XML-Dokumente integriert ist, lassen sich die XML-Daten darüber ansehen. Gut geeignet dafür ist etwa der Internet Explorer. Er gibt das kleine XML-Dokument, das direkt vom lokalen Laufwerk geöffnet werden kann, in folgender Weise aus:

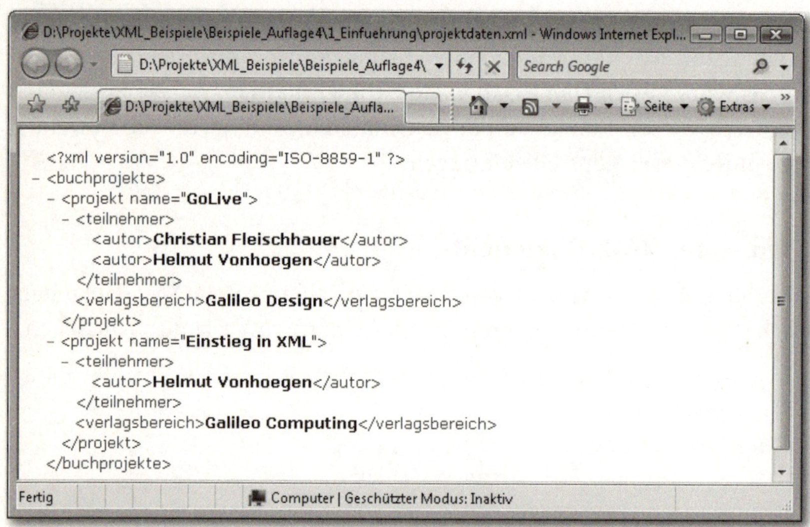

Abbildung 1.1 Wiedergabe einer XML-Datei im Internet Explorer

Der Internet Explorer verwendet zur Darstellung der Daten ein eingebautes Stylesheet. Die Darstellung entspricht ziemlich genau dem Quelltext, bis auf die vom Browser gewählte Hervorhebung der darin enthaltenen Textdaten und der teilweise vorgesetzten Minuszeichen.

Diese Minuszeichen sind Gliederungssymbole, mit deren Hilfe Sie Gruppen von Daten aus- oder einblenden können. Die folgende Abbildung zeigt zum Beispiel nur noch die Projektnamen.

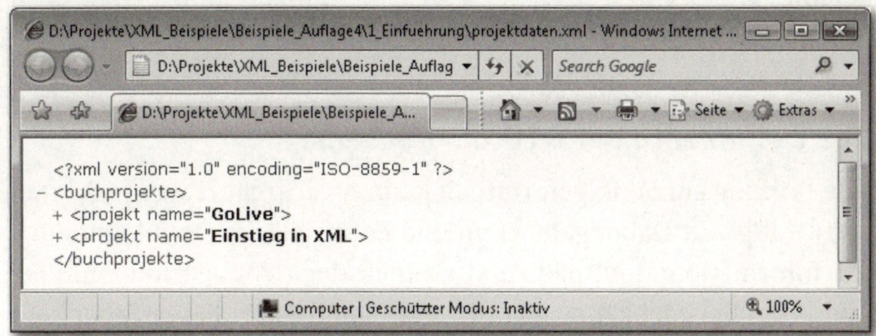

Abbildung 1.2 Reduzierte Wiedergabe derselben XML-Datei

Das erste auffällige Merkmal an einem XML-Dokument ist, dass zu jeder einzelnen Information, die darin enthalten ist, immer an Ort und Stelle eine Benennung dieser Information vorgenommen wird. Wenn XML als Datenformat gesehen wird, handelt es sich also um ein selbstbeschreibendes Format.

1.1.3 Wohlgeformtheit ist ein Muss

Der Internet Explorer wird ziemlich streng reagieren, wenn auch nur eine dieser Beschreibungen in den eckigen Klammern, die Tags genannt werden, vergessen wird oder sich ein Schreibfehler darin einschleicht.

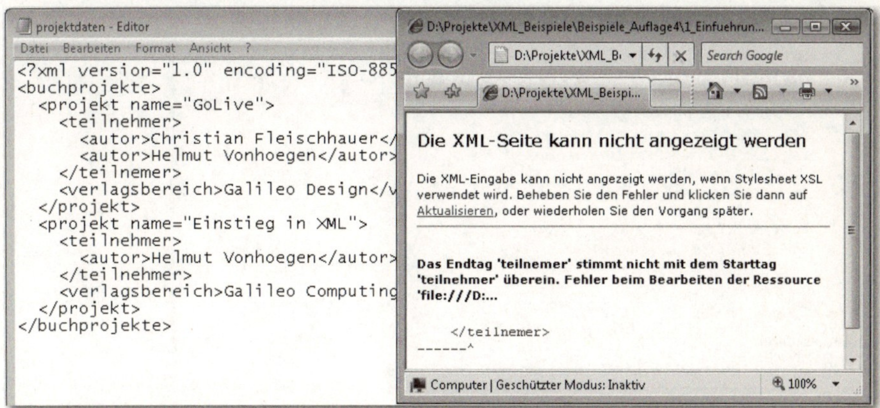

Abbildung 1.3 Reaktion des IE auf das fehlerhafte End-Tag zu <teilnehmer>

In diesem Fall erkennt der im Internet Explorer integrierte XML-Parser, dass das XML-Dokument einen Formfehler hat, nicht »wohlgeformt« ist, wie es im XML-

Jargon heißt, und bricht die Verarbeitung mit einer entsprechenden Fehlermeldung ab. Während der Internet Explorer bei einer HTML-Seite allerlei Ungenauigkeiten durchgehen lässt und die Seite trotzdem anzeigt, herrscht also bei XML ein strenges Regime, in der guten Absicht, Webanwendungen in der Zukunft in einen solideren Zustand zu befördern.

1.1.4 Gültige Dokumente per DTD oder Schema

Die bloß formale Prüfung auf Wohlgeformtheit kann noch ergänzt werden durch eine Prüfung auf Gültigkeit. Dabei geht es um die Frage, ob das Dokument auch alle geforderten Informationen enthält, und zwar in der richtigen Reihenfolge. Ein Projekt in unserem Beispiel kann zwar mehr als einen Autor haben, aber kein Projekt kommt ohne Autor aus. Um die Elemente und Attribute und ihre Reihenfolge für ein Dokument genau festzulegen, kann dem XML-Dokument ein entsprechendes Datenmodell zugeordnet werden, an dem seine Gültigkeit dann gemessen werden kann.

Mit dem Werkzeug, das wir im Verlauf dieses Buchs noch häufiger verwenden werden – XMLSpy – kann ein solches Datenmodell auch nachträglich aus einem schon vorliegenden XML-Dokument erzeugt werden. Dabei gibt es hauptsächlich zwei Möglichkeiten. Sie können eine DTD – eine Dokumenttyp-Definition – oder ein XML Schema erzeugen. Die Rolle dieser beiden Datenmodelle wird ausführlich in Kapitel 3, *Dokumenttypen und Validierung*, behandelt. Eine DTD für unser Beispiel sieht zum Beispiel so aus:

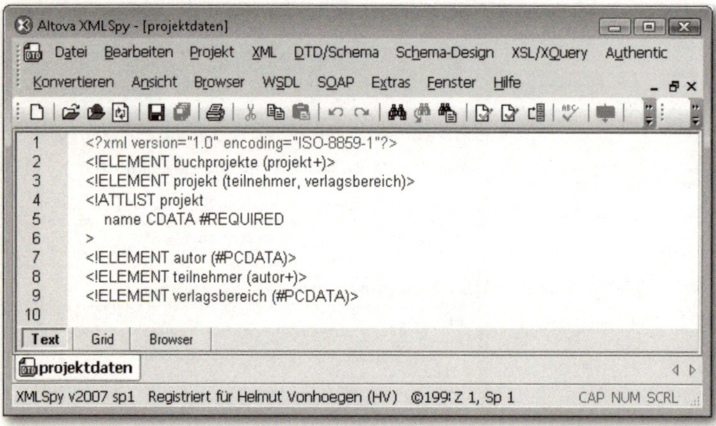

Abbildung 1.4 Eine DTD für die Projektdaten

Das gleiche Datenmodell in Form eines XML Schemas zeigt die nächste Abbildung.

XMLSpy gibt dieses Datenmodell grafisch in einer entsprechenden Baumstruktur aus. Der Modelldesigner kann sein Modell auch gleich in dieser grafischen Form entwerfen. Das erleichtert es, den Überblick über die Hierarchie der Informationseinheiten zu behalten, die er konstruiert.

```
<?xml version="1.0" encoding="ISO-8859-1"?>

<xs:schema xmlns:xs="http://www.w3.org/2001/XMLSchema" elementFormDefault="qualified">

  <xs:element name="buchprojekte">
    <xs:complexType>
      <xs:sequence>
        <xs:element name="projekt" type="projektType" maxOccurs="unbounded"/>
      </xs:sequence>
    </xs:complexType>
  </xs:element>

  <xs:complexType name="projektType">
    <xs:sequence>
      <xs:element name="teilnehmer" type="teilnehmerType"/>
      <xs:element ref="verlagsbereich"/>
    </xs:sequence>
    <xs:attribute name="name" type="xs:string" use="required"/>
  </xs:complexType>

  <xs:complexType name="teilnehmerType">
    <xs:sequence>
      <xs:element ref="autor" maxOccurs="unbounded"/>
    </xs:sequence>
  </xs:complexType>

  <xs:element name="autor" type="xs:string"/>
  <xs:element name="verlagsbereich" type="xs:string"/>

</xs:schema>
```

Text | Schema/WSDL | Authentic | Browser

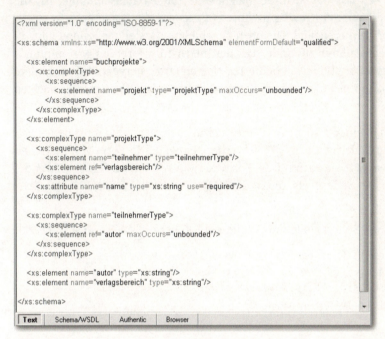

Abbildung 1.5 Das XML Schema, das der DTD entspricht

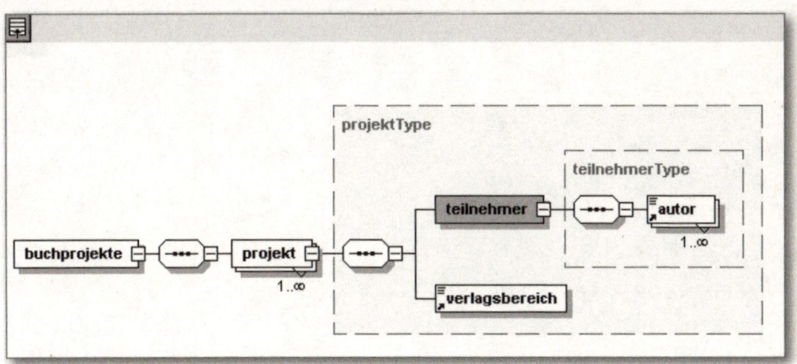

Abbildung 1.6 Das XML Schema als Diagramm in XMLSpy

Die Gültigkeit eines Dokuments kann in XMLSpy immer sofort geprüft werden, weil ein validierender Parser integriert ist. Der Internet Explorer ignoriert dagegen normalerweise die Frage der Gültigkeit, zeigt also auch ungültige Dokumente solange an, als sie wohlgeformt sind.

1.1.5 Formatierte Datenausgabe

Die Ausgabe von XML-Daten in der oben abgebildeten Form ist natürlich nur ein Provisorium. Der wesentliche Unterschied zwischen einer XML- und einer HTML-Datei ist, dass das XML-Dokument eine reine Datensammlung ist, die zunächst noch keinerlei Hinweis darüber enthält, wie die Daten etwa in einem Browser zu präsentieren sind. Die oben abgebildete Darstellung kommt auch in dieser Form nur dadurch zustande, dass der Internet Explorer ein paar minimale Formatierungen vorgibt, etwa um die Tag-Namen farbig hervorzuheben. Andere Browser verhalten sich hier anders. Netscape 6 zum Beispiel gibt nur die nackten Textdaten aus.

Um die Daten in einer brauchbaren Form auszugeben, kann und muss dem XML-Dokument ein Stylesheet beigegeben werden, entweder in Form von einfachen CSS-Stylesheets, wie sie auch für die Formatierung von HTML-Seiten verwendet werden, oder mit Stylesheets, die in der XML-Sprache XSLT oder XSL geschrieben sind.

Ein solches XSLT-Stylesheet könnte in diesem Fall beispielsweise so aussehen:

```
<?xml version="1.0" encoding="ISO-8859-1"?>
<xsl:stylesheet version="1.0" xmlns:xsl="http://www.w3.org/1999/XSL/
Transform" xmlns:fo="http://www.w3.org/1999/XSL/Format">
  <xsl:template match="/">
    <html>
      <head>
      <title>Buchprojekte</title>
      </head>
      <xsl:apply-templates select="buchprojekte"/>
    </html>
  </xsl:template>

  <xsl:template match="buchprojekte">
    <body>
       <h1>Aktuelle Buchprojekte:</h1>
       <xsl:apply-templates select="projekt"/>
    </body>
  </xsl:template>

  <xsl:template match="projekt">
    <h3><xsl:value-of select="@name"></xsl:value-of></h3>
    <p>Autor(en):  <xsl:apply-templates select="teilnehmer"/></p>
    <p>Verlagsbereich: <xsl:value-of select="verlagsbereich">
    </xsl:value-of></p>
  </xsl:template>
```

```
  <xsl:template match="teilnehmer">
    <xsl:for-each select="autor">
      <p><xsl:value-of select="autor"></xsl:value-of></p>
      <xsl:apply-templates />
    </xsl:for-each>
  </xsl:template>

</xsl:stylesheet>
```

Listing 1.2 projektdaten.xsl

Wird das XML-Dokument mit einer entsprechenden Anweisung mit dem Stylesheet verknüpft, zeigt der Internet Explorer beim Öffnen des XML-Dokuments folgendes Ergebnis:

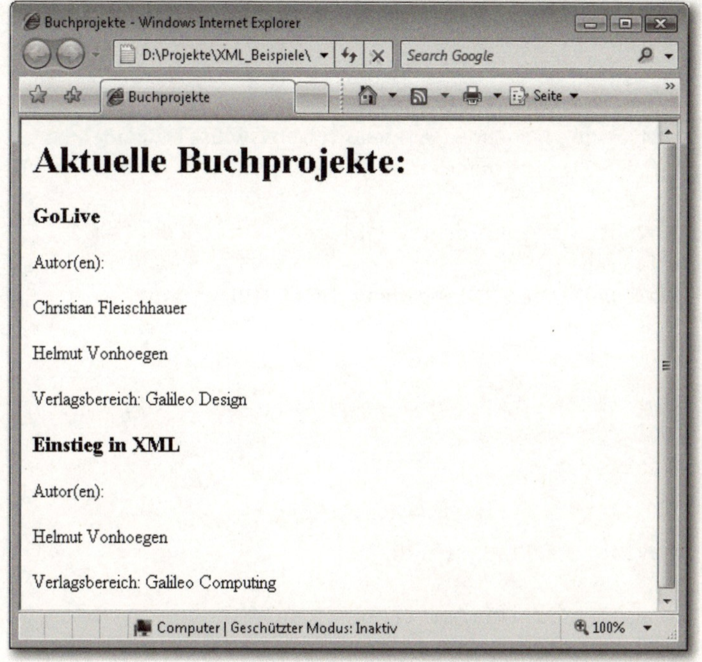

Abbildung 1.7 Die formatierte Ausgabe der Projektdaten im Internet Explorer

1.1.6 Datenausgabe durch ein Skript

Anstelle der Anzeige von XML-Daten durch ein Stylesheet kann die Ausgabe auch über ein JavaScript oder eine andere Programmiersprache gesteuert werden. Das ist vor allem dann sinnvoll, wenn gezielt auf bestimmte Informationen aus einem XML-Dokument zugegriffen werden soll. Wir stellen hier ein kleines Beispiel vor, bei dem ein JavaScript in eine HTML-Seite eingefügt ist, um auf Knopfdruck eine bestimmte Datenauswahl anzuzeigen. Dabei wertet das Skript die XML-Datei nicht direkt aus, sondern vermittelt über ein Baum-Modell, das der XML-Prozessor, der im Internet Browser integriert ist, aus den XML-Daten zusammenbaut. Mit Hilfe dieses Modells stehen dann bestimmte Schnittstellen zur Verfügung, um auf einzelne Elemente oder Attributwerte des XML-Dokuments zuzugreifen.

```
<HTML>
  <HEAD>
    <TITLE>
      Anzeige von Werten aus einem XML-Dokument
    </TITLE>
    <XML ID="projektliste" SRC="projektdaten.xml"></XML>
      <SCRIPT LANGUAGE="JavaScript">
        function datenausgeben()
          {
            doku= projektliste.XMLDocument;
            Nodelist = doku.documentElement.childNodes.length
              for ( i = 0; i < Nodelist; i++)
                {
                bpknoten = doku.documentElement.childNodes(i).
attributes(0).nodeValue;
                meldung.innerHTML=meldung.innerHTML + "<p>"
+ bpknoten;
                }
            }
        </SCRIPT>
  </HEAD>
  <BODY>
    <H2>
        Liste der aktuellen Projekte:
    </H2>
      <INPUT TYPE="BUTTON" VALUE="Liste anzeigen"
          ONCLICK="datenausgeben()">
       <DIV ID="meldung"></DIV>
  </BODY>
</HTML>
```

Diese Webseite bietet im Internet Explorer eine Schaltfläche an, um die Liste der Projekte bei Bedarf direkt auf der Seite auszugeben.

Das Skript benutzt das Objekt-Modell des XML-Dokuments, wie es vom W3C in seiner Document Object Model (DOM) Specification festgelegt worden ist. Gemäß diesem Modell wird das kleine XML-Dokument als ein Baum von Objekten behandelt. Um Daten aus der Datei auszulesen, wird der Baum von der Wurzel aus mit Hilfe von Eigenschaften der Knoten wie **childNodes(i)**, **lastChild**, **nextSibling** etc. bestiegen, um dann beispielsweise den Inhalt eines Elementknotens oder, wie in diesem Fall, mit **attributes(0).nodeValue** den Wert eines Attributknotens abzufragen. Die Nutzung der Schnittstellen des DOM-Modells durch Programme und Skripte wird in Kapitel 9, *Programmierschnittstellen für XML*, vorgestellt.

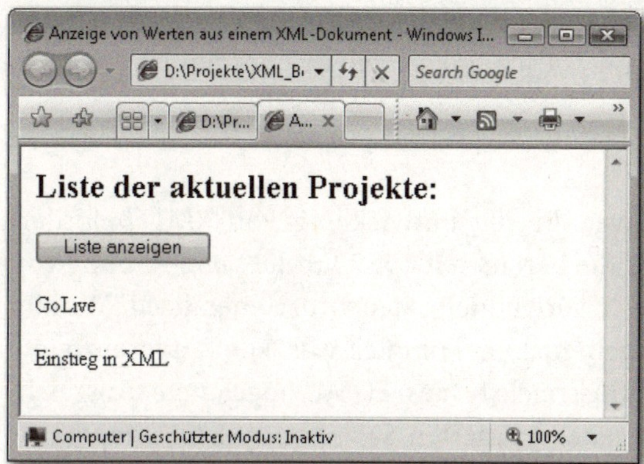

Abbildung 1.8 Die Webseite mit dem Skriptzugriff auf die XML-Daten

In diesem Fall bleibt das XML-Dokument in einer externen Datei, auf die über das Skript zugegriffen wird. Es ist aber auch möglich, das komplette XML-Dokument als Dateninsel in eine HTML-Seite einzubetten. Mehr dazu in Abschnitt 6.15.

1.2 XML – universale Metasprache und Datenaustauschformat

Der globale Erfolg des Internets wäre ohne offene Standards wie TCP/IP, HTTP und HTML nicht möglich gewesen. Derselben Philosophie ist XML verpflichtet, häufig auch als »lingua franca« bezeichnet, in Anlehnung an die von den venezianischen Kaufleuten im Mittelmeerraum verwendete Verkehrssprache, einem mit arabischen Elementen vermischten Italienisch.

1.2.1 Unabhängigkeit von Anwendungen und Plattformen

Während die angesprochene Gruppe von offenen Standards dafür gesorgt hat, dass die Kommunikation zwischen Computern und die Präsentation von Daten weltweit möglich wurde, fehlte zunächst ein Standard, mit dessen Hilfe die Inhalte so strukturiert und beschrieben werden konnten, dass sie unabhängig von Anwendung und Plattform austauschbar sind und damit auch jederzeit wiederverwendet werden können.

Diesen Standard zu liefern, ist das Ziel der XML-Sprachfamilie, deren weltweite Geltung vom Word-Wide-Web-Konsortium – W3C – gewährleistet wird, das auch für die meisten anderen Standards verantwortlich ist, die den globalen Erfolg des Web möglich gemacht haben. Die Hoffungen, die mit XML verknüpft sind, gehen im Kern dahin, den Austausch von Informationen in ähnlicher Weise von Grenzen und Hindernissen zu befreien, wie der weltweite Handel durch den Abbau von Grenzbefestigungen und Zollschranken freier geworden ist.

1.2.2 SGML → HTML → XML

Es sind hauptsächlich zwei Motive, die die Entwicklung von XML befördert haben. Zum einen ergab sich, dass die bereits seit 1969 für die Beschreibung von Dokumentstrukturen hauptsächlich verwendete Standard Generalized Markup Language (SGML) für den Alltagsgebrauch zu komplex war, zum anderen zeigte sich, dass HTML, die bisher einflussreichste aus SGML abgeleitete Auszeichnungssprache, aufgrund des weitgehend fixierten Satzes von Elementtypen für die weitere Entwicklung des Web zu inflexibel ist.

Zwar wurden häufiger neue HTML-Tags erfunden, aber diese Entwicklungen untergruben teilweise den Standard und führten für Entwickler und Webbesucher zu unangenehmen Browserinkompatibilitäten. Im Unterschied zu HTML gibt es bei XML keine festgelegte Liste von Tags. Der Entwickler kann seine eigenen Tags für die Strukturierung seiner Daten erfinden oder er kann sich auf öffentlich verfügbare Vokabulare stützen, die für immer mehr Gegenstandsbereiche entwickelt werden.

Außerdem hat HTML den Nachteil, dass in vielen Fällen bei der Übersetzung von Dokumenten und Datenbeständen in der Darstellung von Webseiten Informationsgehalt verloren geht. Nehmen Sie den Fall, dass Daten aus einer Datenbanktabelle einfach in eine HTML-Tabelle übernommen werden. Zwar sieht die abgebildete Tabelle in etwa so aus, wie die entsprechende Tabelle im Fenster eines Datenbankprogramms. Während aber der Name eines Felds in der Datenbank Ihnen den Zugriff auf die Daten der entsprechenden Spalte ermöglicht, ist der entsprechende Name im Kopf der HTML-Tabelle nur ein einfacher Text.

Aus diesem Grund sind Suchmaschinen im Web im Wesentlichen auf die Volltextsuche angewiesen, weil die Webseiten zu wenige Informationen über die von ihnen dargebotenen Informationen anbieten, wenn man einmal von den üblichen `<meta>`-Tags absieht. Dass XML hier einen intelligenteren Zugriff eröffnet, ist eine der starken Hoffnungen der Webentwickler.

1.2.3 Lob des Einfachen

Der Kern von XML ist sehr einfach, und das ist sicher einer der Hauptgründe für die ansteckende Wirkung. Das Baby findet in der E-Welt keine natürlichen Feinde.

XML definiert eine Syntax, um strukturierte Datenbestände jeder Art mit einfachen, verständlichen Auszeichnungen zu versehen, die zugleich von Anwendungen der unterschiedlichsten Art ausgewertet werden können. Diese Syntax ist einfach und zugleich streng. Der Anwender kann sich so seine eigenen Vokabulare zur Beschreibung der Dinge, mit denen er zu tun hat, aufbauen oder auf Vokabulare zurückgreifen, wie sie beispielsweise von Zusammenschlüssen einer Branche oder E-Commerce-Konsortien angeboten werden.

Daten und Auszeichnungen werden einfach in Textform abgelegt. Damit steht zugleich ein Datenaustauschformat zur Verfügung, das universal eingesetzt werden kann. Im Prinzip reicht für die Erstellung eines XML-Dokuments ein einfacher Texteditor, inzwischen gibt es aber auch komfortable XML-Editoren und komplette Entwicklungsumgebungen, die dem Entwickler eine Menge Arbeit abnehmen können.

1.2.4 Inhaltsbeschreibungssprache

Die Extensible Markup Language ist keine Programmiersprache, da ihr Elemente für die Steuerung von Programmabläufen fehlen. Sie ist auch keine Seitenbeschreibungssprache wie etwa Postscript. Meist wird sie als Auszeichnungssprache bezeichnet, aber von einer einfachen Auszeichnungssprache wie HTML mit einer festgelegten Liste von Tags unterscheidet sie sich durch ihren generischen Charakter, also durch das X, durch die freie Erweiterbarkeit.

XML ist insofern eher eine Sprache zur Erzeugung von konkreten Auszeichnungssprachen, oder – etwas hoch gegriffen – eine Metasprache. Inhaltsbeschreibungssprache schlagen Rothfuss/Ried als passenderen Namen vor. Mit Hilfe von XML lassen sich bereichsspezifische Vokabulare festlegen, um die Elemente, aus denen sich Dokumente oder andere strukturierte Datenobjekte zusammensetzen, so zu beschreiben, dass Computer mit diesen Elementen umgehen können, als ob sie verstehen würden, was die den Elementen gegebenen Namen bedeuten.

Die große Stärke von XML ist dabei insbesondere, dass inhaltliche Strukturen in einer beliebigen Tiefe verschachtelt werden können, sodass auch hoch komplexe Hierarchien jeder Art repräsentiert werden können.

1.2.5 Trennung von Inhalt und Form

Mit Hilfe von XML ist es möglich, die Struktur, den Inhalt und die Darstellung eines Dokuments streng zu trennen und entsprechend dann auch unabhängig von einander zu be- und verarbeiten. Während die Tags in HTML in erster Linie festlegen, in welcher Form Inhalte in einem entsprechenden Medium ausgegeben werden sollen, wird mit XML versucht, die Bedeutung von Daten so festzuhalten, dass nicht nur Menschen, sondern auch Maschinen damit etwas anfangen können. Das erlaubt zum einen eine Prüfung der Gültigkeit von Dokumenten, ist zugleich aber auch die Basis für erweiterte Formen der Gestaltung und der Verknüpfung von Dokumenten.

Trotz des Einsatzes von Stylesheets ist eine klare Trennung von Inhalt und Form in HTML nicht möglich. Tags wie `<h1>`, `<h2>` etc. mischen inhaltliche Elemente – immer handelt es sich um Überschriften – unweigerlich mit Formatierungsanweisungen, auch wenn die Art der Formatierung variiert werden kann. Die Schwäche von HTML wird besonders bei Suchoperationen deutlich.

1.2.6 Vom Dokumentformat zum allgemeinen Datenformat

Zwar ist XML zunächst als eine »digitale Repräsentation von Dokumenten« entworfen worden, entsprechend ihrer Entstehung als Light-Version der schwer zugänglichen Metasprache SGML – der SGML-Standard wurde auf etwa 500 Seiten definiert, für XML waren nur 40 erforderlich –, inzwischen aber hat XML längst die Aufmerksamkeit von Datenbankexperten, B2B- oder E-Commerce-Entwicklern auf sich gezogen.

Die Zahl der Programme, die ihre Daten automatisch in XML ausgeben oder importieren können, nimmt in allen Softwarebereichen ständig zu. Gleichzeitig stehen zahlreiche Möglichkeiten zur Verfügung, XML-Dokumente anzuzeigen, auszuwerten und weiterzuverarbeiten.

Die Übersetzung von Datenbeständen in XML ergibt natürlich nur Sinn, wenn die dabei entstehenden XML-Dokumente von entsprechenden XML-Prozessoren, von Webbrowsern, Datenbanken, LDAP-Verzeichnisdiensten, von WAP-Handies oder PDAs auch ausgewertet und genutzt werden können. Dazu können die unterschiedlichsten Werkzeuge verwendet werden, angefangen bei einfachen JavaScripts bis hin zu komplexen Lösungen aus der Java-, COM- oder .NET-Welt.

1.2.7 Globale Sprache für den Datenaustausch

Es gibt kritische Kommentatoren, die XML als eine unglaublich weitschweifige Variante des altertümlichen CSV-Datenformats abkanzeln, während auf der Gegenseite die Inflation des Wortes »Revolution« vorangetrieben wird. Welche

Bedeutung XML für die zukünftigen Entwicklungen der Informationsverarbeitung haben wird, hängt aber nicht allein von den internen Eigenschaften des Produkts ab. Entscheidend ist insbesondere die Frage, ob XML und die daran hängende Sprachfamilie als globaler Standard für den Datenaustausch akzeptiert wird. Auch Esperanto ist von der Idee her nicht schlecht, aber die Entwicklung ist an dieser Idee vorbeigelaufen.

Zunehmend verwenden Anwendungen zudem XML als Vorzugsformat für alle Informationen, die die Anwendung selbst betreffen und steuern. Die folgende Abbildung zeigt ein typisches Beispiel, wie Anwendungseinstellungen in XML gespeichert werden. Adobes GoLive benutzt beispielsweise XML als Protokollformat für alle anwendungsspezifischen Einstellungen.

```
<?xml version="1.0" encoding="UTF-8"?>
<!DOCTYPE sitesettings SYSTEM "sitesettings.dtd">
<!--Adobe GoLive settings file-->
<sitesettings section="urlhandling" version="1.0">
  <attributes>
    <attribute name="autoaddmailto" value="yes"/>
    <attribute name="casesensitive" value="no"/>
    <attribute name="cgiparameters" value="?"/>
    <attribute name="encoding" value="system"/>
    <attribute name="honorcgiparameters" value="yes"/>
    <attribute name="linksabsolute" value="no"/>
    <attribute name="percenthhescaping" value="yes"/>
    <list name="urlfilter"/>
    <attribute name="useSiteSettings" value="yes"/>
    <attribute name="version" value="0"/>
  </attributes>
</sitesettings>
```

Abbildung 1.9 XML als Format für programminterne Einstellungen

Der neue Standard hat inzwischen eine umfassende Unterstützung durch die großen Anbieter wie IBM, Microsoft, Sun, Oracle etc. erreicht. Die führenden Office-Anwendungen benutzen XML inzwischen als Standardformat. Die Gefahr, dass der eine oder andere Anbieter mit eigenen Produkten den Markt zu besetzen versucht, scheint im Wesentlichen abgewendet. Die schnelle Verbreitung des XML Schema-Standards hat das Gewicht der XML-Technologie weiter befördert. Insofern kann im Prinzip von zukunftssicheren Investitionen gesprochen werden, wenn heute Energie in die Entwicklung von X-Lösungen gesteckt wird.

In jedem Fall hat XML die Art und Weise, wie Dokumente und Daten zwischen den unterschiedlichen Anwendungen, Systemen und Medien ausgetauscht werden, ganz entscheidend verbessert und mitgeholfen, die automatisierte Verarbeitung der immer schneller anwachsenden Informationsmassen zu befördern.

1.2.8 Interoperabilität

XML ist insbesondere der Titel für ein Bündel von Technologien, mit dem eine direkte Verknüpfung von Geschäftsprozessen, unabhängig von den jeweils verwendeten Anwendungen und Betriebssystemen, einfacher als bisher möglich geworden ist.

Dabei spielt das Konzept der Webdienste eine zentrale Rolle. Das von IBM, Microsoft und Ariba Ende 2000 in Gang gesetzte UDDI-Projekt – Universal Description, Discovery and Integration – ein weltweites Unternehmensnetz, in dem Firmen Webdienste sowohl registrieren lassen als auch suchen können, um Produkte und Dienstleistungen auszutauschen, basiert hauptsächlich auf XML und SOAP und deutet eine der Richtungen an, in die sich die Webwelt in den nächsten Jahren entwickeln wird. Davon wird in Kapitel 10, *Kommunikation zwischen Anwendungen*, noch die Rede sein.

1.3 Übersicht über die Sprachfamilie XML

Wenn über die Errungenschaften oder Verheißungen von XML gesprochen wird, ist in der Regel nicht bloß der XML-Standard selbst gemeint, sondern ein ganzes Bündel von Standards, die die Sprachfamilie XML bilden. Der Grad der Standardisierung ist bei den verschiedenen Familienmitgliedern noch etwas uneinheitlich, zudem kommen immer wieder Erweiterungen hinzu. Den schnellsten Zugang zum aktuellen Stand aller Standardisierungsprojekte des W3C finden Sie über die Adresse **www.w3.org/TR/#Recommendations**.

Hier zunächst ein kurzer Überblick mit Hinweisen auf den aktuellen Status.

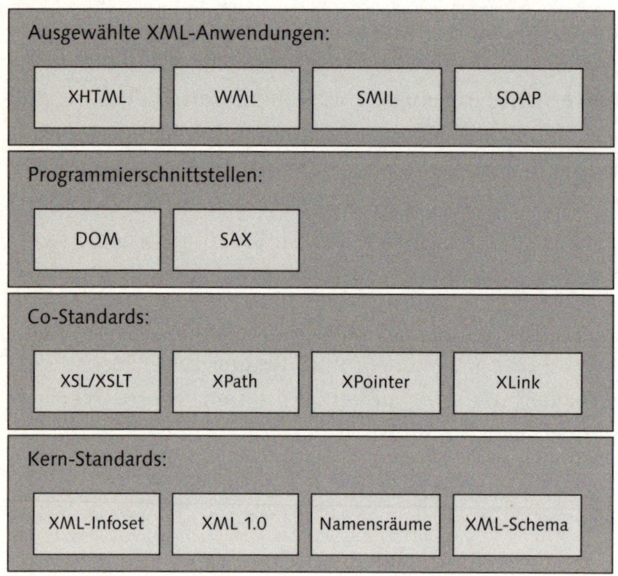

Abbildung 1.10 Überblick über die Sprachfamilie XML

1.3.1 Kernspezifikationen

Den Kern der Sprachfamilie bilden die **XML 1.0** Spezifikation (seit Februar 1998), ihre Erweiterung mit **XML Namespaces** (seit Januar 1999) und seit Mai 2001 die Sprache zur Definition von Inhaltsmodellen **XML Schema**. Die theoretische Basis dieser vom W3C verabschiedeten Empfehlungen, die direkt den Inhalt von XML-Dokumenten betreffen, wurde im Oktober 2001 noch einmal separat als **XML Information Set** – kurz **Infoset** – formuliert, um einen konsistenten Satz von Definitionen für alle Spezifikationen rund um XML zur Verfügung zu stellen.

Seit 1998 ist die XML-Spezifikation – abgesehen von einigen nachträglichen Fehlerkorrekturen – unverändert geblieben, was ihre Verbreitung durchaus gefördert hat. 2004 hat das W3C eine Version 1.1 verabschiedet, die der Weiterentwicklung von Unicode zu Version 4.0 und darüber hinaus entsprechen soll. Obwohl die Änderungen von Version 1.0 zu 1.1 insgesamt gering blieben, sind die entsprechenden XML-Dokumente nicht kompatibel. Eine XML 1.1-Datei ist für einen Version-1.0-Parser unter Umständen also nicht wohlgeformt. Praktisch folgt daraus, dass die Version 1.1 wohl über die nächsten Jahre in der täglichen Arbeit mit XML-Daten kaum eine Rolle spielen wird. Aus diesem Grunde wird in diesem Buch auch weiterhin von der Version 1.0 ausgegangen.

1.3.2 Ergänzende Spezifikationen

Die Extensible Stylesheet Language **XSL** ist für die Formatierung von XML-Dokumenten zuständig. Diese Aufgabe erwies sich als so umfangreich, dass XSL in drei Teile zerlegt wurde. Zunächst war es notwendig, eine Sprachregelung für die exakte Adressierung der einzelnen Einheiten in der Struktur eines XML-Dokuments zu schaffen. Dafür wurde im November 1999 ein Standard mit der **XML Path Language** – **XPath** – geschaffen. Eine neue Version – **XPath 2.0** – liegt seit Januar 2007 als Empfehlung vor. Als Erweiterung von XPath wurde gleichzeitig die Empfehlung für die Abfragesprache **XQuery 1.0** verabschiedet. Auf der Basis dieser Adressierungsregelung wurden ebenfalls im November 1999 die **XSL Transformations** – **XSLT** – standardisiert, eine Sprache für die Umwandlung eines XML-Dokuments in ein anderes XML-Dokument oder auch ein anderes Format. Ebenfalls im Januar 2007 wurde die Empfehlung für **XSLT 2.0** veröffentlicht.

Die Formatierung von XML-Dokumenten mit XSL findet praktisch in einem zweistufigen Verfahren statt, bei dem das Dokument mit Hilfe von XSLT inhaltlich für die vorgesehene Präsentation präpariert wird, um das so gewonnene Material schließlich mit den vorgesehenen Formatierungen auszugestalten. XSLT kann aber auch unabhängig von Formatierungsaufgaben zur Umwandlung von XML-Dokumenten aus einem XML-Vokabular in ein anderes und insbesondere zur Erzeugung von HTML-Seiten verwendet werden.

Das eigentliche Vokabular für die Spezifizierung von Formatierungsregeln durch XSL sind die **XSL Formatting Objects**, ein Vokabular, das alle möglichen Gestaltungsmerkmale einer Publikation abdecken soll. XSL insgesamt ist erst im Oktober 2001 als Empfehlung verabschiedet worden.

Dass auch Cascading StyleSheets für die Formatierung von XML-Dokumenten verwendet werden können, wurde in einer kurzen Empfehlung vom Juni 1999 geregelt.

XLink ist seit Juni 2001 als Empfehlung verabschiedet und regelt, wie Verknüpfungen zwischen Dokumenten realisiert werden können.

XPointer erweitert die Adressierungsmöglichkeiten von XPath über die Grenzen des einzelnen Dokuments hinaus. Seit März 2003 liegt die dreiteilige Empfehlung des W3C dazu vor.

1.3.3 Programmierschnittstellen

Als Schnittstelle für den Zugriff auf XML-Dokumente von anderen Anwendungen oder von Skripten aus hat das W3C eine mehrteilige Spezifikation für das **Document Object Model** – kurz **DOM** – bereits in der Version 2 verabschiedet.

Eine andere Programmierschnittstelle mit dem Namen **Simple API for XML** – kurz **SAX** – hat sich dagegen neben dem W3C als De-facto-Standard etabliert, entwickelt von einer Gruppe, die über die XML-DEV-Mailingliste kooperierte. Über **www.saxproject.org** kann die Spezifikation eingesehen werden.

Innerhalb des Microsoft .NET-Frameworks stehen außerdem Basisklassen für das Lesen und Schreiben von XML-Dokumenten zur Verfügung, die in Kapitel 9 ebenfalls kurz vorgestellt werden.

1.3.4 XML-Anwendungen

Die Bezeichnung XML-Anwendung wird für Auszeichnungssprachen verwendet, die mit Hilfe von XML definiert worden sind. Es handelt sich also um XML-Vokabulare oder Dokumenttypen, die für bestimmte Bereiche fixiert worden sind. In der Abbildung sind nur ein paar aktuell besonders wichtige aufgeführt: **XHTML**, die XML-kompatible Reformulierung von HTML 4.0, **Wireless Markup Language** – kurz **WML** –, die Sprache, in der die Inhalte von WAP-Angeboten für das Handy kodiert werden, Synchronized Multimedia Integration Language – kurz **SMIL** –, eine Sprache für interaktive Multimedia-Lösungen im Web, und **Simple Object Access Protocol** – kurz **SOAP** –, ein Vokabular für den Nachrichtenaustausch zwischen Anwendungen.

Während XHTML seit Mai 2001 und SMIL seit September 2001 als Empfehlungen vom W3C verabschiedet sind, wurde SOAP erst im Juni 2003 in vier Teilen vom W3C spezifiziert, basierend auf einem Vorschlag zu SOAP von einigen Firmen, der zunächst nur als Note des W3C veröffentlicht worden war. WML dagegen ist vom WAP-Forum definiert worden, einem Zusammenschluss, der ursprünglich von Ericsson, Motorola, Nokia und Unwired PlanerWML gegründet worden ist. Details finden Sie unter **www.wapforum.org/**.

1.4 XML-Editoren und Entwicklungsumgebungen

Aufgrund des Textformats lassen sich XML-Dokumente, DTDs und Schemas oder XSL- und XSLT-Dateien im Prinzip mit jedem Texteditor erstellen und bearbeiten. Das verspricht allerdings eine Menge < und > und wieder </ und >. Und der Name in jedem End-Tag muss haargenau mit dem im Start-Tag übereinstimmen. Da lauern natürlich die kleinen Fehlerteufel.

1.4.1 Spezialeditoren für XML

Inzwischen gibt es aber bereits eine ganze Reihe von komfortablen XML- und Stylesheet-Editoren, die den Anwendern vieles abnehmen können, schon dadurch, dass End-Tags immer automatisch erzeugt werden, wenn der Start-Tag abgeschlossen ist.

Microsoft hat Anfang 2007 eine neue, freie Version von XML Notepad zur Verfügung gestellt, die eine einfache Oberfläche für das Editieren und Ansehen von XML-Dokumenten zur Verfügung stellt.

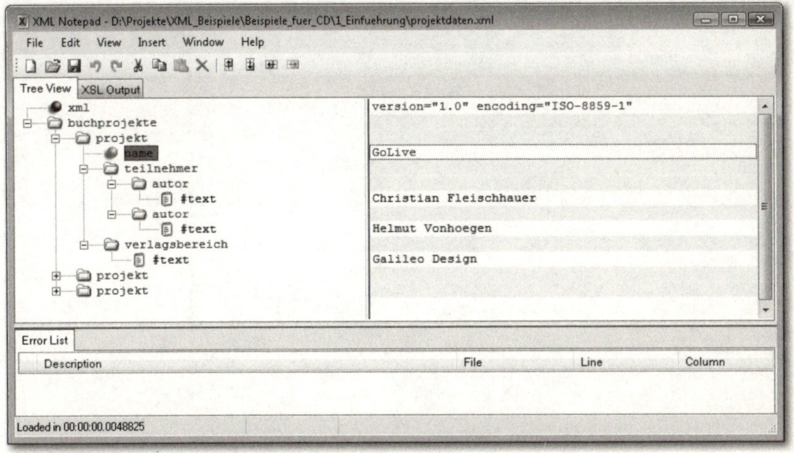

Abbildung 1.11 Baumansicht eines XML-Dokuments in XML Notepad 2007

Der Editor beherrscht auch die direkte Überprüfung der Eingabe gegenüber einem vorhandenen Schema und kann die Daten auch mit einem eingebauten HTML-Viewer anzeigen. Die Hierarchie der Elemente kann in einer Baumansicht angezeigt werden.

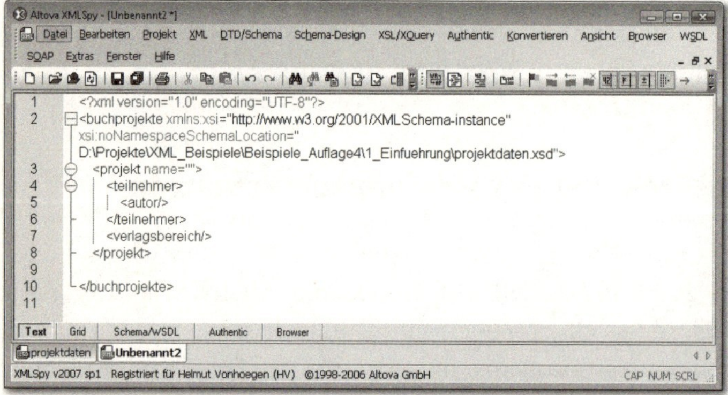

Abbildung 1.12 Vorgabe von Tags aufgrund eines Schemas in XMLSpy

Komplette XML-Entwicklungswerkzeuge wie XMLSpy von Altova oder XMetal von Justsystems, um nur zwei zu nennen, unterstützen Sie bei der Arbeit, zum Beispiel durch kontextsensitive Elementlisten oder Attribut-Inspektoren, und sorgen durch integrierte XML-Prozessoren dafür, dass die Wohlgeformtheit und auch die Gültigkeit der Dokumente schon während der Entwicklung jederzeit geprüft werden kann.

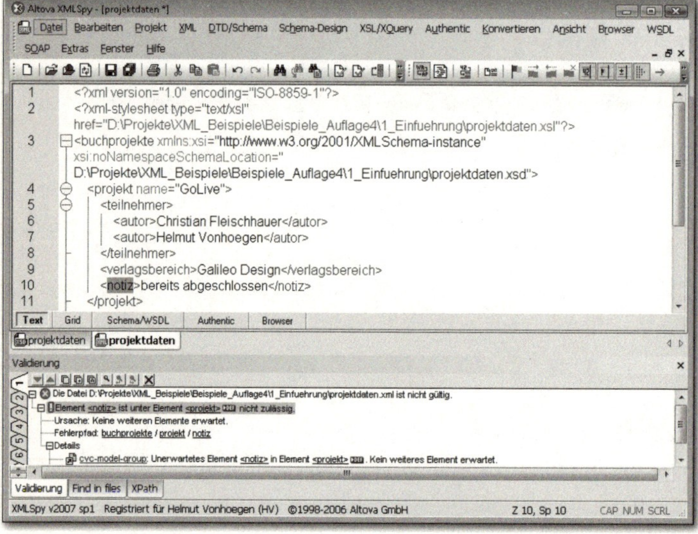

Abbildung 1.13 Fehlermeldung beim Prüfen eines Dokuments

XMLSpy unterstützt auch eine Generierung von Eingabemasken für XML-Dokumente, die Ihnen die manuelle Eingabe von Tags gleich ganz abnehmen.

1.4.2 Schema- und Stylesheet-Designer

Insbesondere der Entwurf von DTDs oder XML Schemas wird sehr erleichtert durch grafische Designansichten, in denen die Baumstruktur eines XML-Dokuments aufgebaut und geprüft werden kann. Diese Programme sind außerdem in der Lage, DTDs oder Schemas aus bestehenden XML-Dokumenten zu generieren oder DTDs in XML Schemas zu übersetzen. Meist lassen sich die Ergebnisse wenigstens als Ausgangspunkt für ein endgültiges Dokumentmodell verwenden.

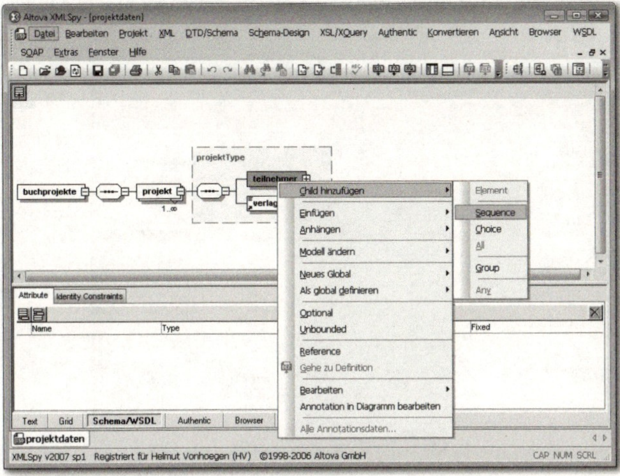

Abbildung 1.14 Grafischer Entwurf eines Schemas

Auch für die Entwicklung von Stylesheets kommen immer bessere Werkzeuge auf den Markt. XMLSpy 2007 bietet beispielsweise einen Debugger für den XSLT-Code, mit dem der Aufbau der Ausgabe schrittweise verfolgt werden kann.

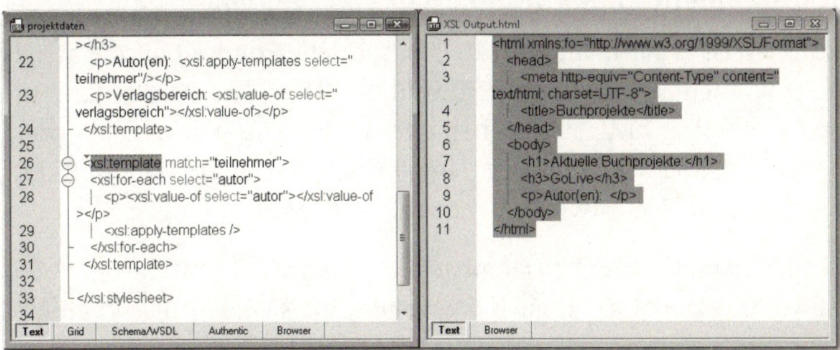

Abbildung 1.15 XSLT-Entwicklung mit XMLSpy

1.4.3 Entwicklungsumgebungen mit XML-Unterstützung

Neben solchen Spezialprogrammen für XML-Anwendungen finden Sie in allgemeinen Entwicklungsumgebungen wie JBuilder, Eclipse oder Visual Studio .NET spezielle Editoren für XML.

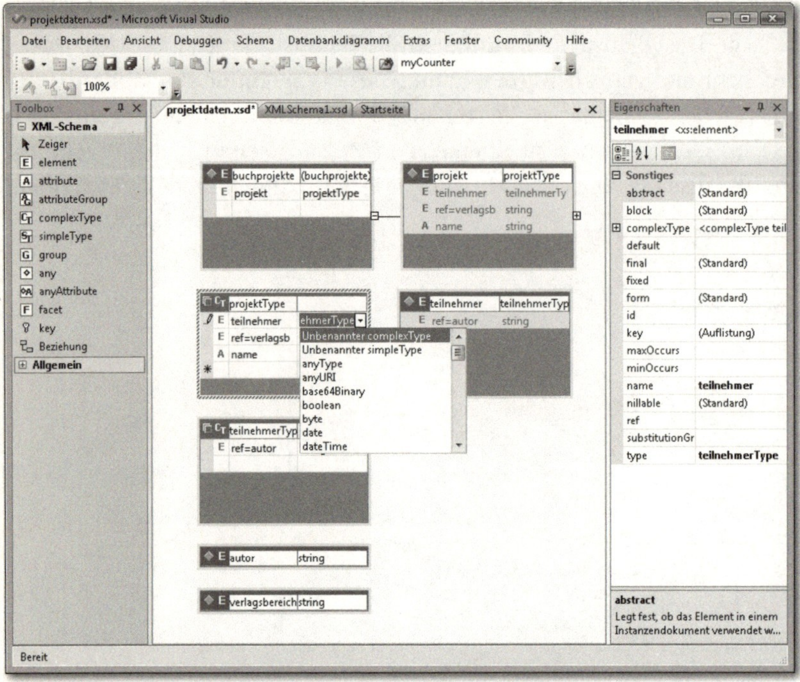

Abbildung 1.16 Schemaentwurf in Visual Studio .NET 2005

Sie werden im Verlauf des Buchs einige dieser Werkzeuge in Aktion sehen. Im Anhang finden Sie eine Liste von Links zu Werkzeugen und Tools rund um XML.

1.4.4 XML-Dokumente über Standardanwendungen

In vielen Situationen ist es gar nicht erforderlich, spezielle Editoren für die Erstellung von XML-Dokumenten zu verwenden, weil die Daten aus Standardanwendungen entweder direkt in XML ausgegeben oder in das XML-Format exportiert werden können, das dann als zusätzliches Datenformat angeboten wird. Auf XML als Standardformat für Office-Anwendungen wird in Kapitel 11 eingegangen.

Dies gilt etwa für Textdateien oder Datenbanken. Auch viele Grafikprogramme unterstützen sowohl den Export als auch den Import im XML-Format. Vor allem Adobe hat seine Programme in dieser Hinsicht immer stärker erweitert, etwa Illustrator oder GoLive.

Besonders einfach ist die Erstellung von XML-Dokumenten über Microsoft Access-Tabellen. Dabei können nicht bloß reine XML-Dokumente aus Tabellen generiert werden, sondern gleich auch passende XML Schemas und XSL-Stylesheets. Hier ein Beispiel für ein automatisch generiertes XML-Dokument aus einer Access-Datentabelle:

```
<?xml version="1.0" encoding="UTF-8"?>
<dataroot xmlns:od="urn:schemas-microsoft-com:officedata">
  <adressdaten>
    <ID>1</ID>
    <Vorname>Jan</Vorname>
    <Nachname>Korn</Nachname>
    <Strasse>Poststr. 10</Strasse>
    <PLZ>50678</PLZ>
    <Ort>Köln</Ort>
  </adressdaten>
  <adressdaten>
    <ID>2</ID>
    <Vorname>Helga</Vorname>
    <Nachname>Cron</Nachname>
    <Strasse>Salierring 12</Strasse>
    <PLZ>50678</PLZ>
    <Ort>Köln</Ort>
  </adressdaten>
</dataroot>
```

1.4.5 Parser und andere Prozessoren

Es ist schon angesprochen worden, dass für die Verwertung von XML-Dokumenten spezielle XML-Prozessoren notwendig sind, die die Daten parsen und bei Bedarf auch auf Gültigkeit prüfen können. Zusätzlich werden für die Ausgabe mit Hilfe von Stylesheets spezielle XSLT-Prozessoren und XPath-Prozessoren benötigt.

In diesem Buch werden Sie Anwendungen auf der Basis der Microsoft XML Core Services (**MSXML**; erhältlich über **msdn.microsoft.com/xml/default.aspx**) und dem Java API for XML Processing (**JAXP**), das den Xerces-Parser und für XSLT den Prozessor **XSLTC**, eine Erweiterung des bekannten **Xalan-**Prozessors, verwendet, alles Teilprojekte des umfangreichen Apache XML Projects, erreichbar über **xml.apache.org**, kennenlernen. Alle diese Werkzeuge sind frei verfügbar. In Kapitel 9 und 10 wird mit XML-Klassen aus dem .NET-Framework von Microsoft gearbeitet. Für einen Einstieg können die frei verfügbaren Express-Editionen von **Visual Studio 2005** verwendet werden.

Da XML aber bekanntlich plattform- und sprachunabhängig ist, wird es in der Regel kein Problem sein, die in diesem Buch gezeigten Beispiele auch mit anderen Werkzeugen nachzuvollziehen, die die entsprechenden Standards unterstützen.

1.5 Anwendungsbereiche

Dieser Abschnitt ist dazu gedacht, Ihnen einige Hinweise zu wichtigen Implementierungen von XML zu geben. Dabei geht es insbesondere darum, einen Eindruck von der Vielfalt der Anwendungsmöglichkeiten zu vermitteln.

Während bei der Entstehung von XML vor allem die Verarbeitung von Textdokumenten, ihre Publikation im Web und ihre »intelligente« Nutzung durch personalisierte Schnittstellen und Suchmaschinen einer neuen Generation als Hauptanwendungsbereiche im Fokus standen, rückt XML aktuell insbesondere als Hintergrundanwendung im Bereich der Verknüpfung von Datenbanken und des Zusammenspiels von disparaten Serversystemen in den Blick.

1.5.1 XML-Vokabulare

Dass sich XML inzwischen als Metasprache für benutzerdefinierte Markup-Sprachen etabliert hat, belegt die ständig wachsende Zahl von XML-Sprachen, die sich inzwischen in bestimmten Bereichen oder für bestimmte Anwendungsformen etabliert haben. Wir wollen hier einen kurzen Überblick über einige dieser Sprachen geben.

Dokumentauszeichnung und Content Management

Wichtige XML-Vokabulare sind für Bereiche entwickelt worden, in denen ein besonderer Bedarf für spezielle Formen der Dokumentauszeichnung besteht. Dazu gehört zum Beispiel die Text Encoding Initiative – **TEI** –, die DTDs für jede Art von literarischen und linguistischen Texten anbietet. Sie helfen, Online-Recherchen und -Unterricht für Bibliotheken, Museen, Publizisten etc. zu vereinfachen. Inzwischen ist auch eine TEIlite-Version verfügbar. Quelle: **www.tei-c.org**.

Die umfangreiche DTD **DocBook** wurde für Dokumentationen zu Hard- und Software entwickelt. Sie wird vom DocBook Technical Commitee gepflegt. Quelle: **www.oasis-open.org/docbook**. Eine vereinfachte Version – **Simplified DocBook** – ist angekündigt.

NITF-DTD, das News Industry Text Format liegt inzwischen in der Version 3 vor und soll den Nachrichtenaustausch im Medienbereich durch Hinzufügen von Metadaten so aufbereiten, dass Recherchen erleichtert werden. NITF wird vom International Press Telecommunications Council gepflegt. Quelle: **www.nitf.org**.

Auch bei der Darstellung von mathematischen oder chemischen Formeln helfen Vokabulare wie **MathML** – Mathematical Markup Language – und **CML** – Chemical Markup Language.

XML bietet sich insbesondere auch als Basistechnologie für das Content Management an, also dort, wo es um einen effektiven Umgang mit umfangreichen Informationsbeständen geht. Es erlaubt nicht nur eine beliebig fein strukturierte Speicherung der Informationen selbst, sondern hilft auch bei der Pflege der notwendigen Meta-Informationen.

Finanztransaktionen und E-Business

Andere Sprachen wurden für spezielle Gebiete wie den Austausch von Finanzdaten entwickelt wie **IFX** – Financial Exchange –, **FIX** – Financial Information eXchange protocol – oder **BIPS** – Bank Internet Payment System.

Besonderes Gewicht haben die Anstrengungen, verbindliche Vokabulare für die Abwicklung von Geschäftsprozessen – branchenübergreifend oder auch branchenspezifisch – zu entwickeln, um die Geschäftsbeziehungen zwischen verschiedenen Firmen – **B2B** – oder von Firmen zu Kunden – **B2C** – zu vereinfachen und auch in größerem Umfang durch automatisierte Prozesse kostengünstiger zu gestalten. Dazu gehören beispielsweise **xCBL** – XML Common Business Library – und **ebXML** – die Electronic-Business-XML-Initiative. Allerdings sind diese Versuche teilweise sehr aufwendig konzipiert und überschneiden sich häufig, sodass alternativ dazu die Idee aufkam, einen etwas flexibleren, übergreifenden Versuch mit einer Universal Business Language – **UBL** – zu unternehmen, der Standards für typische Geschäftsdokumente schaffen soll, die auch von kleineren Unternehmen ohne großen Aufwand verwendet werden können. UBL 2.0 wurde im Dezember 2006 als Standard ratifiziert. Mehr dazu über **www.oasis-open.org/committees/ubl/**.

Repositorien für DTDs oder Schemas werden von verschiedenen Organisationen angeboten und gepflegt. Eine der wichtigsten ist Rosettanet, ein weltweit operierendes Konsortium, das Standards für eine allgemeingültige E-Business-Sprache fördert – **www.rosettanet.org**. Auch im technischen Bereich finden sich immer mehr XML-Anwendungen, wie zum Beispiel **TIM** – Telecommunications Interchange Markup.

Grafik und Multimedia

Eine der praktischen Anwendungen von XML, die immer mehr an Gewicht gewinnen, ist das Grafikformat **SVG** – die Abkürzung steht für »Scalable Vector Graphics«. SVG beschreibt Vektorgrafiken in XML-Code und wird inzwischen von Grafik- oder Webdesign-Programmen wie Illustrator, Webdraw oder GoLive als Datenformat unterstützt.

Ähnlich interessant ist die XML-Anwendung **SMIL** (sprich: »smile«); die Synchronized Multimedia Integration Language wurde entwickelt, um mit Hilfe einfacher Textdateien multimediale Komponenten ganz unterschiedlicher Formate in einer Timeline zu koordinieren. Mehr zu beiden Anwendungen finden Sie in Abschnitt 3.11, *Zwei DTDs in der Praxis*.

Register öffentlicher Vokabulare

Der Vorteil von XML liegt insbesondere auch darin, dass öffentlich zugängliche Vokabulare für konkrete Anwendungen erweitert werden können, sodass nicht jedes Mal mit Adam und Eva begonnen werden muss. Ein aktuelles Register wichtiger öffentlicher Vokabulare liefert **xml.coverpages.org/xmlApplications.html**.

1.5.2 Datenaustausch zwischen Anwendungen

Einer der Gründe für die Popularität von XML ist zweifellos, dass es ein Datenformat für den Austausch von Daten zwischen unterschiedlichen Anwendungen und Plattformen bietet, das einfach zu handhaben ist und gegenüber so simplen Formaten wie CSV zugleich den Vorteil mitbringt, dass nicht bloß einfache Tabellenstrukturen gehandhabt werden können, sondern auch komplexe hierarchische Inhaltsmodelle, die das jeweilige Sachgebiet wesentlich gehaltvoller abbilden können.

Der Austausch zwischen Anwendungen, die eigene binäre Formate verwenden, ist durch die zunehmende Komplexität dieser Formate immer mehr zu einem Problem geworden, das nur durch ganze Batterien von Filtern und Konvertern gelöst werden konnte. Sehen Sie sich nur die zahllosen Grafikfilter an, die in Office-Anwendungen benötigt werden, um Dokumente mit Bildmaterial anzureichern.

In relativ kurzer Zeit hat sich deshalb XML als bevorzugtes Dateiformat vieler Standardprogramme etabliert. Anwendungen wie Access oder Excel sind zudem in der Lage, tabellarische Daten direkt als XML-Dokumente auszugeben und auch wiederum einzulesen. Auch ein Grafikprogramm wie Visio von Microsoft kann seine Zeichnungen und Diagramme als XML-Dokument abspeichern, mit Hilfe eines entsprechenden Schemas, das ein XML-Vokabular für grafische Elemente definiert. Adobe Acrobat erlaubt es, die Inhalte von PDF-Dateien in XML abzulegen, sodass sie von anderen Anwendungen weiterverwendet werden können.

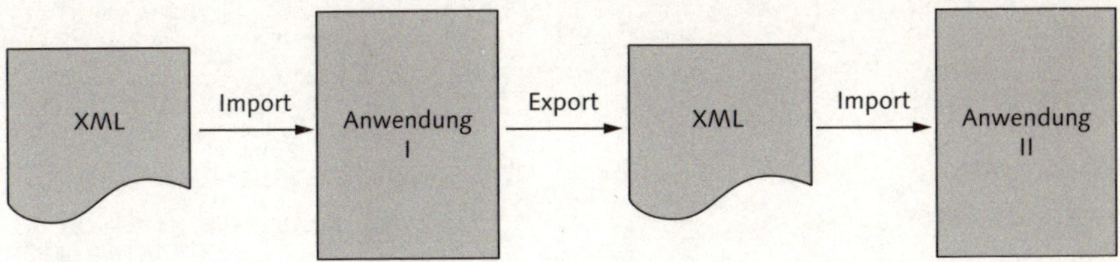

Abbildung 1.17 XML als Austauschformat zwischen unterschiedlichen Anwendungen

1.5.3 Verteilte Anwendungen und Webdienste

Die anspruchsvollsten Versuche, die Möglichkeiten von XML zu nutzen, betreffen zweifellos die Frage, ob sich mit XML ein besseres Zusammenspiel von verteilten Anwendungskomponenten erreichen lässt, als es mit bisherigen Komponentensystemen wie Java oder COM möglich ist. Da XML von allen relevanten Herstellern unterstützt wird, plattformunabhängig ist und auch nicht an bestimmte Sprachen gebunden, ergeben sich auf jeden Fall Vorteile, wenn es um den Austausch von Informationen zwischen verteilten Anwendungen geht.

Webdienste gehören zu den Anwendungsbereichen, bei denen XML als Basistechnologie in diesem Sinne zum Zuge kommt. In Microsofts .NET-Framework spielen solche Webdienste eine zentrale Rolle, und auch Sun und IBM machen große Anstrengungen, taugliche Werkzeuge für solche Lösungen anzubieten.

Da es dabei immer um Kommunikation zwischen ganz unterschiedlichen Systemen geht, wurde mit SOAP ein spezielles Format für die XML-Meldungen entwickelt, die für den Austausch im Internet oder auch im firmeneigenen Intranet verwendet werden. Mehr dazu finden Sie in Kapitel 10, *Kommunikation zwischen Anwendungen*.

Die Regeln, nach denen XML-Dokumente gebildet werden, sind einfach, aber streng. Die eine Gruppe von Regeln sorgt für die Wohlgeformtheit, die andere für die Gültigkeit eines Dokuments.

2 XML – Bausteine und Regeln

Die Basis der Sprachfamilie XML ist der XML-Standard 1.0. Sie finden den Text unter www.w3.org/xml. Der launige Kommentar von Tim Bray, selbst Mitglied der W3C XML Working Group, ist unter **www.xml.com/axml/axml.html** zu finden und immer einen Blick wert. Wir wollen hier zunächst einen kurzen Überblick über die Syntax geben, verknüpft mit einem ersten Beispiel, und dann schrittweise die einzelnen Aspekte näher beleuchten.

2.1 Aufbau eines XML-Dokuments

Laut der Empfehlung des W3C beschreibt XML eine Klasse von Datenobjekten, die XML-Dokumente genannt werden. Das entscheidende Kriterium, ob ein Dokument als XML-Dokument genutzt werden kann, ist, dass es im Sinne des Standards »wohlgeformt« ist. Um wohlgeformt zu sein, muss es die syntaktischen Regeln der XML-Grammatik erfüllen, die in den folgenden Abschnitten beschrieben wird.

Entspricht ein solches Dokument außerdem weiteren Einschränkungen, die in Form eines Dokumentschemas in der einen oder anderen Weise festgelegt sind, wird es als »gültig« bezeichnet. Dabei ist entscheidend, dass die Wohlgeformtheit und Gültigkeit maschinell geprüft werden können.

2.1.1 Entitäten und Informationseinheiten

Der vage Begriff »Datenobjekt« bezieht sich darauf, dass ein XML-Dokument nicht unbedingt eine Datei sein muss, sondern auch ein Teil einer Datenbank oder eines Datenstromes sein kann, der im Netz »fließt«. In einem bestimmten Umfang werden dabei zugleich die Regeln festgelegt, die für den Zugriff von Computerprogrammen auf solche Dokumente gelten.

Die XML-Spezifikation behandelt sowohl die physikalischen als auch die logischen Strukturen eines XML-Dokuments. Physikalisch bestehen XML-Dokumente aus Speichereinheiten. Zunächst ist ein XML-Dokument nichts anderes als eine Kette von Zeichen. Ein XML-Prozessor startet seine Arbeit mit dem ersten Zeichen und arbeitet sich bis zum letzten Zeichen durch. XML liefert dabei Mechanismen, um diese Zeichenkette in verwertbare Stücke zu zerlegen. Diese Textstücke werden Entitäten genannt. Auch das Dokument insgesamt wird als Entität bezeichnet, als Dokument-Entität. Im Minimalfall kann eine Entität auch aus nur einem einzigen Zeichen bestehen.

Jede dieser Entitäten enthält Inhalt und ist über einen Namen identifiziert, mit Ausnahme der Dokument-Entität, die alle anderen Entitäten in sich einschließt. Für einen XML-Parser ist die Dokument-Entität, die alle anderen Entitäten umschließt, immer der Startpunkt. Liegt ein XML-Dokument als Datei vor, ist die Dokument-Entität eben diese Datei. Wenn Sie dagegen ein XML-Dokument über einen URL einfließen lassen, ist die Dokument-Entität der Bytestream, den Sie über einen Funktionsaufruf erhalten.

XML erlaubt, Bezüge auf bestimmte Entitäten in das Dokument einzufügen. Solche Entitätsreferenzen werden vom XML-Prozessor durch die Entität, auf die sie sich beziehen, ersetzt, wenn das Dokument eingelesen wird. Deshalb werden solche Entitäten auch »Ersetzungstext« genannt. Das ist ähnlich den Textmakros, die von Textprogrammen verwendet werden.

Der Ersetzungstext, den eine aufgelöste Entitätsreferenz liefert, wird als Bestandteil des Dokuments behandelt. Mit Hilfe solcher Referenzen können Entitäten in einem Dokument mehrfach verwendet werden. Durch solche Referenzen kann ein XML-Dokument auch aus Teilen zusammengesetzt werden, die in verschiedenen Dateien oder an unterschiedlichen Plätzen im Web abgelegt sind.

2.1.2 Parsed und unparsed

Eine weitere Unterscheidung ist hier von Bedeutung. Entitäten können laut Spezifikation »parsed or unparsed data« enthalten. »Parsed data« bestehen in jedem Fall aus Zeichen. Diese Zeichenfolgen stellen entweder Markups oder Zeichendaten dar. Als Markups sind zu verstehen die Tags, Entitätsreferenzen, Kommentare, die Begrenzer von CDATA-Blöcken, Dokumenttyp-Deklarationen und Verarbeitungsanweisungen, also alles, was mit einer spitzen Klammer oder einem Ampersand-Zeichen beginnt. Die Bezeichnung »parsed« ist leicht irritierend, weil sie erst zutrifft, wenn ein XML-Prozessor das Dokument verarbeitet hat. Gemeint sind also die Teile des Dokuments, die ein XML-Parser auszuwerten hat.

»Unparsed data« sind dagegen Entitäten, die der Parser überhaupt nicht parsen soll und auch nicht kann, weil sie keine Markups enthalten, mit denen der Parser etwas anfangen könnte. Diese Teile müssen nicht unbedingt Text enthalten. Sie werden zum Beispiel verwendet, um Bilder oder sonstige Nicht-Text-Objekte wie Sounds oder Videos in das Dokument einzubeziehen.

2.1.3 Die logische Sicht auf die Daten

Während die physikalische Struktur eines XML-Dokuments durch die Entitäten bestimmt wird, besteht seine logische Struktur aus einem Baum von Informationseinheiten, der seit der erst 2001 nachgereichten Empfehlung **XML Information Set** als **Infoset** bezeichnet wird. (Darin ist auch die Verwendung von Namensräumen aufgenommen, die für XML erst nach der Spezifikation für XML 1.0 eingeführt wurden.) Die Empfehlung definiert insgesamt elf Typen von Informationseinheiten mit je speziellen Eigenschaften:

- Dokument
- Element
- Attribut
- Verarbeitungsanweisung
- nicht expandierte Entitätsreferenz
- Zeichen
- Kommentar
- Dokumenttyp-Deklaration
- Ungeparste Entität
- Notation
- Namensraum

Die wichtigsten Komponenten, in die sich der Inhalt des Dokuments teilen lässt, werden in XML als Elemente bezeichnet. Der Baum der Elemente hat seine Wurzel im Dokumentelement, das alle anderen Elemente umschließt. Das XML-Dokument besteht also logisch aus Elementen, die jeweils in einer bestimmten Baumstruktur geordnet sind. Welche Bedeutung die Elemente jeweils haben, beschreibt das Dokument selbst durch seine Tags. Neben den Elementen enthält das Dokument noch Deklarationen, Kommentare, Zeichenreferenzen und Verarbeitungsanweisungen.

Die Grammatik von XML legt fest, wie ein wohlgeformtes XML-Dokument erzeugt werden kann. Sie ist in nicht weniger als 81 Produktionsregeln fixiert. Der harte Kern dessen, was XML ausmacht, findet sich aber konzentriert in den folgenden sechs Regeln, die wir hier zunächst in der Schreibweise der Empfehlung wiedergeben.

```
[1]  document    ::=  prolog element Misc*
[39] element     ::=  EmptyElemTag
                 | STag content ETag
                 [
                 WFC: Element Type Match ]
                 [
                 VC: Element Valid ]
[40] STag        ::=  '<' Name (S Attribute)* S? '>'
                 WFC: Unique Att Spec ]
[41] Attribute   ::=  Name Eq AttValue
                 VC: Attribute Value Type ]
                 WFC: No External Entity References ]
                 WFC: No < in Attribute Values ]
[42] ETag        ::=  '</' Name S? '>'
[43] content     ::=  (element | CharData | Reference | CDSect |
                 PI | Comment)*
```

Diese Regeln, die auch Produktionen genannt werden, sind in einer einfachen Extended-Backus-Naur-Form notiert, einer Erweiterung der von Backus und Naur für die Beschreibung von Grammatiken zuerst bei der Niederschrift von Algol 60 verwendeten Notation. Jede Regel in einer solchen Grammatik definiert jeweils ein Symbol in der Form:

```
symbol ::= ausdruck
```

Zusätzlich werden in bestimmten Fällen Einschränkungen in eckigen Klammern angehängt, und zwar entweder mit der Abkürzung **wfc**: für **well-formedness constraint**, also Einschränkungen, die beachtet werden müssen, damit das Dokument von einem Parser als »wohlgeformt« akzeptiert wird, oder **vc**: für **validity constraint**, also Einschränkungen, die die Gültigkeit des Dokuments betreffen.

Was besagen diese Regeln für den Aufbau eines XML-Dokuments? Zunächst ist festgelegt, dass jedes wohlgeformte XML-Dokument einen Prolog haben kann und aus mindestens einem Element bestehen muss. Der Inhalt eines XML-Dokuments wird also aus der logischen Sicht in Elemente zerlegt. Im Anschluss daran sind noch Kommentare oder Verarbeitungsanweisungen erlaubt, was aber in der Praxis nicht unbedingt zu empfehlen ist.

Die folgende Abbildung zeigt den gesamten Aufbau des XML-Dokuments und die möglichen Bezüge auf externe Komponenten.

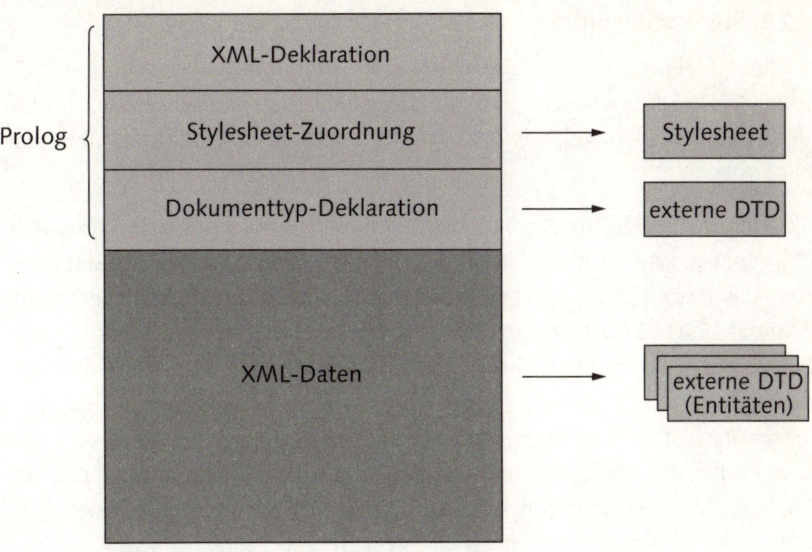

Abbildung 2.1 Aufbauschema eines XML-Dokuments

2.1.4 Der Prolog

Wenn Sie ein XML-Dokument erstellen wollen, beginnen Sie in der Regel mit dem Prolog. Der Prolog ist zwar nicht zwingend vorgeschrieben, aber unbedingt zu empfehlen, weil damit das Dokument sofort als XML-Dokument identifiziert werden kann. Die erste Zeile des Prologs ist meist die so genannte XML-Deklaration, die zunächst die verwendete XML-Version angibt. In der Minimalform sieht sie so aus:

```
<?xml version="1.0"?>
```

Damit wird die Übereinstimmung des Dokuments mit der im Augenblick einzig gültigen Spezifikation von XML deklariert. Wenn die XML-Deklaration verwendet wird, muss sie in der ersten Zeile des Dokuments stehen, und es dürfen auch keine Leerzeichen davor auftauchen. Das Versionsattribut muss verwendet werden.

Neben dem Versionsattribut können in der XML-Deklaration noch zwei weitere Attribute verwendet werden, und zwar `encoding` und `standalone`. Im folgenden Beispiel wird angegeben, dass das Dokument die Zeichensatzkodierung UTF-16 verwendet und dass keine externen Markupdeklarationen vorhanden sind, auf die für die Verarbeitung des Dokuments zugegriffen werden müsste, also etwa eine externe Dokumententyp-Definition oder ein XML Schema.

```
<?xml version="1.0"? encoding="UTF-16" standalone="yes">
```

2.1.5 Zeichenkodierung

Da es bei XML-Dokumenten um Textdaten geht, muss die Entscheidung getroffen werden, wie Zeichen in Bits und Bytes dargestellt, also kodiert werden sollen, und welche Zeichen, also welcher Zeichensatz, in einem bestimmten Dokument maßgeblich ist.

Um XML von vornherein für den internationalen Einsatz zu präparieren, wurde vom W3C genauso wie für die HTML 4.01 Empfehlung der **Universal Character Set – UCS** – als Basis für die Zeichenkodierung in XML-Dokumenten bestimmt, der im Standard **ISO/IEC 10646** festgelegt ist. Dieser Zeichensatz ist, was die verwendeten Zeichencodes betrifft, mit dem Zeichensatz Unicode synchronisiert, dem Standard, der vom Unicode-Konsortium – **www.unicode.org** –, gepflegt wird. Dieser Standard enthält über ISO 10646 hinaus noch eine Reihe von Einschränkungen für die Implementierung, die gewährleisten sollen, dass Zeichen unabhängig von Anwendung und Plattform einheitlich verwendet werden. Unicode ist also eine Implementierung der ISO-Norm.

Unicode gibt jedem Zeichen eine eigene Nummer, die unabhängig von Plattformen, Programmen oder Sprachen ist. Text kann mit Unicode weltweit ausgetauscht werden, ohne dass es zu Informationsverlusten kommt. Zunächst konnte mit einer 16-Bit-Kodierung eine Menge von mehr als 65000 Zeichen abgedeckt werden. Es stellte sich aber schnell heraus, dass diese Menge nicht ausreichen würde, um alle weltweit in Vergangenheit und Gegenwart verwendeten Zeichen zu kodieren. Deshalb wurde Unicode um einen so genannten Ersatzblock erweitert, der über eine Million Zeichen zusätzlich erlaubt. Allerdings sind diese Zeichen keine gültigen XML-Zeichen.

Inzwischen werden drei unterschiedliche Unicode-Kodierungen eingesetzt, mit 8, 16 oder 32 Bit pro Zeichen. Sie werden als **UTF-8**, **UTF-16** und **UTF-32** bezeichnet, wobei **UTF** eine Abkürzung für Unicode (oder UCS) Transformation Format ist.

Die `encoding`-Deklaration legt fest, welche Zeichenkodierung das Dokument verwendet, damit der XML-Prozessor diese Kodierung seinerseits ebenfalls benutzt. Wenn Ihr XML-Editor mit dem ASCII-Code arbeitet, ist diese Angabe nicht unbedingt nötig, der Prozessor wird den Code als Teil des Unicodes UTF-8 auswerten.

XML verwendet UTF-8 als Vorgabe. Diese Kodierung wird hauptsächlich für HTML und ähnliche Protokolle verwendet. Dabei werden alle Zeichen in variabel lange Kodierungen (1 bis 4 Bytes) umgesetzt. Das hat den Vorteil, dass sich bei den ersten 128 Zeichen der Unicode mit dem 7-Bit-ASCII-Code deckt. Außerdem können einfache Texteditoren so für XML-Dokumente verwendet werden.

Die andere Unicode-Kodierung, die XML-Prozessoren unterstützen müssen, ist UTF-16. Diese Kodierung ist unkomplizierter als UTF-8. Die am häufigsten verwendeten Zeichen werden jeweils mit 16-Bit-Einheiten kodiert, alle anderen Zeichen durch Paare von 16-Bit-Codeeinheiten.

UTF-32 hat zwar den Vorteil, dass es fast unendlich viele Zeichen darstellen kann. Dieser Vorzug wird aber damit erkauft, dass der Speicherbedarf pro Zeichen doppelt so hoch ist wie bei UTF-16.

Wenn ein anderer Zeichensatz als UTF-8 verwendet werden soll, muss er in der Deklaration angegeben werden. Der Wert für das Attribut `encoding` ist ausnahmsweise nicht fallsensitiv – `UTF-16` ist also ebenso erlaubt wie `utf-16`. (Jede externe Entität kann übrigens eine eigene Zeichenkodierung verwenden, wenn eine entsprechende Deklaration gegeben wird.)

Da aber Unicode noch nicht sehr verbreitet ist, werden auch andere Kodierungen unterstützt. Um sicherzustellen, dass die deutschen Umlaute korrekt dargestellt werden, kann ISO-8859-1 (ISO Latin-1) verwendet werden. Diese Einstellung wird deshalb in den meisten Beispielen in diesem Buch verwendet.

2.1.6 Standalone or not

Das Attribut `standalone` kann nur einen logischen Wert annehmen. Wird `standalone="no"` verwendet, ist das eine Anweisung für den XML-Prozessor, nach externen Markup-Definitionen Ausschau zu halten, um Referenzen auf externe Entitäten aufzulösen und die Gültigkeit des Dokuments prüfen zu können. Diese Einstellung muss allerdings nicht extra angegeben werden, weil sie Vorgabe ist.

Der Wert `"yes"` dagegen bedeutet, dass das Dokument alle Informationen in sich selbst enthält, die für die Verarbeitung benötigt werden.

Beachtet werden muss, dass die Attribute `encoding` und `standalone` zwar optional sind; wenn sie verwendet werden, muss aber die gerade vorgeführte Reihenfolge eingehalten werden, im Unterschied zu »normalen« Element-Attributen, bei denen die Reihenfolge keine Bedeutung hat.

Der Prolog kann nach der XML-Deklaration weitere Verarbeitungsanweisungen enthalten, wie zum Beispiel die Verknüpfung mit einem Stylesheet oder eine Dokumenttyp-Deklaration, etwa:

```
<?xml-stylesheet type="text/css" href="formate.css”?>
<!DOCTYPE kontaktdaten SYSTEM "kontakte.dtd">
```

2.1.7 XML-Daten: der Baum der Elemente

Erst hinter dem Prolog beginnen die eigentlichen XML-Daten in Form eines Baums aus Elementen und Attributen. Das erste Element im Dokument ist immer das Wurzelelement, das alle anderen möglichen Elemente in sich einschließt. Mit anderen Worten, das Dokument hat die Struktur eines Baums aus ineinander verschachtelten Elementen.

Außer für das Wurzelelement gibt es folglich für jedes andere Element genau ein Elternelement, während das Wurzelelement und jedes seiner Kindelemente wieder weitere Kindelemente zum Inhalt haben können. Es sind beliebig tiefe Verschachtelungen erlaubt.

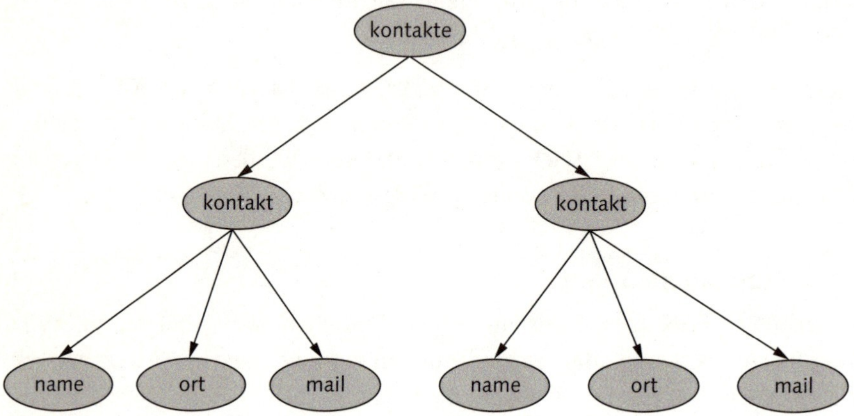

Abbildung 2.2 Baumstruktur eines Dokuments

Diese hierarchische Baumstruktur kann durch einen Graphen dargestellt werden, dessen Knoten durch gerichtete Kanten verbunden sind und dessen Wurzelknoten für keine dieser Kanten der Endknoten ist. Dieser Graph enthält folglich auch keine Zyklen.

Der Baum ist durch die sequenzielle Abfolge der Elemente im XML-Dokument implizit geordnet. Natürlich kann auch eine ganz flache Struktur wie eine relationale Datenbanktabelle in XML ausgedrückt werden, aber die besonderen Stärken des Modells kommen dann zur Geltung, wenn es um tiefgestaffelte Datenstrukturen geht.

2.1.8 Start-Tags und End-Tags

Jedes Element wird jeweils durch ein Start-Tag und ein End-Tag begrenzt. Das XML-Dokument vermischt also die darin enthaltenen Inhalte mit Informationen über diese Inhalte, oder man kann auch sagen, es mischt Informationen und

Informationen über diese Informationen. Die Meta-Information befindet sich in den Tags, die die Inhalte einschließen. Damit zwischen Inhalt und Markup unterschieden werden kann, werden spezielle Zeichen verwendet, die Beginn und Ende des Markups kennzeichnen und so das Markup vom Inhalt trennen.

Element

<titel>Einstieg in XML</titel>

Start-Tag Elementinhalt End-Tag

Abbildung 2.3 Ein Element in XML

Vergleicht man eine Gruppe von Datensätzen im CSV-Format oder in einer Datentabelle mit einer Feldnamenzeile mit denselben Datensätzen im XML-Format, wird sofort deutlich, dass das XML-Format zwangsläufig aufwendiger ist. Bei jedem Datensatz werden alle »Feldnamen« erneut angegeben. Dieses Format wäre in den Zeiten, in denen Speicherressourcen noch sehr knapp und die Bandbreiten in den Netzen sehr eng waren, wahrscheinlich wenig attraktiv gewesen.

Der Vorteil von XML ist aber, dass auch jeder einzelne Zweig im Baum der Elemente darüber Auskunft gibt, was die einzelnen Elemente bedeuten. Das erleichtert auch die Zerlegung eines großen XML-Dokuments in kleinere Teile oder umgekehrt das Zusammenfügen von Teil-Dokumenten zu einem Gesamtdokument.

2.1.9 Elementtypen und ihre Namen

Der Start-Tag enthält den Namen des Elementtyps, eingeschlossen in spitze Klammern, beim End-Tag kommt vor den Namen des Elementtyps noch ein Schrägstrich. Als strenge Einschränkung für das Kriterium der Wohlgeformtheit ist festgelegt, dass der Elementtypname im Start-Tag und im End-Tag exakt übereinstimmen müssen. Die Wiederholung des Elementtypnamens im End-Tag ist notwendig, damit der Parser die Schachtelung der Elemente sofort korrekt erkennen kann.

Anders als bei HTML-Tags ist dabei unbedingt auf die Groß- und Kleinschreibung zu achten, weshalb es sinnvoll ist, sich von vornherein für eine einheitliche Schreibweise zu entscheiden, also alle Tags klein oder groß oder mit einem Großbuchstaben am Anfang zu schreiben.

Ein Verstoß gegen die Regel der Wohlgeformtheit führt zu einem fatalen Fehler, d. h., ein XML-Prozessor wird die Verarbeitung des nicht wohlgeformten Dokuments verweigern. Diese harsche Reaktion unterscheidet XML wiederum stark von HTML, das für seine eher tolerante Reaktion auf viele Fehler bekannt ist, die dafür sorgt, dass der Webbesucher auch bei Seiten mit kleinen Webfehlern nicht leer ausgeht. Diese »Nachgiebigkeit« der Browser bei der Verarbeitung von »unsauberem« HTML-Code sollte für XML mit Vorsatz nicht wiederholt werden, weil diese Situation letztlich dazu geführt hat, dass viel Wildwuchs auf Webseiten zugelassen worden ist. Der aber muss von den Browsern mit immer mehr Ausnahmeregelungen aufgefangen werden, was den Code enorm aufbläht.

Zwischen dem Start- und dem End-Tag befindet sich der Inhalt des Elements. Dass die Tags nicht einfach die Namen der Elemente enthalten, sondern die Namen der Elementtypen, weist schon darauf hin, dass Elemente desselben Typs in einem Dokument mehrfach verwendet werden können. Jedes einzelne Element ist also ein Exemplar oder eine Instanz eines bestimmten Elementtyps.

```
<team>
  <person>Hanna Karl</person>
  <person>Kurt Vondel</person>
</team>
```

Im Unterschied zu HTML und auch zu SGML darf das End-Tag nicht fehlen, sonst kann das Dokument eine Prüfung auf Wohlgeformtheit nicht bestehen. Nur bei einem leeren Element ist es erlaubt, eine verkürzte Schreibweise zu verwenden: statt `<leer></leer>` kann `<leer/>` verwendet werden. Leere Elemente werden zum Beispiel für das Einbinden von Bildern in ein XML-Dokument verwendet.

2.1.10 Regel für die Namensgebung

Die in den Tags verwendeten Namen für die Typen der Elemente sind frei wählbar, solange nur die Wohlgeformtheit des gesamten XML-Dokuments interessiert. Ein Dokument kann also auch beliebig viele Elementtypen enthalten. Allerdings müssen bei der Wahl des Namens einige Einschränkungen beachtet werden:

- Ein Name muss mit einem Buchstaben oder mit Unterstrich oder Doppelpunkt beginnen.
- Danach dürfen alle Zeichen verwendet werden, die als Namenszeichen zugelassen sind: Neben den Zeichen für die erste Stelle sind das die Zahlen, der Bindestrich und der Punkt. Auch Umlaute, Akzente etc. sind erlaubt. Allerdings sollte der Doppelpunkt möglichst vermieden werden, weil er als Trennzeichen verwendet wird, wenn mit Namensräumen gearbeitet wird, wovon in Abschnitt 2.9 noch die Rede sein wird.
- Die Zeichenfolge »xml« darf in keiner der möglichen Schreibweisen am Beginn eines Namens stehen, diese Zeichenfolge ist für XML reserviert.

- Die Länge der Namen ist nicht begrenzt, es sollte aber beachtet werden, dass möglicherweise Anwendungen, die auf die Daten zugreifen, die Länge einschränken.
- XML-Namen sind fallsensitiv. `<Name>...</name>` ist also beispielsweise nicht zulässig.

Es ist immer wieder die Rede davon, dass XML Tags erlaubt, die den Inhalt der eingeschlossenen Daten beschreiben, also semantische Tags wie `<Postleitzahl>` oder `<Titel>`. Der Standard legt aber nur fest, dass ganz beliebige Elementtypen festgelegt werden können, `<tag1></tag1>`, `<tag2></tag2>` würde die Wohlgeformtheitsprüfung ebenfalls überstehen. Es kommt also hier darauf an, was die Entwickler mit der durch die Spezifikation angebotenen Freiheit anfangen.

Das Ziel, das der Entwicklung von XML die Richtung gibt, ist jedenfalls eine Identifizierung der Komponenten, aus denen eine Datensammlung oder ein Dokument besteht, mit Hilfe von bedeutungsvollen – also semantischen – Namen, die ein Computerprogramm zwar nicht wie ein Mensch versteht, die dem Programm aber erlauben, sich so zu verhalten, also ob es verstehen würde, was die verwendeten Namen bedeuten. Die XML-Tags haben insofern durchaus Ähnlichkeiten mit den Feldnamen, die bei der Strukturierung von Datenbanken verwendet werden.

Die Tags gehören zu den Auszeichnungen, den Markups, die die Struktur des Dokuments festlegen und im Idealfall zugleich den Inhalt des Dokuments beschreiben. Da XML-Dokumente ein schlichtes Textformat verwenden, bleiben sie für den menschlichen Betrachter im Prinzip lesbar.

2.1.11 Elementinhalt

Abgesehen von den schon angesprochenen leeren Elementen haben Elemente in der Regel einen Inhalt, der aus ganz unterschiedlichen Dingen bestehen kann. In diesem Sinne werden die Elemente auch als **Container** betrachtet. Zunächst kann ein Element wiederum untergeordnete Elemente in sich enthalten. Man spricht dann von **element content**. Das folgende Element `<kontakt>` hat zum Beispiel drei Kindelemente zum Inhalt:

```
<kontakt>
  <name>Hans Maier</name>
  <ort>Hamburg</ort>
  <mail>hmaier@nonet.de</mail>
</kontakt>
```

In diesem Fall beginnt mit dem Element `<kontakt>` also ein Teilbaum innerhalb der gesamten Baumstruktur. Die Art der Anordnung der Kindelemente kann dann über ein Inhaltsmodell geregelt werden, entweder per DTD oder per XML Schema. Dieses Modell legt beispielsweise fest, dass die Elemente unbedingt in einer bestimmten Reihenfolge auftreten müssen.

Den Blättern des Baums entsprechen dagegen die Elemente, die dann nur noch Zeichendaten enthalten, also Zeicheninhalt oder **character content**.

XML lässt aber auch zu, Elemente und Zeichendaten zu mischen, gemischte Inhalte oder **mixed content** also. Im Unterschied zu dem ersten Fall, bei dem Elemente selbst wiederum nur Kindelemente enthalten, bleibt bei einer solchen Mischung von Zeichendaten und Elementen die Reihenfolge weitgehend ungeregelt, ein Grund, solche Mischcontainer meistens zu vermeiden.

2.1.12 Korrekte Schachtelung

So schlicht die Kernfestlegungen auf den ersten Blick erscheinen, können doch schon bei den ersten Schritten zur Strukturierung eines Gegenstandsbereichs Probleme auftreten. Eine erste Falle ist eine falsche Schachtelung von Elementen.

HTML reagiert auf eine falsche Schachtelung von Tags relativ harmlos, wie das folgende Beispiel zeigt:

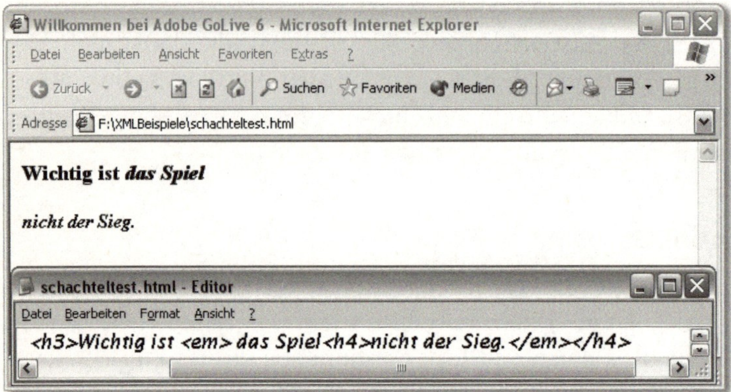

Abbildung 2.4 Der Internet Explorer verdaut die fehlerhaft geschachtelten HTML-Elemente

Wenn Sie dieselben Tags als XML-Dokument speichern, ist die Reaktion eines XML-Prozessors wiederum sehr kategorisch. Er wird einen fatalen Fehler melden und das Wohlgeformtheitskriterium verweigern.

Schachtelungsfehler können sich auch dadurch einschleichen, dass einfach das End-Tag für ein übergeordnetes Element vergessen wird.

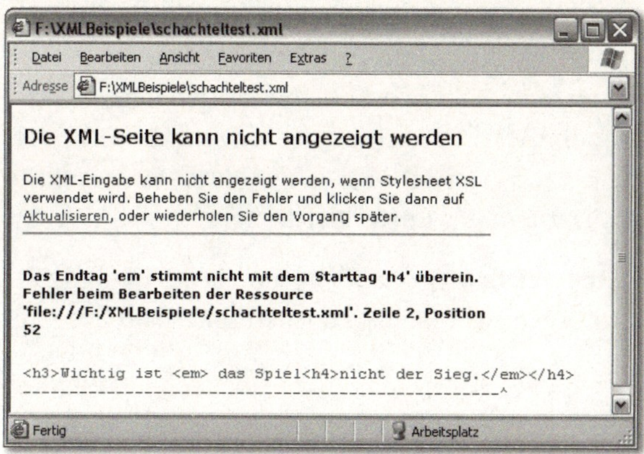

Abbildung 2.5 Reaktion des Internet Explorers auf nicht wohlgeformtes XML

2.1.13 Attribute

Alle Elemente, die innerhalb der Struktur auftauchen, können mit beliebig vielen Attributen versehen werden, die jeweils als Paare von Attributnamen und Attributwerten auftreten. Diese Attribute können verwendet werden, um bestimmte Eigenschaften oder Besonderheiten eines Elements festzuhalten. Manchmal werden deshalb auch die Attribute mit den Adjektiven verglichen, die Elemente mit den Subjekten. Allerdings ist dieser Vergleich nicht streng anwendbar, denn Attribute können auch ähnlich wie Unterelemente verwendet werden.

Die Attribute werden jeweils im Start-Tag eines Elements platziert. Sie müssen eindeutig sein, es darf also nicht mehrfach derselbe Attributname in einem einzigen Start-Tag verwendet werden.

```
<haus nr="22" nr="33">
```

wird also nicht zugelassen, macht ja auch wenig Sinn.

Dagegen darf durchaus derselbe Attributname bei unterschiedlichen Elementen verwendet werden. Obwohl die Attribute denselben Namen verwenden, bleiben sie für einen XML-Prozessor unterscheidbar, weil sie zu unterschiedlichen Elementen gehören.

```
<einrichtung>
  <tisch farbe="blau">Esstisch rund</tisch>
  <stuhl farbe="beige">Vierbeinstuhl</stuhl>
</einrichtung>
```

Werden mehrere Paare von Attributnamen und Attributwerten verwendet, werden sie durch ein Leerzeichen getrennt. Für die Attributnamen gelten dieselben Vorschriften wie für die Elementnamen. Während Elemente andere Elemente enthalten können, ist dies bei Attributen nicht erlaubt. Die Attributwerte wiederum müssen jeweils mit den oberen, doppelten Anführungszeichen oder mit dem Apostroph eingeschlossen werden. Die Werte selbst dürfen nur Literale sein. Innerhalb des Literals dürfen die Markupzeichen »<«, »>« und »&« nicht verwendet werden. Sie sind durch `<`, `>` und `&`, also durch so genannte Entitätsreferenzen zu maskieren. Dazu weiter unten gleich mehr.

Wenn Sie eine Art von Begrenzungszeichen verwenden, um einen Attributwert einzuschließen, können Sie die anderen Begrenzungszeichen innerhalb des Literals verwenden.

```
<antwort text="Er sagte: ´So geht es nicht´">
```

Auch leere Elemente können mit Attributen versehen werden.

```
<leer name="leeres Element"/>
```

ist also erlaubt.

Solche leeren Elemente werden zum Beispiel verwendet, um im Dokument Stellen für Daten in einem Nicht-XML-Format zu reservieren, etwa für Bilder, Videos oder Sounds. Dabei werden die Informationen zu diesen Datenquellen über Attribute des leeren Elements festgehalten.

2.2 Die Regeln der Wohlgeformtheit

Bei der Prüfung von XML-Dokumenten wird grundsätzlich zwischen der Prüfung der Wohlgeformtheit und der Gültigkeit unterschieden. Auch wenn ein XML-Dokument mit einer DTD oder einem XML Schema verknüpft ist, kann es ein XML-Prozessor dabei bewenden lassen, nur die Wohlgeformtheit zu überprüfen.

Wenn auf eine Gültigkeitsprüfung verzichtet wird, besteht allerdings keinerlei Gewähr, dass Daten zum Beispiel in einem bestimmten Datenformat vorliegen. Werden solche Daten von Anwendungsprogrammen weiterverarbeitet, müssen diese Programme folglich selbst dafür sorgen, dass die zunächst ungeprüften Daten korrekt verarbeitet werden können. Das muss aber, beispielsweise bei Lösungen innerhalb eines Intranets, kein Problem sein.

Dass mit Wohlgeformtheit nicht unbedingt viel erreicht ist, wird schlagartig durch die folgenden Zeilen deutlich:

```
<tierprodukte>
  <milchprodukt>Käse</milchprodukt>
  <getreidesorte>Weizen</getreidesorte>
</tierprodukte>
```

Hier ist zwar kein syntaktischer Fehler zu finden, aber auf der Ebene der Bedeutungen ist gleich offensichtlich, dass etwas nicht stimmen kann.

2.3 Elemente oder Attribute?

In der Regel sollten Attribute verwendet werden, um Zusatzinformationen zu der Information darzustellen, die das Element selbst enthält. Es liegt aber nicht immer auf der Hand, welche Aspekte eines Dokuments oder einer Datenstruktur besser als Element oder besser als Attribut behandelt werden sollten.

```
<an name="Clara Donna" email="cd@clarad.de">
```

ist ebenso akzeptabel wie

```
<an>
  <name>Clara Donna</name>
  <email>cd@clarad.de </email>
</an>
```

Prinzipiell sind Attribute immer einem Element zugeordnet, anstelle eines Attributs kann aber häufig auch ein Unterelement verwendet werden. Im Unterschied zu Elementen können Attribute keine Unterelemente oder Unterattribute enthalten. Ein Nachteil von Attributen ist auch, dass der Zugriff auf die Attributwerte über Anwendungen, etwa mit Hilfe der Schnittstellen des Document Object Models (DOM), umständlicher ist als der auf den Inhalt von Elementen. Auch wenn Sie die Daten mit Cascading Stylesheets anzeigen wollen, sind Elemente vorzuziehen.

Ein gewisser Vorteil von Attributen dagegen ist, dass ihre Reihenfolge nicht wie bei Elementen fixiert werden muss.

Wenn es um tatsächlich getrennte oder begrifflich sinnvoll separierbare Einheiten in einem Gegenstandsbereich geht, sollte allerdings normalerweise mit Elementen gearbeitet werden, zumal dadurch der Aufbau von Links auf diese Einheiten ermöglicht wird, etwa durch ID- und IDREF-Attribute in einem XSLT-Stylesheet.

2.4 Reservierte Attribute

Durch die XML-Spezifikation werden zwei Attribute vorgegeben, die in jedem Element verwendet werden können. Das eine – **xml:lang** – wird zur Identifikation der Sprache verwendet, die für die Inhalte eines Dokuments oder einzelner

Elemente gilt, das andere Attribut – **xml:space** – erlaubt Festlegungen zur Behandlung von Leerraum im Inhalt eines Elements. Obwohl die Attribute vorgegeben sind, müssen sie innerhalb einer DTD explizit deklariert werden, wenn sie zum Einsatz kommen sollen.

2.4.1 Sprachidentifikation

In den folgenden Elementen

```
<zeile xml:lang="en">to be or not to be</zeile>
<zeile xml:lang="de">Sein oder Nichtsein</zeile>
```

wird durch das `xml:lang`-Attribut erkennbar, welche Sprache für den Inhalt des Elements verwendet wird. Auf diese Weise kann zum Beispiel ein Stylesheet entwickelt werden, das dem Wunsch eines Anwenders entsprechend die Zeile einmal in der einen, einmal in der anderen Sprache ausgibt. Die Einstellung gilt jeweils auch für die Unterelemente.

Als Werte des Attributs werden die zweistelligen Ländercodes verwendet, die durch **ISO 639** genormt sind. Auch Subcodes für regionale Sprachen sind möglich, etwa `"en-US"` oder `"en-GB"`.

Die zweite Möglichkeit sind Identifizierer, die bei der Internet Assigned Numbers Authority – **IANA** – registriert sind. Diese beginnen immer mit `i-` oder `I-`.

Auch eigene Codes können verwendet werden, wenn ein »x-« davor gesetzt wird.

2.4.2 Leerraumbehandlung

Mit dem Attribut `xml:space` können Sie versuchen, Einfluss darauf zu nehmen, wie ein XML-Prozessor mit Leerräumen im Inhalt von Elementen umgeht. Leerräume sind Leerzeichen, Tabulatoren und Leerzeilen. Auch diese Einstellung gilt jeweils für das Element und die Unterelemente. Es gibt zwei mögliche Werte:

- `preserve` meldet der Anwendung den Wunsch, dass alle Leerräume, so wie sie vorhanden sind, erhalten bleiben.
- `default` stellt der Anwendung, die die Daten verarbeitet, anheim, deren Vorgabe für den Umgang mit Leerraum zu verwenden.

Der Inhalt des folgenden Elements sollte also in einer Anwendung genau so erscheinen, wie eingegeben.

```
<zeile xml:space="preserve">
T o o o r !
</zeile>
```

Es hängt allerdings von der Anwendung ab, ob sie diesem Hinweis folgt oder in diesem Fall die Leerzeilen einfach entfernt.

2.5 Entitäten und Verweise darauf

Es ist schon angesprochen worden, dass die speziellen Zeichen, die in XML für Markups verwendet werden, nicht ohne weiteres innerhalb des Inhalts eines Elements oder innerhalb eines Attributwerts auftauchen können. Es gibt nun mehrere Möglichkeiten, Zeichen davor zu schützen, von einem XML-Prozessor als Markup-Zeichen ausgewertet zu werden, wenn sie als Inhalt eines Elements oder innerhalb eines Attributwerts benötigt werden.

2.5.1 Eingebaute und eigene Entitäten

Der eine Weg ist die Verwendung von Entitäten und Referenzen auf diese Entitäten. XML bringt fünf solcher Entitäten schon mit:

Entität	Entitätsreferenz	Bedeutung
Lt	<	< (kleiner als)
Gt	>	> (größer als)
amp	&	& (Ampersand)
apos	'	' (Apostrophe oder einfache Anführung)
quot	"	" (doppelte Anführung)

Ein Firmenname wie `B&B` kann auf diese Weise als `B&B` eingegeben werden.

Zusätzlich zu den eingebauten Entitäten können eigene Entitäten definiert werden, ähnlich wie es auch in HTML möglich ist. Dies kann innerhalb einer Dokumenttyp-Definition geschehen. Wie dies gemacht wird, ist in Abschnitt 3.9 beschrieben.

Um solche Entitäten zu verwenden, wird dieselbe Schreibweise verwendet wie bei den eingebauten Entitäten. Wird beispielsweise in der DTD ein Kürzel GB für Geschäftsbedingungen abgelegt, kann der Ersetzungstext mit

```
&GB;
```

referenziert werden.

2.5.2 Zeichenentitäten

Eine weitere Methode, Zeichen indirekt einzubringen, etwa wenn das Eingabegerät bestimmte Zeichen nicht zur Verfügung stellt, sind Zeichenreferenzen, die mit Hilfe von dezimalen oder hexadezimalen Zahlen arbeiten, die auf den Unicode-Zeichensatz verweisen. Die Schreibweise ist ähnlich wie bei den Entitätsreferenzen, nur wird dem &-Zeichen noch ein #-Zeichen nachgestellt:

```
&#169;
&#xA9;
```

liefern beide das Copyright-Zeichen.

```
&#x20AC;
```

oder

```
&#8364;
```

liefern das EURO-Symbol.

Werden Entitätsreferenzen verwendet, muss das Dokument nach der Auflösung der Referenzen, also nachdem das Kürzel gegen den Ersetzungstext getauscht worden ist, weiterhin ein wohlgeformtes Dokument sein.

Solche Entitätsreferenzen sind deshalb auch nur erlaubt, wenn sie Bezüge auf »parsed data« enthalten, direkte Bezüge auf »unparsed data« sind nicht erlaubt. Solche Bezüge müssen auf einem Umweg über Attributwerte vom Typ ENTITY oder ENTITIES hergestellt werden. Mehr dazu in Abschnitt 3.9.

2.6 CDATA-Sections

Wenn es sich ergibt, dass größere inhaltliche Teile eines XML-Dokuments sehr häufig reservierte Markup-Zeichen benötigen, etwa ein Dokument, das selbst wiederum ein anderes XML- oder HTML-Dokument beschreibt oder Skript-Code enthält, kann es mühsam werden, jedes Mal mit Zeichen- oder Entitätsreferenzen zu arbeiten. In diesem Fall ist es praktischer, CDATA-Blöcke zu verwenden. Hier ein kleines Beispiel:

```
<![CDATA[
  Tags in XML werden immer mit < und > begrenzt.
]]>
```

Ein solcher Block von Character Data beginnt mit dem String `<![CDATA[` und endet mit dem so genannten CDEnd-String `]]>`. Alle Zeichen, die sich dazwischen befinden, werden von einem XML-Prozessor nicht als Markup interpretiert. Sie können also ungehindert die spitzen Klammern oder den Ampersand verwenden. Nur die Zeichenfolge]]> selbst darf nicht innerhalb des Textes der CDATA-Section vorkommen.

2.7 Kommentare

Über die Nützlichkeit von Kommentaren muss man Entwicklern keine Vorträge zu halten, obwohl manchmal eher zu wenige als zu viele verwendet werden. Das gilt auch für XML, obwohl die »sprechenden« Tags das Dokument schon in einem bestimmten Umfang selbst dokumentieren.

Zur eigenen Erinnerung oder zur Information für andere lassen sich Kommentare überall in das XML-Dokument einbetten, sie sind nur nicht innerhalb von Tags oder Deklarationen erlaubt, im Unterschied übrigens zu SGML.

```
<!--
das Dokument muss noch mit einem Schema verknüpft werden
-->
```

Wie in HTML beginnt ein Kommentar mit <!-- und endet mit -->. Die Zeichenfolge -- darf nicht innerhalb des Kommentars verwendet werden. Deshalb sind auch Kommentare innerhalb von Kommentaren verboten. Wenn Sie ein Element oder einen Teilbaum von Elementen vorübergehend herausnehmen wollen, können Sie die gesamte Gruppe auskommentieren:

```
<!--
<element>
  <unterelement>
  </unterelement>
</element>
-->
```

Streng beachtet werden muss, dass keine Kommentare vor der XML-Deklaration erscheinen dürfen, wenn diese verwendet wird. Dokumente ohne XML-Deklaration dürfen dagegen mit einem Kommentar beginnen!

2.8 Verarbeitungsanweisungen

Es ist möglich, in das XML-Dokument Verarbeitungsanweisungen – processing instructions – für den XML-Prozessor einzubetten. Ihr Inhalt gehört nicht zu den Zeichendaten, aus denen das Dokument besteht.

Die Anweisungen beginnen immer mit <? und enden mit ?>. Sie geben zunächst ein Ziel an, das die Anwendung identifizieren soll, an die sich die Anweisung richtet, dann folgen die Daten der Anweisung selbst.

Welche Anweisungen möglich sind, hängt davon ab, was der verwendete Prozessor versteht und was nicht. Sie sind also nicht durch die XML-Spezifikation vorgegeben. Zweck einer solchen Anweisung kann zum Beispiel die Verknüpfung des Dokuments mit einem Stylesheet sein:

```
<?xml-
stylesheet type="text/css" href="praesentation.css" media="screen"?>
```

Da diese Instruktion in der ursprünglichen Spezifikation von XML nicht vorgesehen ist – das Wort Stylesheet taucht darin nicht auf –, wurde dafür im Sommer 1999 extra eine kleine Empfehlung **Associating Style Sheets with XML documents** über die Zuordnung von Stylesheets zu XML-Dokumenten herausgegeben, in der die `xml-stylesheet`-Anweisung definiert ist.

XML-Prozessoren wie sie zum Beispiel im Internet Explorer ab Version 5 integriert sind, verstehen eine solche Anweisung und geben ein XML-Dokument in dem zugewiesenen Format aus. Mehr dazu in Kapitel 9, *Programmierschnittstellen für XML*.

2.9 Namensräume

Eine der ersten Erweiterungen des XML-Standards war die Empfehlung »Namespaces in XML«, die bereits ein Jahr nach der Verabschiedung von XML 1.0 im Februar 1998 veröffentlicht wurde. Die Freiheit, die XML bei der Wahl von Element- und Attributnamen gibt, wirft überall dort ein Problem auf, wo gleiche Namen mit unterschiedlichen Bedeutungen verwendet werden. Da XML-Dokumente auch dazu entworfen werden, dass sie von unterschiedlichen Programmen ausgewertet und bearbeitet werden können, können Mehrdeutigkeiten schnell zu unerwünschten Ergebnissen führen.

2.9.1 Das Problem der Mehrdeutigkeit

Ein einfaches Beispiel ist etwa ein Elementname wie `<beitrag>`, der in dem einen Kontext den Mitgliedsbeitrag in einem Verein benennt, in einem anderen Kontext einen Artikel in einer Zeitschrift und in einem dritten Kontext eine Arbeitsleistung, etwa innerhalb eines Projekts. Während bei dem ersten Element ein Programm beispielsweise prüfen soll, ob es Beitragsrückstände gibt, könnte im letzten Fall eine Berechnung der Arbeitszeit angestoßen werden.

Zwar wäre es jedes Mal möglich, den Namen entsprechend zu spezifizieren und die entsprechenden Elemente als `<mitgliedsbeitrag>`, `<textbeitrag>` und `<projektbeitrag>` zu differenzieren, aber erstens kann dies in vielen Fällen zu eher künstlichen Bezeichnungen führen und zweitens kann man niemals sicher sein, dass beim Design eines XML-Vokabulars diese Regel immer beachtet wird.

2.9.2 Eindeutigkeit durch URIs

Da XML-Vokabulare aber auch unter dem Gesichtspunkt entwickelt werden, möglichst wieder verwendbar zu sein, lag es nahe, dafür eine andere Lösung zu suchen. Hier hat das W3C ein relativ einfaches Verfahren eingeführt, um die Eindeutigkeit von Namen für Elemente und Attribute zu gewährleisten. Dabei werden die einzelnen Namen als Teile eines bestimmten Namensraums behandelt. Namensräume werden dabei schlicht als Ansammlungen von Namen vorgestellt, die zu einem bestimmten Gegenstandsbereich gehören. Diese Ansammlung benötigt keine bestimmte Struktur, wie es etwa bei einer DTD der Fall ist. Es reicht eine einfache Zugehörigkeit: Der Name `a` gehört zum Namensraum `x`. Das schließt aber nicht aus, sich auch auf eine DTD als Namensraum zu beziehen.

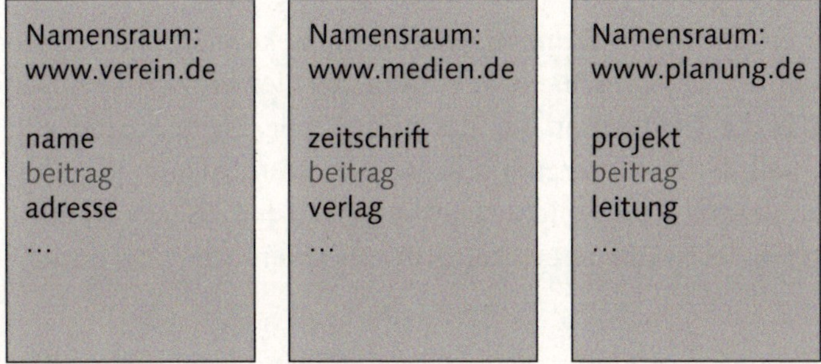

Abbildung 2.6 Gleichlautender Name in verschiedenen Namensräumen

Mit der Angabe eines Namensraums wird der Kontext angegeben, in dem ein bestimmter Name seine ganz spezielle Bedeutung erhält. XML-Namensräume werden über eine URI-Referenz, also in der Regel einen URL identifiziert. (Dabei wird eine solche Referenz nur als identisch betrachtet, wenn sie Zeichen für Zeichen gleich ist, also unter Beachtung der Groß/Kleinschreibung.) Diese URI-Referenz wird aber nur verwendet, um dafür zu sorgen, dass der Namensraum auch eindeutig ist. Man nutzt also die Tatsache, dass URI-Referenzen immer eindeutig sein müssen, um dem Prozessor einen eindeutigen Namen für den Namensraum zu liefern.

Der Prozessor sieht keineswegs bei dem entsprechenden URL nach, ob dort ein Namensraum abgelegt ist. (Das W3C hinterlegt unter den URLs der von ihm selbst gepflegten Namensräume lediglich Hinweise, aber keine Listen der Namen.) Es handelt sich also im Grunde um eine Formalität, deren Zweck es ist, den Namensraum dauerhaft und eindeutig zu identifizieren. Solange der Schema-Autor einen URL verwendet, dessen Einmaligkeit er kontrollieren kann, weil er ja die Eindeutigkeit seines URLs kennt, gibt es keine Probleme für den XML-Prozessor.

2.9.3 Namensraumname und Präfix

Dass ein Name zu einem bestimmten Namensraum gehört, kann zum Zweck der Vereinfachung durch ein Präfix angegeben werden, das dem Namen vorgesetzt wird, wobei zur Trennung ein Doppelpunkt verwendet wird. Dieses Präfix kann bei der Deklaration eines Namensraums zugewiesen werden.

Das Präfix dient einfach nur als Abkürzung für den Namen des Namensraums, der XML-Prozessor wird diese Abkürzung immer durch den eigentlichen Namensraumnamen, also den URI, ersetzen.

2.9.4 Namensraumdeklaration und QNamen

Um Namensräume in einem XML-Dokument verwenden zu können, müssen sie zunächst deklariert werden. Dies geschieht in Form eines Elementattributs. Der Namensraum ist durch die Deklaration für das betreffende Element und alle Kindelemente gültig. Soll der Namensraum also im gesamten Dokument gültig sein, muss das Attribut dem Wurzelelement zugewiesen werden. Es ist aber auch möglich, erst auf einer tieferen Ebene ein Element mit einem Namensraum zu versehen.

Für die Deklaration werden reservierte Attribute verwendet. In dem folgenden Beispiel ordnet die Namensraumdeklaration dem Namensraumnamen `http://mitglieder.com/organisation` das Präfix `mtg` zu.

```
<mitglieder xmlns:mtg="http://mitglieder.com/organisation">
...
</mitglieder>
```

Dieses Präfix kann anschließend verwendet werden, um für ein Element oder Attribut anstelle eines einfachen Namens einen qualifizierten Namen – **QName** – zu verwenden.

```
<mtg:beitrag>100</mtg:beitrag>
```

In diesem Fall nennt das Element nicht nur seinen Namen, sondern gibt zugleich an, zu welchem Namensraum es gehört. Der qualifizierte Name beugt der Gefahr der Mehrdeutigkeit eines Namens vor, indem er ihn durch die Zuordnung zu einem Namensraum erweitert. Er besteht in diesem Fall aus dem Präfix, das die Bindung an den Namensraum herstellt, dem Doppelpunkt als Trennzeichen und dem lokalen Namen des Elements. Auch bei Attributnamen kann so verfahren werden.

Das Präfix kann frei gewählt werden, nur die Zeichenfolge `xml` ist für den Namensraum `http://www.w3.org/XML/1998/namespace` und `xmlns` für die Einbindung von Namensräumen reserviert.

Innerhalb eines XML-Dokuments werden die mit Präfix versehenen Namen allerdings ansonsten wie normale Namen behandelt oder wie Namen, die einen Doppelpunkt als eines der Zeichen enthalten.

2.9.5 Einsatz mehrerer Namensräume

Wenn erforderlich, kann auch mit mehreren Namensräumen gearbeitet werden:

```
<mtg:mitglieder xmlns:mtg="http://XMLbeisp.com/organisation"
                xmlns:pro="http://XMLbeisp.com/abrechnung"
                xmlns:mass="http://XMLbeisp.com/masse">
  <mtg:mitglied>
    <mtg:name>Hansen</name>
    <mtg:beitrag mass:waehrung="EUR">100</beitrag>
    <mtg:projekt>
      <pro:beschreibung>Haussanierung</pro:beschreibung>
      <pro:beitrag mass:einheit="Std" pro:status="ehrenamtlich">20
      </pro:beitrag>
    </mtg:projekt>
  </mtg:mitglied>
</mtg:mitglieder>
```

Mit Hilfe der Präfixe lassen sich die unterschiedlichen Elemente und Attribute exakt dem jeweils gültigen Namensraum zuordnen. Allerdings ist es beim Einsatz mehrerer Namensräume oft praktisch, einen dieser Namensräume als Vorgabe zu verwenden. Dies geschieht dadurch, dass bei der Deklaration kein Präfix zugeordnet wird. In der folgenden Variante des letzten Beispiels wird der erste angegebene Namensraum als Vorgabe verwendet:

```
<mitglieder xmlns="http://XMLbeisp.com/organisation"
            xmlns:pro="http:// XMLbeisp.com/abrechnung">
  <mitglied>
    <name>Hansen</name>
    <beitrag waehrung="EUR">100</beitrag>
```

```
    <projekt>
      <pro:beschreibung>Haussanierung</pro:beschreibung>
      <pro:beitrag einheit="Std">20</pro:beitrag>
    </projekt>
  </mitglied>
</mitglieder>
```

Bei den Elementen, die zum vorgegebenen Namensraum gehören, kann dann auf ein Präfix verzichtet werden, was die Dokumente lesbarer macht. Trotzdem handelt es sich bei diesen Elementnamen um qualifizierte Namen, auch wenn das sonst verwendete Präfix gleichsam unsichtbar geworden ist. Darauf wird später noch einmal eingegangen werden, wenn es um die Validierung von Dokumenten geht, die Namensräume verwenden. Werden Attribute ohne Präfix benannt, gehören sie dagegen nicht zum vorgegebenen Namensraum.

Die Voreinstellung auf einen bestimmten Namensraum, die beispielsweise innerhalb des Wurzelelements vorgenommen worden ist, kann auf einer tieferen Ebene auch wieder überschrieben werden, indem erneut das Attribut `xmlns` ohne Präfixzuordnung verwendet wird. Die neue Vorgabe gilt dann aber nur für diese Ebene und eventuelle Kindelemente dieser Ebene. Soll eine Vorgabe ganz aufgehoben werden, kann auch mit dem Wertepaar `xmlns=""` gearbeitet werden.

2.9.6 XML Version 1.1

Das W3C hat 2004 eine Version XML 1.1 verabschiedet, um der Weiterentwicklung von Unicode besser zu entsprechen. In der XML-Version 1.0 sind zwar für Elementinhalte und Attributwerte fast alle Unicode-Zeichen zugelassen, für Element- und Attributnamen, für Aufzählungen vorgegebener Attributwerte und für die Formulierung des Ziels von Verarbeitungsanweisungen sind aber nur die Zeichen zugelassen, die bereits in Unicode 2.0 enthalten sind. Um kommende Erweiterungen von Unicode zuzulassen, führt die Version XML 1.1 hier eine Lockerung ein und lässt auch in den Namen alle Zeichen zu, die nicht ausdrücklich verboten sind.

Die zweite Änderung betrifft die Behandlung von Leerraum. Um bisherige Umständlichkeiten beim Datenaustausch mit Großrechnern von IBM und dazu kompatiblen Systemen zu vermeiden, wird den bisher für Leerraum verwendeten Zeichen – Space, Tab, CR, LF – noch ein NEL-Zeichen (Newline, U+0085 bzw. #x85) hinzugefügt. Zudem wird noch das Unicode-Zeilentrennzeichen U+2028 bzw. #x2028 unterstützt. Mit Ausnahme der erwähnten Leerraumzeichen dürfen Steuerzeichen im Codebereich #x1 bis #x1F und #x7F bis #x9F allerdings nur in Form von Zeichenreferenzen verwendet werden, damit XML-Dateien auch weiterhin von normalen Texteditoren angezeigt und bearbeitet werden können. Verboten in jeder Form bleibt dagegen das NUL-Zeichen (#x00).

Um den binären Vergleich von zwei Zeichenfolgen zu vereinfachen, soll außerdem eine Unicode-Normalisierung dafür sorgen, dass für jedes Zeichen eine einheitliche Schreibweise verwendet wird. Das ist bisher nicht unbedingt der Fall. Umlaute können beispielsweise durch ein einzelnes Zeichen oder als Kombination von zwei Zeichen dargestellt werden. Da diese Normalisierung aber in einem XML-Parser nicht einfach zu implementieren ist, kann die Umsetzung dieser Anforderung noch geraume Zeit dauern.

Obwohl die Änderungen von Version 1.0 zu 1.1 insgesamt gering bleiben, sind die entsprechenden XML-Dokumente nicht kompatibel. Eine XML 1.1-Datei ist für einen Version-1.0-Parser unter Umständen also nicht wohlgeformt.

Insgesamt folgt aus all dem, dass die Version 1.1 wohl über die nächsten Jahre in der praktischen Arbeit mit XML-Daten kaum eine Rolle spielen wird. Aus diesem Grunde wird in diesem Buch auch weiterhin von der Version 1.0 ausgegangen.

Soll die Gültigkeit eines XML-Dokuments auf ein bestimmtes Vokabular eingeschränkt werden, ist der Entwurf von Inhaltsmodellen notwendig. Das bisher dafür etablierte Verfahren ist die Definition von Dokumenttypen.

3 Dokumenttypen und Validierung

SGML – the mother of XML – ist zunächst hauptsächlich zur Bewältigung umfangreicher, strukturierter Textmengen entworfen worden. Die Erfahrungen beim Umgang mit solchen Texten haben zu dem Konzept des **Dokumenttyps** geführt. Texte, wie sie in einem Buch, einem Artikel oder einer Gebrauchsanweisung dargeboten werden, haben eine innere Struktur, die sich in abstrakte Informationseinheiten gliedern lässt.

Es erwies sich aber sofort, dass die Verfahren, die für die Strukturierung von Textdokumenten angewendet werden können, auch für die Informationsmodellierung in ganz anderen Bereichen anwendbar sind.

3.1 Metasprache und Markup-Vokabulare

So wie sich ein Text in Einleitung, Hauptteil und Nachwort gliedern lässt, der Hauptteil wiederum in Kapitel und Unterkapitel, die Unterkapitel in Abschnitte etc., so kann beispielsweise ein Projekt in Vorbereitungsphase, Durchführungsphase und Nachbereitungsphase zerlegt werden.

Die Beschreibung eines Produkts kann gegliedert werden in die darin enthaltenen Teilprodukte bis hinunter zur Ebene der Grundbausteine, aus denen das Produkt zusammengesetzt ist. In allen Fällen liegt es nahe, solche hierarchischen Zusammenhänge durch eine grafische Darstellung zu verdeutlichen, deren Kern eine geordnete Baumstruktur ist, geordnet in dem Sinn, dass die Anordnung der Elemente nicht beliebig ist.

3.1.1 Datenmodelle

Die Arbeit, einen Gegenstandsbereich in einem abstrakten Datenmodell abzubilden, ist zunächst ganz unabhängig von technischen Vorschriften oder Einschränkungen. Es geht dabei darum, einen wie immer gearteten Bereich in sinnvoller Weise zu gliedern, also so, wie es seiner inneren Logik entspricht.

Da es aber nicht nur darum geht, dass ein solches Informationsmodell von Menschen verstanden wird, sondern dass auch Maschinen bzw. Programme mit diesen Modellen etwas anfangen können, sind formale Beschreibungswerkzeuge notwendig, die in der Lage sind, das Modell entsprechend zu repräsentieren.

3.1.2 Selbstbeschreibende Daten und Lesbarkeit

Damit ein Programm die Gültigkeit eines Dokuments in der oben schon angesprochenen Weise durch einen Abgleich mit einem zugeordneten Schema prüfen kann, muss die Beschreibung dieses Schemas selbst in einer auch von Maschinen lesbaren Sprache abgefasst sein. Das heißt, sie muss sich einer formalen Sprache bedienen.

Bei den Dokumenttyp-Definitionen, den DTDs, die dafür bisher hauptsächlich verwendet werden, ist diese Sprache zunächst von SGML bereitgestellt worden. Für XML wurde die entsprechende Syntax übernommen. Die Spezifikation von DTD ist direkt in die Spezifikation von XML eingearbeitet worden.

3.1.3 Dokumenttyp-Definition – DTD

Eine DTD definiert eine bestimmte Klasse von Dokumenten, die alle vom gleichen Typ sind, indem sie verbindlich das Vokabular und die Grammatik für die Auszeichnungssprache festlegt, die bei der Erstellung des Dokuments verwendet werden soll und darf.

Das Dokument, das mit einem bestimmten Datenmodell übereinstimmt, wird deshalb auch als Instanz des Modells betrachtet, ähnlich wie in der objektorientierten Programmierung ein Objekt als Instanz einer Klasse behandelt wird.

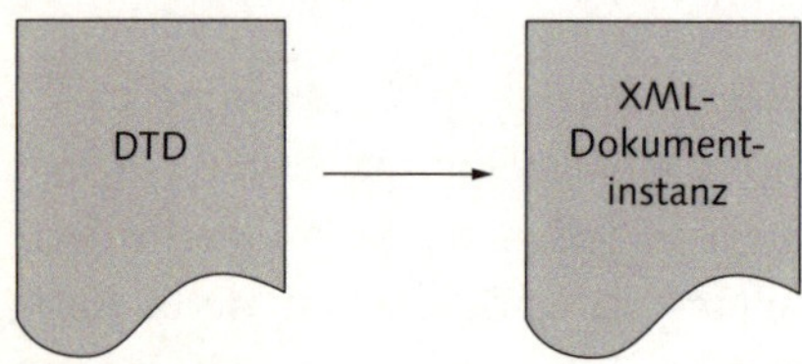

Abbildung 3.1 Ein XML-Dokument, das einer DTD entspricht, ist eine Dokumentinstanz dieser DTD

Wie mächtig eine DTD sein kann, wird an der Tatsache deutlich, dass alle Webseiten im Grunde Instanzen einer einzigen Klasse von Dokumenten sind, die mit der DTD für HTML definiert ist.

Die XML 1.0-Spezifikation geht im Übrigen noch explizit davon aus, dass die Gültigkeit von XML-Dokumenten gegen eine entsprechende DTD geprüft wird und enthält dazugehörige Regeln.

3.1.4 XML Schema

Inzwischen kann das Schema für ein Datenmodell aber auch in einer XML-Syntax beschrieben werden, mit Hilfe eines XML Schemas. Dieses spezielle Vokabular zur Beschreibung einer Datenstruktur wurde inzwischen vom W3C als Standard verabschiedet, sodass davon ausgegangen werden kann, dass die XML Schemas in Zukunft den Platz der DTDs übernehmen werden. Mit Hilfe von XML Schemas können präzise Angaben zu den Datentypen gemacht werden, die für die einzelnen Elemente oder Attributwerte erlaubt werden sollen.

Da aber DTDs inzwischen in zahlreichen gewichtigen Varianten für die verschiedensten Sachgebiete bereits im Einsatz sind – zwei Beispiele werden wir zum Schluss dieses Kapitels kurz vorstellen: SVG und SMIL –, werden wir in diesem Buch beide Formen der Strukturbeschreibung von Dokumenten nacheinander behandeln, allerdings bereits mit einem deutlichen Schwerpunkt auf dem endlich verabschiedeten XML Schema-Standard.

Wer gewohnt ist, Schemas für Datenbanktabellen zu entwerfen, dem wird die Aufgabe der Datenmodellierung mit XML Schema sicher nicht fremd sein, auch wenn XML dafür ein spezielles Vokabular zur Verfügung stellt, das erst einmal gelernt werden will.

3.1.5 Vokabulare

Durch die Verkoppelung eines XML-Dokuments mit einer DTD oder einem Schema entsteht jedes Mal eine bestimmte Variante der XML-Sprache, eine Art Dialekt der formalen Art. Es gibt also in gewissem Sinne so viele XML-Sprachen, wie es DTDs und Schemas gibt. Das Spektrum der Aufgaben, die mit Hilfe dieser Spezialsprachen gelöst werden können, ist längst nicht ausgeschöpft, aber so unterschiedliche Sprachvarianten wie MathML, WML, SVG oder SMIL, um nur wenige zu nennen, deuten an, wie tragfähig XML als Metasprache für all diese Sprachen ist.

Ob DTDs oder Schemas ihren Zweck erfüllen, hängt natürlich hauptsächlich davon ab, wie sie den Gegenstandsbereich, auf den sie sich beziehen, repräsentieren. Dabei kommt es darauf an, dass die Anwendungen in dem entsprechenden Bereich mit Hilfe dieser XML-Sprache in einer Weise unterstützt werden, die die in dem Bereich tätigen Anwender nicht nur zufrieden stellt, sondern ihnen gegenüber bisherigen Lösungen einen zusätzlichen Nutzen verspricht.

3.2 Regeln der Gültigkeit

Die Arbeit der Datenmodellierung gewinnt ihren Wert insbesondere dadurch, dass auf der Basis einer einmal fixierten Struktur ein Programm automatisch prüfen kann, ob ein bestimmtes Dokument dieser Struktur tatsächlich entspricht und in diesem Sinne regelgerecht erstellt worden ist. Während sich die oben schon behandelte Prüfung auf Wohlgeformtheit gewissermaßen mit Äußerlichkeiten zufrieden gibt, geht es hierbei um eine wesentlich strengere Prüfung, der ein XML-Dokument unterworfen werden kann, nämlich um die Prüfung auf Gültigkeit.

Allerdings setzt die Prüfung auf Gültigkeit, die auch Validierung genannt wird, immer schon voraus, dass die Prüfung auf Wohlgeformtheit bestanden ist. Diese Prüfung kann stattfinden, wenn Regeln definiert werden, die den Betrachter oder eine Maschine zwischen gültigen und ungültigen Inhalten unterscheiden lassen. Existieren solche Regeln, besteht die Gültigkeit des Dokuments darin, dass es diesen Regeln entspricht. Nicht weniger, aber auch nicht mehr, denn in diesem Zusammenhang sagt Gültigkeit nichts über die Richtigkeit des Inhalts im XML-Dokument aus. Ein Element `<adresse>` kann korrekt aus den Unterelementen `<name>`, `<strasse>`, `<plz>` und `<ort>` zusammengesetzt sein, das hindert aber niemanden daran, eine falsche Postleitzahl einzugeben.

Die Validierung verlangt also ein schematisches Modell, das beschreibt, welche Elemente ein XML-Dokument eines bestimmten Typs enthalten muss und kann, welche Eigenschaften diese Elemente haben müssen oder können und wie Elemente und Attribute innerhalb des Dokuments verwendet werden.

Die Modellierung arbeitet dabei mit bestimmten Einschränkungen, die bei der Erstellung des Dokuments zu beachten sind. Ein Dokument vom Typ Geschäftsbrief muss zum Beispiel eine Betreffangabe enthalten, ein Datum und ein Kürzel des Bearbeiters. Folgt ein Dokument diesem Modell, wird es als Instanz des Modells bezeichnet. Die Beziehung gleicht, wie schon angesprochen, derjenigen zwischen einem Objekt und einer Klasse, die eine Menge von möglichen Objekten gleichen Typs vorgibt, wie es aus der objektorientierten Programmierung vertraut ist.

3.3 DTD oder Schema?

In welcher Situation ist überhaupt ein Dokumentmodell erforderlich und wann ist es ratsam, eine DTD oder ein Schema zu verwenden? Die Antwort auf die erste Frage hängt in erster Linie davon ab, ob sich bestimmte Datenstrukturen häufig wiederholen oder nicht. Wird eine Datenstruktur nur einmal verwendet, ist es nicht nötig, ein Modell dafür zu entwerfen. Sobald bestimmte Datenmengen mehrfach verwendet werden müssen, lohnt sich ein Dokumentmodell zur Kontrolle der Gültigkeit, aber auch, weil aktuelle XML-Editoren aus solchen Modellen Eingabemasken generieren können, die die Datenpflege wesentlich erleichtern.

Wenn Sie auf ein Datenmodell zur Kontrolle der Gültigkeit von XML-Dokumenten verzichten, müssen Sie darauf eingestellt sein, dass ein normaler XML-Prozessor jeden Elementnamen akzeptieren wird, der die Namensregeln von XML nicht verletzt, also keine ungültigen Zeichen enthält. Es gibt in diesem Fall auch keine grammatikalischen Einschränkungen. Ein Element kann einen beliebigen Inhalt haben: Kindelemente, Text, Mischungen aus Elementen und Text oder gar nichts.

Jedes Element kann auch beliebige Attribute enthalten, solange sie eindeutig sind. Allerdings sind nur Attribute vom Typ `CDATA`, also Zeichendaten, erlaubt, Verknüpfungen, wie sie durch `ID`- und `IDREF`-Attribute möglich sind, lassen sich ohne Datenmodell nicht realisieren. Das gilt auch für Vorgabewerte bei Attributen.

Die Entscheidung, ob DTD oder Schema günstiger sind, hängt in erster Linie davon ab, um welche Daten es geht. Anwendungen, die mit Textdokumenten zu tun haben, können mit DTDs gut zurechtkommen, solange nicht sehr spezielle Datenformate eine Rolle spielen, deren Korrektheit zu beachten ist. Anwendungen mit stark differenzierten Datenstrukturen, wie sie von Datenbanksystemen bekannt sind, sollten heute die Möglichkeiten von XML Schema nutzen.

3.4 Definition eines Dokumentmodells

Wenn das XML-Dokument mit einer Dokumenttyp-Definition – also einer DTD – verknüpft werden soll, ist nach der XML-Deklaration eine Dokumenttyp-Deklaration notwendig. Die DTD kann dabei direkt in das Dokument eingebettet werden, und zwar vor dem ersten Element, oder es kann ein Bezug auf eine externe DTD hergestellt werden oder eine Kombination von beidem. Auf die Einzelheiten wird in Abschnitt 3.10 eingegangen.

3.4.1 Interne DTD

Hier zunächst ein kleines Beispiel für eine interne DTD und ein Beispiel für den Bezug auf eine externe DTD:

```
<?xml version="1.0" encoding="iso-8859-1"?>
<!DOCTYPE Lager [
```

```
  <!ELEMENT Absatz (#PCDATA)>
  <!ELEMENT Artnr (#PCDATA)>
  <!ELEMENT Bestand (#PCDATA)>
  <!ELEMENT Bezeichnung (#PCDATA)>
  <!ELEMENT Farbe (#PCDATA)>
  <!ELEMENT Material (#PCDATA)>
  <!ELEMENT Preis (#PCDATA)>
  <!ELEMENT Umsatz_Vorjahr (#PCDATA)>
  <!ELEMENT Umsatz_lfd_Jahr (#PCDATA)>
  <!ELEMENT Warengruppe (#PCDATA)>
  <!ELEMENT Artikel (Artnr, Bezeichnung, Warengruppe, Material,
  Farbe, Bestand, Preis, Absatz, Umsatz_lfd_Jahr, Umsatz_Vorjahr)>
  <!ELEMENT Lager (Artikel+)>
]>
<Lager>
  <Artikel>
    <Artnr>7777</Artnr>
    <Bezeichnung>Jalousie Ccxs</Bezeichnung>
    <Warengruppe>Jalousie</Warengruppe>
    <Material>Kunststoff</Material>
    <Farbe>grau</Farbe>
    <Bestand>100</Bestand>
    <Preis>198</Preis>
    <Absatz>120</Absatz>
    <Umsatz_lfd_Jahr>23801</Umsatz_lfd_Jahr>
    <Umsatz_Vorjahr>67988</Umsatz_Vorjahr>
  </Artikel>
  <Artikel>
    <Artnr>7778</Artnr>
    <Bezeichnung>Jalousie Ccxx</Bezeichnung>
    <Warengruppe>Jalousie</Warengruppe>
    <Material>Metall</Material>
    <Farbe>rot</Farbe>
    <Bestand>200</Bestand>
    <Preis>174</Preis>
    <Absatz>330</Absatz>
    <Umsatz_lfd_Jahr>57600,8</Umsatz_lfd_Jahr>
    <Umsatz_Vorjahr>76800,88</Umsatz_Vorjahr>
  </Artikel>
</Lager>
```

Listing 3.1 lagerbestand.xml

Das XML-Dokument beginnt in diesem Fall mit einer Dokumenttyp-Deklaration, der die Dokumenttyp-Definition, die DTD, gleich folgt. Die gesamte DTD wird dabei in eckige Klammern gesetzt. Erst danach kommen die Daten, die ja den Regeln dieser DTD gehorchen sollen.

3.4.2 Externe DTD

Die im Beispiel vorhandene DTD kann auch aus dem XML-Dokument ausgegliedert werden. Die Datei, für die üblicherweise die Dateierweiterung .dtd verwendet wird, sieht dann so aus:

```
<!ELEMENT Absatz (#PCDATA)>
  <!ELEMENT Artnr (#PCDATA)>
  <!ELEMENT Bestand (#PCDATA)>
  <!ELEMENT Bezeichnung (#PCDATA)>
  <!ELEMENT Farbe (#PCDATA)>
  <!ELEMENT Material (#PCDATA)>
  <!ELEMENT Preis (#PCDATA)>
  <!ELEMENT Umsatz_Vorjahr (#PCDATA)>
  <!ELEMENT Umsatz_lfd_Jahr (#PCDATA)>
  <!ELEMENT Warengruppe (#PCDATA)>
  <!ELEMENT Artikel (Artnr, Bezeichnung, Warengruppe, Material,
  Farbe, Bestand, Preis, Absatz, Umsatz_lfd_Jahr, Umsatz_Vorjahr)>
  <!ELEMENT Lager (Artikel+)>
```

Für den Bezug auf diese externe DTD wird im XML-Dokument folgende Syntax verwendet:

```
<?xml version="1.0" encoding="iso-8859-1"?>
<!DOCTYPE Lager SYSTEM "Lager.dtd">
```

Wie Sie sehen, wird als Name der DTD immer der Name des Wurzelelements des entsprechenden Dokumenttyps verwendet.

Das Beispiel zeigt, dass DTDs direkt in ein XML-Dokument eingebettet oder mit dem XML-Dokument verknüpft werden können. Auch eine Mischung von internen und externen DTDs ist möglich, etwa um eine in einem Anwendungsbereich verwendete DTD für eine spezielle Situation zu erweitern oder auch einzuschränken.

3.5 Deklarationen für gültige Komponenten

Wir wollen hier zunächst an einem übersichtlichen Beispiel – einem Kursprogramm – die einzelnen Komponenten einer DTD anhand einer internen Verwendung beschreiben. Technisch besteht die Definition eines Dokumenttyps aus einer Zusammenstellung von Markup-Deklarationen, d.h. in der DTD wird bestimmt, welche Markups oder Tags in einem Dokument verwendet werden dürfen und müssen und in welcher Weise dies zu geschehen hat. Die DTD legt also Einschränkungen fest, die die große Tag-Freiheit in einem nur wohlgeformten XML-Dokument ersetzt durch das harte Regime eines fixierten Vokabulars.

Man muss im Auge behalten, dass ein XML-Dokument aus der Umzäunung durch eine DTD ausbrechen kann, ohne den Status eines wohlgeformten Dokuments zu verlieren. Wenn der XML-Prozessor auf eine Bewertung der Gültigkeit verzichtet, kann ein solches Dokument also durchaus verarbeitet werden.

Eine Dokumenttyp-Definition ist entweder innerhalb einer Dokumenttyp-Deklaration eingebettet oder in einer separaten Datei abgelegt, auf die dann eine Dokumenttyp-Deklaration in einem XML-Dokument Bezug nimmt.

3.5.1 Vokabular und Grammatik der Informationseinheiten

Die Dokumenttyp-Definition ist ein Vokabular und eine Grammatik für eine bestimmte Klasse von Dokumenten, und zwar in Form von Markup-Deklarationen. Markup-Deklarationen wiederum werden benutzt, um vier mögliche Komponenten, aus denen sich ein XML-Dokument zusammensetzen kann, festzulegen:

- Elementtyp-Deklarationen
- Attributlistendeklarationen
- Entitätsdeklarationen
- Notationsdeklarationen

3.5.2 Syntax der Dokumenttyp-Deklaration

Die Dokumenttyp-Deklaration, die mit `<!DOCTYPE` startet, benennt den Dokumenttyp und legt damit zugleich den Namen des obersten Elements fest, das für Dokumente dieser Klasse verwendet wird. Wenn der hinter dem Schlüsselwort **DOCTYPE** verwendete Name nicht mit dem Namen des obersten Elements des Dokuments übereinstimmt, wird ein XML-Prozessor das Dokument nicht als gültig anerkennen.

Die Deklaration muss hinter der XML-Deklaration und vor dem ersten Element des Dokuments eingefügt werden. Kommentare sind in jeder Zeile erlaubt. Hier das Skelett eines XML-Dokuments mit einer eingebetteten DTD, die zunächst nur ein einziges Element deklariert.

```
<?xml version="1.0">
<!DOCTYPE  kursprogramm  [
<!ELEMENT kursprogramm (kurs+)>
```

```
]>
<kursprogramm>
...
</kursprogramm>
```

3.5.3 Syntax der Elementtyp-Deklaration

Die Definition des unter dem angegebenen Namen `kursprogramm` deklarierten Dokumenttyps beginnt mit der ersten Elementtyp-Deklaration. Wenn ein Element im XML-Dokument als gültig angesehen werden soll, muss in der DTD eine Typdeklaration für dieses Element aufgeführt sein. Diese Deklaration beginnt wiederum mit `<!ELEMENT`, gefolgt vom Namen des Elementtyps. Hinter dem Namen des Elements folgt eine verbindliche Angabe darüber, was der Inhalt des Elements sein soll und darf. Die allgemeine Syntax einer Element-Deklaration ist also:

```
<!ELEMENT Name Inhaltsmodell>
```

Über die Einschränkungen, die die Namen von Elementen betreffen, ist in Abschnitt 2.1.9 bereits gesprochen worden. Namen müssen mit einem Buchstaben oder einem Unterstrich beginnen. Auch ein Doppelpunkt ist erlaubt, sollte aber vermieden werden, weil ja im XML-Dokument der Doppelpunkt für die Trennung des Namensraumpräfix vom lokalen Namen selbst verwendet wird.

Die Länge der Namen ist nicht begrenzt. Beachtet werden muss auch wieder, dass die Namen wie bei XML üblich »fallsensitiv« verwendet werden: `name` ist also nicht dasselbe Element wie `Name`.

Ansonsten kann der Name frei gewählt werden, es sollte aber darauf geachtet werden, dass er seinen beschreibenden Charakter behält. Der Name sollte also möglichst präzise angeben, welche Information das Element bereitstellt. Namen wie »element1«, »element2«, ... sind nicht verboten, aber damit wird der große Vorteil von XML verschenkt, der ja gerade darin besteht, dass sich bei diesem Datenformat die Daten selbst beschreiben.

Elementnamen sollten in einer DTD nicht mehrfach verwendet werden, sondern eindeutig sein, durchaus im Unterschied zu XML Schema, wie Sie später noch sehen werden. Wird bei zwei Elementtyp-Deklarationen derselbe Name verwendet, ignoriert der Prozessor die zweite Deklaration.

3.5.4 Beispiel einer DTD für ein Kursprogramm

Das Kursprogramm soll nun aus mehreren Kursen bestehen. Pro Kurs wird eine Bezeichnung vergeben, ein Text über den Kursinhalt angelegt, eine Liste der

Referenten erstellt und ein Termin festgelegt. Die DTD für das Kursprogramm könnte in einem ersten Entwurfsstadium folglich so aussehen:

```
<?xml version="1.0" encoding="ISO-8859-1">
<!DOCTYPE kursprogramm [
<!ELEMENT kursprogramm (kurs+)>
<!ELEMENT kurs (bezeichnung, kursinhalt, referententeam, termin,
 anhang)>
<!ELEMENT bezeichnung (#PCDATA)>
<!ELEMENT kursinhalt (#PCDATA)>
<!ELEMENT referententeam (referent+)>
<!ELEMENT referent (name, adresse, kontakt?, bild?)>
<!ELEMENT name (#PCDATA)>
<!ELEMENT adresse (#PCDATA)>
<!ELEMENT kontakt (fon | email* | (fon, email*))>
<!ELEMENT fon (#PCDATA)>
<!ELEMENT email (#PCDATA)>
<!ELEMENT bild EMPTY>
<!ELEMENT termin (#PCDATA)>
<!ELEMENT anhang ANY>

]>
```

Listing 3.2 kursprogramm.xml und .dtd

Elemente, die weitere Elemente enthalten

Das Element <kursprogramm> darf als Inhalt nur Kindelemente vom Typ <kurs> enthalten. Da das Programm mehr als einen Kurs enthalten soll, wird ein Pluszeichen hinter den Elementnamen gesetzt. Das Pluszeichen wird als Operator für die **Kardinalität** verwendet, gibt also an, wie häufig ein Element an einer bestimmten Stelle vorkommen kann, darf oder muss. Dabei bedeutet +, dass das Element mindestens einmal oder mehrmals vorkommt. Wird dagegen kein Operator verwendet, muss das Element genau einmal vorkommen, was für das Kursprogramm wenig sinnvoll wäre.

Das Element <kurs> ist wiederum selbst aus mehreren Kindelementen zusammengesetzt, die in der Klammer hinter dem Elementnamen aufgereiht werden, getrennt durch Kommata. Damit wird festgelegt, dass die betreffenden Elemente im XML-Dokument auch in dieser Reihenfolge – als Sequenz – zu erscheinen haben. Werden die Daten in der falschen Reihenfolge eingegeben, ist das Dokument nicht gültig.

Entscheidend ist, dass für jedes Kindelement von <kurs> auch eine entsprechende Elementtyp-Deklaration in der DTD angelegt wird.

Elemente mit Zeichendaten

Für das erste und zweite Kindelement von `<kurs>` wird in der Elementtyp-Deklaration nur noch der Datentyp `#PCDATA` angegeben. Das Wort ist eine Abkürzung für »parsed character data«, womit gemeint ist, dass es sich um reinen Text ohne jedes Markup handelt. Das Doppelkreuz davor besagt, dass **`PCDATA`** ein vordefiniertes Schlüsselwort ist. Der Name weist zugleich darauf hin, dass der Parser eventuelle Entitätsreferenzen, die in den Zeichendaten enthalten sind, vor der weiteren Verarbeitung aufzulösen hat.

Der Datentyp `#PCDATA` ist zugleich auch schon der einzige Datentyp, der für den Inhalt dieses Elements angegeben werden kann. Sie haben also keine Möglichkeit festzulegen, dass ein Element nur Zahlen als Inhalt enthalten darf oder ein Datum oder eine Zeitangabe in einem entsprechenden Format. Auch über die Menge der Zeichendaten, die Länge eines Strings, kann hier nichts Einschränkendes festgelegt werden. Dieser Mangel wird erst durch XML Schema beseitigt.

Damit ist zugleich klar, dass dieses Element selbst keine weiteren Kindelemente umschließt, sondern eben nur noch aus Zeichendaten besteht. Innerhalb der Baumstruktur, mit der das XML-Dokument dargestellt werden kann, sind das gewissermaßen die äußersten Enden, die Blätter des Baums.

Anordnung der Elemente in einem Container-Element

Das Element `<referententeam>` dagegen enthält wieder Kindelemente, die teilweise selbst wiederum weitere Kindelemente enthalten. Zunächst wird auch bei der Elementdeklaration `<referententeam>` der Elementname `<referent>` durch ein Pluszeichen ergänzt. Der Kurs braucht ja mindestens einen Referenten, es können aber auch zwei oder drei sein.

Auch das Element `<referent>` besteht aus Kindelementen, diesmal aber aus Elementen unterschiedlichen Typs. Diese Unterelemente sind in der Klammer wieder durch Kommata getrennt. Als verbindliche Elemente erscheinen zunächst `<name>` und `<adresse>`, einfache Elemente, die wieder nur Zeichendaten enthalten dürfen. Das dritte Unterelement `<kontakt>` ist dagegen wieder ein Container weiterer Elemente. Es soll allerdings nur optional sein, es kann also auch fehlen, wenn der Referent dazu keine Daten hergeben will. Dazu wird der Operator `?` an den Elementnamen angehängt. Dieses Element darf höchstens einmal vorkommen, aber es kann in einer Instanz dieses Dokumenttyps auch weggelassen werden.

Leere Elemente

Ebenfalls optional ist in unserem Beispiel das Element `<bild>`. Für dieses Element ist als Inhalt das Schlüsselwort `EMPTY` angegeben. Damit wird festgelegt, dass dieses Element leer ist, also weder Zeichendaten noch andere Elemente enthalten darf. Leere Elemente werden gerne verwendet, um über Attribute Verweise auf Dateien einzubinden, etwa Bilder, Sounds oder Video oder auch, um bestimmte Kennzeichen zu setzen. Dazu später mehr.

3.5.5 Inhaltsalternativen

Welche Elemente soll das Element `<kontakt>` aber enthalten? Es gibt Leute, die geben ihre Telefonnummer an, andere wollen nur per E-Mail kontaktiert werden, wieder andere erlauben beide Formen der Kontaktaufnahme. Wer E-Mail zulässt, hat möglicherweise gleich mehrere E-Mail-Adressen. All diese Varianten soll die DTD berücksichtigen, sodass für die verschiedenen Referenten durchaus variable Sätze von Kontaktinformationen zusammengestellt werden können, ohne dass es zu Fehlern bei der Validierung des XML-Dokuments kommt.

Zunächst werden deshalb in der Klammer, die den Inhalt des Elements `<kontakt>` beschreibt, die drei Alternativen aufgelistet. Als Operator wird der senkrechte Strich verwendet, der einem ausschließenden **oder** entspricht. Es kann also nur eine der drei Alternativen verwendet werden.

Hinter den Elementnamen `email` wird diesmal ein `*` gesetzt. Damit wird festgelegt, dass beliebig viele E-Mail-Adressen an dieser Stelle vorkommen können. Die E-Mail-Adresse kann aber auch ganz fehlen. Die dritte Alternative ist die Angabe einer Telefonnummer und einer beliebigen Zahl von E-Mail-Adressen. Diese Abfolge ist noch einmal in Klammern gesetzt, d. h., wenn der Referent eine Telefonnummer und E-Mail-Adresse angibt, muss zuerst die Telefonnummer angegeben werden. Es wäre auch möglich, mehrere Kombinationen von Telefonnummern und E-Mail-Adressen zuzulassen:

```
<!ELEMENT kontakt (fon | email* | (fon, email*)*)>
```

In diesem Fall bezieht sich der dritte `*`-Operator auf die Sequenz der in Klammern aufgeführten Elementgruppe. In der Tabelle sind noch einmal alle Operatoren zusammengestellt, die bei der Beschreibung von Inhaltsmodellen in einer Elementtyp-Deklaration verwendet werden können:

Operator	Bedeutung
+	Das vorausgehende Element oder die Elementgruppe muss mindestens einmal, kann aber auch mehrfach vorkommen.
?	Das vorausgehende Element oder die Elementgruppe kann einmal vorkommen, kann aber auch fehlen.
*	Das vorausgehende Element oder die Elementgruppe kann beliebig oft vorkommen oder fehlen.
,	Trennzeichen innerhalb einer Sequenz von Elementen

Operator	Bedeutung
|	Trennzeichen zwischen sich ausschließenden Alternativen
( )	Bildung von Elementgruppen

Durch eine geschickte Kombination und Verschachtelung von Elementgruppen und Operatoren für die Kardinalität von Elementen oder Elementgruppen lassen sich auch hoch komplexe Inhaltsmodelle in einer solchen Elementtyp-Deklaration realisieren.

3.5.6 Uneingeschränkte Inhaltsmodelle

Das letzte Kindelement von `<kurs>` ist ein Element `<anhang>`, dessen Inhalt mit dem Wort `ANY` spezifiziert wird. Während bei den bisher beschriebenen Element-Deklarationen alles relativ streng zuging, wird hier nun Tür und Tor für alles und jedes geöffnet. Die DTD legt zwar fest, dass zu jedem Kurs ein Anhang vorkommen soll, macht aber keine Vorschriften, was dieser Inhalt sein soll und darf.

Das Element kann also beispielsweise reine Textdaten enthalten oder weitere deklarierte Kindelemente, deren Anordnung aber frei gewählt werden kann, oder eine Mischung aus Text und Kindelementen oder auch ein leeres Element mit einem Bezug auf Daten, die keine XML-Daten sind. Oder auch gar nichts! Der Parser, der dieses Element in einer Dokumentinstanz überprüft, wird damit angewiesen, dieses Element nicht weiter auf Gültigkeit zu kontrollieren. Nur die Wohlgeformtheit muss erhalten bleiben.

Das Inhaltsmodell `ANY` widerspricht in gewissem Sinne dem, was mit einer DTD erreicht werden soll, aber es kann in vielen Fällen nützlich sein, damit zu arbeiten. Das gilt zum Beispiel während der Entwicklung einer DTD, wenn bestimmte Bereiche eines Dokumentmodells noch in der Diskussion sind. Diese Bereiche können dann vorübergehend mit `ANY` gekennzeichnet werden, während die Inhaltsmodelle der anderen Bereiche schon fixiert werden. Die DTD kann dann in dieser Form bereits für die Validierung verwendet werden.

3.5.7 Gemischter Inhalt

Bei dem Inhaltsmodell `ANY` ist schon erwähnt worden, dass innerhalb einer DTD auch ein Inhaltsmodell zugelassen wird, bei dem Textdaten und Elemente gemischt werden. Hier ein Beispiel:

```
<!ELEMENT anhang (#PCDATA | link | hinweis)*>
```

Der *-Operator hinter der Klammer sorgt dafür, dass das Element `<anhang>` in beliebiger Anzahl aus Zeichendatenteilen und den angegebenen Elementen gemischt werden kann. Ein gültiges Element in der Dokumentinstanz kann zum Beispiel so aussehen:

```
<anhang>Infos zu XML unter: <link>www.xml.org</link>
<hinweis>Eine Linkliste finden Sie unter:</hinweis>
<link>www.galileo-press.de</link></anhang>
```

Allerdings gelten für dieses Inhaltsmodell bestimmte Einschränkungen, die es meist ratsam erscheinen lassen, dieses Modell zu vermeiden. Es ist nicht möglich, die Reihenfolge der Kindelemente festzulegen, die innerhalb des gemischten Inhalts auftauchen können. Außerdem lässt sich die Häufigkeit nicht mit den üblichen Operatoren *, + und ? bestimmen.

Dieses Inhaltsmodell kann allerdings helfen, wenn es darum geht, Textbestände, die bisher nicht im XML-Format vorliegen, schrittweise in XML zu konvertieren.

3.5.8 Inhaltsmodell und Reihenfolge

Was den Inhalt eines Elements betrifft, sind also insgesamt fünf verschiedene Inhaltsmodelle erlaubt:

Inhaltsmodell	Beschreibung
EMPTY	Das Element hat keinen Inhalt, kann aber Attribute haben.
ANY	Das Element kann beliebige Inhalte enthalten, solange es sich um wohlgeformtes XML handelt.
#PCDATA	Das Element enthält nur Zeichendaten.
Gemischter Inhalt	Das Element kann Zeichendaten und Unterelemente enthalten.
Elementinhalt	Das Element enthält ausschließlich Unterelemente.

Die Reihenfolge der Elemente in der DTD ist normalerweise nicht von Bedeutung, mit der schon erwähnten Ausnahme, dass Elemente doppelt deklariert werden. Nur wenn Parameter-Entitäten verwendet werden, was weiter unten behandelt wird, müssen die Deklarationen, auf die Bezug genommen werden soll, immer vorher erscheinen.

Wichtig ist nur, dass alle Elemente, die als Unterelemente eines anderen Elements erscheinen, auch tatsächlich deklariert werden. Ein Werkzeug wie XMLSpy meldet einen entsprechenden Fehler, wenn bei der Prüfung einer DTD ein Element, auf das bereits in einem Inhaltsmodell Bezug genommen wurde, fehlt. Ein einmal deklariertes Element kann andererseits durchaus in mehreren Elementgruppen verwendet werden, wenn dies erforderlich ist.

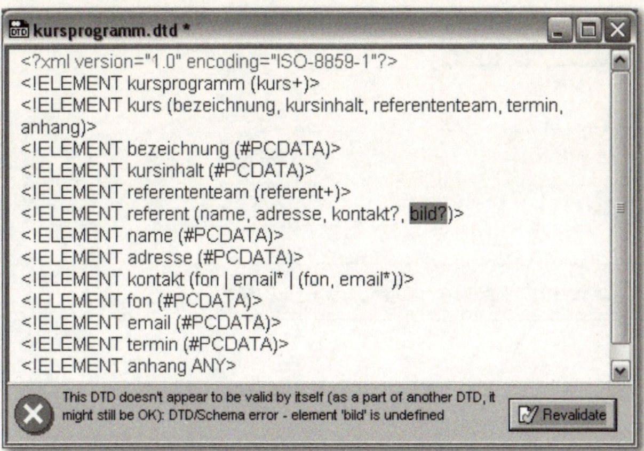

Abbildung 3.2 Meldung in XMLSpy, wenn in einer DTD ein Element fehlt

Zur besseren Lesbarkeit von DTDs ist es allerdings ratsam, entweder den Elementebaum von oben nach unten oder umgekehrt von unten nach oben abzuarbeiten. Im ersten Fall werden zunächst die Elternelemente und dann die Kindelemente deklariert, im zweiten Fall erst die Kindelemente und dann die zusammengesetzten Elternelemente. Es kann aber auch sinnvoll sein, die Elemente einfach alphabetisch nach den Namen zu sortieren, wie es einige Generatoren für DTDs tun.

3.5.9 Kommentare

Wie in den XML-Dokumenten selbst werden auch innerhalb einer DTD Kommentare mit den Trennzeichenfolgen `<!--` und `-->` verpackt. Sie können überall verwendet werden, nur nicht innerhalb einer Deklaration selbst. Bei komplexen DTDs ist es sehr sinnvoll, Gruppen von Elementen durch Kommentare einzuleiten, um die Struktur des Informationsmodells deutlich werden zu lassen.

3.5.10 Die Hierarchie der Elemente

Beim Entwurf einer DTD ist es oft sehr hilfreich, sich die Hierarchie der Elemente in einer Baumstruktur zu vergegenwärtigen, um Fehler beim Design zu vermeiden. Die Abbildung 3.3 für unser Beispiel zeigt einen Baum mit sechs Ebenen. So kann leicht geprüft werden, ob alle Elemente, die benötigt werden, berücksichtigt worden sind, und ob sie in der richtigen Reihenfolge zusammengestellt sind.

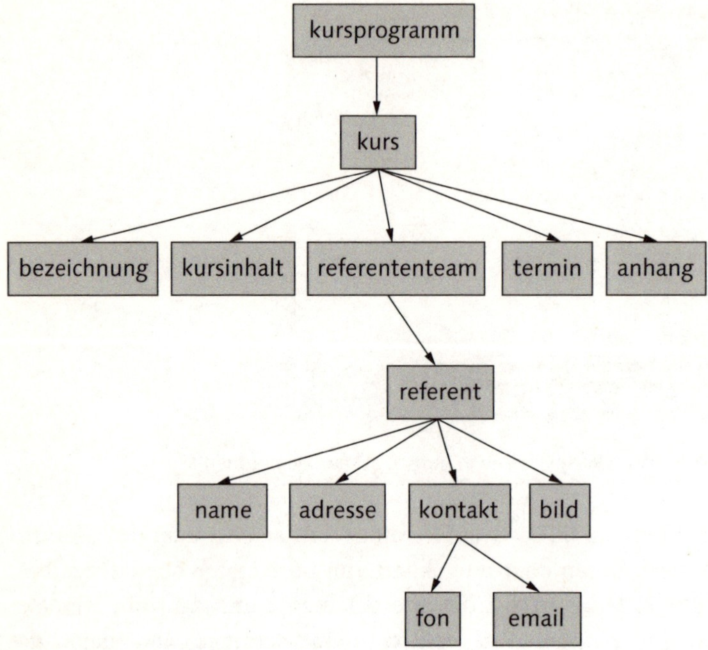

Abbildung 3.3 Die Baumstruktur des Beispiels

3.6 Dokumentinstanz

Um zu prüfen, ob eine DTD »funktioniert«, sollte sie zunächst mit einer ersten Dokumentinstanz getestet werden. In unserem Beispiel könnte dies so aussehen:

```
<?xml version="1.0" encoding="ISO-8859-1"?>
<!DOCTYPE kursprogramm SYSTEM "kursprogramm.dtd">
<kursprogramm>
  <kurs>
    <bezeichnung>XML-Einführung</bezeichnung>
    <kursinhalt>Eine Woche Praxis für XML-Einsteiger</kursinhalt>
    <referententeam>
      <referent>
        <name>Hanna Domen</name>
        <adresse>Tegolitstr. 10, 50678 Köln</adresse>
        <kontakt>
          <fon>0221998877</fon>
          <email>hannad@net.net</email>
        </kontakt>
        <bild/>
      </referent>
```

```
    </referententeam>
    <termin>12.12.2001</termin>
    <anhang>Das Seminar wird jeden 2. Monat wiederholt.</anhang>
  </kurs>
  <kurs>
    <bezeichnung>XML Schema oder DTD?</bezeichnung>
    <kursinhalt>Vergleich der Werkzeuge für die Datenmodellierung
    </kursinhalt>
    <referententeam>
      <referent>
        <name>Karl Frimm</name>
        <adresse>Herthastr. 12, 50679 Köln</adresse>
        <kontakt>
          <fon>0221998557</fon>
        </kontakt>
        <bild/>
      </referent>
    </referententeam>
    <termin>6.12.2001</termin>
    <anhang>Das Seminar wird jeden Monat wiederholt.</anhang>
  </kurs>
</kursprogramm>
```

Wie zu sehen ist, sind die Kontaktinformationen für die beiden `<referent>`-Elemente unterschiedlich zusammengesetzt, was die Elementtyp-Deklaration von `<kontakt>` ja ausdrücklich zulässt.

3.7 Attributlisten-Deklaration

Ergänzend zur Deklaration aller Elemente, die in einem gültigen Dokument erlaubt sein sollen, müssen auch alle Attribute, die die Information, die das Element selbst mitbringt, ergänzen, in der DTD deklariert werden. Über die Frage, welche Information über das Element und welche über seine Attribute bereitgestellt werden sollte, ist bereits in Abschnitt 2.3 einiges gesagt worden.

Attribute werden nicht einzeln deklariert, sondern innerhalb von Attributlisten, die einem bestimmten Element zugeordnet werden.

3.7.1 Aufbau einer Attributliste

Die allgemeine Syntax einer Attributlisten-Deklaration ist:

```
<!ATTLIST Elementname
   Attributname Attributtyp Vorgabewertdeklaration
```

```
  Attributname Attributtyp Vorgabewertdeklaration
...
>
```

Soll in unserem Beispiel das Element `<kurs>` um zwei Attribute erweitert werden, die den Kurstyp und die Kurzeinstufung enthalten, lässt sich die folgende Deklaration verwenden:

```
<!ELEMENT kurs (bezeichnung, kursinhalt,
<!ATTLIST kurs
  kurstyp CDATA #REQUIRED
  kurseinstufung CDATA #REQUIRED
>
```

Für Attributnamen gelten dieselben Regeln wie für Elementnamen, auch hier muss die Groß/Kleinschreibung beachtet werden – `id` ist also nicht dasselbe Attribut wie `ID`.

Es steht Ihnen frei, alle Attribute für ein Element in einer Attributliste zu deklarieren oder mehrere Teillisten für dasselbe Element zu verwenden.

Die Platzierung der Attributlisten-Deklaration innerhalb der DTD ist Ihnen genauso freigestellt wie die der Elemente. Da der Bezug auf das Element immer in die Deklaration mit hineingenommen wird, spielt es keine Rolle, ob die Attributliste vor oder hinter dem betreffenden Element deklariert wird. Sie können der besseren Lesbarkeit wegen die Attributliste direkt hinter dem Element einfügen, auf das sich die Liste bezieht. Es ist aber oft auch sinnvoll, alle Elemente und alle Attributlisten getrennt in geschlossenen Blöcken anzuordnen.

Die Anzahl der Attribute in der Attributliste ist nicht begrenzt und die Reihenfolge ist ohne Bedeutung, sie schreibt also nicht vor, in welcher Reihenfolge die Attribute in der Dokumentinstanz erscheinen müssen. Nur wenn ein Attributname in der Liste mehrfach verwendet wird, gilt die erste Definition, die folgenden werden ignoriert.

3.7.2 Attributtypen und Vorgaberegelungen

Anders als bei den Elementen, die außer Inhaltsmodellen nur noch nicht weiter typisierte Zeichendaten enthalten können, lassen sich für die Werte, die einem Attribut zugewiesen werden können, etwas differenziertere Festlegungen treffen. Außerdem sind Vorgaben möglich, falls in der Dokumentinstanz kein Wert für ein bestimmtes Attribut eingegeben wird.

Für die Werte von Attributen können zehn grundlegende Typen gewählt werden, ein Typ ohne Struktur – `CDATA` –, sechs atomare Token-Typen – `NMTOKEN`, `ID`,

IDREF, NOTATION, ENTITY, Aufzählung – und drei Listentypen – NMTOKENS, IDREFS und ENTITIES. Die folgende Tabelle gibt einen Überblick:

Attributtyp	Beschreibung
CDATA	Einfache Zeichendaten, die kein Markup enthalten. Entitätsreferenzen sind aber erlaubt.
ENTITY	Name einer in der DTD deklarierten nicht geparsten Entität
ENTITIES	Durch Leerzeichen getrennte Liste von Entitäten
Aufzählung	In Klammern eingeschlossene Liste von Token-Werten, von denen jeweils einer als Attributwert verwendet werden kann und muss
ID	Eindeutiger XML-Name, der als Identifizierer eines Elements verwendet werden kann; entspricht einem Schlüsselwert in einem Datensatz
IDREF	Verweis auf den ID-Identifizierer eines Elements. Der Wert von IDREF muss mit dem ID-Wert eines anderen Elements im Dokument übereinstimmen.
IDREFS	Liste von Verweisen auf ID-Identifizierer, getrennt durch Leerzeichen
NMTOKEN	Namenssymbol aus beliebigen Zeichen, die in XML-Namen erlaubt sind, aber ohne Leerzeichen. Hier sind auch reine Zahlen-Token möglich, etwa für Jahreszahlen.
NMTOKENS	Liste von Namens-Token, getrennt durch Leerzeichen
NOTATION	Verweis auf eine Notation, zum Beispiel der Name für ein Nicht-XML-Format, etwa eine Grafikdatei

Für die Vorgabebehandlung bei Attributwerten stehen vier Einstellungen zur Verfügung, die Tabelle gibt einen Überblick:

Vorgabedeklaration	Beschreibung
Attributwert	In Anführungszeichen eingeschlossene Zeichendaten geben den vorgegebenen Wert an, der verwendet wird, wenn kein Wert angegeben wird.
#IMPLIED	Es gibt keine Vorgabe und es ist auch kein Wert für das Attribut erforderlich.
#REQUIRED	Legt fest, dass kein Vorgabewert existiert, der Wert aber erforderlich ist. Der Wert kann aber auch eine leere Zeichenkette sein.
#FIXED Wert	Legt fest, dass in jedem Fall die mit Wert angegebene Konstante zu verwenden ist.

3.7.3 Verwendung der Attributlisten

Im Folgenden einige Beispiele, bezogen auf unsere Kursprogramm-DTD:

```
<!ATTLIST kurs
  id ID #REQUIRED
```

```
  kurstyp CDATA "Wochenkurs"
  kurseinstufung (Einsteiger | Profis) #REQUIRED
  sprache NMTOKEN "DE"
>
```

Diese Deklaration verlangt für das Element `<kurs>` einen eindeutigen Schlüssel, gibt den Kurstyp vor und bietet für die Kurseinstufung die Wahl zwischen zwei Werten. Für die Kurssprache sind Token erlaubt, wobei `"DE"` vorgegeben wird. Eine Instanz, die diese Bedingungen erfüllt, würde so aussehen:

```
<?xml version="1.0" encoding="ISO-8859-1"?>
<!DOCTYPE kursprogramm SYSTEM "kursprogramm_attr.dtd">
<kursprogramm>
  <kurs  id="xmleinf" kurstyp="Wochenkurs"
    kurseinstufung="Einsteiger"
    sprache="EN"  >
    ...
  </kurs>
  <kurs  id="schemadtd"
    kurseinstufung="Profis"  >
    ...
  </kurs>
</kursprogramm>
```

Listing 3.3 kursprogramm_attr.xml+dtd

Obwohl bei dem zweiten Kurselement die Attribute `kurstyp` und `sprache` im Quelldokument nicht angegeben worden sind, zeigt der Internet Explorer die vorgegebenen Werte für beide Attribute an, wie der folgende Auszug zeigt.

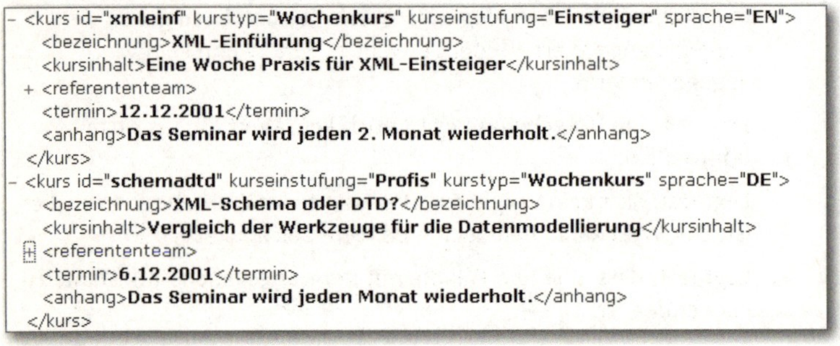

```
- <kurs id="xmleinf" kurstyp="Wochenkurs" kurseinstufung="Einsteiger" sprache="EN">
    <bezeichnung>XML-Einführung</bezeichnung>
    <kursinhalt>Eine Woche Praxis für XML-Einsteiger</kursinhalt>
  + <referententeam>
    <termin>12.12.2001</termin>
    <anhang>Das Seminar wird jeden 2. Monat wiederholt.</anhang>
  </kurs>
- <kurs id="schemadtd" kurseinstufung="Profis" kurstyp="Wochenkurs" sprache="DE">
    <bezeichnung>XML-Schema oder DTD?</bezeichnung>
    <kursinhalt>Vergleich der Werkzeuge für die Datenmodellierung</kursinhalt>
  + <referententeam>
    <termin>6.12.2001</termin>
    <anhang>Das Seminar wird jeden Monat wiederholt.</anhang>
  </kurs>
```

Abbildung 3.4 Die Ausgabe im Browser zeigt die vorgegebenen Werte mit an

Beachten Sie, dass es sich bei den Werten des Typs `ID` um gültige XML-Namen handeln muss. Die vielleicht nahe liegende Idee, Zahlen als Schlüsselwerte zu verwenden, führt zu einem Fehler, weil ein XML-Name ja nicht mit einer Zahl beginnen darf. ID-Attribute sind ein wichtiges Mittel, um auch Elemente eindeutig ansprechen zu können, deren Inhalt sonst gleich ist. Davon wird in Abschnitt 5.5 zu XPath und XPointer noch die Rede sein.

3.8 Verweis auf andere Elemente

Mit dem Attributtyp IDREF können interne Verweise innerhalb eines Dokuments erstellt werden. Sie setzen voraus, dass Attribute vom Type ID vorhanden sind. Wenn in dem Kursprogramm zum Beispiel eingefügt werden soll, dass ein bestimmter Kurs einen anderen Kurs voraussetzt, kann folgende Deklaration helfen:

```
<!ATTLIST kurs
  id ID #REQUIRED
  voraussetzung IDREF #IMPLIED
  ...>
```

Diese Deklaration erlaubt die Verknüpfung mit einem anderen Kurs, verlangt sie aber nicht. Im Dokument kann das so aussehen:

```
<kursprogramm>
  <kurs  id="xmleinf" kurstyp="Wochenkurs"
    kurseinstufung="Einsteiger"
    sprache="EN">
  ...
 </kurs>
  <kurs  id="xmldtd"
    kurseinstufung="Profis" voraussetzung="xmleinf">
  ...
  </kurs>
```

Auf den Einsatz der Attributtypen ENTITY, ENTITIES und NOTATION kommen wir noch einmal zu sprechen, nachdem gleich die Verwendung von Entitäten in der DTD behandelt worden ist.

3.9 Verwendung von Entitäten

Die dritte Form von Deklarationen, die in einer DTD vorkommen können, sind die Entitätsdeklarationen. Die Rolle von Entitäten in XML-Dokumenten ist in Abschnitt 2.5 bereits behandelt worden. In einer DTD können zusätzlich noch spezielle Parameter-Entitäten verwendet werden, die es erlauben, innerhalb einer DTD Verweise auf Teile einer internen oder externen DTD zu verwenden.

Die Abbildung gibt einen Überblick über die verschiedenen Entitätstypen in einer DTD.

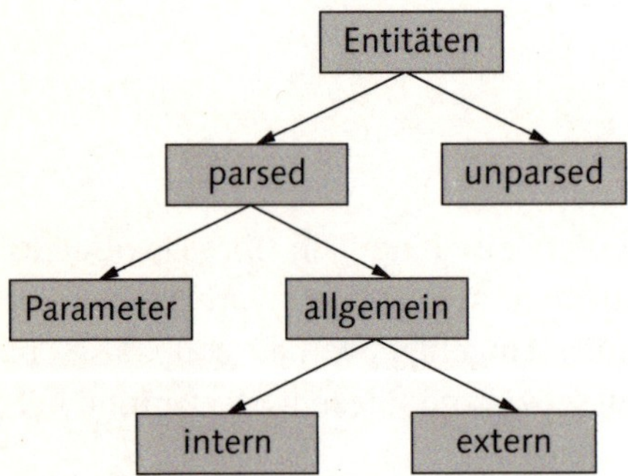

Abbildung 3.5 Typenbaum der Entitäten

3.9.1 Interne Entitäten

Am einfachsten ist die Deklaration von internen allgemeinen Entitäten. Sie können zum Beispiel verwendet werden, um Kürzel für längere Zeichenketten zu definieren, auf die dann im XML-Dokument verwiesen werden kann. Die Syntax ist:

```
<!ENTITY name "Ersetzungstext">
```

Zum Beispiel könnte in unserem Kursprogramm jeweils ein Kürzel für die Namen der Referenten festgelegt werden.

```
<!ENTITY hd "Hanna Domen">
<!ENTITY kf "Karl Frimm">
```

In der Dokumentinstanz lässt sich der Name des Referenten dann mit einer entsprechenden Entitätsreferenz eingeben:

```
<name>&hd;</name>
<name>&kf;</name>
```

Der XML-Parser wird bei der Verarbeitung der Dokumentinstanz diese Entitätsreferenzen auflösen – er erkennt sie an dem vorgestellten &-Zeichen und am abschließenden Semikolon – und die vollen Namen der Referenten in das Dokument einfügen. Deshalb wird in diesem Fall auch von geparsten Entitäten gesprochen.

Allgemeine Entitäten dürfen auch verschachtelt werden. Es ist also Folgendes erlaubt:

```
<!ENTITY hd "Hanna Domen">
<!ENTITY kf "Karl Frimm">
<!ENTITY duo "&hd; und &kf;">
```

```
- <kurs>
    <bezeichnung>XML-Einführung</bezeichnung>
    <kursinhalt>Eine Woche Praxis für XML-Einsteiger</kursinhalt>
  - <referententeam>
    - <referent>
        <name>Hanna Domen</name>
```

Abbildung 3.6 Der Browser zeigt den vollen Namen an, der über eine Entitätsreferenz eingegeben wurde

3.9.2 Externe Entitäten

Wenn es sich um umfangreichere Ersetzungstexte handelt, ist es meist sinnvoll, diese in separaten Dateien zu führen und mit Verweisen auf externe Entitäten zu arbeiten. Auf diese Weise kann zum Beispiel ein XML-Dokument aus mehreren Dokumenten zusammengebaut werden. Die Syntax der Deklaration

```
<!ENTITY name SYSTEM uri>
<!ENTITY name PUBLIC fpi uri>
```

verwendet einen URI für den Bezug auf die externe Entität und bei Verweisen auf öffentliche Ressourcen zusätzlich einen Formal Public Identifier (**FIP**), wie er auch für den Verweis auf öffentliche DTDs verwendet wird. Wie dieser zusammengesetzt ist, wird in Abschnitt 3.9.6 behandelt.

```
<!ENTITY kursdoc SYSTEM "kursbeschreibung1.xml">
```

ist ein Beispiel für eine Entitätsdeklaration, die einen Bezug auf ein externes XML-Dokument herstellt. Dieses Dokument muss so gestaltet sein, dass die Dokumentinstanz, in der eine Referenz auf dieses Dokument eingefügt wird, nach der Ersetzung der Referenz durch die angegebene Datei ein wohlgeformtes und im Sinne der DTD gültiges Dokument bleibt. Soll beispielsweise in dem vorhin verwendeten Element `<anhang>` der Inhalt eines externen Dokuments eingefügt werden, das in einem Element `<kursbeschreibung>` einen Text zum Kurs enthält, könnte die oben angeführte DTD zum Kursprogramm folgendermaßen geändert werden:

```
<!ELEMENT anhang (kursbeschreibung?)>
<!ELEMENT kursbeschreibung (#PCDATA)>
```

In der Dokumentinstanz kann dann das Element `<anhang>` so aussehen:

```
<anhang>&kursdoc;</anhang>
```

Der Browser zeigt das Element nach Auflösung der Entitätsreferenz mit der Kursbeschreibung an.

```
- <anhang>
    <kursbeschreibung>Der Kurs ist insbesondere für Entwickler geeignet, die bereits etwas Erfahrung
      mit dem Design von DTDs haben. Die einzelnen Abschnitte werden anhand von praktischen
      Beispielen durchgearbeitet.</kursbeschreibung>
  </anhang>
```

Abbildung 3.7 Der Browser zeigt den über eine Entitätsreferenz einbezogenen Text

Es wäre auch möglich, die Daten über die einzelnen Kurse insgesamt jeweils in separaten Dateien bereitzustellen. Die DTDs könnten dann entsprechende Entitätsdeklarationen enthalten:

```
<!ENTITY kurs1 SYSTEM "kurs1.xml">
<!ENTITY kurs2 SYSTEM "kurs2.xml">
...
```

Die Dokumentinstanz dazu wäre:

```
<kursprogramm>
  &kurs1;
  &kurs2;
  ...
</kursprogramm>
```

3.9.3 Notationen und ungeparste Entitäten

Das Datenformat XML ist in erster Linie für Textdaten konzipiert. XML bietet aber Möglichkeiten, innerhalb von XML-Dokumenten auch andere Datenformate einzubinden, etwa grafische Formate, Videos oder Sounds. Bei der Auflistung der verschiedenen Attributtypen wurde die Notation bereits als ein möglicher Typ aufgeführt. Dieser Typ kann aber erst verwendet werden, wenn eine dazugehörige Notationsdeklaration stattgefunden hat. Die allgemeine Syntax ist:

```
<!NOTATION name SYSTEM uri>
```

oder

```
<!NOTATION name PUBLIC fpi uri>
```

Diese Deklaration gibt dem Parser gewissermaßen Bescheid, dass es sich bei einem bestimmten Format um etwas anderes als XML-Daten handelt, benennt also das XML-fremde Format oder gibt Hinweise auf die Anwendung, die mit den Daten etwas anfangen kann. Zu diesem Zweck wird diesen Daten ein bestimmter Name zugeordnet, der anschließend in Entitäten oder Attributlisten verwendet werden kann.

Wie können nun aber Entitäten mit Verweisen auf externe Datenformate aussehen, die nicht XML-konform sind? Ungeparste Entitäten, also Entitäten, die der Prozessor nicht parsen soll, werden im Prinzip ähnlich deklariert wie allgemeine externe Entitäten. Allerdings kommt eine Ergänzung hinzu, die über das Schlüsselwort `NDATA` einen vorher deklarierten Notationstyp benennt.

Um beispielsweise in das Kursprogramm-Dokument Portraits der Referenten mit aufzunehmen, kann das Element `<bild>` so deklariert werden:

```
<!NOTATION jpeg SYSTEM "image/jpeg">
<!ENTITY hanna SYSTEM "hanna.jpg" NDATA jpeg>
<!ELEMENT bild EMPTY>
<!ATTLIST bild quelle ENTITY #IMPLIED>
```

Im Dokument wird

```
<bild quelle="hanna"/>
```

eingetragen, um einen Verweis auf die ungeparste Entität zu setzen, und zwar als Wert des Attributs `quelle`. Das Element `<bild>` ist zwar ohne Inhalt, also leer, hat aber ein Attribut, was ja durchaus erlaubt ist.

3.9.4 Verwendung von Parameter-Entitäten

Im Unterschied zu den bisher behandelten allgemeinen Entitäten werden die so genannten Parameter-Entitäten nur innerhalb einer DTD benutzt, sie spielen innerhalb der Dokumentinstanz also keine Rolle. Es gibt keine Verweise auf diese Entitäten im Dokument. Parameter-Entitäten können sowohl innerhalb der internen als auch der externen Teilmenge verwendet werden.

3.9.5 Interne Parameter-Entitäten

Innerhalb einer internen DTD werden Parameter-Entitäten verwendet, um mehrfach vorkommende Elementgruppen oder Attributlisten jeweils nur einmal definieren zu müssen. Das erspart nicht nur Schreibarbeit, sondern erleichtert auch die Pflege eines Dokumentmodells, weil notwendige Änderungen immer nur dort vorgenommen werden müssen, wo die Parameter-Entität deklariert wird. Um Parameter-Entitäten von allgemeinen Entitäten zu unterscheiden, wird ein %-Zeichen vor den Entitätsnamen gesetzt:

```
<!ENTITY  % name "Ersetzungstext">
```

Auch beim Verweis auf eine Parameter-Entität wird das %-Zeichen verwendet. Ein einfaches Beispiel ist eine Parameter-Entität für eine mehrfach benötigte Attributdefinition:

```
<!ENTITY % id "id ID #REQUIRED">
<!ATTLIST kurs
  %id;
...>
<!ATTLIST referent
  %id;
...>
```

Praktisch sind solche Referenzen auch, wenn mehrfach bestimmte Aufzählungslisten benötigt werden, etwa Monats- oder Tagesnamen.

3.9.6 Externe Parameter-Entitäten

In vielen Fällen ist es sinnvoll, DTDs in kleinere Module zu zerlegen, die dann je nach Bedarf kombiniert werden können. Wenn zum Beispiel in verschiedenen Dokumenten immer eine bestimmte Form der Aufbereitung von Adressdaten benötigt wird, kann ein solches DTD-Modul in einer separaten Datei abgelegt werden. Es ist sinnvoll, dafür den Dateityp .mod zu verwenden.

Wenn in einer Elementtyp-Deklaration Referenzen auf Parameter-Entitäten verwendet werden sollen, kann das in folgender Form geschehen:

```
<!ENTITY % name SYSTEM uri>
<!ENTITY % name PUBLIC fip uri>
```

Unsere DTD zum Kursprogramm könnte beispielsweise einen Verweis auf eine Datei enthalten, die die Elemente und Attribute für den einzelnen Kurs beschreibt. Die DTD für das Kursprogramm kann diese Deklaration auf folgende Weise übernehmen:

```
<!ENTITY % kurs SYSTEM "kurs.mod">
<!ELEMENT kursprogramm(kurs+)>
%kurs;
```

3.10 Formen der DTD-Deklaration

Die Dokumenttyp-Deklaration, die im Prolog eines XML-Dokuments erscheinen muss, kann unterschiedliche Formen annehmen. Die Syntaxvarianten sehen so aus:

- `<!DOCTYPE wurzelelementname [DTD]>`
  Für eine interne DTD.
- `<!DOCTYPE wurzelelementname SYSTEM uri>`
  Für eine externe DTD, die als private DTD verwendet werden soll.

- `<!DOCTYPE wurzelelementname SYSTEM uri [DTD]>`
  Diese Deklaration ergänzt eine externe, private DTD durch eine interne DTD.
- `<!DOCTYPE wurzelelementname PUBLIC fpi uri>`
  Für eine externe DTD, die als öffentlich zugängliche DTD verwendet werden soll.
- `<!DOCTYPE wurzelelementname PUBLIC fpi uri [DTD]>`
  Diese Deklaration ergänzt eine externe, öffentliche DTD durch eine interne DTD.

3.10.1 Öffentliche und private DTDs

Der Vorteil der Verwendung von externen DTDs liegt generell darin, dass sie für beliebig viele Dokumentinstanzen verwendet werden können. Private DTDs werden mit dem Schlüsselwort `SYSTEM` spezifiziert. Der URI gibt an, wo sich die DTD im Web oder lokal befindet.

Ist eine DTD für die allgemeine Verwendung freigegeben, wird innerhalb der Dokumenttyp-Deklaration das Schlüsselwort `PUBLIC` verwendet, bevor der URI angegeben wird, unter dem die DTD verfügbar ist. Zusätzlich muss noch ein **Formal Public Identifier** verwendet werden, der aus vier Feldern besteht, die durch `//` getrennt werden.

```
<!DOCTYPE html PUBLIC "-
//W3C//DTD XHTML Basic 1.0//EN" "http://www.w3.org/TR/xhtml-
basic/xhtml-basic10.dtd">
```

ist zum Beispiel die Dokumenttyp-Deklaration für ein XHTML-Dokument.

Das erste Feld gibt mit – an, dass es sich um eine nichtregistrierte Organisation handelt, + gilt für registrierte Organisationen. Das zweite Feld gibt die für die DTD verantwortliche Gruppe an. Das dritte Feld gibt die `public text class` an, in diesem Fall also immer DTD, und den eindeutigen Namen für den öffentlichen Text, die `public text description`. Das letzte Feld gibt die Sprache an, die die DTD verwendet. Dabei wird der Code ISO 639 verwendet, der die Sprachen mit zwei Großbuchstaben kennzeichnet. Solche DTDs werden auch XML-Anwendungen genannt.

3.10.2 Kombination von externen und internen DTDs

Wie die aufgeführten Dokumenttyp-Deklarationen zeigen, lassen sich externe und interne DTDs durchaus kombinieren. Das kann zum Beispiel sinnvoll sein, um eine externe DTD durch interne Deklarationen zu erweitern oder um Deklarationen in einer externen DTD für bestimmte Dokumente zu überschreiben.

Generell unterscheidet die XML-Spezifikation bei einer DTD zwischen einer internen und einer externen Teilmenge. Wird sowohl die interne als auch die externe Teilmenge benutzt, hat die interne Teilmenge Vorrang. In dem folgenden Beispiel wird zu dem in der externen DTD definierten Element `<kurs>` intern noch ein Attribut `typ` hinzugefügt.

```
<!DOCTYPE kursprogramm SYSTEM "kursprogramm.dtd"
[
<!ATTLIST kurs typ CDATA #REQUIRED>
]>
```

Während in der Datei **kursprogramm.dtd** das Element `<kurs>` ohne Attribut genutzt wird, fordert die interne Teilmenge für die aktuelle Dokumentinstanz ein zusätzliches Attribut.

Das einfache Überschreiben einer Element-Deklaration durch eine neue Element-Deklaration lassen die XML-Prozessoren allerdings in der Regel nicht zu.

3.10.3 Bedingte Abschnitte in externen DTDs

An dieser Stelle sei noch kurz auf einen einfachen Mechanismus hingewiesen, der es erlaubt, bestimmte Abschnitte einer DTD wahlweise ein- und auszuschalten. Das kann sowohl in der Entwicklungsphase sinnvoll sein als auch generell bei großen, bausteinartig aufgebauten DTDs. Dies Verfahren kann allerdings nur bei externen DTDs angewandt werden.

Sie können einen bestimmten Abschnitt einer externen DTD mit einem speziellen Markup kennzeichnen, sodass dieser Abschnitt durch manuelles Einfügen des Schlüsselworts `INCLUDE` in Kraft gesetzt oder mit `IGNORE` außer Kraft gesetzt werden kann.

```
<![INCLUDE[
<!-- diese Elemente einfügen -->
ELEMENT kommentar ANY>
]]>
<![IGNORE[
<!-- diese Elemente ignorieren -->
<!ELEMENT bildkommentar (#PCDATA)>
]]>
```

Wenn Sie in der DTD vorweg Parameter-Entitäten für die Schlüsselworte deklarieren, haben Sie eine einfache Möglichkeit, bedingte Abschnitte dadurch an- oder abzuschalten, dass Sie eine entsprechende Entitätsreferenz im Dokument verwenden.

```
<!ENTITY % optional "INCLUDE">
<![%optional;[
<!ELEMENT anhang ANY>
]]>
```

In diesem Fall wird der Prozessor erst die Referenz auf die Parameter-Entität auflösen. Wenn Sie im XML-Dokument dann den Wert der Parameter-Entität innerhalb der internen Teilmenge der DTD überschreiben, kann der bedingte Abschnitt bei der Verarbeitung ausgeblendet werden.

```
<?xml version="1.0" encoding="ISO-8859-1"?>
<!DOCTYPE kursprogramm SYSTEM "kursprogramm_attr.dtd"
[!ENTITY % optional "IGNORE">]>
```

Allerdings muss darauf geachtet werden, dass das Dokument in beiden Fällen ein wohlgeformtes Dokument bleibt. Sie können daher nicht die Deklarationen für Elemente ausblenden, die als Kindelemente von anderen Elementen aufgelistet wurden.

3.11 Zwei DTDs in der Praxis

Zur Illustration der Rolle, die die DTDs in der XML-Welt spielen, werden in diesem Abschnitt zwei XML-Anwendungen etwas ausführlicher vorgestellt, die auf der Basis von DTDs arbeiten.

3.11.1 Das grafische Format SVG

Eine der schon erwähnten praktischen Anwendungen von XML, das Grafikformat **SVG**, soll an dieser Stelle etwas ausführlicher vorgestellt werden. Dies nicht nur, weil dieses »grafische XML« die Leistungsfähigkeit von DTDs eindruckvoll demonstriert, sondern auch deshalb, weil diese Anwendung gerade dabei ist, zu einer vorrangigen Technik für grafische Inhalte auf dem Handy oder dem PDA zu werden.

SVG beschreibt Vektorgrafiken in purem XML-Code, also als bandbreitenschonende Textdatei, und zwar nicht nur die grafischen Grundelemente, sondern auch alle komplizierteren Elemente wie Farbverläufe, Animationen und Filtereffekte. Da SVG außerdem mit dem Dokumentobjektmodell konform geht, kann über Skripts auf die einzelnen Elemente einer Grafik zugegriffen werden.

Seit September 2001 ist die Scalable Vector Graphics (SVG) 1.0 Specification vom W3C verabschiedet. SVG 1.1 ist seit Januar 2003 verabschiedet. Darin ist eine Modularisierung des Standards ausgeführt, die es erlaubt, bestimmte Untermengen von SVG für die Darstellung von Grafiken auf einem Handy oder einem PDA zu verwenden.

SVG ist eine per DTD festgelegte Sprache zur Darstellung zweidimensionaler Grafiken, wobei innerhalb einer SVG-Grafik neben den Vektorgrafiken, die die Sprache hauptsächlich beschreibt, auch Bitmaps und Texte eingebunden werden können. Die Vektorgrafiken lassen sich frei skalieren. Die Grafiken lassen sich animieren und mit Hilfe von Skripts interaktiv gestalten.

Kleines Animationsbeispiel

Die folgende Abbildung zeigt als Beispiel eine kleine Animation, die mit Hilfe von WebDraw, einem speziellen Editor für SVG, der von Jasc angeboten wurde, erzeugt worden ist.

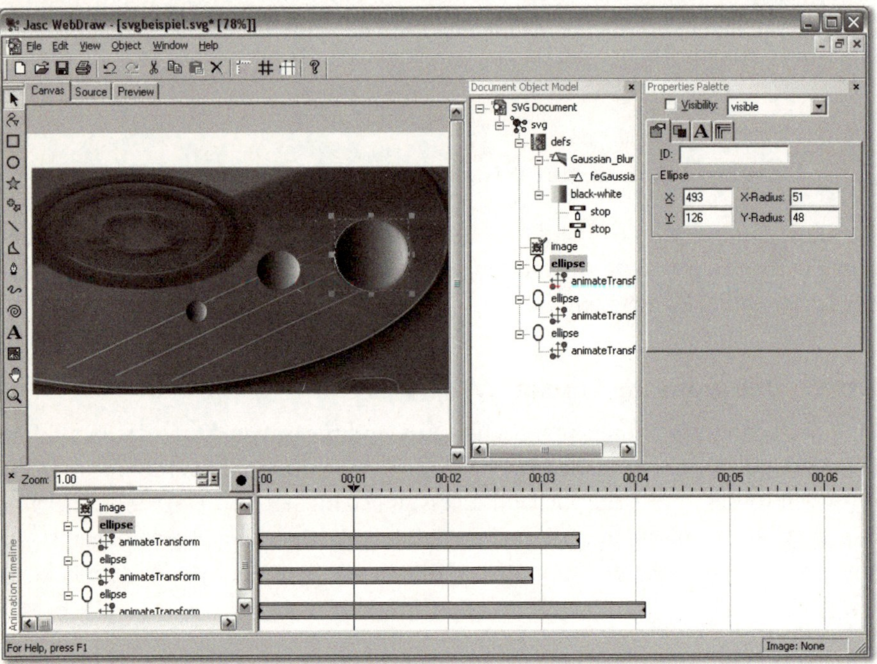

Abbildung 3.8 SVG-Entwicklung mit WebDraw

Dabei werden die Funktionen, die normalerweise ein Grafikprogramm zur Verfügung stellt, ergänzt durch die Möglichkeit, direkt in den SVG-Code einzugreifen. Animationen können sehr einfach über eine Timeline definiert werden. In einem Fenster steht immer das aktuelle Objektmodell zur Verfügung, das während des Editierens aufgebaut wird.

Das SVG-Format lässt sich sowohl in Webseiten einbinden als auch direkt im Internet Explorer darstellen. Der Netscape Navigator verwendet ein Plug-in. In diesem Fall enthält das Diagramm als Hintergrund ein Bitmap.

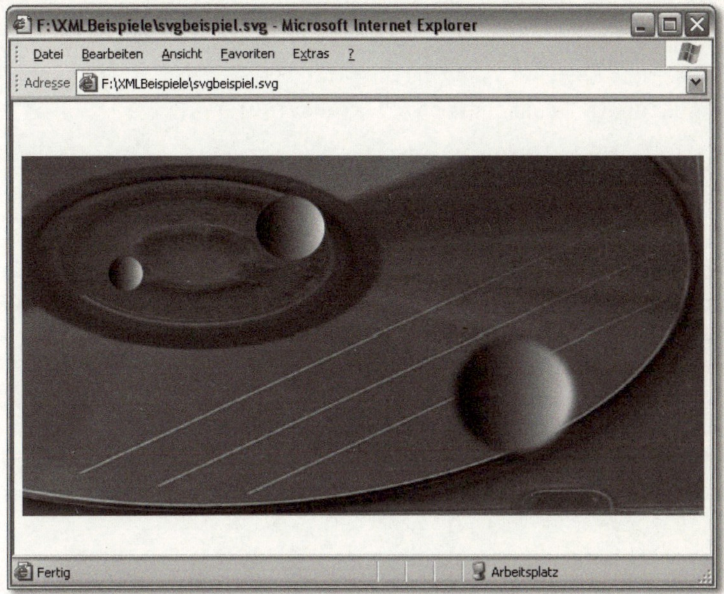

Abbildung 3.9 Beispiel für eine animierte SVG-Grafik

Aufbau des SVG-Dokuments

Das Wurzelelement ist immer das Element `<svg>`. Die Attribute `width` und `height` legen die Gesamtgröße der Grafik fest. Um Verweise auf grafische Elemente einbauen zu können, wird XLink benutzt. SVG erlaubt es so, eine Grafik aus verschiedenen grafischen Bausteinen zu montieren. Grafiken werden auf diese Weise automatisch aktualisiert, wenn sich eine über einen Link eingebundene Komponente ändert, was sehr flexible Lösungen erlaubt.

Über `<filter>`-Elemente lassen sich grafische Filter einbinden. Für die grafischen Grundformen stehen entsprechende Elemente wie `<ellipse>`, `<rect>`, `<line>`, `<polyline>` und `<polygon>` zur Verfügung, wobei die Details über Attribute geregelt werden.

Um Objekte zu animieren, werden zu dem Element der Grundform Kindelemente vom Typ `<animate>` bzw. `<animateTransform>` eingebaut, die die Bewegung des Objekts und die Dauer der Bewegung wiederum über Attribute festlegen.

Über die DOCTYPE-Deklaration muss die DTD des W3C eingebunden werden.

```
<?xml version="1.0" standalone="no"?>
<!DOCTYPE svg PUBLIC "-//W3C//DTD SVG 1.0//EN"
  "http://www.w3.org/TR/2001/REC-SVG-20010904/DTD/svg10.dtd">
<svg width="600" height="400">
  <defs>
    <filter id="Gaussian_Blur" filterUnits="objectBoundingBox"
     x="-10%" y="-10%" width="150%" height="150%">
      <feGaussianBlur in="SourceGraphic" stdDeviation="3 2"/>
    </filter>
    <linearGradient id="black-white" x1="0%" y1="0%" x2="100%"
     y2="0%" spreadMethod="pad" gradientUnits="objectBoundingBox">
      <stop offset="0%" style="stop-color:rgb(0,0,0);
       stop-opacity:1"/>
      <stop offset="100%" style="stop-color:rgb(255,255,255);
       stop-opacity:1"/>
    </linearGradient>
  </defs>
  <image x="7" y="45" width="582" height="300"
   xlink:href="C:\Dokumente und Einstellungen\Helmut Vonhoegen\
     Eigene Dateien\Eigene Bilder\Cologne\102-0256_img.jpg"/>
  <ellipse cx="493" cy="126" rx="51" ry="48"
   style="fill:url(#black-white);stroke:rgb(170,42,42);
   stroke-width:1;filter:url(#Gaussian_Blur);">
    <animateTransform attributeName="transform" begin="0s"
     dur="3.4s" fill="freeze" calcMode="linear" from="0 0"
     to="-65.3846 119.231" type="translate" additive="sum"/>
  </ellipse>
  <ellipse cx="406" cy="221" rx="30" ry="27"
   style="fill:url(#black-white);stroke:rgb(170,42,42);
   stroke-width:1">
    <animateTransform attributeName="transform" begin="0s"
     dur="2.9s" fill="freeze" calcMode="linear" from="0 0"
     to="-169.231 -115.385" type="translate" additive="sum"/>
  </ellipse>
  <ellipse cx="280" cy="266" rx="15" ry="15"
   style="fill:url(#black-white);stroke:rgb(170,42,42);
   stroke-width:1">
    <animateTransform attributeName="transform" begin="0s"
     dur="4.1s" fill="freeze" calcMode="linear" from="0 0"
     to="-184.615 -123.077" type="translate" additive="sum"/>
  </ellipse>
</svg>
```

Listing 3.4 svgbeispiel.svg

Adobe setzt sehr stark auf dieses neue Format. Über **www.adobe.com/SVG** können Sie mehr darüber erfahren. Illustrator kann ab Version 9 das Format exportieren.

3.11.2 SMIL

Bereits 1998 wurde vom W3C die Synchronized Multimedia Integration Language – **SMIL** – in einer ersten Version spezifiziert, SMIL 2.0 folgte im August 2001. Diese XML-Anwendung wurde entwickelt, um mit Hilfe einfacher Textdateien multimediale Komponenten ganz unterschiedlicher Formate in einer Timeline zu koordinieren. Auf diese Weise können interaktive Präsentationen aus Texten, Bildern, Audioklängen, Videos und auch kompletten Flash-Animationen zusammengestellt und vorgeführt werden.

Dabei können die Quelldateien über URLs eingebunden werden, sodass es ohne Umstände möglich ist, zum Beispiel zwei Videos in zwei Fenstern parallel abzuspielen, die sich auf unterschiedlichen Servern befinden. Dem Besucher können mit Hilfe eines `<switch>`-Tags zudem unterschiedliche Sprachaufzeichnungen zu einem Video oder verschiedene Bandbreiten zur Auswahl angeboten werden. Dabei ist es nicht notwendig, die einzelnen Mediendateien in einer großen Container-Datei zusammenzubinden.

Die SMIL-DTD

SMIL ist wie SVG ein XML-Vokabular, das nach den Regeln der Metasprache XML erzeugt worden ist. Der Sprachumfang ist ziemlich übersichtlich, die zugrunde liegende DTD ist nur ein paar Seiten lang. Hier ein etwas komprimierter Auszug der wichtigsten Elemente:

Auszug aus der DTD für SMIL

```
...
<!--== SMIL Document ====-->
<!-- The root element SMIL contains all other elements.
-->
<!ELEMENT smil (head?,body?)>
<!ATTLIST smil
        %id-attr;>
<!--== The Document Head ====-->
<!ENTITY % layout-section "layout|switch">
<!ENTITY % head-element "(meta*,((%layout-section;), meta*))?">
<!ELEMENT head %head-element;>
<!ATTLIST head %id-attr;>
...
<!--== The Document Body =====-->
```

```
<!ENTITY % media-
object "audio|video|text|img|animation|textstream|ref">
<!ENTITY % schedule "par|seq|(%media-object;)">
<!ENTITY % inline-link "a">
<!ENTITY % assoc-link "anchor">
<!ENTITY % link "%inline-link;">
<!ENTITY % container-content "(%schedule;)|switch|(%link;)">
<!ENTITY % body-content "(%container-content;)">
<!ELEMENT body (%body-content;)*>
<!ATTLIST body %id-attr;>
...
<!--== The Parallel Element ====-->
<!ENTITY % par-content "%container-content;">
<!ELEMENT par    (%par-content;)*>
<!ATTLIST par
        %id-attr;
        %desc-attr;
        endsync CDATA           "last"
        dur     CDATA           #IMPLIED
        repeat  CDATA           "1"
        region  IDREF           #IMPLIED
        %sync-attributes;
        %system-attribute;>
<!--== The Sequential Element =====-->
<!ENTITY % seq-content "%container-content;">
<!ELEMENT seq    (%seq-content;)*>
<!ATTLIST seq
        %id-attr;
        %desc-attr;
        dur     CDATA           #IMPLIED
        repeat  CDATA           "1"
        region  IDREF           #IMPLIED
        %sync-attributes;
        %system-attribute;>
...
```

SMIL-Komponenten können ihrerseits in SVG- und XHTML-Dokumente integriert werden. Die Unterstützung für SMIL erlaubt es, Medien für die Wiedergabe mit dem von RealNetworks entwickelten RealOne-Player oder mit dem QuickTime-Player einzubinden.

Wir zeigen Ihnen hier ein kleines Beispiel für eine Animation mit drei Abbildungen, die mit einem Song unterlegt und mit einem Text kommentiert werden.

Allgemeine Dokumentstruktur

Das Wurzelelement eines SMIL-Dokuments ist immer <smil>. Innerhalb dieses Elements ist der Aufbau ähnlich wie bei einer HTML-Datei in einen Head- und einen Body-Bereich unterteilt. Der Head-Bereich ist optional und wird verwendet, um Informationen für die Präsentation mit Hilfe von <meta>-Tags weiterzureichen. Aber auch Layout-Anweisungen, die die Bereichsaufteilung betreffen, werden hier untergebracht.

```
<smil xmlns="http://www.w3.org/2000/SMIL20/CR/Language">
  <head>
    <layout>
      ...
    </layout>
    <meta name="title" content="Kleine Smile-Demo"/>
    <meta name="author" content="HV"/>
  </head>
  <body>
    <par begin="2s" dur="60s" >
  ...
    </par>
  </body>
</smil>
```

Abfolge der Medien

Wir kümmern uns hier zunächst um den Body-Bereich. Die beiden Tags, mit denen die Steuerung der Präsentation hauptsächlich geleistet wird, sind als Kinder oder Kindeskinder von <body> das Tag <par> für die parallele Vorführung und <seq> für sequenzielle Anordnungen von Medienobjekten. Innerhalb dieser Tags werden dann die einzelnen Clips mit medienspezifischen Tags wie <audio>, <img>, <video>, <text> etc. eingefügt. Für jeden dieser Tags ist das Attribut src, das die Quelle des Mediums als URL angibt, notwendig.

Um die vorgesehenen Abbildungen und den gleichzeitig abzuspielenden Song einzufügen, kann das vorgegebene Element <par> als Ausgangspunkt genommen und editiert werden.

Zunächst lässt sich der Beginn und die Dauer der gesamten Vorführung als Eigenschaft des <par>-Elements festlegen. Die Eigenschaft begin wird verwendet, um den Start der Animation zu bestimmen. Als Wert kann beispielsweise "20s" angegeben werden. Entsprechend kann die Dauer mit Hilfe des Attributs dur oder mit End bestimmt werden.

Um eine Folge von Bildern einzufügen, wird das Element <seq> eingefügt und darin nacheinander die gewünschten <img>-Elemente für die einzelnen Bilder.

Für jedes Bild muss über die Eigenschaft src die Bildquelle angegeben werden. Anschließend kann wieder die Dauer der Anzeige für jedes Bild bestimmt werden.

Hinter dem abschließenden </seq>-Tag ist ein Tag für die Sounddatei eingefügt. Dazu wird das Element <audio> benutzt. Die Attributzuweisung repeat="indefinite" erlaubt, den Sound auch als Endlosschleife zu bestimmen.

Vorführregionen

Parallel zu der Bildfolge kann auch noch ein Text angezeigt werden, der die ganze Zeit unverändert bleibt. Der Text soll links von den Bildern erscheinen. Um dies zu erreichen, können im <head>-Bereich zwei unterschiedliche Regionen für die Website definiert werden. Das geschieht mit dem Element <layout> und dessen Kindelementen <root-layout> und <region>. Die Attribute von <root-layout> bestimmen zunächst die gesamte genutzte Fenstergröße. Über die Attribute der <region>-Elemente werden Lage, Höhe und Breite und, wenn gewünscht, über den z-Index auch die Überlappung geregelt. Um auf die Regionen im <body> Bezug nehmen zu können, werden IDs vergeben. Das <head>-Element sieht dann so aus:

```
<head>
  <layout>
    <root-layout height="700" width="1000"/>
    <region id="Textbereich" height="600" width="200"/>
    <region id="Bildbereich" height="600" width="800"/>
  </layout>
  <meta name="title" content="Kleine Smile-Demo"/>
  <meta name="author" content="HV"/>
</head>
```

Der Bezug auf die Regionen lässt sich bei den <img>-Elementen anschließend sehr einfach über das Attribut region herstellen.

Im Quelltext sieht das dann insgesamt so aus:

```
<?xml version="1.0"?>
<!--DOCTYPE smil PUBLIC "-//W3C//DTD SMIL 1.0//EN" "http://www.w3.org/
tr/REC-smil/SMIL10.dtd"-->
<smil xmlns="http://www.w3.org/2000/SMIL20/CR/Language">
  <head>
    <layout>
  <root-layout height="700" width="1000"/>
```

```
  <region id="Textbereich" height="600" width="200"/>
  <region id="Bildbereich" height="600" width="800"/>
    </layout>
    <meta name="title" content="Kleine Smile-Demo"/>
    <meta name="author" content="HV"/>
  </head>
  <body>
    <par begin="2s" dur="60s" >
  <seq >
    <img id="Bild1" region="Bildbereich" src="bild1.jpg" dur="20s"/>
    <img id="Bild2" region="Bildbereich" src="bild2.jpg" dur="20s"/>
    <img id="Bild3" region="Bildbereich" src="bild3.jpg" dur="20s"/>
  </seq>
  <audio src="song1.mp3" repeat="indefinite"/>
  <text src="kommentar.txt" region="Textbereich"/>
    </par>
  </body>
</smil>
```

Listing 3.5 kleineBildfolge.smil

SMIL im Einsatz

SMIL-Dateien werden mit der Dateierweiterung .smil oder .smi abgespeichert. Auf der Seite **www.w3.org/AudioVideo/** finden Sie Hinweise zu SMIL-Playern, speziellen Editoren, Demos und Hintergrundinformationen. Webentwicklungsumgebungen wie GoLive 6 helfen bei der Eingabe des Codes. Der Internet Explorer 6.0 unterstützt die so genannten XHTML+SMIL-Profile, bei denen eine Untermenge von SMIL mit XHTML integriert ist. Der RealPlayer und auch der Quicktime-Player können SMIL-Dateien direkt abspielen.

Der SMIL-Code kann auch direkt in eine HTML-Datei integriert werden. Der Quellcode bei einer GoLive-Anwendung sieht so aus:

```
<!DOCTYPE html PUBLIC "-//W3C//DTD HTML 4.01 Transitional//EN"
"http://www.w3.org/TR/html4/loose.dtd">
<html>
  <head>
    <meta http-equiv="content-type" content="text/html;
     charset=iso-8859-1">
  <meta name="generator" content="Adobe GoLive 6">
  <title>Kleine SMIL-Demo</title>
  </head>
  <body bgcolor="#ffffff">
    <p>
```

```
    <object classid="clsid:CFCDAA03-8BE4-11cf-B84B-0020AFBBCCFA"
     height="800" width="1000" align="middle">
  <param name="palette" value="background">
  <param name="controls" value="ImageWindow">
  <param name="autostart" value="true">
  <param name="src" value="kleinebildfolge.smil">
  <embed align="middle" height="800" palette="background"
   src="kleinebildfolge.smil" type="audio/x-pn-realaudio-plugin"
   width="1000" controls="ImageWindow" autostart="true">
  </object>
    </p>
  </body>
</html>
```

Wenn für den Webbrowser ein Real-Plug-in eingerichtet ist, kann die SMIL-Präsentation wiedergegeben werden (siehe Abbildung 3.10).

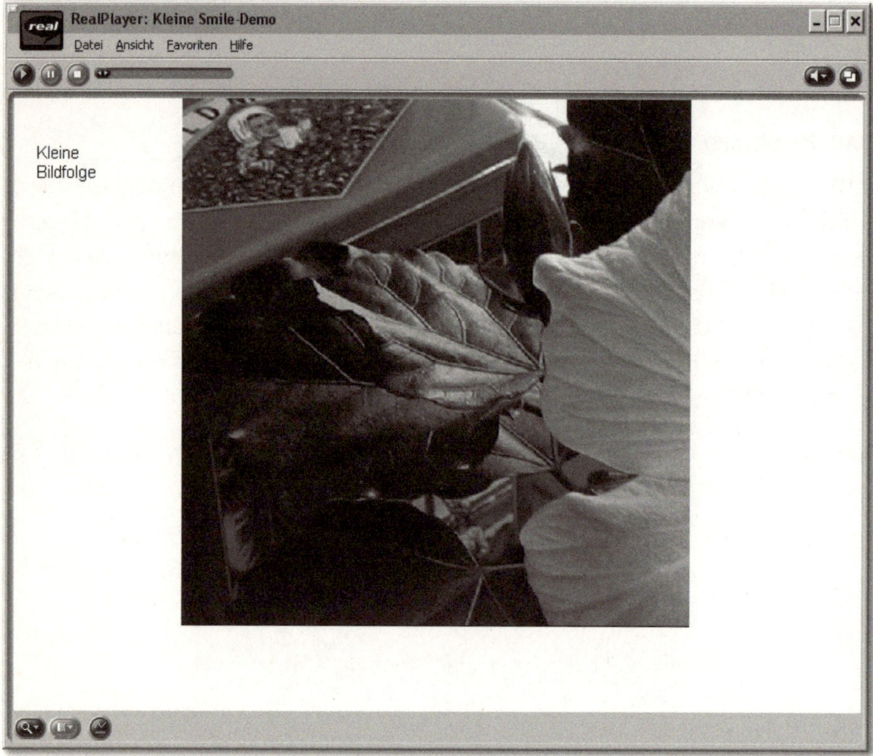

Abbildung 3.10 Vorführung des SMIL-Beispiels im RealPlayer

Die Datenmodellierung mit XML Schema verbindet die Strukturierung von Inhalten mit genauen Festlegungen zu den einfachen und komplexen Datentypen, aus denen sich die Inhalte zusammensetzen.

4 Inhaltsmodelle mit XML Schema

Es ist ziemlich einfach, ein Dokument auf Wohlgeformtheit zu prüfen, sehr viel schwieriger ist die Prüfung, ob die verwendeten Tags vom Inhalt her gültig sind. Mit der Dokumenttyp-Definition wurde es möglich, ein Vokabular für eine bestimmte Klasse von Dokumenten zu beschreiben und – ähnlich wie bei einer Grammatik – Regeln zu bestimmen, um zwischen gültigen und ungültigen »Sätzen« unterscheiden zu können. Ist einem XML-Dokument eine DTD zugeordnet, kann jeder XML-Parser sofort feststellen, ob das Dokument die festgelegten Regeln einhält oder nicht. Dieses Verfahren hat sich inzwischen in vielen Anwendungsbereichen bewährt.

4.1 XML Schema – der neue Standard

In dem Maße, wie XML nicht nur in Zusammenhang mit Textdokumenten ins Spiel gekommen ist, sondern als Datenformat für strukturierte Daten jeder Art, sind die Schwächen der Validierung mit DTDs jedoch immer deutlicher geworden.

4.1.1 Defizite von DTDs

Die Syntax von DTDs ist nicht ausdrucksstark genug. DTD erlaubt zwar die Kontrolle darüber, welche Elemente ein Dokument enthalten darf, ermöglicht aber keine differenzierten Einschränkungen in Bezug auf den Inhalt eines Elements.

Die Programmierer, die es beispielsweise mit klassischen Datenbanken zu tun haben, vermissen sofort die präzise Unterscheidung von Datentypen, die Festlegung von erlaubten Wertebereichen, eine Kontrolle über bestimmte Zeichenmuster oder die Vorgabe von Standardwerten etc. All dies sind Anforderungen, die insbesondere dann unabdingbar sind, wenn es etwa um B2B- oder B2C-Kommunikation oder generell um die Interoperation zwischen Anwendungen geht.

Die Einschränkungen der DTDs führen im Übrigen auch dazu, dass ein hoher Programmieraufwand betrieben werden muss, um die Eingabe korrekter Daten zu erzwingen.

DTDs sind zudem nicht elastisch genug, wenn es darum geht, Regeln festzulegen, die nicht starr sind und mehr Spielraum lassen. Unschön ist auch, dass die DTDs nicht selbst in XML formuliert werden können, wodurch zum Beispiel zusätzliche Editoren erforderlich werden. Außerdem kann auf die DTDs nicht über Programmierschnittstellen wie DOM zugegriffen werden. In XML formulierte Datenmodelle können dagegen maschinell genauso ausgewertet werden, wie die XML-Dokumente selbst.

4.1.2 Anforderungen an XML Schema

Es hat sich deshalb im Lauf der Zeit der Bedarf für eine erweiterte Lösung, eine andere Art der Modellierung von Daten-Schemas entwickelt. Als Anforderungen an XML Schema wurden in den XML Schema Requirements vom 15. Februar 1999 – siehe dazu: **http://www.w3.org/TR/NOTE-xml-schema-req** – insbesondere folgende Punkte aufgeführt:

- Berücksichtigung von Namensräumen
- Definition unvollständiger Einschränkungen bezogen auf den Inhalt eines Elementtyps
- Integration von strukturellen Schemas mit primitiven Datentypen
- Explizite Vererbungsmechanismen, die leicht zu verstehen und zu handhaben sind
- Berücksichtigung der verschiedenen Datentypen, die durch SQL, Java und andere weit verbreitete Programmiersprachen üblich geworden sind

Erfüllt werden sollten diese Anforderungen in Form eines Inventars von XML-Markup-Konstrukten, mit dem Schemas verbindlich und eindeutig formuliert werden können. Ein Schema beschreibt und definiert also eine Klasse von XML-Dokumenten, indem es die Bedeutung, die mögliche Verwendung und die Beziehungen der Teile festlegt, aus denen das Dokument besteht: Datentypen, Elemente und ihr Inhalt, Attribute und ihre möglichen Werte, Entitäten und ihr Inhalt und ihre Notation.

Das Schema legt also wie eine DTD das Vokabular und die Grammatik eines XML-Dokuments fest. Im Unterschied zur DTD ist ein XML Schema-Dokument jedoch auch selbst ein XML-Dokument, das entsprechend auf Wohlgeformtheit und Gültigkeit geprüft werden kann.

4.1.3 Die Spezifikation des W3C für XML Schema

Die Verabschiedung des Standards für XML Schema hat ziemlich lange auf sich warten lassen. Die Folge war, dass die IT-Industrie, die XML nicht nur im Bereich der Dokumentverarbeitung einsetzen wollte, wo mit DTDs ganz gut auszukommen war, eine ganze Reihe von Zwischenlösungen in die Welt gesetzt hat. Deren Features wurden teilweise in den endgültigen Standard eingebaut, teilweise jedoch nicht. Eine dieser Varianten war XML-Data von Microsoft oder SOX von Veo Systems.

Seit Mai 2001 liegt die lang erwartete Empfehlung des W3C für XML Schema endlich vor, immerhin vier Jahre später als die Empfehlung für XML selbst. Die Empfehlung wurde von der XML Schema Working Group ausgearbeitet. Unter **www.w3c.org/TR/xmlschema-0/** ist eine zusammenfassende Einführung zu finden, die Empfehlung selbst ist zweiteilig. Der erste Teil behandelt die Strukturen der Definitionssprache XML Schema – unter **www.w3c.org/TR/2001/REC-xmlschema-1-20010502/**, der zweite Teil die Datentypen – unter **www.w3c.org/TR/2001/REC-xmlschema-2-20010502/**.

Die Resonanz auf die Veröffentlichung war zunächst etwas zwiespältig. Die Empfehlung wurde teilweise als zu komplex kritisiert. Andere Stimmen sehen erst mit XML Schema den Durchbruch der XML-Technologie, insbesondere im Geschäftsbereich, gesichert. Entscheidend ist zudem, dass der neue Standard von der IT-Industrie weitgehend akzeptiert wird. Da immerhin Schwergewichte wie IBM, Microsoft und Oracle den Standard unterstützen, wird die Empfehlung gegenüber konkurrierenden Projekten wie etwa Trex oder Relax genügend Gewicht haben. Wo die Empfehlung zu sehr in ausgetüftelte Optionen vordringt, hat der Anwender zudem immer noch die Möglichkeit, sich in der Praxis auf die praktikableren Komponenten des Standards zu beschränken.

4.2 Erster Entwurf eines Schemas

Bevor wir in die Details der Schema-Definition einsteigen, stellen wir zunächst ein erstes Beispiel vor, das gleich den Unterschied zu einer entsprechenden DTD deutlich machen soll. Es ist angelehnt an das Beispiel, das auch in dem W3C-Primer-Dokument verwendet wird, allerdings mit einigen Vereinfachungen, die die Übersicht erleichtern sollen.

Das zugehörige XML-Dokument enthält ein einfaches Formular für eine Bestellung.

```
<?xml version="1.0" encoding="ISO-8859-1"?>
<bestellformular bestellnummer="01000" bestelldatum="01.11.2001">
<kunde>
<name>Hanna Maier</name>
<strasse>Oststrasse 12</strasse>
<plz>10678</plz>
<ort>Berlin</ort>
</kunde>
<positionen>
<position artikelnr="0045">
<beschreibung>Rollo XBP 312</beschreibung>
<gebinde>Stck</gebinde>
<menge>5</menge>
<europreis>50,00</europreis>
</position>
<position artikelnr="0023">
<beschreibung>Rollo MMX</beschreibung>
<gebinde>Stck</gebinde>
<menge>4</menge>
<europreis>40,00</europreis>
</position>
</positionen>
</bestellformular>
```

Listing 4.1 bestellbeleg1.xml

Dieses Dokument besteht aus einem Hauptelement <bestellformular> und zwei Unterelementen, <kunde> und <positionen>, die jeweils wiederum mehrere Unterelemente enthalten. Für dieses XML-Dokument könnte folgende DTD generiert werden:

```
<?xml version="1.0" encoding="ISO-8859-1"?>
<!ELEMENT bestellformular (kunde, positionen)>
<!ATTLIST bestellformular bestellnummer CDATA #REQUIRED
          bestelldatum CDATA #REQUIRED>
<!ELEMENT kunde (name, strasse, plz, ort)>
<!ELEMENT name (#PCDATA)>
<!ELEMENT ort (#PCDATA)>
<!ELEMENT plz (#PCDATA)>
<!ELEMENT strasse (#PCDATA)>
<!ELEMENT positionen (position+)>
<!ELEMENT position (beschreibung, gebinde, menge, europreis)>
<!ATTLIST position artikelnr CDATA #REQUIRED>
<!ELEMENT beschreibung (#PCDATA)>
<!ELEMENT menge (#PCDATA)>
```

```
<!ELEMENT gebinde (#PCDATA)>
<!ELEMENT europreis (#PCDATA)>
```

Listing 4.2 bestellbeleg1.dtd

An diesem Beispiel lassen sich die Schwachpunkte einer DTD-Lösung leicht erkennen. Das XML-Dokument enthält Daten ganz unterschiedlichen Typs, wie etwa ein Datum, eine Preisangabe etc. Hier kann die DTD aber keine Kontrollmechanismen anbieten, die gewährleisten, dass nicht anstelle eines Datums oder eines numerischen Werts eine beliebige Zeichenfolge eingegeben wird.

Statt dieser DTD kann folgendes XML Schema entworfen werden:

```
<?xml version="1.0" encoding="ISO-8859-1"?>
<xsd:schema xmlns:xsd="http://www.w3.org/2001/XMLSchema">

<xsd:element name="bestellformular" type="formular"/>

<xsd:complexType name="formular">
  <xsd:sequence>
    <xsd:element name="kunde" type="kunde"/>
    <xsd:element name="positionen" type="positionen"/>
  </xsd:sequence>
  <xsd:attribute name="bestellnummer" type="xsd:short"
                 use="required"/>
  <xsd:attribute name="bestelldatum" type="xsd:date"
   use="required"/>
</xsd:complexType>

<xsd:complexType name="kunde">
  <xsd:sequence>
    <xsd:element name="name" type="xsd:string"/>
    <xsd:element name="strasse" type="xsd:string"/>
    <xsd:element name="plz" type="xsd:int"/>
    <xsd:element name="ort" type="xsd:string"/>
  </xsd:sequence>
</xsd:complexType>

<xsd:complexType name="positionen">
  <xsd:sequence>
    <xsd:element name="position" minOccurs="0"
                 maxOccurs="unbounded">
      <xsd:complexType>
        <xsd:sequence>
          <xsd:element name="beschreibung" type="xsd:string"/>
          <xsd:element name="menge" type="xsd:decimal"/>
```

```
          <xsd:element name="gebinde" type="gb"/>
          <xsd:element name="europreis" type="xsd:decimal"/>
        </xsd:sequence>
        <xsd:attribute name="artikelnr" type="xsd:string"
                       use="required"/>
      </xsd:complexType>
    </xsd:element>
  </xsd:sequence>
</xsd:complexType>

<xsd:simpleType name="gb">
  <xsd:restriction base="xsd:string">
     <xsd:enumeration value="Stck"/>
<xsd:enumeration value="kg"/>
<xsd:enumeration value="cm"/>
   </xsd:restriction>
</xsd:simpleType>

</xsd:schema>
```

Listing 4.3 bestellbeleg1.xsd

4.2.1 Verknüpfung von Schema und Dokument

Ein solches Schema wird in der Regel in Form einer Datei vom Typ **.xsd** abgelegt – die Typenbezeichnung ist allerdings nur eine Konvention – und dem XML-Dokument dann durch eine entsprechende Deklaration in dem XML-Dokument, das dem Schema entsprechen soll, zugeordnet.

```
<bestellformular
  xmlns="http://XML_Beispiele.org/bestellung/"
  xmlns:xsi="http://www.w3.org/2001/XMLSchema-instance"
  xsi:schemaLocation="http://XML_Beispiele.org/bestellung/
  file:bestellung.xsd"
  bestellnummer="01000" bestelldatum="01.11.2001">
```

In diesem Fall wird in der Dokumentinstanz das Wurzelelement mit einem Attribut `xsi:schemaLocation` aus dem Namensraum `http://www.w3.org/2001/XMLSchema-instance` ausgestattet, das dem XML-Prozessor einen Hinweis gibt, wo das Schema, das für die Validierung verwendet werden soll, zu finden ist. Das Schema kann aber auch, wie das XML-Dokument selbst, Teil eines Streams sein, der über das Netz bereitgestellt wird.

Wie Sie leicht erkennen können, ist das XML Schema-Dokument im Unterschied zu der vorher abgebildeten DTD selbst ein XML-Dokument, dessen Wohlgeformtheit auch einer entsprechenden Prüfung in einem Parser wie dem Internet

Explorer standhält. Wenn Sie einen Schema-Editor wie etwa XMLSpy verwenden, wird die Korrektheit der Syntax fortlaufend geprüft.

4.2.2 Der Baum der Schema-Elemente

Das Wurzelelement eines Schema-Dokuments ist immer `<xsd:schema>`. Der Parser kann daran sofort erkennen, dass es sich um ein Schema für ein Inhaltsmodell handelt. Innerhalb des Wurzelelements sind verschiedene Unterelemente eingeschlossen, darunter einige mit dem Namen `<xsd:element>` und andere mit dem Namen `<xsd:complexType>` bzw. `<xsd:simpleType>`.

Das Präfix `xsd` verweist darauf, dass die verwendeten Namen zum Namensraum von XML Schema gehören. In diesem Namensraum sind alle Konstrukte enthalten, die beim Entwurf eines Schemas verwendet werden können. Die Zuordnung zu diesem Namensraum erfolgt durch die Deklaration

```
xmlns:xsd="http://www.w3.org/2001/XMLSchema"
```

innerhalb des Elements `<xsd:schema>`, dessen Name also selbst schon zu diesem Namensraum gehört. Es ist möglich, auch andere Präfixe zu verwenden.

Auch den Namen für die vorgegebenen Datentypen wie `string` oder `decimal` wird das Präfix vorangestellt: `xsd:string` und `xsd:decimal`.

Zur Verwendung innerhalb einer Dokumentinstanz, die einem solchen Schema entspricht, ist noch ein weiterer Namensraum vorgegeben, der über den URI `http://www.w3.org/2001/XMLSchema-Instance` identifiziert wird, in der Regel verknüpft mit dem Präfix `xsi`.

Zusätzlich kann ein spezieller Namensraum für das aktuelle Schema selbst definiert werden und es können verschiedene Voreinstellungen vorgenommen werden, die die Art der Validierung einer Dokumentinstanz betreffen. Mehr über die Rolle der Namensräume in Abschnitt 2.9.

4.2.3 Elemente und Datentypen

In das Wurzelelement des Schemas wird zunächst das oberste Element des gesamten Bestellformulars eingefügt, also das Element, das in der Dokumentinstanz selbst das Wurzelelement darstellen wird. Neben der Zuordnung des Elementnamens wird zugleich über das Attribut `type` angegeben, dass dafür ein Element vom Datentyp `bestellformular` verwendet werden soll.

Da es sich dabei nicht um einen vorgegebenen einfachen Datentyp handelt, bedeutet dies, dass dieser Datentyp in diesem Schema definiert werden muss. Dies geschieht auch gleich im nächsten Abschnitt.

4.2.4 Komplexe Typen mit und ohne Namen

Das Bestellformular ist natürlich ein Element, das weitere Kindelemente in sich einschließt, deshalb wird zunächst angegeben, dass es sich bei dem zu definierenden Datentyp `bestellformular` um ein Element des komplexen Typs handelt, was mit dem Element `<xsd:complexType>` erfolgt. Da der Datentyp vorher schon benannt worden ist, wird der vorhandene Name an dieser Stelle aufgegriffen.

Die `xsd:complexType`-Strukturen können, wie schon dieses kleine Beispiel zeigt, nicht nur einfache Unterelemente enthalten, sondern wiederum selbst weitere komplexe Strukturen.

Komplexe Datentypen können allerdings auch ohne Namenszuordnung definiert werden, man spricht dann von anonymen Datentypen. Dieses Vorgehen finden Sie im Beispiel später bei der Definition des Datentyps für die einzelnen Bestellpositionen.

Typen sind nichts anderes als Inhaltsmodelle von Datenstrukturen, die einfach oder aus mehreren Teilen zusammengesetzt, also komplex sein können. In diesem Beispiel handelt es sich um eine mehrstufige Struktur, wie die grafische Darstellung in der folgenden Abbildung zeigt.

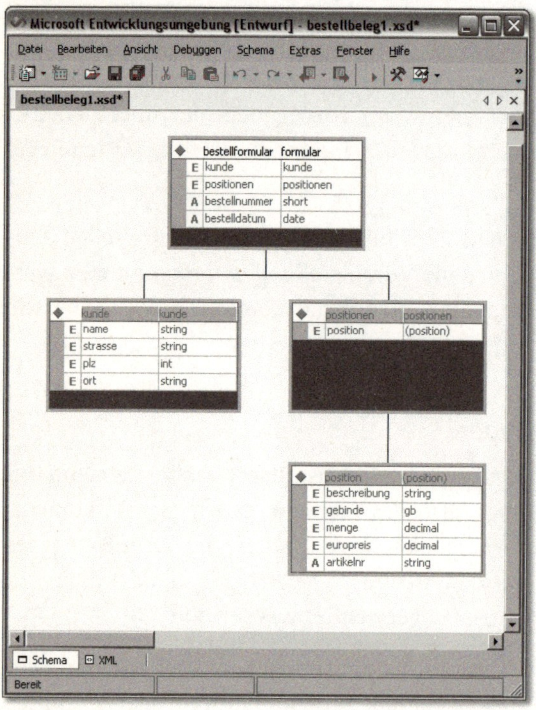

Abbildung 4.1 Grafische Darstellung der Datenstruktur in Visual Studio .NET

Auf der obersten Ebene wird die Struktur des Formulars aus einer Sequenz von zwei Unterelementen zusammengefügt, das sind zunächst die Kundendaten, dann folgen die Bestellpositionen. Außerdem werden auf dieser Ebene zwei Attribute des Formularelements definiert, die Bestellnummer und das Bestelldatum. Für die möglichen Werte werden die Datentypen `short` und `date` bestimmt und es wird zugleich festgelegt, dass die Werte erforderlich sind.

4.2.5 Sequenzen

Die Kundendaten werden ebenfalls als komplexer Datentyp in Form einer Sequenz beschrieben, die auflistet, welche Datenelemente zu der Kundenadresse gehören. Das entscheidende Charakteristikum einer Sequenz ist, dass sie die Reihenfolge der Elemente verbindlich festlegt. Es müssen also nicht nur die aufgeführten Elemente darin vorkommen, auch die Abfolge muss genau eingehalten werden. Das entspricht den Elementsequenzen, die in einer DTD getrennt durch Kommata in Klammern zusammengefasst werden.

Die Positionsdaten enthalten die einzelnen Positionen als Unterelemente und diese wiederum sind ebenfalls als eine Sequenz von Elementen bestimmt, weil auch diese Daten immer in einer festen Reihenfolge benötigt werden.

4.2.6 Vorgegebene und abgeleitete Datentypen

Für diese Elemente sind die passenden Datentypen angegeben. Hier können von XML Schema vorgegebene Datentypen verwendet werden. Nur bei dem Element `<gebinde>` wird im Schema über den vorgegebenen einfachen Datentyp hinausgegangen. Dazu wird wieder zunächst ein Name für den benötigten Datentyp vergeben. Dieser Datentyp wird dann am Ende des Schemas separat aus einem vorhandenen einfachen Datentyp abgeleitet, und zwar durch eine Einschränkung der erlaubten Zeichenketten auf die aufgezählten Werte. Solche Ableitungen werden später noch ausführlich behandelt.

4.2.7 Wieviel wovon?

Die Anzahl der Positionen ist variabel. Diese Festlegung wird durch die Attribute `minOccurs` und `maxOccurs` erreicht. Die beiden gewählten Werte geben an, dass das Element notfalls fehlen kann – das Dokument enthält dann nur die Kundendaten – während die Anzahl der Positionen nach oben unbegrenzt ist.

4.3 Genereller Aufbau eines XML Schemas

Ein XML Schema ist ein Satz von Komponenten, der die Struktur einer Klasse von XML-Dokumenten beschreibt und festlegt. Ein Dokument, das den Regeln eines bestimmten Schemas entspricht, wird deshalb auch als eine Instanz der durch das Schema fixierten Dokumentenklasse betrachtet.

4.3.1 Das Vokabular

Das Vokabular von XML Schema ist selbst eine XML-Anwendung, in diesem Fall eine Sprache zur abstrakten Beschreibung von inhaltlichen Strukturen. Wie jedes XML-Dokument enthält es eine bestimmte Menge von Elementen, die die Zusammensetzung des jeweiligen inhaltlichen Bereichs darstellen; insgesamt 36 Elemente sind vorgegeben.

Bestimmten Elementen können wiederum bestimmte vorgegebene Attribute zugeordnet werden, um einzelne Komponenten des Schemas näher zu bestimmen. Die Empfehlung des W3C legt fest, wie diese Elemente zur Beschreibung von Inhaltsmodellen verwendet werden können und bestimmt zugleich, wie Parser, die im Stande sind, ein entsprechendes XML-Dokument auf Übereinstimmung mit dem zugeordneten XML Schema zu prüfen, bei diesem Prüfverfahren vorzugehen haben.

4.3.2 Die Komponenten eines XML Schemas

Die W3C-Empfehlung unterscheidet drei Gruppen von Komponenten, aus denen ein Schema zusammengefügt werden kann. Die erste Gruppe umfasst die primären Komponenten:

- Einfache Typdefinitionen
- Komplexe Typdefinitionen
- Elementdeklarationen
- Attributdeklarationen

Während für die Deklaration von Elementen und Attributen die Vergabe von entsprechenden Namen notwendig ist, können Typdefinitionen auch ohne Namen eingesetzt werden.

Als sekundär werden die folgenden Komponenten eingestuft:

- Definitionen von Attributgruppen
- Eindeutigkeitsbeschränkungen und Schlüsselreferenzen

- Modellgruppendefinitionen
- Deklarationen von Anmerkungen

Bei diesen Komponenten ist die Zuordnung von Namen zwingend.

Die dritte Gruppe besteht aus Hilfskomponenten, die immer nur als Teile von anderen Komponenten auftreten können:

- Anmerkungen
- Modellgruppen
- Partikel
- Joker
- Festlegungen über die Verwendung von Attributen

4.4 Datentypen

Das Material, das bei der Datenmodellierung mit XML Schema als Baustein verwendet wird, stellen die verschiedenen Datentypen dar. Das abstrakte Datenmodell, das XML Schema zugrunde liegt, geht von einer Hierarchie von Datentypen aus, die sich aus einer einzigen Wurzel entfalten lässt, und zwar durch zwei gegensätzliche Verfahren.

Das eine ist eine Einschränkung – vorgenommen mit dem Element `<xsd:restriction>`, die sich zum Beispiel auf den erlaubten Wertebereich eines Elements oder Attributs beziehen kann. Das andere Verfahren ist eine Erweiterung – mit dem Element `<xsd:extension>` –, die einem Inhaltsmodell weitere Komponenten hinzufügt. Beide Verfahren beziehen sich dabei jeweils auf einen explizit angegebenen Basistyp als Ausgangspunkt.

Beispielsweise wird der Datentyp `integer` als ein Datentyp verstanden, der aus dem übergeordneten Datentyp `decimal` abgeleitet worden ist, indem die Anzahl der erlaubten Dezimalstellen auf Null gesetzt wurde. Durch Einschränkung des Wertebereichs werden wiederum aus dem Datentyp `integer` Typen wie `long` oder `short` abgeleitet.

An der Wurzel dieses Typenbaums wird ein **Urtyp** unterstellt, der als `anytyp` angesprochen werden kann und gleichsam das Rohmaterial für alles Weitere darstellt. Die erste grobe Unterscheidung ist dabei die zwischen einfachen und komplexen Typen.

Wir geben hier das Schema der eingebauten Datentypen wieder, das das W3C im zweiten Teil der XML Schema-Spezifikation veröffentlicht hat.

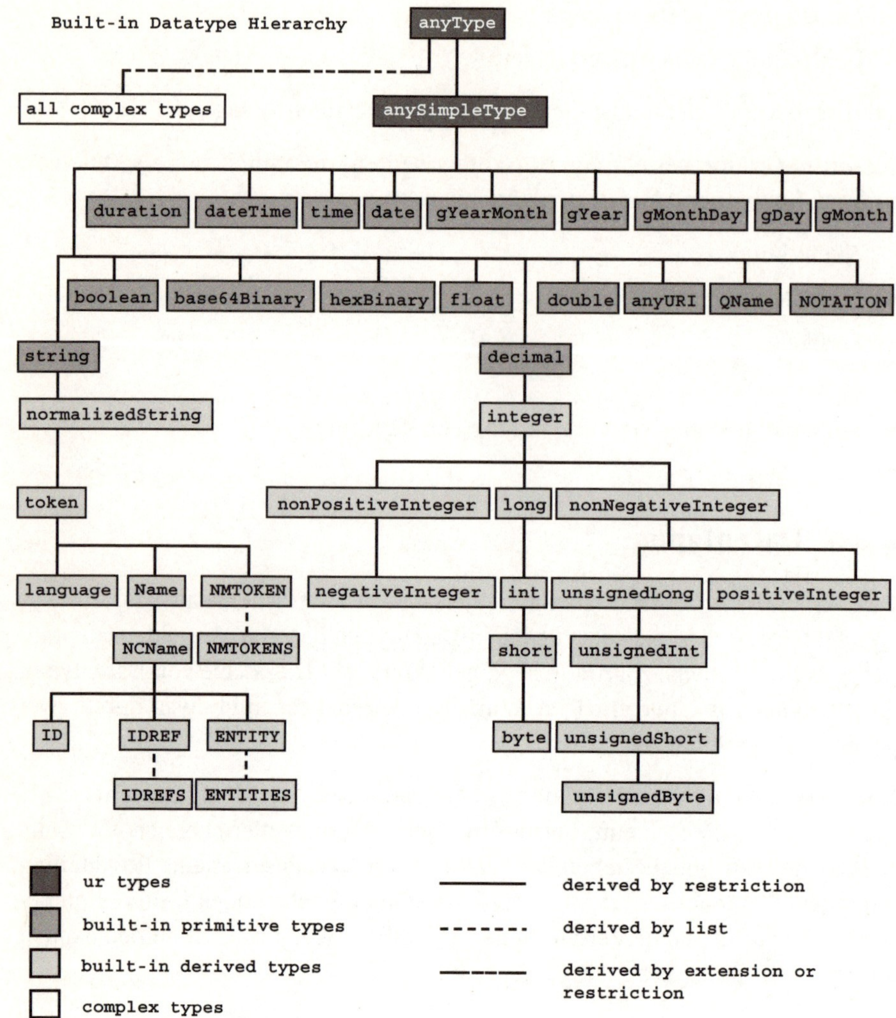

4.4.1 Komplexe Datentypen

Elemente, die selbst Unterelemente oder Attribute enthalten, werden in der Terminologie von XML Schema komplexe Typen genannt. Diese Typen sind im Detail nicht vorgegeben, hier bestimmt der Schemadesigner, wie sie aussehen sollen.

4.4.2 Inhaltsmodelle und Partikel

Ein komplexer Datentyp besteht grundsätzlich aus einem Inhaltsmodell, das die darin vorkommenden Unterelemente auflistet und in einer bestimmten Weise anordnet, gefolgt von einer Liste der Attribute, die zusätzliche Informationen zu dem betreffenden Datentyp bereitstellen. Der oben verwendete Typ `formular` zeigt beides:

```
<xsd:complexType name="formular">
  <xsd:sequence>
    <xsd:element name="kunde" type="kunde"/>
    <xsd:element name="positionen" type="positionen"/>
  </xsd:sequence>
  <xsd:attribute name="bestellnummer" type="xsd:short"
                 use="required"/>
  <xsd:attribute name="bestelldatum" type="xsd:date"
                 use="required"/>
</xsd:complexType>
```

Das Inhaltsmodell eines komplexen Datentyps setzt sich aus Teilen zusammen, die auch Partikel genannt werden. Meist sind dies lokale Elementdeklarationen oder Bezüge auf globale Elementdeklarationen, womit Elemente gemeint sind, die direkte Kinder des Schema-Elements sind. Statt bestimmter, einzelner Elemente können als Partikel aber auch komplette Elementgruppen oder Referenzen auf benannte Elementgruppen oder Wildcards in einem komplexen Datentyp auftauchen.

4.4.3 Erweiterbarkeit durch Wildcards

Wildcards können zum Beispiel verwendet werden, wenn sich das Design eines Schemas noch in der Entwicklung befindet, sodass noch keine genauen Festlegungen möglich sind, oder wenn Teile eines Datenmodells offen bleiben sollen. Diese Platzhalter erlauben es, dass in einer Dokumentinstanz Elemente oder Attribute auftauchen können, die bisher im Schema nicht deklariert sind, ohne dass das Dokument insgesamt als ungültig eingestuft wird.

Ein kleines Beispiel dazu:

```
<xsd:complexType name="freie_Eingabe">
  <xsd:sequence>
    <xsd:element name="Titel" type="xs:string"/>
    <xsd:any processContents="skip" maxOccurs="unbounded"/>
  </xsd:sequence>
  <xsd:anyAttribute/>
</xsd:complexType>
```

Mit dem `<xsd:any>`-Element werden Platzhalter für Elemente eingefügt, das Element `<xsd:anyAttribute>` erlaubt auch einen Platzhalter für Attribute. Über das Attribut `processContents` kann gesteuert werden, wie bei der Validierung verfahren werden soll. Wird zum Beispiel der Wert `skip` verwendet, wird der Prozessor eventuelle Elemente, die an Stelle des Platzhalters eingefügt worden sind, nicht monieren. Die folgende Dokumentinstanz würde also akzeptiert:

```
<freie_Eingabe Datum="2001-11-21">
  <titel>liebes Tagebuch</titel>
  <notiz>noch ist das Blatt leer</notiz>
  <notiz>es fällt mir immer noch nichts ein</notiz>
</freie_Eingabe>
```

Für alle Wildcards können zusätzlich noch `namespace`-Attribute verwendet werden, die angeben, zu welchem Namensraum die in der Dokumentinstanz eingefügten Elemente oder Attribute gehören sollen oder auch nicht gehören dürfen.

4.4.4 Einfache Typen

Dagegen werden Elemente, die selbst nur einen Wert – eine Zahl, ein Datum oder Text – enthalten, als einfache Typen bezeichnet. Ein Element, das nur Text enthält, ist ein einfacher Datentyp. Der Wert von Attributen gehört immer zu den `simpleTypes`, Attribute können also keine inneren Strukturen wie Kindelemente oder Unterattribute enthalten.

Wird ein Dokument als Baumstruktur wiedergegeben, gehören die Knoten, die selbst Kindknoten enthalten, zu den komplexen Datentypen, während die Blätter des Baums jeweils einfache Datentypen sind.

Die durch XML Schema vorgegebenen Datentypen enthalten bereits eine Reihe der angesprochenen Ableitungen. Die von dem Urtyp `anySimpleType` direkt abgeleiteten Typen werden als eingebaute primitive Datentypen bezeichnet, wie der Typ `string` oder `decimal`.

XML Schema gibt darüber hinaus aber noch eine ganze Reihe von einfachen Datentypen vor, die von diesen primitiven Datentypen abgeleitet sind. Während ein großer Teil der benötigten einfachen Datentypen also bereits als fertige Bausteine angeboten wird, werden alle komplexen Datentypen vom Designer eines Schemas selbst definiert, es sei denn solche Typen können aus anderen, bereits bestehenden Schemas übernommen werden, wie es später noch beschrieben wird.

Beim Aufbau eines Schemas stellt sich also in der Regel die Frage, welche Datentypen für die Abbildung eines Bereichs am besten verwendet werden sollten. Wenn sich zum Beispiel bestimmte Datenstrukturen mehrfach verwenden lassen, ist es ratsam, sie zunächst als Baustein zu definieren und sie dann überall dort, wo sie benötigt werden, einfach aufzurufen. Das kann zum Beispiel ein komplexer Datentyp sein, der jeweils alle Adressdaten zusammenfasst oder auch nur ein Datentyp, der bestimmte Beträge mit einem bestimmten Währungszeichen verknüpft.

4.4.5 Benannte oder anonyme Typen

Datentypen müssen nicht mit einem Namen verknüpft werden – fehlt ein Name, wird von anonymen Typen gesprochen. Anonyme Datentypen sind immer dann problemlos, wenn der jeweilige Datentyp nur einmal verwendet wird und auch eine Übernahme in ein anderes Schema nicht vorgesehen ist. Außerdem lassen sich aus einem anonymen Datentyp keine anderen Datentypen ableiten, etwa durch Einschränken der erlaubten Werte.

Ansonsten aber ist es meist vorteilhaft, den selbstdefinierten Datentypen Namen zuzuordnen. Dabei muss darauf geachtet werden, dass innerhalb eines Schemas bzw. innerhalb eines Namensraums, der innerhalb des Schemas verwendet wird, eindeutige Namen für Datentypen verwendet werden. Das schließt aber nicht aus, einen Namen, der für einen Datentyp verwendet worden ist, auch bei der Deklaration eines Elements oder eines Attributs zu verwenden.

Benannte Datentypen, seien sie einfach oder komplex, können separat definiert werden und lassen sich dann bei der Deklaration von Elementen oder Attributen bequem referenzieren. Attribute können allerdings nur Werte mit einfachen Datentypen enthalten.

Die Arbeit mit benannten Datentypen ähnelt der Bildung von Klassen, die anschließend zur Erstellung von Objekten in einer Anwendung genutzt werden. Das Verfahren ist insbesondere dann sinnvoll, wenn die benannten Datentypen mehrfach benötigt werden oder wenn ein Schema beispielsweise von einem anderen Schema aufgerufen werden soll, mit `<include>` oder `<import>`, wie in Abschnitt 4.15 beschrieben.

4.4.6 Vorgegebene und benutzerdefinierte Datentypen

XML Schema stellt als wesentlicher Vorzug gegenüber der DTD-Syntax eine umfangreiche Hierarchie von eingebauten Datentypen zur Verfügung, die entweder direkt oder als Startpunkt für die Definition benutzerdefinierter Datentypen verwendet werden können. Der umfangreiche zweite Teil der Schema-Empfehlung befasst sich ausschließlich mit diesem Thema. Das Angebot der vorgegebenen Datentypen deckt den Bereich der in den meisten Programmiersprachen zur Verfügung stehenden Datentypen ab und erweitert das Angebot um Datentypen, die für XML-Dokumente spezifisch sind.

4.4.7 XML Schema – Datentypen – Kurzreferenz

Datentyp	Beschreibung
Logisch	
`Boolean`	boolescher Wert {`true`, `false`, `1`, `0`}
Binär	
`base64Binary`	Base64-kodierte beliebige binäre Daten
`hexBinary`	Beliebige hexadezimal-kodierte binäre Daten. Beipiel: `"0FB7"` für die Ganzzahl `4023`
Zeichenfolge	
`anyURI`	Steht für eine Zeichenfolge, die eine Referenz auf eine Ressource in Form eines Uniform Resource Identifiers (URI) liefert, die absolut oder relativ sein kann und optionale Fragment-Identifier enthalten kann.
`language`	Code für die natürlichen Sprachen, meist bestehend aus je zwei Zeichen nach der Definition RFC 1766. Beispiel: `en`, `fr`
`normalizedString`	Eine Zeichenfolge, die keine der folgenden Leerräume enthält: `#xD` – Wagenrücklauf, `#xA` Zeilenvorschub, `#x9` – Tabulator
`string`	Folge von Unicode-Zeichen in XML
`Token`	Zeichenfolge, die eine lexikalische Einheit bildet und aus einer normalisierten Zeichenfolge abgeleitet ist, also keine Leerräume enthält
Zahlentypen	
`Byte`	Ganzzahl von 127 bis –128. Wenn das Vorzeichen fehlt, wird »+« angenommen.
`decimal`	Beliebig genaue dezimale Zahlen. Vorzeichen sind erlaubt. Wenn das Vorzeichen fehlt, wird »+« angenommen. Führende und nachfolgende Nullen sind optional. Wenn der Teil nach dem Dezimalzeichen gleich Null ist, kann er samt Dezimalzeichen weggelassen werden.
`double`	64-Bit-Gleitkommazahl mit doppelter Genauigkeit nach IEEE 754-1985. Beispiele für erlaubte Darstellungsformen: `-1E4`, `1267.43233E12`, `12.78e-2`, `12` und `INF`
`Float`	32-Bit-Gleitkommazahl mit einfacher Genauigkeit nach IEEE 754-1985. Beispiele für erlaubte Darstellungsformen: `-1E4`, `1267.43233E12`, `12.78e-2`, `12` und `INF`
`Int`	Ganzzahl von `2147483647` bis `-2147483648`. Wenn das Vorzeichen fehlt, wird »+« angenommen.
`integer`	Ganzzahl beliebiger Größe, abgeleitet aus dem Typ `decimal` durch Restriktion der Dezimalstellen auf `0`. Wenn das Vorzeichen fehlt, wird »+« angenommen.

Tabelle 4.1 Datentypen für Attribute, die DTD-Datentypen entsprechen

Datentyp	Beschreibung
Long	Ganzzahl von 9223372036854775807 bis -9223372036854775808. Wenn das Vorzeichen fehlt, wird »+« angenommen.
negativeInteger	Negative Ganzzahl beliebiger Größe
NonNegativeInteger	Nichtnegative Ganzzahl beliebiger Größe. Wenn das Vorzeichen fehlt, wird »+« angenommen. Beispiele: 1, 0, 65555, +87665
NonPositiveInteger	Nichtpositive Ganzzahl beliebiger Größe, z. B.: -1, 0, -126733
positiveInteger	Positive Ganzzahl beliebiger Größe. Das Vorzeichen »+« ist optional. Beispiele: 1, +28888
Short	Ganzzahl von 32767 bis -32768. Wenn das Vorzeichen fehlt, wird »+« angenommen.
unsignedByte	Ganzzahl von 0 bis 255 ohne Vorzeichen
unsignedInt	Ganzzahl von 0 bis 4294967295 ohne Vorzeichen
unsignedLong	Ganzzahl von 0 bis 18446744073709551615 ohne Vorzeichen
unsignedShort	Ganzzahl von 0 bis 65535 ohne Vorzeichen
Datum und Zeit	
Date	Kalenderdatum. Beispiel: 2001–05–30
dateTime	Gibt einen bestimmten Zeitpunkt unter Berücksichtigung der Zeitzone an. Verwendet wird das ISO 8601 Format CCYY-MMDDThh:mm:ss. Um etwa den Zeitpunkt von 1:20 pm am 12. Juni 2000 für eine Zeitzone auszudrücken, die 3 Stunden hinter der koordinierten Weltzeit (UTC) – die von Atomuhren gemessen wird – liegt, gilt folgende Angabe: 2000-06-12T13:20:00-03:00.
duration	Wert für Zeitdauer. Dieser Datentyp wird mit Hilfe des erweiterten ISO 8601-Formats PnYn MnDTnH nMn S dargestellt, wobei nY die Anzahl der Jahre, nM die der Monate, nD die der Tage, nH die Anzahl der Stunden, nM die der Minuten und nS die der Sekunden angibt. Das Zeichen »T« trennt das Datum von der Zeit. Um eine Dauer von 2 Jahren, 5 Monaten, 4 Tagen, 10 Stunden und 30 Minuten anzugeben, schreibt man also: P2Y5M4DT10H30M. -P10D meint den Zeitraum der 10 zurückliegenden Tage.
GDay	Tag nach dem gregorianischen Kalender, wie der 5. Tag des Monats
gMonth	Monat nach dem gregorianischen Kalender, z. B. 11 für November
gMonthDay	Tag in einem Monat nach dem gregorianischen Kalender, z. B. 03-11 für den 11. März
GYear	Jahr nach dem gregorianischen Kalender
gYearMonth	Ein bestimmter Monat in einem Jahr nach dem gregorianischen Kalender, z. B. 2000-04 für April 2000

Tabelle 4.1 Datentypen für Attribute, die DTD-Datentypen entsprechen (Forts.)

Datentyp	Beschreibung
Time	Zeitangabe an einem beliebigen Tag, bezogen auf die koordinierte Weltzeit. Beispiel: `13:30:00+01:00` entspricht der Zeit von 14 Uhr 30 in Deutschland, da die Zeitzone eine Stunde vor der koordinierten Weltzeit liegt.
XML	
Name	XML-Name
NCName	»non-colonized«-XML-Name. Ein Name, der keinen Doppelpunkt enthält, also ein lokaler Name oder das Namensraumpräfix in einem qualifizierten Namen
NOTATION	Name einer Notation
Qname	ein qualifizierter XML-Name wie xsd:schema

Tabelle 4.1 Datentypen für Attribute, die DTD-Datentypen entsprechen (Forts.)

Die folgenden Datentypen werden bereitgestellt, um die Kompatibilität zwischen XML Schema und DTDs zu wahren. Sie sollten deshalb nur als Datentypen für die Werte von Attributen verwendet werden.

Datentyp	Beschreibung
ENTITIES	Liste von Entitäten, die durch Leerzeichen getrennt sind
ENTITY	Name einer allgemeinen Entität
ID	eindeutiger Identifizierer eines Elements
IDREF	Verweis auf einen ID-Identifizierer eines Elements
IDREFS	Liste von Verweisen auf ID-Identifizierer, getrennt durch Leerzeichen
NMTOKEN	Namens-Token
NMTOKENS	Liste von Namens-Token, getrennt durch Leerzeichen

4.4.8 Werteraum, lexikalischer Raum und Facetten

Die Schema-Spezifikation betrachtet dabei Datentypen als Tripel aus einem Werteraum, einem lexikalischen Raum, der die verwendbaren Zeichen begrenzt, und einem Satz von Eigenschaften, die Facetten genannt werden.

Ein Element mit dem Datentyp `float` kann beispielsweise einen Wert von 100000 haben, der lexikalisch als »100000« oder als »1.0E5« dargestellt werden kann. Gleichzeitig hat dieser Datentyp die Eigenschaft, numerisch zu sein; in der Schema-Terminologie entspricht das der fundamentalen Facette `numeric`.

Insgesamt werden fünf fundamentale Facetten unterschieden, um grundlegende Eigenschaften eines Datentyps zu benennen:

Facette	Beschreibung
equal	Werte in einem Werteraum können auf Gleichheit oder Ungleichheit zu anderen Werten geprüft werden.
ordered	Werte werden als geordnet eingestuft, wenn sie zu einem Werteraum in einer mathematischen Relation stehen.
bounded	Ein Datentyp kann auf einen Wertebereich eingeschränkt sein.
cardinality	Die Anzahl der Werte in einem Werteraum. Sie kann begrenzt oder unbegrenzt sein.
numeric	Gibt an, ob der Datentyp numerisch ist oder nicht.

Aus dem Material der eingebauten Standard-Datentypen lassen sich bei Bedarf weitere Datentypen entwickeln. Dabei werden eine Reihe von einschränkenden Facetten verwendet, die den Wertebereich eines vorgegebenen Datentyps in bestimmter Weise eingrenzen. Auf diese Weise wird aus einem gegebenen Datentyp eine abgeleitete Variante erzeugt. Welche Einschränkungen jeweils möglich sind, hängt von der Art der Daten ab.

Facette	Beschreibung
enumeration	ungeordnete Liste von erlaubten Werten
length	Zahl der Zeichen oder der Oktets bei binären Daten
maxExclusive	Oberer Grenzwert. Alle gültigen Werte müssen kleiner sein.
fractionDigits	maximale Anzahl von Nachkommastellen
totalDigits	Gesamtzahl der Stellen einer Dezimalzahl
maxInclusive	maximaler Wert
maxLength	maximale Zahl der Zeichen oder der Oktets bei binären Daten
minExclusive	Unterer Grenzwert. Alle gültigen Werte müssen größer sein.
minInclusive	minimaler Wert
minLength	minimale Zahl der Zeichen oder der Oktets bei binären Daten
pattern	regulärer Ausdruck, der angibt, welche Zeichen zur Darstellung des Werts verwendet werden dürfen
whitespace	Angabe zur Behandlung von Leerraum. Erlaubte Werte: preserve, replace oder collapse.

Tabelle 4.2 Liste der einschränkenden Facetten eines Datentyps

4.4.9 Ableitung durch Einschränkung

Wie eine solche Ableitung durchgeführt werden kann, ist durch die Spezifikation genau vorgeschrieben. Sie geschieht in Form von simpleType-Definitionen. Jeder Datentyp bietet dabei eine Reihe möglicher Facetten an. Der Datentyp string zum Beispiel erlaubt folgende Einschränkungen:

- length
- minLength
- maxLength
- pattern
- enumeration
- whiteSpace

Soll beispielsweise erreicht werden, dass ein Element für ein Kennwort mindestens 8 Zeichen und höchstens 15 enthält, hilft folgende Definition:

```
<xsd:simpleType name="Kennwort">
  <xsd:restriction base="xsd:string">
    <xsd:minLength value="8"/>
    <xsd:maxLength value="15"/>
  </xsd:restriction>
</xsd:simpleType>
```

Zunächst wird dem Datentyp ein Name zugewiesen. In der nächsten Zeile wird der Basistyp genannt, der Ausgangspunkt der Ableitung ist. Dies geschieht immer mit dem Element <restriction> und dem dazugehörigen Attribut base. Innerhalb des Elements <restriction> ist die Liste der Einschränkungen eingebettet.

Ist für ein Element oder für die Werte eines Attributs nur eine bestimmte Liste von Einträgen erlaubt, können diese mit Hilfe des Elements <enumeration> aufgeführt werden.

```
<xsd:simpleType name="wochentag">
  <xsd:restriction base="xsd:string">
    <xsd:enumeration value="Montag"/>
    <xsd:enumeration value="Dienstag"/>
    <xsd:enumeration value="Mittwoch"/>
...
  </xsd:restriction>
</xsd:simpleType>
```

4.4.10 Muster und reguläre Ausdrücke

Eine weitere Möglichkeit bei Zeichenketten ist die Verwendung von Mustern, die über so genannte reguläre Ausdrücke festgelegt werden können.

Das folgende Beispiel legt für das Element <isbnnr> ein Muster fest, das unerlaubte Zeichen abfangen kann, und gibt zugleich die geforderte Länge der Zeichenkette an:

```
<xsd:simpleType name="isbnnr">
  <xsd:restriction base="xsd:string">
    <xsd:pattern value="[0-9]{10}"/>
    <xsd:length value="13"/>
  </xsd:restriction>
</xsd:simpleType>
```

Um das Muster abzulegen, wird die Schema-Komponente `<pattern>` verwendet, deren Wert ein regulärer Ausdruck sein muss. Die dafür verwendete Sprache ist ausgerichtet an den Unicode Regular Expression Guidelines, siehe: **www.unicode.org/unicode/reports/tr18**.

Die folgende Tabelle listet einige Beispiele solcher Ausdrücke auf:

Ausdruck	entspricht:
`Kapitel \d`	Kapitel 0, Kapitel 1, Kapitel 2, ...
`Kapitel \s \d`	Kapitel, gefolgt von einem einzelnen Leerraum (Leerzeichen, Tab, neue Zeile etc.), gefolgt von einer einzelnen Ziffer
`Kapitel \s \w`	Kapitel, gefolgt von einem einzelnen Leerraum (Leerzeichen, Tab, neue Zeile etc.), gefolgt von einem einzelnen Zeichen
`a*x`	x, ax, aax, aaax, ...
`a?x`	ax, x
`a+x`	ax, aax, aaax ...
`(a|b)+x`	ax, bx, aax, abx, bax, bbx, aaax, aabx, abax, abbx, baax, babx, bbax, bbbx, aaaax, ...
`[abcde]x`	ax, bx, cx, dx, ex
`[a-e]x`	ax, bx, cx, dx, ex
`[-ae]x`	-x, ax, ex
`[ae-]x`	ax, ex, -x
`[^0-9]x`	Beliebiges Zeichen, das keine Ziffer ist, gefolgt von dem Zeichen x
`\Dx`	Beliebiges Zeichen, das keine Ziffer ist, gefolgt von dem Zeichen x
`.x`	Beliebiges Zeichen, gefolgt von dem Zeichen x
`.*abc.*`	1x2abc, abc1x2, z3456abchooray, ...
`ab{2}x`	abbx
`ab{2,4}x`	abbx, abbbx, abbbbx
`ab{2,}x`	abbx, abbbx, abbbbx, ...
`(ab){2}x`	ababx

4.4.11 Grenzwerte

Für die Einschränkung von numerischen Werten stehen Facetten zur Verfügung, die Grenzwerte festlegen. Um zum Beispiel Altersangaben auf einen bestimmten Bereich zu begrenzen, kann folgender Datentyp definiert werden:

```
<xsd:simpleType name="alter">
  <xsd:restriction base="xsd:integer">
    <xsd:minInclusive value="18"/>
    <xsd:maxInclusive value="30"/>
  </xsd:restriction>
</xsd:simpleType>
```

Bei der Festlegung von Wertebereichen greift der XML Schema-Standard auch auf bereits bestehende Standardisierungen zurück, etwa den **ISO**-Standard **8601** für die Darstellung von Datum und Zeit oder die **IETF**-Vorgaben für die Abkürzungen, die zur Sprachidentifizierung verwendet werden (**RFC 1766**).

4.4.12 Listen und Vereinigungen

Die bisher behandelten Ableitungen einfacher Datentypen bezogen sich auf solche, die unteilbare Werte liefern, weshalb sie in der Spezifikation auch als `atomic` bezeichnet werden. Gemeint ist damit, dass Daten dieses Typs ihre Bedeutung verlieren, wenn versucht wird, sie aufzutrennen. Wenn beispielsweise dem Attribut `xml:lang` der Wert `en` zugeordnet wird, gibt der erste Buchstabe `e` für sich alleine keinen sinnvollen Wert des Attributs.

XML Schema erlaubt aber noch zwei andere Formen der Ableitung neuer Datentypen von den vorhandenen einfachen Typen. Daten vom Typ `list` enthalten jeweils eine durch Leerraum getrennte Sequenz von atomaren Datentypen. In diesem Fall kann jedes Element der Sequenz einen brauchbaren Wert darstellen.

```
<xsd:simpleType name="regionen">
  <xsd:list itemType="xsd:string"/>
</xsd:simpleType>
```

In einer Instanz eines entsprechenden Dokuments kann dieser Datentyp dann so verwendet werden:

```
<regionen> Nord Ost West Süd </regionen>
```

XML Schema bietet drei vorgegebene Listentypen dieser Art an: `NMTOKENS`, wobei die einzelnen Atome aus `NMTOKEN`-Typen bestehen, `IDREFS`-Liste von `IDREF`-Typen und `ENTITIES`-Liste von `ENTITY`-Typen.

Beim Datentyp `union` wird der Werteraum und der lexikalische Raum von zwei oder mehreren Datentypen zusammengefügt.

```
<xsd:element name="kennung">
    <xsd:simpleType>
      <xsd:union>
        <xsd:simpleType>
          <xsd:restriction base="xsd:integer"/>
        </xsd:simpleType>
        <xsd:simpleType>
          <xsd:restriction base="xsd:string"/>
        </xsd:simpleType>
      </xsd:union>
    </xsd:simpleType>
  </xsd:element>
```

Im Dokument erlaubt das die Elemente:

```
<kennung>1</kennung>
<kennung>top</kennung>
```

4.4.13 Facetten der verschiedenen Datentypen

Die folgende Tabelle stellt die Facetten zusammen, die bei den einzelnen Datentypen verwendet werden können:

Datentyp	Facetten
atomic:	
String	length, minLength, maxLength, pattern, enumeration, whiteSpace
Boolean	pattern, whiteSpace
Float	pattern, enumeration, whiteSpace, maxInclusive, maxExclusive, minInclusive, minExclusive
Double	pattern, enumeration, whiteSpace, maxInclusive, maxExclusive, minInclusive, minExclusive
Decimal	totalDigits, fractionDigits, pattern, whiteSpace, enumeration, maxInclusive, maxExclusive, minInclusive, minExclusive
Duration	pattern, enumeration, whiteSpace, maxInclusive, maxExclusive, minInclusive, minExclusive
DateTime	pattern, enumeration, whiteSpace, maxInclusive, maxExclusive, minInclusive, minExclusive
Time	pattern, enumeration, whiteSpace, maxInclusive, maxExclusive, minInclusive, minExclusive
Date	pattern, enumeration, whiteSpace, maxInclusive, maxExclusive, minInclusive, minExclusive

Datentyp	Facetten
gYearMonth	pattern, enumeration, whiteSpace, maxInclusive, maxExclusive, minInclusive, minExclusive
GYear	pattern, enumeration, whiteSpace, maxInclusive, maxExclusive, minInclusive, minExclusive
GMonthDay	pattern, enumeration, whiteSpace, maxInclusive, maxExclusive, minInclusive, minExclusive
GDay	pattern, enumeration, whiteSpace, maxInclusive, maxExclusive, minInclusive, minExclusive
GMonth	pattern, enumeration, whiteSpace, maxInclusive, maxExclusive, minInclusive, minExclusive
HexBinary	length, minLength, maxLength, pattern, enumeration, whiteSpace
base64Binary	length, minLength, maxLength, pattern, enumeration, whiteSpace
AnyURI	length, minLength, maxLength, pattern, enumeration, whiteSpace
Qname	length, minLength, maxLength, pattern, enumeration, whiteSpace
NOTATION	length, minLength, maxLength, pattern, enumeration, whiteSpace
list:	
[alle Datentypen]	length, minLength, maxLength, pattern, enumeration, whiteSpace
union:	
[alle Datentypen]	pattern, enumeration

Werden die Möglichkeiten der verfeinerten Datentypisierung mit Hilfe von XML Schema geschickt genutzt, entfällt bei der Gestaltung konkreter Anwendungen mit XML-Dokumenten, die schemagesteuert sind, ein großer Teil des Programmieraufwands, der sonst notwendig ist, um beispielsweise eine korrekte Dateneingabe zu erzwingen.

4.5 Definition der Struktur des Dokuments

Während die eben angesprochenen Typdefinitionen dazu verwendet werden, um Datentypen zu kreieren, sind die Deklarationen dazu da, Elemente oder Attribute mit einem Namen auszustatten und mit passenden Datentypen – komplexer oder einfacher Art – zu verknüpfen. Zusätzlich können dabei noch ein Default-Wert gesetzt und eine Reihe von Einschränkungen hinzugefügt werden. Anders als bei einer DTD spielt die Zuweisung von Datentypen zu Elementen und Attributen also eine ganz entscheidende Rolle.

4.5.1 Deklaration von Elementen

Die Deklaration von Elementen geschieht mit Hilfe des Elements <xsd:element>. Für jedes Element wird zunächst ein Name vergeben. Hier gelten die Regeln, die für Elementnamen in XML-Dokumenten generell gelten. Der Name muss also mit einem Buchstaben oder einem Unterstrich anfangen.

Komplexe Elemente

Da das Element <bestellformular> in unserem Formularbeispiel das umfassende Containerelement des gesamten Formulars ist, also eine Reihe von Kindelementen einschließt, wird es in der Form eines komplexen Datentyps eingeführt.

```
<xsd:element name="formular" type="formular"/>
```

Dies geschieht dadurch, dass eigens für dieses Schema ein komplexer Datentyp entworfen wird, der dem Element über den Typnamen `formular` zugewiesen wird.

Die Definition dieses komplexen Datentyps gibt an, wie die verschiedenen Unterelemente des Formulars gruppiert werden sollen. Für die Bildung einer solchen Modellgruppe wird der Kompositor <xsd:sequence> verwendet, der als Kind des Elements <xsd:complexType> eingefügt wird.

```
<xsd:complexType name="formular">
  <xsd:sequence>
    <xsd:element name="kunde" type="kunde"/>
    <xsd:element name="positionen" type="positionen"/>
  </xsd:sequence>
</xsd:complexType>
```

Innerhalb der Sequenz werden nacheinander zwei Elemente deklariert. In beiden Fällen wird neben dem Elementnamen wieder der Datentyp mit angegeben. Dabei wird über den Typnamen Bezug auf zwei weitere komplexe Datentypen genommen, die in der Folge definiert sind.

Einfache Elemente

Ein Blick auf die Definition des komplexen Typs `kunde` zeigt, dass auch hier wieder mit einer Sequenz von Elementen gearbeitet wird. Diesmal handelt es sich aber bei den in der Sequenz eingefügten Elementen um einfache Datentypen.

Das Charakteristikum einfacher Datentypen ist, dass sie selbst keine Kindelemente enthalten und auch keine Attribute mitführen. (Umgekehrt gilt also auch ein leeres Element mit einem Attribut als komplexes Element.)

```
<xsd:complexType name="kunde">
  <xsd:sequence>
    <xsd:element name="name" type="xsd:string"/>
    <xsd:element name="strasse" type="xsd:string"/>
    <xsd:element name="plz" type="xsd:int"/>

    <xsd:element name="ort" type="xsd:string"/>
  </xsd:sequence>
</xsd:complexType>
```

Den in der Sequenz aufgeführten Elementen werden diesmal die im Namensraum von XML Schema vordefinierten einfachen Datentypen wie `string` oder `int` zugeordnet. Deshalb wird hier jedes Mal das Präfix `xsd` verwendet.

Zusätzlich zur Angabe des Datentyps kann eine Elementdeklaration auch noch Angaben über einen Default-Wert oder auch einen fixen Wert enthalten. Wenn in die Kundenadresse beispielsweise noch ein Länderkennzeichen eingefügt wird, ist es sinnvoll, einen Wert vorzugeben. Der Default-Wert wird verwendet, wenn kein Wert angegeben wird.

```
<xsd:element name="land" type="xsd:string" minOccurs="0"
             default="DE"/>
```

oder

```
<xsd:element name="land" type="xsd:string" fixed="DE"/>
```

4.5.2 Attribute

Jede Schemadefinition kann durch die Deklaration von Attributen erweitert werden. Dies geschieht mit Hilfe des Elements `<xsd:attribute>`. Dieses Element kann innerhalb komplexer Datentypen verwendet werden, wobei es immer hinter den Elementdeklarationen erscheinen muss. Wenn beispielsweise in dem zuletzt gezeigten Beispiel noch zwei Attribute hinzugefügt werden sollen, kann das so aussehen:

```
<xsd:complexType name="kunde">
  <xsd:sequence>
    <xsd:element name="name" type="xsd:string"/>
    <xsd:element name="strasse" type="xsd:string"/>
    <xsd:element name="plz" type="xsd:int"/>
    <xsd:element name="ort" type="xsd:string"/>
```

```
  </xsd:sequence>
  <xsd:attribute name="neukunde" type="xsd:string"/>
  <xsd:attribute name="onlinekunde" type="xsd:string"/>
</xsd:complexType>
```

Die Attributdeklaration benötigt einen Namen für das Attribut und die Angabe des Datentyps, dem der Wert des Attributs entsprechen soll. Dazu werden entweder die vorgegebenen einfachen Datentypen von XML Schema verwendet oder benutzerdefinierte einfache Datentypen. Attribute können also nicht geschachtelt werden oder andere Elemente enthalten. Eine Attributdeklaration kann auch durch die Referenz auf einen bereits definiertes Attribut erfolgen.

```
<xsd:attribute ref="xml:lang"/>
```

ist ein Beispiel für eine solche Referenz. Die Reihenfolge der Attributdeklarationen zu einem Datentyp ist beliebig. Die Namen der Attribute innerhalb eines komplexen Datentyps müssen aber eindeutig sein.

4.5.3 Elementvarianten

In den bisher aufgeführten Beispielen sind die komplexen Elementtypen aus einfachen Elementtypen zusammengesetzt worden. Das folgende Preiselement benutzt zum Beispiel den vorgegebenen einfachen Datentyp `xsd:decimal`.

```
<xsd:element name="europreis" type="xsd:decimal"/>
```

Um diesen Wert mit dem Eurozeichen zu verknüpfen, kann eine Erweiterung des einfachen Datentyps vorgenommen werden. Das sieht dann so aus:

```
<xsd:element name="europreis">
  <xsd:complexType>
   <xsd:simpleContent>
    <xsd:extension base="xsd:decimal">
     <xsd:attribute name="waehrung" type="xsd:string"/>
    </xsd:extension>
   </xsd:simpleContent>
  </xsd:complexType>
 </xsd:element>
```

Der einfache Elementtyp, der ja keine Attribute zulässt, wird als Ausgangspunkt für einen komplexen Datentyp verwendet. Das Element `<xsd:simpleContent>`, Kind des `<xsd:complexType>`-Elements, enthält selbst wieder ein Kindelement `<xsd:extension>`, mit dessen Hilfe der einfache Datentyp, der über das `base`-Attribut angegeben wird, um ein Attribut erweitert und so zwangsläufig in einen komplexen Datentyp verwandelt wird.

4.5.4 Namensräume in XML Schema

Im Unterschied zu den DTDs unterstützt XML Schema die Verwendung von Namensräumen. Dadurch wird es zum Beispiel möglich, die Gültigkeit von XML-Dokumenten durch Schemas zu prüfen, die verschiedene Vokabulare mischen, ohne dass es zu Namenskonflikten kommt.

Diese Fähigkeit erlaubt eine sehr flexible Vorgehensweise bei der Modellierung von Inhaltsmodellen und sollte deshalb unbedingt genutzt werden. Der Namensraum von XML Schema selbst ist bereits in der Deklaration des ersten Schemas verwendet worden. Das zugeordnete Präfix, das – wie schon erwähnt – frei gewählt werden kann, wird im Schema durchgehend verwendet, um die in diesem Namensraum vorgegebenen Namen für die Schema-Elemente und die eingebauten Datentypen zu kennzeichnen.

Default-Namensraum

Eine Alternative dazu ist, diesen Namensraum zum Default-Namensraum zu erklären, dann können die Präfixe in den angesprochenen Fällen auch weggelassen werden. Dies wird einfach dadurch erreicht, dass das Präfix bei der Deklaration weggelassen wird. Allerdings hat dieses Vorgehen den Nachteil, dass Bezüge auf von XML Schema vorgegebene Datentypen und auf benutzerdefinierte Datentypen nicht mehr sofort unterschieden werden können.

Der Verzicht auf die explizite Verwendung von qualifizierten Namen, die durch ein entsprechendes Präfix mit einem bestimmten Namensraum verbunden sind, ist allerdings bei der Modellierung von Schemas schon deshalb gelegentlich nötig, weil ältere XML-Dokumente, deren Validierung bisher über DTDs geschehen ist, überhaupt keine Namensräume verwenden.

Zielnamensraum

Werden Schemas für aktuelle XML-Dokumente modelliert, sollten die Möglichkeiten der Namensräume in der Regel genutzt werden. Die Zuordnung der Namen zu den Komponenten eines bestimmten Schemas kann in jedem Fall einen eigenen Namensraum konstituieren, die Empfehlung nennt ihn **target namespace**. Dieser Namensraum wird dadurch gebildet, dass er über eine entsprechende Deklaration identifiziert wird. Dafür können entsprechende Attribute in das Element `<xsd:schema>` eingefügt werden. Allerdings ist dies nicht unbedingt erforderlich, der Zielnamensraum ist optional.

```
<xsd:schema
  xmlns:"http://www.w3.org/2001XMLSchema"
  xmlns:bs="http://xmlbeispiele.com/bestellung"
  targetNamespace="http://xmlbeispiele.com/bestellung"
```

```
  elementFormDefault="qualified"
  attributeFormDefault="qualified">
  ...
</xsd:schema>
```

wäre ein Beispiel für eine solche Deklaration.

Mit dem Attribut `targetNamespace` wird hier definiert, welcher Namensraum durch das Schema selbst beschrieben wird. Mit der Namensraumdeklaration `xmlns:bs ...` wird ein freigewähltes Präfix zugeordnet, das zur Kennzeichnung der entsprechenden Komponenten – Datentypen, Elemente und Attribute – benötigt wird, wenn Bezüge innerhalb des Schemas hergestellt werden sollen. In diesem Fall werden nämlich qualifizierte Namen – **QNames** – benötigt, d. h., das Präfix muss verwendet werden, es sei denn, der Namensraum wird als Default-Namensraum benutzt.

4.5.5 Umgang mit lokalen Elementen und Attributen

Die beiden Schema-Attribute `elementFormDefault` und `attributeFormDefault` erlauben dem Schemadesigner, global festzulegen, dass bei der Validierung eines dem Schema zugeordneten XML-Dokuments die Namen der verwendeten lokalen Elemente und Attribute generell auf Übereinstimmung mit dem jeweiligen Namensraum geprüft werden sollen oder nicht. Die Vorgabe bei beiden Attributen ist `unqualified`, wenn nichts angegeben wird.

Unqualifizierte Elemente und Attribute

In dem folgenden Beispiel für das Schema einer Firmenorganisation wird diese Vorgabe zur Verdeutlichung ausdrücklich angegeben:

```
<?xml version="1.0" encoding="ISO-8859-1"?>
<xsd:schema targetNamespace="http://XMLbeisp/schemas/organisation"
            xmlns="http://XMLbeisp/schemas/organisation"
            xmlns:xsd="http://www.w3.org/2001/XMLSchema"
            elementFormDefault="unqualified"
            attributeFormDefault="unqualified">

    <xsd:element name="firmengruppe">
    <xsd:complexType>
      <xsd:sequence>
        <xsd:element name="firma" type="Typ_Firma"
         maxOccurs="unbounded"/>
      </xsd:sequence>
    </xsd:complexType>
  </xsd:element>
```

```
    <xsd:complexType name="Typ_Firma">
      <xsd:sequence>
        <xsd:element name="niederlassung" type="Typ_Niederlassung"/>
        <xsd:element name="leitung" type="Typ_Leitung"/>
      </xsd:sequence>
      <xsd:attribute name="firmenname" type="xs:string"/>
    </xsd:complexType>

  <xsd:complexType name="Typ_Niederlassung">
    <xsd:sequence>
      <xsd:element name="standort" type="xs:string"/>
      <xsd:element name="email" type="xs:string"/>
      <xsd:element name="fon" type="xs:string"/>
    </xsd:sequence>
  </xsd:complexType>

  <xsd:complexType name="Typ_Leitung">
    <xsd:sequence>
      <xsd:element name="name" type="xs:string"/>
      <xsd:element name="position" type="xs:string"/>
    </xsd:sequence>
  </xsd:complexType>

</xsd:schema>
```

Listing 4.4 firma1.xsd

Wird ein XML-Dokument angelegt, das diesem Schema entsprechen soll, könnte ein erster Versuch etwa so aussehen:

```
<?xml version="1.0" encoding="ISO-8859-1"?>
<firmengruppe xmlns="http://XMLbeisp/schemas/organisation"
  xmlns:xsi="http://www.w3.org/2001/XMLSchema-instance"
  xsi:schemaLocation="http://XMLbeisp/schemas/
    organisationfirmal.xsd">
  <firma firmenname="">
    <niederlassung>
      <standort></standort>
      <email></email>
      <fon></fon>
    </niederlassung>
    <leitung>
      <name></name>
      <position></position>
    </leitung>
```

```
  </firma>
  <firma firmenname="">
    ...
  </firma>
</firmengruppe>
</firmengruppe>
```

Fehler bei der Validierung

Wenn Sie einen validierenden Editor wie XMLSpy verwenden, erhalten Sie an diesem Punkt eine Fehlermeldung. Warum? Nun, es wird hier ein Namensraum angegeben, der dem im verwendeten Schema deklarierten Zielnamensraum entspricht. Wenn das Dokument auf Gültigkeit geprüft wird, sucht der Prozessor die Namen der Elemente und Attribute in diesem Namensraum. Der Namensraum ist hier zunächst als Default-Namensraum angegeben worden.

Mit dem Element `<firmengruppe>` hat der Prozessor kein Problem, weil es ein globales Element ist, das immer qualifiziert wird. Das heißt in diesem Fall, dass der Elementname im angegebenen Namensraum gefunden wird, da der Namensraum Vorgabe ist und das Präfix somit weggelassen werden kann. Bei den Elementen unterhalb des globalen Elements, also zuerst bei dem lokalen Element `<firma>`, erwartet der Prozessor dagegen ein unqualifiziertes Element, das heißt eines, das nicht zum angegebenen Namensraum gehört, eben aufgrund des Werts `unqualified` im Schema-Attribut `elementFormDefault`. Durch die Default-Erklärung des Namensraums in der Dokumentinstanz begegnet dem Prozessor das Element `<firma>` aber so, als ob es qualifiziert wäre, also mit einem Präfix versehen, das nur nicht angezeigt wird.

Auflösung des Dilemmas

Aufgelöst werden kann das Dilemma, indem für den Namensraum ein Präfix angegeben wird und das globale Element `<firmengruppe>` mit diesem Präfix qualifiziert wird:

```
<?xml version="1.0" encoding="ISO-8859-1"?>
<?xml version="1.0" encoding="ISO-8859-1"?>
<fr:firmengruppe xmlns:fr="http://XMLbeisp/schemas/organisation"
  xmlns:xsi="http://www.w3.org/2001/XMLSchema-instance"
  xsi:schemaLocation="http://XMLbeisp/schemas/
    organisationfirma1.xsd">
  <firma firmenname="">
    <niederlassung>
      <standort></standort>
      <email></email>
      <fon></fon>
```

```
    </niederlassung>
    <leitung>
      <name></name>
      <position></position>
    </leitung>
  </firma>
  <firma firmenname="">
    ...
  </firma>
</fr:firmengruppe>
```

Nun kann der validierende Prozessor korrekt zwischen qualifizierten globalen und unqualifizierten lokalen Elementen unterscheiden.

Qualifizierte Elemente

Wird dagegen im Schema auch für die lokalen Elemente eine Qualifizierung angefordert,

```
<?xml version="1.0" encoding="ISO-8859-1"?>
<xsd:schema
  xmlns:xsd="http://www.w3.org/2001/XMLSchema"
  xmlns="http://XMLbeisp.com/schemas/organisation"
  targetNamespace="http://XMLbeisp.com/schemas/organisation"
  elementFormDefault="qualified"
  attributeFormDefault="unqualified">
  ...
</xsd:schema>
```

ergeben sich entsprechende Änderungen in der Dokumentinstanz:

```
<?xml version="1.0" encoding="ISO-8859-1"?>
<fr:firmengruppe xmlns:fr="http://XMLbeisp/schemas/organisation"
  xmlns:xsi="http://www.w3.org/2001/XMLSchema-instance"
  xsi:schemaLocation="http://XMLbeisp/schemas/
    organisationfirma1.xsd">
  <fr:firma firmenname="">
    <fr:niederlassung>
      <fr:standort></fr:standort>
      <fr:email></fr:email>
      <fr:fon></fr:fon>
    </fr:niederlassung>
    ...
</fr:firmengruppe>
```

In diesem Fall sind alle Elemente durch das Präfix für den Namensraum qualifiziert. Statt dieser ausführlichen Form kann jetzt aber auch das oben gezeigte

Dokument verwendet werden, bei dem die Präfixe eingespart werden, weil der Namensraum als Vorgabe verwendet wird.

Die Behandlung der Attribute

Wie für die lokalen Elemente kann auch für die lokalen Attribute zwischen Qualifizierung und Nichtqualifizierung gewählt werden. Wie globale Elemente müssen auch globale Attribute immer qualifiziert werden.

Anders als bei Elementen gibt es für Attribute allerdings keinen Default-Namensraum. Wenn also die Qualifizierung von Attributen verlangt wird, muss immer das entsprechende Präfix verwendet werden.

Anstelle der beschriebenen generellen Festlegung zur Qualifizierung der Namen lässt sich auch gezielt für einzelne Elemente oder Attribute festlegen, ob sie qualifiziert werden müssen. Dafür wird das Attribut `form` verwendet.

```
<attribute name="artikelnr" type="integer" form="qualified"/>
```

verlangt die explizierte Qualifizierung für ein bestimmtes Attribut. In der Dokumentinstanz muss dann das betreffende Attribut mit dem passenden Präfix ausgezeichnet werden.

4.5.6 Besonderheiten globaler Elemente und Attribute

Globale Elemente sind direkte Nachkommen des Elements `<xsd:schema>`. Für globale Elemente gelten zwei Einschränkungen. Sie dürfen nicht selbst mit dem `ref`-Attribut arbeiten und außerdem sind Angaben über die Häufigkeit des Vorkommens mit `minOccurs` oder `maxOccurs` nicht erlaubt.

Auch Attribute können global definiert werden, wenn sie als direkte Kinder des Elements `<xsd:schema>` eingefügt werden. Sie können dann innerhalb untergeordneter Elemente mit dem Attribut `ref` verwendet werden. Allerdings darf das Attribut `use` nicht in einer globalen Attributdeklaration verwendet werden.

Symbolräume

Die Unterscheidung zwischen globalen und lokalen Elementen und Attributen ist noch in einer anderen Hinsicht zu beachten. Es ist zwar notwendig, dass jedes globale Element einen eindeutigen Namen hat, XML Schema lässt es aber durchaus zu, im Kontext unterschiedlicher komplexer Elementtypen Kindelemente oder auch Attribute zu verwenden, die mit demselben Namen angesprochen werden.

Obwohl diese Elemente oder Attribute dann denselben Namen haben, sind sie keineswegs identisch, weil ihre Identität durch den Kontext unterschieden wird, so wie zwei Personen denselben Vornamen haben können, aber aus verschiedenen Familien stammen. Jeder komplexe Datentyp eröffnet in diesem Sinne einen eigenen Symbolraum. Außerdem sind selbst unter dem Dach eines gemeinsamen Namensraums die Symbolräume für Typdefinitionen, Elementnamen und Attributnamen voneinander getrennt. Es ist also kein Problem, Folgendes zu kodieren:

```
<xsd:element name="name" type="name"/>
<xsd:complexType name="name">
  <xsd:attribute name="name" type="xsd:string"/>
</xsd:complexType>
```

Natürlich stellt sich immer die Frage, ob sich solche Namensgleichheiten nicht durch nähere Spezifizierungen vermeiden lassen.

Das folgende Schema dagegen ist nicht gültig, weil derselbe Name sowohl für einen komplexen als auch für einen einfachen Datentyp verwendet wird.

```
<xsd:element name="name" type="name"/>
  <xsd:complexType name="name">
    <xsd:attribute name="name" type="name"/>
  </xsd:complexType>

  <xsd:simpleType name="name">
    <xsd:restriction base="xs:string">
      <xsd:maxLength value="3"/>
    </xsd:restriction>
  </xsd:simpleType>

</xsd:schema>
```

4.6 Häufigkeitsbestimmungen

Oft reicht es zur Beschreibung eines Inhaltsmodells nicht aus, nur aufzuzählen, welche Elemente in welcher Reihenfolge vorkommen sollen. Bestimmte Elemente können in einer Datenstruktur notwendig, andere dagegen optional sein. Elemente können aber auch mehrfach vorkommen. Ihre Anzahl kann variabel oder vorgeschrieben sein. Um diese Bestimmung der Kardinalität zu regeln, bietet das Schema-Vokabular insbesondere zwei Attribute an, die in unterschiedlicher Weise kombiniert werden können: `minOccurs` und `maxOccurs`, also die Angabe des Mindestvorkommens und des maximalen Vorkommens.

In dem Bestellformular sind die beiden Attribute verwendet worden, um etwas über die Anzahl der Bestellpositionen in einer gültigen Bestellung auszusagen. Die Angabe

```
<xsd:element name="position" minOccurs="0" maxOccurs="unbounded">
```

lässt es ausdrücklich zu, dass das Formular außer der Kundenadresse noch gar keine Bestellpositionen enthält, und setzt nach oben keine Grenze. Das Zusammenspiel der beiden Attribute ist durch die Spezifikation folgendermaßen geregelt:

Wenn keines der Attribute verwendet wird, gilt 1 als Default-Wert für beide, d.h., das Element kommt genau einmal vor. Wird nur `minOccurs` angegeben, wird dieser Wert auch als Default für `maxOccurs` übernommen. Negative Werte sind nicht erlaubt.

```
<element name="faxnummer" minOccurs="0"/>
```

bedeutet also, dass das Element fehlen kann oder höchstens einmal zugelassen ist.

Ansonsten überschreibt der angegebene Wert die Vorgabe.

```
<element name="faxnummer" minOccurs="0" maxOccurs="2"/>
```

erlaubt also das Weglassen der Faxnummer oder die Angabe von bis zu zwei Nummern.

Zusätzlich kann das Attribut `maxOccurs` noch den Wert `unbounded` annehmen, d.h., es gibt für diesen Wert keine Einschränkung.

4.7 Default-Werte für Elemente und Attribute

Elementen können auch Default-Werte zugeordnet werden. Sie kommen zum Zuge, wenn das Element in der Dokumentinstanz leer bleibt. Auch fixe Werte können zugewiesen werden. In diesem Fall muss das Element entweder im Dokument leer sein, sodass der fixe Wert wie ein Default-Wert übernommen wird, oder der Inhalt muss genau dem fixierten Wert entsprechen.

```
<xsd:element name="land" type="xsd:string" default="Deutschland"/>
```

oder

```
<xsd:element name="land" type="xsd:string" fixed="Deutschland"/>
```

Bei Attributen gibt es die Möglichkeit festzulegen, ob sie vorkommen müssen oder optional sind. Attribute dürfen auf jeden Fall nicht mehrfach vorkommen. Die entsprechenden Festlegungen werden mit dem Attribut `use` vorgenommen. Die folgende Angabe bestimmt, dass das Attribut `bestellnummer` unbedingt angegeben werden muss:

```
<xsd:attribute name="bestellnummer" type="xsd:short" use="required"/>
```

Mit `use="optional"` wird dagegen eingeräumt, dass das Attribut auch fehlen kann, während `use="prohibited"` überhaupt keine Wertvergabe zulässt.

Auch für Attribute können Default-Werte oder fixe Werte gesetzt werden, die unbedingt gelten, falls das Attribut verwendet wird:

```
<xsd:attribute name="inland" type="xsd:boolean" default="1"/>
<xsd:attribute name="sprache" type="xsd:string" fixed="en"/>
```

Default-Werte werden bei Attributen verwendet, wenn das Attribut nicht angegeben ist, d. h., die Angabe von Default-Werten ergibt nur Sinn, wenn gleichzeitig mit `use="optional"` gearbeitet wird.

4.8 Kompositoren

Bei den bisher verwendeten Beispielen für komplexe Elementtypen sind die Informationselemente immer als Sequenz eingeführt worden, d. h., sie müssen eine vorgegebene Reihenfolge einhalten, so wie es auch bei Datensätzen in einer Datenbankanwendung üblich ist. XML Schema erlaubt auch noch andere Formen der Elementgruppierung in einem Inhaltsmodell. So ist auch eine Konjunktion möglich, bei der die Reihenfolge beliebig ist, aber alle Teile vorhanden sein müssen, oder eine Disjunktion, bei der das Informationselement mit genau einem der Teile einer angegebenen Liste übereinstimmen muss. Diese Modellgruppen können auch beliebig verschachtelt werden.

Kompositor	Bedeutung
`xsd:sequence`	Legt die Reihenfolge der Partikel einer Modellgruppe fest.
`xsd:choice`	Erlaubt genau ein Element aus der aufgeführten Liste.
`xsd:all`	Erlaubt, dass die aufgeführten Teile in beliebiger Reihenfolge vorkommen können, aber jeweils höchstens einmal. Teile können aber auch fehlen. (Für `minOccurs` sind also in diesem Fall nur die Werte `0` oder `1` erlaubt, für `maxOccurs` nur `1`.)

4.8.1 <xsd:sequence>

Bei diesem Beispiel ist es offensichtlich sinnvoll, die Einhaltung der Reihenfolge zu erzwingen:

```
<xsd:complexType name="kontakt">
  <xsd:sequence>
    <xsd:element name="Anrede" type="xsd:string"/>
    <xsd:element name="Vorname" type="xsd:string"/>
    <xsd:element name="Nachname" type="xsd:string"/>
  </xsd:sequence>
</xsd:complexType>
```

4.8.2 <xsd:all>

In dem folgenden Fall wird nicht vorgeschrieben, welche Elemente vorhanden sein müssen, und auch die Reihenfolge wird offengelassen.

```
<xsd:complexType name="verbindungen">
  <xsd:all>
    <xsd:element name="telefon" type="xsd:string"/>
    <xsd:element name="fax" type="xsd:string"/>
    <xsd:element name="mobiltelefon" type="xsd:string"/>
    <xsd:element name="email" type="xsd:string"/>
  </xsd:all>
</xsd:complexType>
```

Beachtet werden muss aber, dass Modellgruppen mit `<xsd:all>` gewissen Einschränkungen unterliegen. Sie müssen jeweils als einziges Kind einer Modellgruppe verwendet werden, können also nicht mit anderen Kindelementen gemischt werden. Eine Struktur wie die folgende ist nicht zulässig:

```
<xsd:sequence>
  <xsd:all>
      <xsd:element ... />
      <xsd:element ... />
  </xsd:all>
  <xsd:choice>
      <xsd:element ... />
      <xsd:element .../>
  </xsd:choice>
</xsd:sequence>
```

Als Kindelemente innerhalb von `<xsd:all>` dürfen nur Einzelelemente und keine Gruppen verwendet werden. Außerdem dürfen die Elemente innerhalb der Modellgruppe höchstens einmal erscheinen.

4.8.3 <xsd:choice>

Sollen dagegen Alternativen zur Auswahl gestellt werden, zwischen denen eine Entscheidung getroffen werden muss, kann diese mit dem Element <xsd:choice> erzwungen werden:

```
<xsd:complexType name="vertriebsgebiet">
  <xsd:choice>
    <xsd:element name="west"/>
    <xsd:element name="ost"/>
  </xsd:choice>
</xsd:complexType>
```

4.8.4 Verschachtelte Gruppen

Das nächste Beispiel verschachtelt zwei Gruppierungen:

```
<xsd:element name="kontakt">
  <xsd:complexType>
    <xsd:sequence>
      <xsd:element name="Anrede" type="xsd:string"/>
        <xsd:element name="Vorname" type="xsd:string"/>
        <xsd:element name="Nachname" type="xsd:string"/>
        <xsd:element name="verbindungen">
          <xsd:complexType>
            <xsd:all>
              <xsd:element name="telefon" type="xsd:string"/>
              <xsd:element name="fax" type="xsd:string"/>
              <xsd:element name="mobiltelefon" type="xsd:string"/>
              <xsd:element name="email" type="xsd:string"/>
            </xsd:all>
          </xsd:complexType>
        </xsd:element>
      </xsd:sequence>
    </xsd:complexType>
  </xsd:element>
```

4.9 Arbeit mit benannten Modellgruppen

Komplexe Elementtypen enthalten in der Regel Gruppierungen mehrerer Elemente, etwa eine Sequenz oder eine Auswahlmöglichkeit. Werden bestimmte Modellgruppen mehrfach benötigt, ist es praktisch, sie mit Hilfe des <xsd:group>-Elements zusammenzufassen und ihnen einen Namen zuzuordnen, der Teil des entsprechenden Zielnamensraums ist. Mit Hilfe von Namen und

Namensraum muss die Modellgruppe innerhalb des Schemas eindeutig identifizierbar sein.

Dadurch wird es möglich, die entsprechende Modellgruppe in mehreren komplexen Datentypen zu verwenden, ebenso wie es auch möglich ist, benannte komplexe Datentypen insgesamt in unterschiedliche Bereiche eines Schemas einzubauen. Die Modellgruppe ist also eine Gruppierung unterhalb der Ebene des komplexen Elementtyps. Im Unterschied zu diesen können solche Modellgruppen ihre Eigenschaften auch nicht an abgeleitete Modellgruppen vererben, d. h., aus einer Modellgruppe kann nicht durch Einschränkung oder Erweiterung eine neue Modellgruppe gebildet werden.

Modellgruppen legen für eine Liste von Partikeln, Jokern oder wiederum anderen Modellgruppen eine bestimmte Zusammenstellung fest. Dabei werden die oben beschriebenen Kompositoren `<xsd:sequence>`, `<xsd:all>` oder `<xsd:choice>` verwendet. Außerdem können noch Annotationen eingefügt werden, um die Gruppe zu kommentieren. Vermieden werden müssen allerdings zirkuläre Gruppierungen, d. h., innerhalb einer Gruppe »A« kann nicht noch einmal eine Gruppe »A« als eine Teilgruppe eingefügt werden.

Hier ein Beispiel, bei dem ein Teil der Informationen über Kontakte zu einer Gruppe zusammengefasst wird, die dann sowohl für die private als auch für die geschäftliche Seite des Kontakts verwendet werden kann.

Die `<xsd:all>`-Gruppe lässt es zu, dass nur eine oder auch gar keine Angabe zu Onlineverbindungen gemacht wird. In den beiden anschließend definierten komplexen Typen wird die Gruppe mit dem `ref`-Attribut über den Namen eingefügt.

```
<xsd:group name="onlineverbindungen">
  <xsd:all>
    <xsd:element name="email" type="xsd:string" minOccurs="0"/>
    <xsd:element name="website" type="xsd:string" minOccurs="0"/>
  </xsd:all>
</xsd:group>

<xsd:complexType name="privatkontakt">
<xsd:sequence>
  <xsd:element name="postadresse" type="xsd:string"/>
  <xsd:group ref="onlineverbindungen"/>
</xsd:sequence>
  <xsd:attribute name="einstufung" type="xsd:string"/>
</xsd:complexType>
<xsd:complexType name="buerokontakt">
```

```
  <xsd:sequence>
    <xsd:element name="postadresse" type="xsd:string"/>
    <xsd:group ref="onlineverbindungen"/>
  </xsd:sequence>
  <xsd:attribute name="einstufung" type="xsd:string"/>
</xsd:complexType>
```

Solche Gruppen sind keine vollständigen Datentypen, sondern Container für einen Satz von Elementen oder Attributen, die zur Beschreibung komplexer Typen verwendet werden können.

4.10 Definition von Attributgruppen

Ähnlich wie sich Elemente zu Gruppen zusammenfassen und über einen Namen ansprechen lassen, können auch mehrere Attribute zu einer Gruppe zusammengefasst werden. Wenn beispielsweise zu dem Element `<privatkontakt>` eine Reihe von zusätzlichen Informationen per Attribut zugeordnet werden soll, kann das zunächst durch eine entsprechende Reihe von Attributdeklarationen geschehen:

```
<xsd:complexType name="privatkontakt">
<xsd:sequence>
  ...
</xsd:sequence>
  <xsd:attribute name="einstufung" type="xsd:string"/>
  <xsd:attribute name="geburtstag" type="xsd:date"/>
  <xsd:attribute name="vorlieben" type="xsd:string"/>
</xsd:complexType>
```

Wird eine solche Gruppe von Attributen mehrfach benötigt, ist es praktischer, sie zunächst separat als benannte Attributgruppe niederzulegen und dann bei Bedarf zu referenzieren:

```
<xsd:attributeGroup ref="persoenliches"/>
...
<xsd:attributeGroup name="persoenliches">
  <xsd:attribute name="einstufung" type="xsd:string"/>
  <xsd:attribute name="geburtstag" type="xsd:date"/>
  <xsd:attribute name="vorlieben" type="xsd:string"/>
</xsd:attributeGroup>
```

4.11 Schlüsselelemente und Bezüge darauf

Traditionelle Datensammlungen, wie eine Kunden- oder Artikelliste, arbeiten in der Regel mit Schlüsselfeldern, über die einerseits ein gezielter Zugriff auf einen bestimmten Datensatz möglich ist und die andererseits dafür sorgen können, dass Duplikate verhindert werden. Solche Funktionen lassen sich natürlich auch in einem XML-Dokument realisieren und über entsprechende Schemas steuern.

4.11.1 Eindeutigkeit

Dabei werden die Elemente `<xsd:key>`, `<xsd:unique>` und `<xsd:keyref>` verwendet. Damit sind Definitionen möglich, die die Identität eines Elements in bestimmter Weise einschränken und so für die Eindeutigkeit eines Elements sorgen, ähnlich wie es mit Hilfe von Indizes in Datenbanken geschieht. Dabei wird eine eingeschränkte Menge von XPath-Ausdrücken eingebaut, die die Auswahl der »Schlüsselfelder« steuern. Mehr zu XPath in Kapitel 5, *Navigation und Verknüpfung*. Hier zunächst ein kleines Schema für eine Kundenliste.

```
<?xml version="1.0" encoding="ISO-8859-1"?>
<xsd:schema xmlns:xsd="http://www.w3.org/2001/XMLSchema">
  <xsd:element name="kundenliste">
    <xsd:complexType>
      <xsd:sequence>
        <xsd:element name="kunde" maxOccurs="unbounded">
          <xsd:complexType>
            <xsd:sequence>
              <xsd:element name="KDNR" type="xs:integer"/>
              <xsd:element name="Anrede" type="xs:string"/>
              <xsd:element name="Vorname" type="xs:string"/>
              ...
            </xsd:sequence>
          </xsd:complexType>
        </xsd:element>
      </xsd:sequence>
    </xsd:complexType>
    <xsd:key name="KundenID">
      <xsd:selector xpath="kunde"/>
      <xsd:field xpath="Kundennr"/>
    </xsd:key>
  </xsd:element>
</xsd:schema>
```

Die Deklaration mit dem Element `<key>`, das hier für eine eindeutige Kundennummer sorgen soll, wird an die eigentliche Definition des komplexen Datentyps für die Kundenliste angefügt. Die Platzierung legt gleichzeitig die Reichweite der Einschränkung fest, die innerhalb des `<key>`-Elements bestimmt wird. In diesem Fall ist das die Kundenliste insgesamt.

Zunächst wird mit dem Element `<selector>` angegeben, für welches Element die Einschränkung gelten soll. Das ist hier das Element `<kunde>`. Als Attribut wird, wie schon angesprochen, ein vereinfachter XPath-Ausdruck verwendet. Innerhalb des Elements `<kunde>` wird dann mit dem Element `<field>` der Teil des ausgesuchten Elements genannt, der eindeutig sein muss. Das kann entweder ein Kind- oder Kindeskind- Element oder ein Attribut des Elements sein. Wäre die Kundennummer ein Kindeskind, würde der Selektor beispielsweise

```
xpath=".//kdnr"
```

lauten.

Würde oben `kundennr` als Attribut von `<kunde>` eingeführt, könnte das so aussehen:

```
<xsd:field xpath:="@kundennr"/>
```

Statt mit dem Element `<key>` kann auch mit dem Element `<unique>` gearbeitet werden. Der Unterschied ist nur, dass in diesem Fall auch Elemente mit Nullwerten zugelassen werden. Auch kombinierte »Schlüsselfelder« sind möglich, dazu werden einfach mehrere `<field>`-Elemente aneinandergereiht.

```
<xsd:key name="KundenID">
  <xsd:selector xpath="kunde"/>
  <xsd:field xpath="Vorname"/>
  <xsd:field xpath="Nachname"/>
</xsd:key>
```

4.11.2 Bezüge auf Schlüsselelemente

Sind im XML-Dokument mit `<xsd:key>` oder `<xsd:unique>` »Schlüsselfelder« definiert, dann erlaubt das Element `<xsd:keyref>`, Bezüge auf diese Komponenten herzustellen. In dem folgenden Beispiel werden die Belegdaten aus Rechnungen in einer Kundenumsatzliste zusammengestellt.

Zunächst wird mit dem Element `key` dafür gesorgt, dass für jeden Kunden ein eindeutiges Element `<kunde>` angelegt wird, wobei die Kundennummer zur Identifizierung verwendet wird. Mit dem Element `keyref` wird dann innerhalb derselben Elementdeklaration ein Bezug auf diese Kundennummer hergestellt und festgelegt, dass die Kundennummern, die innerhalb der Belegdaten auftauchen dürfen, mit der Kundennummer der Kundendaten übereinstimmen müssen.

```
<?xml version="1.0" encoding="ISO-8859-1"?>
<xsd:schema xmlns:xsd="http://www.w3.org/2001/XMLSchema"
 elementFormDefault="qualified"
 attributeFormDefault="unqualified">
  <xsd:element name="kundenumsatzliste">
    <xsd:complexType>
      <xsd:sequence>
        <xsd:element name="kunde" maxOccurs="unbounded">
          <xsd:complexType>
            <xsd:sequence>
              <xsd:element name="Kundennr" type="xs:integer"/>
              <xsd:element name="Anrede" type="xs:string"/>
              <xsd:element name="Vorname" type="xs:string"/>
              <xsd:element name="Nachname" type="xs:string"/>
              <xsd:element name="telefon" type="xs:string"/>
              <xsd:element name="email" type="xs:string"/>
              <xsd:element name="belegdaten" type="belegdaten"
                           maxOccurs="unbounded"/>
            </xsd:sequence>
          </xsd:complexType>
        </xsd:element>
      </xsd:sequence>
    </xsd:complexType>
    <xsd:key name="KundenID">
      <xsd:selector xpath="kunde"/>
      <xsd:field xpath="Kundennr"/>
    </xsd:key>
    <xsd:keyref name="KundenCode" refer="KundenID">
      <xsd:selector xpath="kunde/belegdaten"/>
      <xsd:field xpath="kdnr"/>
    </xsd:keyref>
  </xsd:element>
  <xsd:complexType name="belegdaten">
    <xsd:sequence>
      <xsd:element name="kdnr"/>
      <xsd:element name="belegnr" type="xs:integer"/>
      <xsd:element name="belegdatum" type="xs:date"/>
      <xsd:element name="betrag" type="xs:decimal"/>
    </xsd:sequence>
  </xsd:complexType>
</xsd:schema>
```

Listing 4.5 kundenumsatz.xsd

Ein entsprechendes XML-Dokument kann etwa so aussehen:

```
<?xml version="1.0" encoding="ISO-8859-1"?>
<kundenumsatzliste xmlns:xsi="http://www.w3.org/2001/
                              XMLSchema-instance"
  xsi:noNamespaceSchemaLocation="kundenumsatz.xsd">
  <kunde>
    <Kundennr>1001</Kundennr>
    <Anrede>Frau</Anrede>
    <Vorname>Maria</Vorname>
    <Nachname>Slonka</Nachname>
    <telefon>0221998877</telefon>
    <email/>
    <belegdaten>
      <kdnr>1001</kdnr>
      <belegnr>4666</belegnr>
      <belegdatum>2001-12-12</belegdatum>
      <betrag>200.70</betrag>
    </belegdaten>
  </kunde>
  <kunde>
    <Kundennr>1002</Kundennr>
    <Anrede>Herr</Anrede>
    <Vorname>Gerd</Vorname>
    <Nachname>Wieden</Nachname>
    <telefon>030887766</telefon>
    <email/>
    <belegdaten>
      <kdnr>1002</kdnr>
      <belegnr>3455</belegnr>
      <belegdatum>2001-12-12</belegdatum>
      <betrag>450.70</betrag>
    </belegdaten>
  </kunde>
</kundenumsatzliste>
```

Listing 4.6 kundenumsatz.xml

4.12 Kommentare

Neben der in allen XML-Dokumenten gegebenen Möglichkeit, innerhalb von `<!--` und `-->` Notizen einzufügen, bietet das Schemavokabular noch drei spezielle Elemente an, die für die Kommentierung eines Schemas genutzt werden können. Dabei ist das Element `<xsd:documentation>` dafür gedacht, Personen Hinweise zu geben, die das Schema lesen. Dagegen soll das Element `<xsd:appinfo>`

Hinweise für Stylesheets oder andere Anwendungen liefern. Beide Elemente werden jeweils als Kindelement zu dem Element `<xsd:annotation>` verwendet. Hier ein Beispiel:

```
<xsd:annotation>
  <xsd:documentation xml:lang="de">
    Erster Entwurf eines Schemas für die Abwicklung von
    Bestellungen, Stand: Jan 2002
  </xsd:documentation>
</xsd:annotation>
```

Das Attribut `xml:lang` kann verwendet werden, um die für die Kommentierung verwendete Sprache zu kennzeichnen. Annotationen dieser Art werden von der Validierung durch den Parser ausgenommen.

4.13 Ableitung komplexer Datentypen

Wie bei den einfachen Datentypen gibt es auch bei komplexen Datentypen die Möglichkeit, aus einer vorhandenen Struktur speziellere Strukturen abzuleiten. Wieder wird mit Erweiterungen oder Einschränkungen gearbeitet.

4.13.1 Erweiterungen komplexer Elemente

Eine Erweiterung kann auch mit einem komplexen Elementtyp vorgenommen werden. In diesem Fall wird das Element `<xsd:complexContent>` verwendet. Ist zum Beispiel bereits ein komplexer Elementtyp `kunde` definiert, kann davon durch Anhängen von Elementen oder Hinzufügen von weiteren Attributen ein Elementtyp `vipkunde` abgeleitet werden.

```
<xsd:complexType name="vipkunde">
  <xsd:complexContent>
   <xsd:extension base="kunde">
    <xsd:sequence>
     <xsd:element name="gratifikation" type="boolean"/>
    </xsd:sequence>
   </xsd:extension>
  </xsd:complexContent>
 </xsd:complexType>
```

Wenn ein Inhaltsmodell in dieser Weise aus einem anderen Inhaltsmodell abgeleitet wird, werden beide Inhaltsmodelle nacheinander ausgewertet. Das heißt, dass das im Element `<xsd:extension>` angegebene Element an die Sequenz der Elemente des Basistyps angehängt wird.

Um in einer Dokumentinstanz den abgeleiteten Typ verwenden zu können, muss er ausdrücklich angegeben werden. Dazu wird das Attribut `type` benutzt, das Teil des Namensraums `XMLSchema-instance` ist. Dieser Namensraum muss deshalb vorher angegeben werden:

```
<?xml version="1.0" encoding="ISO-8859-1"?>
<bestellformular xmlns:xsi="http://www.w3.org/2001/
                           XML-Schema-instance"
  bestellnummer="01000" bestelldatum="01.11.2001">
  <kunde xsi:type="vipkunde">
    <name>Hanna Maier</name>
    <strasse>Oststrasse 12</strasse>
    <plz>10678</plz>
    <ort>Berlin</ort>
    <gratifikation>1</gratifikation>
  </kunde>
...
```

4.13.2 Einschränkung komplexer Elemente

Wenn ein komplexes Datenelement einmal definiert ist, lassen sich an anderer Stelle auch eingeschränkte Varianten davon nutzen. Eine nahe liegende Verwendung ist zum Beispiel ein Inhaltsmodell, in dem die Elemente auf bestimmte Wertebereiche eingeschränkt werden. Der eingeschränkte Datentyp stellt also eine Untermenge des Basistyps dar, von dem er abgeleitet worden ist. In dem folgenden Beispiel wird von dem Datentyp `position` ein Typ `stueckposition` abgeleitet. Dazu wird das Element `gebinde` auf den Wert `"Stck"` fixiert, und zwar mit Hilfe des Attributs `fixed`.

```
<xsd:complexType name="position">
  <xsd:sequence>
    <xsd:element name="beschreibung" type="xs:string"/>
    <xsd:element name="menge" type="xs:decimal"/>
    <xsd:element name="gebinde" type="gb"/>
    <xsd:element name="europreis" type="xs:decimal"/>
  </xsd:sequence>
  <xsd:attribute name="artikelnr" type="xs:string" use="required"/>
</xsd:complexType>
<xsd:complexType name="stueckposition">
  <xsd:complexContent>
    <xsd:restriction base="position">
      <xsd:sequence>
        <xsd:element name="beschreibung" type="xs:string"/>
        <xsd:element name="menge" type="xs:decimal"/>
```

```
        <xsd:element name="gebinde" type="gb" fixed="Stck"/>
        <xsd:element name="europreis" type="xs:decimal"/>
      </xsd:sequence>
      <xsd:attribute name="artikelnr" type="xs:string"
                     use="required"/>
    </xsd:restriction>
  </xsd:complexContent>
</xsd:complexType>
```

Weitere Einschränkungen sind möglich, indem etwa Elementen Default-Werte zugewiesen werden oder spezielle Datentypen, die vorher nicht gefordert waren. Auch Änderungen der Häufigkeit mit den Attributen `minOccurs` und `maxOccurs` sind hier möglich.

Allerdings müssen bei dem abgeleiteten Typ alle Elemente des Basistyps noch einmal aufgeführt werden, was diesen Mechanismus etwas umständlich erscheinen lässt.

4.13.3 Steuerung der Ableitung von Datentypen

Wenn Schemas für die Verwendung innerhalb größerer Schemas freigegeben werden, kann es sinnvoll sein, die Optionen für die Ableitung von bestimmten Datentypen selbst einzuschränken, um zu verhindern, dass unbrauchbare Inhaltsmodelle entstehen. Für einen speziellen komplexen Datentyp kann entweder eine Ableitung durch Einschränkung oder eine durch Erweiterung oder überhaupt jede Form der Ableitung unterbunden werden. Dies geschieht mit Hilfe des Attributs `final`, das die Werte `restriction`, `extension` oder `#all` annehmen kann.

```
<xsd:complexType name="position" final="restriction">
```

lässt zum Beispiel keine Ableitung durch Einschränkung von Wertebereichen einzelner Elemente zu. Sollen generell bestimmte oder alle Ableitungen in einem Schema unterbunden werden, kann dem Wurzelelement `<xsd:schema>` eine entsprechende `finalDefault`-Erklärung zugeordnet werden:

```
<xsd:schema ... finalDefault="restriction">
```

Mit dem Attribut `block` bzw. `blockDefault` kann eine ähnliche Wirkung erzielt werden. Das Wertepaar `block="extension"` blockiert eine erweiternde Ableitung in einer Dokumentinstanz, wenn es darum geht, einen Datentyp durch einen abgeleiteten Datentyp zu ersetzen. Auch hier können die Werte `restriction` oder `#all` verwendet werden.

Ableitungen von simpleType-Strukturen lassen sich dadurch verhindern, dass dem Datentyp fixe Werte in Bezug auf bestimmte Facetten zugewiesen werden. Die folgende Typdefinition fixiert die maximale Länge eines Kennworts auf 12 Zeichen. Das schließt aber Änderungen in Bezug auf andere Facetten nicht aus.

```
<xsd:simpleType name="kennwort">
  <xsd:restriction base="xs:string">
    <xsd:maxLength value="12" fixed="true"/>
  </xsd:restriction>
</xsd:simpleType>
```

4.13.4 Abstraktionen

Datentypen lassen sich zunächst abstrakt definieren, um daraus unterschiedliche konkrete Typen abzuleiten. Der abstrakte Datentyp selbst kann nicht direkt in einer Dokumentinstanz verwendet werden, sondern nur ein Datentyp seiner Ableitungen. In dem folgenden Beispiel wird der Datentyp medien zunächst als abstrakter Typ eingeführt. Dies geschieht mit Hilfe des Attributs abstract. Im nächsten Schritt werden zwei konkrete Dateitypen definiert, die den abstrakten Datentyp als Basis haben.

```
<?xml version="1.0" encoding="ISO-8859-1"?>
<schema xmlns="http://www.w3.org/2001/XMLSchema"
        targetNamespace="http://XMLbeisp.com/medien"
        xmlns:med="http://XMLbeisp.com/medien">
  <complexType name="medien" abstract="true"/>
  <complexType name="Zeitung">
    <complexContent>
      <extension base="med:medien"/>
    </complexContent>
  </complexType>
  <complexType name="TV">
    <complexContent>
      <extension base="med:medien"/>
    </complexContent>
  </complexType>
  <element name="medium" type="med:medien"/>
</schema>
```

Eine gültige Dokumentinstanz kann dann so aussehen:

```
<medium xmlns="http://XMLbeisp.com/medien"
xmlns:xsi="http://www.w3.org/2001/XMLSchema-instance"
xsi:type="TV"/>
```

Mit Hilfe von `xsi:type` wird in diesem Fall der abstrakte Datentyp durch einen der möglichen konkreten Datentypen ersetzt, der von ihm abgeleitet worden ist. Die Ersetzung wird also in diesem Fall erzwungen, denn die folgende Zeile wäre ungültig, da der abstrakte Datentyp `medien` nicht direkt verwendet werden darf:

```
<medium xmlns="http://XMLbeisp.com/medien"/>
```

4.13.5 Gemischtwaren

Eine spezielle Möglichkeit des komplexen Datentyps ist die Mischung von Kindelementen mit Textbestandteilen. Schon die XML-Spezifikation lässt solche Mischungen zu, bietet aber in diesem Fall kein Verfahren, die Anzahl und Reihenfolge der eingemischten Elemente zu kontrollieren. Mit einem entsprechenden Schema wird dies nun aber möglich. Hier ein kleines Beispiel für ein XML-Dokument:

```
<?xml version="1.0" encoding="ISO-8859-1"?><abstracts>
  <abstract>
    <titel>XML Schema oder DTD?</titel>
    <beschreibung><autor>Andreas Wenden</autor> vergleicht die
      beiden Verfahren und stellt die Vorteile der Modellierung
      per Schema in den Vordergrund.</beschreibung>
    <datum>12.12.2002</datum>
  </abstract>
  <abstract>
    <titel>CSS oder XSL?</titel>
    <beschreibung>Das Buch des bekannten Autors <autor>Andreas
    Wenden</autor> vergleicht die beiden Verfahren und stellt
      die Vorteile der Formatierung per XSL in den Vordergrund.
    </beschreibung>
    <datum>12.11.2002</datum>
  </abstract>
</abstracts>
```

Listing 4.7 abstracts.xml

Um die Mischung aus Text und Elementen zu ermöglichen, muss für das Element `<xsd:complexType>` das Attribut `mixed` mit dem Wert `true` verwendet werden.

```
<?xml version="1.0" encoding="ISI-8859-1"?>
<xsd:schema xmlns:xsd="http://www.w3.org/2001/XMLSchema"
            elementFormDefault="qualified">
  <xsd:element name="abstracts">
    <xsd:complexType>
      <xsd:sequence>
```

```
        <xsd:element name="abstract" type="abstract"
         maxOccurs="unbounded"/>
      </xsd:sequence>
    </xsd:complexType>
  </xsd:element>

  <xsd:complexType name="abstract">
    <xsd:sequence>
      <xsd:element name="titel" type="xs:string"/>
      <xsd:element name="beschreibung">
        <xsd:complexType mixed="true">
          <xsd:sequence>
            <xsd:element name="autor" type="xs:string"/>
          </xsd:sequence>
        </xsd:complexType>
      </xsd:element>
      <xsd:element name="datum" type="xs:string"/>
    </xsd:sequence>
  </xsd:complexType>
```

Listing 4.8 abstract.xsd

Dieses Schema kontrolliert zwar, dass die Elemente in einer bestimmten Reihenfolge je einmal auftauchen, es wird aber offen gelassen, wo – vor, nach oder zwischen den Elementen – Texte eingemischt werden, wie die oben angezeigte Dokumentinstanz zeigt.

4.13.6 Leere oder Nichts

Auch komplexe Elementtypen können in dem Sinne leer sein, dass sie keine Kindelement enthalten, sondern nur Attribute. Hier ein Beispiel:

```
<xsd:element name="preis">
  <xsd:complexType>
    <xsd:attribute name="waehrungszeichen" type="xsd:string"/>
    <xsd:attribute name="betrag" type="xsd:decimal"/>
  </xsd:complexType>
</xsd:element>
```

Im XML-Dokument erscheint das Element dann so:

```
<preis waehrungszeichen="EUR" betrag="1000"></preis>
```

In einem XML-Dokument können Elemente fehlen, weil die entsprechenden Informationen bisher noch nicht vorliegen. Der Autor eines Schemas kann das Fehlen der Elemente zulassen, etwa mit der Angabe `minOccurs="0"`. Es gibt aber auch die Möglichkeit, bei einem Element ausdrücklich zuzulassen, dass es als gültig akzeptiert wird, obwohl es keinen Inhalt hat. Dazu wird das Element mit dem Attribut `nillable` versehen:

```
<xsd:element name="pruefdatum" type="xsd:date" nillable="true"/>
```

wäre ein solches Element. Es wird also nicht etwa ein spezieller Nil-Wert als Inhalt des Elements vorgegeben, sondern ein Attribut verwendet. Das erlaubt es dann, im entsprechenden XML-Dokument das `nil`-Attribut zu verwenden und zu schreiben:

```
<pruefdatum xsi:nil="true"></pruefdatum>
```

`Nil` ist ein Attribut, das zum Namensraum von `XML-Schema-instance` gehört. Das zugehörige Präfix – es kann auch ein anderes gewählt werden – muss also in diesem Fall mit angegeben werden.

4.13.7 Wiederverwendbarkeit

Einer der wesentlichen Vorteile benannter Datentypen ist, wie schon angesprochen, dass sie sich innerhalb eines Schemas mehrfach verwenden lassen. Das ähnelt der Verwendung von Parameter-Entitäten in einer DTD, ist aber wesentlich flexibler.

Benannte Typen

Um den Zusammenhang zwischen Typdefinition und Elementdeklaration zu verdeutlichen, soll hier das oben beschriebene Formularbeispiel um eine Komponente erweitert werden. Weil die Rechnungs- und die Lieferanschrift bei einer Bestellung nicht übereinstimmen müssen, werden in der Regel beide Adressen abgefragt. Da der Aufbau der beiden Datenblöcke gleich ist, kann dafür ein komplexer Datentyp entworfen werden, der dann aber in der Elementdeklaration über unterschiedliche Namen angesprochen werden soll:

```
<xsd:complexType name="formular">
  <xsd:sequence>
    <xsd:element name="kunde" type="adresse"/>
    <xsd:element name="empfaenger" type="adresse"/>
    <xsd:element name="positionen" type="positionen"/>
  </xsd:sequence>
  <xsd:attribute name="bestellnummer" type="xsd:short"
                 use="required"/>
  <xsd:attribute name="bestelldatum" type="xsd:date"
                 use="required"/>
</xsd:complexType>
```

```
<xsd:complexType name="adresse">
  <xsd:sequence>
    <xsd:element name="name" type="xsd:string"/>
    <xsd:element name="strasse" type="xsd:string"/>
    <xsd:element name="plz" type="xsd:int"/>
    <xsd:element name="ort" type="xsd:string"/>
  </xsd:sequence>
</xsd:complexType>
```

Referenzen

Eine andere Form der Wiederverwendung ist die Deklaration von Elementen durch Referenz auf bereits vorhandene Elemente. Diese Elemente müssen allerdings als globale Elemente deklariert sein, d. h. auf der obersten Ebene unter dem Element `<xsd:schema>`.

Wenn zum Beispiel sowohl bei der Rechnungsadresse als auch bei den einzelnen Bestellpositionen noch ein zusätzlicher Hinweis möglich sein soll, kann das Element `<hinweis>` zunächst global deklariert werden.

```
<xsd:schema...
  <xsd:element name="hinweis" type="xsd:string"/>
```

Innerhalb der Definition eines komplexen Elements kann dann dieses Element mit dem Attribut `ref` aufgerufen werden:

```
  <xsd:complexType name="position...
    <xsd:sequence...
      ...
      <xsd:element ref="hinweis" minOccurs="0"/>
```

4.14 Design-Varianten

Das XML Schema-Vokabular erlaubt durchaus unterschiedliche Designs bei der Modellierung inhaltlicher Strukturen. Die Arbeit mit komplexen Elementtypen legt es vielleicht zunächst nahe, nach dem Vorbild der bekannten russischen Puppen vorzugehen, die alle ineinander gesteckt sind.

4.14.1 Babuschka-Modelle

Dieses Design bildet möglicherweise das Ineinander der Elemente besonders realistisch ab.

Ein einfaches Beispiel ist das folgende Schema, das den Aufbau einer Organisation beschreibt:

```
<?xml version="1.0" encoding="ISO-8859-1"?>
<xsd:schema xmlns:xsd="http://www.w3.org/2001/XMLSchema"
            elementFormDefault="qualified">
  <xsd:element name="Organisation">
    <xsd:complexType>
      <xsd:sequence>
        <xsd:element name="Abteilung" maxOccurs="unbounded">
          <xsd:complexType>
            <xsd:sequence>
              <xsd:element name="Person" maxOccurs="unbounded">
                <xsd:complexType>
                  <xsd:sequence>
                    <xsd:element name="Name" type="xsd:string"/>
                    <xsd:element name="Position"
                                 type="xsd:string"/>
                  </xsd:sequence>
                </xsd:complexType>
              </xsd:element>
            </xsd:sequence>
            <xsd:attribute name="Bezeichnung" type="xsd:string"/>
          </xsd:complexType>
        </xsd:element>
      </xsd:sequence>
    </xsd:complexType>
  </xsd:element>
</xsd:schema>
```

Dieses Schema folgt der Verschachtelung, die die grafische Abbildung in XMLSpy zeigt:

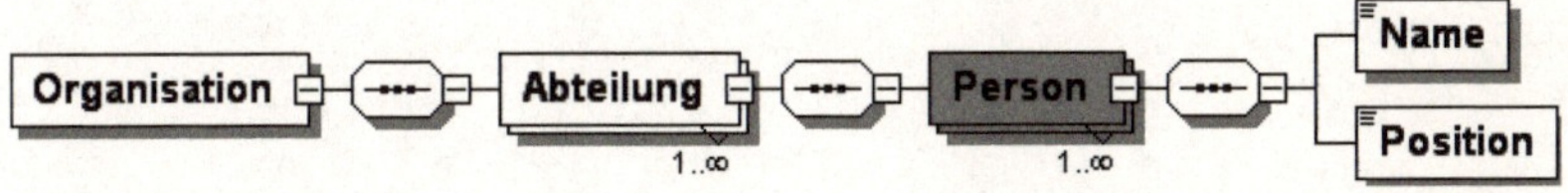

Abbildung 4.2 Firmenschema

Für die Lesbarkeit des Schemas kann dies aber nachteilig sein, weil möglicherweise schnell der Überblick verloren geht, wenn die Schachtelung über mehrere Stufen reicht.

4.14.2 Stufenmodelle

Eine Alternative besteht immer darin, die mehrstufige Struktur in flachere Teile zu zerlegen. In dem folgenden Listing werden zunächst die einfachen Elementtypen und die vorkommenden Attribute aufgelistet, dann wird durch einfache Referenzen auf diese Elemente die untere Ebene der komplexen Elementtypen zusammengesetzt und schließlich wird die obere Ebene als Sequenz von komplexen Elementtypen der unteren Ebene gebündelt.

Angaben über die Häufigkeit der Elemente können an die Referenzierung gehängt werden, wenn sie erforderlich sind.

```
<?xml version="1.0" encoding="ISO-8859-1"?>
<xsd:schema xmlns:xsd="http://www.w3.org/2001/XMLSchema"
 elementFormDefault="qualified" attributeFormDefault="unqualified">

  <!--  einfache Elementtypen -->

    <xsd:element name="Name" type="xsd:string"/>
    <xsd:element name="Position" type="xsd:string"/>

  <!--  Attribute -->

    <xsd:attribute name="Bezeichnung" type="xsd:string"/>

  <!--  komplexe Elementtypen -->

    <xsd:element name="Person">
      <xsd:complexType>
        <xsd:sequence>
          <xsd:element ref="Name" />
          <xsd:element ref="Position" />
        </xsd:sequence>
      </xsd:complexType>
    </xsd:element>

    <xsd:element name="Abteilung" >
      <xsd:complexType>
        <xsd:sequence>
          <xsd:element ref="Person" maxOccurs="unbounded"/>
        </xsd:sequence>
        <xsd:attribute ref="Bezeichnung" />
      </xsd:complexType>
    </xsd:element>
```

```
    <xsd:element name="Organisation">
      <xsd:complexType>
        <xsd:sequence>
          <xsd:element ref="Abteilung" maxOccurs="unbounded"/>
        </xsd:sequence>
      </xsd:complexType>
    </xsd:element>

</xsd:schema>
```

Auch die untergeordneten Elemente werden in diesem Fall zunächst einfach nacheinander als globale Elemente eingeführt, d. h. direkt als Kinder des Elements <schema>. Die Reihenfolge ist dabei beliebig. Das Verfahren ähnelt der Vorgehensweise bei der Modellierung mit DTD sehr.

Es ist zu beachten, dass alle globalen Elemente einen eindeutigen Namen haben müssen. Die einfachen Elemente werden – wie schon angesprochen – in der zweiten Hälfte des Schemas mit Hilfe des `ref`-Attributs als Teile des komplexen Elements <Person> »geklont«. Das nächsthöhere komplexe Element <Abteilung> wird aus Referenzen auf das komplexe Element <Person> zusammengebaut. Auf der obersten Ebene wird das komplexe Element <Organisation> durch Referenz auf das komplexe Element <Abteilung> zusammengefügt.

4.15 Übernahme von Schema-Definitionen

Die letzten Abschnitte haben gezeigt, wie Namensräume verwendet werden können, um Komponenten eines Schemas eindeutig zu identifizieren. Diese Mechanismen lassen sich auch dann einsetzen, wenn es darum geht, Datentypdefinitionen von außerhalb in ein Schema zu übernehmen und entweder unverändert oder in abgewandelter Form wiederzuverwenden. Ein mögliches Verfahren bietet das Element <xsd:include>, ein anderes das Element <xsd:import>. Beide Elemente können jeweils mehrfach in beliebiger Reihenfolge verwendet werden, müssen aber immer vor allen anderen Komponenten eingefügt werden, die Kinder des Wurzelelements <xsd:schema> sind.

Soll ein komplexer Sachbereich in einem Inhaltsmodell abgebildet werden, ist es oft sinnvoll, den Gesamtbereich in Unterbereiche zu zerlegen und dafür passende Schemas zu modellieren. Für eine konkrete Anwendung lassen sich diese Teilschemas mit Hilfe dieser Verfahren zusammenführen.

4.15.1 Schemas inkludieren

Mit <xsd:include> kann der Zielnamensraum eines Schemas aus mehreren Schema-Dokumenten zusammengefügt werden. Ein ähnlicher Effekt ergibt sich, wenn eine DTD mit Hilfe von externen Parameter-Entitäten Element- und Attribut-Deklarationen von außen übernimmt. Hier zunächst ein einfaches Beispiel, um das Verfahren zu verdeutlichen. Das Schema **personen.xsd** definiert die Datenelemente, die zur Identifizierung einer Person verwendet werden sollen:

```
<?xml version="1.0" encoding="ISO-8859-1"?>
<xsd:schema targetNamespace="http://xmlbeisp.com/personen"
           xmlns:xsd="http://www.w3.org/2001/XMLSchema"
           xmlns:prs="http://xmlbeisp.com/personen">
  <xsd:element name="person">
    <xsd:complexType>
      <xsd:sequence>
        <xsd:element ref="prs:nachname"/>
        <xsd:element ref="prs:vorname"/>
      </xsd:sequence>
    </xsd:complexType>
  </xsd:element>
  <xsd:element name="nachname" type="xs:string"/>
  <xsd:element name="vorname" type="xs:string"/>
</xsd:schema>
```

Listing 4.9 personen.xsd

Ein zweites Schema **testgruppe.xsd** übernimmt die Typdefinition des ersten Schemas in folgender Weise:

```
<?xml version="1.0" encoding="ISO-8859-1"?>
<xsd:schema
  targetNamespace="http://xmlbeisp.com/personen"
  xmlns:xsd="http://www.w3.org/2001/XMLSchema"
  xmlns:prs="http://xmlbeisp.com/personen">
  <xsd:include
    schemaLocation="http://xmlbeisp.com/personen.xsd"/>
  <xsd:element name="testgruppe">
    <xsd:complexType>
      <xsd:sequence>
        <xsd:element ref="prs:person" maxOccurs="unbounded"/>
        <xsd:element name="testname" type="xs:string"/>
        <xsd:element name="testergebnis" type="xs:string"/>
      </xsd:sequence>
    </xsd:complexType>
```

```
  </xsd:element>
</xsd:schema>
```

Listing 4.10 testgruppe.xsd

Die Übernahme des externen Schemas wird durch das Element `<xsd:include>` bewirkt. Durch das Attribut `schemaLocation` wird angegeben, wo sich das Schema, das eingefügt werden soll, befindet. Dabei muss beachtet werden, dass für beide Schemas derselbe Zielnamensraum angegeben sein muss, da die Komponenten aus dem eingeschlossenen Schema in den Namensraum des aufnehmenden Schemas eingefügt werden. Wird in dem eingeschlossenen Schema kein Namensraum angegeben, werden die Komponenten in den Namensraum des Empfängers übernommen.

Ein XML-Dokument, das dieses zweite Schema verwendet, kann dann so aussehen:

```
<?xml version="1.0" encoding="ISO-8859-1"?>
<ps:testgruppe xmlns:ps="http://xmlbeisp.com/personen"
  xmlns:xsi="http://www.w3.org/2001/XMLSchema-instance"
  xsi:schemaLocation="http://xmlbeisp.com/personen
    http://xmlbeisp.com/testgruppe.xsd">
  <ps:person>
    <ps:nachname>Hansen</p:nachname>
    <ps:vorname>Gesine</p:vorname>
  </ps:person>
  <testname>IQ-Test</testname>
  <testergebnis>150</testergebnis>
</ps:testgruppe>
```

Listing 4.11 testgruppe.xml

Ein Schema kann durchaus auch mehrere `<xsd:include>`-Elemente enthalten, solange die Regeln in Bezug auf die Einheitlichkeit des Namensraums beachtet werden.

4.15.2 Schemas importieren

In dem letzten Beispiel ist das Element `<xsd:include>` verwendet worden, um die Datentypen aus einem anderen Schema zu übernehmen. Ähnlich ist das Verfahren, wenn mit dem Element `<xsd:import>` gearbeitet wird. Der Vorteil ist aber, dass dabei auch Schemas genutzt werden können, die zu einem anderen Namensraum gehören. Deshalb wird neben der Herkunft des importierten Schemas auch in der Regel der betreffende Namensraum angegeben, etwa:

```
<xsd:import namespace="http://XMLBeisp.com/schema/bestellform"
  schemaLocation="http://XMLBeisp.com/schema/bestellform.xsd"/>
```

Auf diese Weise können Datentypdefinitionen aus ganz unterschiedlichen Bereichen in einem Schema zusammengeführt und wieder verwendet werden. Allerdings lassen sich nur Komponenten importieren, seien es Elemente, komplexe oder einfache Datentypen, die in dem Schema, aus dem sie übernommen werden, global deklariert sind, also als direkte Kinder des Elements <xsd:schema>. In dem importierenden Schema können die Importe dagegen sowohl innerhalb von Definitionen als auch von Deklarationen auf jeder beliebigen Ebene übernommen werden.

Variable Datenstrukturen

Angenommen, das bisher verwendete Bestellformular soll so erweitert werden, dass je nach Art des Artikels unterschiedlich detaillierte Angaben erfasst werden sollen, etwa bestimmte Maßeinheiten, Farben, Materialien etc. Es bietet sich in diesem Fall an, die Datenstruktur, die der Eingabemaske für eine bestimmte Artikelgruppe entspricht, in einem eigenen Schema mit eigenen Namensräumen abzulegen. In der Praxis könnte das zum Beispiel etwa so aussehen, dass unterschiedliche Lieferanten entsprechende Schemas zu Verfügung stellen.

Die folgenden beiden Schemas definieren jeweils für das Element <position> einen speziellen komplexen Datentyp, der die für die jeweilige Artikelgruppe notwendigen Bestellinformationen enthält. Das erste Schema enthält die Daten für Rollos, wobei für die Eingabe der Farbe ein einfacher Datentyp definiert wird, der bestimmte mögliche Werte mit Hilfe des Elements <xsd:enumeration> vorgibt. Am Anfang wird der Zielnamensraum angegeben und ein Präfix für diesen Namensraum festgelegt.

```
<?xml version="1.0" encoding="ISO-8859-1"?>
<xsd:schema
  targetNamespace="http://xmlbeisp.com/schema/rollo"
  xmlns:rl="http://xmlbeisp.com/schema/rollo"
  xmlns:xsd="http://www.w3.org/2001/XMLSchema">
  <xsd:element name="position" type="rl:rollo_position"/>
    <xsd:complexType name="rollo_position">
      <xsd:sequence>
        <xsd:element name="beschreibung" type="xs:string"/>
        <xsd:element name="menge" type="xs:decimal"/>
        <xsd:element name="breite" type="xs:decimal"/>
        <xsd:element name="höhe" type="xs:decimal"/>
        <xsd:element name="farbe">
          <xsd:simpleType>
            <xsd:restriction base="xs:string">
```

```
              <xsd:enumeration value="schwarz"/>
              <xsd:enumeration value="rot"/>
              <xsd:enumeration value="silber"/>
            </xsd:restriction>
          </xsd:simpleType>
        </xsd:element>
        <xsd:element name="europreis" type="xs:decimal"/>
      </xsd:sequence>
      <xsd:attribute name="artikelnr" type="xs:string"
                     use="required"/>
    </xsd:complexType>
</xsd:schema>
```

Listing 4.12 bestellposition1.xsd

Das zweite Schema für Jalousien sieht ähnlich aus. Wieder wird ein eigener Zielnamensraum angegeben und ein Präfix zugeordnet:

```
<?xml version="1.0" encoding="ISO-8859-1"?>
<xsd:schema
  targetNamespace="http://xmlbeisp.com/schema/jalou"
  xmlns:jl="http://xmlbeisp.com/schema/jalou"
  xmlns:xsd="http://www.w3.org/2001/XMLSchema">
  <xsd:element name="position" type="jl:jalou_position"/>
    <xsd:complexType name="jalou_position">
      <xsd:sequence>
        <xsd:element name="beschreibung" type="xs:string"/>
        <xsd:element name="menge" type="xs:decimal"/>
        <xsd:element name="breite" type="xs:decimal"/>
        <xsd:element name="höhe" type="xs:decimal"/>
        <xsd:element name="material">
          <xsd:simpleType>
            <xsd:restriction base="xs:string">
              <xsd:enumeration value="Alu"/>
              <xsd:enumeration value="Holz"/>
            </xsd:restriction>
          </xsd:simpleType>
        </xsd:element>
        <xsd:element name="europreis" type="xs:decimal"/>
      </xsd:sequence>
      <xsd:attribute name="artikelnr" type="xs:string"
       use="required"/>
    </xsd:complexType>
</xsd:schema>
```

Listing 4.13 bestellposition2.xsd

Um Datentypdefinitionen aus den beiden Schemas mit den anderen Namensräumen in dem Bestellformular verwenden zu können, müssen diese Namensräume zunächst auch hier aufgeführt werden.

```
<?xml version="1.0" encoding="ISO-8859-1"?>
<xsd:schema
  targetNamespace="http://xmlbeisp.com/schema/bestellform"
  xmlns:xsd="http://www.w3.org/2001/XMLSchema"
  xmlns:bf="http://xmlbeisp.com/schema/bestellform"
  xmlns:rl="http://xmlbeisp.com/schema/rollo" xmlns:jl="http://xmlbe
isp.com/schema/jalou">
```

Anschließend werden zwei <xsd:import>-Elemente verwendet, die mit dem namespace-Attribut den Bezug zu den vorher angegebenen Namensräumen herstellen und zugleich mit dem Attribut schemaLocation dem XML-Prozessor einen Hinweis geben, wo die Schemas zu finden sind. Nun stehen die global deklarierten Komponenten der beiden Schemas für die weiteren Zeilen zur Verfügung.

```
  <xsd:import namespace="http://xmlbeisp.com/schema/rollo"
   schemaLocation="http://XMLbeisp.com/schema/bestellps1.xsd"/>
  <xsd:import namespace="http://xmlbeisp.com/schema/jalou"
   schemaLocation=" http://XMLbeisp.com/schema/bestellps 2.xsd"/>
```

Der Rest des Schemas ist ähnlich wie das ursprüngliche Formularschema aufgebaut. Um für die Erfassung der Daten wahlweise die »Maske« für Rollos und die für Jalousien verwenden zu können, wird der komplexe Elementtyp <positionen> mit einem <xsd:choice>-Element ausgestattet. Die beiden möglichen Elemente werden durch eine Referenz auf die beiden importierten komplexen Datentypen <rl:position> und <jl:position> übernommen.

```
  <xsd:element name="bestellformular" type="bf:bestellformular"/>
  <xsd:complexType name="bestellformular">
    <xsd:sequence>
      <xsd:element name="kunde" type="bf:kunde"/>
      <xsd:element name="positionen" type="bf:positionen"
                   minOccurs="0" maxOccurs="unbounded"/>
    </xsd:sequence>
    <xsd:attribute name="bestellnummer" type="xs:short"
                   use="required"/>
    <xsd:attribute name="bestelldatum" type="xs:date"
                   use="required"/>
  </xsd:complexType>
  <xsd:complexType name="kunde">
    <xsd:sequence>
```

```
      <xsd:element name="name" type="xs:string"/>
      <xsd:element name="strasse" type="xs:string"/>
      <xsd:element name="plz" type="xs:int"/>
      <xsd:element name="ort" type="xs:string"/>
    </xsd:sequence>
  </xsd:complexType>
  <xsd:complexType name="positionen">
    <xsd:sequence>
      <xsd:choice>
        <xsd:element ref="rl:position"/>
        <xsd:element ref="jl:position"/>
      </xsd:choice>
    </xsd:sequence>
  </xsd:complexType>
</xsd:schema>
```

Listing 4.14 bestellform_variabel.xsd

Das folgende XML-Dokument zeigt, wie eine Instanz des »zusammengesetzten« Schemas aussehen kann:

```
<?xml version="1.0" encoding="ISO-8859-1"?>
<bf:bestellformular
  xmlns:bf="http://xmlbeisp.com/schema/bestellform"
  xmlns:jl="http://xmlbeisp.com/schema/jalou"
  xmlns:rl="http://xmlbeisp.com/schema/rollo"
  xmlns:xsi="http://www.w3.org/2001/XMLSchema-instance"
  xsi:schemaLocation="http://xmlbeisp.com/schema/bestellform
   http://xmlbeisp.com/schema/bestellform_variablel.xsd"
  bestellnummer="1111" bestelldatum="2001-12-20">
  <kunde>
    <name>Hanna Hansen</name>
    <strasse>Ostr. 10</strasse>
    <plz>40001</plz>
    <ort>Düsseldorf</ort>
  </kunde>
  <positionen>
  <jl:position artikelnr="10001">
    <beschreibung>Jalousie XXS</beschreibung>
    <menge>2</menge>
    <breite>100</breite>
    <höhe>200</höhe>
    <material>Alu</material>
    <europreis></europreis>
  </jl:position>
```

```
  </positionen>
  <positionen>
  <rl:position artikelnr="10001">
    <beschreibung>Jalousie XXS</beschreibung>
    <menge>2</menge>
    <breite>100</breite>
    <höhe>200</höhe>
    <farbe>rot</farbe>
    <europreis></europreis>
  </rl:position>
  </positionen>
</bf:bestellformular>
```

Die Bestellung verwendet beide »Masken«, um zwei Artikel aufzunehmen. Die Möglichkeiten des Einschlusses und des Imports von Datentypdefinitionen erlauben es, auf einfache Weise Schemabibliotheken mit bestimmten, häufig benötigten Bausteinen anzulegen und mit Hilfe von Namensräumen zu ordnen, sodass die Eindeutigkeit der Namen für Elemente und Attribute gesichert ist.

4.15.3 Zuordnung von Schemas in XML-Dokumenten

In diesem Abschnitt geht es noch einmal darum, wie Schemas in XML-Dokumente eingebunden werden und welche Verfahren dabei möglich sind. Wie schon erwähnt, hat das W3C für diese Dinge einen speziellen Namensraum definiert: `"http://www.w3.org/2001/XMLSchema-instance"`, dem gewöhnlich das Präfix `xsi` zugewiesen wird.

Für die Verknüpfung von XML-Dokumenten und Schemas können die Attribute `xsi:schemaLocation` und `xsi:noNamespaceSchemaLocation` verwendet werden. Diese Art der Verknüpfung ist allerdings nicht zwingend, weil der XML-Prozessor auch auf andere Weise herausfinden kann, an welchem Schema ein bestimmtes Dokument zu prüfen ist.

Welches Attribut verwendet werden sollte, hängt davon ab, ob Namensräume verwendet werden oder nicht. Ist im Schema selbst ein Zielnamensraum angegeben worden, wird der XML-Prozessor prüfen, ob der angegebene Name mit dem Namensraumnamen in der Dokumentinstanz übereinstimmt. Ist das der Fall, kann das Dokument anhand des Schemas auf Gültigkeit geprüft werden.

In dem folgenden Beispiel wird dem Attribut `schemaLocation` zunächst ein URI für den Namensraum und dann, getrennt durch einen Leerraum, ein URI für das Schema als Wert zugeordnet.

```
<bestellformular
  xmlns="http://XMLbeisp.com/bestellung/"
  xmlns:xsi="http://www.w3.org/2001/XMLSchema-instance"
  xsi:schemaLocation="http://XMLbeisp.com/bestellung/
   http://XMLbeisp.com/bestellung/bestellung.xsd"
  bestellnummer="01000" bestelldatum="01.11.2001">
```

Die zweite Verknüpfung verwendet dagegen keinen Namensraum für das Schema selbst, sondern das Attribut `noNamespaceSchemaLocation`.

```
<bestellformular
  xmlns:xsi="http://www.w3.org/2001/XMLSchema-instance"
  xsi:noNamespaceSchemaLocation="bestellung.xsd"
  bestellnummer="01000" bestelldatum="01.11.2001">
```

Ein XML-Dokument kann gleichzeitig Bindungen an mehrere Schemas enthalten, die über ein einziges Attribut zugeordnet werden können. Dabei spielt es keine Rolle, ob alle Schemas tatsächlich in einem Dokument verwendet werden. Die beiden Attribute können auch einem Kindelement zugeordnet werden.

Im Namensraum von `"http://www.w3.org/2001/XMLSchema-instance"` sind noch zwei andere Attribute verfügbar, die mit der Validierung von XML-Dokumenten zu tun haben. Mit dem Attribut `xsi:type` wird jeweils der einfache oder komplexe Datentyp eines Elements angegeben. Mit `xsi:nil` kann einem Element ein Null-Wert zugewiesen werden, falls dies im Schema mit Hilfe des Attributs `nillable="true"` erlaubt worden ist.

4.16 XML Schema – Kurzreferenz

Schema-Deklaration

```
<schema id = ID
attributeFormDefault = (qualified | unqualified) : unqualified
blockDefault = (#all | List of (extension | restriction |
 substitution)) : ''
elementFormDefault = (qualified | unqualified) : unqualified
finalDefault = (#all | List of (extension | restriction)) : ''
targetNamespace = anyURI
version = token
xml:lang = language >
Content: ((include | import | redefine | annotation)*,
 (((simpleType | complexType |
group | attributeGroup) | element | attribute | notation),
 annotation*)*) </schema>
```

```
<include id = ID
schemaLocation = anyURI >
Content: (annotation?) </include>

<redefine id = ID
schemaLocation = anyURI>
Content: (annotation | (simpleType | complexType | group |
attributeGroup))*
</redefine>

<import id = ID
namespace = anyURI
schemaLocation = anyURI>
Content: (annotation?) </import>
```

Schema-Namensräume

```
http://www.w3.org/2001/XMLSchema
http://www.w3.org/2001/XMLSchema-instance
```

Deklaration einfacher Datentypen

```
<simpleType id = ID
final = (#all | (list | union | restriction))
name = NCName>
Content: ( annotation ?, ( restriction | list | union ))
</simpleType>
<restriction id = ID
base = QName>
Content: ( annotation ?, ( simpleType ?, ( minExclusive |
minInclusive | maxExclusive | maxInclusive | totalDigits |
fractionDigits | length | minLength | maxLength | enumeration |
whiteSpace | pattern )*)) </restriction>

<list id = ID
itemType = QName>
Content: ( annotation ?, ( simpleType ?)) </list>

<union id = ID
memberTypes = List of QName>
Content: ( annotation ?, ( simpleType *)) </union>
```

Einschränkende Facetten

```
<length id = ID
fixed = boolean : false
value = nonNegativeInteger >
Content: (annotation?) </length>

<minLength id = ID
fixed = boolean : false
value = nonNegativeInteger >
Content: (annotation?) </minLength>

<maxLength id = ID
fixed = boolean : false
value = nonNegativeInteger >
Content: (annotation?) </maxLength>

<pattern id = ID
value = anySimpleType
Content: (annotation?) </pattern>

<enumeration id = ID
value = anySimpleType >
Content: (annotation?)
</enumeration>

<whiteSpace id = ID
fixed = boolean : false
value = (collapse | preserve | replace)>
Content: (annotation?)
</whiteSpace>

<maxInclusive id = ID
fixed = boolean : false
value = anySimpleType>
Content: (annotation?)
</maxInclusive>

<maxExclusive id = ID
fixed = boolean : false
value = anySimpleType>
Content: (annotation?)
</maxExclusive>

<minExclusive id = ID
```

```
fixed = boolean : false
value = anySimpleType>

Content: (annotation?)
</minExclusive>

<minInclusive id = ID
fixed = boolean : false
value = anySimpleType>
Content: (annotation?)
</minInclusive>

<totalDigits id = ID
fixed = boolean : false
value = positiveInteger >
Content: (annotation?)
</totalDigits>

<fractionDigits id = ID
fixed = boolean : false
value = nonNegativeInteger >
Content: (annotation?)
</fractionDigits>
```

Deklaration komplexer Datentypen

```
<complexType id = ID
abstract = boolean : false
block = (#all | List of (extension | restriction))
final = (#all | List of (extension | restriction))
mixed = boolean : false
name = NCName>
Content: (annotation?, (simpleContent | complexContent |
((group | all | choice |
sequence)?, ((attribute | attributeGroup)*, anyAttribute?))))
</complexType>
```

Complex Content

```
<complexContent id = ID
mixed = boolean>
Content: (annotation?, (restriction | extension))
</complexContent>
<restriction id = ID
base = QName>
```

```
Content: (annotation?, (group | all | choice | sequence)?,
((attribute | attributeGroup)*, anyAttribute?)) </restriction>
```

```
<extension id = ID
base = QName>
Content: (annotation?, ((group | all | choice | sequence)?,
((attribute | attributeGroup)*, anyAttribute?))) </extension>
```

Simple Content

```
<simpleContent id = ID>
Content: (annotation?, (restriction | extension)) </simpleContent>
```

```
<restriction id = ID
base = QName>
Content: (annotation?, (simpleType?, (minExclusive |
minInclusive | maxExclusive | maxInclusive | totalDigits |
fractionDigits | length | minLength | maxLength | enumeration |
whiteSpace | pattern)*)?, ((attribute | attributeGroup)*,
anyAttribute?)) </restriction>
```

```
<extension id = ID
base = QName>
Content: (annotation?, ((attribute | attributeGroup)*,
anyAttribute?)) </extension>
```

```
<attributeGroup id = ID
ref = QName>
Content: (annotation?) </attributeGroup>
```

```
<anyAttribute id = ID
namespace = ((##any | ##other) | List of (anyURI |
(##targetNamespace | ##local)) ) : ##any
processContents = (lax | skip | strict) : strict >
Content: (annotation?)</anyAttribute>
```

Definition von Modellgruppen

```
<group
name = NCName>
Content: (annotation?, (all | choice | sequence)) </group>
```

```
<any id = ID
maxOccurs = (nonNegativeInteger | unbounded) : 1
minOccurs = nonNegativeInteger : 1
```

```
namespace = ((##any | ##other) | List of (anyURI |
(##targetNamespace | ##local)) ) : ##any
processContents = (lax | skip | strict) : strict>
Content: (annotation?) </any>
```

Deklaration von Elementen

```
<element id = ID
abstract = boolean : false
block = (#all | List of (extension | restriction | substitution))
default = string
final = (#all | List of (extension | restriction))
fixed = string
form = (qualified | unqualified)
maxOccurs = (nonNegativeInteger | unbounded) : 1
minOccurs = nonNegativeInteger : 1
name = NCName
nillable = boolean : false
ref = QName
substitutionGroup = QName
type = QName>
Content: (annotation?, ((simpleType | complexType)?,
(unique | key | keyref)*)) </element>
```

Inhaltsmodelle

```
<choice id = ID
maxOccurs = (nonNegativeInteger | unbounded) : 1
minOccurs = nonNegativeInteger : 1}>
Content: (annotation?, (element | group | choice | sequence | any)*)
</choice>

<sequence id = ID
maxOccurs = (nonNegativeInteger | unbounded) : 1
minOccurs = nonNegativeInteger : 1}>
Content: (annotation?, (element | group | choice | sequence | any)*)
 </sequence>

<all id = ID
maxOccurs = 1 : 1 minOccurs = (0 | 1) : 1>
Content: (annotation?, element*) </all>
```

Deklaration von Attributen

```
<attribute id = ID
default = string
fixed = string
form = (qualified | unqualified)
name = NCName
ref = QName
type = QName
use = (optional | prohibited | required) : optional >
Content: (annotation?, (simpleType?)) </attribute>
```

Definition von Attributgruppen

```
<attributeGroup id = ID
name = NCName
ref = QName >
Content: (annotation?,
((attribute | attributeGroup)*, anyAttribute?)) </attributeGroup>
```

Deklaration von Notationen

```
<notation id = ID
name = NCName
public = anyURI
system = anyURI }>
Content: (annotation?) </notation>
```

Kommentarkomponenten

```
<annotation id = ID>
Content: (appinfo | documentation)* </annotation>
```

```
<appinfo
source = anyURI>
Content: ({any})* </appinfo>
```

```
<documentation
source = anyURI
xml:lang = language>
Content: ({any})* </documentation>
```

Einschränkung der Identität und Referenzen

```
<unique id = ID
name = NCName >
```

```
Content: (annotation?, (selector, field+)) </unique>

<key id = ID
name = NCName >
Content: (annotation?, (selector, field+)) </key>

<keyref id = ID
name = NCName
refer = QName >
Content: (annotation?, (selector, field+)) </keyref>

<selector id = ID
xpath = a subset of XPath expression >
Content: (annotation?) </selector>

<field id = ID
xpath = a subset of XPath expression >
Content: (annotation?) </field>
```

Vorgegebene Werte für bestimmte Attribute

Werte	Bedeutung
namespace	
`##any`	beliebige Namensräume (Vorgabe)
`##other`	beliebige Namensräume mit Ausnahme des Zielnamensraums
`##targetNamespace`	Wert muss zum Zielnamensraum des Schemas gehören.
`##local`	Jede wohlgeformte XML-Komponente, die zu keinem Namensraum gehört
processContents	
`strict`	Es ist eine Top-Level-Deklaration erforderlich oder eine ausdrückliche Zuordnung eines gültigen Datentyps mit `xsi:type` in der Dokumentinstanz.
`Skip`	Nur die Wohlgeformtheit ist erforderlich.
`Lax`	Wo möglich werden Komponenten validiert, ansonsten nicht.
Form	
`qualified`	Die Komponente ist einem Namensraum zuzuordnen.
`Unqualified`	Die Komponente wird keinem Namensraum zugeordnet.
Use	
`Optional`	Das Attribut ist nicht erforderlich.
`Prohibited`	Das Attribut ist nicht erlaubt.
`Required`	Für das Attribut muss ein Wert angegeben werden.

Werte	Bedeutung
Leerraumbehandlung	
Preserve	Der Wert wird als bereits normalisierter Wert behandelt.
Replace	Alle Tabulatoren, Wagenrückläufe und Zeilenenden werden durch Leerzeichen ersetzt.
Collapse	Zusammenhängende Folgen von Leerräumen werden zu einem Leerraum zusammengefasst, führende oder nachfolgende Leerräume werden entfernt.

Markup in Bezug auf eine Schemadefinition

Attribute	Bedeutung
`xsi:type`	Einem Element in einer Dokumentinstanz wird explizit ein Datentyp zugeordnet.
`xsi:nil`	Ein Element kann ohne Inhalt gültig sein.
`xsi:schemaLocation`	Gibt dem validierenden Prozessor Hinweise darauf, wo das Schema gespeichert ist.
`xsi:noNamespaceSchemaLocation`	Gibt dem validierenden Prozessor Hinweise darauf, wo das Schema gespeichert ist, wenn kein Namensraum verwendet wird.

Wie sind Teile eines XML-Dokuments für Anwendungen ansprechbar? Wie lassen sich Verknüpfungen herstellen? XPath, XPointer und XLink sind die Antworten auf diese Fragen.

5 Navigation und Verknüpfung

Die logische Struktur eines XML-Dokuments lässt sich, wie schon mehrfach angesprochen, in einer hierarchischen Baumstruktur darstellen, in der die unterschiedlichen Informationseinheiten als Knoten erscheinen.

Um Teile eines XML-Dokuments ansprechen und auswerten zu können, wurde schon sehr früh als Ergänzung zu XML eine spezielle Adressierungssprache unter dem Namen **XML Path Language – XPath** – vom W3C standardisiert. Auf der Basis von XPath wurde mit der **XML Pointer Language – XPointer** – die Möglichkeit geschaffen, auch auf Fragmente in externen Dokumenten zuzugreifen.

Die **XML Linking Language – XLink** – definiert die Möglichkeiten, Elemente in XML-Dokumenten zur Verknüpfung mit anderen Ressourcen zu verwenden, wobei auch XPointer verwenden werden können.

5.1 Datenauswahl mit XPath

XPath ist selbst keine XML-Anwendung. Die Sprache enthält eine eigene Syntax zur Bildung von Zeichenketten, die sich zur Adressierung von Untermengen eines Dokuments verwenden lassen. Die Empfehlung ist unter **http://www.w3.org/TR/xpath** zu finden.

Eine Teilmenge von XPath wird, wie schon beschrieben, in XML Schema für die Bildung von Werten für spezielle Auswahlattribute in den Elementen `<xsd:key>`, `<xsd:unique>` und `<xsd:keyref>` benutzt. XPath spielt vor allem aber in XSL- bzw. XSLT-Dokumenten eine wichtige Rolle – Thema von Kapitel 5 –, die wohlgeformte XML-Dokumente sind. Die XPath-Syntax wird dort zur Formulierung der Werte für die Attribute `match` und `select` benutzt, die in den Stylesheets zur Auswahl von Knotenmengen verwendet werden.

5.1.1 Baummodell und XPath-Ausdrücke

XPath arbeitet auf der Basis eines Baummodells, das die im XML-Dokument enthaltenen Informationseinheiten repräsentiert, die in der **Infoset**-Empfehlung definiert sind. Dieses Modell ist dem DOM-Modell, das in Kapitel 9, *Programmierschnittstellen für XML*, beschrieben wird, sehr ähnlich, aber doch nicht damit identisch. Das DOM-Modell ist ein Objektmodell mit Knoten, deren Eigenschaften und Methoden einem Anwendungsprogramm zur Verfügung stehen, während die Knoten im XPath-Modell verhaltenslos sind. Das Knotenmodell ist also eigentlich nur eine bestimmte Sicht auf ein Dokument.

Eine Instanz der XPath-Sprache wird Ausdruck genannt. Ein XPath-Ausdruck wird ausgewertet, um ein Objekt zu gewinnen, für das vier grundlegende Datentypen möglich sind.

- Der Datentyp `node-set` liefert eine ungeordnete Knotenmenge, die auch leer sein kann.
- `string` ist eine Zeichenfolge, die auch leer sein kann, wobei die Zeichen der XML-Empfehlung entsprechen.
- `number` ist immer eine Fließkommazahl, genauer eine Zahl im 64-Bit-Format – double-precision – nach IEEE 754.
- Der Datentyp `boolean` kann die Werte `true` und `false` annehmen.

Dabei sind zwischen den verschiedenen Datentypen Umwandlungen möglich, für die in der XPath-Empfehlung feste Regeln definiert sind.

XPath übernimmt nicht alle der in der **Infoset**-Empfehlung definierten Informationseinheiten, die Teile eines XML-Dokuments sein können. Entitäten sind in XPath beispielsweise nicht ansprechbar.

Das hängt damit zusammen, dass sich XPath-Ausdrücke immer auf das bereits von dem entsprechenden Prozessor geparste Dokument beziehen, in dem bereits alle Entitäten aufgelöst und durch die vollständigen Zeichenfolgen ersetzt sind. Auch CDATA-Abschnitte sind bereits in Text konvertiert, bevor ein XPath-Ausdruck angewendet wird.

5.1.2 Vom Dokument zum Knotenbaum

Zunächst ein Beispiel, wie ein XPath-Prozessor ein XML-Dokument in eine Baumstruktur übersetzt. Das Dokument gibt einen Auszug aus einem Weindepot:

```
<?xml version="1.0" encoding="ISO-8859-1"?>
<weindepot>
  <anbaugebiet name="Mosel">
```

```
    <jahrgang jahr="2001">
      <art farbe="weiss">
        <wein>
          <bezeichnung>Enkircher Pastor</bezeichnung>
          <rebsorte>Riesling</rebsorte>
          <richtung qualitaet="Auslese">halbtrocken</richtung>
          <preis>8,00</preis>
        </wein>
        <wein>
          <bezeichnung>Cochemer Hospiz</bezeichnung>
          <rebsorte>Riesling</rebsorte>
          <richtung qualitaet="Auslese">trocken</richtung>
          <preis>18,00</preis>
        </wein>
      </art>
    </jahrgang>
  </anbaugebiet>
</weindepot>
```

Der XPath-Knotenbaum für dieses Dokument sieht vereinfacht so aus:

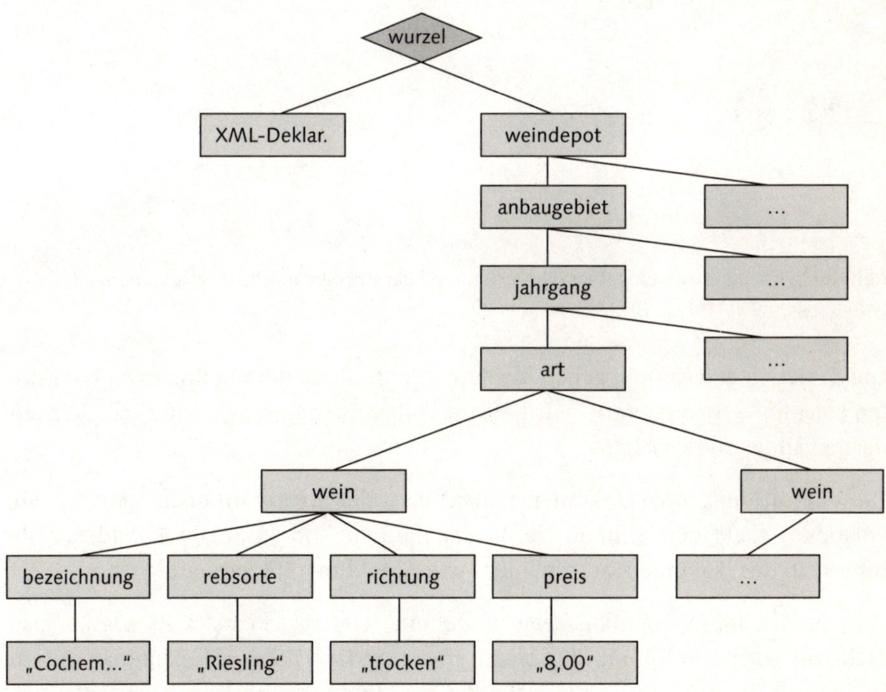

Abbildung 5.1 Baumstruktur des Beispieldokuments

Der Baum geht von einem Wurzelknoten aus, der nicht dem Dokumentelement entspricht, sondern ein logisches Konstrukt ist, von dem dann erst das Dokumentelement und eventuelle Knoten für Kommentare und Verarbeitungsanweisungen abzweigen.

5.1.3 Dokumentreihenfolge

Die Darstellung des XML-Dokuments als Baum wäre nicht viel mehr als eine Spielerei, wenn es für die Zuordnung der Knoten des Baums zu den Komponenten des XML-Dokuments nicht eine strenge Regelung gäbe. Die folgende Abbildung zeigt eine abstrakte Struktur für einen in dieser Weise geordneten Baum.

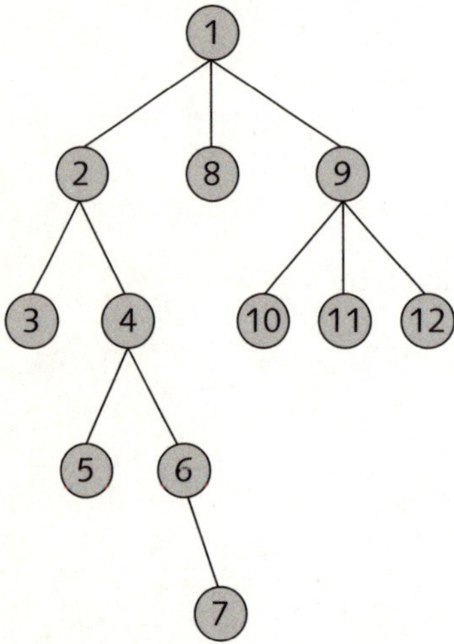

Abbildung 5.2 Die Zahlen geben die Reihenfolge der Knoten an, die der Dokumentreihenfolge entspricht

Die Zahlen in den Knoten geben die Reihenfolge an, in der ein Prozessor die Knoten ablaufen – traversieren – wird, wenn er den Auftrag erhält, sämtliche Knoten nacheinander zu besuchen.

Diese Anordnung wird Dokumentreihenfolge oder **document order** genannt. Sie entspricht exakt der Reihenfolge, in der die den Knoten entsprechenden Teile innerhalb des Dokuments erscheinen, wie Abbildung 5.3 verdeutlicht.

Wie die Abbildung ebenfalls zeigt, findet eine Tiefensuche statt. Es werden also nicht zunächst alle Knoten derselben Ebene nacheinander abgelaufen, sondern immer erst die Kinder und Kindeskinder des aktuellen Knotens abgearbeitet.

Wenn aus einem so geordneten Baum wieder ein sequenzielles Dokument erzeugt werden soll, muss er zunächst geplättet und die Knoten müssen in der entsprechenden Reihenfolge in dem Dokument abgelegt werden. Dies wird **Serialisierung** genannt, während die Erzeugung eines Baums aus einem Dokument umgekehrt als **Deserialisierung** bezeichnet wird.

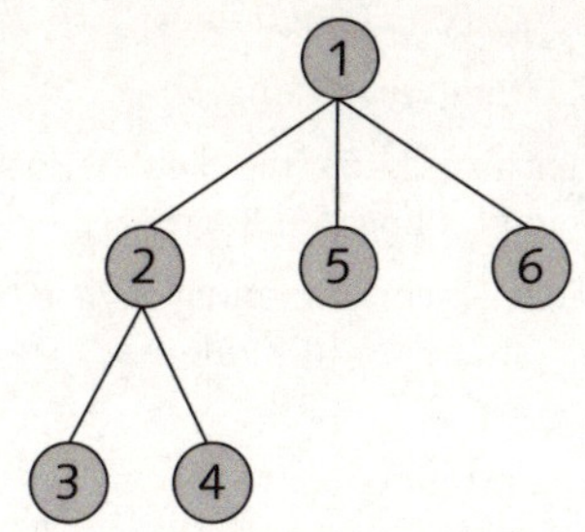


```
1   <buch>
2       <autoren>
3           <name>Hanna Ergo</name>
4           <name>Peter Jahn</name>
        </autoren>
5       <titel>Out of Bonn</titel>
6       <preis>100</preis>
    </buch>
```

Abbildung 5.3 Die Dokumentreihenfolge entspricht der Reihenfolge der Start-Tags im Dokument

5.1.4 Knotentypen

XPath unterscheidet unterschiedliche Knotentypen, die in der folgenden Tabelle zusammengestellt sind:

XPath-Knotentyp	Bedeutung
Wurzelknoten	Oberster Knoten des Baums, dessen Kind der Elementknoten des Dokumentelements ist. Weitere Kinder können Processing-Instruction-Knoten und Kommentarknoten sein. String-Wert: Verkettung der Zeichendaten aller Textknoten-Kinder in der Dokumentreihenfolge
Elementknoten	Knoten für ein Element String-Wert: Verkettung der Zeichendaten aller Textknoten-Kinder des Elements
Attributknoten	Knoten für jedes einem Element zugeordnete Attribut. (Im Unterschied zu DOM wird in XPath dabei das betreffende Element als Elternelement betrachtet, obwohl die Attribute nicht als Kinder des Elements behandelt werden.) String-Wert: der normalisierte Attributwert

XPath-Knotentyp	Bedeutung
Textknoten	Knoten, der Zeichendaten enthält. (Zeichen in Kommentaren, PIs und Attributwerte bilden keine Textknoten.) String-Wert: die Zeichendaten des Textknotens
Verarbeitungsanweisungsknoten	Knoten für je eine Verarbeitungsanweisung String-Wert: der Inhalt der Instruktion, die dem Ziel der Verarbeitungsanweisung folgt, ohne den Begrenzer ?>
Namensraumknoten	Der Namensraum ist jeweils einem Elementknoten als Elternknoten zugeordnet, ist aber nicht Kind dieses Elementknotens. String-Wert: URI des Namensraums
Kommentarknoten	Knoten für jeden einzelnen Kommentar String-Wert: der Kommentarinhalt, der sich innerhalb der Kommentarbegrenzer befindet

5.1.5 Lokalisierungspfade

Der wohl wichtigste Ausdruckstyp in XPath ist der Lokalisierungspfad. Nicht unähnlich den Techniken, die für die Pfadangaben von Dateiordnern verwendet werden, geben diese Ausdrücke an, welcher Teil der Knotenmenge eines Dokuments ausgewählt und bearbeitet werden soll. Dabei werden zwei Schreibweisen verwendet, eine ausführliche und eine Kurzform, die für Standardaufgaben verwendet werden kann.

Zugriff auf Elemente

Um in dem Weindepot-Beispiel den Knoten <anbaugebiet> zu erreichen, kann der folgende Ausdruck in der Kurzform verwendet werden:

```
/weindepot/anbaugebiet
```

Dieser Ausdruck liefert die entsprechende Knotenmenge, den **node-set**, eine ungeordnete Sammlung von Knoten. Wie bei Unix-Systemen werden die einzelnen Schritte mit einem Schrägstrich getrennt. Der erste Schrägstrich steht für den Wurzelknoten.

Kontextknoten und relative oder absolute Pfade

Ähnlich wie bei Dateisystemen können absolute und relative Pfade verwendet werden. Ein absoluter Pfad geht immer vom Wurzelknoten aus, ein relativer dagegen von dem Knoten, der gerade der Kontextknoten ist. Das ist jeweils der Knoten, der durch die vorausgehenden Schritte erreicht worden ist.

```
anbaugebiet/jahrgang
```

wäre ein möglicher relativer Pfadausdruck, wenn `<weindepot>` der Kontextknoten ist.

```
/weindepot/anbaugebiet/jahrgang
```

ist der entsprechende Ausdruck mit einem absoluten Pfad. Um nicht immer die vollständige Hierarchie angeben zu müssen, kann mit dem Doppel-Schrägstrich gearbeitet werden:

```
//jahrgang
```

liefert die Knotenmenge der Elemente mit dem Namen `jahrgang`, falls diese Elemente auf irgendeiner Stufe zu den Nachkommen des Wurzelknotens gehören. Diese Abkürzung kann auch innerhalb eines Ausdrucks verwendet werden:

```
/weindepot//wein
```

Es muss dann nicht bekannt sein, wie viele Stufen zwischen den beiden Elementen liegen.

Allerdings hat ein Prozessor mit einem so unbestimmten Ausdruck mehr Arbeit als mit den beiden ersten Ausdrücken, da er mehr Knoten des Dokuments prüfen muss.

Absolute Pfade haben den Vorteil, dass sie unabhängig vom gerade erreichten Kontextknoten verwendet werden können. Andererseits erschweren sie die Mehrfachverwendung von XPath-Ausdrücken.

Der Kontextknoten selbst kann in der Kurzform mit dem Punkt angesprochen werden. Die Eltern des Kontextknotens lassen sich mit `..` finden.

Anstelle konkreter Namen können auch Wildcards verwendet werden:

```
//anbaugebiet/*
```

liefert zum Beispiel alle Kinder des Elements `anbaugebiet`.

Zugriff auf Attribute

Obwohl XPath die Elementknoten als Eltern ihrer Attributknoten behandelt, werden die Attributknoten nicht als Kindknoten des Elementknotens angesprochen, wie dies für die Textknoten der Fall ist. Die Attributknoten müssen also in anderer Weise angesprochen werden.

Um den Wert eines Attributknotens zu erhalten, kann in der Kurzform eine Kombination aus dem At-Zeichen @ und dem Attributnamen verwendet werden:

```
anbaugebiet/@name
```

liefert zum Beispiel die Namensattribute der Elementknoten `<anbaugebiet>`. Mit einem Ausdruck wie

```
anbaugebiet[@name="Mosel"]
```

dagegen lassen sich die Elementknoten auswählen, bei denen das Attribut `name` den angegebenen Wert hat.

Auch Attribute lassen sich über Wildcards suchen:

```
anbaugebiet/@*
```

liefert alle Attribute des Elements `<anbaugebiet>`.

5.1.6 Ausführliche Schreibweise

In der ausführlichen Schreibweise wird noch deutlicher, wie ein Lokalisierungspfad aus einzelnen Lokalisierungsstufen zusammengesetzt wird, die jeweils von links nach rechts ausgewertet werden.

Abbildung 5.4 Die Bestandteile eines Lokalisierungspfads

5.1.7 Lokalisierungsstufen und Achsen

Jede Lokalisierungsstufe besteht aus drei Teilen: einem Achsenbezeichner, einem Knotentest und optional einem oder mehreren Prädikaten. Die allgemeine Syntax ist:

```
Achsenbezeichner::Knotentest[Prädikat1][Prädikat2]
```

Die doppelten Doppelpunkte werden als Trennzeichen zwischen Achsenbezeichner und Knotentest verwendet. Konkret sieht dies etwa so aus:

```
/child::weindepot
/child::anbaugebiet[attribute::name="Mosel"]
/child::jahrgang
```

Der Achsenbezeichner `child` gibt die Richtung an, in die der Knotendurchlauf erfolgen soll. In diesem Fall wird einfach vom Wurzelknoten zum Kind des Wurzelknotens, dem Wurzelelement `<weindepot>`, gesprungen. Dieser erste Schritt liefert die Knotenmenge des Wurzelelements. Von dort geht es weiter zu dem Kind `<anbaugebiet>`, wobei durch das Prädikat ein bestimmtes Anbaugebiet ausgewählt wird. Das Prädikat bringt also die Attribute eines Elements ins Spiel. Wie zu sehen ist, kann der Lokalisierungspfad durch Leerräume aufgegliedert werden.

Anstelle des beschriebenen Ausdrucks kann folgende Kurzform verwendet werden:

```
/weindepot/anbaugebiet[@name="Mosel"]/jahrgang
```

Mit dem |-Operator lassen sich auch gleich mehrere Pfade kombinieren:

```
child::anbaugebiet[attribute::name="Mosel"]|
child::anbaugebiet[attribute::name="Ahr"]
```

Der Knotentest kann entweder den Knotentyp oder direkt den erweiterten Namen des Knotens angeben. Wird ein qualifizierter Name, also ein Name mit einem Namensraumpräfix, verwendet, wird das Präfix durch den vollständigen Namensraumnamen ersetzt, weshalb von einem erweiterten Namen gesprochen wird. Ein positiver Effekt dieser Ersetzung ist, dass die Verwendung unterschiedlicher Präfixe für denselben Namensraum nicht zu Problemen führt.

Mit Hilfe der Achsenbezeichner kann gesteuert werden, ob von den Eltern aus die Kinder besucht werden, von den Kindern aus die Eltern oder die Geschwister. Mit jedem Schritt innerhalb des Knotengewirrs ändert sich dabei der Kontextknoten für den nächsten Schritt. Jede Achse definiert eine Knotenmenge relativ zum Kontextknoten.

Die folgende Tabelle gibt einen Überblick über die möglichen Achsen:

Achse	abgekürzt	Beschreibung
`self`	.	Liefert den Kontextknoten.
`child`	(Vorgabe)	Liefert die Kinder des Kontextknotens.
`parent`	..	Liefert die Eltern des Kontextknotens, falls vorhanden.
`descendant`	//	Liefert die Nachkommen des Kontextknotens (Kinder, Kindeskinder etc., also ausschließlich Elementknoten).
`descendant-or-self`		Liefert den Kontextknoten und die descendent-Achse.
`ancestor`		Liefert die Vorfahren des Kontextknotens bis hin zum Wurzelknoten.
`ancestor-or-self`		Liefert den Kontextknoten und die ancestor-Achse.
`following`		Liefert alle Elementknoten des Dokuments, die in der Dokumentreihenfolge dem Kontextknoten folgen, mit Ausnahme der Nachkommen des Kontextknotens.
`following-sibling`		Liefert alle folgenden Geschwister des Kontextknotens.
`preceding`		Liefert alle Elementknoten vor dem Kontextknoten, mit Ausnahme der Vorfahren.

Achse	abgekürzt	Beschreibung
`preceding-sibling`		Liefert alle vorhergehenden Geschwister des Kontextknotens.
`attribute`	`@`	Liefert die Attributknoten des Kontextknotens.
`namespace`		Liefert, falls vorhanden, den Namensraumknoten des Kontextknotens.

Die meisten Achsen weisen vom Kontextknoten entweder nach vorwärts oder nach rückwärts, wobei die Knotenmengen der Achsen `self`, `ancestor`, `descendent`, `following` und `preceding` zusammen alle Elemente des Dokuments umfassen, ohne dass es zu Überschneidungen kommt.

In den folgenden Abbildungen sind an einem Beispiel die Knotenmengen zusammengestellt, die die verschiedenen Achsen in Bezug auf einen bestimmten Kontextknoten liefern.

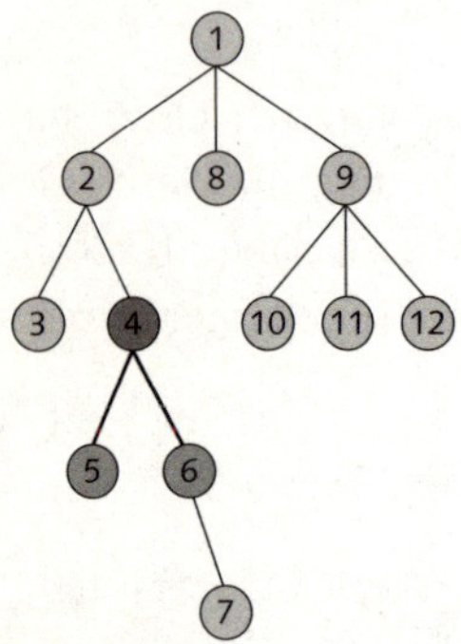

Abbildung 5.5 5 und 6 sind Kinder von 4

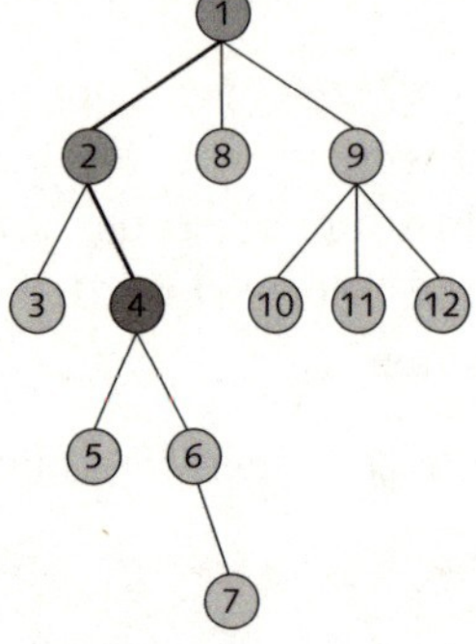

Abbildung 5.6 1 und 2 sind Vorfahren von 4

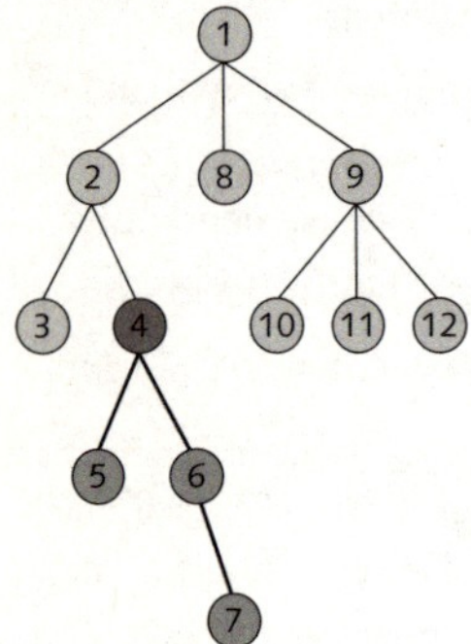

Abbildung 5.7 5, 6, 7 sind Nachkommen von 4

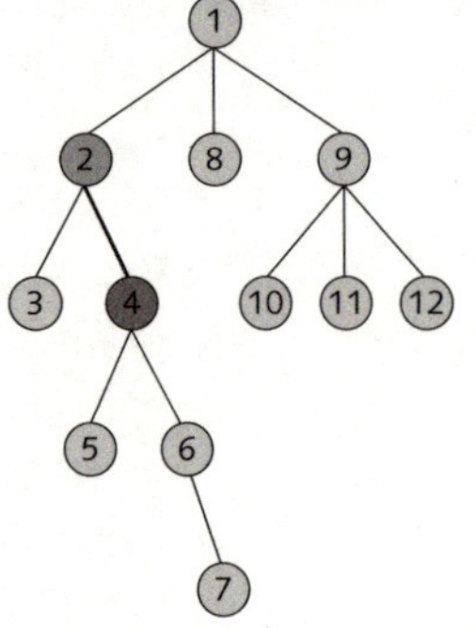

Abbildung 5.8 2 sind die Eltern von 4

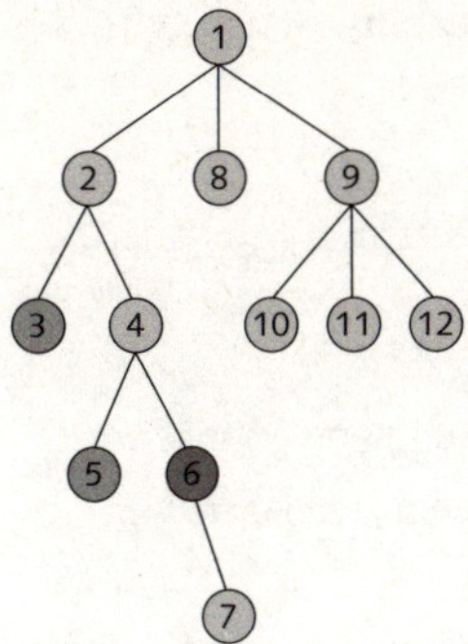

Abbildung 5.9 3 und 5 gehen 6 voraus

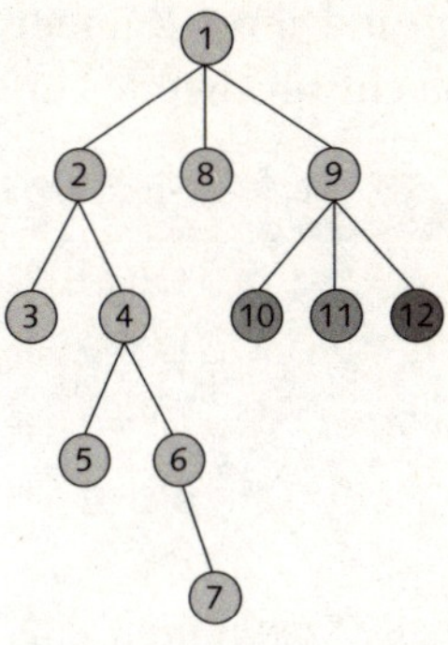

Abbildung 5.10 10 und 11 sind preceding-siblings zu 12

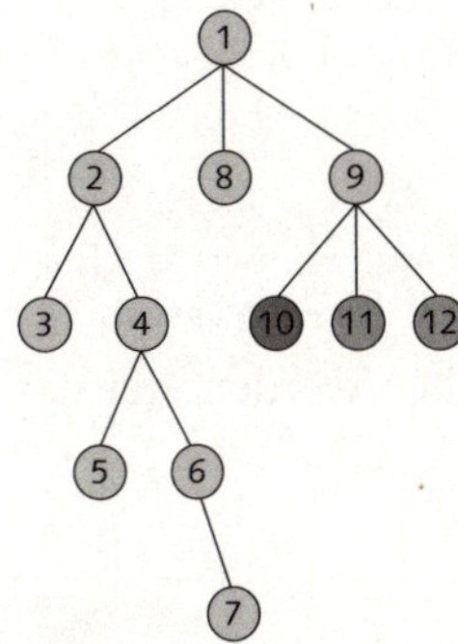

Abbildung 5.11 11 und 12 sind following-siblings zu 10

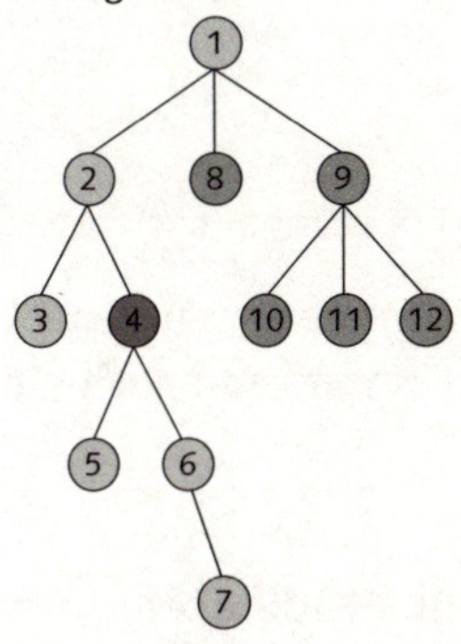

Abbildung 5.12 8, 9, 10, 11, 12 sind following (-siblings) zu 4

5.1.8 Knotentest

Die Knotenmenge, die durch die gewählte Achse ausgewählt wird, kann anschließend durch den so genannten Knotentest weiter gefiltert werden. Dabei wird als Kriterium entweder ein bestimmter Knotenname oder ein bestimmter Knotentyp verwendet.

```
following::bezeichnung
```

wählt beispielsweise ausgehend vom jeweiligen Kontextknoten zunächst alle in der Dokumentreihenfolge folgenden Knoten aus und filtert daraus die Knoten mit dem Elementnamen `bezeichnung`. Dabei muss der Knotentyp des benannten Knotens mit dem grundsätzlichen Knotentyp der Achse übereinstimmen. Bei allen Achsen außer den Achsen `attribute` und `namespace` ist dies der Knotentyp `Element`. Knoten eines anderen Typs werden also ignoriert, auch wenn diese denselben Namen haben. Sollen Attributknoten zusammengestellt werden, wird der Attributname verwendet wie in

```
attribute::qualitaet
```

Sollen Knoten aufgrund ihres Knotentyps identifiziert werden, wird statt des Knotennamens eine entsprechende Funktion genutzt:

Test per Knotentyp	Beschreibung
`text()`	Liefert alle Textknoten.
`comment()`	Liefert alle Kommentarknoten.
`processing-instruction()`	Liefert alle Knoten mit Verarbeitungsanweisungen.
`node()`	Liefert alle Knoten unabhängig vom jeweiligen Typ.

Um beispielsweise alle Textknoten, die Kinder des Kontextknotens sind, auszuwählen, kann

```
child::text()
```

verwendet werden.

```
descendant-or-self::comment()
```

stellt alle Kommentare des gesamten Dokuments zusammen. Der Funktion für `processing-instruction` kann auch ein Parameter übergeben werden, der das Ziel angibt.

5.1.9 Filtern mit Prädikaten

Mit Hilfe von Prädikaten lässt sich die Filterung der gewünschten Knotenmenge noch weiter verfeinern. Dabei wird durch einen logischen Ausdruck in eckigen Klammern eine Bedingung formuliert, die erfüllt sein muss, damit bestimmte Knoten ausgewählt werden. Im anderen Fall werden die entsprechenden Knoten aus der Knotenmenge entfernt. Werden mehrere Prädikate verwendet, bildet die Knotenmenge, die das Ergebnis des ersten Prädikats ist, den Ausgangspunkt für die Prüfung durch das zweite Prädikat etc.

Häufige Form eines Prädikatsausdrucks ist der Vergleich mit einer `string`-Konstanten. Der folgende Pfad

```
/child::weindepot/child::anbaugebiet[attribute::name="Ahr"]
```

findet zum Beispiel alle Weine aus dem Anbaugebiet »Ahr«. Findet ein solcher Vergleich mit einem String statt, zeigt der XPath-Ausdruck als Ergebnis den String-Wert der betroffenen Knoten an, wie aus der Tabelle der Knotentypen oben zu entnehmen ist.

Prädikatausdrücke unterstützen die üblichen logischen Operatoren `<`, `>`, `<=`, `>=`, `=`, `!=`. Allerdings muss beachtet werden, dass Operatoren wie `<` oder `>` nicht unmittelbar in einem XML-Dokument erscheinen dürfen, sondern durch die entsprechenden Entitätsreferenzen < und > ersetzt werden müssen.

Auch mathematische Operatoren können in einem Prädikat eingesetzt werden. Die Folge ist, dass das Resultat des Ausdrucks von einem String-Wert in einen Zahlwert umgewandelt wird. Zur Verfügung stehen die numerischen Operatoren +, –, *, div und mod. Auch Klammern können verwendet werden.

5.1.10 Test von XPath-Ausdrücken

Wenn Sie die Formulierung von XPath-Ausdrücken etwas trainieren wollen, können Sie sich beispielsweise mit dem folgenden VBA-Makro helfen, das sich in Excel anlegen lässt, vorausgesetzt Sie binden durch einen Verweis im Visual Basic-Editor die Microsoft XML-Bibliothek ein. Diese Bibliothek steht zur Verfügung, wenn der Microsoft XML-Parser installiert ist. Mehr dazu in Kapitel 9, *Programmierschnittstellen für XML*. Während ältere Versionen des Parsers nur die abgekürzte Form der XPath-Ausdrücke unterstützen und deshalb auch nicht in der Lage sind, alle Achsen zu nutzen, gilt diese Einschränkung ab der Version 3 nicht mehr.

Mit Hilfe der selectNodes-Methode, einer von Microsoft bereitgestellten Erweiterung von DOM, können dann XPath-Ausdrücke für ein bestimmtes XML-Dokument ausgewertet werden. Sie liefern den aktuellen node-set, der dem jeweiligen Ausdruck entspricht.

```
Public Sub knotenabfrage()
  Dim XMLDokument As String
  Dim XPathexpression As String
  Dim i As Integer
  Dim menge As Integer
  Dim knotenliste As IXMLDOMNodeList
  Dim xml As New DOMDocument

  XPathexpression = InputBox("XPath-Ausdruck: ")
  XMLDokument = "F:XMLBeispiele/weindepot.xml"
  xml.Load XMLDokument
  xml.setProperty "SelectionLanguage", "XPath"
  Set knotenliste = xml.selectNodes(XPathexpression)
  menge = knotenliste.Length
  For i = 0 To menge - 1
    MsgBox (knotenliste.Item(i).xml)
  Next
End Sub
```

Die Angabe über die zu verwendende Abfragesprache

```
xml.setProperty "SelectionLanguage", "XPath"
```

ist wichtig, damit das Makro auch Ausdrücke in der ausführlichen Form akzeptiert. Wird diese Anweisung weggelassen, verhält sich die `selectNodes`-Methode so wie in den älteren Parser-Versionen, die nur die abgekürzten Ausdrücke verwerten konnten.

Die Ausgabe des Makros erscheint in diesem Fall einfach knotenweise in einem Meldungsdialog von Excel. Der XPath-Ausdruck `//wein` erzeugt zum Beispiel die folgenden Ausgaben:

```
<wein>
    <bezeichnung>Enkircher Pastor</bezeichnung>
    <rebsorte>Riesling</rebsorte>
    <richtung qualitaet="Auslese">halbtrocken</richtung>
    <preis>8,00</preis>
</wein>
<wein>
    <bezeichnung>Cochemer Hospiz</bezeichnung>
    <rebsorte>Riesling</rebsorte>
    <richtung qualitaet="Auslese">trocken</richtung>
    <preis>18,00</preis>
</wein>
```

XML-Entwicklungsumgebungen wie XML stellen Ihnen komfortable Werkzeuge für den Test von XPath-Ausdrücken zur Verfügung. Abbildung 5.13 zeigt ein Beispiel. Sie können den Kontextknoten einfach dadurch vorgeben, dass Sie ihn im XML-Dokument markieren.

5.1.11 XPath-Funktionen

XPath-Prozessoren müssen aufgrund der W3C-Empfehlung auch eine Bibliothek von Funktionen unterstützen. Diese Funktionen lassen sich insbesondere für die Formulierung ausdrucksstarker Prädikate einsetzen. Sie können entsprechend den von XPath-Ausdrücken gelieferten Datentypen in vier Gruppen eingeteilt werden:

- node-set
- string
- boolean
- numerisch

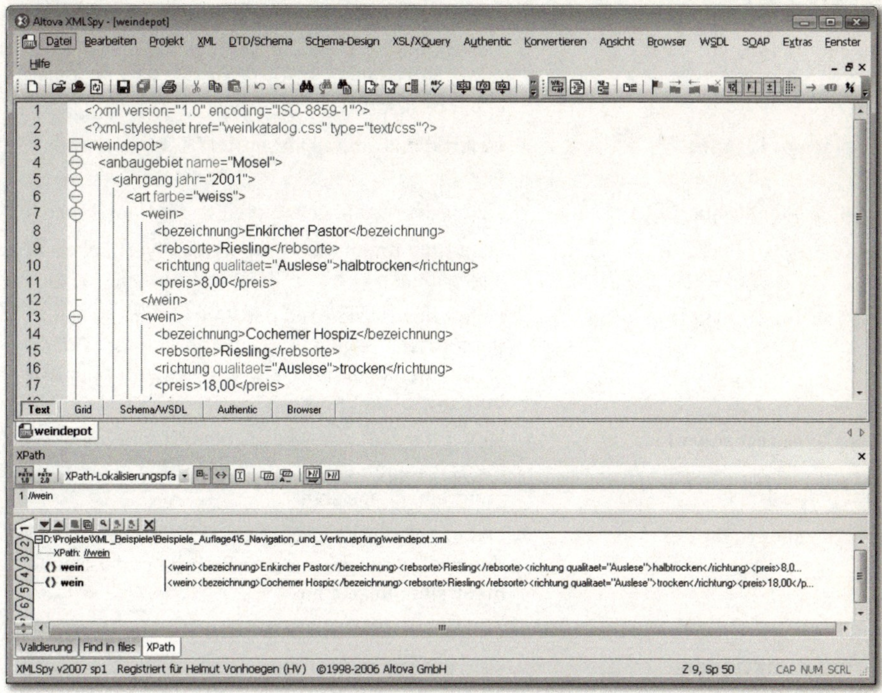

Abbildung 5.13 Testauswertung von XPath-Ausdrücken mit XMLSpy

Knotenmengenfunktionen

Häufig zum Einsatz kommen die in der folgenden Tabelle zusammengestellten Funktionen, die sich auf Knotenmengen beziehen, und zwar entweder auf die aktuelle Kontextknotenmenge oder auf eine explizit angegebene Knotenmenge.

In Bezug auf das Weindepot-Beispiel liefert die Funktion `count()` etwa mit

```
count(//wein)
```

die Anzahl der verschiedenen Weine.

Durch Kombination der Funktionen `position()` und `last()` lässt sich der letzte Knoten in einer Knotenmenge auswählen:

```
child::wein[position() = last()]
```

Um alle Elementknoten zu finden, die zu einem bestimmten Namensraum gehören, kann mit folgendem Ausdruck gearbeitet werden:

```
/descendent-or-self::*[namespace-uri() = "*"]
```

Knotenmengenfunktionen	Beschreibung
number **last()**	Liefert eine Zahl, die die Größe der aktuellen Knotenmenge angibt – entspricht dem Wert, den auch count() liefert.
number **position()**	Liefert die Position eines Mitglieds einer Knotenmenge.
number **count**(node-set)	Liefert die Anzahl der Knoten in der Knotenmenge.
node-set **id**(object)	Liefert die Knotenmenge, deren id-Wert mit dem angegebenen von object übereinstimmt.
string **local-name**(node-set?)	Liefert den lokalen Teil des Knotennamens, der in der Knotenmenge an erster Position in der Dokumentreihenfolge steht, also der Element- oder Attributname ohne Präfix.
string **namespace-uri**(node-set?)	Liefert den URI des Namensraums des Knotens, der in der Knotenmenge an erster Position in der Dokumentreihenfolge steht.
string **name**(node-set?)	Liefert den qualifizierten Namen des Knotens, der in der Knotenmenge an erster Position in der Dokumentreihenfolge steht.

String-Funktionen

Die string-Funktion wird verwendet, um ein Objekt in eine Zeichenkette umzuwandeln, also in ihren String-Wert. Was die String-Werte der verschiedenen Knotentypen sind, ist bereits in der Tabelle oben dargestellt worden.

Eine Reihe von Funktionen wird für die Verkettung und Zerlegung von Zeichenketten innerhalb von Lokalisierungspfaden angeboten. Damit können Knotenmengen aufgrund von String-Werten gefiltert werden. Um beispielsweise alle Weine zu markieren, deren Bezeichnung mit »En« beginnt, kann die folgende Funktion verwendet werden:

```
//child::wein[starts-with(bezeichnung, "En")]
```

Etwas ungewöhnlich ist die Funktion translate, die eine zeichenweise Ersetzung in einer Zeichenkette erlaubt. Ein Beispiel:

```
translate("blaugelb","bg","BG")
```

ergibt die Zeichenkette BlauGelb.

String-Funktionen	Beschreibung
string **string**(object?)	Wandelt ein Objekt in einen String um.
string **concat**(string, string, string*)	Verkettet die aufgeführten Zeichenketten.

String-Funktionen	Beschreibung
`boolean` **`starts-with`**`(string, string)`	Ergibt den Wert *wahr*, wenn die erste Zeichenkette mit der zweiten Zeichenkette beginnt.
`boolean` **`contains`**`(string, string)`	Ergibt den Wert *wahr*, wenn die zweite Zeichenkette in der ersten enthalten ist.
`string` **`substring-before`**`(string, string)`	Liefert aus der ersten Zeichenkette das, was vor dem Teil steht, der mit der zweiten Zeichenkette übereinstimmt.
`string` **`substring-after`**`(string, string)`	Liefert aus der ersten Zeichenkette das, was hinter dem Teil steht, der mit dem ersten Auftreten der zweiten Zeichenkette übereinstimmt.
`string` **`substring`**`(string, number, number?)`	Liefert einen Teil der Zeichenkette, der an der mit dem zweiten Argument angegebenen Position beginnt und die mit dem dritten Argument angegebene Länge hat.
`number` **`string-length`**`(string?)`	Liefert die Anzahl der Zeichen in der Zeichenkette.
`string` **`normalize-space`**`(string?)`	Liefert die Zeichenkette mit normalisierten Leerzeichen. Führende und folgende Leerzeichen werden entfernt, interne Leerzeichen jeweils zu einem Leerzeichen zusammengefasst.
`string` **`translate`**`(string, string, string)`	Tauscht in der ersten Zeichenkette alle die Zeichen aus, die in der zweiten Zeichenkette vorkommen, und zwar jeweils durch die an der gleichen Position stehenden Zeichen der dritten Zeichenkette.

Logische Funktionen

Von den logischen Funktionen wird vor allem die `boolean`-Funktion häufig benutzt. Mit ihrer Hilfe kann sehr einfach getestet werden, ob eine Knotenmenge überhaupt Knoten enthält oder leer ist oder ob ein String-Wert tatsächlich eine Zeichenkette liefert oder leer ist.

Logische Funktionen	Beschreibung
`boolean` **`boolean`**`(object)`	Wandelt das angegebene Objekt in einen logischen Wert um. Nichtleere Knotenmengen, nichtleere String-Werte und Zahlen größer 0 ergeben `wahr`.
`boolean` **`not`**`(object)`	Ergibt `wahr`, wenn das Objekt `falsch` ist.
`boolean` **`true`**`()`	Gibt immer den Wert `wahr` zurück.
`boolean` **`false`**`()`	Gibt immer den Wert `falsch` zurück.
`boolean` **`lang`**`(string)`	Ergibt `wahr`, wenn der Wert von `xml:lang` mit dem Argument übereinstimmt, also derselben Sprache entspricht.

Numerische Funktionen

XPath kennt auch einige wenige numerische Funktionen. Insbesondere wird die `number()`-Funktion genutzt, um ein Objekt in eine Zahl umzuwandeln. Das Ergebnis hängt vom Datentyp des betreffenden Objekts ab. Ein logisches Objekt liefert bei der Umwandlung die Werte 0 für falsch oder 1 für wahr, ein String-Wert liefert eine Zahl, wenn er als Zahl ausgewertet werden kann.

Praktisch ist auch die `sum()`-Funktion, mit der sehr einfach die Summe der Werte einer Knotenliste berechnet werden kann.

```
sum(//bestand)
```

liefert zum Beispiel die Summe aller Werte des Elements `<bestand>` in einer Lagerliste.

Numerische Funktionen	Beschreibung
number **number(**object?**)**	Wandelt das Objekt in eine Zahl um.
number **sum(**node-set**)**	Liefert die Summe der Zahlenwerte der Knoten in der Knotenmenge, die sich aus der Umwandlung ihrer String-Werte ergeben.
number **floor(**number**)**	Liefert die größte Ganzzahl, die nicht größer als die angegebene Zahl ist.
number **ceiling(**number**)**	Liefert die kleinste Ganzzahl, die nicht kleiner als die angegebene Zahl ist.
number **round(**number**)**	Rundet den Wert zur nächsten Ganzzahl.

5.2 Überblick über die Neuerungen in XPath 2.0

Im Januar 2007 hat das W3C die Empfehlung für eine neue Version von XPath veröffentlicht. XPath 2.0 wird sowohl von XSLT 2.0 als auch von XQuery 1.0 verwendet. Alle Empfehlungen wurden zeitgleich verabschiedet. Während XSLT weiterhin vornehmlich zum Transformieren von XML-Daten eingesetzt wird, soll XQuery der Standard bei der Abfrage von XML-Dokumenten werden. XQuery 1.0 ist im Grunde eine Erweiterung von XPath 2.0. Die neue Abfragesprache für XML-Daten beansprucht, ähnlich leistungsfähig wie die weit verbreitete Datenbankabfragesprache SQL zu sein. Da sich in XML im Prinzip jede Form von Information darstellen lässt, könnte XQuery in der Zukunft sogar eine übergeordnete Rolle spielen.

Da es gewiss noch längere Zeit dauern wird, ehe die neuen Standards sich in der Praxis durchgesetzt haben, soll in diesem Abschnitt erst einmal nur eine kurze Vorschau auf die Neuerungen gegeben werden, die mit XPath 2.0 angeboten werden. Für erste Tests kann beispielsweise die Entwicklungsumgebung XMLSpy oder der Saxon-Prozessor von Michael Kay, der selbst an der Erstellung des neuen Standards maßgeblich beteiligt war, genutzt werden. Beispiele sind in dem Abschnitt zu XSLT 2.0 zu finden. XPath 2.0 ist rückwärts kompatibel zu XPath 1.0 und kann bei Bedarf auch in einem entsprechenden Kompatibilitätsmodus betrieben werden.

5.2.1 Erweitertes Datenmodell

Die wichtigste Erweiterung in XPath 2.0 gegenüber XPath 1.0 betrifft zunächst das Datenmodell. Neben dem in Abschnitt 5.1.1 beschriebenen Baummodell, das die im XML-Dokument vorhandenen Informationseinheiten repräsentiert, berücksichtigt XPath 2.0 auch einzelne Werte, die als »atomic values« bezeichnet werden. Dabei kann es sich um Daten unterschiedlichen Typs handeln: Zeichenfolgen, Zahlen, logische Werte, Datums- oder Zeitwerte, aber auch qualifizierte Namen oder URIs. Der dritte Bereich sind Sequenzen oder Listen, die sowohl aus Einzelwerten, als auch aus Bezügen auf Knoten in einem XML-Dokument bestehen können. Dabei handelt es sich um einfache Sequenzen, die nicht geschachtelt werden dürfen.

Die mit XPath 2.0 formulierbaren Ausdrücke sind in der Folge durch zusätzliche Operatoren und zahlreiche neue Funktionen dahingehend erweitert worden, dass sie geeignet sind, alle drei Bereiche des Datenmodells abzudecken. Während XPath 2.0 in Bezug auf den Knotenbaum nur Daten auslesen kann, besteht bei den Einzelwerten und bei den Sequenzen nun auch die Möglichkeit, neue Werte oder Sequenzen zu erzeugen. Im Ergebnis kann dann ein XPath 2.0-Ausdruck eine Auswahl von Knoten, einen Einzelwert oder eine Sequenz liefern.

Neue Konstrukte für Ausdrücke

Für Operationen mit Sequenzen kann insbesondere der `for`-Ausdruck verwendet werden. Er erlaubt es, eine Operation für alle Datenelemente in einer Sequenz vorzunehmen, etwa um daraus eine neue Sequenz zu erzeugen. Ein einfaches Beispiel ist etwa der Ausdruck

```
for $i in 1 to 3 return $i*$i
```

Das Resultat dieses Ausdrucks ist die Sequenz »`1, 4, 9`«. Der Ausdruck arbeitet zunächst mit einer Variablen `i`, die durch das `$`-Zeichen als solche gekennzeichnet wird. Diese Variable wird als Bereichsvariable bezeichnet. Hinter dem Schlüsselwort `in` wird die `binding sequenz` angegeben und hinter dem Schlüsselwort `return` der `return`-Ausdruck. Das Ergebnis des `for`-Ausdrucks wird dadurch erzielt, dass für jedes Element in der `binding sequenz` jeweils einmal der `return`-Ausdruck geliefert wird.

Besteht die Sequenz aus Knotenreferenzen, kann beispielsweise ein Ausdruck wie

```
for $n in child::* return name($n)
```

eine Liste aller Kindelemente des aktuellen Knotens in einem Dokument liefern.

Mit `if` lassen sich nun auch bedingte Ausdrücke formulieren, etwa

```
if @menge > 1000 then "gut" else "weniger gut"
```

Nützlich sind auch die quantifizierenden Ausdrücke mit `some` oder `every`.

```
some $a in $lager/artikel satisfies  $lager/artikel/menge = 0
```

ist wahr, wenn die Menge wenigstens bei einem Artikel gleich Null ist.

```
every $a in $lager/artikel satisfies  $lager/artikel/menge > 0
```

ist wahr, wenn von allen Artikeln wenigstens einer vorhanden ist.

Neue Datentypen

XPath 2.0 führt gleichzeitig ein neues Datentyp-System ein, das insbesondere darauf ausgelegt ist, die durch XML Schema gegebenen Datentypen zu unterstützen. Die Abbildung aus der W3C-Spezifikation XQuery 1.0 and XPath 2.0 Data Model (XDM) zeigt die Erweiterungen (siehe Abbildung 5.14).

Während XPath 1.0 nur einen einzigen numerischen Datentyp unterstützt, stellt XPath 2.0 auch die Typen `integer`, `decimals` und `single precision` zur Verfügung. Zahlreiche neue Datentypen sind jetzt für Datums-, Zeit- und Dauerwerte vorhanden. Zudem werden nun auch benutzerdefinierte Datentypen unterstützt, die über ein entsprechendes XML Schema definiert werden können.

Was den Teil des Datenmodells betrifft, der das XML-Dokument repräsentiert, sind die Änderungen in XPath 2.0 eher gering. Hinzugekommen ist im Wesentlichen die Möglichkeit, dass Element- und Attributknoten in Bezug auf den verwendeten Datentyp entsprechende Typkennzeichnungen zugeordnet werden können, die durch das verwendete Schema definiert sind. Ist ein XML-Dokument nicht über ein Schema validiert, wird die Typkennzeichnung auf die Werte `untyped` für Elemente und `untypedAtomic` für Attribute gesetzt.

Neue Operatoren

Um die Möglichkeiten des erweiterten Datenmodells nutzen zu können, bietet XPath 2.0 zahlreiche neue Operatoren an. Für den Knotenvergleich können beispielsweise die Operatoren `is`, `<<`, `>>` genutzt werden. Der erste Operator prüft, ob zwei Ausdrücke denselben Knoten liefern, die beiden anderen Operatoren stellen fest, welcher von zwei Knoten in der Dokumentreihenfolge früher oder später erscheint.

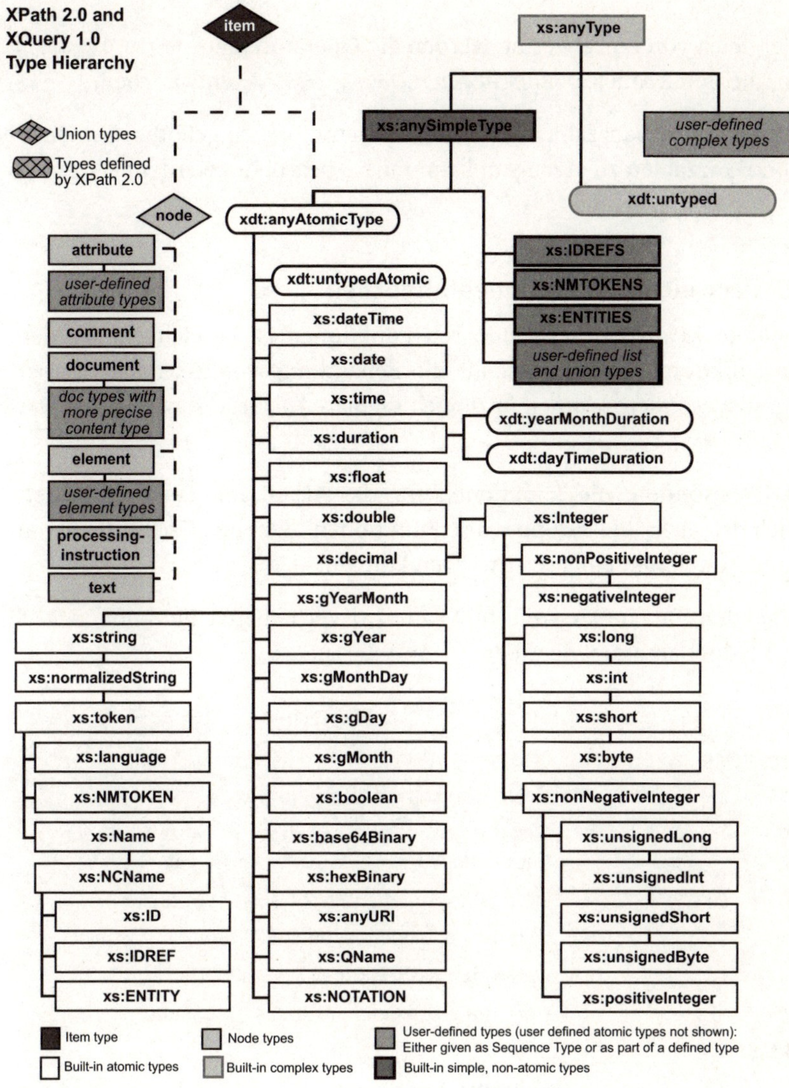

Abbildung 5.14 Quelle: www.w3.org/TR/2007/REC-xpath-datamodel-20070123/#types

Für die Kombination von Knotensequenzen können die Operatoren `union`, `intersect` und `except` verwendet werden. Mit `union` können zwei Knotensequenzen zu einer Sequenz vereinigt werden, die in der einen oder der anderen Sequenz vorkommen. Der Operator `intersect` dagegen erzeugt aus zwei Sequenzen eine Sequenz, die die Knoten enthält, die in beiden Sequenzen vorkommen. Mit `except` wird eine Sequenz aus zwei Knotensequenzen erzeugt, die nur Knoten enthält, die in der ersten Sequenz vorkommen, aber nicht in der zweiten.

Für den Vergleich von Einzelwerten werden die Operatoren `eq`, `ne`, `lt`, `le`, `gt`, `ge` angeboten, die den XPath 1.0-Operatoren =, !=, <, <=, >, >= entsprechen.

Für die Division von Ganzzahlen wird der Operator `idiv` angeboten. Um einen Bereich von Ganzzahlen zu erzeugen, kann mit `to` bearbeitet werden, etwa: `0 to 100`.

5.2.2 Die erweiterte Funktionenbibliothek

Die Zahl der in XPath 2.0 verwendbaren Funktionen ist vervielfacht worden. Zahlreiche Funktionen stehen jetzt für die Behandlung von Zeichenketten zur Verfügung, insbesondere können jetzt auch reguläre Ausdrücke verwendet werden.

Neu sind insbesondere die Funktionen für die Arbeit mit Sequenzen. Sehr umfangreich ist auch die Gruppe der Funktionen, die bei Operationen mit Datums- und Zeitwerten eingesetzt werden können.

In der folgenden Tabelle sind die in XPath 2.0 verfügbaren Funktionen nach Gruppen geordnet zusammengestellt:

Funktion	Beschreibung
Zugriffsfunktionen	
`fn:node-name`	Liefert den kompletten `xs:QName`.
`fn:nilled`	Liefert einen `xs:boolean`-Wert, der anzeigt, ob für den Knoten das Attribut `xs:nil="true"` gilt.
`fn:string`	Liefert den Argumentwert als `xs:string`.
`fn:data`	Liefert eine Sequenz atomarer Werte.
`fn:base-uri`	Liefert den Basis-URI des Arguments.
`fn:document-uri`	Liefert den Dokument-URI des Arguments.
Fehlerfunktion	
`fn:error`	Ruft einen Fehler auf.
Trace-Funktion	
`fn:trace`	Liefert für das Debuggen die Ausführungsabfolge.
Funktionen für numerische Werte	
`fn:abs`	Liefert den absoluten Wert des Arguments.
`fn:ceiling`	Liefert die kleinste Ganzzahl, die größer oder gleich dem Argument ist.

Funktion	Beschreibung
`fn:floor`	Liefert die größte Ganzzahl, die kleiner oder gleich dem Argument ist.
`fn:round`	Rundet auf die nächstliegende Ganzzahl.
`fn:round-half-to-even`	Liefert eine Zahl mit der angegebenen Präzision.
String-Funktionen	
`fn:codepoints-to-string`	Bildet einen `xs:string` aus einer Sequenz von Unicode-Codes.
`fn:string-to-codepoints`	Liefert die Sequenz der Unicode-Codes, die dem `Xs:string` entsprechen.
`fn:compare`	Liefert –1, 0, oder 1, je nachdem ob der erste Wert kleiner, gleich oder größer als der zweite ist.
`fn:codepoint-equal`	Liefert `true`, wenn die beiden Argumente nach Anwendung einer Unicode-Kollation gleich sind.
`fn:concat`	Verkettet zwei oder mehr `xs:anyAtomicType`-Argumente zu einem `xs:string`.
`fn:string-join`	Liefert einen `xs:string` durch Verknüpfung einer Sequenz von Zeichenfolgen, wobei ein Separator verwendet werden kann.
`fn:substring`	Liefert den `xs:string`, der an der angegebenen Stelle im Argument zu finden ist.
`fn:string-length`	Liefert die Länge des Arguments.
`fn:normalize-space`	Liefert den `whitespace-normalized`-Wert des Arguments.
`fn:normalize-unicode`	Liefert den normalisierten Wert in der mit dem zweiten Argument angegebenen Form.
`fn:upper-case`	Gibt den Wert des Arguments in Großbuchstaben.
`fn:lower-case`	Gibt den Wert des Arguments in Kleinbuchstaben.
`fn:translate`	Ersetzt die im ersten Argument vorkommenden Zeichen durch die an der entsprechenden Stelle im zweiten Argument vorkommenden Zeichen.
`fn:encode-for-uri`	Liefert das `xs:string`-Argument mit maskierten Zeichen, damit es im URI verwendet werden kann.
`fn:iri-to-uri`	Liefert das `xs:string`-Argument mit maskierten Zeichen, damit der resultierende String als (Teil eines) URI verwendet werden kann.
`fn:escape-html-uri`	Liefert das `xs:string`-Argument mit maskierten Zeichen, sodass es unter HTML für Attribut-Werte in einem URI verwendet werden kann.
`fn:contains`	Zeigt an, ob ein `xs:string` einen anderen enthält.
`fn:starts-with`	Zeigt an, ob ein `xs:string`-Wert mit dem anderen angegebenen `xs:string`-Wert beginnt.

Funktion	Beschreibung
`fn:ends-with`	Zeigt an, ob ein `xs:string`-Wert mit dem anderen angegebenen `xs:string`-Wert endet.
`fn:substring-before`	Liefert den vorausgehenden Teilstring.
`fn:substring-after`	Liefert den nachfolgenden Teilstring.
`fn:matches`	Zeigt an, ob ein Wert zu dem mit dem zweiten Argument angegebenen reguären Ausdruck passt.
`fn:replace`	Liefert den Wert des ersten Arguments, wobei jeder Teilstring, der zu dem regulären Ausdruck des zweiten Arguments passt, durch die im dritten Ausdruck angegebenen Strings ersetzt wird.
`fn:tokenize`	Liefert eine Sequenz von Strings, deren Werte Teilstrings des ersten Arguments sind, getrennt durch Separatoren, die zu dem regulären Ausdruck im zweiten Argument passen.
URI-Auflösung	
`fn:resolve-uri`	Liefert einen absoluten URI aus einem Basis-URI und einem relativen URI.
Logische Funktionen	
`fn:true`	Liefert den `xs:boolean` -Wert `'true'`.
`fn:false`	Liefert den `xs:boolean` -Wert `'false'`
`fn:not`	Kehrt den `xs:boolean` -Wert um.
Funktionen zu Dauer, Datum, Zeit und Zeitzonen	
`fn:adjust-dateTime-to-timezone`	Passt den `xs:dateTime`-Wert an die Zeitzone an.
`fn:adjust-date-to-timezone`	Passt den `xs:date`-Wert an die Zeitzone an.
`fn:adjust-time-to-timezone`	Passt den `xs:time`-Wert an die Zeitzone an.
`fn:years-from-duration`	Liefert die Jahre von `xs:duration`.
`fn:months-from-duration`	Liefert die Monate von `xs:duration`.
`fn:days-from-duration`	Liefert die Tageszahl `xs:duration`.
`fn:hours-from-duration`	Liefert die Stunden von `xs:duration`.
`fn:minutes-from-duration`	Liefert die Minuten von `xs:duration`.
`fn:seconds-from-duration`	Liefert die Sekunden von `xs:duration`.
`fn:year-from-dateTime`	Liefert das Jahr von `xs:dateTime`.
`fn:month-from-dateTime`	Liefert den Monat von `xs:dateTime`.
`fn:day-from-dateTime`	Liefert den Tag von `xs:dateTime`.
`fn:hours-from-dateTime`	Liefert die Stunden von `xs:dateTime`.
`fn:minutes-from-dateTime`	Liefert die Minuten von `xs:dateTime`.
`fn:seconds-from-dateTime`	Liefert die Sekunden von `xs:dateTime`.
`fn:timezone-from-dateTime`	Liefert die Zeitzone `xs:dateTime`.

Funktion	Beschreibung
`fn:year-from-date`	Liefert das Jahr von `xs:date`.
`fn:month-from-date`	Liefert den Monat von `xs:date`.
`fn:day-from-date`	Liefert den Tag von `xs:date`.
`fn:timezone-from-date`	Liefert die Zeitzone von `xs:date`.
`fn:hours-from-time`	Liefert die Stunden von `xs:time`.
`fn:minutes-from-time`	Liefert die Minuten von `xs:time`.
`fn:seconds-from-time`	Liefert die Sekunden von `xs:time`.
`fn:timezone-from-time`	Liefert die Zeitzone von `xs:time`.
QName-Funktionen	
`fn:resolve-QName`	Liefert den entsprechenden `xs:QName`.
`fn:QName`	Liefert den `xs:QName` mit dem Namensraum des ersten Arguments und dem lokalen Namen und dem Präfix des zweiten Arguments.
`fn:prefix-from-QName`	Liefert den `xs:NCName` für das angegebene Präfix.
`fn:local-name-from-QName`	Liefert den `xs:NCName` mit dem lokalen Namen.
`fn:namespace-uri-from-QName`	Liefert den Namensraum-URI für das `xs:QName`-Argument.
`fn:namespace-uri-for-prefix`	Liefert den Namensraum-URI für das gegebene Element.
`fn:in-scope-prefixes`	Liefert das Präfix für das gegebene Element.
Knotenfunktionen	
`fn:name`	Liefert den Knotennamen als `xs:string`.
`fn:local-name`	Liefert den lokalen Namen des betreffenden Knotens als `xs:NCName`.
`fn:namespace-uri`	Liefert den Namensraum-URI des Knotens als `xs:anyURI`
`fn:number`	Liefert den Wert des Arguments.
`fn:lang`	Gibt an, ob die Sprache des Knotens der mit `xml:lang` angegebenen Sprache entspricht.
`fn:root`	Liefert den Wurzelknoten.
Sequenzfunktionen	
`fn:boolean`	Liefert den logischen Wert der Sequenz.
`fn:index-of`	Liefert eine Sequenz von Integer-Werten, wobei jeder der Index eines Mitglieds der Sequenz des ersten Arguments ist, das gleich dem Wert des zweiten Arguments ist.
`fn:empty`	Gibt an, ob die betreffende Sequenz leer ist.
`fn:exists`	Gibt an, ob die betreffende Sequenz nicht leer ist.
`fn:distinct-values`	Entfernt Duplikate aus einer Sequenz.
`fn:insert-before`	Fügt ein Datenelement oder eine Sequenz derselben an eine Stelle einer Sequenz ein.

Funktion	Beschreibung
fn:remove	Entfernt ein Datenelement von der angegebenen Position einer Sequenz.
fn:reverse	Kehrt die Reihenfolge der Datenelemente in einer Sequenz um.
fn:subsequence	Liefert die Teilsequenz einer gegebenen Sequenz, identifiziert über die Position.
fn:unordered	Liefert die Datenelemente in einer Reihenfolge, die von der Implementierung abhängig ist.
fn:zero-or-one	Liefert die Sequenz, wenn sie null oder ein Datenelement enthält.
fn:one-or-more	Liefert die Sequenz, wenn sie ein oder mehrere Datenelemente enthält.
fn:exactly-one	Liefert die Sequenz, wenn sie genau ein Datenelement enthält.
fn:deep-equal	Ergibt `true`, wenn die beiden Argumente Datenelemente enthalten, die an den entsprechenden Positionen übereinstimmen.
fn:count	Liefert die Zahl der Datenelemente einer Sequenz.
fn:avg	Liefert den Durchschnitt einer Wertesequenz.
fn:max	Liefert den Höchstwert einer Wertesequenz.
fn:min	Liefert den Tiefstwert einer Wertesequenz.
fn:sum	Liefert die Summe einer Wertesequenz.
fn:id	Liefert die Sequenz der Elementknoten, die einen `ID`-Wert haben, der zu einem `IDREF`-Wert passt.
fn:idref	Liefert die Sequenz der Element- oder Attributknoten, die einen `ID`-Wert haben, der zu einem `IDREF`-Wert passt.
fn:doc	Liefert einen `document`-Knoten über den angegebenen `URI`.
fn:doc-available	Ergibt `true`, wenn der `document`-Konten über den `URI` gefunden werden kann.
fn:collection	Liefert eine Knotensequenz über den angegebenen `URI` oder die Knoten der vorgegebenen Kollektion.
Funktionen für dynamische Inhalte	
fn:position	Liefert die Position des Kontext-Datenelements in der Sequenz.
fn:last	Liefert die Zahl der Datenelemente in der Sequenz, die gerade verarbeitet wird.
fn:current-dateTime	Liefert das aktuelle `xs:dateTime`.
fn:current-date	Liefert das aktuelle `xs:date`.

Funktion	Beschreibung
`fn:current-time`	Liefert die aktuelle `xs:time`.
`fn:implicit-timezone`	Liefert den Wert der impliziten Zeitzonen-Eigenschaft des dynamischen Kontextes.
`fn:default-collation`	Liefert den Wert der vorgegebenen `collation`-Eigenschaft des statischen Kontextes.
`fn:static-base-uri`	Liefert den Wert der `Base URI`-Eigenschaft des statischen Kontextes.

5.3 Einfache und komplexe Verknüpfungen mit XLink

Der weltweite Erfolg von HTML hat sehr viel damit zu tun, dass es nicht einfach nur Seiten in einem Browser anzeigen kann, sondern dass diese Seiten Verknüpfungen, Hyperlinks, enthalten, mit denen sich der Webbesucher ganz nach Belieben im Meer der Informationen bewegen kann.

5.3.1 Mehr als Anker in HTML

Die Architekten von XML hatten von Anfang an den Ehrgeiz, auch in puncto Links etwas bereitzustellen, was deutlich über die Möglichkeiten von HTML hinausgehen sollte. Die Unzufriedenheit mit dem erreichten Status bezog sich im Wesentlichen auf folgende Punkte:

- Es gibt in HTML nur zwei Elementtypen, die für die Herstellung von Links genutzt werden können: `<a>` und in einem eingeschränkten Sinne auch `<img>`.
- HTML-Links haben nur eine Richtung, sie führen immer von der Stelle, an der der Link im Quelldokument steht, zu dem Ziel, das der Link über eine URI-Referenz angibt. Sie sind also unidirektional.
- HTML-Links können nur ein Ziel ansteuern, also nicht mehrere gleichzeitig.
- Die Links müssen tatsächlich in dem Quelldokument eingefügt werden. Es ist also nicht möglich, Verknüpfungen einzurichten, die von einem Dokument ausgehen, das nicht bearbeitet werden darf, weil nur Lesezugriff eingeräumt ist.

Beeinflusst von bestehenden Hypermediasystemen wie HyTime – **www.hytime.org** – und den Erfahrungen der Text Encoding Initiative –**www.tei-c.org** – wurde das ehrgeizige Projekt auf den Weg gebracht, eine Sprache zu entwickeln, die sich von diesen Begrenzungen löst. Ziel war, ein Vokabular für die Beschreibung von Links zu entwickeln, das im Wesentlichen folgende Erweiterungen ermöglichen sollte:

- Links, die in beide Richtungen begangen werden können.
- Links, die mehrere Ziele ansteuern können.
- Links, die mit Metadaten versehen sind.
- Links, die unabhängig von den Dokumenten gespeichert sind, zwischen denen sie Links oder Linknetze aufbauen, sodass auch Links zu Dokumenten möglich sind, die nicht bearbeitet werden dürfen oder können.

Es hat etwa vier Jahre gedauert, bis im Juni 2001 die XML Linking Working Group die verbindliche Empfehlung für eine XML Linking Language (XLink) herausgegeben hat, also für den Teil der XML-Familie, der sich mit der Gestaltung von Hypermedien befasst.

5.3.2 Beziehungen zwischen Ressourcen

Um zu einem flexibleren Begriff von Links zu kommen, wurde ein Link zunächst ganz allgemein als eine explizite Beziehung zwischen Ressourcen oder Teilen von Ressourcen definiert. Eine Ressource bezeichnet dabei eine beliebige adressierbare Information, die über einen URI erreicht werden kann.

Explizit wird ein Link durch ein Link-Element, was nichts anderes ist als ein XLink-konformes XML-Element. XLink verwendet keine eigenen Elemente, wie es etwa bei XML Schema, XSLT oder XSL der Fall ist, sondern benutzt vorhandene XML-Elemente und gibt ihnen mit Hilfe von Attributen die Eigenschaft eines XLink-Elements.

XLink unterscheidet zwischen verschiedenen Typen von Links und verwendet noch drei weitere Begriffe, um die verschiedenen Formen von Links unterscheiden zu können. Die Verwendung eines Links wird **Traversal** genannt. Gemeint ist damit der Vorgang des Übergangs von einer Startressource zu einer Zielressource. Auch wenn mehr als zwei Ressourcen zueinander in Beziehung gesetzt werden, gibt es immer wieder solche Übergänge zwischen Paaren von Ressourcen, deren Eigenschaften über Attribute von XLink beeinflusst werden können.

Mit dem Begriff **Arcs** wird der Pfad benannt, der beim Folgen eines Links zu gehen ist. Arcs haben immer eine Richtung. Soll also ein bidirektionaler Link beschrieben werden, sind deshalb zwei »Bögen« notwendig, die sich dadurch unterscheiden, dass die Start- und die Zielressource vertauscht werden.

Die Spezifikation spricht von einem **Outbound Link**, wenn der Arc von einer lokalen zu einer entfernten Ressource zeigt, und von einem **Inbound Link**, wenn umgekehrt der Arc von einer entfernten auf eine lokale Ressource verweist. **Third-Party-Links** werden die Arcs genannt, die von einer entfernten zu einer anderen entfernten Ressource zeigen, wenn also die Links getrennt von den Ressourcen gepflegt werden, zwischen denen sie Verbindungen herstellen. Solche Dateien oder Datenbanken, die XML-Dokumente sein müssen, werden **Linkbases** genannt.

5.3.3 Link-Typen und andere Attribute

XLink verwendet eine Reihe von globalen Attributen, um die unterschiedlichen XLink-Elementtypen zu definieren. Dafür ist ein spezieller Namensraum definiert:

```
xmlns:xlink="http://www.w3.org/1999/xlink"
```

Die entsprechende Namensraumdeklaration muss also in das XML-Dokument eingefügt werden, bevor mit XLink-Attributen gearbeitet werden kann.

Ein XML-Element kann als XLink-Element verwendet werden, wenn es mindestens ein Attribut `xlink:type` mit einem gültigen Wert enthält. Die folgende Tabelle listet die möglichen Werte auf, wobei aber nur die beiden ersten ein Link-Element liefern; die anderen Werte sind dafür da, zusätzliche Informationen zu einem erweiterten Link bereitzustellen. Die entsprechenden Attribute werden für Kindelemente des Elements verwendet, das zum `extended`-Link-Element erklärt worden ist.

Treten solche Elemente außerhalb eines Links vom Typ `extended` auf, werden sie einfach ignoriert. Die Spezifikation betrachtet im Übrigen den Typ `simple` als einen Typ, der vom Typ `extended` abgeleitet ist.

Attributwerte für xlink:type	Bedeutung
`simple`	ein einfacher Link, der einem <a>-Element in HTML entspricht
`extended`	ein erweiterter Link
`locator`	Adressiert die entfernten Ressourcen, die Teil des Links sind.
`arc`	Liefert Traversal-Regeln für die an dem Link beteiligten Ressourcen.
`resource`	Liefert lokale Ressourcen, die Bestandteil der Verknüpfung sind.
`title`	Erzeugt Labels für einen Link.
`none`	Das Element ist kein Link im Sinne von XLink.

Während das Attribut `xlink:type` über die Art des Links entscheidet, liefern die anderen Attribute, die im Vokabular von XLink definiert sind, die Werte, die die Details regeln. Dies betrifft die Lokalisierung der Ressourcen – `href` –, die Beschreibung der Ressourcen – `role`, `arcrole` und `title` – und das Verhalten während der Verfolgung eines Links – `show`, `actuate`.

Die Tabelle gibt eine Übersicht über die Attribute:

Attribut	Beschreibung
`href`	Liefert die Daten, um die entfernte Ressource zu finden, in Form eines URI.
`role`	Erlaubt, mit Hilfe eines URI die Art oder den Zweck der Zielressource anzugeben, z. B. ob es sich um einen Kommentar, einen Entwurf etc. handelt.
`arcrole`	Erlaubt, mit Hilfe eines URI die spezielle Bedeutung der Zielressource anzugeben, wenn sie über den betreffenden Pfad angesteuert wird.
`title`	Beschriftet den Link in einer für den Benutzer sichtbaren Form.
`show`	Gibt an, wie die Zielressource angezeigt wird. Erlaubte Werte sind `new`, womit ein neues Fenster geöffnet wird, `replace`, wenn die Zielressource die aufrufende Seite ersetzen soll, `embed`, wenn die Zielressource innerhalb der aufrufenden Seite angezeigt werden soll. Der Wert `other` erlaubt einer Anwendung, nach Markup zu suchen, das andere Hinweise gibt. Bei `none` entscheidet die Anwendung uneingeschränkt.
`actuate`	Bestimmt, durch welches Ereignis der Traversal-Vorgang ausgelöst werden soll. Bei `onLoad` soll die Zielressource zusammen mit der Startressource geladen werden; bei `onRequest` wird das Ziel erst auf die Anforderung des Benutzers hin geladen, z. B. per Mausklick. Der Wert `other` erlaubt einer Anwendung, nach Markup zu suchen, das andere Hinweise gibt. Bei `none` entscheidet die Anwendung uneingeschränkt.

Der Link-Typ bestimmt zugleich die Einschränkungen, die jeweils zu beachten sind. Bestimmte Attribute sind erforderlich oder optional, je nach dem verwendeten Typ. Die folgende Tabelle gibt eine Übersicht:

Attributtyp	simple	extended	locator	arc	resource	title
`type`	erford.	erford.	erford.	erford.	erford.	erford.
`href`	opt.		erford.			
`role`	opt.	opt.	opt.		opt.	
`arcrole`	opt.			opt.		
`title`	opt.	opt.	opt.	opt.	opt.	
`show`	opt.			opt.		
`actuate`	opt.			opt.		
`label`			opt.		opt.	
`from`				opt.		
`to`				opt.		

Dass bei einem Link des Typs `simple` das Attribut `href` optional ist, bedeutet allerdings nur, dass ein XLink-Prozessor dies nicht als Fehler moniert. Damit ein einfacher Link zu etwas führt, muss natürlich das Attribut `href` verwendet werden.

5.3.4 Beispiel für einen einfachen Link

```
<?xml version="1.0" encoding="ISO-8859-1"?>
<image xmlns:xlink="http://www.w3.org/1999/xlink"
       xlink:type="simple"
       xlink:href="blume.gif"
       xlink:actuate="onRequest"
       xlink:show="new">Blumenbild
</image>
```

Der Text, der in diesem Fall von der Maus angeklickt werden soll, wird hier einfach als Inhalt des Elements angegeben. Sie könnten ein Stylesheet zuweisen, das diesen Text als Hyperlink erkennbar macht.

Der Netscape Navigator 6.2 zeigt das XML-Dokument mit dem Link an und öffnet bei einem Klick auf das Wort »Blumenbild« das Fenster mit dem angegebenen Bild.

Abbildung 5.15 Text eines einfachen Links, der ein neues Fenster mit der Zielressource öffnet

5.3.5 Beispiel für einen Link vom Typ »extended«

Um Ihnen eine Andeutung zu geben, wie ein Link, der in mehrere Richtungen zeigt, mit den XLink-Elementen und -Attributen beschrieben werden kann, fügen wir hier ein kleines Beispiel ein, das über einen Link den Zugriff auf zwei Zieldokumente gibt. Dem Benutzer wird dabei über einen Link vom Typ `extended` von dem lokalen Startdokument aus wahlweise der Zugriff auf ein deutsches oder ein englisches Glossar angeboten.

```
<?xml version="1.0" encoding="UTF-8"?>
<mehrfachlink xmlns:xlink="http://www.w3.org/1999/xlink"
              xlink:type="extended">

  <start xlink:type="resource"
         xlink:label="starttext">
         Zweisprachiges Glossar
  </start>


  <ziel xlink:type="locator"
        xlink:href="http://www.glossare.de/glossar_deutsch"
        xlink:label="glossar_deutsch"/>
  <ziel xlink:type="locator"
        xlink:href="http://www.glossare.de/glossar_english"
        xlink:label="glossar_english"/>

  <pfad xlink:type="arc"
        xlink:from="starttext"
        xlink:to="glossar_deutsch"/>
  <pfad xlink:type="arc"
        xlink:from="starttext"
        xlink:to="glossar_english"/>

</mehrfachlink>
```

Der erweiterte Link wird in diesem Fall mit dem Element `<mehrfachlink>` verknüpft, indem das Attribut `xlink:type="extended"` verwendet wird. Die Beschreibung, wie dieser Mehrfach-Link aussehen soll, wird über Kindelemente des XLink-Elements realisiert, denen entsprechende XLink-Attribute zugewiesen werden.

Zunächst wird die lokale Ressource angegeben, von der die zwei Pfade zu den Glossaren ausgehen sollen. Dafür wird das Attribut `xlink:resource` verwendet. Damit auf die Startposition Bezug genommen werden kann, wird mit `xlink:label` eine passende Bezeichnung vergeben.

Die beiden nächsten Kindelemente geben mit Hilfe des Attributs `xlink:locator` und den jeweiligen `xlink:href`-Werten die entfernten Ressourcen des Links an. Auch hier wird ein Label vergeben, um die Ziele später ansprechen zu können.

Die beiden Pfad-Elemente verwenden `xlink:type="arc"`, um die Pfade zu bestimmen, denen die beiden vorgesehenen Traversals folgen sollen. Dafür werden Paare von `xlink:from`/`xlink:to`-Attributen verwendet, wobei als Werte die zuvor vergebenen Labels benutzt werden.

5.3.6 XLink-Anwendungen

Bisher gibt es erst sehr wenige und meist eingeschränkte Implementierungen von XLink. Der Netscape Navigator 6.2 unterstützt immerhin einfache Links mit den Attributen `xlink:show`, allerdings nur die Werte `new` und `replace` und `xlink:actuate` mit den Werten `onLoad` und `onRequest`. Erweiterte Links werden nicht unterstützt. Auch Adobes SVG Viewer unterstützt einfache Verknüpfungen mit XLink.

5.4 XBase

Im Juni 2001 hat das W3C eine Empfehlung zu **XML Base** verabschiedet, um eine Lücke zu schließen, die im Zusammenhang mit XLink deutlich wurde. Eine der Anforderungen an XLink war, die Verknüpfungsmöglichkeiten, die HTML bietet, nicht nur zu erweitern, sondern – soweit vorhanden – auch vollständig abzudecken. Seit HTML 4.01 ist es möglich, über das HTML-Element `<base>` explizit eine Basisadresse für URIs zu definieren, die bei der Auflösung der im Dokument verwendeten relativen URIs benutzt werden kann.

XBase ist eine Spezifikation, die nichts anderes tut, als ein entsprechendes XML-Attribut `xml:base` zur Verfügung zu stellen, das nicht nur für XLink-Anwendungen genutzt werden kann. Damit kann eine andere Basisadresse bestimmt werden als die, die ein XML-Dokument selbst verwendet. Der Wert des Attributs wird bei der Verarbeitung als URI interpretiert. Das verwendete Präfix `xml` ist an den Namensraum `http://W3.org/XML/1998/namespace` gebunden.

Angewendet auf unser Beispiel für einen einfachen Link, kann das Attribut `xml:base` folgendermaßen eingefügt werden:

```
<?xml version="1.0" encoding="ISO-8859-1"?>
<image xml:base="http://xmlbeispiele.com/linking"
       xmlns:xlink="http://www.w3.org/1999/xlink"
       xlink:type="simple"
       xlink:href="blume.gif"
       xlink:actuate="onRequest"
       xlink:show="new">Blumenbild
</image>
```

Aufgrund des Attributs `xml:base` wird ein Prozessor den relativen URI zu einem vollständigen URI auflösen, der so aussieht:

```
"http://xmlbeispiele.com/linking/blume.gif"
```

5.5 Über XPath hinaus: XPointer

Es hat etwas Zeit gebraucht, bis das W3C die Spezifikation von XPointer verabschiedet hat, aber seit März 2003 liegen drei kurze Empfehlungen vor, ein grundlegendes Framework, das die Terminologie für die Identifizierung von Fragmenten bestimmt, und zwei Schemas, die diesem Framework entsprechen.

XPointer ist eine höchst interessante Erweiterung von XPath, die eingesetzt werden kann, um eine URI-Referenz auf XML-Dokumente mit Zeigern auf Fragmente des betreffenden Dokuments zu versehen. Diese Zeiger werden XPointer genannt. Statt sich auf ein vollständiges Dokument zu beziehen, kann die Referenz so auf bestimmte Teile desselben eingeschränkt werden. Leider gibt es, wie bei XLink, erst wenige Prozessoren, die XPointer unterstützen.

5.5.1 URIs und Fragmentbezeichner

Während XPath dazu dient, auf bestimmte Knoten und Knotenmengen innerhalb eines Dokuments zuzugreifen, führt XPointer über den Rand des einzelnen Dokuments hinaus und erlaubt insbesondere, Teile eines XML-Dokuments als Ziele eines Links oder für andere Zwecke auszuwählen. Mit Hilfe von XPointer lassen sich beispielsweise Verknüpfungen mit XLink genau auf die Informationen zuschneiden, die tatsächlich benötigt werden.

Schon in HTML können bei einem URI hinter der Referenz, die auf das vollständige Dokument verweist, Fragmentbezeichner eingefügt werden, wobei als Trennzeichen das Doppelkreuz # verwendet wird, etwa:

```
http://www.meineseite.de/index.html#titelliste
```

In diesem Fall ist der Fragmentbezeichner einfach ein Name, der auf einen Teil des Dokuments verweist. In HTML-Seiten sind solche Fragmentbezeichner aber nur sinnvoll, wenn innerhalb der Seite entsprechende Anker eingefügt sind.

Mit XPointer ist eine spezielle Auszeichnung des Fragments im Zieldokument überflüssig. Es können solche Fragmentbezeichner aus XPath-Ausdrücken aufgebaut werden, die die gewünschten Informationen aufspüren. XPointer sind für alle Ressourcen anwendbar, deren Medientyp `text/xml`, `application/xml`, `xml-external-parsed-entity` oder `application/xml-external-parsed-entity` ist.

5.5.2 XPointer-Syntax

Als XPointer-Ausdruck kann entweder ein Shorthand Pointer oder ein schemabasierter Pointer verwendet werden, der auch aus mehreren so genannten Pointer Parts bestehen kann.

Die einteilige Shorthand-Version eines Pointers benutzt direkt den Namen der Informationseinheit, auf die zugegriffen werden soll. Gemeint ist dabei der Name, der in einem XML-Dokument einem Element oder Attribut über ein ID-Attribut zugewiesen wird, um sie eindeutig zu identifizieren. Dies setzt in der Regel voraus, dass eine entsprechende DTD oder ein XML-Schema für das Dokument existiert, in dem diese ID-Attribute vergeben sind. Statt

```
xpointer(id("glossar"))
```

kann dann beispielsweise einfach

```
glossar
```

angegeben werden.

Die Pointer Parts eines schema-basierten Pointers beginnen dagegen jeweils mit einer Schemabezeichnung, gefolgt von einem in Klammern gesetzten Ausdruck mit Daten, die dem Schema entsprechen. Aktuell sind die beiden Schemas `element()` und `xmlns()` durch Empfehlungen spezifiziert, das Xpointer Framework soll aber nur einen Rahmen abstecken, an dem Entwickler eigene Schemas ausrichten können.

Bei der Formulierung der XPointer muss beachtet werden, dass innerhalb von URIs bestimmte Zeichen maskiert werden müssen, damit keine Probleme auftreten, so muss `%` zum Beispiel durch `%25` ersetzt werden. In **IETF RFC 2396 – www.ietf.org/rfc/rfc2396.txt** – finden Sie die Details.

Zeichenmaskierungen können auch notwendig werden, wenn – was durchaus möglich ist – XPointer innerhalb eines Dokuments verwendet werden.

XPointer-Ausdrücke werden immer im Kontext des Wurzelknotens ausgewertet, den das XML-Dokument, auf das sich der URI bezieht, enthält. Wie bei Lokalisierungspfaden in XPath können sie aus mehreren Lokalisierungsstufen zusammengesetzt werden. Es werden dieselben Achsen und Prädikate benutzt wie in XPath.

5.5.3 Das Schema element()

Mit Hilfe des Schemas `element()` kann sehr einfach auf die einzelnen Elemente in einem XML-Dokument zugegriffen werden. Dabei wird entweder der schon angesprochene Name der Informationseinheit verwendet, der dem Wert eines ID-Attributs entspricht, etwa

```
element(glossar)
```

oder eine so genannte **child sequence** oder eine Kombination beider. Eine child sequence lokalisiert ein Element durch eine schrittweise Navigation innerhalb des von XPath benutzten Dokumentenbaumes.

```
element(/1/2/5)
```

liefert beispielsweise den 5. Urenkel des zweiten Enkels des ersten Kinds des Wurzelelements.

Die Kombination

```
element(glossar/2)
```

navigiert von dem mit dem Namen angegebenen Element zu dessen zweitem Kindelement.

5.5.4 Das Schema xmlns()

Mit dem Schema `xmlns()` lassen sich Mehrdeutigkeiten von Adressierungen dadurch vermeiden, dass die Zuordnung von Informationseinheiten zu Namensräumen vorgeschaltet wird. Ein solcher Pointer verweist nicht selbst auf eine Information, sondern bietet einem folgenden Pointer die Möglichkeit, seine Adressierung durch die vorher definierte Namensraumbindung zu präzisieren. Mit

```
xmlns(a=http://beispiel.org/adressen)
```

wird einem Präfix »a« der angegebene Namensraum zugeordnet. Der folgende Pointer kann dies dann nutzen, um ein Element aus diesem Namensraum anzusprechen:

```
xmlns(a=http://beispiel.org/adressen) xpointer(/a:ort)
```

5.5.5 Punkte und Bereiche

Noch nicht entgültig als Empfehlung verabschiedet ist der Arbeitsentwurf für das Schema `xpointer()` vom Dezember 2002 – www.w3.org/TR/xptr-xpointer/, der hier dennoch erwähnt werden soll, weil er sehr feingliedrige Erweiterungen von Pointern ermöglicht. Sie erlauben es, auch Punkte in einem referenzierten Dokument anzusprechen, die unterhalb der Ebene von Knoten liegen. Auch Bereiche, die über einen Start- und Endpunkt definiert werden, sind so wählbar. Außerdem können Informationen über String-Vergleiche gefunden werden.

Während bei XPath der Knoten gewissermaßen die kleinste Einheit ist, die angesteuert werden kann, kommen hier Punkte und Bereiche als mögliche Lokalisierungsziele hinzu. Der Entwurf der Spezifikation spricht deshalb von einer Erweiterung des Xpath-Knotens, was aber eher ungenau ist. Verwendet werden die Begriffe Position – `location` – und Positionsmenge – `location-set`. Eine Position kann ein Knoten, ein Punkt oder ein Bereich sein.

Ein Punkt wird definiert durch einen Container-Knoten und eine nichtnegative Ganzzahl, die Index genannt wird. Enthält der Container-Knoten selbst Kindknoten, so zeigt ein Index `0` genau auf den Punkt vor dem ersten Kindknoten und ein Index `3` auf die Position hinter dem dritten Kindknoten, wie in dem folgenden Beispiel.

```
weindepot.xml#xpointer(/weindepot/anbaugebiet[3])
```

Ist der Container-Knoten ein Textknoten, zeigt der Index auf einen Punkt vor oder hinter dem entsprechenden Zeichen. Um einen Bereich anzugeben, wird jeweils ein Paar aus Startpunkt und Endpunkt verwendet.

```
weindepot.xml#xpointer(/weindepot/anbaugebiet[3] to
  /weindepot/anbaugebiet[5])
```

Neben den in XPath definierten Knotentest kommen zwei zusätzliche Testfunktionen hinzu: `point()` und `range()`. Bezogen auf Punkte und Bereiche lassen sich einige zusätzliche Funktionen verwenden, die in der Tabelle zusammengestellt sind.

Funktion	Beschreibung
range-to(location-set**)**	Liefert einen Bereich, der von der aktuellen Kontextposition bis zu der angegebenen Zielposition reicht.
string-range(location-set, string, number?, number?**)**	Liefert alle Textbereiche, die der mit `string` angegebenen Zeichenfolge entsprechen. Die Argumente drei und vier geben die Nummer des ersten Zeichens (Vorgabe 1) und die Anzahl der Zeichen an, die übernommen werden sollen.
range(location-set**)**	Liefert die Bereiche, die durch `location-set` spezifiziert werden. `range(/)` liefert z. B. das komplette Dokument.
range-inside(location-set**)**	Liefert die Positionen, die die Inhalte der angegebenen Positionsmenge abdecken.
start-point(location-set**)**	Liefert den Startpunkt der angegebenen Positionsmenge.
endpoint(location-set**)**	Liefert den Endpunkt der angegebenen Positionsmenge.

Funktion	Beschreibung
here()	Gibt die aktuelle Position zurück, in dem sich der XPointer befindet.
origin()	Wird anstelle von here() verwendet, wenn Links verwendet werden, die sich außerhalb des Quell- und des Zieldokuments befinden, z. B. in einer Linkbase.

5.5.6 Verarbeitung der Pointer

Wie das Beispiel zeigt, können mehrere Pointer Parts hintereinandergeschaltet werden, getrennt durch Leerraum. Der Prozessor, der XPointer versteht, arbeitet die Teile jeweils von links nach rechts ab. Wenn ein Pointer ein Fragment im Dokument nicht korrekt identifizieren kann, wird versucht, den nächsten Pointer auszuwerten.

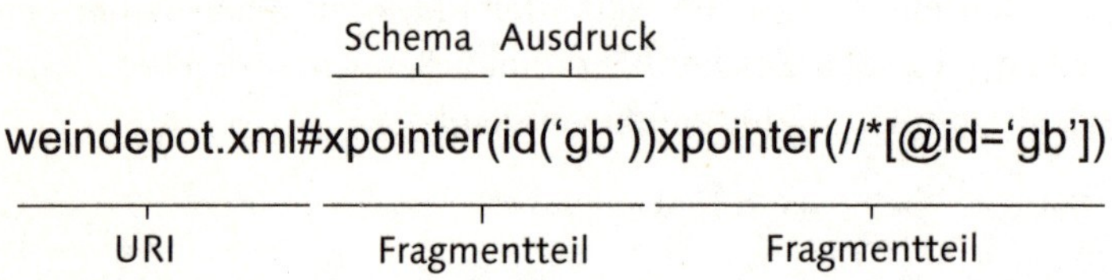

Abbildung 5.16 Die Bestandteile eines schemabasierten XPointer-Ausdrucks

In dem abgebildeten Beispiel wird an erster Stelle ein XPointer verwendet, der die XPath-Funktion `id()` benutzt. Diese Funktion ist aber nur anwendbar, wenn der Datentyp ID verwendet wurde, was das Vorhandensein einer DTD oder eines Schemas voraussetzt. Ist dies nicht der Fall, würde der zweite Teil ausgewertet, der einfach nur nach einem Attribut `id` mit einem bestimmten String-Wert sucht. Der erste Teil, der richtig identifiziert ist, wird für die weitere Verarbeitung benutzt, eventuell nachfolgende Teile werden ignoriert.

Informationen in strukturierter Form zu speichern, ist immer nur die eine Seite der Medaille. Die Präsentation der vorhandenen Informationen ist die andere. Die Formatierung von XML-Elementen mit Hilfe von Cascading Stylesheets ist wohl die einfachste Möglichkeit, XML-Dokumente auszugeben.

6 Datenausgabe mit CSS

Die strenge Trennung von Inhalt und Form, eine der Grundideen bei der Entstehung von XML, erlaubt Anwendungen, bei denen dieselben Quelldaten in ganz unterschiedlichen Formen und auch auf ganz unterschiedlichen Ausgabegeräten präsentiert werden können.

Dieselben Daten über das aktuelle Biowetter lassen sich beispielsweise sowohl auf einer Webseite als auch auf einem WAP-Handy ausgeben. Wenn die XML-Quelldaten keine Festlegung enthalten, wie und wo die darin enthaltenen Inhalte präsentiert werden sollen, ist es logisch, dass die Anweisungen zur Darstellung und Gestaltung von außen hinzugefügt werden müssen. Schließlich kann ein Browser nicht wissen, wie er ein Element mit Namen `<windrichtung>` oder `<tagestemperatur>` darstellen soll, außer in irgendeinem vorgegebenen Format, das vom Inhalt des Elements einfach absieht.

Im Unterschied zu den fixierten Tags von HTML, die dem Browser immer schon bekannt sind und für die er Formatierungsvorgaben mitführt, sind für die freien Tags von XML zusätzliche Anweisungen notwendig, die angeben, was mit den verschiedenen Elementen der Datenquelle auf einer Webseite geschehen soll. Solche Anweisungen werden in Stylesheets zusammengestellt.

Eine derartige Trennung von Inhalt und Form, die auf den ersten Blick vielleicht umständlich erscheinen mag, hat mehrere gewichtige Vorteile:

- Das Datenmodell der Quelldaten kann ohne Rücksicht auf die spätere Darstellung optimiert werden.
- Stylesheets lassen sich für mehrere ähnliche Dokumente verwenden, was den Gestaltungsaufwand reduziert und einheitliche Auftritte innerhalb bestimmter Medien erleichtert.
- Stylesheets können ohne Berührung der Quelldaten überarbeitet werden.

- Stylesheets lassen sich flexibel gestalten, sodass bestimmte Ausgabeformate von bestimmten Bedingungen, etwa dem Ausgabemedium, abhängig gemacht werden können.
- Es ist möglich, Stylesheets zu kombinieren, die jeweils unterschiedliche Aspekte der Darstellung regeln.

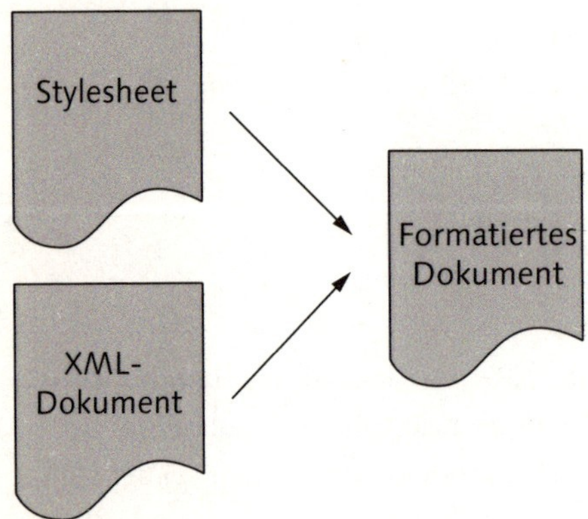

Abbildung 6.1 Erst durch ein Stylesheet wird festgelegt, wie die XML-Daten dargestellt werden sollen

In diesem und den folgenden Abschnitten werden mehrere Verfahren vorgestellt, wie die Präsentation von XML-Daten geregelt werden kann. Relativ einfach und in vielen Fällen eine gangbare Lösung ist die Verknüpfung mit **Cascading Stylesheets**, die schon seit einigen Jahren für HTML im Einsatz sind und inzwischen, wenigstens in der Version CSS 1, von allen marktgängigen Browsern unterstützt werden.

Sehr viel mächtiger sind allerdings Stylesheets, die sich der zur XML-Familie gehörenden Sprachen **XSL** und **XSLT** bedienen, weil sie ein vorhandenes Quelldokument nicht nur in irgendeiner Form mit Formaten versehen, sondern zugleich in der Lage sind, die Daten für das Ergebnisdokument zu transformieren, ihre Reihenfolge etwa durch eine Sortierung zu ändern, zusätzliche Elemente und Attribute einzufügen und nicht benötigte Daten herauszufiltern.

XSL ist erst im Herbst 2001 als Standard vom W3C verabschiedet worden, der Text umfasst immerhin einige hundert Seiten, was über die Schwierigkeit des Unterfangens einiges aussagt. In Zukunft ist jedenfalls zu erwarten, dass XSL die Rolle von CSS übernehmen wird.

XSL und CSS lassen sich aber durchaus auch gleichzeitig einsetzen. Ein XSLT-Stylesheet kann beispielsweise CSS-Styles in ein Ergebnisdokument in HTML oder XHTML einfügen.

6.1 Cascading Stylesheets für XML

Das W3C hat schon sehr früh, im Dezember 1996, eine Empfehlung zum Einsatz von Cascading Stylesheets in der Version CSS1 herausgegeben, die im Januar 1999 noch einmal revidiert wurde. CSS1 war zunächst nur für die Formatierung von HTML-Seiten gedacht. Die Spezifikation für CSS2 vom Mai 1998 sieht aber schon ausdrücklich auch die Anwendung auf XML-Dokumente vor, bietet ansonsten jedoch hauptsächlich eine Erweiterung der Gestaltungsmöglichkeiten durch die Aufstockung der beeinflussbaren Eigenschaften von etwa 50 auf mehr als 120. Die verschiedenen Browsergenerationen haben sich lange Zeit schwer getan, wenigstens alle Optionen von CSS1 korrekt zu implementieren.

Auch neuere Browser unterstützen nicht alle CSS1-Attribute. Microsoft bequemte sich erst mit dem Internet Explorer 6 dazu, die Unterstützung von CSS2 ist dagegen noch keineswegs durchgängig. Zwar wird schon an CSS3 gearbeitet, es ist aber zu erwarten, dass sich, was XML-Dokumente betrifft, mit der Verabschiedung von XSL die Gewichte mit der Zeit verlagern werden.

Harmlos ist noch, wenn Browser CSS-Anweisungen einfach ignorieren. Einige Attribute lassen allerdings bestimmte Browser abstürzen. Sie sollten deshalb möglichst vermieden werden. Browser, die CSS2 verstehen, können in jedem Fall auch CSS1 auswerten. Browser, die nur CSS1 verstehen, werten die in CSS2 übernommenen Anweisungen korrekt aus und ignorieren die darüber hinausgehenden.

6.2 Arbeitsweise eines Stylesheets

Ein CSS-Stylesheet ist im Prinzip eine Liste von Formatierungsregeln, die einem Dokument zugeordnet werden kann. Eine solche Regel enthält zunächst einen Selektor, der dafür sorgt, dass die Objekte, sprich: die Elemente des Quelldokuments, gefunden werden, auf die bestimmte Formatierungen angewandt werden sollen. Anschließend folgt eine exakte Beschreibung dieser Formatierungen in Form von entsprechenden Deklarationen. CSS-Stylesheets verwenden dabei eine eigene Syntax, bestehen also selbst nicht aus XML-Tags. Diese Syntax ist sehr einfach. Eine solche Regel hat immer die Form:

```
Selektor {Eigenschaft: Wert}
```

Der Selektor gibt an, welchem Element die gewünschte Formatierung zugewiesen werden soll. Der Selektor liefert insofern die Verknüpfung zwischen dem XML-Dokument und dem Stylesheet. Ein Browser benutzt den Selektor, um das damit adressierte Element im Dokument aufzuspüren. Jeder XML-Elementtyp kann als Selektor verwendet werden. In der Klammer wird die gewünschte Formatierung dadurch festgelegt, dass bestimmten Formateigenschaften Werte zugewiesen werden. Dieser Teil heißt Deklaration.

Als Beispiel nehmen wir hier das in Kapitel 3, *Dokumenttypen und Validierung*, schon verwendete kleine Kursprogramm in einer vereinfachten Form.

```
<?xml version="1.0" encoding="ISO-8859-1"?>
<kursprogramm>
  <kurs>
    <name>XML-Grundlagen</name>
    <referent>Hans Fromm</referent>
    <termin>12.11.2002</termin>
    <beschreibung>
      Einführungsseminar für Programmierer,
      IT-Manager und Contentmanager
    </beschreibung>
  </kurs>
  <kurs>
    <name>XSL-Praxis</name>
    <referent>Bodo Klare</referent>
    <termin>10.10.2002</termin>
    <beschreibung>
      Praktische Übungen für Programmierer und Contentmanager
    </beschreibung>
  </kurs>
  <kurs>
    <name>XSLT-Einstieg</name>
    <referent>Hanna Horn</referent>
    <termin>12.03.2003</termin>
    <beschreibung>
      Einführung in die Transformation von XML-
      Dokumenten für Programmierer und Contentmanager
    </beschreibung>
  </kurs>
</kursprogramm>
```

Listing 6.1 kursliste1.xml

6.3 Anlegen von Stylesheets

Um für dieses XML-Dokument ein Cascading Stylesheet zu definieren, kann mit jedem beliebigen Texteditor eine Datei vom Typ CSS angelegt werden. Komfortabler ist es, einen speziellen CSS-Editor zu verwenden, wie ihn zum Beispiel Programme wie GoLive oder die .NET-Umgebung anbieten.

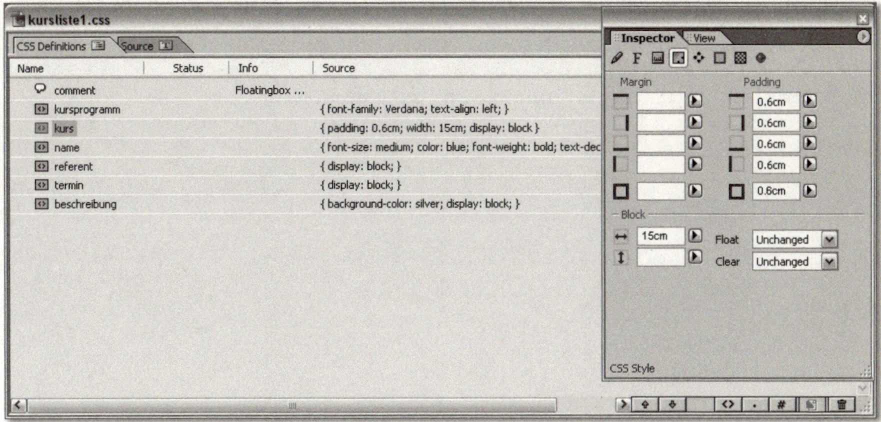

Abbildung 6.2 Das kleine Stylesheet im CSS-Editor von GoLive

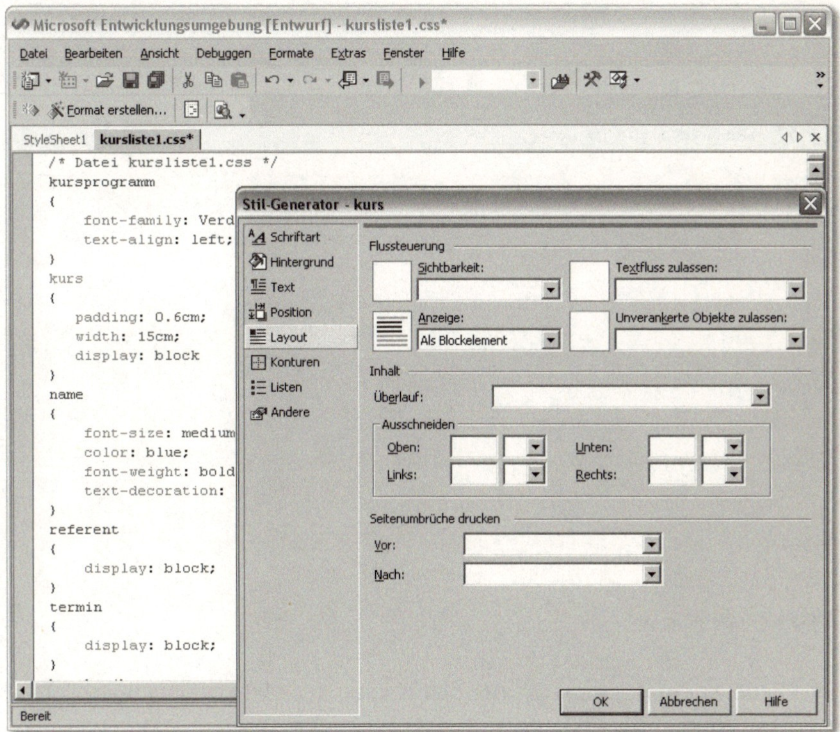

Abbildung 6.3 CSS-Editor in der Entwicklungsumgebung Visual Studio .NET

Beachtet werden muss, dass in CSS, anders als in XML-Dokumenten, nicht zwischen Groß- und Kleinschreibung bei Elementnamen unterschieden wird. Es ist aber sinnvoll, im Stylesheet dieselbe Schreibweise zu verwenden wie im XML-Dokument, um Mehrdeutigkeiten von vornherein auszuschließen.

Ein erstes Format für das Dokument könnte so aussehen:

```
kursprogramm
{
  font-family: Verdana;
  text-align: left;
}
kurs
{
   padding: 0.6cm;
   width: 15cm;
   display: block
}
name
{
  font-size: medium;
  color: blue;
  font-weight: bold;
  text-decoration: underline;
}
referent
{
  display: block;
}
termin
{
  display: block;
}
beschreibung
{
  background-color: silver;
  display: block;
}
```

Listing 6.2 kursliste1.css

Die erste Zeile ist ein Kommentar, der den Namen der CSS-Datei festhält. Solche Kommentare können an beliebigen Stellen eingefügt werden. Alles, was zwischen den Trennzeichen `/*` und `*/` steht, wird bei der Verarbeitung ignoriert. Für Testzwecke ist es deshalb manchmal ganz praktisch, bestimmte Regeln eines Stylesheets vorübergehend in einen Kommentar zu verwandeln.

Die CSS-Datei enthält in diesem Fall Regeln für jedes der Elemente. Der erste Selektor entspricht dem obersten XML-Element `<kursprogramm>`. Das Element bzw. die Kinder dieses Elements sollen in der Verdana-Schrift angezeigt werden, die Textausrichtung ist linksbündig. Wie zu sehen ist, können einem Selektor gleich mehrere Eigenschaften zugewiesen werden, wobei der Strichpunkt das Trennzeichen abgibt.

6.4 Vererben und Überschreiben

Die auf diese Weise für das oberste Element in der Kursliste vergebenen Formateigenschaften werden so lange auf untergeordnete Elemente vererbt, wie diese nicht durch andere, speziellere Anweisungen überschrieben werden. Für die untergeordneten Elemente können aber auch zusätzliche Anweisungen gegeben werden. Genau dies geschieht durch die folgenden Deklarationen.

Zunächst wird das Element `<kurs>` als Selektor verwendet, um festzulegen, dass die Daten pro Kurs als Textblock angezeigt werden. Dies geschieht mit dem Wertepaar `display:block`. Mit `width` wird die Breite des Blocks bestimmt. Zusätzlich soll zwischen dem Rand des Textblocks und dem eigentlichen Textbereich ein Leerraum gelassen werden, der mit der Eigenschaft `padding` gesetzt werden kann.

Mit der nächsten Regel wird für den Namen jedes Kurses eine mittlere Schriftgröße und mit `color` eine spezielle Textfarbe angegeben. Außerdem soll diese Zeile in fetter Schrift und unterstrichen ausgegeben werden. Diese Regel erweitert also die in der Regel für `kursprogramm` gegebene Vorgabe zur Schriftauswahl.

Für die Elemente `<referent>` und `<termin>` wird ebenfalls eine Blockdarstellung gewählt. Das Element `<beschreibung>` wird zusätzlich noch durch eine andere Hintergrundfarbe – `background-color` – hervorgehoben.

Abbildung 6.4 zeigt, wie die kleine Liste im Internet Explorer angezeigt wird, wenn das XML-Dokument mit der CSS-Datei verknüpft wird. Damit dies geschieht, muss in der XML-Datei hinter der XML-Deklaration folgende Zeile als Verarbeitungsanweisung eingefügt werden:

```
<?xml-stylesheet href="kursliste1.css" type="text/css"?>
```

Die Abfolge der Regeln in der CSS-Datei ist zwar nicht vorgeschrieben, aber es ist ausgesprochen sinnvoll, immer zuerst die Formate für die übergeordneten Elemente zu fixieren und dann zu den spezielleren Formaten hinunterzugehen.

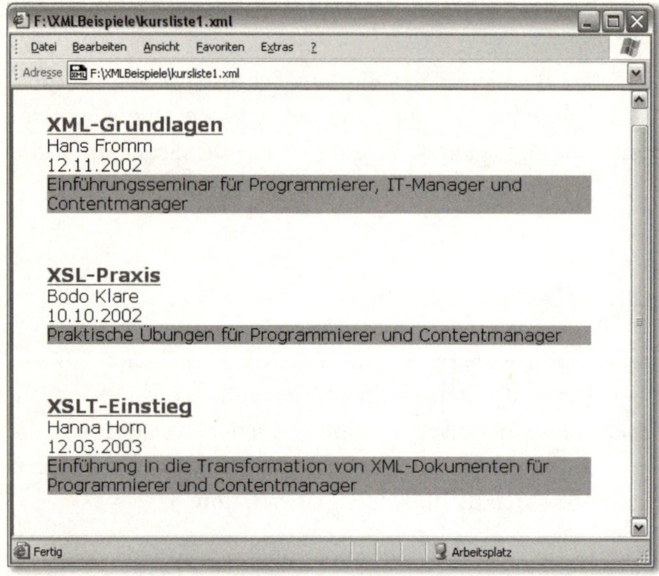

Abbildung 6.4 Die formatierte Ausgabe der Kursliste im Internet Explorer

6.5 Selektortypen

CSS unterscheidet verschiedene Typen von Selektoren: Elemente, Klassen, IDs und so genannte Pseudoselektoren. CSS2 erlaubt auch Attribut-Selektoren. Den Element-Selektor haben Sie bereits im letzten Beispiel kennen gelernt. Einfache Element-Selektoren haben die Eigenschaft, dass ein einmal zugewiesenes Format immer für alle Elemente vom selben Typ in dem aktuellen XML-Dokument wirksam wird. Das mag in vielen Fällen erwünscht sein.

Wenn aber eine flexiblere Zuweisung von Formaten das Ziel ist, arbeiten Sie besser mit Klassen-Selektoren. Bei diesen Selektoren wird eine definierte Formatierung einem Element nicht generell zugeordnet, sondern nur für genau bestimmte Fälle. Üblicherweise dienen diese Formate also der besonderen Hervorhebung, etwa um Elemente mit einem bestimmten Inhalt in einer anderen Farbe auszugeben.

Als Name ist jede Kombination von Buchstaben und Zahlen erlaubt. Leerzeichen oder andere Sonderzeichen dürfen nicht enthalten sein. Es ist sinnvoll, Namen zu verwenden, die den Zweck der Formatierung erkennen lassen. Vor den Namen muss zur Unterscheidung von Element-Selektoren jeweils ein Punkt gesetzt werden. Um beispielsweise neu ins Programm aufgenommene Kurse durch eine besondere Schriftfarbe zu kennzeichnen, könnte eine Klasse `neu` definiert werden.

```
.neu {color: red}
```

Während bei den Element-Selektoren eine automatische Zuordnung erfolgt, müssen die Formatierungen per Klassen-Selektor über entsprechende Attribute im XML-Dokument aktiviert werden. Dafür wird das Attribut `class` in das Start-Tag des Elements eingefügt.

```
<kurs class="neu">...</kurs>
```

In ähnlicher Weise können auch ID-Selektoren für gezielte und nur einmal zu verwendende Formatierungen eingesetzt werden. Die Syntax ist in diesem Fall `#ID-Wert`. Um den am meisten nachgefragten Kurs zu kennzeichnen, kann zum Beispiel eine Regel

```
#best {...}
```

definiert werden. Im Dokument muss dann

```
<kurs ID="best">...</kurs>
```

eingefügt werden.

6.6 Attribut-Selektoren

Wenn die Elemente mit Attributen ausgestattet sind, können die Attribute ebenfalls als Selektor verwendet werden. Die einfachste Möglichkeit ist, die Auswahl auf Elemente einzuschränken, die überhaupt ein bestimmtes Attribut haben. Ist zum Beispiel das Element `<kurs>` um ein Attribut `dauer` erweitert, um mehrtägige Kurse zu kennzeichnen, kann die Auswahl mit

```
kurs[dauer]
```

vorgenommen werden. Sollen gezielt die Kurse hervorgehoben werden, die 5 Tage dauern, kann der Selektor auch

```
kurs[dauer="5 Tage"]
```

heißen. Diese Möglichkeiten werden aber, wie schon erwähnt, erst mit CSS2 bereitgestellt. Ob der Browser diese unterstützt, ist eine andere Frage.

6.7 Kontext- und Pseudo-Selektoren

Mit Hilfe der Selektoren wird entschieden, welchen Elementen eines XML-Dokuments bestimmte Formateigenschaften zugewiesen werden. Nun ist es in einem XML-Dokument ja durchaus möglich, gleichlautende Elementnamen auf mehreren Ebenen zu verwenden. Hier helfen Selektoren, die den Kontext mit angeben, in dem das gemeinte Element auftritt. Es wäre zum Beispiel denkbar, dass in der oben verwendeten Kursliste das Element `<referent>` in mehrere Unterelemente zerlegt wird, wovon das erste `<name>` ist. Um nun bei der Formatierung zwischen dem Namen des Kurses und dem des Referenten unterscheiden zu können, wird der jeweilige Selektor um den entsprechenden Kontext erweitert:

```
kurs name {
  font-weight: bold;
  text-decoration: underline}
referent name {
  font-weight: normal}
```

Für spezielle Formatierungen können auch so genannte Pseudo-Selektoren verwendet werden, die auf Teile von Elementen zugreifen, also gewissermaßen das vorgegebene Objektmodell überlisten.

Wenn Sie beispielsweise den ersten Buchstaben oder die erste Zeile des Elements `<beschreibung>` besonders hervorheben wollen, bieten sich Pseudo-Selektoren an.

```
beschreibung:first-letter {font-size: 14pt}
beschreibung:first-line  {font-weight: bold}
```

betonen jeweils den Anfang eines Textes.

Die Zahl der möglichen Selektoren und Pseudo-Selektoren ist mit CSS2 noch einmal wesentlich erweitert worden. Neue Pseudo-Klassen in CSS2 sind:

- `:first-child` – das erste Kind eines Elements.
- `:hover` – das Element, auf das der Mauszeiger oder ein anderes Auswahlinstrument gerade zeigt.
- `:focus` – ein Formularelement, das gerade den Fokus für die Dateneingabe hat.
- `:lang` – die Sprache eines Elements, die zum Beispiel über `xml:lang` genannt ist.

6.8 Schriftauswahl und Textformatierung

Für jedes Textelement können Sie die Schriftart, die Schriftgröße, den Schriftschnitt und die Zeilenhöhe separat bestimmen, wenn Sie die vorgegebenen oder vererbten Attribute nicht übernehmen wollen.

Bei Attributen wie Schriftgröße, Zeilenabstand oder Einzug sind unterschiedliche Maßeinheiten zu beachten, die vom HTML-Standard abweichen. Sie lassen sich in vier Gruppen zusammenfassen:

6.8.1 Absolute Maßeinheiten

Punkt, Pica, mm, cm und Zoll (dabei sind 12 Punkt ein Pica, 6 Pica ein Zoll, 2,54 cm ein Zoll. Für den Punkt wird die angelsächsische Maßeinheit verwendet: 1/72 Zoll oder 0,352778 mm). Eine weitere absolute Maßeinheit ist Pixel. Allerdings ist die Größe eines Pixel bekanntlich abhängig von der für den Bildschirm gewählten Auflösung. Für Windows-Systeme sind auch die Angaben in Punkt und Pica nur halb absolut, weil das System bei der üblichen Bildschirmdarstellung mit einem Vergrößerungsfaktor arbeitet, der über die Anzeigeoptionen zudem noch verstellt werden kann. Ein »dargestellter Zoll« entspricht also nicht unbedingt einem Zoll auf dem Lineal.

6.8.2 Relative Maßeinheiten

Angaben in `em` und `ex` sind relative Angaben. `em` entspricht in CSS genau der Schriftgröße, also der Entfernung vom höchsten Punkt der Oberlänge bis zum tiefsten Punkt der Unterlänge der Buchstaben einer Schrift. Bei einer 16 pt-Schrift ist `em` also genau 16 pt. Dagegen ist `ex` ein Maß für die Mittellänge der Zeichen einer Schrift und entspricht der Höhe des kleinen Buchstabens x. Diese Werte werden jeweils von der im Stylesheet definierten oder auf das jeweilige Element vererbten Schrift abgelesen. Wenn beispielsweise für einen Text eine 12 Punkt Arial verwendet wird, würde 1,5 `em` eine um 50 Prozent größere Schrift liefern, 0,8 `em` eine um 20 Prozent kleinere Schrift. Die Maßeinheit `ex` wird in der Regel für die Bestimmung von Zeilenabständen verwendet.

6.8.3 Prozentangaben

Bei solchen ebenfalls relativen Angaben wird immer ein Bezug zwischen den Größen hergestellt. Wenn etwa die Zeilenhöhe in Prozent angegeben ist, wird an der betreffenden Schriftgröße gemessen. Ist eine Schriftgröße in Prozent angegeben, bezieht sich der Prozentsatz auf die vorgegebene oder vom Elternelement geerbte Schriftgröße. Wenn beispielsweise für `<kurs>` eine Schriftgröße festgelegt ist, kann die Schriftgröße für das Kindelement `<referent>` auf 75 % dieser Größe gesetzt werden.

```
kurs {font-size: 12pt}
referent {font-size: 75%}
```

6.8.4 Maßangaben über Schlüsselworte

Bei der Schriftgröße können auch vorgegebene Bezeichnungen verwendet werden, die von minimal bis maximal reichen. Diese Angaben entsprechen den Größenangaben in HTML und beziehen sich jeweils auf die Standardschriftgröße. Diese Relationen werden von den verschiedenen Browsern allerdings unterschiedlich ausgelegt, sind also für präzise Formatierungen nicht zu empfehlen.

6.9 Farbauswahl

Bei der Auswahl der Textfarbe – `color` – und der Hintergrundfarbe – `background-color` – kann man sich entweder mit den 16 vorgegebenen Farben aus der W3C-RGB-Farbpalette begnügen, die über Namen aufgerufen werden können, oder man gibt die exakten Farbanteile der RGB-Palette mit Prozentwerten, ganzen Zahlen von 0–255 oder als Hexadezimalwerte an:

```
color: teal
color: #395689
color: rgb(255,0,0)
background-color: fuchsia
```

6.10 Blöcke, Ränder, Rahmen, Füllung und Inhalt

Den Stylesheets liegt ein Formatierungsmodell zugrunde, das von rechteckigen Blöcken ausgeht. Auf einer Webseite können mehrere solcher Blöcke vorkommen, die zueinander in ein bestimmtes Verhältnis gesetzt werden.

Bestimmte HTML-Elemente wie `<p>`, `<ul>`, `<li>` oder `<div>` bilden eigene Blöcke im Sinne dieses Modells, sie werden als Blockelemente bezeichnet, während andere Elemente wie `<a>`, `<span>`, `<em>` oder `<strong>` sich den Platz in einem Block mit dem entsprechenden Elternelement, in das sie eingebettet sind, teilen, wie in dem folgenden Beispiel:

```
<p>Dieser Begriff ist <em>entscheidend</em>.</p>
```

Solche Elemente werden als Inline-Elemente bezeichnet.

Blöcke können aufeinander folgen wie Absätze in einem Text, sie können aber auch übereinander gestapelt sein. Innerhalb des Blocks sind bestimmte Bereiche ansprechbar, denen Eigenschaften zugewiesen werden können.

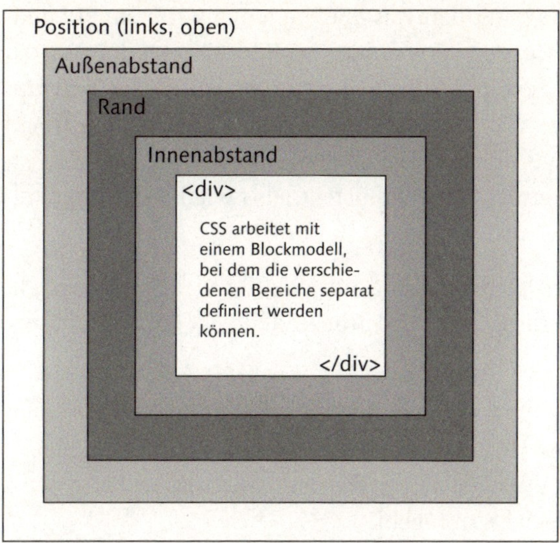

Abbildung 6.5 Das Blockmodell von CSS

Man kann zunächst die horizontale und vertikale Ausbreitung des Blocks festlegen. Über die Eigenschaft `float` lässt sich einstellen, wie ein Element zu nachfolgendem Text ausgerichtet werden soll. Dazu ein kleines Beispiel:

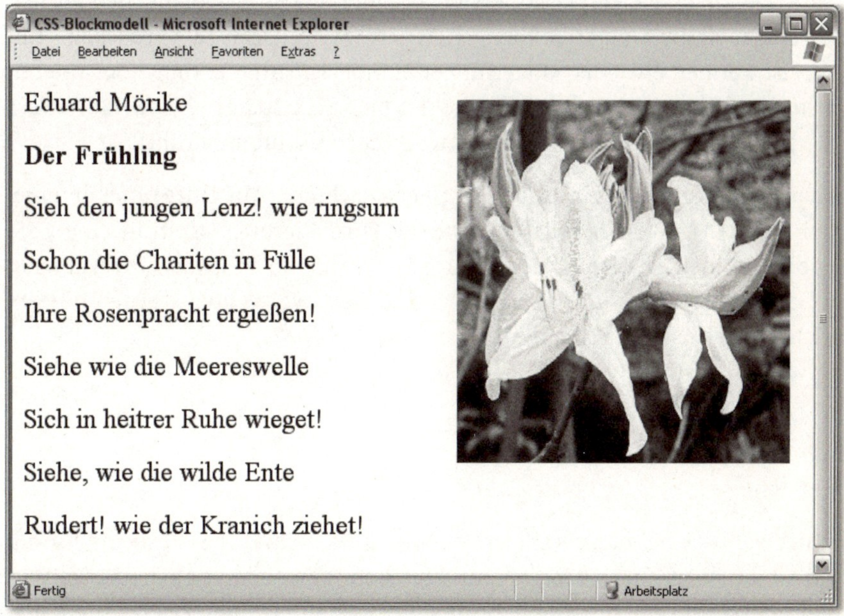

Abbildung 6.6 Wie ein Bild von Text umflossen werden kann

Im Quellcode ist für das `<img>`-Tag, mit dem das Bild eingefügt wird, ein Stil definiert, der die Einstellung `float: right` verwendet. Das Bild wird an der rechten Seite des Textes platziert. Ohne die Einstellung `float: right` würde der Text einfach auf das Bild folgen. Mit der `float`-Einstellung benutzt der Text den freien Raum, den das Bild ihm links von dessen linker Kante lässt – wie viel das ist, hängt davon ab, wie der Benutzer das Fenster einstellt – bis wieder der ungehinderte Textfluss möglich ist.

Die Außen- und Innenabstände des Blocks sind für jede der vier Seiten einzeln definierbar, außerdem lässt sich die Stärke, die Farbe und die Art der Umrandung bestimmen.

Zu jedem Block kann eine Farbe oder auch ein Bild ausgewählt werden, das dem Block hinterlegt wird, wobei der Hintergrund den Rand mit einschließt. Blöcke können über x/y-Koordinaten exakt platziert werden, die z-Koordinate wird benutzt, um die Stapelung der Blöcke zu regeln.

6.11 Stylesheet-Kaskaden

Von vornherein wurde in der CSS-Spezifikation dafür gesorgt, dass sich Stylesheets miteinander kombinieren, also wie bei einer Kaskade – einem Wasserfall –, überlagern lassen. Das erlaubt dem Gestalter, die unterschiedlichen Formatierungsaufgaben in kleinere, übersichtlichere Stylesheets zu verpacken. Auf diese Weise können etwa die Anweisungen für die Schriftgestaltung von anderen Anweisungen getrennt werden. Entscheidet man sich später einmal für andere Schriften, bleiben die übrigen Formatanweisungen davon unberührt.

Formatanweisungen lassen sich beliebig verschachteln. Mit Hilfe einer Importfunktion können zudem bereits vorhandene Formatierungsregeln in eine CSS-Datei übernommen werden. Dies geschieht in Form von `@import`-Anweisungen, die in beliebiger Anzahl am Anfang einer CSS-Datei verwendet werden dürfen. Zwei Schreibweisen sind erlaubt:

```
@import url ("standard.css");
```

oder vereinfacht:

```
@import "intern.css";
```

Allerdings kann es bei der parallelen Verwendung mehrerer Stylesheets für ein Dokument durchaus auch zu Regelkonflikten kommen, wenn sich die Anweisungen beispielsweise auf dieselben Formateigenschaften eines bestimmten Elements beziehen.

6.12 Auflösung von Regelkonflikten

Sind in einem Stylesheet verschiedene Stile zusammengestellt, treten im Fall von Regelkonflikten automatisch bestimmte Mechanismen in Aktion, die entscheiden, welche Anweisung im aktuellen Fall auszuführen ist. Dabei werden die Regeln nach ihrer Bedeutung gewichtet. Haben zwei widersprüchliche Regeln dasselbe Gewicht, gilt die zuletzt angegebene.

Angenommen ein Stylesheet enthält folgende Regeln:

```
body {color: green}
h1 {color: blue}
```

Dem Objektmodell des Dokuments entsprechend ist das Element `<h1>` ein Kindelement von `<body>`. Gäbe es im aktuellen Stylesheet nur die erste Regel, würde das Element `<h1>` die Eigenschaft von `<body>` einfach übernehmen, die Überschrift wäre also grün. Durch die zweite Regel im Stylesheet aber wird die vererbte Eigenschaft überschrieben. Eine Regel, die spezifischer ist, überschreibt immer eine Regel, die allgemeiner ist.

Klassenselektoren sind ebenfalls immer spezifischer als Tag-Selektoren, haben also im Konfliktfall Vorrang. ID-Selektoren sind die spezifischsten Regeln überhaupt.

Einem Webdokument können gleichzeitig mehrere Stylesheets zugeordnet werden. Externe und interne Stylesheets lassen sich ohne weiteres mischen. Betreffen verschiedene Formatanweisungen dieselben Elemente, gelten bestimmte Prioritätsregeln.

Generell gilt, dass die Stylesheets des Autors, der die Webseite gestaltet hat, Vorrang vor Stylesheets haben, die der Webbenutzer verwendet, falls der Browser diese Möglichkeit unterstützt. Anweisungen, die im Dokument direkt eingetragen sind, haben immer Vorrang vor importierten Stylesheets.

6.13 Zuordnung zu XML-Dokumenten

1999 hat das W3C eine ausdrückliche Empfehlung für die Zuordnung von Stylesheets zu XML-Dokumenten mit Hilfe von Verarbeitungsanweisungen herausgegeben, die unter **www.w3.org/TR/xml-stylesheet/** zu finden ist.

Um ein XML-Dokument mit einem Stylesheet zu verknüpfen, wird im Prolog eine Verarbeitungsanweisung – processing instruction – mit dem Ziel `xml-stylesheet` eingefügt. Die generelle Syntax ist angelehnt an die in HTML verwendete Zuordnung mit Hilfe des LINK-Tags und sieht zum Beispiel so aus:

```
<?xml-stylesheet href="meineFormate.css" type="text/css"?>
```

Statt einer Anweisung können auch gleich mehrere verwendet werden, um zusätzliche Stylesheets einzubinden. Alle Anweisungen müssen aber innerhalb des Prologs – an einer beliebigen Stelle – stehen, also vor dem Wurzelelement des Dokuments.

In der Verarbeitungsanweisung werden verschiedene Pseudoattribute verwendet, deren Reihenfolge nicht vorgeschrieben ist. Bei den beiden ersten sind Werte erforderlich, weil es keine Vorgaben gibt.

```
href CDATA #REQUIRED
type CDATA #REQUIRED
title CDATA #IMPLIED
media CDATA #IMPLIED
charset CDATA #IMPLIED
alternate (yes|no) "no"
```

Mit `href` wird angegeben, wo sich das Stylesheet befindet. Dazu wird eine URI-Referenz verwendet, in der auch Fragment-Identifier erlaubt sind. Häufig werden relative URI-Referenzen verwendet, die die Speicherposition in Relation zu der Position des XML-Dokuments angeben.

Das Pseudoattribut `type` gibt den MIME-Typ des Stylesheets als `text/css` an. Als Wert von `media` können verschiedene Ausgabemedien angegeben werden, auf die das Stylesheet abgestimmt ist, wie `screen`, `handheld` oder `print`. Werden alternative Stylesheets verwendet, kann jeweils `alternate="yes"` angegeben werden, etwa bei Stylesheets für unterschiedliche Sprachen, die dem Betrachter zur Auswahl gestellt werden können. Mit der Angabe von `title` kann ein Stylesheet aus einer Gruppe von alternativen Stylesheets vom Autor zum bevorzugten Stylesheet erhoben werden.

Wie bei allen Verarbeitungsanweisungen wird ein XML-Prozessor, der keine Stylesheets auswerten kann oder soll, die Verarbeitungsanweisung einfach ignorieren. Wenn eine `xml-stylesheet`-Verarbeitungsanweisung in einer externen DTD abgelegt wird, was durchaus möglich ist, muss darauf geachtet werden, dass eine solche Anweisung nur zum Zuge kommt, wenn das Dokument von einem validierenden Parser ausgewertet wird.

6.14 Schwächen von CSS

Die wesentliche Einschränkung beim Einsatz von CSS besteht darin, dass damit die Elemente eines XML-Dokuments immer nur in der Reihenfolge abgearbeitet werden können, in der sie im Dokument auftreten. Die Formate werden dabei als Dekor zugefügt. Es ist dagegen nicht möglich, bestimmte Elemente vor der Präsentation noch zu sortieren oder auch nach bestimmten Kriterien zu filtern oder die Formate von bestimmten Werten in einem Element abhängig zu machen, um beispielsweise überschrittene Grenzwerte automatisch hervorzuheben. All diese Einschränkungen sprechen für den Ansatz, der für die in den nächsten Abschnitten angesprochenen Techniken verwendet wird.

6.15 Dateninseln in HTML

Eine spezielle Form, XML-Daten innerhalb einer Webseite auszugeben, die in dem Einführungskapitel schon kurz angesprochen wurde, soll an dieser Stelle noch etwas ausführlicher behandelt werden: die so genannten Dateninseln. Diese Möglichkeit bietet der Internet Explorer seit der Version 5 an. XML-Daten werden dabei in die HTML-Seite eingebettet und können durch ein Skript oder durch eine Bindung an andere HTML-Elemente ausgegeben werden.

6.15.1 Datenbindung an eine Tabelle

Das folgende Beispiel will die Bindung von Daten an eine Tabelle demonstrieren, die auch ohne Skripteinsatz möglich ist. Diese Lösung bietet sich an, wenn die Daten in einer flachen und gleichmäßigen Struktur vorliegen, also zu jedem Element die gleiche Anzahl von Kindelementen in derselben Reihenfolge existiert. Es reicht dann aus, eine Tabellenzeile zu beschreiben. Der Internet Explorer kann automatisch die weiteren Zeilen anlegen:

```
<HTML>
  <HEAD>
    <TITLE>
      Anzeige von Werten aus einem XML-Dokument
    </TITLE>
  </HEAD>
  <BODY>
    <XML ID="lagerliste">
      <?xml version="1.0" ?>
      <Lager>
        <Artikel>
          <Artnr>7777</Artnr>
          <Bezeichnung>Jalousie CX</Bezeichnung>
          <Warengruppe>Jalousie</Warengruppe>
          <Bestand>100</Bestand>
          <Preis>198</Preis>
          <Absatz>120</Absatz>
```

```
        </Artikel>
        <Artikel>
          <Artnr>7778</Artnr>
          <Bezeichnung>Jalousie CC</Bezeichnung>
          <Warengruppe>Jalousie</Warengruppe>
          <Bestand>200</Bestand>
          <Preis>174</Preis>
          <Absatz>330</Absatz>
        </Artikel>
        <Artikel>
          <Artnr>7774</Artnr>
          <Bezeichnung>Jalousie VX</Bezeichnung>
          <Warengruppe>Jalousie</Warengruppe>
          <Bestand>600</Bestand>
          <Preis>220</Preis>
          <Absatz>400</Absatz>
         </Artikel>
         ...
      </Lager>
    </XML>
    <H2>Lagerliste: </H2>
      <TABLE datasrc="#lagerliste" border="1" cellpadding="5">
        <THEAD>
          <TH>Artnr</TH>
          <TH>Bezeichnung</TH>
          <TH>Warengruppe</TH>
          <TH>Bestand</TH>
          <TH>Preis</TH>
          <TH>Absatz</TH>
        </THEAD>
        <TR>
          <TD><SPAN datafld="Artnr"></SPAN></TD>
          <TD><SPAN datafld="Bezeichnung"></SPAN></TD>
          <TD><SPAN datafld="Warengruppe"></SPAN></TD>
          <TD><SPAN datafld="Bestand"></SPAN></TD>
          <TD><SPAN datafld="Preis"></SPAN></TD>
          <TD><SPAN datafld="Absatz"></SPAN></TD>
        </TR>
      </TABLE>
    </BODY>
</HTML>
```

6.15.2 Das Element <xml>

Anders als in dem Einführungsbeispiel ist diesmal nicht nur eine Verknüpfung zu einem externen XML-Dokument in den HTML-Code aufgenommen worden, sondern gleich der komplette Code des XML-Dokuments, eingepackt in ein `<xml>`-Element.

Dieses `<xml>`-Element ist in diesem Fall ein HTML-Tag, allerdings gehört es nicht zum Standard von HTML, sondern ist eine proprietäre Erweiterung von Microsoft, die zum Beispiel vom Netscape Navigator nicht unterstützt wird.

Das Element verwendet mehrere Attribute. Werden die XML-Daten in den HTML-Code integriert, wird das im Einführungsbeispiel verwendete `src`-Attribut, das den URI der externen XML-Datei angibt, nicht benötigt. Das `id`-Attribut wird dagegen gebraucht, um die Daten innerhalb eines Skripts oder wie in diesem Fall für eine Bindung an ein HTML-Element ansprechen zu können.

Datenquelle und Datenfeld

Im Beispiel wird zunächst das gesamte XML-Dokument als Datenquelle an das Element `<TABLE>` gebunden. Dies geschieht mit Hilfe des Attributs `datasrc="#lagerliste"`. Dann müssen die Bindungen für die erste Tabellenzeile, die Daten enthalten soll, definiert werden. Da Daten nicht direkt an die `<TD>`-Elemente gebunden werden können, wird jedes Mal ein `<SPAN>` oder auch ein `<DIV>`-Tag eingefügt und die Datenbindung mit Hilfe des Attributs `datafld` vorgenommen. In diesem Fall werden als Werte einfach nur die jeweiligen Elementnamen des XML-Dokuments angegeben. Diese Elemente dürfen nur Zeichendaten enthalten, also keine Unterelemente. (Sind Attribute vorhanden, werden sie wie Elemente über den Namen eingebunden.)

Der Internet Explorer baut die Tabelle dann aus den in der Datenquelle vorhandenen Daten auf. Das Ergebnis sieht im Browser so aus:

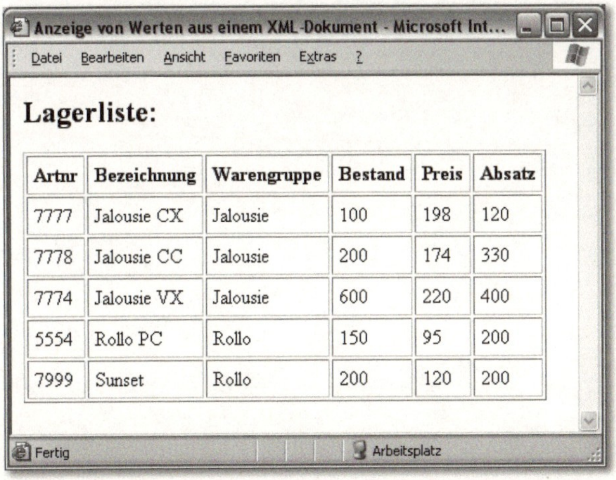

Anzeige von Werten aus einem XML-Dokument - Microsoft Int...

Datei Bearbeiten Ansicht Favoriten Extras ?

Lagerliste:

Artnr	Bezeichnung	Warengruppe	Bestand	Preis	Absatz
7777	Jalousie CX	Jalousie	100	198	120
7778	Jalousie CC	Jalousie	200	174	330
7774	Jalousie VX	Jalousie	600	220	400
5554	Rollo PC	Rollo	150	95	200
7999	Sunset	Rollo	200	120	200

Fertig Arbeitsplatz

Abbildung 6.7 Ausgabe von XML-Daten über eine Tabellendatenbindung

Bevor XML-Daten in einer bestimmten Form präsentiert werden, sind häufig Transformationen erwünscht, etwa um die Orginaldaten neu zu ordnen oder zu filtern, um zwischen XML-Vokabularen zu übersetzen oder um XML-Daten in HTML- oder XHTML-Seiten zu übertragen.

7 Umwandlungen mit XSLT

Das W3C hat schon früh mit der Ausarbeitung eines Stylesheet-Standards begonnen, der für die Präsentation von XML-Dokumenten geeigneter sein sollte als die im letzten Kapitel beschriebenen Cascading Stylesheets. Im August 1997 entstand ein erster formaler Vorschlag für eine **Extensible Stylesheet Language** – **XSL**, die die Erfahrungen mit der auf SGML basierenden Stylesheet-Sprache DSSSL nutzen sollte.

7.1 Sprache für Transformationen

Die Anforderungen an den neuen Standard wurden im Mai 1998 unter **www.w3.org/TR/WD-XSLReq** fixiert. Wie schon in DSSSL realisiert, sollten in dieser Sprache zwei Prozesse miteinander verkoppelt werden: die Transformation des Quelldokuments in das Ergebnisdokument und die Formatierung für die Ausgabe in dem gewünschten Medium.

7.1.1 Bedarf für Transformationen

Bedarf für Umwandlungen gegenüber dem XML-Quelldokument kann aus unterschiedlichen Gründen entstehen. Dazu zählt die Übersetzung von XML-Inhalten in HTML, XHTML oder auch in ein einfaches Textformat, die Übersetzung zwischen unterschiedlichen XML-Vokabularen oder Vorgänge wie die Sortierung, Abfrage und Filterung von Daten nach bestimmten Kriterien etc.

Die Art und Weise, wie die Daten in einem Quelldokument organisiert sind, muss ja nicht schon der Organisation entsprechen, die für eine Veröffentlichung in einem bestimmten Medium oder gegenüber einem bestimmten Publikum erforderlich ist. Wer mit Datenbanken arbeitet, kennt diese Aufgabenstellung im Zusammenhang mit Abfragesprachen und Reportgeneratoren.

Eine bestimmte Transformation von Inhalten ist immer noch völlig unabhängig von Formatierungsaspekten, wenn sie verwendet wird, um zwischen XML-Vokabularen zu übersetzen, oder wenn es nur darum geht, eine bestimmte Auswahl, Neuordnung oder auch Erweiterung in Bezug auf die Quelldaten vorzunehmen. Bei der Umwandlung von XML in HTML vermischen sich allerdings inhaltliche und formale Elemente in einem gewissen Umfang.

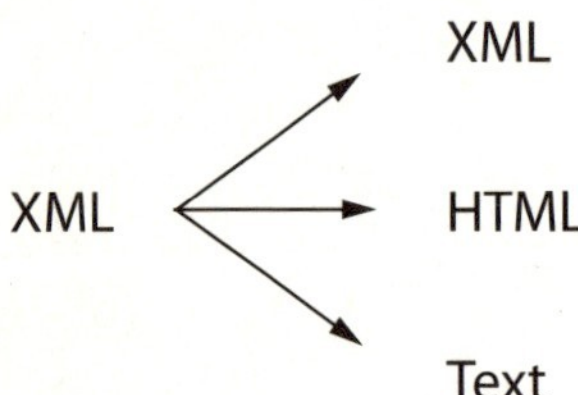

Abbildung 7.1 Transformationsrichtungen, die XSLT ermöglicht

Die für solche Aufbereitungen und Umwandlungen benötigten Sprachelemente wurden relativ schnell zur Reife entwickelt und in der Empfehlung für **XSL Transformations** (**XSLT**) bereits im November 1999 verabschiedet. Dagegen dauerte das ehrgeizige Projekt, alle möglichen Formatierungsoptionen in einem einheitlichen Vokabular zu beschreiben, wesentlich länger. Es firmierte längere Zeit unter dem Arbeitstitel **XSL Formatting Objects** – XSL FO. Seit Oktober 2001 liegt die Empfehlung für XSL, gewissermaßen das Elternelement von XSLT und XSL Formatting Objects nun auf dem Tisch.

Obwohl XSLT in XSL als notwendiger Bestandteil eingeschlossen ist, kann die Sprache auch auf eigenen Füßen stehen und hat seit ihrer Implementierung als Standard auch eine entsprechende Rolle gespielt. Werkzeuge, die XSLT unterstützen, sind längst etabliert, während die Unterstützung der XSL insgesamt noch in den Kinderschuhen steckt. Das verwundert auch nicht, wenn man einen Blick auf den Umfang des Unternehmens wirft. In diesem Kapitel soll XSLT in mehreren Anwendungsmöglichkeiten vorgestellt werden, die speziellen Formatierungsoptionen von XSL werden darauf aufbauend im anschließenden Kapitel behandelt.

7.1.2 Grundlegende Merkmale von XSLT

XSLT ist eine in XML beschriebene Sprache, die ihrerseits den Prozess der Umwandlung eines XML-Dokuments in ein anderes XML-Dokument oder ein anderes Ausgabeformat beschreibt. Das Quelldokument und das Ergebnisdokument, das mit Hilfe des Stylesheets erzeugt wird, können dabei beliebig weit voneinander abweichen. Im Extrem könnte ein Stylesheet sogar ganz auf eine Quelldatei verzichten und einfach selbstherrlich festlegen, was in das Ergebnisdokument geschrieben werden soll.

Das Stylesheet mag beispielsweise nur einen Teil der Informationen aus dem Quelldokument beachten und das Ergebnisdokument um beliebig viele Informationen erweitern, die nicht im Quelldokument vorhanden sind. Dabei arbeitet XSLT immer nur mit dem in einem XML-Dokument vorhandenen Markup, DTDs und Schemas spielen für XSLT keine Rolle. Die Quelldatei muss wohlgeformt sein, mehr nicht.

XSLT-Stylesheets können deshalb nicht auf HTML-Dateien angewendet werden, aber auf XHTML-Dateien, weil diese ja dem XML-Format entsprechen. Es kann also sinnvoll sein, entsprechende Konvertierungen nach XHTML vorzunehmen, um die Möglichkeiten von XSLT zu nutzen. Die Transformation wird kodiert in Form von XSLT-Stylesheets, die selbst wohlgeformte XML-Dokumente sind.

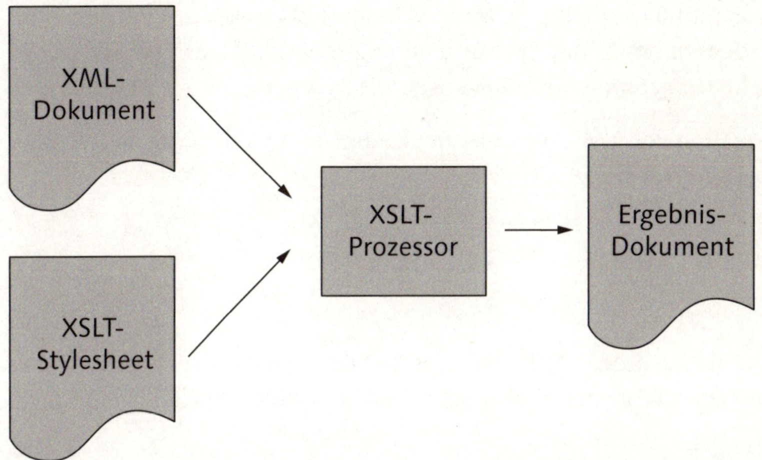

Abbildung 7.2 Generelles Schema der Transformation durch XSLT

7.1.3 XSLT-Prozessoren

Damit die Transformation stattfindet, muss ein spezieller XSLT-Prozessor vorhanden sein, der das Stylesheet und die Quelldaten einliest, die im Stylesheet enthaltenen Anweisungen ausführt und das dementsprechende Ergebnisdokument erzeugt. Dieser Prozessor setzt die Anweisungen des Stylesheets selbstständig in die dafür notwendigen Bearbeitungsschritte um. XSLT ist in diesem Sinne also eine High-level Language, bei der sich der Entwickler nicht um die kruden Details zu kümmern braucht, anders als bei den Lösungen, die im Abschnitt 9.1 zu **DOM** und **SAX** behandelt werden.

Dabei sind mehrere Wege möglich. Die Anwendung des Stylesheets auf das XML-Quelldokument kann schon auf einem Webserver ausgeführt werden, der dann das fertige Ergebnisdokument für die Clientseite bereitstellt. Das Stylesheet kann aber auch direkt auf der Clientseite mit Hilfe eines geeigneten Browsers oder eines separaten Programms angewendet werden.

Ein bekannter Open-Source-XSLT-Prozessor ist **Xalan**, der vom Apache XML Project bereitgestellt wird und über **http://xml.apache.org** besorgt werden kann. Dieser Prozessor benutzt als Vorgabe den **Xerces** XML-Parser, kann aber auch so konfiguriert werden, dass andere Parser verwendet werden. Xalan unterstützt die W3C-Empfehlung zu XSLT und XPath vollständig. Neben der Java-Version wird eine C++-Version angeboten. Für beide Anwendungen muss eine Java-Umgebung vorhanden sein, JDK, JRE 1.2.2 oder höher.

Wenn Sie die Xalan-Dateien in einen Ordner entpackt haben, müssen Sie mindestens für die Dateien xalan.jar, xml-apis.jar und xercesImpl.jar einen entsprechenden `classpath`-Eintrag vornehmen. Unter Windows ist das seit der Version 2000 über das Systemsymbol in der Systemsteuerung möglich. Über **Erweitert** wird die Schaltfläche **Umgebungsvariablen** angeboten.

Die Transformation von XML-Dokumenten kann dann von der Eingabeaufforderung mit einem Aufruf wie:

```
java org.apache.xalan.xslt.Process -in test.xml -xsl test.xsl
  -out test.html
```

gestartet werden.

Frei verfügbar ist auch der XSLT-Prozessor **SAXON** von Michael Kay, der über **http://saxon.sourceforge.net** angeboten wird. Er benötigt ebenfalls eine Java-Umgebung.

Entwicklungsumgebungen wie **XMLSpy** oder **eXcelon Stylus Studio** können auch mit eigenen, integrierten XSLT-Prozessoren arbeiten oder vorhandene Prozessoren einbinden.

Am einfachsten ist die Situation, wenn der verwendete Internet Browser einen solchen Prozessor bereitstellen kann. Dann lassen sich XSLT-Stylesheets genauso zu einer XML-Datei zuordnen, wie es bei HTML und CSS möglich ist, und direkt im Browser testen.

Microsoft Core XML Services MSXML unterstützt XSLT seit der Version 3. Seit der Version 6 des Internet Explorers, die als Vorgabe noch MSXML 3.0 verwendet, lassen sich XML-Dateien direkt darstellen, die mit XSLT-Stylesheets verknüpft sind.

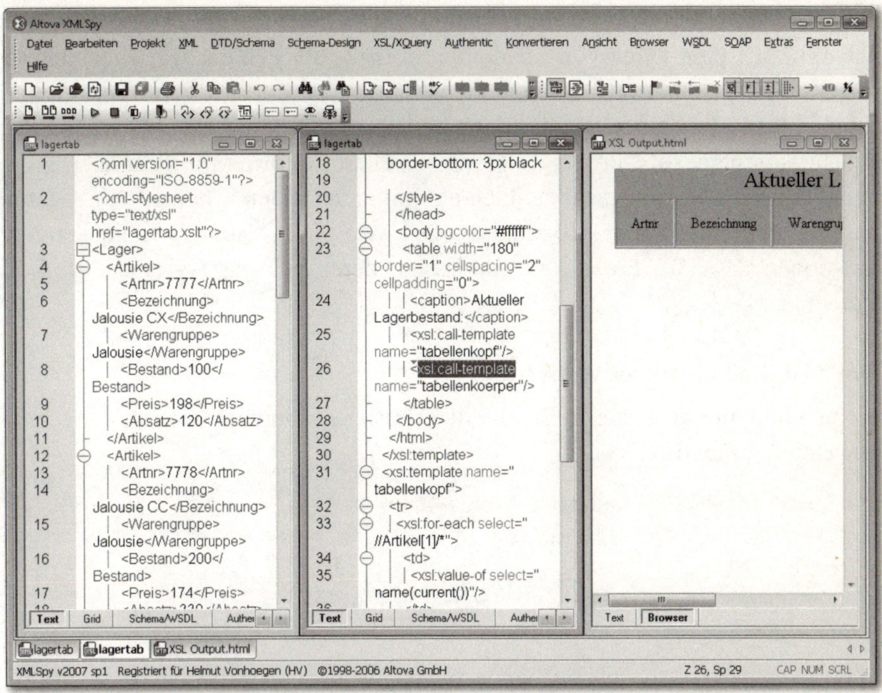

Abbildung 7.3 Beim Debuggen eines Stylesheets mit XMLSpy kann der Aufbau des Ergebnisdokuments Schritt für Schritt beobachtet werden

7.1.4 Die Elemente und Attribute von XSLT

Die Elemente und Attribute, die XSLT verwendet, um dem XSLT-Prozessor seine Anweisungen zu geben, müssen mit dem speziellen Namensraum übereinstimmen, der für XSLT gesetzt ist – **http://www.w3.org/1999/XSL/Transform**. Das Stylesheet kann zusätzliche Elemente und Attribute enthalten, die nicht zu diesem Namensraum gehören. Diese Komponenten werden dann in der Regel vom XSLT-Prozessor direkt zum Ergebnisbaum hinzugefügt.

Zusätzlich sind noch spezielle **Erweiterungselemente** und **Erweiterungsfunktionen** möglich, die in einem eigenen Namensraum definiert sein müssen, damit sie vom XSLT-Prozessor ebenfalls als Anweisungen interpretiert werden. Allerdings kommt es in diesem Fall darauf an, ob diese Erweiterungen auch in dem vorgesehenen XSLT-Prozessor implementiert sind.

Eine beschreibende Sprache

Obwohl XSLT eine Reihe von Elementen enthält, die sich auch in allgemeinen Programmiersprachen finden, etwa Elemente für die Bildung von Verzweigungen oder Schleifen, handelt es sich doch im Wesentlichen um eine beschreibende Sprache, die dem XSLT-Prozessor gewissermaßen in Form von Beispielen sagt, was er tun soll. »Wenn Du auf ein Element mit dem Namen »Thema« triffst, dann schreibe es in das Ergebnisdokument.« Das Wie bleibt dabei den eingebauten Funktionen des XSLT-Prozessors überlassen, derer sich das Stylesheet einfach bedient.

Vom XML-Dokument zur Webseite

Wir nehmen hier als erstes Beispiel eine etwas abgewandelte Version der schon verwendeten Kursliste:

```
<?xml version="1.0" encoding="iso-8859-1"?>
<?xml-stylesheet type="text/xsl" href="kursliste4.xslt"?>
<kursprogramm>
  <kurs name="XML-Grundlagen" dauer="2 Tage">
    <referent>Hans Fromm</referent>
    <termin>12.11.2002</termin>
    <beschreibung>Einführungsseminar für Programmierer,
     IT-Manager und Contentmanager</beschreibung>
  </kurs>
  <kurs name="XSL-Praxis" dauer="5 Tage">
    <referent>Bodo Klare</referent>
    <termin>10.10.2002</termin>
    <beschreibung>Praktische Übungen für Programmierer und
     Contentmanager</beschreibung>
  </kurs>
  <kurs name="XSLT-Einstieg" dauer="2 Tage">
    <referent>Hanna Horn</referent>
    <termin>12.03.2003</termin>
    <beschreibung>Einführung in die Transformation von
      XML-Dokumenten für Programmierer und Contentmanager
    </beschreibung>
  </kurs>
</kursprogramm>
```

Listing 7.1 kursliste4.xml

Um daraus eine einfache Liste auf einer Webseite zu erzeugen, lässt sich das folgende XSLT-Stylesheet verwenden:

```
<?xml version="1.0" encoding="ISO-8859-1"?>
<xsl:stylesheet version="1.0"
               xmlns:xsl="http://www.w3.org/1999/XSL/Transform">
  <xsl:output method="html"/>

  <xsl:template match="/">
    <html>
      <head>
        <title>Kursliste</title>
      </head>
      <body>
        <h1>Unser Kursprogramm:</h1>
        <xsl:apply-templates select="/kursprogramm/kurs"/>
      </body>
    </html>
  </xsl:template>

  <xsl:template match="kurs">
    <h3>
      <xsl:value-of select="@name"/>
    </h3>
    <p>Referent:  <xsl:value-of select="referent"/></p>
    <p>Termin:  <xsl:value-of select="termin"/></p>
    <p><xsl:value-of select="beschreibung"/></p>
  </xsl:template>

</xsl:stylesheet>
```

Listing 7.2 kursliste4.xslt

7.1.5 Verknüpfung zwischen Stylesheet und Dokument

Damit ein Browser wie der Internet Explorer die XML-Quelldaten so ausgibt wie im Stylesheet vorgesehen, muss in die Quelldatei eine entsprechende Verknüpfung eingebaut werden. Dies geschieht mit Hilfe einer entsprechenden Verarbeitungsanweisung, die in diesem Fall so aussieht:

```
<?xml-stylesheet type="text/xsl" href="kursliste4.xslt"?>
```

Der Browser gibt das formatierte XML-Dokument als Liste aus:

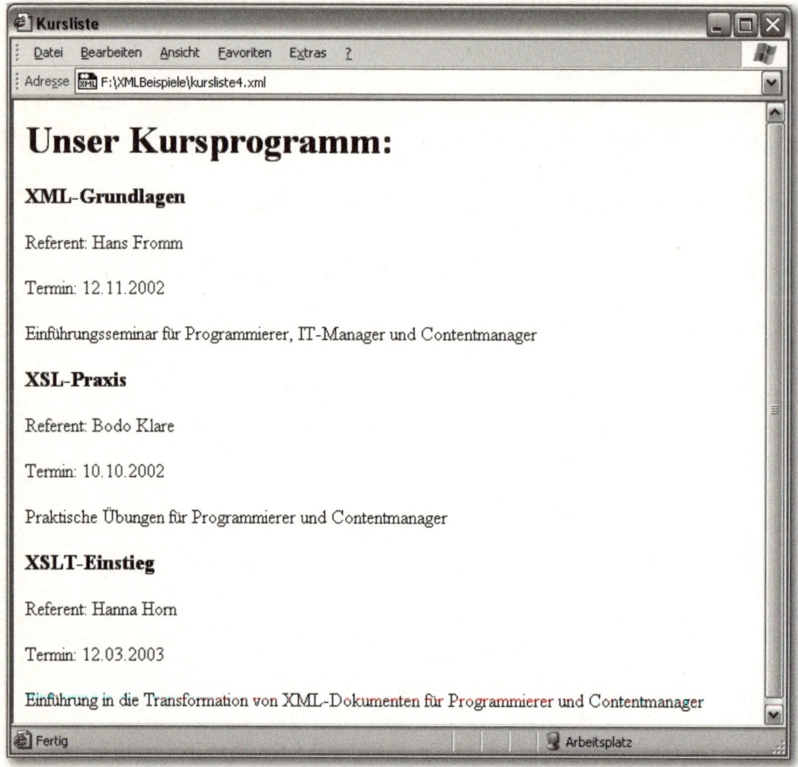

Abbildung 7.4 Ausgabe des formatierten Dokuments im Internet Explorer

7.1.6 Das Element <stylesheet>

Das Stylesheet beginnt, da es sich ja um ein XML-Dokument handelt, mit der XML-Deklaration. Wir verwenden wieder `encoding="ISO-8859-1"`, um die Ausgabe der Umlaute zu gewährleisten.

Anschließend werden sämtliche Komponenten in das vorgegebene Wurzelelement `<xsl:stylesheet>` eingefügt. Als Synonym kann auch `<xsl:transform>` verwendet werden, was sinnvoll sein kann, um Anwendungen, die nur Daten transformieren, von solchen zu unterscheiden, die auch auf die Formatierung ausgerichtet sind. Es gilt für XSLT die Konvention, dass alle zu XSLT gehörenden Element-, Attribut- und Funktionsnamen klein geschrieben werden.

Das Element `<xsl:stylesheet>` muss ein `version`-Attribut enthalten, aktuell gilt der Wert 1.0. Ebenso notwendig ist, wie schon angesprochen, die Zuordnung des Namensraums, der die vorgegebenen Elemente und Attribute umfasst. Der URI des XSLT-Namensraums ist `http://www.w3.org/1999/XSL/Transform`, als Vorgabe wird das Präfix `xsl` verwendet, aber Sie sind frei, auch andere Abkürzungen zu verwenden.

7.1.7 Top-Level-Elemente

Die folgende Abbildung zeigt die möglichen Kinder des Elements `<xsl:stylesheet>`. Sie werden **Top-Level-Elemente** genannt.

```
<xsl:stylesheet>
  <xsl:import/>
  <xsl:include/>
  <xsl:namespace-alias/>
  <xsl:strip-space/>
  <xsl:preserve-space/>
  <xsl:output/>
  <xsl:key/>
  <xsl:decimal-format/>
  <xsl:attribute-set/>
  <xsl:variable/>
  <xsl:param/>
  <xsl:template/>
</xsl:stylesheet>
```

Abbildung 7.5 Die möglichen Kinder des Elements <stylesheet>

Diese Elemente dürfen in beliebiger Reihenfolge im Stylesheet auftauchen, ausgenommen sind allerdings `<xsl:import>`-Elemente, die immer am Anfang stehen müssen. Der Anwender kann auch eigene Top-Level-Erweiterungselemente verwenden, etwa für Metadaten zu einem Stylesheet, wenn dafür ein eigener Namensraum definiert wird. Der XSLT-Prozessor kann solche Elemente aber ignorieren.

Häufig wird am Anfang des Stylesheets das Element `<xsl:output>` eingefügt, um die Methode festzulegen, die bei der Erzeugung des Ergebnisdokuments beachtet werden soll. Im Beispiel wird `method = "html"` verwendet. Allerdings ist das nur eine Aufforderung an den XSLT-Prozessor, die nicht bindend sein muss.

XSLT unterstützt folgende Werte für das Attribut `method`:

`xml`	Erzeugt wohlgeformtes XML.
`html`	Sorgt dafür, dass korrekt verwendete HTML-Elemente und -Attribute gemäß der HTML-Version 4.0 erkannt werden.
`text`	Gibt die String-Werte aller Textknoten aus, die im Ausgabebaum enthalten sind, in der Reihenfolge, die der Dokumentreihenfolge entspricht.

Wird das Element <xsl:output> nicht verwendet, benutzt der XSLT-Prozessor entweder xml oder html als Vorgabe, je nachdem, ob er <html> als erstes Element findet oder nicht.

7.1.8 Template-Regeln

Die wichtigsten Anweisungen an den XSLT-Prozessor sind in dem XSLT-Stylesheet in einer freien Abfolge von Template-Regeln zusammengestellt, die jeweils in das Element <xsl:template> eingepackt sind. Die im Beispiel verwendeten Regeln bestehen aus zwei Komponenten, einem Suchmuster oder Pattern, das dafür verwendet wird, im Quelldokument die Komponenten zu finden, mit denen etwas gemacht werden soll, und dem Template selbst, das aus einer oder mehreren Anweisungen besteht, die in allen Fällen, wo das Suchmuster passt, ausgeführt werden sollen.

Alternativ dazu können Template-Regeln auch mit einem Namen versehen werden, über den sie dann von anderen Templates aus aufgerufen werden können.

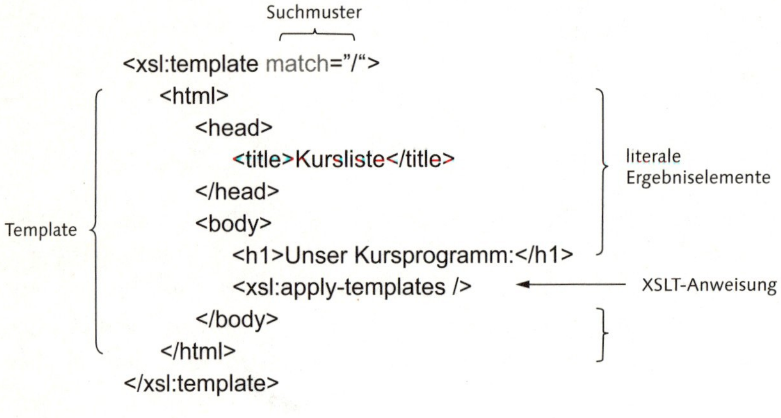

Suchmuster

```
<xsl:template match="/">
    <html>
        <head>
            <title>Kursliste</title>
        </head>
        <body>
            <h1>Unser Kursprogramm:</h1>
            <xsl:apply-templates />
        </body>
    </html>
</xsl:template>
```

Template

literale Ergebniselemente

XSLT-Anweisung

Abbildung 7.6 Beispiel einer Template-Regel

In dem Beispiel wird in der ersten Template-Regel als Suchmuster match="/" verwendet, d. h., der Prozessor soll diese Regel anwenden, wenn er den Wurzelknoten der Quelldatei vor sich hat. Die Zeilen zwischen dem <xsl:template>-Start- und -End-Tag sind das eigentliche Template, das dem Prozessor beschreibt, was zu tun ist, wenn beim Durchwandern des Quellbaums ein Knoten gefunden worden ist, der exakt dem Suchmuster entspricht.

XSLT-Anweisungen

Innerhalb des Templates kommen zwei unterschiedliche Dinge vor. Das eine sind XSLT-Elemente mit Anweisungen an den XSLT-Prozessor, erkennbar daran, dass sie dasselbe Namensraumpräfix haben wie das Elternelement `<xsl:template>`. In dem ersten Template ist es die Anweisung `<xsl:apply-templates/>`, gewissermaßen eine Generalanweisung, die in dem Stylesheet vorhandenen Template-Regeln auszuführen.

Wie bedeutend diese Anweisung ist, lässt sich leicht testen, wenn Sie sie in dem Beispiel einfach mal vergessen oder testweise auskommentieren. In der Ausgabedatei finden Sie dann nur noch die Überschrift, die Liste mit den Daten ist verschwunden.

Literale Ergebniselemente

Zum anderen enthält das erste Template eine Reihe von HTML-Tags. Im Stylesheet sind in diesem Fall die für die HTML-Seite notwendigen Elemente `<html>`, `<head>`, `<body>` und `<h1>` für die Listenüberschrift bereits in die erste Template-Regel eingefügt, die der Prozessor ausführen wird. Dies geschieht auf sehr schlichte Weise. Die entsprechenden HTML-Elemente und -Attribute werden einfach genau so, wie sie in der späteren HTML-Seite benötigt werden, eingetragen.

Da diese Elemente nicht zum Namensraum von XSLT gehören – das entsprechende Präfix fehlt ja offensichtlich –, schreibt der Prozessor diese Teile des Templates mehr oder weniger unverändert, also wortwörtlich in das Ergebnisdokument. Diese Elemente werden deshalb auch **literale Ergebniselemente** genannt. Die Einschränkung »mehr oder weniger« bezieht sich darauf, dass literale Ergebniselemente Attribute enthalten können, die anstelle fixer Werte Xpath-Ausdrücke enthalten, die erst während der Verarbeitung ausgewertet werden.

7.1.9 Attributwert-Templates

Solche Attribute werden als Attributwert-Templates behandelt. Der Prozessor wertet ein solches Template aus und überträgt erst das Ergebnis in die Ausgabe. Der Prozessor erkennt solche Attributwert-Templates daran, dass sie in geschweiften Klammern eingeschlossen sind. Dieses Verfahren erlaubt es beispielsweise, Werte aus der Quelldatei in die Attribute von HTML-Elementen zu übernehmen.

Unser Kursprogramm könnte zum Beispiel mit den Porträts der Referenten verschönert werden, indem die zweite Template-Regel in folgender Weise erweitert wird.

```
<xsl:template match="kurs">
  <h3><xsl:value-of select="@name"/></h3>
  <p><img src="portrait {referent}.gif"/></p>
```

```
  <p>Referent:  <xsl:value-of select="referent"/></p>
  <p>Termin:  <xsl:value-of select="termin"/></p>
  <p><xsl:value-of select="beschreibung"/></p>
</xsl:template>
```

Listing 7.3 kursliste4f.xslt

Der Prozessor ersetzt jedes Mal, wenn er die Template-Regel anwendet, in dem `src`-Attribut des `<img>`-Elements den Teil, der in geschweiften Klammern steht. Er sucht also jeweils den String-Wert des jeweiligen Elements `<referent>`.

Voraussetzung dafür ist, dass die Bilddateien jeweils mit Dateinamen belegt sind, die aus dem Wort »portrait« und dem Namen der Person zusammengesetzt sind, zum Beispiel »portrait Hans Fromm.gif«.

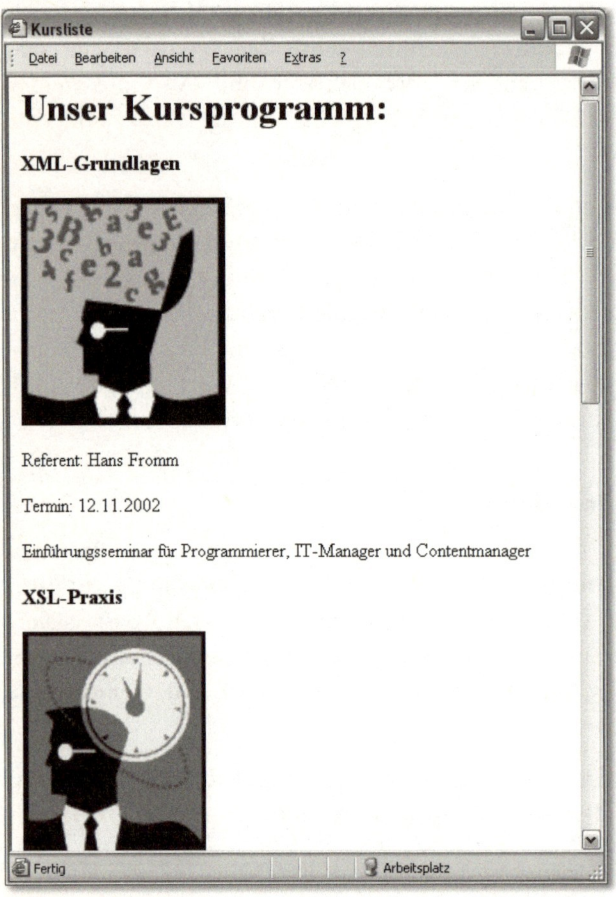

Abbildung 7.7 Das Ergebnis des Templates mit einigen Musterbildern

Attributwert-Templates können als Attributwerte bei einer begrenzten Zahl von XSLT-Elementen erscheinen, so bei den Attributen `lang`, `data-type`, `order` und `case-order` in `<xsl:sort>`, bei Attributen von `<xsl:number>` und bei den `name-` oder `namespace`-Attributen von `<xsl:attribute>`, `<xsl:element>` und `<xsl:processing-instruction>`. In der XSLT-Kurzreferenz weiter unten sind die entsprechenden Attribute durch geschweifte Klammern gekennzeichnet.

7.1.10 Zugriff auf die Quelldaten

Die zweite Template-Regel soll für den Fall angewendet werden, dass der Prozessor Knoten mit dem Namen `kurs` findet. Jedes Mal, wenn dies der Fall ist, wird zunächst mit dem HTML-Element `<h3>` eine Zwischenüberschrift erzeugt. An dieser Stelle nutzt der XSLT-Prozessor zum ersten Mal Daten aus dem Quelldokument. Er holt sich über das XSLT-Element `<xsl:value-of>` den Namen des jeweiligen Kurses. Ähnlich wie bei dem `match`-Attribut des Elements `<xsl:template>` wird für das hier benutzte Attribut `select` ein XPath-Ausdruck ausgewertet. `select="@name"` greift auf den String-Wert des Attributs `name` zu und kopiert ihn an die Stelle des Ergebnisdokuments, die als Zwischenüberschrift formatiert ist.

Ähnlich wird verfahren, um den Textinhalt der anderen Elemente in die Ausgabe zu übernehmen. Zusätzlich werden einfach noch die Beschriftungen »Referent« und »Termin« in die `<p>`-Tags eingefügt.

7.2 Ablauf der Transformation

Es ist für die Entwicklung von XSLT-Anwendungen von großer Bedeutung, im Blick zu behalten, wie ein XSLT-Prozessor ein Stylesheet abarbeitet. Wenn ein XSLT-Prozessor beauftragt wird, ein spezielles Stylesheet auf ein XML-Quelldokument anzuwenden, um daraus schließlich ein neues Ergebnisdokument zu erzeugen, liest und parst der Prozessor zunächst beide Dokumente und baut im Speicher für beide Dokumente jeweils eine interne Baumstruktur auf, wie es schon für XPath beschrieben worden ist. Das Stylesheet benutzt ja XPath-Ausdrücke, um Knoten in dieser Baumrepräsentation des Quelldokuments aufzusuchen.

Erst dann wird der Transformationsprozess gestartet. Während der Abarbeitung des Stylesheets wird in dem Umfang, den die Anweisungen der Template-Regeln erfordern, auf die Quelldaten zugegriffen. Die verwendeten Quelldaten und die literalen Ergebniselemente liefern den Stoff, aus dem der Ergebnisbaum aufgebaut wird. Aus diesem Ergebnisbaum werden schließlich durch eine entsprechende Serialisierung die Ergebnisdokumente erzeugt, die das Stylesheet anfordert: eine neue XML-Datei, eine HTML-Datei oder eine einfache Textdatei.

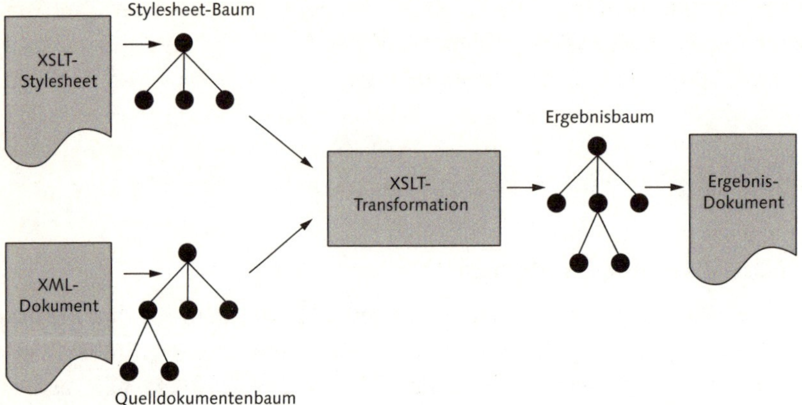

Abbildung 7.8 Schema der Transformation im Detail

7.2.1 Startpunkt Wurzelknoten

Wenn die Transformation beginnt, nimmt sich der XSLT-Prozessor zunächst immer die Wurzel des XML-Baums vor und verarbeitet die Template-Regel, die für diesen Wurzelknoten vorhanden ist. Es spielt deshalb keine Rolle, in welcher Reihenfolge Template-Regeln in einem Stylesheet eingetragen sind, der Prozessor sucht immer zunächst nach einer Template-Regel, die explizit für den Wurzelknoten definiert worden ist oder sich dafür verwenden lässt.

Findet er keine solche Regel, nutzt er normalerweise eine entsprechende eingebaute Template-Regel, wie es weiter unten noch beschrieben wird. Sind gleich mehrere konkurrierende Regeln vorhanden, tritt ein Konfliktlösungsmechanismus in Aktion, der ebenfalls später noch behandelt wird.

In unserem Beispiel existiert eine explizite Template-Regel für den Wurzelknoten. Der Prozessor beginnt den Aufbau des Ergebnisbaums also damit, die Anweisungen auszuführen, die in dieser Template-Regel enthalten sind. Zuerst werden die HTML-Tags samt Inhalt in den Baum übertragen.

7.2.2 Anwendung von Templates

Nach der Übertragung des Start-Tags für das `<body>`-Element stößt der Prozessor auf die XSLT-Anweisung `<xsl:apply-templates/>`. Erst muss diese Anweisung ausgeführt werden, bevor das `<body>`-Element geschlossen werden kann, denn die Anweisung soll in diesem Fall den Inhalt des `<body>`-Elements liefern.

Da diese Anweisung innerhalb der Template-Regel für den Wurzelknoten auftritt, der damit den maßgeblichen Kontext für diese Anweisung bildet, und sie in diesem Fall keine näheren Angaben durch ein mögliches `select`-Attribut enthält, entspricht sie einer Aufforderung an den XSLT-Prozessor, alle Kindknoten des aktuellen Knotens auszuwählen und jedes Mal nach einer Template-Regel zu suchen, die darauf passt, und diese Regel anzuwenden.

Der Wurzelknoten hat nur ein Kind, den Dokumentknoten, dem das Wurzelelement des XML-Dokuments `<kursprogramm>` entspricht.

Für diesen Knoten ist aber in unserem Beispiel – mit einer gewissen Absicht – keine Template-Regel angegeben, sondern erst für dessen Kindelement `<kurs>`. Sie erwarten vielleicht, dass der Prozessor in diesem Fall nicht mehr weiter weiß. Die Situation erinnert an ein Programm, in dem sich eine Unterroutine befindet, die aber, weil die Entwickler es vergessen haben, niemals aufgerufen wird.

7.2.3 Rückgriff auf versteckte Templates

In XSLT ist das anders. Da eine Template-Regel für das Kind des Wurzelknotens fehlt, verwendet der XSLT-Prozessor – zumindest ist das der Normalfall – eine eingebaute Regel, die nicht nur auf den Wurzelknoten, sondern auf alle Elementknoten zutrifft, und die einfach noch einmal die Anweisung `<xsl:apply-templates/>` aufruft. (Diese eingebauten Regeln werden weiter unten noch im Detail angesprochen.)

Nun aber hat sich der Kontext für die zweite `<xsl:apply-templates/>`- Anweisung gegenüber der ersten Anweisung geändert. Der Kontextknoten ist jetzt nicht mehr der Wurzelknoten, sondern dessen Kind. Also kann der Prozessor jetzt mehrere Kinder des `<kursprogramm>`-Elements finden, nämlich die einzelnen `<kurs>`-Elemente. Er baut eine entsprechende Knotenliste auf, um sie abzuarbeiten, und nun findet er auch ein spezielles Template, das auf jeden einzelnen dieser `<Kurs>`-Knoten nacheinander angewendet wird.

Da jeder Kursknoten selbst wiederum Kinder hat, wird geprüft, ob es für diese Knoten ebenfalls Templates gibt. Das ist hier nicht der Fall, weil die Daten aus diesen Knoten bereits in der `kurs`-Template-Regel übernommen worden sind.

Wenn der Prozessor diese Prüfung abgeschlossen hat, ist hier zugleich der Knotenbaum des Quelldokuments durchlaufen. Der Prozessor kehrt zu der Zeile in der Template-Regel für den Wurzelknoten zurück, die der Anweisung `<xsl:apply-templates/>` folgt, und kann nun das End-Tag des `<body>`-Elements und des `<html>`-Elements in die Ausgabe einfügen.

7.2.4 Auflösung von Template-Konflikten

Es kann vorkommen, dass gleich mehrere Templates für denselben Knoten zutreffen. In dieser Situation treten bestimmte Prioritätsregeln in Kraft:

- Eine Regel für eine spezifischere Information hat Vorrang vor einer Regel für eine allgemeinere Information. `match="/firma/abteilung/person/name"` ist zum Beispiel spezifischer als `match"//name"`.
- Suchmuster mit Wildcards wie »*« oder »@*« sind allgemeiner als entsprechende Muster ohne Wildcards.
- Wenn keines der aufgeführten Kriterien hilft (und nur dann), spielt die Reihenfolge der Template-Regeln im Stylesheet die Rolle des Schiedsrichters. Die zuletzt stehende Regel hat dann Vorrang.
- Die Priorität von Templates kann auch gezielt über das Attritbut `priority` gesetzt werden. Dabei werden Ganzzahlen oder reelle Zahlen unter oder über dem Standard 0 verwendet, etwa –1.2 oder 2.2. Eine höhere Zahl liefert eine höhere Priorität.

7.3 Stylesheet mit nur einer Template-Regel

Die Template-Regel, die für die Wurzel gilt, enthält meist den Aufruf weiterer Regeln, die für einzelne Teile des Dokuments maßgeblich sind. Ein Stylesheet kann aber auch aus nur einer einzigen Template-Regel bestehen. In diesem Fall ist eine verkürzte Fassung des Stylesheets möglich. Hier ein kleines Beispiel:

```
<?xml version="1.0" encoding="ISO-8859-1"?>
<html xsl:version="1.0"
      xmlns:xsl="http://www.w3.org/1999/XSL/Transform">
  <head>
    <title>Kursliste</title>
  </head>
  <body>
    <h1>Unser Kursprogramm:</h1>
    <xsl:for-each select="/kursprogramm/kurs">
      <h3>
        <xsl:value-of select="."/>
      </h3>
    </xsl:for-each>
  </body>
</html>
```

Listing 7.4 kursliste6.xslt

In diesem Fall wird die Angabe zu `xsl:version` und die Einbindung des Namensraums direkt in das `<html>`-Start-Tag eingefügt.

7.4 Eingebaute Template-Regeln

Die wichtigste eingebaute Template-Regel ist oben schon angesprochen worden. Wenn eine Regel fehlt, die sich explizit auf den Wurzelknoten bezieht, verwendet der Prozessor automatisch eine für diesen Zweck eingebaute Template-Regel.

```
<xsl:template match="*|/">
  <xsl:apply-templates/>
</xsl:template>
```

Sie können dies testen, indem Sie ein Stylesheet auf eine Quelldatei anwenden, das noch gar keine Template-Regeln enthält. Der Prozessor gibt dann einfach die String-Werte aller Elemente des Quelldokuments aus, wobei die Attribute ignoriert werden. Jede explizite Template-Regel zu »/« überschreibt die eingebaute Regel, soweit sie sich auf den Wurzelknoten bezieht.

Diese Regel trifft nämlich nicht nur auf den Wurzelknoten zu, sondern auf alle beliebigen Elementknoten. Sie sorgt für eine rekursive Verarbeitung, also dafür, dass, wenn eine Template-Regel für bestimmte Knoten existiert, diese auch ausgeführt wird, auch wenn ihre Anwendung nicht explizit aufgerufen wird.

Eine weitere eingebaute Template-Regel ist für die Verwendung von unterschiedlichen Anwendungsmodi vorgesehen, die weiter unten noch behandelt werden. Sie sorgt dafür, dass die Knoten unabhängig vom gerade gültigen Modus verarbeitet werden:

```
<xsl:template match="*|/" mode="m">
  <xsl:apply-templates mode="m"/>
</xsl:template>
```

Die eingebaute Regel für Text- und Attributknoten

```
<xsl:template match="text()|@*">
  <xsl:value-of select="."/>
</xsl:template>
```

kopiert den Text aller Text- und Attributknoten in den Ausgabebaum. Diese Regel wird aber nur dann ausgeführt, wenn die Knoten ausgewählt werden.

Die folgende Regel sorgt lediglich dafür, dass Kommentare und Verarbeitungsanweisungen nicht in das Ergebnisdokument übernommen werden. Sie ist leer, d.h., der Prozessor soll in diesem Fall einfach nichts tun.

```
<xsl:template match="comment()|processing-instruction()"/>
```

Wenn Sie die Kommentare im Ergebnisdokument sehen wollen, definieren Sie eine Template-Regel, die die eingebaute einfach überschreibt:

```
<xsl:template match="comment()">
  <xsl:comment>
    <xsl:value of select="."/>
  </xsl:comment>
</xsl:template>
```

sorgt beispielsweise dafür, dass der Inhalt eines Kommentars im Ergebnisdokument erneut als Kommentar eingefügt wird, also eingeschlossen in `<!--` und `-->`.

All diese Template-Regeln haben eine geringere Priorität als alle explizit im Stylesheet eingefügten Regeln, kommen also nur zum Zuge, wenn entsprechende explizite Regeln fehlen.

7.5 Design-Alternativen

Die oben beschriebene Version eines Stylesheets für das Kursprogramm ist nur eine der möglichen Lösungen, die mit XSLT realisierbar sind. In dem Beispiel sind zwei Methoden für den Zugriff auf den Inhalt von Knoten gemischt. In der ersten Template-Regel wird die Behandlung der Knoten unterhalb des Wurzelknotens gewissermaßen an ein anderes Template abgestoßen, in der zweiten Regel dagegen werden die Daten der Kinder des aktuellen Knotens direkt mit Hilfe von `value-of` in das Template einbezogen. Das erste wird deshalb manchmal auch Push-Processing, das andere Pull-Processing genannt.

Eine Variante des Stylesheets, die stärker die Push-Methode verwendet, könnte so aussehen:

```
<?xml version="1.0" encoding="ISO-8859-1"?>
<xsl:stylesheet version="1.0"
                xmlns:xsl="http://www.w3.org/1999/XSL/Transform">
  <xsl:output method="html"/>

  <xsl:template match="/">
    <html>
      <head>
        <title>Kursliste</title>
      </head>
      <body>
        <h1>Unser Kursprogramm:</h1>
        <xsl:apply-templates />
      </body>
    </html>
  </xsl:template>
```

```
  <xsl:template match="kurs">
    <h3><xsl:value-of select="@name"/></h3>
    <xsl:apply-templates />
  </xsl:template>

  <xsl:template match="referent">
    <p>Referent:  <xsl:value-of select="."/></p>
  </xsl:template>

  <xsl:template match="termin">
    <p>Termin:  <xsl:value-of select="."/></p>
  </xsl:template>

  <xsl:template match="beschreibung">
    <p><xsl:value-of select="."/></p>
  </xsl:template>

</xsl:stylesheet>
```

Listing 7.5 kursliste8.xslt

In dieser Version ist für jeden Elementknoten im Quelldokument eine eigene Template-Regel definiert. Die Regeln für die jeweiligen Kindknoten werden über die Anweisung `<xsl:apply-templates />` stufenweise aktiviert. Dieses Vorgehen bietet sich an, wenn der Ergebnisbaum weitgehend über dieselbe Struktur wie das Quelldokument verfügt. Die Inhalte der Elemente `<referent>`, `<termin>` und `<beschreibung>` werden jedes Mal mit der Anweisung `<xsl:value-of select=".">` übernommen, wobei der Punkt als Abkürzung für den Kontextknoten verwendet wird. Da es sich hier um die Knoten am Ende des Baums handelt, liefert diese Anweisung die Blätter des Baums, den Inhalt der Textknoten.

Würde `<xsl:value-of select=".">` dagegen bei einem Kontextknoten verwendet, der selbst noch Elemente als Kinder hat, ergäbe die Anweisung eine Zeichenkette, die die String-Werte der Textknoten dieser Kinder aneinander reiht.

Eine Instanz einer Template-Regel wie

```
<xsl:template match="kurs">
  <xsl:value-of select="." />
</xsl:template>
```

würde beispielsweise folgende Zeichenkette liefern:

```
Hans Fromm 12.11.2002 Einführungsseminar für Programmierer, IT-
Manager und Contentmanager
```

Obwohl die Reihenfolge der Template-Regeln im Prinzip keine Bedeutung hat, liegt es nahe, beim Entwurf des Stylesheets der Struktur des Quelldokuments zu folgen, wie es hier geschehen ist. Dies macht das Ganze übersichtlicher und so lesbarer. Dies gilt zumindest in all den Fällen, in denen sich das Ergebnisdokument weitgehend an der Struktur des Quelldokuments orientiert.

7.6 Kontrolle der Knotenverarbeitung

Die in den bisherigen Beispielen verwendete Anweisung `<xsl:apply-templates/>` ist eine sehr generelle Aufforderung an den Prozessor, den Knotenbaum zu durchwandern, um nach Knoten zu sehen, für die Templates definiert sind. Bei einem Quelldokument mit einer tiefen Hierarchie, aus der nur bestimmte Informationen in das Ergebnisdokument übernommen werden sollen, und dazu vielleicht noch in einer anderen Anordnung, ist es effektiver, mit Hilfe des select-Attributs die Zielknoten der Anweisung genau oder wenigstens genauer zu bestimmen.

Wenn beispielsweise in der Kursliste die Beschreibung vor die Terminangabe gesetzt werden soll, können Sie die Template-Regel für das Element `<kurs>` folgendermaßen angeben:

```
<xsl:template match="kurs">
  <h3><xsl:value-of select="@name"/></h3>
  <xsl:apply-templates select="referent"/>
  <xsl:apply-templates select="beschreibung"/>
  <xsl:apply-templates select="termin"/>
</xsl:template>
```

Listing 7.6 kursliste9.xslt

Das Attribut `select` benötigt als Wert einen XPath-Ausdruck, der die Knotenmenge beschreibt, die verarbeitet werden soll. Der Ausdruck muss also immer eine Knotenmenge liefern. Ohne `select` werden jeweils alle Kinder des aktuellen Knotens ausgewählt, dies entspricht `select="child::node()"`, wobei zu dieser Knotenmenge alle Knoten vom Typ Element, Text, Verarbeitungsanweisung und Kommentar gehören, aber nicht die Attribute des aktuellen Knotens, die ja von XPath – wie schon erwähnt – nicht als Kindknoten behandelt werden.

Dabei können auch Wildcards verwendet werden:

```
<xsl:apply-templates select="*"/>
```

wählt alle Kindknoten vom Typ Element bezogen auf den aktuellen Kontextknoten aus. Der XPath-Ausdruck kann anstelle von relativen Lokalisierungspfaden auch mit absoluten Pfaden arbeiten.

```
<xsl:apply-templates select="/kursprogramm/kurs/referent"/>
```

ist ein solcher Pfad, der eine Auswahl von Knoten erlaubt, die unabhängig vom gerade aktuellen Kontextknoten ist. Auch der Operator `//` lässt sich in einem absoluten Pfad verwenden:

```
<xsl:apply-templates select="/kursprogramm//referent"/>
```

Gesucht wird dann nach einer Knotenmenge `referent`, die den Knoten `kursprogramm` als Vorfahren hat. Mit Hilfe von Funktionen kann die Suche weiter verfeinert werden.

7.6.1 Benannte Templates

Ein Stylesheet kann auch Templates verwenden, die sich nicht mit dem `match`-Attribut gewissermaßen die Opfer suchen, auf die sie sich stürzen, um daraus einen Teil des Ausgabebaums zu fabrizieren, sondern solche, die mit eindeutigen QNamen gekennzeichnet sind. Über diese Namen können sie von anderen Templates aus aufgerufen werden. Diese Vorgehensweise ist dem Aufruf von Funktionen in prozeduralen Sprachen ähnlich. Dabei können auch Parameter an das aufgerufene Template übergeben werden. Mehr dazu weiter unten in Abschnitt 7.11, *Parameter und Variable*.

Ein wichtiger Unterschied zu den Templates, die mit Suchmustern arbeiten, ist, dass der Kontextknoten nicht durch das aufgerufene Template verändert wird. Es bleibt der Kontext erhalten, der zu der aufrufenden Template-Regel gehört. Unser Beispiel kann bei diesem Verfahren so aussehen:

```
<xsl:template match="/">
  <html>
    <head>
      <title>Kursliste</title>
    </head>
    <body>
      <h1>Unser Kursprogramm:</h1>
      <xsl:call-template name="kursliste"/>
    </body>
  </html>
</xsl:template>

<xsl:template name="kursliste">
```

```
    <xsl:for-each select="//kurs">
      <h3><xsl:value-of select="@name"/></h3>
      <p>Referent:  <xsl:value-of select="referent"/></p>
      <p>Termin:  <xsl:value-of select="termin"/></p>
      <p><xsl:value-of select="beschreibung"/></p>
    </xsl:for-each>
  </xsl:template>

</xsl:stylesheet>
```

Listing 7.7 kursliste10.xslt

Die Template-Regel für den Wurzelknoten ruft hier ein Template mit Namen `kursliste` auf, das zunächst vollständig ausgeführt werden muss, bevor die übrigen Anweisungen der ersten Regel zum Zuge kommen. Anstelle einer `apply-templates`-Aufforderung an den Prozessor wird hier eine andere Methode verwendet, um an die Daten der Knoten zu gelangen. Mit `<xsl:for-each>` wird der Prozessor angewiesen, die Knotenliste vollständig durchzugehen, die durch den Lokalisierungspfad bestimmt ist, der den Wert von `select` liefert. Da in diesem Fall der Wurzelknoten immer noch den aktuellen Kontext bildet, wird ein absoluter Lokalisierungspfad `//kurs` angegeben, um die Knoten unabhängig vom aktuellen Kontextknoten zu finden.

7.6.2 Template-Auswahl mit XPath-Mustern

In dem ersten Beispiel sind für die beiden Template-Regeln zwei sehr einfache `match`-Attribute verwendet worden: `match="/"` für den Wurzelknoten und `match="kurs"` für eines der Elemente. Das Suchmuster enthält die Bedingung, die erfüllt sein muss, damit ein Knoten als Kandidat für die Anwendung des Templates ausgewählt wird. Dabei muss jedes Mal der Kontext beachtet werden, in dem die Prüfung auf Übereinstimmung stattfindet.

Für die Formulierung des Musters steht nur eine Untermenge der XPath-Sprache, die in Kapitel 5, *Navigation und Verknüpfung*, beschrieben worden ist, zur Verfügung, im Unterschied zu den `select`-Kriterien, die Elemente wie `<apply-templates>` oder `<value-of>` verwenden.

Ein XSLT-Muster kann einen oder auch mehrere Lokalisierungspfade enthalten, allerdings dürfen nur die `child`- und die `attribute`-Achse benutzt werden. Außerdem ist noch der `//`-Operator erlaubt, nicht aber die `descendent`-Achse insgesamt. Solche Muster werden außer im `match`-Attribut des `<template>`-Elements auch für das `match`-Attribut des `<key>`-Elements und in den `count`- und `from`-Attributen des Elements `<number>` verwendet.

Die folgende Tabelle zeigt einige Beispiele gültiger Muster:

Muster	Bedeutung
Kurs	Passt auf alle <kurs>-Elemente.
kurs/referent	Passt auf jedes Element <referent>, das ein Kind von <kurs> ist.
kursprogramm/kurs[1]	Passt auf das erste Element <kurs>, das Kind von <kursprogramm> ist.
kurs[referent="Hanna Horn"]	Passt auf jedes Element <kurs>, bei dem der String-Wert des Kindes <referent> dem angegebenen Wert entspricht.
kursprogramm/kurs[position()!=1]	Passt auf jedes Element <kurs>, das Kind von <kursprogramm> ist und nicht das erste Kind ist.
kurs [@name="XSL-Praxis"]	Passt auf das Element <kurs>, bei dem das Attribut name den angegebenen Wert hat.

Mit Hilfe solcher Muster lässt sich die Zuordnung von Templates sehr fein auf die Besonderheiten bestimmter Elemente abstimmen. Beispielsweise erlaubt das folgende Stylesheet-Fragment, bei einigen Kursen zusätzliche Hinweise einzubauen:

```
<xsl:template match="kurs">
  <h3><xsl:value-of select="@name"/></h3>
    <xsl:apply-templates />
</xsl:template>

<xsl:template match="kurs[referent='Hanna Horn']">
  <h3>Neu im Programm: <xsl:value-of select="@name"/></h3>
    <xsl:apply-templates />
</xsl:template>
 <xsl:template match="kurs [@name='XSL-Praxis']">
  <h3>Wochenendseminar: <xsl:value-of select="@name"/></h3>
    <xsl:apply-templates />
</xsl:template>
```

Die Templates mit dem spezifischeren Muster werden in diesem Fall vorrangig vor dem Muster für kurs verwendet.Wenn sich ein Template gleich für unterschiedliche Knoten verwenden lässt, können Sie mit einem match-Wert arbeiten, der mehrere Werte zulässt:

```
<xsl:template match="referent|termin">
```

wäre ein Beispiel dafür.

7.6.3 Kontext-Templates

Ähnlich wie bei den Kontextselektoren, die in Abschnitt 6.1, *Cascading Stylesheets für XML*, beschrieben worden sind, lassen sich Elementen unterschiedliche Templates zuordnen, je nach dem Kontext, in dem sie auftauchen. Das ist immer dann von Bedeutung, wenn auf unterschiedlichen Ebenen der Hierarchie für Elemente gleiche Namen verwendet werden. Das folgende Listing zeigt einen Ausschnitt aus einer etwas modifizierten Version der Kursliste:

```
<kursprogramm>
  <kurs>
    <name>XML-Grundlagen</name>
    <referent>
      <name>Hans Fromm</name>
      <email/>
    </referent>
    <termin>12.11.2002</termin>
    <beschreibung>Einführungsseminar für Programmierer,
      IT-Manager und Contentmanager</beschreibung>
  </kurs>
</kursprogramm>
```

Die Anweisung

```
<xsl:template match="name">
```

würde nacheinander auf beide Elemente angewendet werden. Sollen die beiden Elemente dagegen unterschiedlich ausgegeben werden, muss das `match`-Kriterium entsprechend differenziert werden:

```
<xsl:template match="kurs/name">
<xsl:template match="referent/name">
```

7.6.4 Template-Modi

Es kann vorkommen, dass dieselben Quelldaten einmal so und einmal anders benötigt werden. An das ausführliche Kursprogramm kann zum Beispiel noch eine kurze Übersicht angehängt werden. Um Templates, die dasselbe `match`-Kriterium verwenden, dennoch unterscheiden zu können, wird das Attribut `mode` eingesetzt. Den Template-Regeln muss über dieses Attribut ein eindeutiger Modus zugeordnet werden, der dann auch beim Aufruf der Template-Regel verwendet wird.

```
<?xml version="1.0" encoding="ISO-8859-1"?>
<xsl:stylesheet version="1.0"
                xmlns:xsl="http://www.w3.org/1999/XSL/Transform">
```

```
  <xsl:output method="html"/>
  <xsl:template match="/">
    <html>
      <head>
        <title>Kursliste</title>
      </head>
      <body>
        <h1>Unser Kursprogramm:</h1>
        <xsl:apply-templates select="//kurs" mode="langfassung"/>
        <h4>Übersicht</h4>
        <xsl:apply-templates select="//kurs" mode="kurzfassung"/>
      </body>
    </html>
  </xsl:template>

  <xsl:template match="kurs" mode="langfassung">
    <h3><xsl:value-of select="@name"/></h3>
    <p>Referent:  <xsl:value-of select="referent"/></p>
    <p>Termin:  <xsl:value-of select="termin"/></p>
    <p><xsl:value-of select="beschreibung"/></p>
  </xsl:template>

  <xsl:template match="kurs" mode="kurzfassung">
    <table width="180" border="1" cellspacing="2" cellpadding="2">
      <tr>
        <td width="120" height="60">
          <xsl:value-of select="@name"/>
        </td>
        <td width="60" height="60">
          <xsl:value-of select="termin"/>
        </td>
      </tr>
    </table>
  </xsl:template>

</xsl:stylesheet>
```

Listing 7.8 kursliste14.xslt

7.7 Datenübernahme aus der Quelldatei

In den bisherigen Beispielen sind Daten aus der Quelldatei hauptsächlich mit Hilfe der Anweisung `<xsl:value-of>` in das Ergebnisdokument übernommen worden. Dabei kann über das `select`-Attribut sehr präzise bestimmt werden, welche Daten übernommen werden sollen. Durch entsprechende XPath-Ausdrücke kann auf jedes beliebige Element oder Attribut innerhalb des Quelldokuments zugegriffen werden. Der Ausdruck wird bezogen auf den gerade aktuellen Kontextknoten ausgewertet, sofern nicht mit absoluten Lokalisierungspfaden gearbeitet wird, und liefert eine entsprechende Zeichenkette, also den String-Wert.

Neben dem notwendigen Attribut `select` kann noch das Attribut `disable-output-escaping` verwendet werden. Vorgabe ist `"no"`, sodass sichergestellt ist, dass Sonderzeichen wie `<`, `&` und `>` auch in der Ausgabe maskiert bleiben, also als `<`, `&` und `>` ausgegeben werden. Der Wert `"yes"` bewirkt, dass die Zeichen selbst – unmaskiert – erscheinen, was aber nur sinnvoll ist, wenn das Ergebnisdokument kein gültiges XML-Dokument mehr sein soll.

Sollen gleich ganze Teilbäume aus dem Quelldokument in ein neues Dokument übertragen werden, bietet sich die Anweisung `<xsl:copy-of>` an. Damit kann die Knotenliste, die über das `select`-Attribut der Anweisung bestimmt wird, vollständig aus dem Quelldokument in die Ausgabe kopiert werden. Das Ergebnis hängt dabei von dem aktuellen Knotentyp ab. Im Unterschied zu `<xsl:value-of>` kopiert `<xsl:copy-of>` die ausgewählte Knotenliste und nicht den String-Wert der Auswahl. Das Markup bleibt also erhalten.

Diese Anweisung wird hauptsächlich bei der Transformation von XML nach XML verwendet, wenn es darum geht, Teile des Quelldokuments unverändert zu übernehmen. In dem folgenden Beispiel werden alle `<kurs>`-Elemente der Quelldatei in eine Datei kopiert, bei der diese Elemente in ein neues Wurzelelement `<schulungsprogramm>` eingefügt werden.

```
<?xml version="1.0" encoding="ISO-8859-1"?>
<xsl:stylesheet version="1.0"
                xmlns:xsl="http://www.w3.org/1999/XSL/Transform">
  <xsl:template match="/">
    <schulungsprogramm>
      <xsl:copy-of select="//kurs"/>
    </schulungsprogramm>
  </xsl:template>
</xsl:stylesheet>
```

Listing 7.9 kursliste4d.xslt

Der folgende Auszug zeigt die kopierten Daten als Abkömmlinge des neuen Wurzelelements:

```
<?xml version="1.0" encoding="UTF-16"?>
<schulungsprogramm>
```

```
  <kurs name="XML-Grundlagen" dauer="2 Tage">
    ...
  </kurs>
</schulungsprogramm>
```

Die verwandte Anweisung <xsl:copy> kopiert nur den aktuellen Knoten im Quelldokument, ohne die Attribute oder die Kinder des Knotens zu berücksichtigen.

7.8 Nummerierungen

XSLT gibt Ihnen die Möglichkeit, die aus dem Quelldokument übernommenen Daten in fast jeder denkbaren Weise auch nachträglich zu nummerieren, wobei wiederum zahlreiche Formate zur Verfügung stehen. Das Element <xsl:number> enthält dafür eine Reihe von optionalen Attributen, die hier nicht alle im Detail behandelt werden können, sie sind in der Kurzreferenz aufgelistet. Die Anweisung kann innerhalb eines Templates verwendet werden.

7.8.1 Einfach

In der einfachsten Form, ohne jedes Attribut, liefert das Element eine fortlaufende Nummer für alle Elemente der Knotenliste, zu der der Kontextknoten gehört.

```
<xsl:template match="kurs">
  <p>
    <xsl:number/>
    <xsl:text> </xsl:text>

    <xsl:value-of select="@name"/>
  </p>
</xsl:template>
```

Listing 7.10 kursliste16.xslt

Das liefert die folgende schlichte Liste der Kurse:

```
1 XML-Grundlagen
2 XSL-Praxis
3 XSLT-Einstieg
```

Derselbe Effekt kann in diesem Fall übrigens auch erreicht werden, wenn zu jedem Knoten das Ergebnis der Funktion position() ausgegeben wird.

7.8.2 Mehrstufig

Die Attribute für `<xsl:number>` erlauben aber auch hoch komplexe Nummerierungen, die mit mehreren Ebenen arbeiten, wie es zum Beispiel bei Textdokumenten oder hierarchischen Verzeichnissen üblich ist. Maßgeblich für die Art, wie der Prozessor beim Durchzählen vorgeht, ist insbesondere das Attribut `level`, das drei Werte kennt:

`single`	(Vorgabe) Zählt Geschwisterknoten, die auf einer Ebene liegen.
`any`	Wird verwendet, um Knoten zu nummerieren, die auf verschiedenen Ebenen vorkommen können, etwa Fußnoten, Tabellen oder Bilder in einem Text.
`multiple`	Erlaubt die Bildung von zusammengesetzten Nummerierungen wie sie in Dokumenten verwendet werden, z. B. 1.2.1 oder I.1.a.

Anstatt jeweils alle Elemente einer Ebene der Dokumenthierarchie zu zählen, kann mit dem Attribut `count` auch die Übereinstimmung mit einem XPath-Muster geprüft werden. Die Syntax von XPath-Mustern ist oben schon beschrieben worden. Zusätzlich kann noch mit `from` ein Muster verwendet werden, das einen anderen Startpunkt für das Abzählen setzt.

Das Verfahren des Abzählens, das der Prozessor bei dieser Anweisung zu bewältigen hat, sieht im Prinzip so aus, dass er bei jeder Nummer, die zu vergeben ist, vom gerade aktuellen Kontextknoten aus die `ancestor-or-self`-Achse zurückgeht, um den ersten Knoten zu finden, der dem expliziten oder vorgegebenen `count`-Muster entspricht. Falls `from` einen Wert hat, stoppt er bereits an der dem `from`-Muster entsprechenden Stelle. Wenn er beispielsweise 6 Knoten auf dieser Achse findet, zählt er 1 hinzu und vergibt die Nummer 7 an den aktuellen Kontextknoten.

Für die Definition des Zahlenformats werden Format-Token verwendet, die den Wert des Attributs `format` liefern.

Format-Token	Ausgabesequenz
`1`	1, 2, 3, 4, ...
`01`	01, 02, ..., 10, 12, ...
`a`	a, b, c, d, ...
`A`	A, B, C, D, ...
`i`	i, ii, iii, iv, ...
`I`	I, II, III, IV, ...

7.8.3 Zusammengesetzt

Zur Demonstration wollen wir das Kursbeispiel so erweitern, dass im XML-Dokument Kursprogramme für verschiedene Veranstaltungsorte aufgenommen werden können. Dazu wird das Element `<kursprogramm>` um ein Attribut `ort` erweitert und die verschiedenen Kursprogramme unter einem neuen Wurzelelement `<schulungsprogramm>` verklammert:

```
<schulungsprogramm>
  <kursprogramm ort="Hamburg">
    <kurs name="XML-Grundlagen" dauer="2 Tage">
      <referent>Hans Fromm</referent>
      <termin>12.11.2002</termin>
      ...
  </kursprogramm>
  <kursprogramm ort="Berlin">
    ...
  </kursprogramm>
</schulungsprogramm>
```

Das Stylesheet benötigt dann zwei Template-Regeln, um die doppelte Nummerierung zu leisten:

```
<xsl:template match="kursprogramm">
  <h3>Seminare in <xsl:value-of select="@ort"/>: </h3>
   <xsl:apply-templates/>
</xsl:template>

<xsl:template match="kurs">
  <p>
    <xsl:number level="multiple" count="kursprogramm|kurs"
                format="I.1 "/>
    <xsl:value-of select="@name"/>
  </p>
</xsl:template>
```

Das Attribut `count` enthält in diesem Fall eine Musterverknüpfung, die dafür sorgt, dass sowohl die Kursprogramme als auch die einzelnen Kurse gezählt und die Nummerierungen jeweils aus beiden Werten zusammengesetzt werden. Im Ergebnisdokument erscheint folgende Liste:

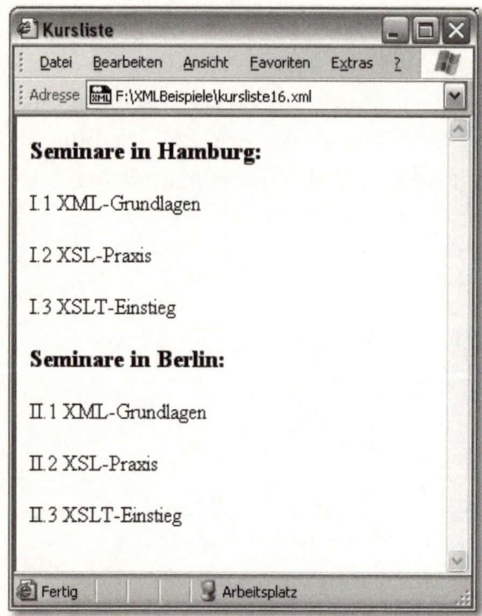

Abbildung 7.9 Liste mit Mehrfachnummerierung

7.8.4 Verzweigungen und Wiederholungen

Mit den Anweisungen `<xsl:if>`, `<xsl:choose>` und `<xsl:when>` lässt sich der Ablauf der Operationen, die der Prozessor vornimmt, zusätzlich beeinflussen.

7.9 Bedingte Ausführung von Templates

Die `<xsl:if>`-Anweisung ist sehr einfach gehalten. Sie wird verwendet, um die Ausführung eines Templates an eine Bedingung zu knüpfen. Dieses Template wird direkt in Form von Kindelementen des Elements `<xsl:if>` eingefügt. Das so gleichsam eingeklammerte Template wird nur ausgeführt, wenn die angegebene Bedingung erfüllt ist. Diese Bedingung wird mit Hilfe des Attributs `test` formuliert. Der dabei verwendete XPath-Ausdruck muss einen logischen Wert liefern.

Soll zum Beispiel eine Liste ausgegeben werden, die nur die Kurse eines bestimmten Referenten enthält, kann eine entsprechende Bedingung in die Template-Regel eingefügt werden:

```
<xsl:template match="kurs">
  <xsl:if test="referent='Bodo Klare'">
    <h3><xsl:value-of select="@name"/></h3>
    <p>Referent:  <xsl:value-of select="referent"/></p>
    <p>Termin:  <xsl:value-of select="termin"/></p>
```

```
    <p><xsl:value-of select="beschreibung"/></p>
  </xsl:if>
</xsl:template>
```

Für die Formulierung der Testkriterien können insbesondere auch die zahlreichen Funktionen genutzt werden, die in XPath-Ausdrücken verwendet werden können. Um beispielsweise die Kurse eines bestimmten Jahrgangs gesondert auszugeben, könnte mit einer Anweisung wie

```
<xsl:if test="substring(termin,10,1)='3'">
```

die letzte Stelle des Datums abgefragt werden, wenn es als String vorliegt.

7.9.1 Wahlmöglichkeiten

Die in den meisten Sprachen mögliche Variante `if - else` ist in XSLT nicht vorhanden. Wenn weitere Wahlmöglichkeiten benötigt werden, kann mit der Anweisung `<xsl:choose>` gearbeitet werden, die als Kindelemente für die verschiedenen Fälle mindestens ein oder mehrere `<xsl:when>` Elemente verwendet. Zusätzlich kann ein Default-Fall mit dem Element `<xsl:otherwise>` definiert werden, das ohne `test`-Attribut arbeitet.

`<xsl:choose>` ähnelt der `switch`-Anweisung in Java oder C#. Jedes `<xsl:when>`-Element enthält ein `test`-Attribut, das einen logischen XPath-Ausdruck auswertet, und als Kindelemente die Template-Anweisungen, die ausgeführt werden sollen, wenn der Test den Wert `true` liefert.

Im Unterschied zur angesprochenen `switch`-Anweisung wird es zugelassen, dass mehrere Testausdrücke in `<xsl:when>`-Elementen gleichzeitig wahr sein können. Es wird aber nur das Template des ersten Elements ausgeführt, das den Test besteht. Deshalb ist es in diesem Fall von Bedeutung, in welcher Reihenfolge die `<xsl:when>`-Elemente angeordnet sind. Eine Anordnung wie:

```
<xsl:when test="count(//referent) &lt;4">...
<xsl:when test="count(//referent) =1">...
```

würde dazu führen, dass der zweite Test niemals erreicht wird. Die umgekehrte Reihenfolge würde dagegen beide Tests zulassen. Wird keiner der `when`-Tests bestanden, wird ausgeführt, was innerhalb des Elements `<xsl:otherwise>` genannt ist, falls dieses Element angegeben ist. Andernfalls geschieht nichts, und die Anweisung hinter `</xsl:choose>` wird bearbeitet.

In unserem Kursbeispiel könnten die Kurse zum Beispiel je nach der dafür vorgesehenen Dauer unterschiedlich behandelt werden, um je nach Anzahl der Seminartage verschiedene zusätzliche Informationen in das Ergebnisdokument einzufügen:

```
<xsl:template match="kurs">
  <h3><xsl:value-of select="@name"/></h3>
  <p>Referent:  <xsl:value-of select="referent"/></p>
  <p>Termin:  <xsl:value-of select="termin"/></p>
  <p><xsl:value-of select="beschreibung"/></p>
  <xsl:choose>
    <xsl:when test="@dauer='2 Tage'">
      Das Seminar dauert 2 Tage.
    </xsl:when>
    <xsl:when test="@dauer='5 Tage'">
      Das Seminar dauert 5 Tage.
    </xsl:when>
    <xsl:otherwise>
      Eintägiges Seminar
    </xsl:otherwise>
  </xsl:choose>
</xsl:template>
```

Listing 7.11 kursliste4c.xslt

7.9.2 Schleifen

Neben Verzweigungen sind Schleifen übliche Konstrukte in Programmiersprachen. Das Angebot von XSLT ist hier etwas eingeschränkt, was damit zusammenhängt, dass zwar Variablen verwendet werden können, wie in Abschnitt 7.11, *Parameter und Variable*, beschrieben, diesen Variablen aber immer nur jeweils einmal ein Wert zugewiesen werden kann. Die den Entwicklern vertraute Möglichkeit, den Ablauf einer Schleife über einen Schleifenzähler zu kontrollieren, kommt deshalb in dieser Form nicht vor.

Die Alternative zu dieser Art von Schleifen sind in XSLT die Iterationen, die mit Hilfe der schon verwendeten Anweisung `<xsl:for-each>` gestartet werden können. Dabei wird der Umfang der Iteration durch das `select`-Attribut gesteuert, das mittels eines XPath-Ausdrucks eine bestimmte Knotenmenge aus dem Quelldokument auswählt. Auf jeden einzelnen Knoten aus dieser Knotenmenge werden dann nacheinander die als Kinder des Elements aufgeführten Anweisungen angewendet.

Der Prozessor baut dabei eine entsprechende Knotenliste auf und fügt dem aktuellen Kontext die Information über die Größe dieser Liste, also die Anzahl ihrer Mitglieder, bei.

Bei jeder Wiederholung ändert sich der aktuelle Kontextknoten und damit die Position des aktuellen Knotens in der Knotenliste, sodass XPath-Ausdrücke, die von Kindelementen der Anweisung verwendet werden, jedes Mal einen entsprechend geänderten Kontext vorfinden und die Daten über diesen Kontext auswerten können. Das ist sehr praktisch, wenn es etwa darum geht, die Zellen einer Tabelle schrittweise mit Daten aus dem Quelldokument zu füllen.

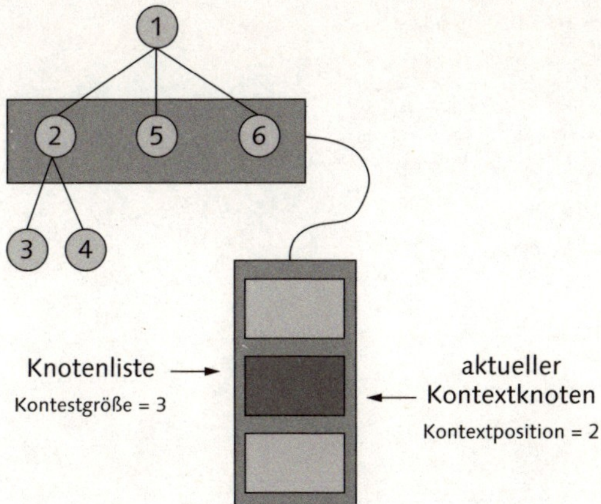

Abbildung 7.10 Knotenliste und Kontextinformationen

Mit dem folgenden Stylesheet wird eine kurze Übersicht in Form einer Tabelle ausgegeben:

```
<xsl:stylesheet version="1.0"
                xmlns:xsl="http://www.w3.org/1999/XSL/Transform">
  <xsl:output method="html"/>
  <xsl:template match="/">
    <html>
      <head>
        <title>Kursliste</title>
      </head>
      <body>
        <h3>Kursübersicht</h3>
        <table width="420" border="1" cellspacing="1"
               cellpadding="20">
          <tr>
            <th>Nr</th>
            <th>Bezeichnung</th>
            <th>Termin</th>
          </tr>
          <xsl:call-template name="kurstabelle"/>
        </table>
      </body>
    </html>
  </xsl:template>
```

```
  <xsl:template name="kurstabelle">
    <xsl:for-each select="//kurs">
      <tr>
        <td width="30" height="60">
          <xsl:value-of select="position()"/>
        </td>
        <td width="300" height="60">
          <xsl:value-of select="@name"/>
        </td>
        <td width="90" height="60">
          <xsl:value-of select="termin"/>
        </td>
      </tr>
    </xsl:for-each>
  </xsl:template>
</xsl:stylesheet>
```

Listing 7.12 kursliste14a.xslt

Die Überschriften der Tabelle werden bereits in der aufrufenden Template-Regel zum Wurzelknoten gesetzt. Innerhalb des `kurstabelle` genannten Templates sind die Anweisungen zum Füllen der einzelnen Tabellenzeilen Abkömmlinge des Elements `<xsl:for-each>`. Da sich bei jedem neuen `<kurs>`-Knoten der Kontext entsprechend der erreichten Position in der Knotenliste ändert, die durch `select="//kurs"` ausgewählt ist, kann mit der Funktion `position()` eine einfache Nummerierung der Kurse erreicht werden, die die aktuelle Position in der Knotenliste wiedergibt.

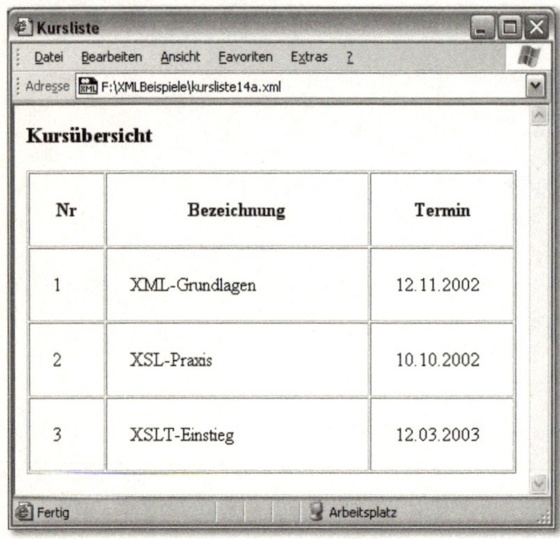

Abbildung 7.11 Die Kursübersicht in Form einer Tabelle

7.10 Sortieren und Gruppieren von Quelldaten

Gewöhnlich verarbeitet der XSLT-Prozessor eine durch ein `select`-Attribut ausgewählte Knotenliste in der Reihenfolge, die durch das Quelldokument vorgegeben ist, also in der Dokumentreihenfolge, wie es in Abschnitt 5.13 beschrieben ist. Wenn eine andere Anordnung im Ergebnisdokument benötigt wird, kann mit `<xsl:sort>`-Elementen gearbeitet werden. Diese Elemente können als Kindelement von `<xsl:apply-templates>` oder von `<xsl:for-each>` auftreten.

7.10.1 Sortierschlüssel

Wenn Sie mit mehreren Schlüsseln arbeiten wollen, um Duplikate innerhalb des vorausgehenden Schlüssels nach einem weiteren Kriterium zu sortieren, nehmen Sie einfach für jeden Schlüssel ein eigenes `<xsl:sort>`-Element. Die Zahl der Schlüssel ist nicht begrenzt. Allerdings muss die Reihenfolge von der größeren zur kleineren Knotenmenge beachtet werden.

```
<xsl:sort select="name"/>
<xsl:sort select="vorname"/>
```

sortiert beispielsweise die üblichen Kandidaten Müller, Meier, Schmitz im zweiten Durchlauf nach den Vornamen.

Innerhalb von `<xsl:for-each>` müssen `<xsl:sort>`-Elemente immer vor den Anweisungen stehen, die auf die sortierten Knoten angewendet werden sollen. Im Zusammenhang mit einer `<xsl:apply-templates>`-Anweisung erscheinen die `<xsl:sort>`-Elemente vor oder auch nach möglichen `<xsl:with-param>`-Elementen.

In dem im letzten Abschnitt verwendeten Stylesheet könnte die Reihenfolge der Tabellenzeilen zum Beispiel nach dem Termin der Kurse aufsteigend geordnet werden. Das Template `kurstabelle` müsste dann folgendermaßen erweitert werden:

```
<xsl:template name="kurstabelle">
  <xsl:for-each select="//kurs">
    <xsl:sort select="concat(substring(termin,7,4),
              substring(termin,4,2),substring(termin,1,2))"
              order="ascending"
              data-type="text"/>
      <tr>
        <td width="30" height="60">
          <xsl:value-of select="position()"/>
        </td>
```

```
        <td width="300" height="60">
          <xsl:value-of select="@name"/>
        </td>
        <td width="90" height="60">
          <xsl:value-of select="termin"/>
        </td>
      </tr>
    </xsl:for-each>
  </xsl:template>
```

Listing 7.13 kursliste14b.xslt

Soll die Sortierung nicht einfach mit dem String-Wert des aktuellen Knotens erfolgen, was die Vorgabe ist, benutzen Sie wie üblich das Attribut `select`, um den Schlüssel festzulegen, nach dem die aktuelle Knotenliste zu sortieren ist. Der angegebene XPath-Ausdruck muss dabei immer einen String-Wert liefern.

Wir haben hier ein Beispiel eines ziemlich komplexen XPath-Ausdrucks, der in diesem Fall notwendig ist, weil die Termine in einem Format angegeben sind, das sich nicht so ohne weiteres für eine Sortierung eignet. Dabei werden mit Hilfe der Funktion `concat()` die einzelnen Bestandteile des im Element `<termin>` abgelegten Datums, die über die Funktion `substring()` gefunden werden, umgestellt, wobei die Punkte einfach weggelassen werden.

7.10.2 Sortierreihenfolge

Das Attribut `order` bestimmt, ob auf- oder absteigend sortiert werden soll. »ascending« ist die Vorgabe, hätte hier also auch weggelassen werden können. Auch der Datentyp des Sortierschlüssels kann angegeben werden, wobei `datatype="text"` wiederum Vorgabe ist. Wird `datatype="number"` verwendet, wird der Sortierschlüssel, wo es möglich ist, in einen numerischen Wert konvertiert. Dann reihen sich Werte wie 10, 20, 120 korrekt nach dem Zahlenwert, während sie sonst in der Reihenfolge 10, 120, 20 erscheinen würden.

Wäre das Datum im Format »Jahr-Monat-Tag« – `2002-11-12` – angegeben worden, hätte sich die Sortierung einfach über einen String-Vergleich erledigen lassen. Die Abbildung 7.12 zeigt die Kurse nach der erfolgten Sortierung.

Wenn Sie die Abbildung 7.12 mit der Abbildung 7.11 vergleichen, stellen Sie fest, dass die Nummern der Kurse, die jeweils über die Positionsnummer erzeugt wurden, einfach an die neue Reihenfolge nach der Sortierung angepasst worden sind. Darin wird noch einmal deutlich, dass der Prozessor die zunächst in der Dokumentreihenfolge vorliegende Knotenliste tatsächlich zunächst dem Sortierschlüssel entsprechend umbaut und erst auf diese Liste die Template-Anweisungen anwendet, die als Kinder des Elements `<xsl:for-each>` vorhanden sind. Die neue Ordnung der Knoten gilt aber immer nur für den Moment, eine andere Template-Regel kann wieder in der üblichen Reihenfolge auf dieselben Knoten zugreifen, wenn es gewünscht wird. Wird mit einem String als Schlüssel gearbeitet, können über die Attribute `lang` und `case-order` länderspezifische Sortierfolgen bestimmt werden. Mit `case-order="upper-first"` werden Großbuchstaben vor Kleinbuchstaben eingeordnet, also »Regen« vor »regen«.

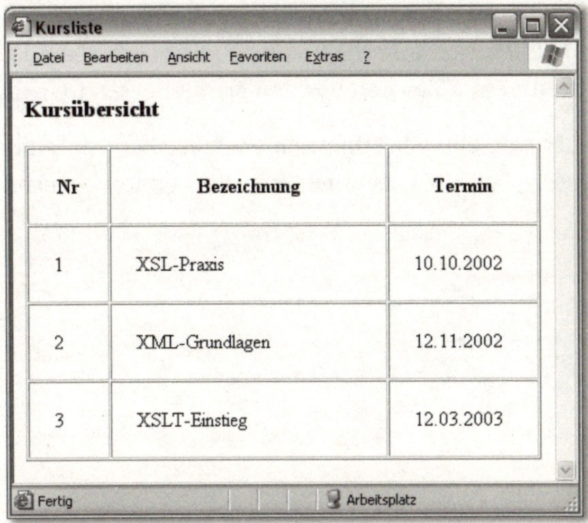

Kursübersicht

Nr	Bezeichnung	Termin
1	XSL-Praxis	10.10.2002
2	XML-Grundlagen	12.11.2002
3	XSLT-Einstieg	12.03.2003

Abbildung 7.12 Die Kursübersicht nach dem Termin aufsteigend sortiert

7.11 Parameter und Variable

Parameter können an eine Template-Regel übergeben werden, wenn sie mit `<xsl:apply-templates>` oder `<xsl:call-template>` aufgerufen wird. Die Parameter werden in beiden Fällen jeweils als Kindelemente mit `<xsl:with-param>`-Anweisungen festgelegt. Der Parameterwert kann dabei entweder über ein `select`-Attribut festgelegt werden, dann bleibt das Element selbst leer, oder der Parameterwert ist der Inhalt des Elements. Als Inhalt enthält das Element selbst ein Template. Das Ergebnis des `select`-Ausdrucks kann ein String, eine Zahl, ein logischer Wert oder eine Knotenliste sein.

7.11.1 Parameterübergabe

Damit das aufgerufene Template die angebotenen Parameter nutzen kann, müssen entsprechende `<xsl:param>`-Anweisungen als erste Kinder des Elements `<xsl:template>` eingefügt werden. Dabei lassen sich Listen von Parametern mit vorgegebenen Werten definieren, die verwendet werden, wenn der Aufruf der Template-Regel ohne entsprechende Parameterwerte erfolgt. Um den Vorgabewert festzulegen, kann wie bei `<xsl:with-param>` wieder entweder ein `select`-Attribut verwendet werden oder ein Template als Inhalt des Elements. Fehlt zu einem Aufrufparameter ein entsprechendes `<xsl:param>`-Element, führt dies allerdings nicht zu einem Fehler, der Parameter wird bei der Durchführung der Template-Regel einfach ignoriert.

Die Parameter, die an ein Template übergeben worden sind, gehören zum aktuellen Kontext des Templates und lassen sich innerhalb von XPath-Ausdrücken in `select`-Attributen verwenden, wenn ein `$`-Zeichen vor den Namen gesetzt wird.

Ein einfaches Beispiel ist die Übergabe eines bestimmten Formattokens an eine Template-Regel für Nummerierung, wie Sie es oben bereits kennen gelernt haben:

```
<xsl:template match="kursprogramm">
   <h3>Seminare in <xsl:value-of select="@ort"/>: </h3>
   <xsl:apply-templates select="kurs">
     <xsl:with-param name="form">A.1 </xsl:with-param>
   </xsl:apply-templates>
 </xsl:template>

 <xsl:template match="kurs">
 <xsl:param name="form" select="I.1 "/>
   <p><xsl:number level="multiple" count="kursprogramm|kurs"
                  format="{$form}"/>
     <xsl:value-of select="@name"/></p>
 </xsl:template>
```

Die innerhalb des Templates definierte Vorgabe wird in diesem Fall überschrieben, und die Liste wird an der ersten Stelle mit Buchstaben gelistet.

7.11.2 Globale Parameter

Auch an ein Stylesheet insgesamt können Parameter übergeben werden, wenn der verwendete Prozessor dies unterstützt. In diesem Fall werden die Parameter als Top-Level-Elemente, d. h. als Kinder des Elements `<xsl:stylesheet>` definiert. Eine denkbare Anwendung wäre etwa die Auswahl des Modus, wenn für die Ausgabe am Bildschirm oder für den Ausdruck Template-Regeln unterschiedliche Modi definiert sind.

Im Stylesheet kann dies zum Beispiel so aussehen:

```
<xsl:stylesheet ...>
  <xsl:param name="modus" select="'screen'"/>
  ...
<xsl:template match="/" mode="{$modus}">
```

Wenn Sie als XSLT-Prozessor Xalan verwenden, kann ein Parameter für den Modus so übergeben werden:

```
java org.apache.xalan.xslt.Process -in kurs.xml
  -xsl kursparam.xsl -param modus print
```

7.11.3 Lokale und globale Variable

Anders als in üblichen Programmiersprachen kennt XSLT Variablen nur in einem sehr eingeschränkten Sinn. Sie können zwar eine Variable deklarieren und ihr einen Wert zuweisen, dieser Wert kann aber dann nicht mehr geändert werden. Verwendet wird dafür das Element `<xsl:variable>`, das als Top-Level-Element erscheinen kann, um eine globale Konstante zu definieren oder lokal innerhalb eines Templates.

Die Konsequenz aus dieser Einschränkung ist, dass ein Template keinen variablen Wert an ein anderes Template übergeben kann. Die einzelnen Template-Regeln haben in diesem Sinne keine Nebeneffekte, eine Eigenschaft, die bei der Konzeption von XSLT ausdrücklich angestrebt worden ist, um die Arbeit mit Templates zu vereinfachen. Denn auf diese Weise ist es möglich, die verschiedenen Templates innerhalb eines Stylesheets mal in dieser, mal in jener Reihenfolge aufzurufen.

Die Syntax von `<xsl:variable>` entspricht ansonsten der von `<xsl:param>`, allerdings können hier keine Default-Werte angegeben werden. Außerdem darf ein `<xsl:variable>`-Element nicht nur als erstes Kindelement innerhalb des Templates erscheinen, sondern überall da, wo es benötigt wird.

Wenn eine Variable innerhalb eines Templates eingefügt wird, muss auf den Geltungsbereich geachtet werden. Der Wert der Variable kann nur von den nachfolgenden Geschwisterelementen und deren Nachkommen verwendet werden, wie die Abbildung 7.13 verdeutlichen soll. Das Element 2 stellt hier eine Variable dar, die beispielsweise Kind eines `<xsl:for-each>`-Elements ist. Enthält das Variablenelement selbst Kindelemente, können sie sich nicht auf den Variablenwert beziehen.

Die lokale Variable verliert ihre Gültigkeit, sobald das End-Tag des Elternelements der Variablen erreicht ist, also etwa bei `</xsl:for-each>`.

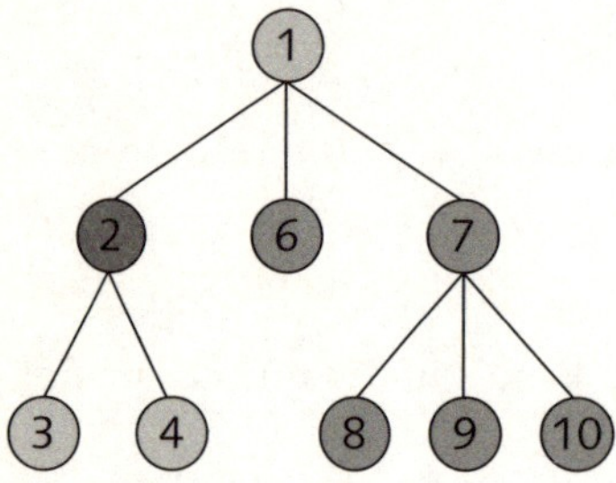

Abbildung 7.13 Nur die Knoten 6–10 können den Wert der Variablen in 2 verwenden

7.11.4 Eindeutige Namen

Variablen- und Parameternamen dürfen in einem Template nur jeweils einmal verwendet werden. Das folgende Template ist nicht erlaubt:

```
<xsl:template name="liste">
  <xsl:param name="startwert"/>
  <xsl:variable name="startwert"/>
...
</xsl:template>
```

Allerdings ist es möglich, in einem Template eine globale Definition einer Variablen oder eines Parameters zu überdecken, indem für die lokale Variable oder den lokalen Parameter derselbe Name verwendet wird. Dann kommt die globale Definition innerhalb dieses Templates nicht zum Zuge.

7.11.5 Typische Anwendungen von Variablen in XSLT

Variablen werden gerne verwendet, um Wiederholungen gleicher Ausdrücke zu vermeiden und so ein Stylesheet lesbarer und pflegbarer zu machen.

Werte mehrfach verwenden

Ein einfaches Beispiel ist eine globale Variable, die eine bestimmte Ausrichtung definiert:

```
<xsl:template match="kurs">
  <h3><xsl:value-of select="@name"/></h3>
  <p align="{$a}">Referent: <xsl:value-of select="referent"/></p>
  <p align="{$a}">Termin: <xsl:value-of select="termin"/></p>
  <p align="{$a}"><xsl:value-of select="beschreibung"/></p>
  </xsl:template>

<xsl:variable name="a" select="'center'"/>
```

Listing 7.14 kursliste17.xslt

Die Variable »a« wird als Top-Level-Element definiert. Es spielt deshalb keine Rolle, ob das <xsl:variable>-Element vor oder – wie hier – hinter den Template-Regeln auftaucht, die den Wert der Variablen verwenden. Der String, der der Variablen als Wert zugewiesen wird, ist in einfache Anführungszeichen gesetzt, damit er nicht vom Prozessor als das Element <center> missinterpretiert wird. Bei Zahlenwerten kann auf die einfachen Anführungen verzichtet werden, weil der Prozessor die Regel beachtet, dass Elementnamen nicht mit einer Zahl beginnen dürfen.

Innerhalb der Template-Regel wird der Wert der Variablen mehrfach dafür verwendet, den Wert des Attributs align zu setzen. Dabei wird vor den Variablennamen das $-Zeichen gesetzt und gleichzeitig der ganze Ausdruck in geschweifte Klammern eingefasst, damit er als Attributwert-Template ausgewertet wird, wie bereits im Abschnitt 7.19, *Attributwert-Templates*, beschrieben. Der Nutzen dieses Verfahrens ist natürlich umso größer, je komplexer der Ausdruck ist, der den an die Variable gebundenen Wert liefert.

Ein <xsl:variable>-Element kann auch selbst Kindelemente enthalten, etwa um eine Wahl zwischen verschiedenen Alternativen zu treffen. Dann entfällt das select-Attribut. In dem folgenden Beispiel wird die Textfarbe der <h3>-Überschriften davon abhängig gemacht, welche Dauer der Kurs hat, der gerade bearbeitet wird.

```
<xsl:template match="kurs">
  <xsl:variable name="fc">
    <xsl:choose>
      <xsl:when test="@dauer='2 Tage'">blue</xsl:when>
      <xsl:when test="@dauer='5 Tage'">grey</xsl:when>
      <xsl:otherwise>red</xsl:otherwise>
    </xsl:choose>
  </xsl:variable>
  <h3><font color="{$fc}">
    <xsl:value-of select="@name"/></font>
  </h3>
...
  </xsl:template>
```

Die Farbnamen können diesmal ohne Anführungszeichen eingetragen werden, weil sie Inhalt des jeweiligen Elements sind und nicht Teil des select-Attributs.

Zwischenspeichern von Kontextinformationen

Eine weitere typische Verwendung ist das Zwischenspeichern von kontextabhängigen Daten, die sonst verloren gehen, weil sich inzwischen der Kontext geändert hat. Das gilt insbesondere für die Verwendung von <xsl:for-each>-Iterationen.

Um dies zu demonstrieren, erweitern wir unsere Quelldatei um einen Abschnitt, in dem die Namen und Telefonnummern der Referenten aufgelistet sind:

```
<?xml version="1.0" encoding="iso-8859-1"?>
<?xml-stylesheet type="text/xsl" href="kursliste18.xslt"?>
<kursprogramm>
  <kurs name="XML-Grundlagen" dauer="2 Tage">
    <referent>Hans Fromm</referent>
    <termin>12.11.2002</termin>
  </kurs>
  <kurs name="XSL-Praxis" dauer="5 Tage">
    <referent>Bodo Klare</referent>
    <termin>10.10.2002</termin>
  </kurs>
  <kurs name="XSLT-Einstieg" dauer="2 Tage">
    <referent>Hanna Horn</referent>
    <termin>12.03.2003</termin>
  </kurs>
  <kurs name="XML-Schnupperkurs">
    <referent>Hanna Horn</referent>
    <termin>12.03.2003</termin>
  </kurs>
  <referent name="Bodo Klare">
    <fon>766684</fon>
  </referent>
  <referent name="Hanna Horn">
    <fon>676689</fon>
  </referent>
  <referent name="Hans Fromm">
    <fon>476688</fon>
  </referent>
</kursprogramm>
```

Listing 7.15 kursliste18.xslt

Mit dem folgenden Stylesheet kann eine Liste erzeugt werden, die für jeden Referenten die Kurse anzeigt, die er halten wird.

```
<?xml version="1.0" encoding="ISO-8859-1"?>
<xsl:stylesheet version="1.0"
                xmlns:xsl="http://www.w3.org/1999/XSL/Transform">
  <xsl:output method="html"/>
  <xsl:template match="/">
    <html>
      <body>
        <h2>Die Kurse der Referenten:</h2>
```

```
        <xsl:call-template name="kursliste"/>
      </body>
    </html>
  </xsl:template>
  <xsl:template name="kursliste">
    <xsl:for-each select="/kursprogramm/referent">
      <h3><xsl:value-of select="@name"/><xsl:text> -
      </xsl:text>Tel:  <xsl:value-of select="fon"/></h3>
        <xsl:variable name="ref" select="."/>

  <xsl:for-each select="/kursprogramm/kurs[referent=$ref/@name]">
        <h4>
          <xsl:value-of select="@name"/>
        </h4>
      </xsl:for-each>

    </xsl:for-each>
  </xsl:template>
</xsl:stylesheet>
```

Das Stylesheet arbeitet mit zwei verschachtelten `<xsl:for-each>`-Schleifen. Die äußere Schleife arbeitet die Elemente `<referent>` ab. In der Variablen `ref` wird der Name des Referenten, der gerade bearbeitet wird, mit `select="."` gespeichert. Diesen Wert benutzt dann die innere Schleife, die die Knotenliste mit den Kursen bearbeitet, um jeweils die Kurse aufzusuchen, bei denen der Name des Referenten mit dem in der Variablen enthaltenen Namen übereinstimmt.

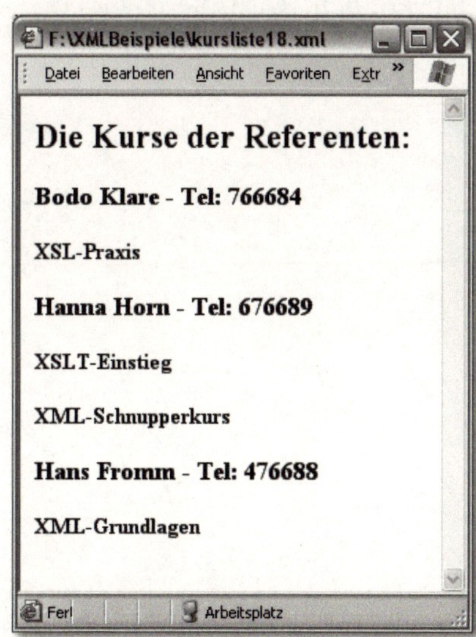

Abbildung 7.14 Die Ausgabe, die die Doppelschleife liefert

Temporäre Knotenbäume

Schließlich können Variablen auch benutzt werden, um temporäre Knotenbäume verfügbar zu halten. Dieser spezielle Datentyp, den das Element `<xsl:variable>` zusätzlich zu den bei XPath-Ausdrücken sonst möglichen Datentypen einführt, wird auch **result tree fragment** genannt. Dieser Datentyp repräsentiert einen Teil des Ergebnisbaums und wird wie eine Knotenliste behandelt, die nur aus einem Knoten besteht. Die Operationen, die auf einen solchen temporären Knotenbaum angewendet werden dürfen, sind eingeschränkt auf solche, die auch auf String-Werte angewendet werden können.

In der folgenden Template-Regel für den Wurzelknoten wird eine Variable `liste` definiert, der das Ergebnis eines mit `<xsl:call-template>` aufgerufenen Templates zugewiesen wird. An dieses Template wird als Parameter ein XPath-Ausdruck übergeben, der die Namen der Referenten liefern soll.

Das aufgerufene Template benutzt diesen Parameter-Ausdruck im `select`-Attribut einer `<xsl:for-each>`-Schleife, die die Namen zusammensucht und daraus den temporären Knotenbaum aufbaut. Über zwei `<xsl:if>`-Elemente wird anhand der Position des aktuellen Elements in der Knotenliste hinter den Namen noch ein trennendes Komma oder ein »und« gesetzt. Beachten Sie hier, dass der logische Operator < in dem ersten Testausdruck maskiert werden muss.

Das gesamte Ergebnisbaumfragment wird an das aufrufende Template zurückgegeben und mit Hilfe eines `<xsl:value-of>`-Elements in den Ausgabebaum geschrieben. Um zu demonstrieren, dass auf diesen besonderen Datentyp tatsächlich String-Funktionen angewendet werden können, wird die `normalize-space()`-Funktion verwendet, die überflüssige Leerzeichen zwischen den Namen entfernt.

```
<xsl:template match="/">
  <xsl:variable name="liste">
    <xsl:call-template name="referentenliste">
      <xsl:with-param name="namen"
                      select="/kursprogramm/referent/@name"/>
    </xsl:call-template>
  </xsl:variable>
  <h3>Unsere Referenten:</h3>
  <p>
    <xsl:value-of select="$liste"/>
  </p>
</xsl:template>

<xsl:template name="referentenliste">
  <xsl:param name="namen"/>
```

```
    <xsl:for-each select="$namen">
      <xsl:value-of select="."/>
      <xsl:if test="position()&lt;last()-1">, </xsl:if>
      <xsl:if test="position()=last()-1"> und </xsl:if>
    </xsl:for-each>
  </xsl:template>
```

Listing 7.16 kursliste19.xslt

Das Stylesheet liefert als Ergebnis die Zeilen:

Unsere Referenten:

Bodo Klare, Hanna Horn und Hans Fromm

Abbildung 7.15 Ausgabe, generiert aus einem temporären Knotenbaum

7.11.6 Rekursive Templates

Obwohl weder die Werte von Variablen noch die von Parametern geändert werden können, wenn sie einmal zugewiesen sind, gibt es doch Möglichkeiten, Effekte zu erreichen, wie sie in der prozeduralen Programmierung mit »richtigen« Variablen üblich sind. Dabei kann ausgenutzt werden, dass in Form der Iteration Parameter an Templates übergeben werden können, deren Definition zwar fixiert ist, deren Wert sich aber bei jedem Schleifendurchlauf ändert. Das erlaubt rekursive Templates, die sich selbst aufrufen. Um dies zu demonstrieren, wollen wir ein Verfahren, das Michael Kay in seinem Buch »XSLT Programmer's Reference« (bei Wrox, 2001) vorgestellt hat, auf unser Kursbeispiel anwenden. Die Quelldaten sind diesmal ein Protokoll der Kursbesuche:

```
<?xml version="1.0" encoding="iso-8859-1"?>
<?xml-stylesheet type="text/xsl" href="kursbesuch.xslt"?>
<kursbesuch>
  <kurs name="XML-Grundlagen" dauer="2 Tage">
     <teilnehmer>20</teilnehmer>
    <gebuehr>400</gebuehr>
  </kurs>
  <kurs name="XSL-Praxis" dauer="5 Tage">
    <teilnehmer>10</teilnehmer>
    <gebuehr>800</gebuehr>
  </kurs>

  <kurs name="XSLT-Einstieg" dauer="2 Tage">
    <teilnehmer>30</teilnehmer>
    <gebuehr>400</gebuehr>
```

```
  </kurs>
 </kursbesuch>
```

Listing 7.17 kursbesuch.xml

Das Stylesheet soll für jeden Kurs die Gebühr mit der Zahl der Teilnehmer multiplizieren und die Gesamtsumme der Kursgebühren errechnen und ausgeben. Das Stylesheet kann so aussehen:

```
<?xml version="1.0" encoding="UTF-8"?>
<xsl:stylesheet version="1.0"
                xmlns:xsl="http://www.w3.org/1999/XSL/Transform">

<xsl:template match="/">
   <xsl:variable name="gesamtsumme">
        <xsl:call-template name="gebuehrensumme">
            <xsl:with-param name="liste" select="//kurs"/>
        </xsl:call-template>
   </xsl:variable>
Summe der Kursgebühren: <xsl:value-of select="format-
number($gesamtsumme, 'i #.00')"/>
</xsl:template>

<xsl:template name="gebuehrensumme">
   <xsl:param name="liste"/>
   <xsl:choose>
      <xsl:when test="$liste">
         <xsl:variable name="erster_kurs" select="$liste[1]"/>
         <xsl:variable name="summe_rest">
            <xsl:call-template name="gebuehrensumme">
               <xsl:with-param name="liste"
                select="$liste[position()!=1]"/>
            </xsl:call-template>
         </xsl:variable>
         <xsl:value-of select="$erster_kurs/teilnehmer *
          $erster_kurs/gebuehr + $summe_rest"/>
      </xsl:when>


      <xsl:otherwise>0</xsl:otherwise>
   </xsl:choose>
</xsl:template>

</xsl:stylesheet>
```

Listing 7.18 kursbesuch.xslt

Dieses Stylesheet liefert die Ausgabe:

```
Summe der Kursgebühren: i 28000.00
```

Die Template-Regel für den Wurzelknoten definiert eine Variable `gesamtsumme`, deren Wert durch das Template `gebuehrensumme` geliefert werden soll. Als Parameter wird die Liste der Kurselemente übergeben. Dieses Template soll die Liste der Kurselemente abarbeiten, bis sie leer ist. Das Template multipliziert für das erste Kurselement die Zahl der Teilnehmer mit der Kursgebühr und ruft sich dann mit der jedes Mal um ein Element verkürzten Liste so lange selbst auf, bis der letzte Knoten verarbeitet ist.

Das aufrufende Template gibt den errechneten Gesamtbetrag schließlich mit `<xsl:value-of>` aus, nachdem der gelieferte String mit der Funktion `format-number()` in eine formatierte Zahl umgewandelt worden ist.

7.12 Hinzufügen von Elementen und Attributen

Über Stylesheets lassen sich nicht nur Elemente und Attribute aus dem Quelldokument auswerten, sondern bei Bedarf auch neue Elemente und Attribute hinzufügen, falls in der Quelldatei bestimmte Informationen fehlen. XSLT bietet dafür folgende Elemente:

- `<xsl:element>`
- `<xsl:attribut>`
- `<xsl:comment>`
- `<xsl:processing-instruction>`
- `<xsl:text>`

In der Regel ist es nicht notwendig, `<xsl:element>` zu verwenden, um Elemente in das Ergebnisdokument zu schreiben. Sie können einfach mit literalen Ergebniselementen arbeiten, wie es in den bisherigen Beispielen schon geschehen ist. Die Anweisung ist aber nützlich, wenn es darum geht, Informationen, die im Quelldokument in Form eines Attributs vorliegen, in der Ausgabe in ein eigenes Element zu übernehmen. Auch neue Attribute können nachträglich in Elemente für die Ausgabe eingefügt werden.

7.12.1 Elemente und Attribute aus vorhandenen Informationen erzeugen

Mit dem folgenden Stylesheet kann aus unserem Kursprogramm eine neue XML-Datei erzeugt werden, die sich in zwei Punkten vom Quelldokument unterscheidet: Zunächst wird dem Element <kurs> in der Ausgabe ein neues Attribut mit dem Namen nr beigegeben, das als Wert jeweils die Positionsnummer in der Knotenliste übernehmen soll.

Anschließend werden die beiden Attribute des Elements <kurs> in Kindelemente verwandelt, wobei der Elementname vom Attributnamen übernommen und der Elementinhalt vom Wert des jeweiligen Attributs genommen wird.

```
<?xml version="1.0" encoding="ISO-8859-1"?>
<xsl:stylesheet version="1.0"
                xmlns:xsl="http://www.w3.org/1999/XSL/Transform">
  <xsl:output method="xml" indent="yes"/>

  <xsl:template match="/">
    <kursprogramm>
      <xsl:apply-templates/>
    </kursprogramm>
  </xsl:template>

  <xsl:template match="kurs">
    <kurs>
      <xsl:attribute name="nr">
       <xsl:value-of select="position()"/>
        </xsl:attribute>
      <xsl:for-each select="@*">
        <xsl:element name="{name()}">
          <xsl:value-of select="."/>
        </xsl:element>
      </xsl:for-each>
    </kurs>
  </xsl:template>

</xsl:stylesheet>
```

Beachtet werden muss, dass das Element <xsl:attribut> gleich hinter dem Start-Tag von <kurs> eingefügt werden muss, damit für den Prozessor ersichtlich ist, zu welchem Element das Attribut gehören soll.

Die <xsl:for-each>-Schleife findet in unserem Beispiel die beiden Attribute des Elements <kurs> – name und dauer – und übernimmt jeweils den Attributnamen als neuen Elementnamen und den Attributwert als Inhalt der neuen Elemente.

Das Stylesheet liefert ein neues XML-Dokument:

```
<?xml version="1.0" encoding="UTF-16"?>
<kursprogramm>
```

```
  <kurs nr="1">
    <name>XML-Grundlagen</name>
    <dauer>2 Tage</dauer>
  </kurs>
  <kurs nr="2">
    <name>XSL-Praxis</name>
    <dauer>5 Tage</dauer>
  </kurs>
  <kurs nr="3">
    <name>XSLT-Einstieg</name>
    <dauer>2 Tage</dauer>
  </kurs>
</kursprogramm>
```

7.12.2 Attributlisten

Das Element `<xsl:attribut>` kann auch in dem Top-Level-Element `<xsl:attribute-set>` auftauchen, das meistens verwendet wird, um mehrfach benötigte Attribute zu definieren. Eine typische Verwendung sind Attributblöcke mit Angaben zur Formatierung von Tabellen, `<div>`-Elementen etc.

```
<xsl:attribute-set name="Tabellenformat">
  <xsl:attribut name="rand">2</xsl:attribut>
  <xsl:attribut name="fuellung">3</xsl:attribut>
  <xsl:attribut name="breite">400</xsl:attribut>
</xsl:attribute-set>
```

Ein solcher Satz kann in einem Template in folgender Form übernommen werden:

```
<table xsl:use-attribute-sets="Tabellenformat">
```

7.12.3 Texte und Leerräume

Anstatt Texte direkt in ein Template zu schreiben, wie es in einigen Beispielen bereits vorgekommen ist, kann auch das Element `<xsl:text>` verwendet werden. Es ist insbesondere nützlich, um Leerräume in das Ergebnisdokument einzufügen, die sonst »gestrippt« würden. Vergleichen Sie folgende Zeilen. Das Leerzeichen in der ersten Zeile würde in der Ausgabe nicht mehr auftauchen, das in der zweiten Zeile bleibt dagegen erhalten.

```
<p><value-of select="name"> <value-of select="vorname"></p>
<p><value-of select="name"><xsl:text> </xsl:text>
  <value-of select="vorname"></p>
```

7.12.4 Kontrolle der Ausgabe

Wenn Sie dem Prozessor die Art der Ausgabe nicht einfach überlassen, können Sie – wie schon angesprochen – das Element `<xsl:output>` für entsprechende Anweisungen verwenden, wie der bei der Abarbeitung des Stylesheets aufgebaute Ergebnisbaum schließlich in das Ergebnisdokument übertragen werden soll. (Der Ergebnisbaum kann auch direkt an eine andere Anwendung weitergereicht werden, etwa vermittelt über die DOM-Schnittstelle, dann darf die `<xsl:output>`-Anweisung auch ignoriert werden.)

Wird `xml` als Methode angegeben oder vom Prozessor als Vorgabe benutzt, beginnt das Ergebnisdokument auf jeden Fall mit der XML-Deklaration. Entitätsreferenzen werden im Ergebnisdokument nicht durch Zeichen wie `<` oder `&` ersetzt.

Die Methode `html` erzeugt Standard-HTML-4.0, die XML-Deklaration des Quelldokuments wird deshalb auch nicht in die Ausgabe übernommen. Das Fehlen von End-Tags für Elemente, bei denen dies in HTML möglich ist, wird zugelassen.

Bei der Methode `text` wird der vom Prozessor aufgebaute Ausgabebaum ohne weitere Änderung als einfaches Textdokument ausgegeben.

Abhängig von der Ausgabemethode, die Sie in dem Element `<xsl:output>` angeben, stehen weitere Attribute zur Verfügung.

So lässt sich über `encoding` der Zeichensatz festlegen, der für die Ausgabe verwendet werden soll. Der gewählte Wert wird bei einem XML-Dokument in die XML-Deklaration übernommen, bei HTML in ein entsprechendes `<META>`-Element, etwa: `<META http-equiv="Content-Type" content="text/html; charset=ISO-8859-1">`.

Über das Attribut `media-type` kann der MIME-Typ des Ergebnisdokuments vorgegeben werden, etwa:

```
<xsl:output media-type="text/xml"/>
```

Mit Hilfe der Attribute `doctype-system` und `doctype-public` lassen sich auch DTDs zuordnen, sodass in der Ausgabe eine entsprechende Dokumenttyp-Deklaration mit einem lokalen oder öffentlichen Identifier eingefügt wird.

Mit `indent` kann erreicht werden, dass die Elemente zur besseren Lesbarkeit eingerückt werden.

7.13 Zusätzliche XSLT-Funktionen

In den XPath-Ausdrücken, die XSLT an verschiedenen Stellen verwendet, können die in Kapitel 5 zu XPath beschriebenen Funktionen benutzt werden. XSLT stellt aber noch einige zusätzliche Funktionen zur Verfügung, auf die an dieser Stelle kurz eingegangen werden soll.

7.13.1 Zugriff auf mehrere Quelldokumente

Einige der häufig eingesetzten Funktionen wollen wir an einem Beispiel vorstellen, das Ihnen zeigt, wie mit XSLT auf mehrere Dokumente gleichzeitig zugegriffen werden kann. Wir bleiben bei unseren Kursen und nehmen uns jetzt aber vor, die Anmeldungen zu den Kursen in Form kleiner XML-Dokumente zu erfassen und dann über ein zusammenfassendes Dokument mit Hilfe eines Stylesheets, das diesem zugeordnet wird, auszuwerten.

Die Lösung ist hier einfach gehalten, um den Vorgang übersichtlich darstellen zu können. Es ist aber ohne weiteres möglich, noch wesentlich komplexere Elemente einzubauen, etwa Berechnungen, wie sie bereits in dem oben genannten Beispiel gezeigt wurden.

Für jede Kursanmeldung soll eine eigene Datei verwendet werden, die in einer Instanz so aussieht:

```
<?xml version="1.0" encoding="iso-8859-1"?>
<kursanmeldung>
  <kurs name="XML-Grundlagen"/>
  <teilnehmer>
    <name>Gerd Wehn</name>
    <adresse>50678 Köln, Rolandstr. 10</adresse>
  </teilnehmer>
  <gebuehr>400</gebuehr>
</kursanmeldung>
```

Stellen Sie sich eine ganze Serie solcher Dateien vor, die mit unterschiedlichen Endziffern im Dateinamen arbeiten. Ein XML-Dokument, das diese kleinen Dokumente zusammenfasst, kann dann so aussehen:

```
<?xml version="1.0" encoding="iso-8859-1"?>
<kursanmeldungen>
  <beleg dateiname="kursanmeldung_001.xml"/>
  <beleg dateiname="kursanmeldung_002.xml"/>
  <beleg dateiname="kursanmeldung_003.xml"/>
</kursanmeldungen>
```

Dieses Hauptdokument lässt sich nun mit einem Stylesheet verarbeiten, das so aussieht:

```
<?xml version="1.0" encoding="ISO-8859-1"?>
<xsl:stylesheet version="1.0"
              xmlns:xsl="http://www.w3.org/1999/XSL/Transform">
  <xsl:output method="html" encoding="ISO-8859-1" />
  <xsl:decimal-format name="euro" decimal-separator=","
                      grouping-separator="."/>

  <xsl:template match="/">
    <html>
      <head>
        <title>Kursanmeldungen</title>
      </head>
      <body>
        <h2>Kursanmeldungen:</h2>
        <xsl:for-each select="/kursanmeldungen/beleg">
          <xsl:apply-templates select="document(@dateiname)/
                                       kursanmeldung"/>
        </xsl:for-each>
      </body>
    </html>
  </xsl:template>

  <xsl:template match="kursanmeldung">
    <h4><xsl:value-of select="//kurs/@name"/></h4>
    <p>Name:  <xsl:value-of select="//teilnehmer/name"/> </p>
    <p>Adresse:  <xsl:value-of select="//teilnehmer/adresse"/></p>
    <p>Betrag:  <xsl:value-of select="format-number(//gebuehr,
                             '##.###,00 &#8364;', 'euro')"/></p>
  </xsl:template>

</xsl:stylesheet>
```

Das Stylesheet wertet das Hauptdokument aus, indem es in einer `<xsl:for-each>`-Schleife jeden Beleg abarbeitet, der im Hauptdokument aufgeführt wird. Dabei wird jedes Mal mit Hilfe der `document()`-Funktion in die Dokumente mit den einzelnen Anmeldungen hineingesehen. Das erste Argument der Funktion liefert den Namen der Datei, das zweite liefert gleich eine Knotenliste innerhalb dieser Datei.

Die Ausgabe der so gewonnenen Daten wird über die zweite Template-Regel bestimmt. Die XPath-Ausdrücke für die `select`-Attribute werden nun schon im Kontext der Dateien mit den Einzelbelegen ausgewertet.

7.13.2 Zahlenformatierung

Um die Euro-Beträge korrekt darzustellen, ist am Anfang des Stylesheets mit `<xsl:decimal-format>` ein Zahlenformat definiert worden, das das passende Dezimaltrennzeichen und das Zeichen für die Zifferngruppierung gewährleistet. Dieses Format wird innerhalb des Templates mit Hilfe der Funktion `format-number()` aufgerufen, wobei das erste Argument den Betrag angibt, das zweite Argument ein Formatierungsmuster und das dritte Argument den Namen des oben definierten Formats angibt. Im Formatierungsmuster wird das Doppelkreuz verwendet, um führende Nullen zu kennzeichnen, die nicht angezeigt werden sollen. Das Euro-Zeichen wird mit Hilfe einer dezimalen Zeichenreferenz angegeben, da das Stylesheet mit `encoding="ISO-8859-1"` arbeitet.

Das Ergebnis sieht im Internet Explorer so aus:

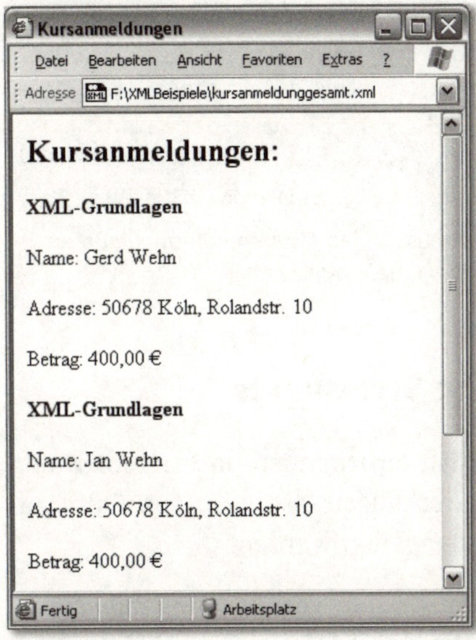

Abbildung 7.16 Ausgabe der zusammengefassten Dokumente

7.13.3 Liste der zusätzlichen Funktionen in XSLT

Funktion	Bedeutung
`current()`	Liefert den aktuellen Knoten. Entspricht dem XPath-Ausdruck ".", außer innerhalb von Prädikaten, wenn der aktuelle Knoten nicht mit dem Kontextknoten identisch ist. Kann nicht in Mustern verwendet werden.
`document()`	Erlaubt es, von einem Stylesheet aus auf externe XML-Quelldateien zuzugreifen. Wird typischerweise bei `href`-Attributen verwendet, um über einen URI Dateien auszuwerten.

Funktion	Bedeutung
element-available()	Prüft, ob ein Element für den verwendeten XSLT-Prozessor verfügbar ist. Damit können insbesondere Fehler vermieden werden, wenn Erweiterungselemente verwendet werden, die dem Prozessor nicht bekannt sind.
format-number()	Wandelt einen String in eine Zahl mit dem angegebenen Format um.
function-available()	Prüft, ob eine Funktion für den verwendeten XSLT-Prozessor verfügbar ist. Das gilt insbesondere für Erweiterungsfunktionen.
generate-id()	Erzeugt einen String in Form eines XML-Namens, der Knoten eindeutig identifiziert. Wie der String aussieht, hängt allerdings vom verwendeten Prozessor ab.
id()	Liefert eine Knotenliste mit einem bestimmten ID-Attribut.
key()	Wird verwendet, um einen Knoten zu finden, dem mit <xsl:key> ein bestimmter Schlüssel zugewiesen worden ist.
lang()	Prüft, ob die Sprache des Kontextknotens, die durch das Attribut xml:lang gesetzt werden kann, der als Argument angegebenen Sprache entspricht.
system-property()	Liefert Informationen über die Systemumgebung, in der das Stylesheet ausgeführt wird, insbesondere den XSLT-Prozessor.
unparsed-entity-uri()	Erlaubt einen Zugriff auf die Deklarationen von ungeparsten Entitäten in der DTD des Quelldokuments.

7.14 Mehrfache Verwendung von Stylesheets

Ein Stylesheet kann andere Stylesheets in sich einschließen und sie einen entsprechenden Teil der Transformationsarbeit erledigen lassen. Es kann also aus mehrfach verwendbaren Bausteinen zusammengefügt werden.

Stylesheets werden häufig für bestimmte Fragmente von Dokumenten entwickelt, die immer wieder benötigt werden. Werden XML-Daten in HTML-Seiten exportiert, soll vielleicht ein bestimmter Seitenkopf verwendet werden mit allgemeinen Angaben über eine Firma oder Organisation. Dieselbe Ausgabeform wird auch für solche Daten benötigt, die tabellarisch ausgegeben werden sollen. Ein Stylesheet kann zum Beispiel verwendet werden, um die Fonts zusammenzustellen, die innerhalb einer Website vorkommen, oder auch für die Farben, die für bestimmte Seitenbereiche vorgesehen sind.

Ähnlich wie es für XML Schemas beschrieben worden ist, gibt es hier zwei Verfahren, Stylesheet-Fragmente von außen zu integrieren: <xsl:import> und <xsl:include>. Beides sind Top-Level-Elemente, dürfen also nur als Kindelemente von <xsl:stylesheet> verwendet werden, wobei <xsl:import>-Elemente sogar vor allen anderen Top-Level-Elementen angeführt werden müssen. In beiden Fällen wird der Prozessor angewiesen, die Anweisung selbst durch den Inhalt des Stylesheets zu ersetzen, das im href-Attribut angegeben wird. Dabei werden alle Top-Level-Elemente des externen Stylesheets übernommen, nur das <xsl:stylesheet>-Element wird vernachlässigt, weil das aufnehmende Stylesheet ja bereits über dieses Element verfügt.

7.14.1 Stylesheets einfügen

Das einfachere Verfahren ist das Inkludieren. Dabei wird nur der Text des externen Stylesheets eingefügt und die eingefügten Elemente und Templates werden so behandelt, als ob sie schon immer zum Stylesheet gehört hätten. Wenn ein Stylesheet beispielsweise drei Fonts zur allgemeinen Verwendung definiert, kann dies so aussehen:

```
<?xml version="1.0" encoding="ISO-8859-1"?>
<xsl:stylesheet version="1.0"
               xmlns:xsl="http://www.w3.org/1999/XSL/Transform">
  <xsl:variable name="Textfont" select="'Times'"/>
  <xsl:variable name="Titelfont" select="'Arial'"/>
  <xsl:variable name="Tabfont" select="'Geneva'"/>
</xsl:stylesheet>
```

Ein Stylesheet kann diese Variablendefinitionen mit folgender Anweisung inkludieren:

```
<?xml version="1.0" encoding="ISO-8859-1"?>
<xsl:stylesheet version="1.0"
               xmlns:xsl="http://www.w3.org/1999/XSL/Transform">
    <xsl:include href="Standardfonts.xslt"/>
...
```

7.14.2 Stylesheets importieren

Beim Importieren dagegen unterscheidet der Prozessor sowohl bei den Templates als auch bei eventuellen globalen Variablen zwischen denen, die ursprünglich zu dem importierenden Stylesheet gehören, und denen, die importiert worden sind. Den importierten Objekten wird ein geringerer Rang – **Import-Präzedenz** ist der Ausdruck dafür – zugewiesen. Daraus ergibt sich, dass der Import hauptsächlich dann sinnvoll ist, wenn allgemeine Vorgaben importiert werden sollen, die im speziellen Fall aber überschrieben oder außer Kraft gesetzt werden sollen. In dem folgenden Auszug eines importierenden Stylesheets werden die Fontvariablen zwar ebenfalls übernommen, aber eine dieser Variablen wird durch eine globale Variablendefinition überschrieben, die denselben Namen verwendet.

```
<?xml version="1.0" encoding=" ISO-8859-1"?>
<xsl:stylesheet version="1.0"
                xmlns:xsl="http://www.w3.org/1999/XSL/Transform">
  <xsl:import href="Standardfonts.xslt"/>
  <xsl:variable name="Tabfont" select="'Helvetica'"/>
...
</xsl:stylesheet>
```

Innerhalb von inkludierten oder importierten Stylesheets können selbst wieder Inklusionen oder Importe vorkommen, die dann unter Beachtung der Import-Präzedenz behandelt werden. Wenn A das Stylesheet B importiert, das wiederum das Stylesheet C importiert, haben die aus C übernommenen Templates und Variablen den geringsten Rang.

7.15 Übersetzungen zwischen XML-Vokabularen

Die Freiheiten, die XML bei der Modellierung von Daten- und Dokumentstrukturen gewährt, haben dazu geführt, dass ständig neue Vokabulare für ganz unterschiedliche Anwendungsbereiche entstehen. Gleichzeitig werden große Anstrengungen unternommen, diesen Vokabularen Gewicht und Verbindlichkeit zu verschaffen, um beispielsweise wenigstens den Datenaustausch zwischen Firmen einer Branche zu vereinfachen, etwa nach dem Muster: Alle Apotheker sprechen ApoXML.

Es wäre aber ganz unrealistisch, zu glauben, dass sich etwa alle Teilnehmer an E-Commerce-Aktivitäten über kurz oder lang auf eine einzige Sprache einigen werden, um ihre Geschäftsprozesse abzuwickeln. Es ist auch sehr die Frage, ob das so wünschenswert ist. Daraus folgt zwangsläufig, dass selbst wenn XML als Metasprache weltweit akzeptiert werden würde, es immer nebeneinander laufende Vokabulare für sich überschneidende Anwendungsbereiche geben wird. Daraus folgt die Notwendigkeit der Übersetzung, wie sie sich ja auch aus der Vielfalt der natürlichen Sprachen ergibt und zur Bereicherung des Projekts »Mensch« beiträgt.

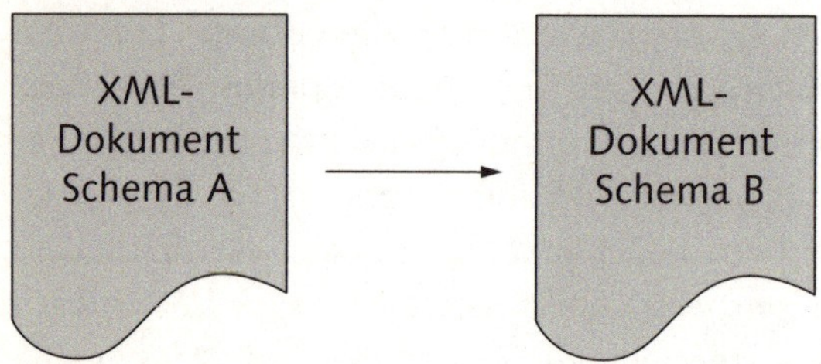

Abbildung 7.17 Übersetzung zwischen XML-Dokumenten

Erfreulicherweise ist mit XSLT bereits ein Spezialist für solche Übersetzungsleistungen bei der Arbeit. Als Übersetzer fungiert in diesem Fall ein XSLT-Stylesheet. (Die Bezeichnung »Stylesheet« ist allerdings hier etwas ungenau, da XSLT ja tatsächlich nur dazu benutzt wird, ein XML-Vokabular in ein anderes zu übersetzen, womit noch nichts über die Formatierung der Daten gesagt sein muss.)

7.15.1 Diverse Schemas für gleiche Informationen

Zunächst ein kleines Beispiel. Ein Kursangebot könnte so aussehen:

```
<?xml version="1.0" encoding="ISO-8859-1"?>
<kursprogramm>
  <kurs>
    <bezeichnung>XML-Grundlagen</bezeichnung>
    <dozent>Hans Fromm</dozent>
    <termin>12.11.2002</termin>
  </kurs>
  <kurs>
    <bezeichnung>XSL-Praxis</bezeichnung>
    <dozent>Bodo Klare</dozent>
    <termin>10.10.2002</termin>
  </kurs>
  <kurs>
    <bezeichnung>XSLT-Einstieg</bezeichnung>
    <dozent>Hanna Horn</dozent>

    <termin>12.03.2003</termin>
  </kurs>
</kursprogramm>
```

Listing 7.19 kurs_element_version.xml

Das XML-Dokument verwendet eine implizite Struktur, die ausschließlich mit verschachtelten Elementen arbeitet. Was ist nun aber, wenn versucht wird, ein Kursprogramm zusammenzustellen, das Kurse unterschiedlicher Anbieter auflisten soll? Es ist leicht vorstellbar, dass ein anderes Schulungsinstitut die gleichen Informationen in einer anderen Struktur aufbereitet, zum Beispiel unter Verwendung von Attributen anstelle von Elementen. Hier eine mögliche Variante:

```
<?xml version="1.0" encoding="ISO-8859-1"?>
<kursprogramm>
  <kurs name="HTML-Grundlagen" referent="Klaus Hartung"
        termin="12.04.2002"/>
  <kurs name="HTML-Praxis" referent="Bernd Ette"
        termin="12.06.2002"/>
```

```
  <kurs name="DHTML-Einstieg" referent="Hans Horn"
        termin="20.10.2002"/>
</kursprogramm>
```

Listing 7.20 kurs_attribut_version.xml

Für einen menschlichen Betrachter ist ziemlich leicht zu erkennen, dass die beiden Varianten für jeden Kurs dieselbe Informationsmenge bereitstellen, obwohl teilweise andere Namen für die einzelnen Informationspartikel verwendet werden. Das Element `<dozent>` in Variante A entspricht dem Attribut `referent` in Variante B, das Element `<bezeichnung>` entspricht dem Attribut `name`. Ein Programm dagegen kann diese Zuordnungen nicht erkennen, es sei denn, es erhält entsprechende Instruktionen.

7.15.2 Angleichung durch Transformation

Soll die zweite Variante in die Struktur der ersten Variante umgewandelt werden, als Vorbereitung für eine einheitliche Darstellung in einem bestimmten Medium, kann ein XSLT-Stylesheet entworfen werden, das die dafür erforderlichen Transformationen beschreibt, und mit dessen Hilfe ein XSLT-Prozessor ein Ergebnisdokument erzeugt, das der Variante entspricht, die nur mit Elementen arbeitet.

```
<?xml version="1.0"?>
<xsl:stylesheet xmlns:xsl="http://www.w3.org/1999/XSL/Transform"
                version="1.0">
  <xsl:output method="xml" encoding="ISO-8859-1" indent="yes"/>
  <xsl:template match="/">
    <kursprogramm>
      <xsl:for-each select="kursprogramm/kurs">
        <kurs>
          <bezeichnung>
            <xsl:value-of select="@name"/>
          </bezeichnung>
          <dozent>
            <xsl:value-of select="@referent"/>
          </dozent>
          <termin>
            <xsl:value-of select="@termin"/>
          </termin>
        </kurs>
      </xsl:for-each>
    </kursprogramm>
  </xsl:template>
</xsl:stylesheet>
```

Listing 7.21 kurs_transformation.xslt

Das Stylesheet verwendet eine einzige Template-Regel, die auf den Wurzelknoten des Dokuments angewendet wird. Dieses Element wird mit `match="/"` aufgespürt. Der Ergebnisbaum wird dann aus den einzelnen Elementen des Kursprogramms aufgebaut. Für jedes Kurselement wird mit der `xsl:for-each`-Anweisung die gewünschte Umwandlung von Attributen in Elemente und die teilweise damit verbundene Umbenennung vorgenommen. Dies geschieht einfach dadurch, dass dem jeweiligen Element der Wert des entsprechenden Attributs zugewiesen wird. Das Element `<dozent>` erhält beispielsweise den Wert, der mit der Anweisung `xsl:value-of` von dem Attribut `referent` abgefragt wird:

```
<dozent><xsl:value-of select="@referent"/></dozent>
```

Um zu erreichen, dass die Attribut-Variante in die Element-Variante umgewandelt wird, muss in der Instanz mit der Attribut-Variante eine Verknüpfung mit dem XSLT-Stylesheet eingefügt werden, etwa so:

```
<?xml-stylesheet type="text/xsl" href="kurs_transformation.xslt"?>
```

7.16 Umwandlung von XML in HTML und XHTML

Solange HTML das Web dominiert, wird die Umwandlung von XML-Daten in HTML sicher zu den vorrangigen Aufgaben gehören, die sich in diesem Bereich stellen. In den meisten Beispielen dieser Einführung ist das Ergebnisdokument eine HTML-Seite gewesen.

Grundsätzlich sind dabei zwei Verfahren möglich: Die Transformation kann schon auf dem Server oder auf dem Client stattfinden. Für die Bearbeitung auf dem Server werden beispielsweise Java-Servlets wie **Cocoon** eingesetzt.

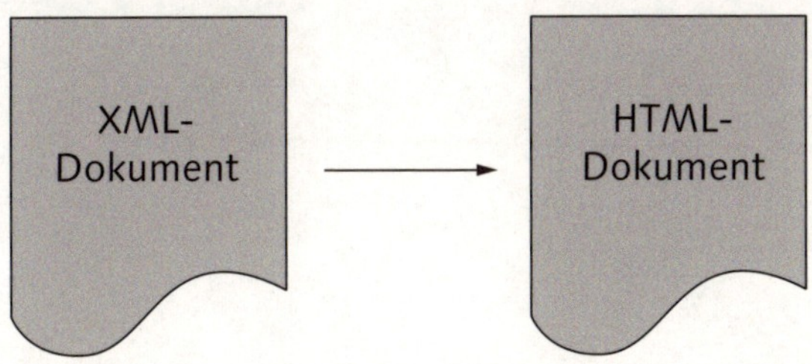

Abbildung 7.18 XSLT kann aus XML wieder HTML erzeugen

Für die Transformation auf dem Client wird ein Browser benötigt, der XSLT beherrscht. Das ist bei der aktuellen Version des Internet Explorers der Fall.

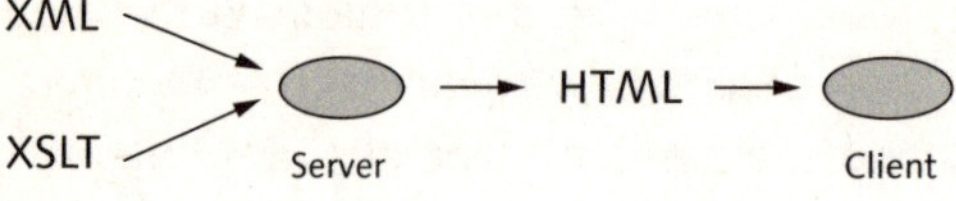

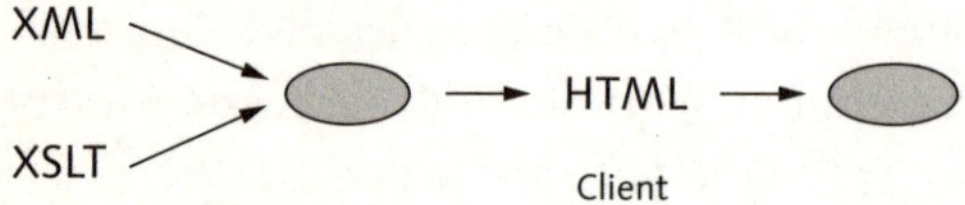

Abbildung 7.19 Die Alternativen bei der Transformation in HTML

7.16.1 Datenübernahme und Ergänzungen

Wir kommen hier noch einmal auf das kleine Lagerbeispiel aus dem Abschnitt zu DTD zurück. Um eine Liste des Lagerbestands beispielsweise für eine Intranetanwendung zu erstellen, kann folgendes Stylesheet verwendet werden. Das Stylesheet wertet nicht nur die Quelldaten aus, sondern fügt auch passende Beschriftungen für die Liste hinzu:

```
<?xml version="1.0"?>
<xsl:stylesheet version="1.0"
                xmlns:xsl="http://www.w3.org/1999/XSL/Transform">
  <xsl:output method="html" encoding="ISO-8859-1"/>
  <xsl:template match="/">
    <html>
      <head>
        <title>Lagerliste</title>
        <style type="text/css" media="screen">


table {
  background-color: silver;
  margin: 1em;
  padding: 1em;
  border: 1px black }
caption  {
  font-size: large;
  background-color: silver;
  border-bottom: 3px black
</style>
      </head>
      <body bgcolor="#ffffff">
        <table width="180" border="1" cellspacing="2"
               cellpadding="0">
          <caption>Aktueller Lagerbestand:</caption>
```

```
        <xsl:call-template name="tabellenkopf"/>
        <xsl:call-template name="tabellenkoerper"/>
      </table>
    </body>
  </html>
</xsl:template>

<xsl:template name="tabellenkopf">
  <tr>
    <xsl:for-each select="//Artikel[1]/*">
      <td>
        <xsl:value-of select="name(current())"/>
      </td>
    </xsl:for-each>
  </tr>
</xsl:template>

<xsl:template name="tabellenkoerper">
  <xsl:for-each select="/Lager/Artikel">
    <tr>
      <xsl:for-each select="./*">
        <td>
          <xsl:value-of select="current()"/>
        </td>


      </xsl:for-each>
    </tr>
  </xsl:for-each>
</xsl:template>

</xsl:stylesheet>
```

Listing 7.22 lagertab.xsl

Als `output`-Methode wird `"html"` verwendet. Das Stylesheet baut die für die HTML-Seite notwendigen Elemente `<html>`, `<head>` und `<body>` in der ersten Template-Regel ein, indem es die entsprechenden Anweisungen in das Ergebnisdokument schreibt.

7.16.2 Generieren von CSS-Stylesheets

Um Ihnen zu zeigen, dass in XSLT-Stylesheets für HTML-Ergebnisdokumente ohne weiteres auch CSS eingebaut werden kann, sind zwei CSS-Definitionen für die Elemente `<table>` und `<caption>` eingefügt worden.

Von der Template-Regel, die dem Wurzelknoten zugeordnet ist, werden nacheinander zwei benannte Templates aufgerufen. Das erste sorgt dafür, dass die Tabelle eine Spaltenbeschriftung erhält, die hier automatisch aus den Elementnamen der Kinder des Elements `<Artikel>` erzeugt wird. Dazu wird der XPath-Ausdruck `"//Artikel[1]/*"` verwendet. Das heißt, es wird der erste Artikel verwendet und dann eine Knotenliste mit allen Kindelementen dieses Artikels abgearbeitet. Von dem jeweils aktuellen Knoten wird der Name in den Kopf der Tabellenspalte übernommen.

7.16.3 Aufbau einer Tabelle

Das zweite Template sorgt dann für die Verteilung der Daten auf die einzelnen Tabellenzellen. Dazu wird mit einer doppelten `<xsl:for-each>`-Schleife gearbeitet. Die erste sorgt dafür, dass alle Artikel bearbeitet werden, die zweite übernimmt bei dem gerade bearbeiteten Artikel die String-Werte der Kindelemente.

Das Ergebnis im Internet Explorer sieht so aus:

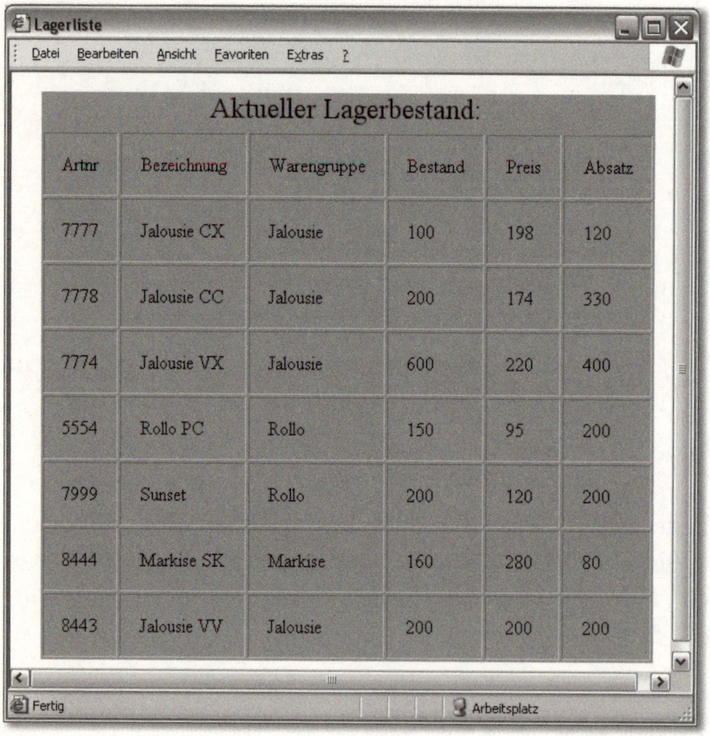

Lagerliste

Datei Bearbeiten Ansicht Favoriten Extras ?

Aktueller Lagerbestand:

Artnr	Bezeichnung	Warengruppe	Bestand	Preis	Absatz
7777	Jalousie CX	Jalousie	100	198	120
7778	Jalousie CC	Jalousie	200	174	330
7774	Jalousie VX	Jalousie	600	220	400
5554	Rollo PC	Rollo	150	95	200
7999	Sunset	Rollo	200	120	200
8444	Markise SK	Markise	160	280	80
8443	Jalousie VV	Jalousie	200	200	200

Fertig Arbeitsplatz

Abbildung 7.20 Die Lagerliste im Browser mit den hinzugefügten Beschriftungen

7.16.4 Transformation in XHTML

Eine der wichtigen aktuellen XML-Anwendungen ist **XHTML**, eine Sprache, die als Umformulierung von HTML 4 entstanden ist. Es ist gewissermaßen die Brücke, die schließlich von HTML zu XML führen soll. Das W3C hat die Empfehlung für XHTML 1.0 im Januar 2000 verabschiedet, zu finden unter **www.w3.org/TR/xhtml1**, als Ausgangspunkt für eine ganze Familie von XHTML-Dokumenttypen und -Modulen.

7.16.5 XHTML-Module

Die Idee, XHTML zu modularisieren, also in kombinierbare Bausteine zu zerlegen, ergab sich aus der Tatsache, dass inzwischen von ganz unterschiedlichen Gerätetypen und Plattformen aus auf Webinhalte zugegriffen wird. Browser, die auf ein Handy zugeschnitten werden, können so beispielsweise einen anderen Satz von XHTML-Modulen unterstützen als ein TV-Gerät, das für den Zugriff aufs Internet verwendet wird, oder ein normaler PC. Ein erstes Beispiel ist **XHTML Basic**, eine Empfehlung vom Dezember 2000, die einen eingeschränkten Satz von XHTML-Features enthält und für PDAs, Settop-Boxen, Pager und Handys gedacht ist.

XHTML 1.0 ist in drei Varianten verfügbar, die über entsprechende DTDs definiert sind. Diese DTDs bilden die entsprechenden HTML 4.0-DTDs nach.

XHTML-Varianten	Beschreibung
XHTML strict	Diese Version ist ganz auf die Auszeichnung von Inhalten konzentriert. Um die Daten im Browser darzustellen, sind deshalb Stylesheets notwendig.
XHTML transitional	Diese weniger strenge Variante ist für ältere Browser gedacht, die noch keine Stylesheets unterstützen, und enthält noch Elemente wie `<font>` und `<center>`.
XHTML frameset	Eine spezielle Variante, bei der XHTML strict um die Unterstützung von Frames erweitert ist. Dabei wird das Element `<body>` durch `<frameset>` ersetzt.

7.16.6 Allgemeine Merkmale von XHTML

Der Vorteil von XHTML gegenüber HTML liegt insbesondere darin, dass es sich bei jedem XHTML-Dokument bereits um ein gültiges XML-Dokument handelt. Die Werkzeuge, mit denen auf XML-Daten zugegriffen werden kann, etwa um die Gültigkeit zu prüfen, stehen damit auch für XHTML zur Verfügung. Gleichzeitig aber kann in der Regel ein Browser ein XHTML- wie ein HTML-Dokument wiedergeben.

Das Skelett eines XHTML-Dokuments mit der Transitional-DTD sieht so aus:

```
<?xml version="1.0" encoding="ISO-8859-1"?>
<!DOCTYPE html PUBLIC "-//W3C//DTD XHTML 1.0 Transitional//EN"
"http://www.w3.org/TR/xhtml1/DTD/xhtml1-transitional.dtd">
<html xmlns="http://www.w3.org/1999/xhtml">
  <head>
    <title> ... </title>
  </head>
  <body>
    <p> ... </p>
  </body>
</html>
```

7.16.7 Aufbau eines XHTML-Dokuments

Dass es sich um ein XML-Dokument handelt, wird schon aus der XML-Deklaration am Anfang sichtbar. Dahinter muss eine DOCTYPE-Deklaration folgen, die das Dokument einer der möglichen DTDs zuordnet. Anstatt die öffentliche DTD des W3Cs über den URI aufzurufen, kann auch eine lokale Kopie der DTD auf dem Webserver abgelegt werden. Dies kann das Laden der Seite etwas beschleunigen.

Das oberste Element ist immer `<html>`. Darin muss der für XHTML reservierte Namensraum unter `http://www.w3.org/1999/xhtml` über das `xmlns`-Attribut angegeben werden. Alle Elemente im Dokument müssen zu diesem Namensraum gehören.

Die wichtigsten Unterschiede gegenüber HTML sind folgende:

- XHTML-Dokumente müssen als XML-Anwendungen wohlgeformt sein. Elemente müssen also korrekt geschachtelt sein und dürfen sich nicht überlappen.
- Alle Tag- und Attributnamen werden klein geschrieben (einzige Ausnahme ist `DOCTYPE`).
- Es sind nur vollständige Tags erlaubt, d. h., für jedes Start-Tag muss ein entsprechendes End-Tag vorhanden sein. Nur bei leeren Elementen ist die für XML erlaubte Kurzform möglich, zum Beispiel `<p/>` für einen leeren Absatz. (Bei einigen Browsern sollte noch ein Leerzeichen vor den Schrägstrich gesetzt werden, damit sie besser zwischen leeren Tags und Container-Tags unterscheiden können.)
- Attributwerte müssen immer in Anführungszeichen eingeschlossen werden. Es ist nicht erlaubt, ein Attribut ohne Wertangabe zu verwenden. Notfalls sollten also Dummy-Werte angegeben werden.

- Script- und Style-Elemente sollten als CDATA-Blöcke eingefügt werden.
- Für einige Elemente gelten Einschränkungen in Bezug auf Elemente, die sie enthalten dürfen:
  - `<a>` darf kein `<a>` enthalten
  - `<pre>` darf kein `<img>`, `<object>`, `<big>`, `<small>`, `<sub>` oder `<sup>` enthalten
  - `<button>` darf kein `<input>`, `<select>`, `<textarea>`, `<label>`, `<button>`, `<form>`, `<fieldset>`, `<iframe>` oder `<isindex>` enthalten
  - `<label>` darf kein `<label>` enthalten
  - `<form>` darf kein `<form>` enthalten
- Statt des `name`-Attributs muss das `id`-Attribut verwendet werden.

7.16.8 Automatische Übersetzung

Aktuelle Webeditoren wie GoLive erlauben eine automatische Übersetzung von HTML in XHTML, wobei meist bestimmte Optionen möglich sind, etwa die Einfassung von Skript in CDATA.

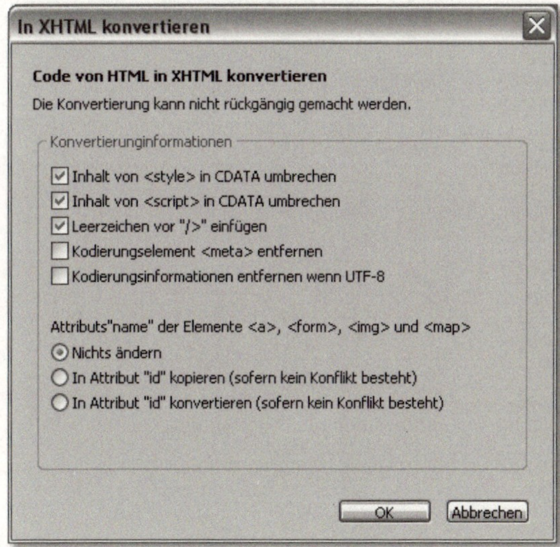

Abbildung 7.21 Optionen für die Übersetzung von HTML nach XHTML in GoLive

Die Abbildung 7.22 zeigt ein Beispiel einer HTML-Seite, bei der eine ganze Reihe von End-Tags weggelassen worden sind.

Nach der Übersetzung in XHTML sieht diese Seite aus wie in Abbildung 7.23.

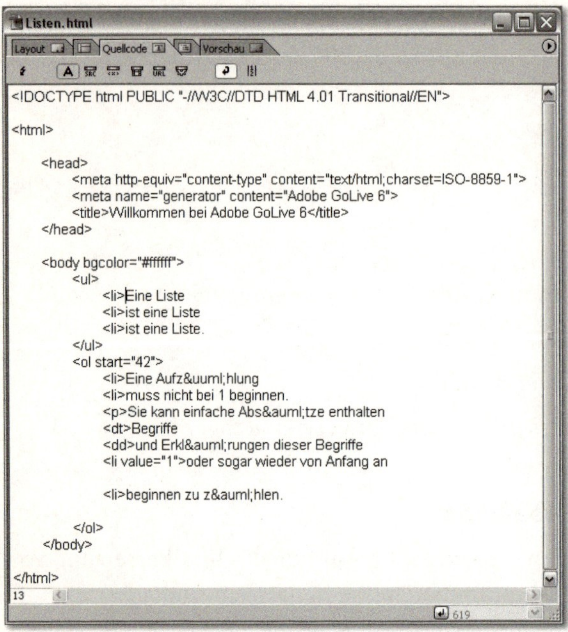

```
<!DOCTYPE html PUBLIC "-//W3C//DTD HTML 4.01 Transitional//EN">

<html>

	<head>
		<meta http-equiv="content-type" content="text/html;charset=ISO-8859-1">
		<meta name="generator" content="Adobe GoLive 6">
		<title>Willkommen bei Adobe GoLive 6</title>
	</head>

	<body bgcolor="#ffffff">
		<ul>
			<li>Eine Liste
			<li>ist eine Liste
			<li>ist eine Liste.
		</ul>
		<ol start="42">
			<li>Eine Aufz&uuml;hlung
			<li>muss nicht bei 1 beginnen.
			<p>Sie kann einfache Abs&auml;tze enthalten
			<dt>Begriffe
			<dd>und Erkl&auml;rungen dieser Begriffe
			<li value="1">oder sogar wieder von Anfang an

			<li>beginnen zu z&auml;hlen.

		</ol>
	</body>

</html>
```

Abbildung 7.22 HTML-Seiten mit zahlreichen unvollständigen Markups

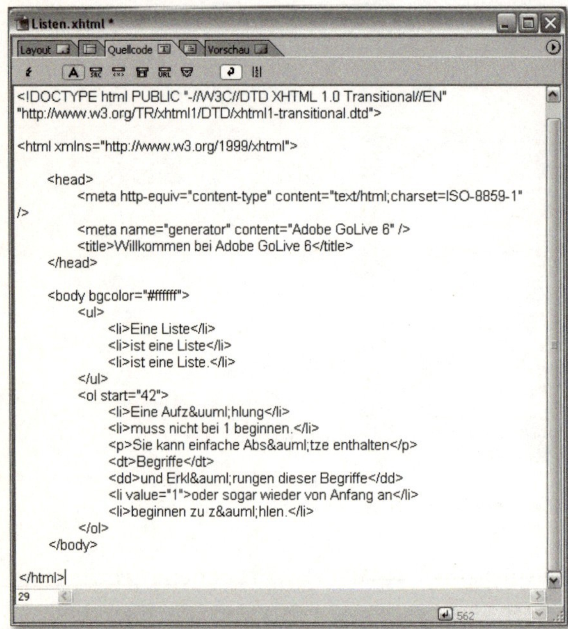

```
<!DOCTYPE html PUBLIC "-//W3C//DTD XHTML 1.0 Transitional//EN"
"http://www.w3.org/TR/xhtml1/DTD/xhtml1-transitional.dtd">

<html xmlns="http://www.w3.org/1999/xhtml">

	<head>
		<meta http-equiv="content-type" content="text/html;charset=ISO-8859-1"
/>
		<meta name="generator" content="Adobe GoLive 6" />
		<title>Willkommen bei Adobe GoLive 6</title>
	</head>

	<body bgcolor="#ffffff">
		<ul>
			<li>Eine Liste</li>
			<li>ist eine Liste</li>
			<li>ist eine Liste.</li>
		</ul>
		<ol start="42">
			<li>Eine Aufz&uuml;hlung</li>
			<li>muss nicht bei 1 beginnen.</li>
			<p>Sie kann einfache Abs&auml;tze enthalten</p>
			<dt>Begriffe</dt>
			<dd>und Erkl&auml;rungen dieser Begriffe</dd>
			<li value="1">oder sogar wieder von Anfang an</li>
			<li>beginnen zu z&auml;hlen.</li>
		</ol>
	</body>

</html>
```

Abbildung 7.23 Die XHTML-Seite mit den vervollständigten Markups

Sie können sich auch das Tidy-Tool von Dave Raggett für alle möglichen Plattformen und auch als Source aus dem Web laden, das unter **http://tidy.sourceforge.net** zusammen mit einer kompletten Beschreibung angeboten wird.

Wenn XML-Daten in einem Webbrowser ausgegeben werden sollen, liegt es nahe, mit XSLT statt einer Umwandlung in HTML eine Umwandlung in XHTML vorzunehmen. Das Verfahren entspricht weitgehend dem, das für HTML beschrieben worden ist, nur müssen die aufgeführten Unterschiede beachtet werden.

7.17 XSLT-Editoren

Die Entwicklung von XSLT per Hand ist zweifellos ein etwas mühsames Unterfangen. Deshalb gibt es Werkzeuge wie den XSLT Designer aus dem XMLSpy-Paket, die einen visuellen Entwurf eines Stylesheets erlauben. Der entsprechende Code wird dabei automatisch generiert und kann bei Bedarf nachbearbeitet werden.

Die Vorgehensweise sieht im Prinzip so aus, dass zunächst eine Datei geöffnet wird, die das zugrunde liegende Schema bzw. eine DTD enthält. Für das Design des Stylesheets wird eine der Struktur entsprechende XML-Dokumentinstanz zugeordnet.

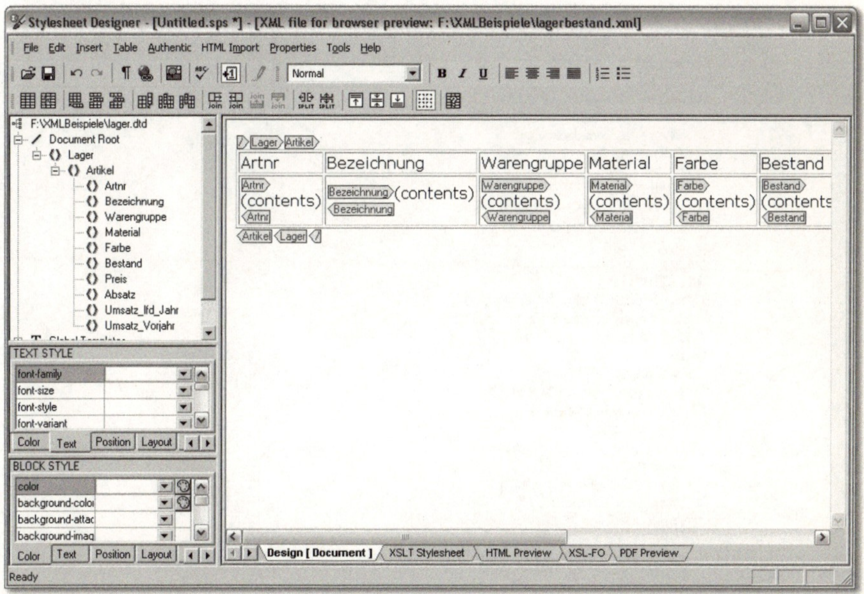

Abbildung 7.24 Fenster des XSLT Designers mit einem ersten Designentwurf für eine Tabelle

Um das Stylesheet zu gestalten, werden in dem Elementebaum des Schemas die gewünschten Komponenten ausgewählt und in die Designansicht, und zwar an die gewünschte Stelle, herübergezogen, die durch den Einfüge-Cursor bestimmt wird.

Ist ein Element in der Designansicht ausgewählt, können über die übrigen Register in dem Fenster alle Eigenschaften zugeordnet werden, die sich in Bezug auf die Textgestaltung, die Positionierung und das Layout realisieren lassen.

Zur Kontrolle kann gleich das Vorschauregister genutzt werden, das die Ansicht im Browser simuliert. Der generierte Code wird als XSLT-Datei gespeichert und kann in der XMLSpy-Umgebung nachbearbeitet werden, wenn es nötig ist.

```
<?xml version="1.0" encoding="UTF-8"?>
<xsl:stylesheet version="1.0" xmlns:xsl="http://www.w3.org/1999/XSL/Transform">
  <xsl:template match="/">
    <html>
      <head />
      <body>
        <xsl:for-each select="Lager">
          <table border="1">
            <thead>
              <tr>
                <td width="72">Artnr</td>
                <td width="232">Bezeichnung</td>
                <td width="169">Warengruppe</td>
                <td width="120">Material</td>
                <td width="85">Farbe</td>
                <td width="98">Bestand</td>
                <td width="77">Preis</td>
                <td width="90">Absatz</td>
                <td width="184">Umsatz_lfd_Jahr</td>
                <td width="205">Umsatz_Vorjahr</td>
              </tr>
            </thead>
            <tbody>
              <xsl:for-each select="Artikel">
                <tr>
                  <td width="72">
                    <xsl:for-each select="Artnr">
                      <xsl:apply-templates />
                    </xsl:for-each>
                  </td>
                  <td width="232">
                    <xsl:for-each select="Bezeichnung">
                      <xsl:apply-templates />
                    </xsl:for-each>
                  </td>
                  <td width="169">
                    <xsl:for-each select="Warengruppe">
                      <xsl:apply-templates />
                    </xsl:for-each>
                  </td>
                  <td width="120">
                    <xsl:for-each select="Material">
                      <xsl:apply-templates />
                    </xsl:for-each>
                  </td>
                  <td width="85">
                    <xsl:for-each select="Farbe">
                      <xsl:apply-templates />
                    </xsl:for-each>
                  </td>
```

Design [Document] | XSLT Stylesheet | HTML Preview | XSL-FO | PDF

Abbildung 7.25 Das Register zeigt den generierten XSLT-Code

7.18 Kurzreferenz zu XSLT

<xsl:apply-imports/>

Diese Anweisung sorgt dafür, dass auf den aktuellen Knoten nur die in das Stylesheet importierten Template-Regeln angewendet werden. Es gibt keine Inhalte oder Attribute.

<xsl:apply-templates>

Diese Anweisung wendet auf die von `select` bestimmte Knotenmenge die jeweils passenden Template-Regeln an.

```
<xsl:apply-templates
  select = Knotenmengenausdruck
  mode = QName>
  <!-- Inhalt: (xsl:sort | xsl:with-param)* -->
</xsl:apply-templates>
```

<xsl:attribute>

Die Anweisung liefert ein XML-Attribut zu dem aktuellen Element.

```
<xsl:attribute
  name = { QName }
  namespace = { URI-Referenz }>
  <!-- Inhalt: Template -->
</xsl:attribute>
```

<xsl:attribute-set>

Die Anweisung definiert einen Satz von Attributen, der innerhalb eines Elements mit der Anweisung `<xsl:use-attribute-set>` anstelle einzelner Attribute verwendet werden kann.

```
<!-- Top-Level-Element -->
<xsl:attribute-set
  name = QName
  use-attribute-sets = QNamen>
  <!-- Inhalt: xsl:attribute* -->
</xsl:attribute-set>
```

<xsl:call-template>

Ruft die Template-Regel mit dem angegebenen Namen auf.

```
<xsl:call-template
  name = QName>
```

```
  <!-- Inhalt: xsl:with-param* -->
</xsl:call-template>
```

<xsl:choose>

Wertet das Template der ersten `when`-Klausel aus, wenn die angegebene Bedingung erfüllt ist. Im anderen Fall wird das Template der `otherwise`-Klausel verwendet.

```
<xsl:choose>
  <!-- Inhalt: (xsl:when+, xsl:otherwise?) -->
</xsl:choose>
```

<xsl:comment>

Liefert einen XML-Kommentar, der das angegebene Template als Text enthält.

```
<xsl:comment>
  <!-- Inhalt: Template -->
</xsl:comment>
```

<xsl:copy>

Kopiert den aktuellen Kontextknoten in das resultierende Baumfragment, zusammen mit einem eventuellen Namensraumknoten.

```
<xsl:copy
  use-attribute-sets = QNamen>
  <!-- Inhalt: Template -->
</xsl:copy>
```

<xsl:copy-of>

Gibt die dem Ausdruck entsprechende Knotenmenge aus.

```
<xsl:copy-of
  select = Ausdruck />
```

<xsl:decimal-format>

Legt ein Zahlenformat fest, das verwendet werden soll, wenn Zahlen in das Ergebnisdokument geschrieben werden sollen. Wird ein Name zugewiesen, kann das Format über die Funktion `format-number()` gezielt verwendet werden, ansonsten wird das angegebene Format als Standardformat behandelt. Mehrere benannte Formate können definiert werden.

```
<!-- Top-Level-Element -->
<xsl:decimal-format
```

```
  name = QName
  decimal-separator = char
  grouping-separator = char
  infinity = string
  minus-sign = char
  NaN = string
  percent = char
  per-mille = char
  zero-digit = char
  digit = char
  pattern-separator = char />
```

<xsl:element>

Gibt ein XML-Element aus mit dem lokalen Teil des angegebenen Namens, das zum angegebenen Namensraum gehört und dessen Kinder auf dem angegebenen Template beruhen.

```
<xsl:element
  name = { QName }
  namespace = { URI-Referenz }
  use-attribute-sets = QNamen>
  <!-- Inhalt: Template -->
</xsl:element>
```

<xsl:fallback>

Wertet das angegebene Template aus, wenn die Eltern-Instruktion vom Prozessor nicht verarbeitet wird. Wird hauptsächlich verwendet, wenn Erweiterungselemente eingesetzt werden, bei denen nicht sicher ist, ob sie vom XSLT-Prozessor verarbeitet werden können.

```
<xsl:fallback>
  <!-- Inhalt: Template -->
</xsl:fallback>
```

<xsl:for-each>

Erzeugt eine Schleife, um alle Knoten der ausgewählten Knotenmenge mit dem Template auszuwerten, wobei die Reihenfolge durch eine Sortierung mit `xsl:sort` beeinflusst werden kann.

```
<xsl:for-each
  select = Knotenmengenausdruck>
  <!-- Inhalt: (xsl:sort*, template) -->
</xsl:for-each>
```

<xsl:if>

Wertet das Template nur dann aus, wenn der Testausdruck den Wert »wahr« ergibt.

```
<xsl:if
  test = logischer Ausdruck>
  <!-- Inhalt: Template -->
</xsl:if>
```

<xsl:import>

Importiert das angegebene Stylesheet. Variablen und Templates, die importiert werden, haben einen geringeren Rang als die Variablen und Templates des importierenden Stylesheets selbst.

```
<xsl:import
  href = URI-Referenz />
<!-- Top-Level-Element -->
```

<xsl:include>

Übernimmt das angegebene Stylesheet. Die darin enthaltenden Templates und Variablen sind mit denen des inkludierenden Stylesheets gleichrangig.

```
<xsl:include
  href = URI-Referenz />
<!-- Top-Level-Element -->
```

<xsl:key>

Wird verwendet, um Knoten im aktuellen Dokument zu indizieren. Die benannten Schlüssel können mit der Funktion `key()` in Xpath-Ausdrücken und -Mustern verwendet werden.

```
<xsl:key
  name = QName
  match = pattern
  use = Ausdruck />
<!-- Top-Level-Element -->
```

<xsl:message>

Gibt eine Nachricht aus; außerdem kann damit die Ausführung des Stylesheets gestoppt werden.

```
<xsl:message
  terminate = "yes" | "no">
```

```
  <!-- Inhalt: Template -->
</xsl:message>
```

<xsl:namespace-alias>

Definiert einen Alias für einen Namensraum. Wird hauptsächlich benötigt, wenn ein Stylesheet ein anderes Stylesheet als Ergebnisdokument erzeugen soll, und die direkte Verwendung des Namensraums zu Schwierigkeiten führen würde.

```
<!-- Top-Level-Element -->
<xsl:namespace-alias
  stylesheet-prefix = prefix | "#default"
  result-prefix = prefix | "#default" />
```

<xsl:number>

Erzeugt eine Zahl aus dem in `value` angegebenen Ausdruck.

```
<xsl:number
  level = "single" | "multiple" | "any"
  count = pattern
  from = pattern
  value = numerischer Ausdruck
  format = { string }
  lang = { nmtoken }
  letter-value = { "alphabetic" | "traditional" }
  grouping-separator = { char }
  grouping-size = { number } />
```

<xsl:otherwise>

Definiert innerhalb eines `<xsl:choose>`-Elements den Fall, dass keiner der `when`-Tests bestanden wird.

```
<xsl:otherwise>
  <!-- Inhalt: Template -->
</xsl:otherwise>
```

<xsl:output>

Definiert die wesentlichen Merkmale des Ergebnisdokuments, die der XSLT-Prozessor gewährleisten soll.

```
<!-- Top-Level-Element -->
<xsl:output
  method = "xml" | "html" | "text" | QName-aber-nicht-NCName
  version = nmtoken
  encoding = string
```

```
  omit-xml-declaration = "yes" | "no"
  standalone = "yes" | "no"
  doctype-public = string
  doctype-system = string
  cdata-section-elements = QNamen
  indent = "yes" | "no"
  media-type = string />
```

<xsl:param>

Definiert einen Parameter, der vom Stylesheet insgesamt oder von einer Vorlage benutzt werden soll

```
<!-- Top-Level-Element --> oder Teil eines Templates
<xsl:param
  name = QName
  select = Ausdruck>
  <!-- Inhalt: Template -->
</xsl:param>
```

<xsl:preserve-space>

Mit Hilfe dieses Elements können die Elemente im Quelldokument bestimmt werden, bei denen Leerzeichen, Leerzeilen und Tabulatorsprünge erhalten bleiben sollen.

```
<!-- Top-Level-Element -->
<xsl:preserve-space
  elements = tokens />
```

<xsl:processing-instruction>

Liefert eine Processing-Instruction mit dem angegebenen Ziel.

```
<xsl:processing-instruction
  name = { ncname }>
  <!-- Inhalt: Template -->
</xsl:processing-instruction>
```

<xsl:sort>

Sortiert die aktuelle Knotenliste, die durch das jeweilige Elternelement – `<xsl:apply-templates>` oder `<xsl:for-each>` – gegeben ist; kann mehrfach verwendet werden, um Mehrfach-Schlüssel zu definieren.

```
<xsl:sort
  select = string-Ausdruck
  lang = { nmtoken }
```

```
  data-type = { "text" | "number" | QName-aber-nicht-NCName }
  order = { "ascending" | "descending" }
  case-order = { "upper-first" | "lower-first" } />
```

<xsl:strip-space>

Mit Hilfe dieses Elements können die Elemente im Quelldokument bestimmt werden, bei denen Leerzeichen, Leerzeilen und Tabulatorsprünge entfernt werden sollen.

```
<!-- Top-Level-Element -->
<xsl:strip-space
  elements = tokens />
```

<xsl:stylesheet>

Wurzelelement eines XSLT-Stylesheets. Als Synonym kann auch `<xsl:transform>` verwendet werden.

```
<xsl:stylesheet
  id = id
  extension-element-prefixes = tokens
  exclude-result-prefixes = tokens
  version = number>
  <!-- Inhalt: (xsl:import*, Top-Level-Elemente) -->
</xsl:stylesheet>
```

<xsl:template>

Definiert ein Template für das Ergebnisdokument. Template-Regeln, die mit dem `match`-Attribut arbeiten, werden ausgeführt, wenn eine Knotenmenge gefunden wird, die dem XPath-Muster entspricht. Templates, die benannt sind, werden dagegen über den Namen mit `<xsl:call-template>` aufgerufen.

```
<!-- Top-Level-Element -->
<xsl:template
  match = pattern
  name = QName
  priority = number
  mode = QName>
  <!-- Inhalt: (xsl:param*, template) -->
</xsl:template>
```

<xsl:text>

Liefert den in #PCDATA gefundenen Text, wobei sich der Schutz der eingebauten Entitäten kontrollieren lässt.

```
<xsl:text
  disable-output-escaping = "yes" | "no">
  <!-- Inhalt: #PCDATA -->
</xsl:text>
```

<xsl:transform>

Kann anstelle des Elements <xsl:stylesheet> verwendet werden, etwa um deutlich zu machen, dass nur Transformationen und keine Formatierungen vorgenommen werden sollen.

```
<xsl:transform
  id = id
  extension-element-prefixes = tokens
  exclude-result-prefixes = tokens
  version = number>
  <!-- Inhalt: (xsl:import*, Top-Level-Elements) -->
</xsl:transform>
```

<xsl:value-of>

Liefert die Zeichenkette, die dem angegebenen XPath-Ausdruck entspricht, und überträgt sie in das Ergebnisdokument.

```
<xsl:value-of
  select = Ausdruck
  disable-output-escaping = "yes" | "no" />
```

<xsl:variable>

Deklariert eine Variable mit dem angegebenen Namen und initialisiert sie entweder mit dem select-Wert oder durch das Template.

```
<!-- Top-Level-Element --> oder innerhalb eines Templates
<xsl:variable
  name = QName
  select = Ausdruck>
  <!-- Inhalt: Template -->
</xsl:variable>
```

<xsl:when>

Ist eine der Wahlmöglichkeiten in einem <xsl:choose>-Element.

```
<xsl:when
  test = boolean-Ausdruck>
  <!-- Inhalt: Template -->
</xsl:when>
```

<xsl:with-param>

Wird verwendet, um die Werte von Parametern zu bestimmen, die beim Aufruf eines Templates eingesetzt werden sollen.

```
<xsl:with-param
  name = QName
  select = Ausdruck>
  <!-- Inhalt: Template -->
</xsl:with-param>
```

7.19 Vorschau auf XSLT 2.0

Wie schon angesprochen, hat das W3C nach langjährigen Vorarbeiten im Januar 2007 eine neue Empfehlung für XSL Transformations (XSLT) herausgebracht. XSLT 2.0 ist entwickelt worden, um die Gestaltungsmöglichkeiten durch Stylesheets zu erweitern und um einige Schwächen von XSLT 1.0 zu beseitigen.

7.19.1 Die wichtigsten Neuerungen

Da es gewiss noch einige Zeit dauern wird, ehe sich das neue Standardbündel allgemein durchgesetzt hat, soll in diesem Abschnitt wie schon in dem Abschnitt über XPath 2.0 nur eine kurze Vorschau über die wesentlichen Neuerungen gegeben werden. Ein paar kleine Beispiele sollen die Vorteile der neuen Verfahren demonstrieren.

Neue Zugriffsmöglichkeiten durch XPath 2.0

Durch die gleichzeitige Verabschiedung von XPath 2.0 wird insbesondere der Zugriff auf die von einem Stylesheet zu verarbeitenden Daten wesentlich verfeinert und erweitert. XSLT 2.0 profitiert hier in erster Linie von dem in Kapitel 5 bereits beschriebenen Ausbau des Datenmodells und der Einführung zahlreicher neuer Funktionen und Operatoren in XPath 2.0. Insbesondere die Unterstützung von XML Schema schafft hier viele neue Möglichkeiten. Gleichzeitig bleibt die Unterstützung von XPath 1.0 weitgehend erhalten. Für die Nutzung dieser neuen Errungenschaften stehen auch bereits entsprechende Prozessoren zur Verfügung, etwa Saxon oder der XSLT-2.0 Prozessor in XMLSpy 2007.

Ablösung der temporären Knotenbäume

In 7.11.5 sind die temporären Knotenbäume – **result tree fragment** – in XSLT 1.0 als eine Möglichkeit beschrieben worden, Teile des Ergebnisbaumes innerhalb eines `<xsl:variable>`-Elements festzuhalten. Die Handhabung solcher Fragmente unterliegt gewissen Einschränkungen, die sich in der Praxis als eher hinderlich erwiesen haben. Aus diesem Grund wurden diese Fragmente in XSLT 2.0 abgeschafft.

Stattdessen kann nun bei einem `<xsl:variable>`-Element eine Sequenz von Knoten verwendet werden. Diese Sequenz stellt alle Bearbeitungsmöglichkeiten zur Verfügung, die für Sequenzen in XSLT 2.0 gegeben sind. Der Wert der Variablen wird dabei jeweils als Wurzelelement behandelt. Die Navigation innerhalb des temporären Baumes kann dann mit den üblichen XPath-Ausdrücken stattfinden, wie das folgende Beispiel zeigt:

```
<xsl:template match="/">
  <xsl:variable name="temp">
    <xsl:element name="anrede">
      <xsl:element name="a">Frau</xsl:element>
      <xsl:element name="a">Herr</xsl:element>
      <xsl:element name="a">Firma</xsl:element>
    </xsl:element>
  </xsl:variable>
  <result>
    <xsl:value-of select="$temp/anrede/a[3]"/>
  </result>
</xsl:template>
```

Das Ergebnis dieser Template-Regel ist ein Knoten mit dem Wert »Firma«.

Gruppierungen

Eine besonders praktische Anweisung in XSLT 2.0 ist das neue Element `<xsl:for-each-group>`, das die Gruppierung von Sequenzen wesentlich vereinfacht, ganz gleich ob es sich um Sequenzen von Knoten oder von atomic values handelt. Das Element unterstützt vier Attribute für die Steuerung der gewünschten Gruppierung:

- **group-by**
  Arbeitet mit einem Gruppierungsschlüssel und fasst alle Datenelemente zusammen, die in Bezug auf diesen Schlüssel denselben Wert liefern. Diese Methode beachtet übrigens nicht die Abfolge der Knoten. Duplikate in einer Gruppe werden zugelassen. Derselbe Knoten kann unter Umständen auch Mitglied verschiedener Gruppen sein.
- **group-adjacent**
  Arbeitet mit einem Gruppierungsschlüssel und fasst alle Datenelemente zusammen, die in Bezug auf diesen Schlüssel denselben Wert liefern, allerdings mit der Einschränkung, dass die Datenelemente gleichzeitig innerhalb der Eingabesequenz benachbart sind.

- **group-starting-with**
  In diesem Fall wird immer dann eine neue Gruppe begonnen, wenn eines der Datenelemente mit einem bestimmten Pattern übereinstimmt. Diese Methode lässt sich anwenden, wenn die Elemente in einer bestimmten Anordnung vorliegen. Dies gilt auch für die vierte Methode:
- **group-ending-with**
  Es wird immer dann eine Gruppe beendet, wenn eines der Datenelemente mit einem bestimmten Pattern übereinstimmt.

Um auf die aktuelle Gruppe zuzugreifen, kann die Funktion `current-group()` verwendet werden. Die neue Funktion `current-grouping-key()` liefert jeweils auf den aktuell verwendeten Schlüssel. Als Kindelement lässt sich `xsl:sort` verwenden, um die Reihenfolge zu bestimmen, in der die Gruppen verarbeitet werden sollen.

Ein einfaches Beispiel für das erste Verfahren verwendet die folgende Lagertabelle:

```
<?xml version="1.0" encoding="ISO-8859-1"?>
<Lager>
  <Artikel>
    <Artnr>7777</Artnr>
    <Bezeichnung>Jalousie CX</Bezeichnung>
    <Warengruppe>Jalousie</Warengruppe>
    <Preis>198</Preis>
    </Artikel>
  <Artikel>
    <Artnr>7778</Artnr>
    <Bezeichnung>Jalousie CC</Bezeichnung>
    <Warengruppe>Jalousie</Warengruppe>
    <Preis>174</Preis>
  </Artikel>
  <Artikel>
    <Artnr>7774</Artnr>
    <Bezeichnung>Jalousie VX</Bezeichnung>
    <Warengruppe>Jalousie</Warengruppe>
    <Preis>220</Preis>
  </Artikel>
  <Artikel>
    <Artnr>5554</Artnr>
    <Bezeichnung>Rollo PC</Bezeichnung>
    <Warengruppe>Rollo</Warengruppe>
    <Preis>95</Preis>
  </Artikel>
```

```
  <Artikel>
    <Artnr>7999</Artnr>
    <Bezeichnung>Sunset</Bezeichnung>
    <Warengruppe>Rollo</Warengruppe>
    <Preis>120</Preis>
  </Artikel>
  <Artikel>
    <Artnr>8444</Artnr>
    <Bezeichnung>Markise SK</Bezeichnung>
    <Warengruppe>Markise</Warengruppe>
    <Preis>280</Preis>
  </Artikel>
</Lager>
```

Um daraus ein XML-Dokument zu erstellen, bei dem die Elemente nach dem Element `<Warengruppe>` gruppiert werden, kann folgende Template-Regel verwendet werden:

```
<xsl:template match="Lager">
  <Lager>
    <xsl:for-each-group select="/Lager/Artikel"
            group-by="Warengruppe">
      <xsl:for-each select="current-group()">
        <Artikel>
        <Bezeichnung><xsl:value-of select="Bezeichnung"/>
        </Bezeichnung>
        <Preis><xsl:value-of select="Preis"/></Preis>
        </Artikel>
      </xsl:for-each>
    </xsl:for-each-group>
  </Lager>
</xsl:template>
```

Um die zu einer Gruppe gehörenden Daten zusammenzustellen, wird innerhalb der Schleife mit `<xsl:for-each-group>` eine zweite Schleife mit `<xsl:for-each select="current-group()">...` verwendet. Das Ergebnis sieht dann so aus:

```
<?xml version="1.0" encoding="UTF-8"?>
<Lager xmlns:fn="http://www.w3.org/2005/xpath-functions"
       xmlns:xs="http://www.w3.org/2001/XMLSchema">
  <Artikel>
    <Bezeichnung>Jalousie CX</Bezeichnung>
    <Preis>198</Preis>
  </Artikel>
  <Artikel>
    <Bezeichnung>Jalousie CC</Bezeichnung>
```

```
    <Preis>174</Preis>
  </Artikel>
  <Artikel>
    <Bezeichnung>Jalousie VX</Bezeichnung>
    <Preis>220</Preis>
  </Artikel>
  <Artikel>
    <Bezeichnung>Jalousie VV</Bezeichnung>
    <Preis>200</Preis>
  </Artikel>
  <Artikel>
    <Bezeichnung>Rollo PC</Bezeichnung>
    <Preis>95</Preis>
  </Artikel>
  ...
</Lager>
```

Ein Beispiel für die Methode verwendet die folgende Titelliste:

```
<?xml version="1.0" encoding="UTF-8"?>
<titelliste>
  <titel samegroup="yes">Stromboli</titel>
  <titel samegroup="yes">Capri now</titel>
  <titel samegroup="no">No Rome</titel>
  <titel samegroup="yes">Go to Paris</titel>
  <titel samegroup="yes">Out of Bielefeld</titel>
  <titel samegroup="no">Londonderry</titel>
  <titel samegroup="yes">Blue Sky</titel>
  <titel samegroup="yes">Boomtown</titel>
</titelliste>
```

Die Template-Regel sieht so aus:

```
<xsl:template match="titelliste">
  <titelliste>
  <xsl:for-each-group select="*"
       group-starting-with="titel[not(@samegroup='yes')]">
  <gruppe>
    <xsl:for-each select="current-group()">
      <titel><xsl:value-of select="."/></titel>
    </xsl:for-each>
  </gruppe>
</xsl:for-each-group>
</titelliste>
</xsl:template>
```

Dieses Stylesheet erzeugt die folgende Ausgabe:

```
<?xml version="1.0" encoding="UTF-8"?>
<titelliste ...>
  <gruppe>
    <titel>Stromboli</titel>
    <titel>Capri now</titel>
  </gruppe>
  <gruppe>
    <titel>No Rome</titel>
    <titel>Go to Paris</titel>
    <titel>Out of Bielefeld</titel>
  </gruppe>
  <gruppe>
    <titel>Londonderry</titel>
    <titel>Blue Sky</titel>
    <titel>Boomtown</titel>
  </gruppe>
</titelliste>
```

Benutzerdefinierte Funktionen für XPath-Ausdrücke

Mit Hilfe der Anweisung `<xsl:function>` können in XSLT 2.0 benutzerdefinierte XSLT-Funktionen erzeugt werden, die sich dann in XPath 2.0-Ausdrücken verwenden lassen. Die Anweisung `xsl:function` legt dabei den Namen der neuen Funktion fest, bestimmt die benötigten Parameter und implementiert die gewünschte Funktionalität. Ist die Funktion definiert, kann sie im Stylesheet über den jeweiligen Namen aufgerufen werden.

Mehrere Ausgabedokumente

Mit XSLT 2.0 wird es möglich, über eine Transformation gleich mehrere Ergebnisbäume zu produzieren und auf diese Weise gleich mehrere Ausgabedokumente zu erzeugen. So kann beispielsweise in einem Zug ein Gesamtdokument und eine Dokumentübersicht ausgegeben werden. Dazu werden einfach `<xsl:result-document>`-Elemente hintereinander geschaltet, die jeweils die unterschiedlichen Ausgabebäume beschreiben:

```
<xsl:template match="/">
 <xsl:result-document href="output1.xml">
   ... Beschreibung des ersten Ausgabebaums
 </xsl:result-document>
 <xsl:result-document href="output2.xml">
  ... Beschreibung des zweiten Ausgabebaums
 </xsl:result-document>
</xsl:template>
```

XHTML-Ausgabe

Während XSLT 1.0 nur die Ausgabe in XML, HTML oder Text anbot, unterstützt die Version 2.0 nun auch direkt die Ausgabe in XHTML über eine entsprechende Methode der `xsl:result-document`-Anweisung.

7.19.2 Neue Funktionen in XSLT 2.0

Neben den zahlreichen neuen Funktionen in XPath 2.0, die in XSLT 2.0 über entsprechende Pfad-Ausdrücke genutzt werden können, stehen noch einige eigene Funktionen zur Verfügung. Ein größerer Teil betrifft die Formatierung von Datums- und Zeitwerten. Die umständlichen Verfahren, solche Werte als Zeichenfolgen auszuwerten und in die verschiedenen Bestandteile zu zerlegen, werden auf diese Weise überflüssig. Die verwendeten Datentypen entsprechen dabei denen der XML Schema-Spezifikation.

Funktion	Beschreibung
`current-group`	Liefert die Inhalte der aktuellen Gruppe in `xsl:for-each-group`.
`current-grouping-key`	Liefert den aktuellen Gruppenschlüssel in `xsl:for-each-group`.
`format-date`	Formatiert ein Datum.
`format-dateTime`	Formatiert einen `datetime`-Wert.
`format-time`	Formatiert einen Zeitwert.
`regex-group`	Liefert einen Satz von Teilstrings, die durch die `xsl:matching-substring`-Anweisung verfügbar sind.
`type-available`	Prüft die Verfügbarkeit eines bestimmten Datentyps.
`unparsed-entity-pubic-id`	Liefert den `Public Identifyer` einer Ressource.
`unparsed-text`	Liest eine externe Ressource ein und liefert einen String.
`unparsed-text-available`	Prüft, ob sich eine externe Ressource mit `unparsed-text` einlesen lässt.

7.19.3 Neue Elemente

Neben der schon angesprochenen Gruppenbearbeitung stellt XSLT 2.0 vor allem neue Anweisungen für die Behandlung von »atomic values« und von Sequenzen zur Verfügung. Im Folgenden sind die neuen Elemente in XSLT 2.0 in einer Kurzreferenz zusammengestellt:

<xsl:analyze-string>

Wendet auf den String, den der `select`-Ausdruck liefert, den regulären Ausdruck an, der mit `regex` angegeben wird. Der String wird in Teilstrings zerlegt, die entweder mit dem regulären Ausdruck übereinstimmen oder nicht übereinstimmen. Auf diese Weise können in dem Eingabestring beispielsweise bestimmte Zeichen durch andere ersetzt werden.

```
<xsl:analyze-string
  select = Ausdruck
  regex = { string }
  flags? = { string }>
  <!-- Inhalt: (xsl:matching-substring?, xsl:non-matching-
substring?, xsl:fallback*) -->
</xsl:analyse-string>
```

<xsl:character-map>

Wird verwendet, um während der Serialisierung gezielt bestimmte Zeichen durch andere zu ersetzen.

```
<xsl:character-map
  name = QName
  use-character-maps? = QNamen>
  <!-- Inhalt: (xsl:output-character*) -->
</xsl:character-map>
```

<xsl:document>

Wird verwendet, um einen neuen Dokumentknoten zu erzeugen.

```
<xsl:document
  validation? = "strict" | "lax" | "preserve" | "strip"
  type? = QName>
  <!-- Inhalt: Sequenzkonstruktor -->
</xsl:document>
```

<xsl:for-each-group>

Wird verwendet, um aus einer Sequenz von Knoten oder Einzelwerten Gruppen zu bilden.

```
<xsl:for-each-group
  select = Ausdruck
  group-by? = Ausdruck
  group-adjacent? = Ausdruck
  group-starting-with? = pattern
  group-ending-with? = pattern
  collation? = { uri }>
  <!-- Inhalt: (xsl:sort*, Sequenzkonstruktor) -->
</xsl:for-each-group>
```

<xsl:function>

Wird verwendet, um benutzerdefinierte XSLT-Funktionen zu erzeugen, die von XPath 2.0-Ausdrücken aufgerufen werden können.

```
<xsl:function
  name = QName
  as? = Sequenztyp
  override? = "yes" | "no">
  <!-- Inhalt: (xsl:param*, Sequenzkonstruktor) -->
</xsl:function>
```

<xsl:import-schema>

Wird verwendet, um XML-Schema-Komponenten zu identifizieren, die zur Verfügung stehen müssen, bevor Quelldokumente verfügbar sind.

```
<xsl:import-schema
  namespace? = URI-Referenz
  schema-location? = URI-Referenz>
  <!-- Inhalt: xs:schema? -->
</xsl:import-schema>
```

<xsl:matching-substring>

Wird innerhalb von `xsl:analyze-string` verwendet, um die vorgegebene Aktion zu bestimmen, die bei den Teil-Strings stattfinden soll, die dem regulären Ausdruck entsprechen.

```
<xsl:matching-substring>
  <!-- Inhalt: Sequenzkonstruktor -->
</xsl:matching-substring>
```

<xsl:namespace>

Wird verwendet, um einen Namensraumknoten zu erzeugen.

```
<xsl:namespace
  name = { NCName }
  select? = Ausdruck>
  <!-- Inhalt: Sequenzkonstruktor -->
</xsl:namespace>
```

<xsl:next-match>

Wird verwendet, um die als nächstes auszuführende Template-Regel zu bestimmen.

```
<xsl:next-match>
  <!-- Inhalt: (xsl:with-param | xsl:fallback)* -->
</xsl:next-match>
```

<xsl:non-matching-substring>

Wird innerhalb von `xsl:analyze-string` verwendet, um die vorgegebene Aktion zu bestimmen, die bei den Teil-Strings stattfinden soll, die dem regulären Ausdruck nicht entsprechen.

```
<xsl:non-matching-substring>
  <!-- Inhalt: Sequenzkonstruktor -->
</xsl:non-matching-substring>
```

<xsl:output-character>

Wird verwendet, um einen einzelnen Eintrag innerhalb von `xsl:character-map` festzulegen.

```
<xsl:output-character
  character = char
  string = string />
```

<xsl:perform-sort>

Wird verwendet, um eine Sequenz zu sortieren.

```
<xsl:perform-sort
  select? = Ausdruck>
  <!-- Inhalt: (xsl:sort+, Sequenzkonstruktor) -->
</xsl:perform-sort>
```

<xsl:result-document>

Erweitert die Möglichkeiten der in XSLT 1.0 verwendeten `xsl:output`-Anweisung. Sie erlaubt es, die Eigenschaften des endgültigen Ausgabebaums detailliert festzulegen.

```
<xsl:result-document
  format? = { QName }
  href? = { URI-Referenz }
  validation? = "strict" | "lax" | "preserve" | "strip"
  type? = QName
  method? = { "xml" | "html" | "xhtml" | "text" |
  QName-but-not-ncname }
  byte-order-mark? = { "yes" | "no" }
  cdata-section-elements? = { QNamen }
  doctype-public? = { string }
```

```
  doctype-system? = { string }
  encoding? = { string }
  escape-uri-attributes? = { "yes" | "no" }
  include-content-type? = { "yes" | "no" }
  indent? = { "yes" | "no" }
  media-type? = { string }
  normalization-form? = { "NFC" | "NFD" | "NFKC" | "NFKD" |
  "fully-normalized" | "none" | nmtoken }
  omit-xml-declaration? = { "yes" | "no" }
  standalone? = { "yes" | "no" | "omit" }
  undeclare-prefixes? = { "yes" | "no" }
  use-character-maps? = QNamen
  output-version? = { nmtoken }>
  <!-- Inhalt: Sequenzkonstruktor -->
</xsl:result-document>
```

<xsl:sequence>

Wird innerhalb eines Sequenzkonstruktors verwendet, um eine Sequenz von Knoten oder Einzelwerten zu bilden.

```
<xsl:sequence
  select = Ausdruck>
  <!-- Inhalt: xsl:fallback* -->
</xsl:sequence>
```

Wesentlich mächtiger als CSS sind die Formatierungsmöglichkeiten, die über die Formatierungsobjekte von XSL realisiert werden können.

8 Formatierung mit XSL

Während sich XML als Standard für die Strukturierung von Inhalten in einem kompakten Dokument beschreiben lässt, bedarf der X-Standard, der sich mit der Gestaltung von Dokumenten befasst, einer wesentlich umfangreicheren Beschreibung. Im einen Fall geht es um klare logische Strukturen, im anderen Fall darum, alle Möglichkeiten in den Griff zu bekommen, wie Textelemente und Bilder auf gedruckten oder am Bildschirm angezeigten Seiten dargestellt werden können, unter Berücksichtigung von Seitenumbrüchen, Mehrspaltigkeit, variablen Größen und den unterschiedlichen Ausrichtungen etc.

Schon für die CSS-Standards waren umfangreiche Dokumente notwendig, **XSL** bringt es in der PDF-Darstellung immerhin auf über 400 Seiten. Die Entwickler von kompletten XSL-Prozessoren werden also einiges zu tun haben.

8.1 Transformation und Formatierung

XSL ist für eine Verarbeitung konzipiert, die in mehreren Stufen abläuft. Zwei Prozesse werden dabei verkoppelt, wobei der zweite Prozess die Ergebnisse des ersten übernimmt. Die Abbildung 8.1 zeigt den generellen Ablauf:

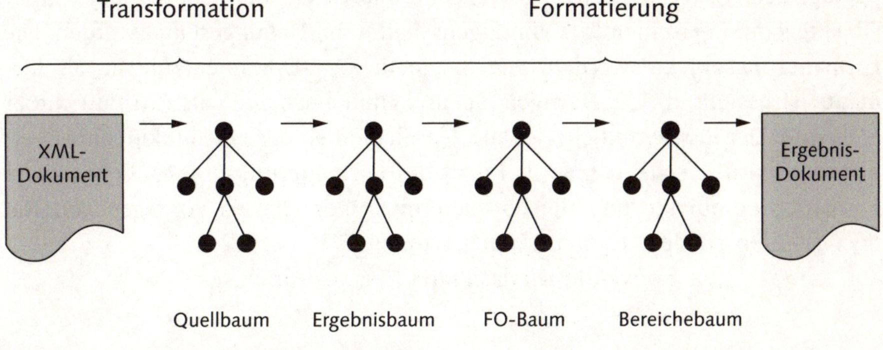

Abbildung 8.1 Der mehrstufige XSL-Prozess

Im ersten Schritt übernimmt ein entsprechender XSL-Stylesheet-Prozessor die Baumstruktur des Quelldokuments und wendet darauf die in dem XSL-Stylesheet beschriebenen Transformationen an, um die daraus resultierende Baumstruktur aufzubauen. Dieser Schritt entspricht demjenigen, der im vorangegangenen Abschnitt für XSLT beschrieben worden ist. Der Ergebnisbaum kann, wie beschrieben, die Quellinhalte in einer anderen Anordnung oder Auswahl liefern, d. h., das Ergebnis kann sich deutlich von dem zugrunde liegenden Quelldokument unterscheiden. Aus den Quelldaten könnte zum Beispiel zusätzlich ein Inhaltsverzeichnis oder ein Index generiert werden.

Die gewünschte Formatierung der Datenausgabe wird nun im nächsten Schritt dadurch erreicht, dass in den Ergebnisbaum die dafür notwendigen Formatbeschreibungen eingefügt werden, die im Stylesheet festgelegt sind. Dabei wird ein Katalog von Formatierungsobjekten verwendet, der alles abdecken soll, was in puncto Gestaltung in der Ausgabe möglich ist. Der Ergebnisbaum besteht schließlich wie der Quellbaum aus Element- und Attributknoten, nur bilden diese jetzt entsprechende Formatierungsobjekte und ihre Eigenschaften ab. Dieser Ergebnisbaum wird schließlich von einem XSL Formatter in dem Zielmedium ausgegeben.

8.2 Formatierungsobjekte

Die Formatierungsobjekte bilden also in dem XSL zugrunde liegenden Modell ebenfalls eine Baumstruktur. Dabei ist beispielsweise eine Seite oder Webseite die Wurzel, die etwa zu bestimmten Textabschnitten oder Tabellen in Form von Ästen verzweigt. Die Blätter schließlich sind die einzelnen Zeichen oder auch Bilder oder andere unaufteilbare Objekte.

Die Formatierungsobjekte sind jeweils Instanzen von abstrakten Klassen, die typographische Dinge wie Seite, Absatz, Zeile, Tabelle etc. bezeichnen. Jedes dieser Objekte kann über einen Satz von Eigenschaften im Detail gestaltet werden. Die Formatierungsobjekte werden, wie in einem XML-Dokument üblich, als Elemente dargestellt, die zugehörigen Eigenschaften erscheinen als Attribute dieser Elemente. Der Elementinhalt, der aus den Elementen des Quelldokuments übernommen wird, erscheint hier als Inhalt des Formatierungsobjekts. Alle für die Formatierungsobjekte und die Formatierungseigenschaften vorgegebenen Namen gehören zu dem Namensraum mit dem URI `"http://www.w3.org/1999/XSL/Format"`, dem konventionell das Präfix `fo` zugeordnet ist.

Der Prozess der Formatierung selbst lässt sich wiederum in drei Schritte gliedern. Im ersten Schritt werden die von der Transformation gelieferten Objekte in Formatierungsobjekte umgewandelt und der Baum der Formatierungsobjekte erzeugt. Dabei werden die einzelnen Zeichen, die den Inhalt der Quelldaten liefern, in `fo:`-Zeichenknoten verwandelt. Die Knoten, die nur aus Leerzeichen bestehen, werden ignoriert.

In einer zweiten Phase wird dieser noch grobe Formatierungsobjektebaum verfeinert. Dazu gehören die Entfernung überflüssiger Leerzeichen, die Interpretation von unklaren Eigenschaften oder die Entfernung von Duplikaten.

8.3 Baum aus Bereichen – Areas

Auf dieser Basis wird dann in einem dritten Schritt ein `area tree` aufgebaut, also ein Baum von geometrischen Bereichen, aus denen die gesamte Ausgabe zusammengestellt wird. Dabei müssen die den Formatierungsobjekten zugeordneten Eigenschaften noch in die endgültigen Merkmale umgewandelt werden, die der Formatter darstellen kann.

Diese Merkmale werden **traits** genannt. In vielen Fällen entsprechen sie den angegebenen Eigenschaften, in anderen Fällen aber müssen sie erst errechnet werden, zum Beispiel wenn Schriftgrößen relativ zu anderen definiert werden. Manchmal ergeben sie sich auch in Folge von Vererbung aus dem übergeordneten Element.

Ähnlich wie auch CSS formatiert XSL also den Inhalt eines XML-Dokuments mit Hilfe von rechteckigen Bereichen. Jeder Bereich hat eine bestimmte Position auf einer Seite und zu jedem Bereich ist festgelegt, was darin angezeigt werden soll. Die Bereiche sind die Container, die den Inhalt aus der XML-Quelle aufnehmen.

Diese Bereiche sind nicht selbst die Formatierungsobjekte, die Formatierungsobjekte erzeugen diese Bereiche vielmehr, indem sie Platz im Ausgabemedium belegen, so wie ein Absatz Platz auf einer Seite belegt.

Entscheidend dabei ist, dass die Menge der Bereiche als hierarchische Anordnung verfügbar ist, sodass die einzelnen Bereiche mit ähnlichen Verfahren angesteuert und abgearbeitet werden können, wie es auch mit den Knoten im DOM oder bei XPath möglich ist.

8.4 XSL-Bereichsmodell

Ein Bereich enthält »im Kern« ein Inhaltsrechteck. Das ist der Raum, in dem entweder direkt Text erscheint oder Kind-Bereiche auftreten. Umgeben ist der innere Kern möglicherweise mit einem Rechteck, das im Englischen **padding** genannt wird, die »Aufpolsterung« sozusagen, die dafür sorgen soll, dass ein Bereich zu einem folgenden einen sinnvollen Abstand hat. Ganz außen kann sich das Umrandungsrechteck **border** befinden. Die folgende Abbildung zeigt das zugrunde liegende Bereichsmodell:

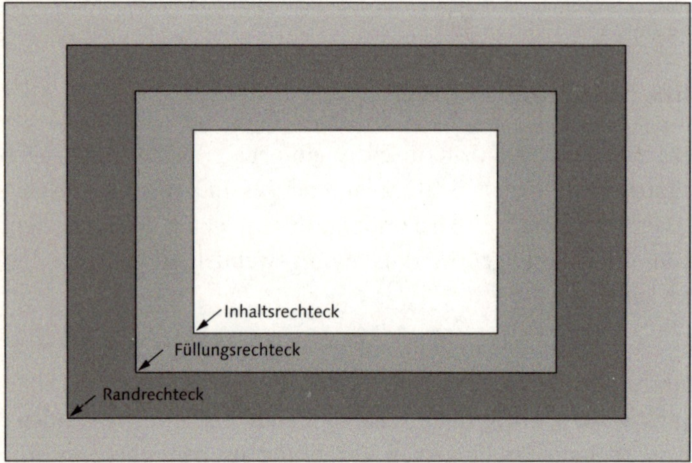

Abbildung 8.2 Bereichsmodell in XSL

Für jeden Bereich ist ein Satz von **Traits** verfügbar, die entweder direkt festlegen, wie der Bereich zu rendern ist – etwa durch die Wahl einer bestimmten Hintergrundfarbe – oder die bestimmte Einschränkungen festlegen, die beim Rendern zu berücksichtigen sind, etwa dass ein bestimmter Abstand zu einem anderen Bereich einzuhalten ist.

8.4.1 Block-Bereiche und Inline-Bereiche

Es werden generell zwei Typen von Bereichen unterschieden: **block-areas** und **inline-areas**. Sie unterscheiden sich hauptsächlich dadurch, wie sie durch das Formatierungsprogramm zueinander angeordnet werden. Dabei sind auch absolut positionierte Bereiche möglich. Inline-areas sind immer in einem Block eingeschlossen, sofern es nicht Kinder einer Inline-area sind. Diese Bereiche werden insbesondere verwendet, um einzelne Zeichen in einer Zeile gesondert zu formatieren. Ein Bereich kann jeweils block- oder inline-areas als Kinder haben, aber nicht beide gleichzeitig.

8.4.2 XSL und CSS

Die Formatierungsobjekte in XSL haben eine Reihe von Gemeinsamkeiten mit den Optionen, die CSS für die Beschreibung der Formatierung anbietet, insbesondere mit CSS2. Sie gehen aber teils darüber hinaus, teils verwenden sie eine andere Aufteilung der Objekte, um die es geht. Im Unterschied zu CSS berücksichtigt XSL insbesondere die internationale Gültigkeit des Standards sehr konsequent.

Deshalb wird versucht, auch die Formatierung von Dokumenten zu meistern, die mit einer anderen Schreibrichtung arbeiten, wie etwa arabische Schriften. Dazu ist insbesondere das Bereichsmodell von CSS erweitert worden. So werden Bereichszuordnungen nicht mehr mit absoluten Richtungsangaben wie `top`, `buttom`, `right` und `left` vorgenommen, sondern mit relativen wie `before`, `after`, `start` und `end`, die je nach Schreibrichtung zu anderen Ergebnissen führen.

Es ist im Rahmen dieses Buches nicht möglich, die komplexen Möglichkeiten von XSL im Detail vorzustellen. Wir wollen Ihnen aber an einem Beispiel wenigstens so weit das Vorgehen verdeutlichen, dass Sie einen soliden Eindruck darüber gewinnen können, wie mit den Formatierungsobjekten gearbeitet wird.

8.5 Testumgebung für XSL

Da die W3C-Empfehlung zu XSL noch ziemlich jung ist, mangelt es noch an Anwendungen, die mit XSL-Stylesheets etwas anfangen können. Seit der Verabschiedung des Standards ist aber Bewegung in diesen Bereich gekommen. Über den aktuellen Stand in Bezug auf Werkzeuge zu XSL unterrichtet **www.w3.org/Style/XSL/**.

Wir wollen hier mit einer Kombination von XMLSpy als XSL-Editor und dem **FOP** – Formatting Objects Processor – aus dem Apache XML Project arbeiten, der über die Website von **www.xmlspy.com/download_components.html** kostenlos heruntergeladen werden kann. Dabei wird eine Installationsroutine aufgerufen, die FOP in die Entwicklungsumgebung von XMLSpy mit einbindet, sodass das Ergebnis einer FO-Transformation direkt getestet werden kann. Allerdings muss dazu, da es sich um eine Java-Anwendung handelt, falls nicht schon vorhanden, Java 2 Runtime Environment ebenfalls installiert werden, was von derselben Seite gleich angeboten wird.

FOP ist ein Formatter, der durch XSL-Formatierungsobjekte gesteuert wird und das durch den Baum der FOs gegebene Ergebnis in das gewählte Ausgabeformat rendert. Dabei werden die folgenden Ausgabeformate unterstützt: PDF, PCL, PS, SVG, XML zur Wiedergabe des Bereichsbaums, Print, AWT, MIF und TXT. FOP hält sich an die Vorgaben der XSL-Empfehlung, allerdings werden noch nicht alle FOs von FOP unterstützt. Details erfahren Sie über **http://xml.apache.org/fop**.

Damit den Entwicklern keine zu großen Gedächtnisleistungen abverlangt werden müssen, bieten XSL-Editoren wie XMLSpy all diese FO-Objekte als Elemente an, wie die folgende Abbildung zeigt. Werden Elemente wie `<fo:root>` eingefügt, wird zugleich ein Gerippe der untergeordneten Elemente angeboten, die als Kinder von `<fo:root>` zu erwarten sind.

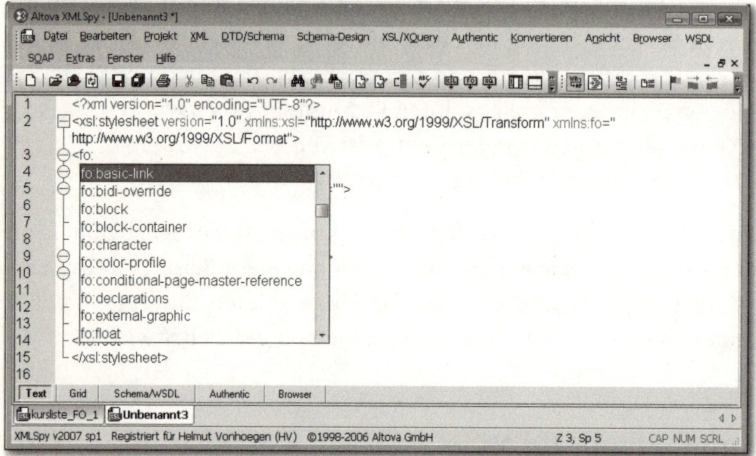

Abbildung 8.3 Elementliste im XSL-Editor in XMLSpy

Sie finden in der Empfehlung zu jedem FO eine vollständige Liste der möglichen Eigenschaften, gute Editoren bieten diese aber auch zur Auswahl an, wenn das Start-Tag des Elements eingetragen ist. Wird etwa in XMLSpy hinter einem Start-Tag ein Leerzeichen gesetzt, werden die jeweils möglichen Attribute angeboten.

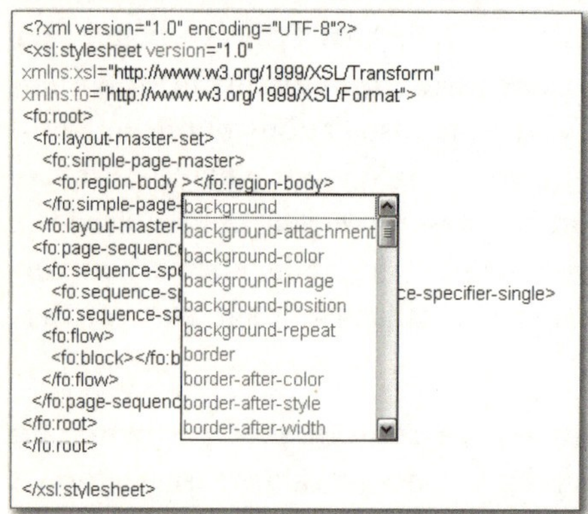

Abbildung 8.4 Attribute im XSL-Editor in XMLSpy

8.6 Aufbau eines XSL-Stylesheets

Als Beispiel soll noch einmal unsere Kursliste verwendet werden. Ein XSL-Stylesheet dazu beginnt zunächst mit den für ein XML-Dokument üblichen Deklarationen. Wenn Sie in XMLSpy eine neue XSL-Datei öffnen, wird automatisch ein <xsl:stylesheet>-Element als umgebendes Containerelement eingefügt und ebenso die Namensraumdeklarationen für XSLT und für XSL.

```
<?xml version="1.0" encoding="ISO-8859-1"?>
<xsl:stylesheet version="1.0"
                xmlns:xsl="http://www.w3.org/1999/XSL/Transform"
                xmlns:fo="http://www.w3.org/1999/XSL/Format">
</xsl:stylesheet>
```

Obwohl das W3C die Empfehlung für XSL erst 2001 herausgebracht hat, wird im Namensraum für die Formatierungsobjekte die Jahreszahl 1999 beibehalten, weil der URI für diesen Namensraum bereits 1999 zugeordnet wurde.

Der schon angesprochenen Verknüpfung von Transformation und Formatierung entsprechend, folgt nun zunächst eine Transformationsregel, in der zugleich der Inhalt für die Formatierungsobjekte bereitgestellt wird. Dabei wird die Wurzel des Baums der Formatierungsobjekte gewissermaßen mit dem Dokumentelement des XML-Dokuments verknüpft.

```
<xsl:template match="kursprogramm">
...
</xsl:template>
```

8.6.1 Baum der Formatierungsobjekte

In diese Transformationsregel kann nun der Baum der Formatierungsobjekte eingefügt werden. Das erste Formatierungsobjekt, das als Kind des <xsl:stylesheet>-Elements zugelassen ist, heißt <fo:root>. Es ist die Wurzel des Baums der Formatierungsobjekte. Das erste Element, das von dieser Wurzel abstammen darf und muss, ist das Element <fo:layout-master-set>. Parallel zu diesem Element können eine <fo:declaration> (für die Angabe eines Farbprofils) und ein oder mehrere <fo:page-sequence>-Elemente eingefügt werden.

Im `layout-master-set` sind die »Meister« zusammengestellt, die über den Aufbau und die Abfolge der Seiten entscheiden. Jede `page-sequence` steht für eine Folge von Seiten, die in einer bestimmten Weise formatiert wird, also zum Beispiel eine gemeinsame Kopf- oder Fußzeile hat.

Zunächst etwas zu den »Meistern«. Sie werden verwendet, um eine oder auch mehrere Vorlagen für Seiten, Seitenfolgen und für Regionen zu erzeugen. Für die einfache Seitengestaltung ist der <fo:simple-page-master> zuständig. Sollen spezielle Vorlagen für Seitenabfolgen verwendet werden, können entsprechende page-sequence-master eingesetzt werden.

8.6.2 Seitenaufbau

Wir wollen uns hier zunächst nur mit dem simple-page-master beschäftigen, um nicht zu viel an Übersichtlichkeit zu verlieren. Damit von anderer Stelle auf das Element Bezug genommen werden kann, wird dem Attribut master-referenz ein passender Wert zugeordnet.

Über die übrigen Attribute, die dem Element beigegeben werden, steuern Sie den Aufbau und das Layout einer Seite. Dabei geht es hauptsächlich um das, was Sie in Anwendungsprogrammen üblicherweise in einem Dialog zur Seiteneinrichtung finden.

Innerhalb der Seite und damit als Kind des <fo:simple-page-master>-Elements muss nun mindestens ein Bereich angelegt werden, der Inhalte aufnehmen kann. Für die Bildung von Bereichen auf einer Seite stehen insgesamt fünf Formatierungsobjekte zur Verfügung: <fo:region-body> ist der zentrale Bereich, <fo:region-before> steht für den Kopfbereich, <fo:region-after> für den Fußbereich, <fo:region-start> für den Bundbereich und <fo:region-end> für den Außenbereich.

Für jedes dieser Fo:-Elemente stehen nun wieder zahlreiche Eigenschaften zur Verfügung, mit deren Hilfe exakt festgelegt werden kann, wie die Bereiche gestaltet werden sollen. Dazu gehören die Festlegungen zur Position, zu den Randgrößen, den Abständen oder den Hintergrundfarben, um nur einige zu nennen.

```
<xsl:template match="kursprogramm"><fo:root>
  <fo:layout-master-set>
    <fo:simple-page-master master-name="Seite"
      page-height="400mm" page-width="300mm"
      margin-top="10mm" margin-left="15mm"
      margin-bottom="10mm" margin-right="15mm">
      <fo:region-before extent="15mm"/>
      <fo:region-body>
        <margin-top="0mm" margin-left="5mm"
         margin-bottom="0mm" margin-right="5mm">
      </fo:region-body>
    </fo:simple-page-master>
  </fo:layout-master-set>
...
</fo:root>
```

```
</xsl:template>
</xsl:stylesheet>
```

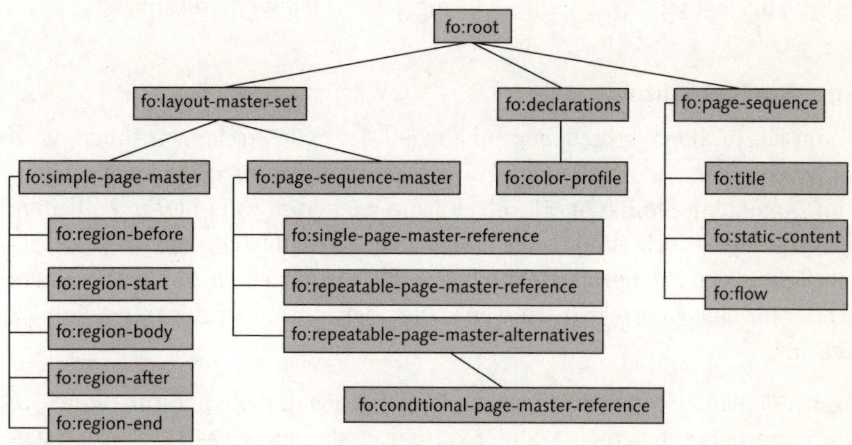

Abbildung 8.5 Baum der Objekte, die den Seitenaufbau steuern

8.6.3 Seitenfolgen

Wenn mit Hilfe des `<fo:simple-page-master>`-Elements der generelle Aufbau der Seite geklärt ist, können nun Seitenfolgen definiert werden, die jeweils den zuvor definierten Seitenaufbau oder auch eine spezielle Gestaltung der Seitenabfolge verwenden. Dazu wird das Objekt `<fo:page-sequence>` eingefügt. Erst wenn der Formatter dieses Element ausführt, werden die Seiten erzeugt. Zu den Attributen gehören die Angabe des Werts, mit dem die Seitennummerierung beginnen soll, sowie Festlegungen zum dafür zu verwendenden Format. Um die Seitengenerierung mit dem durch das `<fo:simple-page-master>`-Objekt bestimmten Seitenaufbau zu verknüpfen, wird ein Bezug auf den Namen dieses Elements hergestellt, und zwar über das Attribut `master-reference`. Die Abbildung 8.5 verdeutlicht den Zusammenhang.

8.6.4 Einfügen von Fließtext

Woher kommt nun aber überhaupt Inhalt auf die Seiten? Dafür werden hauptsächlich die `<fo:flow>`-Objekte benutzt, die Kinder des `<fo:page-sequence>`-Objekts sind. Hier geht es also um Fließtext, der auf die Seiten »ausgegossen« werden soll. Fixierte Texte, wie sie in den Kopf- und Fußzeilen erscheinen sollen, werden dagegen auf derselben Ebene, also als Kinder von `<fo:page-sequence>` über `<fo:static-content>`-Objekte bereitgestellt. Das `flow`- und das `static-content`-Objekt haben nur eine Eigenschaft: `flow-name`. Damit kann der Inhalt des Objekts einer der innerhalb von `simple-page-master` eingefügten Regionen zugeordnet werden, wobei reservierte Namen verwendet werden, etwa `flow-name="xsl-region-before"` oder `"xsl-region-body"`. Die Regionen müssen natürlich angelegt sein, bevor auf sie Bezug genommen werden kann.

8.6.5 Blockobjekte

Wie nun genau die verschiedenen Inhalte auf der Seite erscheinen sollen, wird dabei jeweils über `<fo:block>`-Objekte angegeben, die rechteckige Anzeigebereiche im Dokument definieren. Ein Block kann wiederum Kind-Blöcke enthalten, inline-areas oder auch direkt eine Folge von Zeichendaten. Mit dem `block`-Objekt lassen sich die Formateigenschaften für die einzelnen Absätze in einem Text oder für eine Überschrift, eine Fußzeile oder sonst einen separaten Bereich festlegen.

Die ganze Fülle der Möglichkeiten, die Sie etwa aus der Absatzformatierung in einem Textprogramm kennen, ist hier verfügbar, also alles, was die Schriftgestaltung, die Absatzbehandlung, die Ausrichtung, den Zeilenumbruch etc. betrifft.

In dem folgenden Beispiel wird in dem ersten `block`-Element direkt der Text angegeben, der in der Kopfzeile des Dokuments erscheinen soll.

Der Textkörper der Seite dagegen soll die Daten aus dem XML-Dokument aufnehmen. Dazu wird zunächst ein `flow`-Objekt eingefügt, das eine `<xsl:for-each>`-Schleife enthält, die die einzelnen Kurse abarbeiten soll. Sie enthält hier nur die allgemeine Anweisung `<xsl:apply-templates/>`.

Im unteren Teil des Stylesheets sind mehrere Templates abgelegt, die bestimmen, wie die verschiedenen Elemente, aus denen sich die Daten für einen Kurs zusammensetzen, ausgegeben werden sollen. Dabei soll für jedes Element – `<name>`, `<referent>`, `<termin>` und `<beschreibung>` – jeweils ein eigener Block mit einer speziellen Formatierung erzeugt werden. Um die einzelnen Elemente auszuwählen, wird ein entsprechendes Suchmuster verwendet, etwa:

```
<xsl:template match="kursprogramm/kurs/name">
```

Wo erforderlich, wird noch eine Beschriftung für die Daten hinzugefügt. Das kann dann insgesamt so aussehen:

```
<?xml version="1.0" encoding="ISO-8859-1"?>
<xsl:stylesheet version="1.0" xmlns:xsl="http://www.w3.org/1999/XSL/
Transform" xmlns:fo="http://www.w3.org/1999/XSL/Format">

  <xsl:template match="kursprogramm">
    <fo:root>
      <fo:layout-master-set>
```

```
      <fo:simple-page-master master-name="Standardseite"
       page-height="400mm" page-width="300mm" margin-top="10mm"
       margin-left="15mm" margin-bottom="10mm"
       margin-right="15mm">
        <fo:region-before extent="15mm"/>
        <fo:region-body margin-top="20mm" margin-left="5mm"
         margin-bottom="0mm" margin-right="5mm"/>
        <fo:region-after extent="15mm"/>
      </fo:simple-page-master>
    </fo:layout-master-set>
    <fo:page-sequence master-reference="Standardseite"
     initial-page-number="1">
      <fo:static-content flow-name="xsl-region-before">
        <fo:block background-color="grey"
         font-family="Helvetica" font-size="22pt">
          Kursprogramm 2002
      </fo:block>
      </fo:static-content>
      <fo:static-content flow-name="xsl-region-after">
        <fo:block font-family="Helvetica" font-size="18pt">
         Seite:
      <fo:page-number/>
        </fo:block>
      </fo:static-content>
      <fo:flow flow-name="xsl-region-body">
        <xsl:for-each select="//kurs">
          <xsl:apply-templates/>
        </xsl:for-each>
      </fo:flow>
    </fo:page-sequence>

  </fo:root>
</xsl:template>

<xsl:template match="name">
  <fo:block space-before="15pt" font-size="36pt">
    <xsl:value-of select="."/>
  </fo:block>
</xsl:template>

<xsl:template match="referent">
  <fo:block font-size="24pt">
  Referent:
  <xsl:value-of select="."/>
  </fo:block>
```

```
  </xsl:template>

  <xsl:template match="termin">
    <fo:block font-size="18pt">
    Termin:
    <xsl:value-of select="."/>
    </fo:block>
  </xsl:template>

  <xsl:template match="beschreibung">
    <fo:block background-color="lightblue" font-size="16pt">
      <xsl:value-of select="."/>
    </fo:block>
  </xsl:template>

</xsl:stylesheet>
```

Listing 8.1 kursliste_FO_1.xsl

8.7 Verknüpfung mit dem Dokument und Ausgabe

Die Verknüpfung des XML-Dokuments mit der XSL-Datei geschieht wieder über eine entsprechende Verarbeitungsanweisung, die in den Prolog eingefügt wird:

```
<?xml-stylesheet href="kursliste_FO_1.xsl" type="text/xsl" ?>
```

Auf das geöffnete XML-Dokument mit der Verknüpfung zum XSL-Stylesheet kann dann in der Umgebung von XMLSpy mit dem Befehl **XSL • XSL:FO-Transformation** das Stylesheet angewandt werden, wobei FOP die Ausgabe in das gewünschte Format vornimmt.

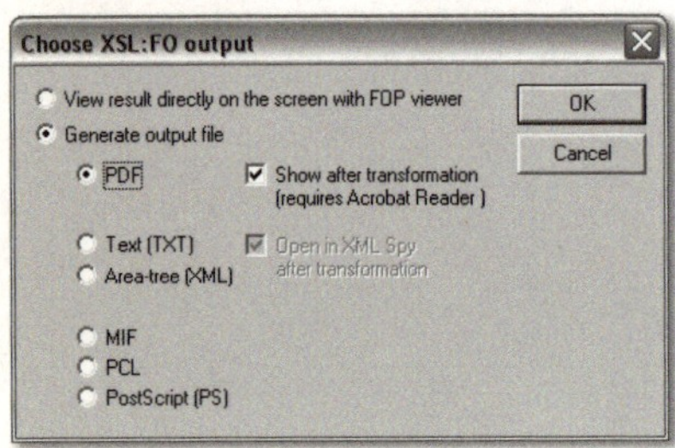

Abbildung 8.6 Ausgabeoptionen von FOP

Sie können in einem Dialog wählen, ob Sie den Output gleich am Bildschirm sehen wollen oder eine Ausgabedatei benötigen. Dafür werden verschiedene Formate wie PDF, PostScript u. a. angeboten.

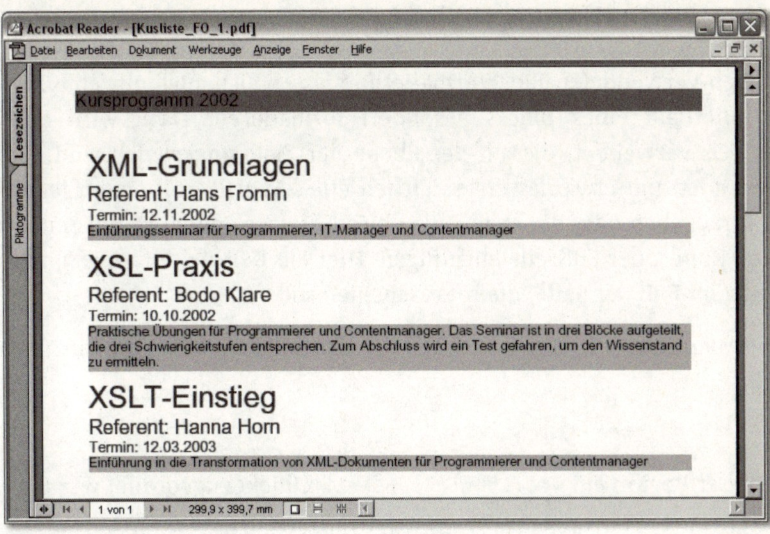

Abbildung 8.7 Ausgabe des Kursprogramms als PDF-Datei

Der FO-Prozessor kann auch ein XML-Dokument erzeugen, das den Bereichebaum – area tree – wiedergibt, der beim Formatieren aufgebaut worden ist. Hier ein Auszug:

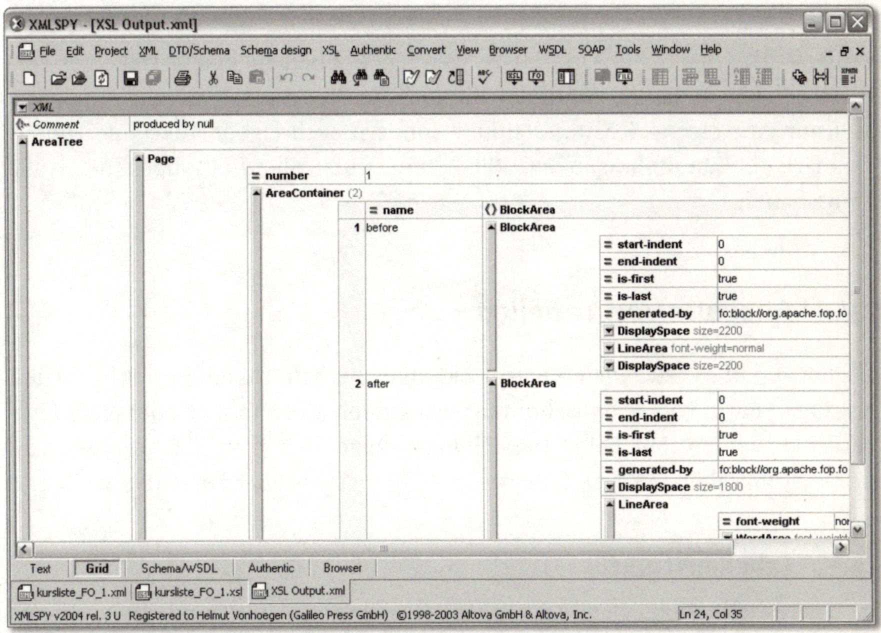

Abbildung 8.8 Ausgabe des Dokuments als area tree

8.8 Inline-Formatierungsobjekte

Neben der oben verwendeten Blockformatierung lassen sich auch einzelne Zeichenfolgen innerhalb eines Blocks gesondert formatieren. Dazu wird eine Gruppe von FOs verwendet, die auf der Ebene der Zeile angesiedelt sind. Sie werden verwendet, um etwa das erste Zeichen eines Wortes mit einem fetten Buchstaben auszugeben oder die erste Zeile eines Absatzes oder auch um Seitenzahlen in eine Kopf- oder Fußzeile einzufügen. Hier ein Beispiel für eine Seitennummerierung im Fuß der Seite, die rot erscheinen soll:

Zunächst muss dafür im `layout-master-set` eine entsprechende Region hinzugefügt werden:

```
<fo:region-after extent="15mm"/>
```

Dann kann dieser Region ein `<fo:static-content>`-Objekt zugeordnet werden:

```
<fo:static-content flow-name="xsl-region-after">
  <fo:block  font-family="Helvetica"
    font-size="18pt">Seite:
     <fo:inline color="red">
       <fo:page-number />
     </fo:inline>
  </fo:block>
</fo:static-content>
```

Wenn Sie das Objekt `<fo:inline>` verwenden, können Sie einem Teil eines Textes fast alle Eigenschaften zuordnen, die auch für Blockobjekte möglich sind, also nicht nur eine eigene Schriftgestaltung, sondern auch eigene Text- und Hintergrundfarben, Einrahmungen etc. (FOP unterstützt allerdings noch nicht alle Eigenschaften.)

8.9 Ausgabe von Tabellen

Bei dem von uns verwendeten Beispiel könnte alternativ zu der bisher benutzten Ausgabe in Form von Textabschnitten auch gut mit einer Tabelle oder einer Liste gearbeitet werden. Für beide Darstellungsformen stehen in XSL Gruppen von Formatierungsobjekten bereit, die wir hier wenigstens kurz vorstellen wollen.

8.9.1 Tabellenstruktur

Um eine Tabelle aufzubauen, stehen neun Objekte zur Verfügung, deren Hierarchie der folgende Baum zeigt:

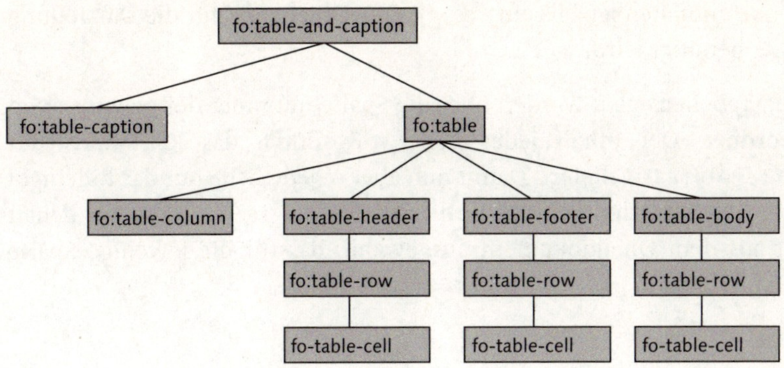

Abbildung 8.9 Baum der Tabellenobjekte

In unserem Beispiel wird zunächst ein <fo:table>-Objekt als Kind eines <fo:flow>-Objekts angelegt. Wenn Sie dafür den XMLSpy-Editor verwenden, werden automatisch die notwendigen Kind-Objekte eingefügt, wie die folgende Abbildung zeigt:

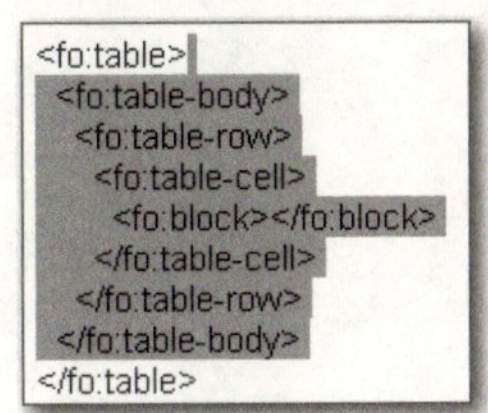

Abbildung 8.10 Table-Objekt im XSL-Editor

Zunächst muss für jede vorgesehene Spalte ein <fo:table-column>-Objekt angelegt werden. In diesem Fall wird die Spaltenbreite fest vorgegeben. Die Spalten können mit Nummern versehen werden, auf die dann bei den späteren <fo:table-cell>-Objekten Bezug genommen werden kann.

Ist das geschehen, folgt ein <fo:table-body>-Objekt, als dessen Kinder anschließend die einzelnen Tabellenzeilen <fo:table-row> gebildet werden. Diese wiederum setzen sich aus den <fo:table-cell>-Objekten zusammen, die schließlich die Inhalte der Tabelle aufnehmen. Die Tabellenzeilen werden in eine <xsl:for-each>-Schleife eingepackt, welche die verschiedenen Kurselemente abarbeitet.

8.9.2 Zellinhalte

Für die Formatierung der Zellinhalte sind in diesem Fall zwei Templates angelegt, die die Elemente <name> und <beschreibung> innerhalb des Kursprogramms betreffen. Beide enthalten jeweils ein `<fo:block>`-Objekt, das für die Darstellung der Zellinhalte benötigt wird.

Die einzelnen Tabellenzellen werden über die Spaltennummer der gewünschten Spalte zugeordnet. Der Inhalt jeder Zelle wird durch das XSLT-Konstrukt `<xsl:apply-templates>` geliefert. Damit nun aber in jede Zelle nur das hineingeschrieben wird, was dorthin gehört, wird mit Hilfe des `select`-Attributs genau das Element aus dem Quelldokument ausgewählt, das für die jeweilige Spalte vorgesehen ist.

```
select="name"
```

wählt zum Beispiel jeweils das aktuelle `name`-Element des Elements `kurs` aus.

Der Code für den Tabellenteil des Stylesheets sieht insgesamt so aus:

```
...
<fo:flow flow-name="xsl-region-body">
 <fo:table>
  <fo:table-column column-width="80mm" column-number="1"/>
  <fo:table-column column-width="175mm" column-number="2"/>
    <fo:table-body>
      <xsl:for-each select="/kursprogramm/kurs">
        <fo:table-row>
          <fo:table-cell column-number="1">
            <xsl:apply-templates select="name"/>
              </fo:table-cell>
                <fo:table-cell column-number="2">
                  <xsl:apply-templates select="beschreibung"/>
                </fo:table-cell>
           </fo:table-row>
         </xsl:for-each>
       </fo:table-body>
     </fo:table>
   </fo:flow>
  </fo:page-sequence>
 </fo:root>
</xsl:template>

  <xsl:template match="beschreibung">
    <fo:block space-before="10pt" font-size="12pt">
      <xsl:value-of select="."/>
    </fo:block>
  </xsl:template>
```

```
  <xsl:template match="name">
    <fo:block space-before="10pt" font-size="18pt">
      <xsl:value-of select="."/>
    </fo:block>
  </xsl:template>

</xsl:stylesheet>
```

Listing 8.2 kursliste_FO_2.xsl

Die Ausgabe der Vorschau, die der FO-Prozessor daraus erzeugt, sieht wie folgt aus:

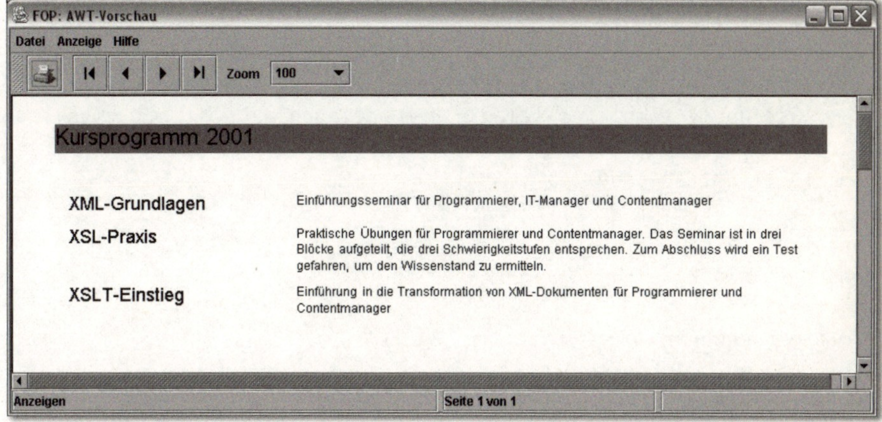

Abbildung 8.11 FOP-Output für eine Tabelle

8.10 Listen

Weniger aufwendig als die Konstruktion von Tabellen mit XSL ist der Aufbau von Listen. Hier werden nur vier FOs benötigt. Die komplette Liste wird zunächst in ein `<fo:list-block>`-Objekt eingeschlossen, anschließend werden die einzelnen Listenelemente in `<fo:list-item>`-Objekte verpackt. Um ein Label für eine Listenposition zu erzeugen, kann `<fo:list-item-label>` verwendet werden. Der Inhalt der Position wird schließlich über das `<fo:list-item-body>`-Objekt eingebaut.

Wie beim `table`-Objekt wird auch das `list-block`-Objekt als Kind eines `flow`-Objekts gehandhabt. Und wie bei `table-cell` wird ein `block`-Objekt verwendet, um das `list-item-body`-Objekt darzustellen.

Das Stylesheet für die Kursliste in Listenform sieht dann in dem Listenteil so aus:

```
...
<fo:flow flow-name="xsl-region-body">
 <fo:list-block>
  <xsl:for-each select="/kursprogramm/kurs">
   <fo:list-item>
    <fo:list-item-label>
     <fo:block font-size="18pt">
      <xsl:value-of select="position()"/>
       <xsl:text>. </xsl:text>
     </fo:block>
    </fo:list-item-label>
    <fo:list-item-body>
     <fo:block>
      <xsl:apply-templates select="name"/>
      <xsl:apply-templates select="beschreibung"/>
     </fo:block>
    </fo:list-item-body>
   </fo:list-item>
  </xsl:for-each>
 </fo:list-block>
</fo:flow>
</fo:page-sequence>
</fo:root>
</xsl:template>

 <xsl:template match="beschreibung">
  <fo:block space-after="20pt" font-size="12pt">
   <xsl:value-of select="."/>
  </fo:block>
 </xsl:template>

 <xsl:template match="name">
  <fo:block text-indent="20pt" font-size="18pt">
   <xsl:value-of select="."/>
  </fo:block>
 </xsl:template>

</xsl:stylesheet>
```

Wieder wurde eine `<xsl:for-each>`-Schleife verwendet, um die einzelnen Kursdaten auszuwerten. Um die Nummerierung der Kurse automatisch zu erzeugen, wird innerhalb des `list-item-label`-Objekts die Positionsnummer des aktuellen Kursknotens ausgewertet. Um einen Punkt und ein Leerzeichen dahinter zu setzen, wird noch ein entsprechendes `<xsl:text>`-Element eingefügt. Der Block mit dem Kursnamen wird mit Hilfe des `text-indent`-Attributs etwas eingerückt, damit die Kursnummer nicht überschrieben wird.

Der FO-Prozessor gibt die Liste in folgender Form wieder:

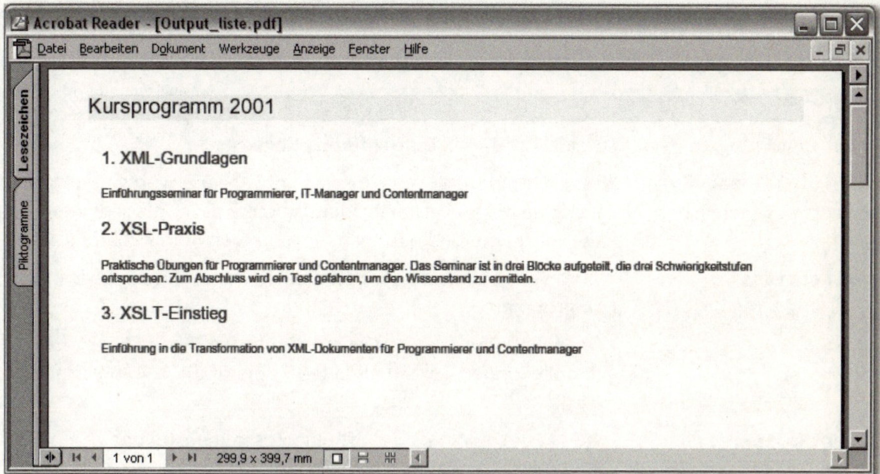

Abbildung 8.12 Das Kursprogramm als Liste

Natürlich stehen für die FOs zur Listenerzeugung wieder alle Eigenschaften zur Verfügung, die für die Gestaltung von Listen sinnvoll sind. Wir können hier nur wieder auf die Empfehlung des W3C verweisen, die zu jedem Formatierungsobjekt die definitive Liste der Eigenschaften aufführt.

8.11 Gesucht: visuelle Editoren

Sie werden nach diesen Abschnitten vermutlich zu der Einschätzung kommen, dass XSL Formatting Objects verglichen mit CSS eine ziemlich komplexe Sache geworden ist, auch wenn viele Eigenschaften und Wertoptionen von CSS übernommen worden sind.

So richtig marktfähig wird XSL sicher erst werden, wenn den Designern ausgereifte visuelle Editoren zur Verfügung stehen, die dann den doch ziemlich komplexen Code automatisch erzeugen, so wie es heute bereits im Bereich des Webdesigns der Fall ist.

8.12 Übersicht über die Formatierungsobjekte von XSL

Die folgenden Tabellen geben einen Überblick über die verfügbaren Formatierungsobjekte, gegliedert nach den unterschiedlichen Funktionen, die diese Objekte bei der Gestaltung des Dokuments erfüllen.

8.12.1 Übergeordnete Objekte

Element	Bedeutung
`color-profile`	Deklariert ein Farbprofil für ein Stylesheet.
`conditional-page-master-reference`	`fo:conditional-page-master-reference` wird verwendet, um einen Page-Master zu identifizieren, der gebraucht werden soll, wenn die Bedingungen für seine Verwendung erfüllt sind.
`declarations`	Wird verwendet, um globale Deklarationen für ein Stylesheet zu gruppieren.
`flow`	Der Inhalt von `fo:flow` ist eine Folge von Flow Objects, die den fließenden Textinhalt liefern, der auf die Seiten verteilt wird.
`layout-master-set`	`fo:layout-master-set` ist eine Zusammenstellung aller im Dokument verwendeten Master.
`page-sequence`	`fo:page-sequence` wird verwendet, um anzugeben, wie eine Sequenz oder Untersequenz von Seiten innerhalb eines Dokuments erzeugt werden soll, zum Beispiel das Kapitel eines Berichts. Der Inhalt dieser Seiten kommt von Flow-Kindern von `fo:page-sequence`.
`page-sequence-master`	`fo:page-sequence-master` gibt eine Reihe von Page-Mastern an, die gebraucht werden, um eine Folge von Seiten zu generieren.
`region-after`	Diese Region definiert eine Arbeitsfläche, die sich auf der `after`-Seite von `fo:region-body` befindet.
`region-before`	Diese Region definiert eine Arbeitsfläche, die sich auf der `before`-Seite von `fo:region-body` befindet.
`region-body`	Diese Region gibt ein/e Arbeitsfläche/Referenz-Paar an, das sich im `center` von `fo:simple-page-master` befindet.
`region-end`	Diese Region definiert eine Arbeitsfläche, die sich auf der `end`-Seite von `fo:region-body` befindet.
`region-start`	Diese Region definiert eine Arbeitsfläche, die sich auf der `start`-Seite von `fo:region-body` befindet.
`repeatable-page-master-alternatives`	`fo:repeatable-page-master-alternatives` gibt eine Untersequenz an, die aus wiederholten Instanzen eines Satzes von alternativen Page-Mastern besteht. Die Anzahl von Wiederholungen kann begrenzt werden oder unbegrenzt sein.

Element	Bedeutung
`repeatable-page-master-reference`	`fo:repeatable-page-master-reference` gibt eine Untersequenz an, die aus wiederholten Instanzen eines einzelnen Page-Masters besteht. Die Anzahl von Wiederholungen kann begrenzt werden oder unbegrenzt sein.
`root`	`fo:root` ist der oberste Knoten eines XSL- Ergebnisbaums. Dieser Baum ist aus Formatierungsobjekten zusammengesetzt.
`simple-page-master`	`fo:simple-page-master` wird bei der Erzeugung von Seiten verwendet und gibt die Geometrie der Seite an. Die Seite kann in bis zu fünf Regionen unterteilt werden.
`single-page-master-reference`	`fo:single-page-master-reference` gibt eine Untersequenz an, die aus einer einzelnen Instanz eines einzelnen Page-Masters besteht.
`static-content`	`fo:static-content` enthält eine Sequenz oder einen Baum von Formatierungsobjekten, die in einer einzelnen Region dargestellt und in gleich bezeichneten Regionen auf einer oder mehreren Seiten in der Seitenfolge wiederholt werden sollen. Wird üblicherweise verwendet für gleich bleibende oder fortlaufende Kopf- oder Fußzeilen.
`title`	`fo:title` wird verwendet, um einen Titel mit einer gegebenen Seitenfolge zu verbinden. Dieser Titel kann von einem interaktiven Benutzeragenten verwendet werden, um die Seiten zu identifizieren. Zum Beispiel kann der Inhalt von `fo:title` in einem »Titel«-Fenster oder in einem »Tooltipp« ausgegeben werden.

8.12.2 Blockformatierung

Element	Bedeutung
`block`	`fo:block` wird üblichweise für das Formatieren von Absätzen, Titeln, Schlagzeilen, Beschriftungen von Tabellen etc. verwendet.
`block-container`	`fo:block-container`, ein Flow Object, wird verwendet, um einen Referenzbereich auf Blockebene zu generieren.

8.12.3 Inline-Formatierung

Element	Bedeutung
`bidi-override`	`fo:bidi-override` ist ein Inline- Formatierungsobjekt, das verwendet wird, um eine bestimmte Schreibrichtung zu erzwingen, wenn der Unicode-Bidirectional-Algorithmus nicht funktioniert. Dieser Algorithmus wird verwendet, um Zeichen von rechts nach links fließen zu lassen, z. B. in arabischen oder hebräischen Texten.

Element	Bedeutung
`character`	Das `fo:character` Flow Object stellt ein Zeichen dar, das zur Darstellung auf einen Glyphen abgebildet ist.
`external-graphic`	Das `fo:external-graphic` Flow Object wird für eine Grafik verwendet, wenn sich die grafischen Daten außerhalb des FO-Elementebaums befinden.
`initial-property-set`	`fo:initial-property-set` setzt die Formateigenschaften für die erste Zeile von `fo:block`.
`inline`	`fo:inline` wird für das Formatieren eines Textteils mit einem Hintergrund oder dem Einschließen in einen Rahmen verwendet.
`inline-container`	Das Flow Object `fo:inline-container` wird verwendet, um einen Inline-Referenzbereich zu generieren.
`instream-foreign-object`	Das Flow Object `fo:instream-foreign-object` wird für eine Inline-Grafik oder ein anderes »generisches« Objekt verwendet, bei dem die Objektdaten als Nachkommen von `fo:instream -foreign-object` vorliegen.
`leader`	`fo:leader` wird verwendet, um Führungszeichen zu generieren, die entweder aus einer Regel oder aus einer Reihe sich wiederholender Zeichen bestehen oder zyklisch Muster von Zeichen wiederholen, die für das Verbinden von zwei Textformatierungsobjekten verwendet werden können.
`page-number`	`fo:page-number` wird verwendet, um die aktuelle Seitennummer darzustellen.
`page-number-citation`	`fo:page-number-citation` wird verwendet, um auf die Seitennummer der Seite zu verweisen, die den ersten vom angeführten Formatierungsobjekt zurückgegebenen normalen Bereich enthält.

8.12.4 Tabellenformatierung

Element	Bedeutung
`table`	Das Flow Object `fo:table` wird für die Formatierung des tabellarischen Materials einer Tabelle verwendet.
`table-and-caption`	Das Flow Object `fo:table-and-caption` gruppiert die Elemente `fo:table-caption` und `fo:table`.
`table-body`	`fo:table-body` wird verwendet, um den Inhalt des Tabellenkörpers aufzunehmen.
`table-caption`	`fo:table-caption` wird verwendet, um Formatierungsobjekte aufzunehmen, die die Überschrift für die Tabelle enthalten, das gilt aber nur, wenn `fo:table-and-caption` verwendet wird.
`table-cell`	`fo:table-cell` wird verwendet, um Inhalte in die Tabellenzellen zu platzieren.

Element	Bedeutung
`table-column`	`fo:table-column` gibt Merkmale für Tabellenzellen an, die in derselben Spalte liegen.
`table-footer`	`fo:table-footer` wird verwendet, um den Inhalt des Tabellenfußes aufzunehmen.
`table-header`	`fo:table-header` wird verwendet, um den Inhalt des Tabellenkopfes aufzunehmen.
`table-row`	`fo:table-row` gibt Merkmale für Tabellenzellen an, die in derselben Zeile liegen.

8.12.5 Listenformatierung

Element	Bedeutung
`list-block`	Das Flow Object `fo:list-block` wird verwendet, um eine Liste zu formatieren.
`list-item`	`fo:list-item` enthält das Label und den Körper eines Listeneintrags.
`list-item-body`	`fo:list-item-body` enthält den eigentlichen Inhalt des Listeneintrags.
`list-item-label`	`fo:list-item-label` enthält den Inhalt des Labels für einen Listeneintrag; typischerweise verwendet, um die Listeneinträge zu nummerieren, zu identifizieren oder zu schmücken.

8.12.6 Formatierung für Verknüpfungen

Element	Bedeutung
`basic-link`	`fo:basic-link` wird für die Angabe der Basisadresse eines einfachen Links verwendet.
`multi-case`	`fo:multi-case` wird verwendet, um innerhalb von `fo:multi-switch` jeden alternativen Unterbaum von Formatierungsobjekten aufzunehmen, aus dem dann das Elternelement `fo:multi-switch` einen zur Darstellung auswählt.
`multi-properties`	`fo:multi-properties` wird verwendet, um zwischen zwei oder mehr Eigenschaftssätzen umzuschalten, die mit einem gegebenen Teil des Inhalts verbunden sind.
`multi-property-set`	`fo:multi-property-set` wird verwendet, um einen alternativen Satz von Formateigenschaften anzugeben, die abhängig vom Status des Benutzeragenten für den Inhalt gelten sollen.
`multi-switch`	`fo:multi-switch` verpackt die Spezifikation alternativer Unterbäume von Formatierungsobjekten (jeder Unterbaum befindet sich innerhalb von `fo:multi-case`) und kontrolliert das Umschalten (aktiviert über `fo:multi-toggle`) von einer Alternative zur anderen.

Element	Bedeutung
`multi-toggle`	`fo:multi-toggle` wird innerhalb von `fo:multi-case` benutzt, um auf ein anderes `fo:multi-case` umzuschalten.

8.12.7 Out-of-line-Formatierung

Element	Bedeutung
`float`	`fo:float` wird typischerweise benutzt, um zu erreichen, dass ein Bild in einer separaten Region zu Beginn der Seite positioniert wird, oder um ein Bild rechts oder links neben einen fließenden Text zu setzen.
`footnote`	`Fo:footnote` wird verwendet, um ein Fußnotenzitat und die entsprechende Fußnote zu produzieren.
`footnote-body`	`fo:footnote-body` wird verwendet, um den Inhalt der Fußnote zu generieren.

8.12.8 Andere Objekte

Element	Bedeutung
`marker`	`fo:marker` wird in Verbindung mit `fo: retrieve-marker` verwendet, um fortlaufende Kopf- oder Fußzeilen zu produzieren.
`retrieve-marker`	`fo:retrieve-marker` wird in Verbindung mit `fo:marker` verwendet, um fortlaufende Kopf- oder Fußzeilen zu erzeugen.
`wrapper`	`fo:wrapper` wird verwendet, um ererbte Eigenschaften für eine Gruppe von Formatierungsobjekten anzugeben. Es hat keine zusätzliche Formatierungssemantik.

Transformationen mit XSLT sind eine Möglichkeit, ein XML-Dokument auszuwerten, die Verwendung von Programmierschnittstellen für den Zugriff auf XML-Daten die andere. DOM und SAX sind im Augenblick die entscheidenden Lösungen auf diesem Gebiet.

9 Programmierschnittstellen für XML

In den vorangegangen Kapiteln ist mehrfach die Rede von XML-Prozessoren gewesen, die mit XML-Dokumenten etwas anstellen, ohne dass gesagt worden ist, wie das tatsächlich geschieht. Wie können Programme mit XML-Dokumenten verfahren, wie sie verarbeiten, auswerten oder auch erzeugen?

Hierfür werden in diesem Kapitel die beiden bisher hauptsächlich verwendeten Techniken vorgestellt, die unter den Namen **DOM** (Document Object Model) und **SAX** (Simple API for XML) bekannt geworden sind. Außerdem werden einige grundlegende XML-Klassen im .NET-Framework 2.0 von Microsoft beschrieben. Insbesondere der hier verwendete XmlReader ist eine Alternative zu einem SAX-Reader.

Allerdings kann an dieser Stelle nicht mehr als eine Einführung gegeben werden. Alles andere würde den Rahmen sprengen, wie schon ein Blick auf die umfangreichen Referenzen zu DOM und SAX zeigt.

9.1 Abstrakte Schnittstellen: DOM und SAX

In beiden Fällen werden für die Entwickler abstrakte Programmierschnittstellen definiert, die dafür gedacht sind, eine Anzahl von Standardverfahren für den Zugriff auf die in XML-Dokumenten enthaltenen Informationen zur Verfügung zu stellen.

Während es sich bei DOM um eine vom W3C verabschiedete Empfehlung handelt, aktuell gilt Level 2 (viele Implementierungen arbeiten aber noch mit Level 1), ist SAX, das hier in der Version 2 vorgestellt wird, ein De-facto-Standard, der von der Entwicklergemeinde schon seit längerer Zeit akzeptiert wird; **www.sax-project.org** ist inzwischen die offizielle Website für SAX.

DOM war von Anfang an als eine plattform- und sprachunabhängige Schnittstellenbeschreibung für den Zugriff auf XML-Dokumente (und auf HTML) konzipiert.

SAX wurde zunächst nur als Java-API entwickelt, die aktuelle Version liegt aber auch in Varianten für andere Entwicklungsumgebungen vor. Seit MSXML 3 wird SAX auch für C++ und Microsoft Visual Basic unterstützt, allerdings werden den Java-Namen der SAX-Schnittstellen Präfixe wie IMX oder ISAX vorangesetzt.

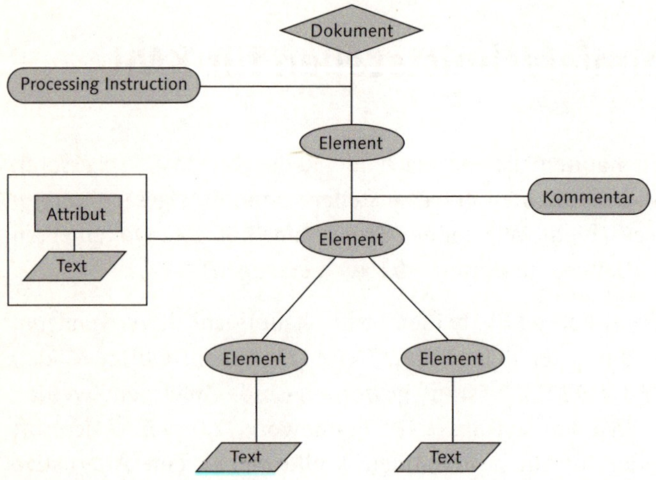

Abbildung 9.1 Allgemeine Struktur des DOM-Baums

Das abstrakte Datenmodell, das einem XML-Dokument zugrunde liegt, wird in beiden Fällen auf ein Objektmodell abgebildet, das es den Programmierern erlaubt, auf der Basis der logischen Struktur des Dokuments zu arbeiten, anstatt sich mit eckigen Klammern und mit Zeichenreferenzen herumzuplagen, die das Dokument zunächst anbietet.

Datenstrom versus Knotenbaum

Ansonsten sind die beiden Techniken vom Ansatz her grundverschieden. SAX besteht aus Streaming-Schnittstellen, die die Informationseinheiten, aus denen ein XML-Dokument zusammengesetzt ist, in eine Abfolge von Methodenaufrufen teilen, während DOM aus einem Satz von Schnittstellen besteht, die das Infoset in einen hierarchischen Baum aus Objekten abbilden, die Knoten genannt werden. Um eine wahlfreie Abfrage und Manipulation dieser Knoten zu ermöglichen, wird der Baum im Speicher aufgebaut und dort bereitgehalten.

SAX stellt Verarbeitungsmöglichkeiten für XML-Dokumente zur Verfügung, die durch Ereignisse gesteuert werden. Ein Dokument wird dabei sequenziell durchgearbeitet. Beim Auftauchen eines Start-Tags wird beispielsweise eine entsprechende Methode aufgerufen und das Programm trifft daraufhin die Maßnahmen, die der Entwickler vorgesehen hat.

Die Größe des Dokuments kann deshalb nicht zum Problem werden, weil immer nur eine Zeile aus dem Dokument verarbeitet wird. SAX erlaubt eine schnelle Verarbeitung des gesamten Dokuments in einem Durchgang.

Ein Schwäche dieses Ansatzes ist allerdings, dass eine gezielte Bearbeitung bestimmter Stellen im Dokument oder Sprünge von einer Stelle zur anderen nicht möglich sind. Für solche Aufgaben ist eher die DOM-Technologie geeignet, die es erlaubt, in dem im Speicher aufgebauten Knotenbaum nicht nur frei herumzuturnen, sondern auch neue Knoten einzufügen. Der Baum besteht, wie schon angesprochen, in diesem Fall aus Objekten im Sinne der objektorientierten Programmierung, also aus ansprechbaren Einheiten, in denen jeweils Daten mit Eigenschaften und Methoden gekoppelt sind. Die Eigenschaften geben Auskunft über die Art der Daten oder bestimmen diese, die Methoden betreffen das, was mit den Daten geschehen kann.

Beide Technologien können aber durchaus auch im Verbund eingesetzt werden, etwa indem mit SAX das Dokument für die weitere Bearbeitung mit DOM präpariert wird.

DOM und SAX liefern beide abstrakte Schnittstellen, bestimmen also nicht im Detail, wie eine bestimmte Sprache diese Schnittstellen verwendet.

9.2 Document Object Model (DOM)

Das DOM ist vom W3C entwickelt worden, um den Zugriff auf Webdokumente, HTML oder XML, zu vereinheitlichen, nachdem sich in dem Gerangel um die Vorherrschaft auf dem Browser-Markt im Zusammenhang mit Erweiterungen zu HTML ein unerfreulicher Wildwuchs breitgemacht hatte. Die Objekthierarchien, die damals für JavaScript und andere Skriptsprachen entwickelt wurden, um mehr Dynamik in die starren Webseiten einzubauen, drohten auseinander zu driften.

Die allgemeine Vorstellung war dabei, dass ein XML-Prozessor ein beliebiges XML-Dokument über eine allgemein anerkannte Schnittstelle als Knotenbaum so aufbereitet, dass andere Anwendungen, die diese Schnittstelle ebenfalls unterstützen, auf den im Speicher verfügbaren Baum in gleicher Weise zugreifen können, um Informationen auszulesen oder auch um Informationen hinzuzufügen oder zu ändern.

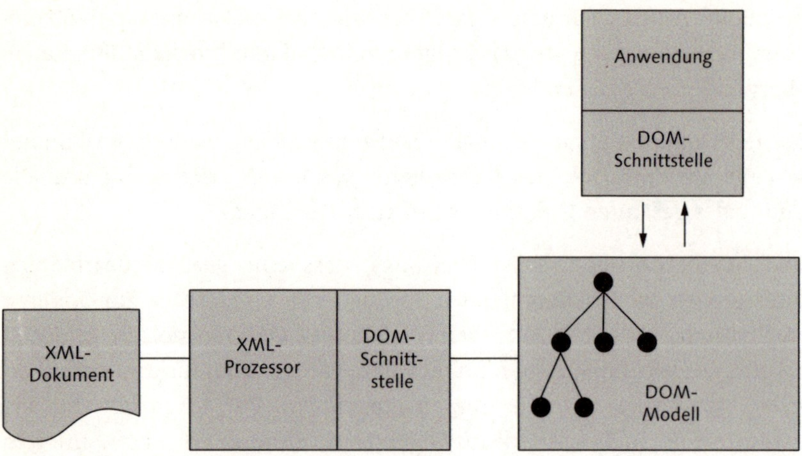

Abbildung 9.2 Architektur von DOM-Anwendungen

9.2.1 DOM Level 1 und 2

In den Empfehlungen des W3C sind die Schnittstellen, die das DOM für die Darstellung und Manipulation eines XML-Dokuments zur Verfügung stellt, mit Hilfe der sprachenunabhängigen **Interface Definition Language** (IDL) definiert, die von der Object Management Group entwickelt wurde.

Zusätzlich wurden für Java und ECMAScript spezielle Sprachabbildungen der IDL-Spezifikationen bereitgestellt. Bindungen für andere Sprachen regeln, wie die Schnittstellen jeweils in einer bestimmten Entwicklungsumgebung implementiert werden.

Die DOM Level 1-Spezifikation vom Oktober 1998 berücksichtigte noch keine Namensräume, DOM Level 2 wurde im November 2000 in Form von fünf separaten Modulen verabschiedet, wobei die für XML wichtigsten Schnittstellen in der Core Specification zusammengefasst sind. DOM-Implementierungen müssen diesen Kern unterstützen, aber nicht unbedingt alle anderen Module, die sich zum Beispiel mit Ansichten, Styles oder Ereignissen befassen.

9.2.2 Objekte, Schnittstellen, Knoten und Knotentypen

Die Idee, die hinter DOM steht, ist, dass sich ein XML-Dokument nicht bloß als eine Abfolge von Zeichen betrachten lässt, sondern gleichzeitig als eine geordnete Menge von Objekten. Für alle möglichen Komponenten eines XML-Dokuments wird deshalb durch das DOM jeweils eine abstrakte Objektklasse mit einer genau definierten Schnittstelle bereitgestellt, der eine bestimmte Menge von Methoden und Attributen zugeordnet ist.

Die Klasse der Elemente stellt beispielsweise eine Methode zur Verfügung, mit der der Name des Elements festgestellt oder verändert werden kann. Gleichzeitig lässt sich von einem Element aus auf die Werte der ihm zugeordneten Attribute zugreifen. Außerdem gibt es bestimmte Festlegungen, welche Eigenschaften das Objekt haben kann und ob sie nur gelesen oder auch verändert werden dürfen. Schließlich ist über das Objektmodell auch festgelegt, in welcher Beziehung eine Objektklasse zu anderen stehen kann, etwa ob ein Objekt Unterobjekte enthalten kann oder nicht.

Den Objektklassen entspricht in der Regel ein bestimmter Knotentyp in der Baumrepräsentation des Objektmodells. Dabei entsprechen die Knotentypen den im XML Information Set definierten Informationseinheiten. Nur die dort aufgeführten `Character Information Items` werden nicht als einzelne Knoten gehandhabt, sondern zu Textknoten zusammengefasst, um die Handhabung des Modells nicht zu sehr zu verkomplizieren.

9.2.3 Die allgemeine Node-Schnittstelle

Zentraler Punkt des Kernmoduls von DOM ist die `Node`-Schnittstelle, die als Basisschnittstelle für alle Knotentypen verwendet wird. Sie repräsentiert einen einzelnen Knoten im Dokumentbaum.

Alle Objekte implementieren diese Schnittstelle, für die ein allgemeiner Satz von Methoden, Attributen und Konstanten definiert ist – erforderlich, um beliebige Knoten anzusteuern, abzufragen oder zu verändern. Die Konstanten werden den speziellen Knotentypen zugeordnet, um Abfragen mit dem `nodetype`-Attribut zu vereinfachen.

Das bedeutet also, dass alle anderen Knotentypen von `Node` abgeleitet sind, sie erben von `Node` alle Methoden, können aber auch noch zusätzliche enthalten.

Der Vorteil dieser Technik besteht darin, dass Sie sich in dem Knotenbaum mit den für `node` definierten Methoden bewegen können, egal welcher Knotentyp gerade erreicht ist. Die dadurch erreichte Einheitlichkeit vereinfacht das Herumklettern im Knotenbaum außerordentlich. Nur bei den Zugriffen, die ausschließlich für einen bestimmten Knotentyp möglich sind, kommen die speziellen Schnittstellen dieser Knotentypen ins Spiel.

Die IDL-Definition von `Node` sieht in der Spezifikation so aus:

```
interface Node {

  // NodeType
  const unsigned short    ELEMENT_NODE                    = 1;
```

```
const unsigned short    ATTRIBUTE_NODE               = 2;
const unsigned short    TEXT_NODE                    = 3;
const unsigned short    CDATA_SECTION_NODE           = 4;
const unsigned short    ENTITY_REFERENCE_NODE        = 5;
const unsigned short    ENTITY_NODE                  = 6;
const unsigned short    PROCESSING_INSTRUCTION_NODE  = 7;
const unsigned short    COMMENT_NODE                 = 8;
const unsigned short    DOCUMENT_NODE                = 9;
const unsigned short    DOCUMENT_TYPE_NODE           = 10;
const unsigned short    DOCUMENT_FRAGMENT_NODE       = 11;
const unsigned short    NOTATION_NODE                = 12;

readonly attribute DOMString              nodeName;
         attribute DOMString              nodeValue;
                    // raises(DOMException) on setting
                    // raises(DOMException) on retrieval

readonly attribute unsigned short         nodeType;
readonly attribute Node                   parentNode;
readonly attribute NodeList               childNodes;
readonly attribute Node                   firstChild;
readonly attribute Node                   lastChild;
readonly attribute Node                   previousSibling;
readonly attribute Node                   nextSibling;
readonly attribute NamedNodeMap           attributes;
// Modified in DOM Level 2:
readonly attribute Document               ownerDocument;
Node               insertBefore(in Node newChild,
                                in Node refChild)
                             raises(DOMException);
Node               replaceChild(in Node newChild,
                                in Node oldChild)
                             raises(DOMException);
Node               removeChild(in Node oldChild)
                             raises(DOMException);
Node               appendChild(in Node newChild)
                             raises(DOMException);
boolean            hasChildNodes();
Node               cloneNode(in boolean deep);
// Modified in DOM Level 2:
void               normalize();
// Introduced in DOM Level 2:
boolean            isSupported(in DOMString feature,
                               in DOMString version);
// Introduced in DOM Level 2:
```

```
  readonly attribute DOMString       namespaceURI;
  // Introduced in DOM Level 2:
           attribute DOMString       prefix;
                               // raises(DOMException) on setting
  // Introduced in DOM Level 2:
  readonly attribute DOMString       localName;
  // Introduced in DOM Level 2:
  boolean            hasAttributes();
};
```

Allerdings kann nicht bei jedem Knotentyp jede Methode angewandt werden. Beispielsweise können zu einem Textknoten keine Knoten hinzugefügt werden, die entsprechende `appendChild`-Methode würde zu einem Fehler, zu einer Ausnahme, einer `DOMException` führen. Im Zweifelsfall kann auch zunächst der spezielle Knotentyp abgefragt werden, bevor eine bestimmte Methode angewendet wird.

Auch sind nicht alle Attribute bei allen Knoten abfragbar, zum Beispiel hat ein Kommentarknoten keinen Namen. Eine Abfrage des Namens führt aber nicht zu einem Fehler, sondern liefert einfach nur den Wert `null`.

9.2.4 Knotentypen und ihre Besonderheiten

Zusätzlich zu dieser allgemeinen `Node`-Schnittstelle definiert DOM, wie schon angedeutet, noch spezielle Schnittstellen für die einzelnen Knotentypen, die weitere Mechanismen anbieten können. Die Schnittstelle `Element` erbt zum Beispiel von der allgemeinen `Node`-Schnittstelle alles, was verwendbar ist, gibt aber zusätzlich die Möglichkeit, etwa Attribute über ihren Namen nach ihrem Wert zu befragen.

Von Bedeutung für den Umgang mit dem DOM ist insbesondere auch die Frage, welche Beziehungen die Knotentypen zueinander haben können. Die folgende Tabelle listet die verschiedenen Knotentypen auf und gibt zugleich an, ob und wenn ja, welche Kindknoten jeweils möglich sind.

DOM-Knoten	Mögliche Kinder
Document	(maximal ein) `Element`, `ProcessingInstruction`, `Comment`, (maximal ein) `DocumentType`
Document-Fragment	`Element`, `ProcessingInstruction`, `Comment`, `Text`, `CDATASection`, `EntityReference`
DocumentType	keine
EntityReference	`Element`, `ProcessingInstruction`, `Comment`, `Text`, `CDATASection`, `EntityReference`

DOM-Knoten	Mögliche Kinder
Element	Element, Text, Comment, ProcessingInstruction, CDATASection, EntityReference
Attr	Text, EntityReference
ProcessingInstruction	keine
Comment	keine
Text	keine
CDATASection	keine
Entity	Element, ProcessingInstruction, Comment, Text, CDATASection, EntityReference
Notation	keine

9.2.5 Zusätzliche Schnittstellen

Neben den Schnittstellen für die verschiedenen Knotentypen spezifiziert DOM noch eine `Nodelist`-Schnittstelle, um geordnete Knotenlisten handhaben zu können, etwa die Liste der Kinder eines Elements.

Für ungeordnete Knotenlisten, die über den Knotennamen zusammengestellt werden können, wird die `NamedNodeMap` zur Verfügung gestellt. Diese Listen sind dynamische Objekte, die sich automatisch anpassen, wenn beispielsweise ein Element eingefügt oder gelöscht wird.

Obwohl die Handhabung solcher Listen teilweise denen von Arrays ähnelt, handelt es sich also nicht um Arrays, sondern um aktuelle Ansichten von dem betreffenden Teil des Knotenbaums. Das muss beim Zugriff über Indizes beachtet werden, da sich der Index eines nachfolgenden Knotens sofort ändert, wenn davor ein Knoten eingefügt oder entfernt wird.

Außerdem wird noch eine abstrakte Schnittstelle `CharacterData` definiert, die keine direkte Entsprechung in einem Knotenbaum hat, aber einen Satz von Methoden und Eigenschaften enthält, die von den Knotentypen `Text`, `Comment` und `CDATASection` geerbt werden.

9.2.6 Zugriff über Namen

Eine Reihe von Knotentypen können nicht nur über die verschiedenen Klettermethoden wie `firstChild`, `nextSibling` etc., sondern auch direkt über den Namen angesprochen werden. Dazu wird die Eigenschaft `Node.nodeName` verwendet. Bei den Knotentypen, die keinen individuellen Namen haben, liefert `Node.nodeName` vorgegebene Werte, die in der folgenden Tabelle zu finden sind. Der Name eines Knotens kann immer nur gelesen, nicht verändert werden. Allerdings lässt sich diese Einschränkung umgehen, indem ein neuer Knoten eingefügt wird und die Inhalte des anderen Knotens dorthin kopiert werden.

Die Tabelle enthält außerdem eine Liste der möglichen Werte, die über die Eigenschaft `Node.nodeValue` abgelesen werden können.

NodeType	nodeName	nodeValue
`Attr`	Name des Attributs	Wert des Attributs
`CDATASection`	`#cdata-section`	Inhalt der CDATA-Section
`Comment`	`#comment`	Inhalt des Kommentars
`Document`	`#document`	`null`
`DocumentFragment`	`#document-fragment`	`null`
`DocumentType`	Dokumenttyp-Name	`null`
`Element`	Tag-Name	`null`
`Entity`	Name der Entität	`null`
`EntityReference`	Name der referenzierten Entität	`null`
`Notation`	Name der Notation	`null`
`ProcessingInstruction`	Ziel	Gesamter Inhalt ohne das Ziel
`Text`	`#text`	Inhalt des Textknotens

9.2.7 Verwandtschaften

Die Beziehungen der Knoten im Knotenbaum werden durch die entsprechenden Attribute der `Node`-Schnittstelle ausgedrückt, die die Eltern/Kind-Beziehungen betreffen. Die Eigenschaft `parentNode` gibt zum Beispiel an, von welchem Knoten der Knoten abstammt, `previousSibling` gibt den vorhergehenden Knoten auf derselben Ebene an. Wird eine dieser Eigenschaften bei einem Knotentyp abgefragt, bei dem die entsprechende Beziehung nicht möglich ist, liefert das Attribut immer den Wert `null`. Bei einem Kommentarknoten oder einem Processing-Instruction-Knoten ergibt `firstChild` also immer `null`.

Mit Hilfe von DOM lassen sich auch neue Knoten in den Knotenbaum einfügen. Dafür gibt es zwei allgemeine Verfahren. Mit `Node.appendChild` lässt sich ein neuer Knoten an eine Folge von Tochterknoten anhängen, während sich mit `Node.insertBefore` genau bestimmen lässt, an welcher Stelle in einer Liste von Tochterknoten ein Knoten eingefügt werden soll.

Es ist auch möglich, einen bestehenden Knoten mit `Node.removeChild` zu entfernen oder ihn mit `Node.replaceChild` durch einen neuen Knoten zu ersetzen.

Auch das Klonen eines Knotens und eventuell all seiner Unterknoten kann mit `Node.cloneNode` erreicht werden, allerdings wird dieser Klon zunächst nicht in den Knotenbaum eingefügt, sondern muss dann anschließend mit `Node.appendChild` oder `Node.insertBefore` an einer bestimmten Stelle eingefügt werden.

9.2.8 Das Dokument als DOM-Baum

Um zu zeigen, wie DOM ein XML-Dokument in einen Knotenbaum umsetzt, verwenden wir hier eine etwas veränderte Version des Lager-Beispiels aus dem Abschnitt über DTDs.

```
<?xml version="1.0" encoding="iso-8859-1"?>
<?xml-stylesheet type="text/xsl" href="lagerliste.xslt"?>
<!-- Stand Dez. 2002 -->
<Lager>
  <Artikel nr="7777" wg="Jalou">
    <Bezeichnung>Jalousie Cxs</Bezeichnung>
    <Bestand>100</Bestand>
    <Preis>198</Preis>
    <Absatz>120</Absatz>
  </Artikel>
  <Artikel nr="7778" wg="Jalou">
    <Bezeichnung>Jalousie Cxx</Bezeichnung>
    <Bestand>200</Bestand>
    <Preis>174</Preis>
    <Absatz>330</Absatz>
  </Artikel>
  <Artikel nr="5554" wg="Rollo">
    <Bezeichnung>Rollo PCx</Bezeichnung>
    <Bestand>150</Bestand>
    <Preis>95</Preis>
    <Absatz>200</Absatz>
  </Artikel>
  <Artikel nr="7999" wg="Rollo">
    <Bezeichnung>Sunset</Bezeichnung>
    <Bestand>200</Bestand>
    <Preis>120</Preis>
    <Absatz>200</Absatz>
  </Artikel>
  <Artikel nr="8444" wg="MK">
    <Bezeichnung>Markise Blue Sk</Bezeichnung>
    <Bestand>160</Bestand>
    <Preis>287,5</Preis>
```

```
    <Absatz>80</Absatz>
  </Artikel>
</Lager>
```

Listing 9.1 lagerdaten.xml

Wenn ein XML-Parser dieses Dokument als DOM ausgibt, wird im Speicher ein entsprechender Baum aufgebaut, der dem logischen Modell des Dokuments entspricht. Beim Einlesen in den Speicher wird jedem erstellten Knoten gleichzeitig der entsprechende Knotentyp zugewiesen. Mit Hilfe dieser Metadaten wird damit festgelegt, welche Merkmale und Funktionen für jeden einzelnen Knoten zur Verfügung stehen.

Die folgende Abbildung zeigt, wie das lineare XML-Dokument durch den Knotenbaum repräsentiert wird:

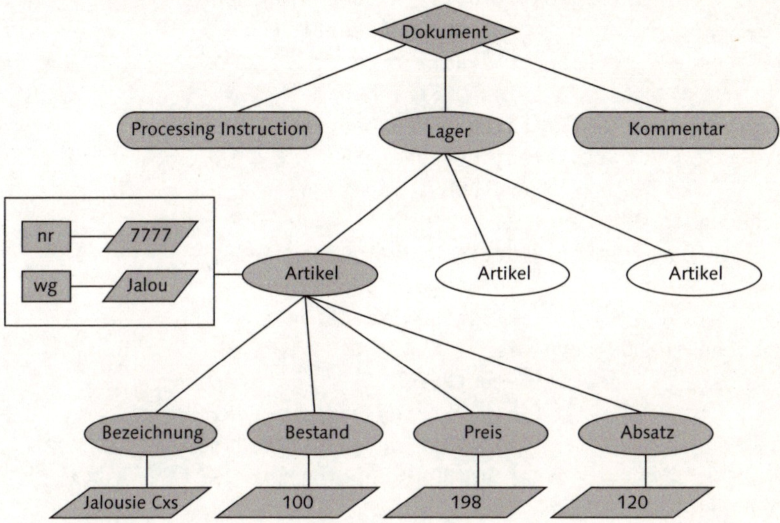

Abbildung 9.3 DOM-Baum für das Lager-Beispiel

9.2.9 Document – die Mutter aller Knoten

Die Wurzel des Baums bildet der `Document`-Knoten. Dieser Knoten repräsentiert das gesamte Dokument und liefert den primären Zugang zu seinen Daten. Es ist der einzige Knoten, der nicht Kindknoten eines anderen ist, während alle anderen Knoten jeweils einen übergeordneten Knoten haben. Wie ein großer Container schließt dieser Knoten alle anderen in sich ein, und deshalb sind an ihn auch alle Fabrikmethoden gebunden, die für die Erzeugung der anderen Knoten benötigt werden. Die IDL-Definition listet die Fabrikmethoden auf:

```
interface Document : Node {
  readonly attribute DocumentType     doctype;
  readonly attribute DOMImplementation  implementation;
  readonly attribute Element          documentElement;
  Element             createElement(in DOMString tagName)
                             raises(DOMException);
  DocumentFragment    createDocumentFragment();
  Text                createTextNode(in DOMString data);
  Comment             createComment(in DOMString data);
  CDATASection        createCDATASection(in DOMString data)
                             raises(DOMException);
  ProcessingInstruction createProcessingInstruction
                             (in DOMString target,
                              in DOMString data)
                             raises(DOMException);
  Attr                createAttribute(in DOMString name)
                              raises(DOMException);
  EntityReference     createEntityReference
                             (in DOMString name)
                             raises(DOMException);
  NodeList            getElementsByTagName
                             (in DOMString tagname);
  // Introduced in DOM Level 2:
  Node                importNode(in Node importedNode,
                              in boolean deep)
                             raises(DOMException);
  // Introduced in DOM Level 2:
  Element             createElementNS
                            (in DOMString namespaceURI,
                             in DOMString qualifiedName)
                            raises(DOMException);
  // Introduced in DOM Level 2:
  Attr                createAttributeNS
                            (in DOMString namespaceURI,
                             in DOMString qualifiedName)
                            raises(DOMException);
  // Introduced in DOM Level 2:
  NodeList            getElementsByTagNameNS
                            (in DOMString namespaceURI,
                             in DOMString localName);
  // Introduced in DOM Level 2:
  Element             getElementById
                            (in DOMString elementId);
};
```

Die mit diesen Methoden erzeugten Knoten verraten jeweils über den Wert des Attributs `ownerDocument`, wo sie als Unterknoten angesiedelt sind.

Der Knoten `Document` ist nicht identisch mit dem Wurzelelement des Dokuments. Dieses Wurzelelement wird vielmehr dargestellt durch einen `Element`-Knoten, der Kind des `Document`-Knotens ist. Auf derselben Ebene wie der erste `Element`-Knoten können noch ein `DocumentType`-Knoten und solche für Kommentare und Processing-Instructions auftauchen.

9.2.10 Elementknoten

In der Abbildung 9.3 entspricht der erste Knoten vom Typ `Element` dem Wurzelelement `<Lager>` im XML-Dokument. Auch die untergeordneten Elemente für die verschiedenen Artikel werden durch Knoten vom Typ `Element` repräsentiert. Jeder Artikelknoten hat wiederum eine Liste von Kindknoten, die untereinander eine geordnete Geschwisterbeziehung haben, die durch die Dokumentreihenfolge vorgegeben ist. Das erste Kind des Artikelknotens ist deshalb der Knoten für das Element `<Bezeichnung>`, das letzte Kind ist das Element `<Absatz>`.

9.2.11 Textknoten

Die Zeichendaten, die den Inhalt der Elemente der unteren Ebene ausmachen, werden als Textknoten behandelt. Damit Anwendungen von beliebigen Plattformen dabei keine Probleme haben, gibt es in DOM für die Darstellung von Zeichendaten einen Standarddatentyp `DOMString`, der als eine Sequenz von 16-Bit-Einheiten definiert ist. Für die Zeichenkodierung wird UTF-16 verlangt.

Für die Manipulation von Zeichenketten eines Textknotens können die Attribute und Methoden der schon angesprochenen abstrakten Schnittstelle `CharacterData` genutzt werden, die der Textknoten beerbt. Beispielsweise lassen sich mit `substringData` Teile der Zeichendaten extrahieren oder mit `insertData` Zeichenfolgen in den Textknoten einfügen. Die Länge der Zeichendaten kann über das `length`-Attribut abgefragt werden.

9.2.12 Besonderheiten des Attributknotens

Eine Besonderheit von DOM ist die Weise, wie die Attribute von Elementen behandelt werden. Zwar erbt auch die `Attr`-Schnittstelle die allgemeinen Merkmale der `Node`-Schnittstelle, aber Attribute werden nicht als Knoten im eigentlichen Sinne betrachtet, sie sind keine Kinder des Elementknotens, zu dem sie gehören. Sie sind in diesem Sinne nicht Teil des Knotenbaums und lassen sich deshalb auch nicht mit den Methoden erreichen, mit denen sonst der Knotenbaum durchwandert wird.

Attribute werden als Eigenschaften der Elemente gehandhabt, zu denen sie gehören. Um auf den Attributwert zuzugreifen, kann entweder `Node.Attributes` verwendet werden oder eine der speziellen Methoden, die für den Elementtypknoten definiert sind, wie `getAttribute`, `setAttribute` etc.

Gibt es zu einem Element mehrere Attribute, so besteht zwischen diesen Attributen auch keine Geschwisterbeziehung, wie es zwischen Elementen auf derselben Ebene der Fall ist. In unserem Beispiel haben die `<Artikel>`-Elemente zwei Attribute, `nr` und `wg`, aber die Reihenfolge hat hier keine Bedeutung, die Liste ist ungeordnet. Die Attribute `parentNode`, `previousSibling` oder `nextSibling` liefern deshalb immer nur das Ergebnis `null`. Allerdings ist es möglich, über das Attribut `Attr.ownerElement` herauszufinden, zu welchem Element ein Attribut gehört.

Die einem Attributnamen zugeordneten Attributwerte werden in Textknoten oder auch in Knoten mit Entitätsreferenzen repräsentiert. Wenn dem Attribut im XML-Dokument explizit ein Wert zugewiesen worden ist, ist das auch der effektive Wert des Attributs. Ist über DTD oder XML Schema ein Vorgabewert bestimmt, wird dieser Wert eingesetzt, wenn kein expliziter Wert im Dokument zu finden ist. Ist weder eine Vorgabe noch eine explizite Wertzuweisung erfolgt, wird auch kein Attributknoten für dieses Attribut im DOM erzeugt.

9.2.13 Dokumentfragmente

Außerhalb des Knotenbaums ist noch eine Schnittstelle definiert, deren IDL-Definition sehr spartanisch ist:

```
interface DocumentFragment : Node {
};
```

Diese Schnittstelle übernimmt also einfach die `Node`-Definition und fügt ihr nichts hinzu. Sie kann verwendet werden, um einen Teil des Dokumentenbaums zunächst auszuschneiden und dann an anderer Stelle einzufügen. Das Dokumentfragment ist gewissermaßen ein Hilfscontainer für die vorübergehende Aufnahme von Knoten. Wird der Inhalt des Dokumentfragments dann irgendwo eingefügt, werden nur seine Kindelemente verwendet.

9.2.14 Fehlerbehandlung

Die Schnittstelle `DOMException` ist im DOM für die Behandlung von Ausnahmesituationen definiert. Für den Fall, dass eine bestimmte Operation nicht ausgeführt werden kann, ist die Ausgabe von Fehlercodes vorgesehen, wobei für die verschiedenen Methoden, die zu Problemen führen können, bestimmte Konstanten als Fehlerwerte vorgegeben werden. Allerdings ist diese Art der Ausnahmebehandlung nur ein Vorschlag, jede konkrete DOM-Implementierung kann auch anders verfahren.

9.3 DOM und DOM-Implementierungen

So wie man nach einer alten Indianerweisheit Geld nicht essen kann, lässt sich auch mit den abstrakten Schnittstellen des DOM so lange nichts Praktisches anfangen, als nicht konkrete Anwendungen und Anwendungssysteme greifbar sind, die das DOM implementieren. Wie diese Implementierung genau aussehen muss, schreibt das DOM nicht im Detail vor, abgesehen von den schon erwähnten Sprachbindungen für Java und ECMAScript.

Diese Implementierungen müssen auch Dinge regeln, zu denen sich die Spezifikation nicht verbindlich äußert. Wie zum Beispiel ein XML-Dokument gespeichert oder geladen wird, überlässt die Spezifikation der jeweiligen Anwendung, die die DOM-Schnittstelle implementiert. Solche Erweiterungen des W3C DOM werden durch die DOM-Spezifikationen durchaus zugelassen.

Die Implementierungen müssen auch nicht alle Module übernehmen, die in Level 2 ja auf verschiedene Spezifikationen verteilt sind. Deshalb ist in DOM auch eine Schnittstelle `DOMImplementation` definiert, die über die Methode `DOMImplementation.hasFeature` Abfragen darüber erlaubt, ob die konkrete Implementierung bestimmte Merkmale von DOM unterstützt. Die folgende Tabelle enthält die vorgegebenen Merkmalsnamen:

Modul	Name
Core	`"Core"`
XML	`"XML"`
HTML	`"HTML"`
Views	`"Views"`
Style Sheets	`"StyleSheets"`
CSS	`"CSS"`
CSS2	`"CSS2"`
Events	`"Events"`
User interface Events	`"UIEvents"`
Mouse Events	`"MouseEvents"`
Mutation Events	`"MutationEvents"`
HTML Events	`"HTMLEvents"`
Range	`"Range"`
Traversal	`"Traversal"`

9.4 Die MSXML-Implementierung von DOM

Eine der aktuell wichtigen DOM-Implementierungen ist Bestandteil des XML-Parsers von Microsoft, der in der Version 4.0 unter der Bezeichnung **Microsoft XML Core Services** (MSXML) kostenlos über **http://msdn.microsoft.com/XML** verfügbar ist. Er basiert auf COM, also dem Component Object Model, das für die Windows-Plattform entwickelt worden ist, um das Zusammenspiel von Softwarekomponenten zu ermöglichen. Der aktuellen Version wird bislang weitgehend unwidersprochen nachgesagt, dass sie sich an die vom W3C vorgegebenen Standards hält und DOM Level 1 und 2, XPath, XML Schema und XSLT unterstützt. Auch SAX 2.0 wird inzwischen vollständig abgedeckt.

Die Tatsache, dass MSXML 4.0 in DOM definierte Schnittstellen unterstützt, schließt aber nicht aus, dass zu den einzelnen Schnittstellen auch zahlreiche Erweiterungen gegenüber dem W3C DOM in Form zusätzlicher Methoden und Eigenschaften eingebaut sind. Insbesondere ist hier an XSLT-Transformationen, XSL-Stylesheets, Abfragen mit XPath-Ausdrücken, die Verwendung von Namensräumen, einen differenzierteren Einsatz von Datentypen und das Laden und Sichern von XML-Dokumenten zu denken, die so unterstützt werden. Zudem werden weitere Schnittstellen definiert.

Inzwischen kann eine neuere Version – MSXML 6.0 – parallel zu MSXML 3 oder 4 installiert werden. Sie bietet insbesondere eine bessere Unterstützung füt XML Schema. Allerdings muss beachtet werden, dass einige von MSXML 3 und 4 noch unterstützte Features nun nicht mehr angeboten werden. Dies betrifft insbesondere die Verwendung von XML Dateninseln.

9.4.1 Schnittstellen in MSXML

Microsoft setzt außerdem vor die vom W3C verwendeten DOM-Schnittstellennamen eine Art Präfix, in der Regel `IXMLDOM`, statt Node also `IXMLDOMNode`. Die erste Tabelle zeigt die Namen der Schnittstellen, die als Kernschnittstellen bezeichnet werden:

MSXML-Name	DOM-Name	Bedeutung
`IXMLDOMDocument/ DOMDocument`	`Document`	oberster Knoten im XML-DOM-Baum
`IXMLDOMDocument2`	–	eine Erweiterung von DOMDocument, die das Laden von XML Schemas und die Validierung des eingelesenen Dokuments unterstützt, außerdem die Nutzung von XPath

MSXML-Name	DOM-Name	Bedeutung
IXMLDOMNamedNodeMap	NamedNodeMap	Erlaubt den Zugriff auf eine Sammlung von Attributen über den Namen, wobei Namensräume unterstützt werden.
IXMLDOMNode	Node	Steht für einen einzelnen Knoten im Knotenbaum und ist die Basisschnittstelle für den Zugriff auf die Daten im DOM. IXMLDOMNode erweitert die Node-Schnittstelle durch die Unterstützung für Datentypen, Namensräume, DTDs und XML Schemas.
IXMLDOMNodeList	NodeList	Erlaubt wiederholte und indizierte Zugriffe auf eine aktuelle Sammlung von Knoten.
IXMLDOMParseError	–	Gibt detaillierte Informationen über den letzten Fehler wieder. Neben dem Fehlercode wird die Zeilennummer, die Zeichenposition und eine Fehlerbeschreibung geliefert.
IXMLHTTPRequest	–	Erlaubt die Kommunikation mit HTTP-Servern.

Die folgende Tabelle zeigt die Implementierung weiterer DOM-Schnittstellen.

MSXML-Name	DOM-Name	Bedeutung
IServerXMLHTTPRequest/ ServerXMLHTTP	–	Stellt Methoden und Eigenschaften zur Verfügung, um eine http-Verbindung zwischen Dateien oder Objekten auf unterschiedlichen Webservern herzustellen. Die Schnittstelle ist eine Ableitung von IXMLHTTPRequest.
IXMLDOMAttribute	Attr	Steht für ein Attribut.
IXMLDOMCDATASection	CDATAsection	Maskiert Textblöcke, damit kein Text darin als Teil des Markups interpretiert wird.
IXMLDOMCharacterData	CharacterData	Ermöglicht Methoden zur String-Manipulation, die von den abgeleiteten Knotentypen wie Text und Comment genutzt werden können.
IXMLDOMComment	Comment	Repräsentiert den Inhalt eines XML-Kommentars.
IXMLDOMDocumentFragment	Document-Fragment	Steht für ein Objekt, das verwendet wird, um Cut&Paste-Operationen in einem Knotenbaum vornehmen zu können.

MSXML-Name	DOM-Name	Bedeutung
IXMLDOMDocumentType	DocumentType	Enthält Informationen, die mit der Dokumenttyp-Deklaration zusammenhängen.
IXMLDOMElement	Element	Repräsentiert ein Element.
IXMLDOMEntity	Entity	Repräsentiert eine geparste oder ungeparste Entität in einem XML-Dokument.
IXMLDOMEntityReference	Entity-Reference	Repräsentiert eine Entitätsreferenz.
IXMLDOMImplementation	DOMImplementation	Erlaubt – unabhängig von einer Dokumentinstanz – zu prüfen, ob die DOM-Implementierung bestimmte Schnittstellen unterstützt.
IXMLDOMNotation	Notation	Enthält eine Notation, die in einer DTD oder einem XML Schema deklariert worden ist.
IXMLDOMProcessing-Instruction	Processing-Instruction	Repräsentiert eine Verarbeitungsanweisung.
XMLSchemaCache	–	Repräsentiert einen Satz von Namensraum-URIs.
IXMLDOMSchemaCollection/ XMLSchemaCache	–	Repräsentiert ein XMLSchemaCache-Objekt.
IXMLDOMSchemaCollection2/ XMLSchemaCache	–	Ist eine Erweiterung von IXMLDOMSchemaCollection.
IXMLDOMSelection	–	Repräsentiert eine Knotenliste, die zu einem XPath-Ausdruck passt.
IXMLDOMText	Text	Repräsentiert den Textinhalt eines Elements oder Attributs.
IXSLProcessor	–	Wird für die Ausführung von Transformationen mit geladenen XSLT-Templates benutzt.
IXSLTemplate	–	Repräsentiert ein geladenes XSL-Stylesheet.

9.4.2 Erweiterungen für Laden und Speichern

Für die praktische Nutzung von DOM sind insbesondere die Erweiterungen der document-Schnittstelle wichtig, die das Einlesen und Speichern von XML-Dokumenten betreffen:

Erweiterung	Bedeutung
load	Lädt ein XML-Dokument von dem angegebenen Ort.
loadXML	Lädt die angegebenen Zeichendaten als XML-Dokument.
save	Speichert ein XML-Dokument am angegebenen Ort.

9.4.3 Erweiterungen der Node-Schnittstelle

Ansonsten kann der größte Teil des Zugriffs auf die Daten des XML-Dokuments über die Abfrage der Eigenschaften und die Nutzung der Methoden der IXMLDOMNode-Schnittstelle geleistet werden, die ebenfalls gegenüber der Node-Schnittstelle des W3C erweitert worden ist. Die folgende Tabelle listet die Attribute und Methoden von **IXMLDOMNode** auf. Die Erweiterungen gegenüber dem DOM-Node des W3C sind jeweils mit dem *-Zeichen gekennzeichnet.

Attribute	Beschreibung
attributes	Liefert eine Liste der Attribute des Knotens.
baseName*	Gibt den lokalen Namen eines durch einen Namensraum qualifizierten Namens zurück, also z. B. »farbe«, wenn das Element <form:farbe> ist.
childNodes	Gibt eine IXMLDOMNodeList zurück, deren Länge von der Anzahl der Kindknoten abhängt.
dataType*	Spezifiziert den Datentyp für diesen Knoten. Kann nur bei DTDs angewendet werden.
definition*	Gibt die Definition des Knotens in der DTD oder dem XML Schema zurück.
firstChild	Enthält den ersten Kindknoten dieses Knotens.
lastChild	Gibt den letzten Kindknoten zurück.
namespaceURI*	Gibt den URI für den verwendeten Namensraum zurück.
nextSibling	Enthält den nächsten Geschwisterknoten dieses Knotens.
nodeName	Gibt den qualifizierten Namen zurück, wenn es sich um einen Knoten für ein Element, ein Attribut, einen Dokumenttyp, eine Entität oder eine Notation handelt. Alle anderen Knotentypen geben einen fixierten String zurück. Siehe Tabelle in Abschnitt 9.2.6.
nodeType	Gibt den DOM-Knotentyp in Form eines numerischen Codes an. Siehe Tabelle in Abschnitt 9.2.6.
nodeTypedValue*	Enthält den Wert des Knotens, ausgedrückt in dem für den Knoten definierten Datentyp.
nodeTypeString*	Gibt den Knotentyp in Form eines Strings zurück, z. B. »element« oder »attribute«.
nodeValue	Enthält den Text, der dem Knoten zugeordnet ist.
ownerDocument	Gibt die Wurzel des Dokuments zurück, das den Knoten enthält.
parentNode	Enthält den Elternknoten.
parsed*	Gibt an, ob der Knoten und die dazugehörigen Unterknoten bereits geparst sind oder nicht.
prefix*	Gibt das Namensraumpräfix zurück.

Attribute	Beschreibung
previousSibling	Enthält den vorherigen Geschwisterknoten dieses Knotens.
specified*	Wird bei Attributknoten verwendet, um anzugeben, ob der Attributwert explizit eingetragen oder vom Default-Wert einer DTD oder eines Schemas stammt.
text*	Repräsentiert den Textinhalt eines Knotens oder den verketteten Textinhalt des Knotens und seiner Abkömmlinge.
xml*	Enthält die XML-Repräsentation des Knotens und all seiner Abkömmlinge in Form eines Unicode-Strings.
Methoden	
appendChild	Fügt einen neuen Kindknoten als letztes Kind des Knotens an.
cloneNode	Erzeugt einen neuen Knoten aus einer Kopie dieses Knotens.
hasChildNodes	Ist wahr, wenn der Knoten Kinder hat.
insertBefore	Fügt einen Kindknoten genau vor dem angegebenen Knoten oder am Ende der Knotenliste ein.
removeChild	Entfernt den angegebenen Kindknoten und liefert ihn zugleich als Ergebnis.
replaceChild	Ersetzt den angegebenen alten Knoten durch einen neuen Knoten.
selectNodes*	Wendet das angegebene Suchmuster auf den aktuellen Knotenkontext an und gibt eine Liste der passenden Knoten als IXMLDOMNodeList aus.
selectSingleNode*	Wendet das angegebene Suchmuster auf den aktuellen Knotenkontext an und liefert den ersten Knoten, der dazu passt.
transformNode*	Verarbeitet diesen Knoten und seine Kinder mit Hilfe des angegebenen XSLT-Stylesheets und liefert die entsprechende Transformation, die sich daraus ergibt.
transformNodeToObject*	Verarbeitet diesen Knoten und seine Kinder mit Hilfe des angegebenen XSLT-Stylesheets und gibt die entsprechende Transformation in dem Ergebnisdokument aus.

9.5 Fingerübungen mit DOM

Wir können in diesem Abschnitt nur einige kleine Demonstrationen unterbringen, die zeigen sollen, wie mit DOM in der Praxis gearbeitet werden kann. Die Dokumentation zu MSXML 4.0 enthält eine ausführliche Referenz zu allen Objekten, Eigenschaften, Methoden und Ereignissen von MSXML DOM, mit zahlreichen Code-Beispielen, meist gleich in Varianten für Visual Basic, C/C++ und für JavaScript, wobei Sie über einen Filter jeweils die Sprachen ausblenden können, mit denen Sie gerade nicht zu tun haben.

MSXML soll auf den folgenden Seiten mit Hilfe von JavaScript genutzt werden, also innerhalb von HTML-Seiten, sodass Sie gleich die Ergebnisse im Internet Explorer testen können.

9.5.1 Daten eines XML-Dokuments abfragen

Das erste Beispiel soll zeigen, wie aus dem oben aufgeführten Lagerbestandsdokument die Daten eines bestimmten Artikels abgefragt werden können. Dafür ist in der HTML-Seite ein kleines Formular vorgesehen, das die Artikelberechnung abfragt, ein entsprechendes Skript zur Datenabfrage aufruft und dann die gefundenen Werte ausgibt.

Das Skript soll dazu eine Funktion `XMLDokumentLesen()` zur Verfügung stellen, die das XML-Dokument zunächst einliest und daraus einen DOM-Baum aufbaut. An diese Funktion wird als Parameter die Bezeichnung des gesuchten Artikels übergeben.

Am Anfang werden einige Variablen deklariert, die Mehrzahl zum Zwischenspeichern der von den DOM-Knoten abgelesenen Attributwerte.

```
<script language="JavaScript">
      function XMLDokumentAbfragen(artikelbezeichnung)
      {
      var xmldoku, lagerKnoten, artikelKnoten, bezeichnungKnoten;
      var bestandKnoten, preisKnoten, absatzKnoten;
      var knotenListe;

      xmldoku = new ActiveXObject("Msxml2.DOMDocument.4.0");
      xmldoku.load("lagerdaten.xml");
```

Einlesen des XML-Dokuments

Zum Laden des XML-Dokuments wird zunächst eine Instanz für ein neues `DOMDocument`-Objekt erzeugt, die an eine Objektvariable `xmldoku` gebunden wird, um das Objekt im weiteren Code einfacher ansprechen zu können. Die etwas verwirrende Schreibweise mit den hinzugefügten Versionsnummern von MSXML hängt damit zusammen, dass MSXML 4.0 auch parallel zu älteren MSXML-Versionen genutzt werden kann.

Die neue Objektvariable `xmldoku` wird dann mit Hilfe der oben schon angesprochenen `load`-Methode mit dem vollständigen Inhalt des XML-Dokuments initialisiert. Statt des einfachen lokalen Pfads, den wir hier verwenden, kann auch ein URI angegeben werden. Der Parser deserialisiert die Daten aus dem XML-Dokument als Vorgabe asynchron, Anwendungen müssen also nicht unbedingt warten, bis der Aufbau des DOM-Baums im Speicher abgeschlossen ist. Soll diese Vorgabe außer Kraft gesetzt werden, müsste in diesem Fall vorher die Zeile

```
xmldoc.async = false
```

eingefügt werden.

Wenn Sie für Testzwecke hinter `load` die Zeile

```
alert (xmldoc.xml)
```

einfügen, zeigt das Skript bei der Ausführung die vollständigen Daten an.

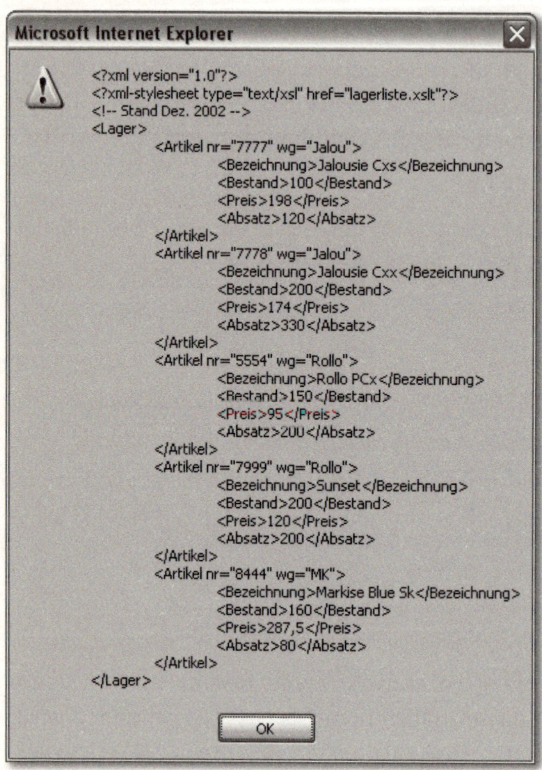

Abbildung 9.4 Anzeige der eingelesenen Daten

Start mit dem Wurzelelement

Im nächsten Schritt geht es darum, nach dem Parsen des gesamten Dokuments Zugriff auf die einzelnen Knoten zu erhalten. Dazu muss zunächst der Knoten aufgesucht werden, der das Wurzelelement des Dokuments liefert, in diesem Fall also das Element `<Lager>`. Dies geschieht mit der Zeile:

```
lagerKnoten = xmldoc.documentElement;
```

Es wird also bei dem übergeordneten Dokumentknoten der Wert der Eigenschaft `documentElement` abgefragt. Damit ist der Zugangspunkt zu den untergeordneten Elementknoten erreicht. Da unser Skript nur die Daten eines bestimmten Artikels ausgeben soll, wird die Bezeichnung des Artikels beim Aufruf des Skripts als Parameter an die Funktion übergeben.

Suche nach einem bestimmten Element

Im nächsten Schritt muss nun der Artikelknoten angesteuert werden, dessen Element `<Bezeichnung>` dem eingegebenen Artikelnamen entspricht. Dafür wird eine Schleife benötigt, die die Knotenliste der Artikel abarbeiten kann, um die Werte zu vergleichen.

```
knotenListe= lagerKnoten.childNodes;
```

Um diese Knotenliste zu gewinnen, wird die Eigenschaft `childNodes` verwendet, die eine `IXMLDOMNodelist` zurückgibt. Auf die Knoten in dieser Liste kann über Indizes zugegriffen werden, die von 0 aus zählen. Die Anzahl der Knoten in dieser Liste kann über die Eigenschaft `length` abgefragt werden. Dieser Wert kann genutzt werden, um die `for`-Schleife zu stoppen. In der Schleife soll die Übereinstimmung mit dem im Formular eingegebenen Artikelnamen geprüft werden.

Beachten Sie, dass in der `if`-Bedingung das doppelte Gleichheitszeichen verwendet werden muss, um die Übereinstimmung der Artikelbezeichnung zu prüfen. Das einfache Gleichheitszeichen wird in JavaScript nur für die Wertzuweisung benutzt, nicht für den Wertvergleich.

```
for (var i = 0; i < knotenListe.length; i++)
{
  if  (lagerKnoten.childNodes(i).firstChild.firstChild.
       nodeValue == artikelbezeichnung)
```

Um nun an den Text des Elements `<Bezeichnung>` heranzukommen, wird mit Hilfe des Attributs `firstChild` der Knotenbaum abwärts durchgegangen, wie es die Abbildung 9.5 zeigt.

Auswertung der Daten

Der Text der Artikelbezeichnung wird schließlich über `nodeValue` zurückgegeben. Wenn ein Textknoten gefunden ist, der dem angegebenen Artikelnamen entspricht, kann über den in der `for`-Schleife erreichten Indexwert dann genau auf den Artikelknoten zugegriffen werden, der gesucht worden ist.

```
artikelKnoten = lagerKnoten.childNodes(i);
```

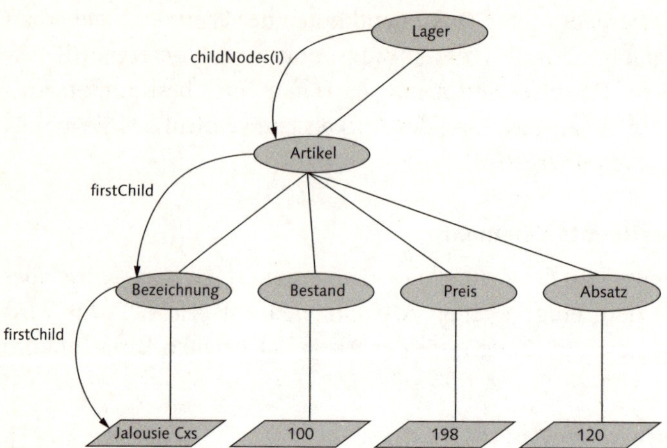

Abbildung 9.5 Ein paar Schritte im Knotenbaum führen zu der Artikelberechnung

Von hier aus geht die Reise weiter. Zunächst wird das erste Kind des Artikelknotens angesteuert, dann die drei Geschwisterknoten dieses Kindknotens.

```
bezeichnungKnoten = artikelKnoten.firstChild;
bestandKnoten = bezeichnungKnoten.nextSibling;
preisKnoten = bestandKnoten.nextSibling;
absatzKnoten = preisKnoten.nextSibling;
```

Danach werden die Knotenwerte der verschiedenen Textknoten an die im Formular vorgesehenen Ausgabeelemente übergeben.

```
document.abfrage.bestand.value =
                  bestandKnoten.firstChild.nodeValue;
document.abfrage.preis.value =
                  preisKnoten.firstChild.nodeValue;
document.abfrage.absatz.value =
                  absatzKnoten.firstChild.nodeValue;
```

Damit die Schleife nicht weiter durchlaufen wird, nachdem der gesuchte Artikel gefunden ist, steht am Ende der Anweisungen zu `if` noch die Anweisung `break`.

Das Skript wird aus dem Formular heraus durch Anklicken einer Schaltfläche gestartet, nachdem zunächst die Artikelbezeichnung abgefragt worden ist.

Datenausgabe

Anschließend werden die Daten für den gefundenen Artikel mit Hilfe von benannten `<input>`-Elementen angezeigt, wobei das Attribut `readonly` verwendet wird. Um die Beschriftungen und die Textfelder gleichmäßig auszurichten, wird noch ein kleines Stylesheet für das Element `<label>` definiert.

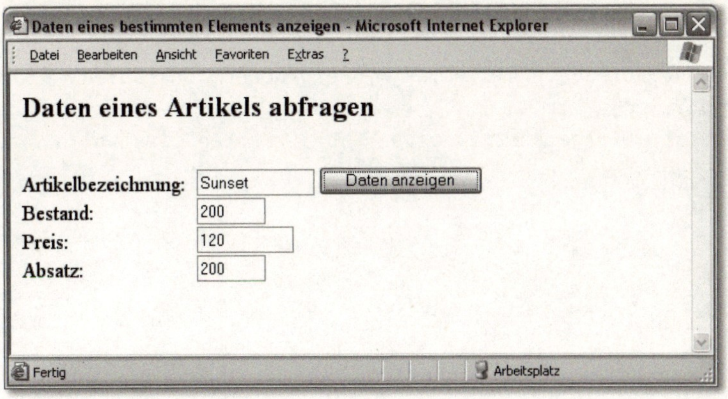

Abbildung 9.6 Die gesuchten Daten zu einem Artikel

Der Quellcode sieht insgesamt so aus:

```
<html>
  <head>
    <meta http-equiv="content-type"
          content="text/html;charset=iso-8859-1">
    <title>Daten eines bestimmten Elements anzeigen
    </title>
    <script language="JavaScript">
      function XMLDokumentAbfragen(artikelbezeichnung)
      {
      var xmldoku, lagerKnoten, artikelKnoten, bezeichnungKnoten;
      var bestandKnoten, preisKnoten, absatzKnoten;
      var knotenListe, gefunden;
      xmldoku = new ActiveXObject("Msxml2.DOMDocument.4.0");
      xmldoku.load("lagerdaten.xml");
      lagerKnoten = xmldoku.documentElement;
      knotenListe= lagerKnoten.childNodes;
      for (var i = 0; i < knotenListe.length; i++)
      {
        if  (lagerKnoten.childNodes(i).firstChild.firstChild.node-
             Value == artikelbezeichnung)
        {
          gefunden = i;
          artikelKnoten = lagerKnoten.childNodes(gefunden);
          bezeichnungKnoten = artikelKnoten.firstChild;
          bestandKnoten = bezeichnungKnoten.nextSibling;
          preisKnoten = bestandKnoten.nextSibling;
          absatzKnoten = preisKnoten.nextSibling;
```

```
          document.abfrage.bestand.value = bestandKnoten.first-
            Child.nodeValue;
          document.abfrage.preis.value = preisKnoten.firstChild.
            nodeValue;
          document.abfrage.absatz.value = absatzKnoten.firstChild.
            nodeValue;
          break;
        }
      }
    }
  </script>
  <style type="text/css" media="screen"><!--
   label {
     font-size: medium;
     width: 4cm }
  --></style>

 </head>

 <body>
   <form name="abfrage">
     <h2>Daten eines Artikels abfragen</h2><br>
     <label>Artikelbezeichnung: </label>
     <input type="text" name="artbez" size="13">
     <input type="button" value="Daten anzeigen"
onclick="XMLDokumentAbfragen(document.abfrage.artbez.value)"><br>
     <label>Bestand: </label>
     <input type="text" name="bestand" readonly size="6"><br>
     <label>Preis: </label>
     <input type="text" name="preis" readonly size="10"><br>
     <label>Absatz: </label>
     <input type="text" name="absatz" readonly size="6"><br>
   </form>
 </body>

</html>
```

Listing 9.2 dom_001.html

9.5.2 Zugriff über Elementnamen

Mit `Node`-Attributen wie `firstChild`, `lastChild`, `nextsibling` oder `childNodes`, die im letzten Beispiel verwendet worden sind, lässt sich der Knotenbaum vom Wurzelknoten aus bis zu jedem beliebigen Elementknoten durchwandern. Attribute wie `parentNode`, `previousSibling` erlauben es, den Knotenbaum auch in umgekehrter Richtung von jedem beliebigen Elementknoten aus wieder heraufzuklettern. Die Abfolge ist durch die **Dokumentreihenfolge** bestimmt, die ja die Ordnung des Baums regelt.

Eine Alternative zu diesem Schritt-für-Schritt-Verfahren ist die Verwendung der `getElementsByTagName`-Methode des `DOMDocument`-Objekts. Diese Methode liefert ohne Zwischenschritte direkt eine Sammlung von Elementen, die sich über den angegebenen Namen identifizieren lassen. Das Ergebnis ist ein `IXMLDOMNodeList`-Objekt. Die einzelnen Knoten dieser Liste lassen sich über einen Index, der mit 0 startet, wahlfrei ansprechen.

In unserem Beispiel könnte mit Hilfe dieser Methode gleich nach dem Laden der Lagerdaten eine Liste der Artikel erzeugt werden, um darin den gewünschten Artikel aufzuspüren. Der vordere Abschnitt des Skripts kann dann so aussehen:

```
function XMLDokumentAbfragen(artikelbezeichnung)
  {
    var xmldoku, lagerKnoten, artikelKnoten, bezeichnungKnoten;
    var bestandKnoten, preisKnoten, absatzKnoten;
    var knotenListe;
    xmldoku = new ActiveXObject("Msxml2.DOMDocument.4.0");
    xmldoku.load("lagerdaten.xml");
    knotenListe = xmldoku.getElementsByTagName("Artikel");
    for (var i = 0; I < knotenListe.length; i++)
    {
    if (knotenListe.item(i).firstChild.firstChild.nodeValue ==
        artikelbezeichnung)
    {
    artikelKnoten = knotenListe.item(i);
```

Listing 9.3 dom_002.html

Die einzelnen Knoten der über die Suche mit dem Elementnamen »Artikel« erzeugten Knotenliste werden in diesem Fall über die `item()`-Methode angesteuert.

9.5.3 Zugriff auf Attribute

Vielleicht ist es Ihnen aufgefallen, dass bei der Ausgabe der Artikeldaten bisher die beiden Attribute vernachlässigt worden sind. Es ist oben schon einiges zur Sonderstellung der Attribute im DOM-Baum gesagt worden. Wie lassen sich die Attributwerte in unserem Beispiel aber in die Ausgabe einfügen?

Die beiden Attribute `nr` und `wg` sind Eigenschaften des Artikelknotens und keine Kinder desselben. Zunächst muss also der Elementknoten für den Artikel angesteuert werden, und von dort aus lässt sich mit der `Node`-Eigenschaft `attributes` eine Liste der dem Element zugeordneten Attribute und ihrer Werte erzeugen.

Diese Liste ist ein Objekt vom Typ `IXMLDOMNamedNodeMap`, das der DOM-Schnittstelle `NamedNodeMap` entspricht. Diese Schnittstelle wiederum macht es möglich, auf die Attributwerte mit Hilfe der `getNamedItem`-Methode zuzugreifen. Die Erweiterungen der Abfragefunktion sehen so aus:

```
<script language="JavaScript">
  function XMLDokumentAbfragen(artikelbezeichnung)
  {
  ...
  var artikelAttribute;
  ...
  artikelKnoten = lagerKnoten.childNodes(i);
  artikelAttribute = artikelKnoten.attributes
  ...
  document.abfrage.nr.value =
      artikelAttribute.getNamedItem("nr").value;
  document.abfrage.wg.value =
      artikelAttribute.getNamedItem("wg").value;
 ...
  <form name="abfrage">
 ...
<label>Nr: </label>
<input type="text" name="nr" readonly size="6"><br>
<label>Warengruppe: </label>
<input type="text" name="wg" readonly size="10"><br>
...
```

Listing 9.4 dom_003.html

Der Internet Explorer zeigt das Ergebnis innerhalb des Formulars an:

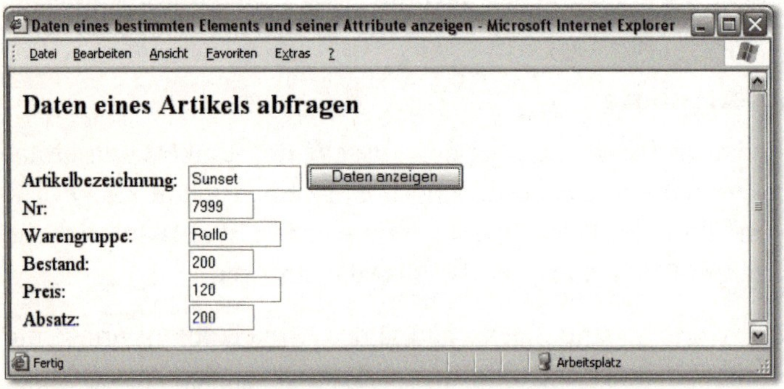

Abbildung 9.7 Die kompletten Daten zu einem Artikel

9.5.4 Abfrage über einen Attributwert

Nachdem diese Hürde genommen ist, liegt es nahe, statt der Abfrage über die Artikelbezeichnung eine Abfrage über die Artikelnummer einzurichten. Dazu muss der Funktion die Artikelnummer als Parameter übergeben werden. Für jeden Artikelknoten wird geprüft, ob die gewählte Artikelnummer mit der Artikelnummer des aktuellen Knotens übereinstimmt. Ist das der Fall, werden die Daten des gefundenen Knotens ausgewertet.

Hier nun die geänderte Funktion und das geänderte Formular, das zunächst die Artikelnummer abfragt:

```
<script language="JavaScript">
  function XMLDokumentAbfragen(artikelnr)
    {
    var xmldoku, lagerKnoten, artikelKnoten, bezeichnungKnoten;
    var bestandKnoten, preisKnoten, absatzKnoten;
    var attribute, artikelAttribute, knotenListe;
    xmldoku = new ActiveXObject("Msxml2.DOMDocument.4.0");
    xmldoku.load("lagerdaten.xml");
    lagerKnoten = xmldoku.documentElement;
    knotenListe = lagerKnoten.childNodes
    for (var  i = 0; i < knotenListe.length; i++)
    {
      attribute = lagerKnoten.childNodes(i).attributes;
      if (attribute.getNamedItem("nr").value == artikelnr)
      {
        artikelKnoten = lagerKnoten.childNodes(i);
        artikelAttribute = artikelKnoten.attributes;
        bezeichnungKnoten = artikelKnoten.firstChild;
        bestandKnoten = bezeichnungKnoten.nextSibling;
        preisKnoten = bestandKnoten.nextSibling;
        absatzKnoten = preisKnoten.nextSibling;
        document.abfrage.wg.value =
          artikelAttribute.getNamedItem("wg").value;
        document.abfrage.bezeichnung.value = bezeichnungKnoten.
          firstChild.nodeValue;
        document.abfrage.bestand.value = bestandKnoten.firstChild.
          nodeValue;
        document.abfrage.preis.value = preisKnoten.firstChild.
          nodeValue;
        document.abfrage.absatz.value = absatzKnoten.firstChild.
          nodeValue;
        break;
      }
```

```
    }
  }
</script>
...
<form name="abfrage">
  <h2>Daten eines Artikels abfragen</h2><br>
  <label>Artikelnummer: </label>
  <input type="text" name="artikelnr" size="13">
  <input type="button" value="Daten anzeigen"
    onclick="XMLDokumentAbfragen(document.abfrage.artikelnr.value)">
<br>
  <label>Artikel: </label>
<input type="text" name="bezeichnung" readonly size="25">
<br>
  ...
</form>
```

Listing 9.5 dom_004.html

9.5.5 Fehlerbehandlung

Bei den bisher gelisteten Skriptfunktionen haben wir uns um den Ausnahmefall zunächst nicht gekümmert, um die Sache so übersichtlich wie möglich zu halten. Aber wenn eine Datei eingelesen wird, kann es immer auch zu Fehlern kommen. Die angegebene Datei ist vielleicht irrtümlich gelöscht worden oder eine Netzverbindung ist gerade nicht verfügbar. Wie also mit möglichen Fehlern umgehen?

Wir haben schon erwähnt, dass die Spezifikation für DOM mit `DOMException` eine Ausnahmebehandlung definiert hat, die mit vorgegebenen Fehlercodes arbeitet. Die MSXML-Implementierung verwendet dagegen für die Fehlerbehandlung ein spezielles `IXMLDOMParseError`-Objekt, das im Fehlerfall einen Fehlercode zur Auswertung liefert.

Neben dem Fehlercode lassen sich aber noch weitere Informationen zu einem Fehler über die anderen Attribute des `IXMLDOMParseError`-Objekts abfragen, die hilfreich bei der Suche nach der Ursache sein können.

Der folgende Code

```
xmldoku.load("lagerdaten.xml");
if (xmldoku.parseError.errorCode != 0)
  {
    alert ("Fehler beim Einlesen des XML-Dokuments " + xmldoku.
      parseError.reason);
  }
```

liefert zum Beispiel, wenn die Daten nicht geladen werden können, als Grund – `reason` – für den Fehler, dass die angegebene Ressource nicht auffindbar ist. Die Tabelle zeigt alle Eigenschaften des `IXMLDOMParseError`-Objekts.

Eigenschaft	Bedeutung
`errorCode`	Fehlernummer des letzten Parserfehlers. 0 bedeutet, dass kein Fehler vorliegt.
`filepos`	Gibt die die absolute Dateiposition an, an der sich der Fehler ereignete.
`line`	Gibt die Zeilennummer an, bei der der Fehler aufgetreten ist.
`linepos`	Gibt die Zeichenposition innerhalb der Zeile mit dem Fehler an.
`reason`	Erklärt die Ursache des Fehlers.
`srcText`	Quelltext der Zeile, die den Fehler verursacht hat
`url`	der URL des XML-Dokuments, das den Fehler enthält

9.5.6 Neue Knoten einfügen

Das DOM erlaubt nicht bloß das Ablesen der Inhalte des Knotenbaums, Sie können auch neue Knoten hinzufügen oder Werte von bestehenden Knoten ändern. Dabei werden Methoden des `DOMDocument`-Objekts verwendet wie `createElement`, `createAttribute`, `createTextNode` etc., um neue Knoten zu erzeugen. Mit Hilfe allgemeiner `Node`-Methoden wie `appendChild`, `insertBefore` etc. lassen sich diese neuen Knoten anschließend in den Knotenbaum einbauen.

Um die Stelle zu finden, wo der jeweilige Knoten vorgesehen ist, wird mit Hilfe der Attribute `firstChild`, `lastChild`, `nextSibling` etc. im Baum herumgeklettert. Es ist dafür nicht ungünstig, wenn Sie zur Orientierung eine grafische Darstellung des DOM-Baums als Landkarte verwenden können, sonst kann es schon einmal vorkommen, dass die Verwandtschaftsbeziehungen zwischen den Knoten etwas durcheinander geraten ist und ein neuer Knoten an der falschen Stelle eingehängt wird.

Das folgende Beispiel soll dafür sorgen, dass neue Artikel im Lagerbestand eingegeben werden können. Wir bleiben bei dem bisher verwendeten Zugang über den Internet Explorer, obwohl das in diesem Fall den Nachteil hat, dass die `save`-Methode, mit der der DOM-Baum wieder in eine Datei zurückgeschrieben, also serialisiert werden kann, nicht anwendbar ist, da die üblichen Sicherheitseinstellungen eines Browsers das Speichern nicht zulassen.

Die gestellte Aufgabe ist im Prinzip eine typische Problemstellung für eine dynamische Webseite unter Verwendung von Active Server Pages (ASP), Java Server Pages (JSP) oder PHP. Da die Beschreibung solcher Lösungen aber den Rahmen dieser Einführung völlig sprengen würde, begnügen wir uns hier mit einem kleinen Trick, um wenigstens kontrollieren zu können, ob die neuen Knoten richtig eingefügt werden. Über das Formular für die Dateneingabe wird der Inhalt des erweiterten DOM-Baums an ein winziges ASP-Skript übergeben, das in einem virtuellen Verzeichnis eines Webservers unter IIS installiert ist. Dieses Skript gibt die kompletten Daten dann als Antwort an den Browser zurück, der diese als XML-Daten anzeigt.

Hier zunächst die vollständige HTML-Seite mit dem Skript und dem Formular:

```
<html>
  <head>
    <meta http-equiv="content-type" content="text/html;
      charset=iso-8859-1">
    <title>Neuen Artikel einfügen</title>
    <script language="JavaScript">
    function XMLDokumentEingabe()
    {
    var xmldoku, lagerKnoten;
    var neuerKnoten, aktKnoten, neuesAttribut, neuerText,
      namedNodeMap;
    xmldoku = new ActiveXObject("Msxml2.DOMDocument.4.0");
    xmldoku.load("lagerdaten.xml");

    lagerKnoten = xmldoku.documentElement;
    neuerKnoten = xmldoku.createElement("Artikel");
    aktKnoten = lagerKnoten.appendChild(neuerKnoten);

    neuesAttribut = xmldoku.createAttribute("nr");
    neuesAttribut.value = String(document.eingabe.nr.value);
    namedNodeMap = aktKnoten.attributes
    namedNodeMap.setNamedItem(neuesAttribut);

    neuesAttribut = xmldoku.createAttribute("wg");
    neuesAttribut.value = String(document.eingabe.wg.value);
    namedNodeMap = aktKnoten.attributes
    namedNodeMap.setNamedItem(neuesAttribut);

    neuerKnoten = xmldoku.createElement("Bezeichnung");
    aktKnoten = lagerKnoten.lastChild.appendChild(neuerKnoten);
    neuerText = xmldoku.createTextNode(document.eingabe.artbez.
                                       value);
    aktKnoten.appendChild(neuerText);

    neuerKnoten = xmldoku.createElement("Bestand");
    aktKnoten = lagerKnoten.lastChild.appendChild(neuerKnoten);
```

```
    neuerText = xmldoku.createTextNode(document.eingabe.bestand.
                                        value);
    aktKnoten.appendChild(neuerText);
    neuerKnoten = xmldoku.createElement("Preis");
    aktKnoten = lagerKnoten.lastChild.appendChild(neuerKnoten);
    neuerText = xmldoku.createTextNode(document.eingabe.preis.
                                        value);
    aktKnoten.appendChild(neuerText);

    neuerKnoten = xmldoku.createElement("Absatz");
    aktKnoten = lagerKnoten.lastChild.appendChild(neuerKnoten);
    neuerText = xmldoku.createTextNode(document.eingabe.absatz.
                                        value);
    aktKnoten.appendChild(neuerText);
    document.all.daten.value = xmldoku.documentElement.xml;
    document.eingabe.submit();
  }
</script>

<style type="text/css" media="screen"><!--
label {
  font-size: medium;
  width: 4cm }

--></style>
  </head>
  <body>
    <form name="eingabe" action="http://dellprof/xmldaten/rueckgabe.
    asp" method="POST">
      <h2>Neuer Artikel:</h2><br>
      <label>Artikelbezeichnung: </label> <input type="text"
      name="artbez" size="25"><br>
      <label>Artikelnr: </label> <input type="text" name="nr"
      size="6"><br>
      <label>Warengruppe: </label> <input type="text" name="wg"
      size="10"><br>
      <label>Bestand: </label> <input type="text" name="bestand"
      size="6"><br>
      <label>Preis: </label> <input type="text" name="preis"
      size="10"><br>
      <label>Absatz: </label> <input type="text" name="absatz"
      size="6"><br>
      <input type="hidden" name="daten">
      <input type="button" value="Daten anzeigen"
           onclick="XMLDokumentEingabe()"><br>
```

```
    </form>
  </body>
</html>
```

Listing 9.6 lagerdatenerweitern.html

Die Webseite bietet ein Formular für die Eingabe eines neuen Artikels an. Nach Eingabe der Daten wird über die Schaltfläche die Funktion `XMLDokumentEingabe()` aufgerufen.

9.5.7 Neue Elementknoten

Um das Einfügen neuer Knoten zu ermöglichen, werden Variablen deklariert, die wiederholt verwendet werden können:

```
var neuerKnoten, aktKnoten, neuesAttribut, neuerText, namedNodeMap;
```

Zunächst wird ein neuer Elementknoten für einen weiteren Artikel erzeugt:

```
neuerKnoten = xmldoku.createElement("Artikel");
```

Dieser neue Knoten wird unterhalb des Wurzelelements `<lager>` in die Liste der Artikelknoten eingebaut, und zwar am Ende der bestehenden Liste.

```
aktKnoten = lagerKnoten.appendChild(neuerKnoten);
```

Die dafür verwendete Methode `appendChild` liefert den eingefügten neuen Knoten, der der Variablen `aktKnoten` zugewiesen wird, sodass darauf wieder Bezug genommen werden kann.

Statt den neuen Artikel hinter dem bisher letzten Artikel einfach anzuhängen, könnte er zum Beispiel vor dem bisher ersten Artikel eingefügt werden oder auch an einer beliebigen Stelle, wenn eine bestimmte Reihenfolge erwünscht ist. Dafür ist die Methode `insertBefore` zuständig, die gleich zwei Parameter hat. Der erste gibt an, wer das neue Kind ist, der zweite bezeichnet den Knoten des Kindes, vor dem der neue Knoten eingefügt werden soll.

```
aktKnoten = lagerKnoten.insertBefore(neuerKnoten, lagerknoten.
firstChild);
```

wäre eine Alternative.

9.5.8 Neue Attributknoten

Für den neuen Artikel werden zwei neue Attributknoten benötigt, auch diese werden zuerst über eine Methode des `DOMDocument`-Knotens erzeugt.

```
neuesAttribut = xmldoku.createAttribute("nr");
neuesAttribut.value = String(document.eingabe.nr.value);
```

Anders als bei den Textknoten von Elementen kann der Attributwert in einem einfachen Verfahren zugewiesen werden. Hier wird die im Formular eingetragene Artikelnummer dem neuen Attribut zugewiesen. Wie aber kann nun das neue Attribut an den Elementknoten angebunden werden? Die Methoden `appendChild` oder `insertBefore` sind ja nicht anwendbar, weil, wie schon beschrieben, Attributknoten keine Kindknoten der Elemente sind, sondern ihnen quasi nur lose, in einer ungeregelten Liste zugeordnet werden.

Stattdessen wird mit der `Node`-Eigenschaft `attributes` ein `NamedNodeMap`-Objekt für die Attribute des aktuellen Knotens erzeugt. Diesem Objekt kann über die `setNamedItem`-Methode das neue Attribut zugewiesen werden.

```
namedNodeMap = aktKnoten.attributes
namedNodeMap.setNamedItem(neuesAttribut);
```

9.5.9 Unterelementknoten und Textknoten

Innerhalb des neuen Artikelknotens sind nun die einzelnen Elemente an der Reihe. Das Verfahren ist für alle vier Unterknoten gleich. Der neue Elementknoten wird erzeugt und wird diesmal eine Etage tiefer angehängt.

```
neuerKnoten = xmldoku.createElement("Bezeichnung");
aktKnoten = lagerKnoten.lastChild.appendChild(neuerKnoten);
```

Zu jedem Unterelement gehört als Kind ein Textknoten, der einen Wert aus dem Formular aufnehmen soll. Der Textknoten wird gleich mit dem entsprechenden Wert erzeugt und dann an den aktuellen Knoten angehängt:

```
neuerText = xmldoku.createTextNode(document.eingabe.artbez.value);
aktKnoten.appendChild(neuerText);
```

Nachdem alle Unterelemente erzeugt und mit ihren Textwerten eingebaut sind, wird der aktuelle Stand des DOM-Baums ab dem Wurzelelement an ein im Formular verstecktes Feld übergeben, wobei mit Hilfe der `xml`-Eigenschaft noch dafür gesorgt wird, dass diese Daten als Unicode-String übergeben werden.

```
document.all.daten.value = xmldoku.documentElement.xml;
```

Mit der Methode

```
document.eingabe.submit();
```

werden die Daten in diesem Fall an den Webserver verschickt, ohne dass noch einmal eine Schaltfläche gedrückt werden muss.

9.5.10 Request und Response

Dem Eingabeformular ist, anders als bei den bisherigen Beispielen, eine Aktion als Eigenschaft zugeordnet. Damit wird festgelegt, dass die Daten des Formulars an das schon erwählte kleine ASP-Skript auf dem angegebenen Webserver zur Weiterverarbeitung gereicht werden, und zwar mit der Methode `post`, die dafür sorgt, dass das ASP-Skript die übergebenen Daten wie eine Benutzereingabe erhält und verarbeiten muss.

```
<form name="eingabe" action="http://dellprof/xmldaten/rueckgabe.asp"
 method="POST">
```

Das kleine Skript auf dem Server behandelt die ankommenden Daten als eine Anforderung, einen Request von Seiten des Webbrowsers, also des Clients.

```
##rueckgabe.asp##
<%@ LANGUAGE="VBSCRIPT" %>
<%
Response.ContentType = "text/xml"
Response.Write "<?xml version=" & Chr(34) & "1.0" & Chr(34) & "?>" &
 Chr(13) & Chr(10)
Response.Write Request("daten")
%>
```

Die Aufgabe des Skripts ist es einfach nur, die empfangenen Daten, die die neuen Elemente enthalten, wieder an den Webbrowser zurückzuschicken. Dazu wird das `Response`-Objekt verwendet, das die Methode `Write` zur Verfügung stellt. Vorher wird noch der MIME-Typ der Daten mit `"text/xml"` festgelegt und eine Zeile mit der XML-Deklaration vorgestellt.

Abbildung 9.8 Die Maske mit Daten für einen neuen Artikel

Der Internet Explorer zeigt das erweiterte XML-Dokument mit dem angehängten Artikel in Form einer wohlgeformten XML-Datei an, die Sie, wenn Sie wollen, auch aus dem Internet Explorer heraus mit dem Datentyp .xml lokal speichern können.

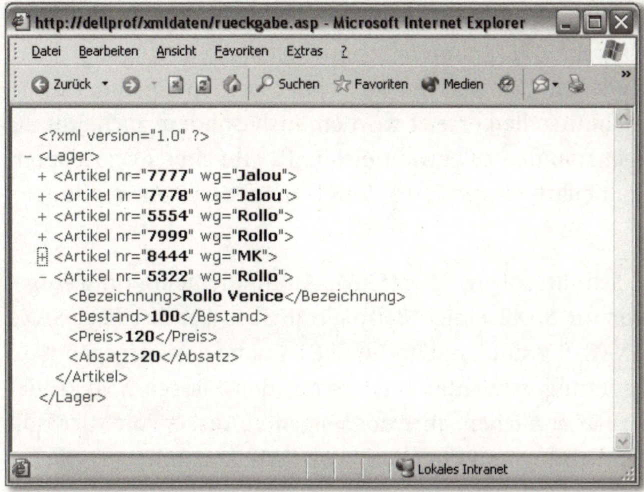

Abbildung 9.9 Die Anzeige des erweiterten XML-Dokuments im Internet Explorer

9.6 Alternative zu DOM: Simple API for XML (SAX)

In vielen Fällen ist der Aufbau eines Knotenmodells im Speicher nicht erforderlich, um an die Informationen zu gelangen, die von einer Anwendung benötigt werden. Das gilt immer dann, wenn es möglich ist, ein XML-Dokument einfach ganz oder auch nur bis zu einer bestimmten Stelle sequenziell durchzugehen, um das zu finden, was gesucht wird. Wenn Sie zum Beispiel wissen wollen, wie viele Artikel zu einer bestimmten Warengruppe gehören, ist es nicht notwendig, einen Knotenbaum aufzubauen. Hier bietet es sich an, mit **SAX** zu arbeiten.

9.6.1 Vergesslicher Beobachter am Datenstrom

An der SAX-Schnittstelle fließen die Daten des Quelldokuments gewissermaßen vorbei. Die Methoden der Schnittstelle machen nur Momentaufnahmen der Stelle, die gerade erreicht ist. Es gibt kein Zurück zu Daten, die bereits durchgelaufen sind, und auch kein Vorauseilen zu Daten, die noch nicht an der Reihe sind. SAX »vergisst« die Informationen der zurückliegenden Ereignisse. Entwickler müssen deshalb selbst dafür sorgen, dass Informationen aufbewahrt werden, die für eine bestimmte Auswertung erforderlich sind.

Es wird in diesem Abschnitt darum gehen, Ihnen einen ersten Einblick in die Arbeit mit SAX zu vermitteln und insbesondere den unterschiedlichen Lösungsansatz gegenüber DOM deutlich werden zu lassen.

9.6.2 SAX2 unter Java

SAX2 stellt einen Satz abstrakter Programmierschnittstellen zur Verfügung, die in Verbindung mit verschiedenen XML-Parsern verwendet werden können. Gegenüber SAX1 sind einige Schnittstellen ersetzt worden, insbesondere auch, um die Unterstützung von Namensräumen zu gewährleisten. Es gibt aber zwei Adapter-Klassen, die die Zusammenarbeit zwischen SAX1- und SAX2-Anwendungen sicherstellen.

Nachdem wir die DOM-Schnittstelle in der MSXML 4.0-Implementierung vorgestellt haben, werden wir für SAX2 einige Beispiele in Java beschreiben. SAX2 wird aber auch von MSXML 4.0 unterstützt. (Im .NET-Framework dagegen wird auf eine SAX-Implementierung verzichtet, weil es mit den Klassen XMLReader und XMLWrtiter einen zwar ähnlichen, aber doch eigenen Ansatz von Microsoft für eine sequenzielle Bearbeitung und Erstellung von XML-Dokumenten gibt.)

Java 2 Platform

Um eine Entwicklungsumgebung für SAX2 unter Java aufzubauen, können Sie beispielsweise eine aktuelle Version der Java Platform Standard Edition installieren. Sie ist über **http://java.sun.com/javase/index.jsp** verfügbar. Teil dieser Edition ist das **Java API for XML Processing** (JAXP).

Java API for XML Processing

JASP ist entwickelt worden, um Anwendungen, die XML-Dokumente parsen und transformieren wollen, eine Programmierschnittstelle zur Verfügung zu stellen, die unabhängig von einer bestimmten XML-Prozessor-Implementierung ist. Die Schnittstelle stellt Merkmale zur Verfügung, die es erlauben, zwischen verschiedenen XML-Prozessoren umzuschalten, falls dies notwendig sein sollte. JASP unterstützt sowohl DOM als auch SAX.

Entwicklungswerkzeuge

Das J2SE-SDK bietet selbst keine grafische Oberfläche für die Programmentwicklung an. Wer eine leistungsfähige Entwicklungsumgebung sucht, kann über **www.eclipse.org** die beliebte Eclipse-DIE herunterladen, die als Open Source Projekt entwickelt wurde. Notfalls reicht aber zunächst auch ein einfacher Editor wie Notepad.

Parser, Ereignisse und Handler-Methoden

Bei der Arbeit mit SAX spielen unterschiedliche Programmkomponenten ineinander: ein XML-Parser, in diesem Zusammenhang in der Rolle eines Treibers, der beim Parsen eines XML-Dokuments bestimmte Ereignisse erzeugt, und Handler, die auf diese Ereignisse mit bestimmten Methoden reagieren können, sodass es möglich ist, die bei einem bestimmten Ereignis anfallenden Daten wunschgemäß zu verarbeiten.

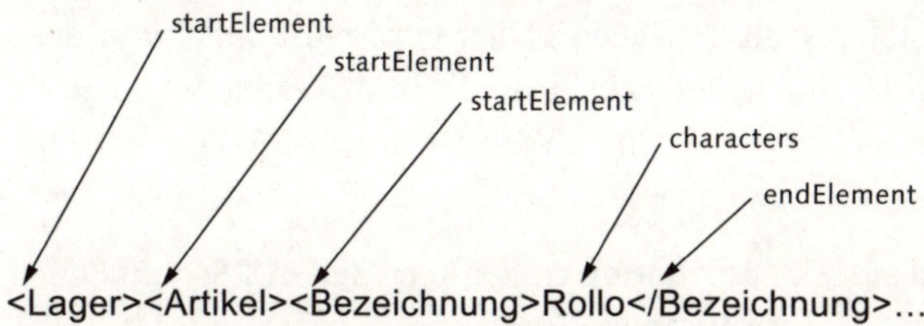

Abbildung 9.10 Abfolge von Methodenaufrufen in SAX

Die Abbildung zeigt eine Abfolge von Ereignissen und die entsprechenden Methodenaufrufe. Die Abfolge entspricht genau der schon mehrfach angesprochenen Dokumentreihenfolge.

Der Parser findet zum Beispiel das Start-Tag `<Lager>` und dieses Ereignis ruft über die Schnittstelle `ContentHandler` die Methode `startElement` auf. Damit wird signalisiert, dass eine neue Informationseinheit vom Typ »Element« begonnen hat. Später findet der Parser ein entsprechendes End-Tag `</Lager>` und dies ruft die Methode `endElement` auf. Zwischen diesen beiden Methodenaufrufen bleiben mit Hilfe der Methodenparameter bestimmte Informationen über die betreffende Informationseinheit erhalten, sodass immer klar ist, dass sich etwa ein weiterer `startElement`-Aufruf auf ein Kindelement von `<Lager>` bezieht.

Neben den Ereignissen, die durch den Inhalt des XML-Dokuments verursacht sind, gibt es Ereignisse, die bei der Validierung des Dokuments vorkommen können, wenn also ein Parser verwendet wird, der nicht nur die Wohlgeformtheit, sondern auch die Gültigkeit der gefundenen Daten prüft. Schließlich existieren noch Ereignisse, die durch Fehler beim Parsen oder bei der weiteren Verarbeitung auftreten.

9.6.3 Der Kern der SAX-Schnittstellen

Um auf die möglichen Ereignisse reagieren zu können, müssen von der SAX-Anwendung die geeigneten Handler in Form entsprechender Schnittstellen implementiert werden. In Java sind Schnittstellen Bündel von zusammengehörigen

Methoden, die eine gemeinsame Aufgabe erledigen sollen. Diese Methoden sind abstrakt, legen also zunächst nur fest, was man mit der Schnittstelle machen kann, ohne direkt etwas zu tun. Die Klassen, aus denen eine Java-Anwendung zusammengebaut wird, können beliebig viele solcher Schnittstellen implementieren.

Ist für bestimmte Ereignisse kein passender Handler implementiert, bleibt das Ereignis innerhalb der SAX-Anwendung ohne Folgen.

Welche dieser Schnittstellen für eine konkrete Anwendung benötigt werden, hängt von der Aufgabenstellung ab. In vielen Fällen wird ein Bündel von drei, vier Schnittstellen genügen. Auf jeden Fall muss die XMLReader-Schnittstelle implementiert werden, über die die Art und Weise, wie der SAX-Parser seine Arbeit erledigt, gesteuert wird. Dazu gleich mehr.

In der von Sun angebotenen SAX-Distribution ist der Kern der SAX-Schnittstellen und -Klassen im Paket `org.xml.sax` zusammengestellt.

Die erste Tabelle zeigt die in `org.xml.sax` enthaltenen SAX2-Schnittstellen, mit Hinweisen auf SAX1-Schnittstellen, die als »deprecated« eingestuft wurden. Die Verwendung dieser Schnittstellen sollte vermieden werden, sie werden aber aus Gründen der Rückwärtskompatibilität weiter mitgeführt.

Schnittstelle	Beschreibung
`Attributes`	Erlaubt den Zugriff auf eine Liste von Attributen, und zwar über einen Index oder über den Attributnamen (ersetzt die `AttributeList`-Schnittstelle von SAX 1.0).
`ContentHandler`	Benachrichtigung über den logischen Inhalt eines Dokuments: Elemente, Attribute etc. (ersetzt die `DocumentHandler`-Schnittstelle von SAX 1.0)
`DTDHandler`	Benachrichtigung über Ereignisse, die mit einer DTD zu tun haben, wie Notationen oder ungeparste Entitäten
`EntityResolver`	Schnittstelle für die Handhabung der Auflösung externer Entitäten
`ErrorHandler`	Basisschnittstelle für die Fehlerbehandlung in SAX-Anwendungen
`Locator`	Schnittstelle für die Zuordnung eines SAX-Ereignisses mit einer Stelle im Dokument, z. B. einer Zeilennummer
`XMLFilter`	Schnittstelle für einen XML-Filter
`XMLReader`	Schnittstelle für das Lesen eines XML-Dokuments unter Verwendung von Methodenaufrufen. Diese Schnittstelle steuert den Prozess des Parsens durch die Implementierung von Handlern und die Wahl entsprechender Einstellungen (ersetzt die `Parser`-Schnittstelle von SAX 1.0).

Klasse	Beschreibung
`InputSource`	Diese Klasse kapselt alle Informationen über eine bestimmte Quelle für eine XML-Entität.

Ausnahme	Beschreibung
`SAXException`	Kapselt einen allgemeinen SAX-Fehler oder eine -Warnung.
`SAXNotRecognizedException`	Ausnahme-Klasse für unerkannte Identifier
`SAXNotSupportedException`	Ausnahme-Klasse für nicht unterstützte Operationen
`SAXParseException`	Kapselt einen XML-Parser-Fehler oder eine Warnung und kann Informationen über den Ort des Fehlers im XML-Dokument liefern.

9.6.4 ContentHandler

Die wichtigste Schnittstelle für Auswertung der Inhalte eines XML-Dokuments in SAX ist `ContentHandler`. Diese Schnittstelle erledigt die meiste Arbeit, weil sie für den überwiegenden Teil des XML-Dokuments zuständig ist. Jede SAX-Anwendung, die die Informationen aus einem XML-Dokument auslesen will, wird diese Schnittstelle implementieren und den von SAX verwendeten Parser mit einer Instanz dieser Schnittstelle ausstatten. Dies geschieht mit Hilfe der `setContentHandler`-Methode, wie Sie gleich sehen werden.

In der folgenden Tabelle finden Sie die Methoden dieser Schnittstelle und ihre Parameter:

Methode und Parameter	Beschreibung
`characters``(char[] ch, int start, int length)`	Benachrichtigung, dass Zeichendaten gefunden wurden
`endDocument``()`	Benachrichtigung, dass das Ende des Dokuments erreicht ist und damit das Ende des Parsens
`startDocument``()`	Benachrichtigung über den Anfang des Dokuments und damit über den Beginn des Parsens
`endElement``(java.lang.String uri, java.lang.String localName, java.lang.String qName)`	Benachrichtigung, dass das Ende eines Elements erreicht ist
`startElement``(java.lang.String uri, java.lang.String localName, java.lang.String qName, Attributes atts)`	Benachrichtigung, dass der Anfang eines Elements erreicht ist. Die Attributliste enthält nur explizit angegebene Attribute.
`ignorableWhitespace``(char[] ch, int start, int length)`	Benachrichtigung, dass ignorierbarer Leerraum im Inhalt eines Elements gefunden wurde
`endPrefixMapping``(java.lang.String prefix)`	Kündigt das Ende der Gültigkeit eines Namensraumspräfixes an.

Methode und Parameter	Beschreibung
startPrefixMapping(java.lang.String prefix, java.lang.String uri)	Kündigt den Beginn der Gültigkeit eines Namensraumspräfixes an, das zu einem Namensraum-URI passt.
processingInstruction(java.lang.String target, java.lang.String data)	Benachrichtigung, dass eine Verarbeitungsanweisung gefunden wurde
skippedEntity(java.lang.String name)	Benachrichtigung, dass eine Entität übergangen wurde

9.6.5 Attribute

Neben der Schnittstelle `ContentHandler` muss, was die Verarbeitung der wesentlichen Inhalte eines XML-Dokuments betrifft, insbesondere noch die Schnittstelle `Attributes` herangezogen werden. Diese Schnittstelle macht die Attribute von Elementen als ungeordnete Sammlungen von Eigenschaften zugänglich, wobei wahlweise mit Indizes oder mit dem Attributnamen gearbeitet werden kann.

Methode	Beschreibung
getIndex(java.lang.String qName)	Ermittelt den Index eines Attributs durch einen qualifizierten Namen.
getIndex(java.lang.String uri, java.lang.String localName)	Ermittelt den Index eines Attributs anhand des Namensraumnamens.
getLength()	Liefert die Zahl der Attribute in der Liste.
getLocalName(int index)	Ermittelt den lokalen Namen eines Attributs anhand eines Indexes.
getQName(int index)	Ermittelt den qualifizierten Namen eines Attributs anhand eines Indexes.
getType(int index)	Ermittelt den Typ eines Attributs anhand eines Indexes.
getType(java.lang.String qName)	Ermittelt den Typ eines Attributs anhand eines qualifizierten Namens.
getType(java.lang.String uri, java.lang.String localName)	Ermittelt den Typ eines Attributs anhand eines Namensraumnamens.
getURI(int index)	Ermittelt den Namensraum-URI eines Attributs anhand eines Indexes.
getValue(int index)	Ermittelt den Wert eines Attributs anhand eines Indexes.
getValue(java.lang.String qName)	Ermittelt den Wert eines Attributs anhand eines qualifizierten Namens.
getValue(java.lang.String uri, java.lang.String localName)	Ermittelt den Wert eines Attributs anhand des Namensraumnamens.

9.6.6 SAX2-Erweiterungen

Neben den Kernschnittstellen im Paket `org.xml.sax` sind in dem Paket `org.xml.sax.ext` einige zusätzliche Schnittstellen und Klassen zusammengefasst, von denen insbesondere die Schnittstellen `DeclHandler` und `LexicalHandler` von praktischer Bedeutung sind. `DeclHandler` ist eine SAX2-Erweiterung für DTD-Deklarationen, die die genauen Daten über Deklarationen von Elementtypen, Attributtypen, internen und externen Entitäten liefert.

`LexicalHandler ist` eine SAX2-Erweiterung für lexikalische Ereignisse wie Kommentare, DTDs, Entitäten und CDATA-Sections. Während bei Kommentaren einfach der Inhalt des Kommentars gemeldet wird – ohne die Begrenzer `<!--` und `-->`, melden die anderen Methoden jeweils den Beginn und das Ende der betreffenden Einheiten, also etwa den Beginn und das Ende einer CDATA-Section. Die Zeichen der CDATA-Section selbst werden mit der `characters`-Methode von `ContentHandler` geliefert.

Diese Schnittstellen und Klassen müssen allerdings nicht von jeder SAX2-Installation unterstützt werden. Die Handler sind auch nicht mit inbegriffen, wenn Sie die Hilfsklassen `DefaultHandler` oder `XMLFilterImp` verwenden, die in der nächsten Tabelle aufgelistet sind. Sollen `DeclHandler` oder `LexicalHandler` verwendet werden, muss mit `setProperty` die Eigenschaft `http://xml.org/sax/properties/declaration-handler` bzw. `lexical-handler` gesetzt werden.

Um `Attributes2`, `EntityResolver2` und `Locator2` einsetzen zu können, müssen die entsprechenden Merkmale mit `setFeature` gesetzt werden, die in der Tabelle oben aufgelistet sind.

Schnittstelle	Beschreibung
`Attributes2`	SAX2-Erweiterung von `Attributes`. Die Methode `isDeclared` prüft, ob eine DTD-Deklaration vorliegt. Mit `isSpecified` kann geprüft werden, ob ein Attribut explizit angegeben ist oder durch die Vorgabe in einer DTD erscheint.
`DeclHandler`	SAX2-Erweiterung, die vorliegende DTD-Deklarationen meldet
`EntityResolver2`	Ist eine erweiterte Schnittstelle, um bei Referenzen auf externe Entitäten die Verbindung zur Datenquelle herzustellen oder Ersatz für ein fehlendes externes DTD-Subset zu liefern.
`LexicalHandler`	SAX2-Erweiterung für die Behandlung lexikalischer Ereignisse
`Locator2`	Liefert zusätzlich zu den Informationen, die `Locator` liefert, noch die Daten über die Zeichenkodierung der Entität.

Klasse	Beschreibung
Attributes2Impl	SAX2-Erweiterung für Zusatzinformationen über Attribute. Implementiert die Attributes2-Schnittstelle.
DefaultHandler2	Erweiterung der SAX2-Basis-Handler-Klasse zur Unterstützung der SAX2-Erweiterungen LexicalHandler, DeclHandler und EntityResolver2
Locator2Impl	SAX2-Erweiterung, um zusätzliche Informationen über Entitäten zu erhalten. Implementiert die Locator2-Schnittstelle.

9.6.7 Hilfsklassen

In dem Paket `org.xml.sax.helpers` sind Hilfsklassen für SAX enthalten, die in der Tabelle kurz vorgestellt werden. Diese Klassen sind hauptsächlich dazu da, eine SAX-Anwendung auf etwas bequemere Weise in Gang zu bringen. Dies ist zum Beispiel die Aufgabe der Hilfsklasse `XMLReaderFactory`. Es handelt sich – wie der Name sagt – um eine Fabrik zur Erzeugung einer `XMLReader`-Schnittstelle, die in SAX2 an die Stelle der `Parser`-Schnittstelle getreten ist.

Um eine `xmlReader`-Instanz unter Verwendung von JASP zu erzeugen, kann diese Hilfsklasse anstelle der in SAX2 sonst üblichen `createXMLReader`-Methode verwendet werden.

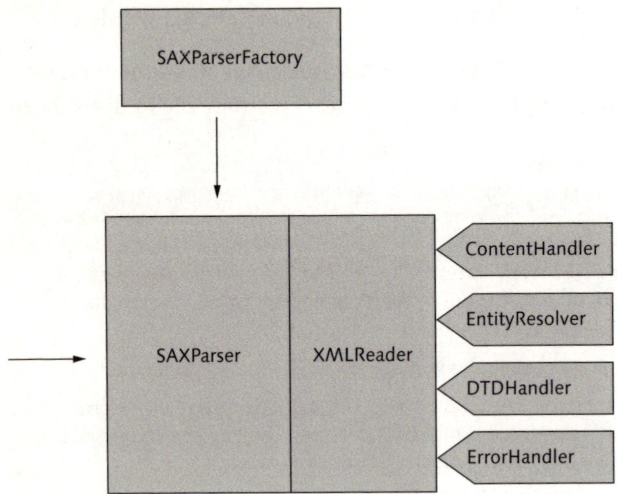

Abbildung 9.11 Der SAXParser und die Handler

Die Hilfsklasse `DefaultHandler` ist vor allem dazu gedacht, das Bündeln der für die Anwendung notwendigen Handler zu vereinfachen. Diese Basisklasse implementiert gleich die für die meisten Anwendungen wichtigsten Handler auf einen Streich:

- EntityResolver
- ContentHandler
- DTDHandler
- ErrorHandler

Das Besondere daran ist, das diese Hilfsklasse zwar alle Methoden der implementierten Handler zur Verfügung stellt, aber in Form von No-op-Methoden, also von Methoden, die nichts tun. Jede konkrete Anwendung kann dann aus diesem Methodenarsenal einfach die Methoden wählen, die sie benötigt, und damit die No-op-Methode überschreiben.

Klasse	Beschreibung
AttributesImpl	Default-Implementierung der Attributes-Schnittstelle
DefaultHandler	Default-Basisklasse für SAX2 Eventhandler
LocatorImpl	Besorgt eine Implementierung von Locator, bei der die Informationen ständig aktualisiert werden.
NamespaceSupport	Optimiert die Behandlung von Namensräumen durch den SAX-Treiber.
ParserAdapter	Ist ein Adapter, um einen SAX1-Parser als SAX2 XML-Reader zu verwenden.
XMLFilterImpl	Basisklasse für die Ableitung eines XML-Filters
XMLReaderAdapter	Ist ein Adapter, um einen SAX2 XML-Reader als SAX1-Parser zu verwenden.
XMLReaderFactory	Fabrik für die Erzeugung eines XML-Readers

9.6.8 SAXParser und XMLReader

Bevor Sie in einer SAX-Anwendung auf ein XML-Dokument zugreifen können, muss erst einmal ein Rahmen dafür geschaffen werden. Die Steuerschnittstelle für diesen Zweck ist die gerade angesprochene Schnittstelle XMLReader. Diese Schnittstelle wird durch den SAX-Parser implementiert.

Die Methoden von XMLReader, die Sie in der folgenden Tabelle finden, lassen sich in drei Gruppen einteilen:

- Mit Methoden wie setFeature und setProperty wird zunächst der Parser für die je aktuelle Aufgabe konfiguriert, d. h., es werden Merkmale ein- oder ausgeschaltet und Werte für bestimmte Eigenschaften festgelegt.
- Methoden wie setContentHandler oder setErrorHandler werden benutzt, um die entsprechenden Handler beim SAX-Parser zu registrieren.

- Mit `parse` wird schließlich das Parsen des XML-Dokuments aus der angegebenen Quelle gestartet. Die Quelle kann direkt über einen String angegeben werden, der den Dateinamen enthält, oder vermittelt über die Klasse `InputSource`.

Methoden und Parameter	Beschreibung
getContentHandler()	Liefert den aktuellen ContentHandler.
getDTDHandler()	Liefert den aktuellen DTDHandler.
getEntityResolver()	Liefert den aktuellen EntityResolver.
getErrorHandler()	Liefert den aktuellen ErrorHandler.
getFeature(java.lang.String name)	Prüft, ob ein Feature vorhanden ist oder nicht.
getProperty(java.lang.String name)	Liefert den Wert einer Eigenschaft.
parse(InputSource input)	Parst ein XML-Dokument.
parse(java.lang.String systemId)	Parst ein XML-Dokument von einem URI.
setContentHandler(ContentHandler handler)	Erlaubt einer Anwendung die Registrierung eines Handlers für inhaltliche Ereignisse wie das Auftauschen eines Start-Tags, End-Tags etc.
setDTDHandler(DTDHandler handler)	Erlaubt einer Anwendung die Registrierung eines Handlers für die Behandlung von Ereignissen durch DTDs.
setEntityResolver(EntityResolver resolver)	Erlaubt einer Anwendung die Registrierung eines Handlers für die Auflösung von Entitäten.
setErrorHandler(ErrorHandler handler)	Erlaubt einer Anwendung die Registrierung eines Handlers für Fehlerereignisse.
setFeature(java.lang.String name, boolean value)	Setzt den Wert einer Feature-Flag.
setProperty(java.lang.String name, java.lang.Object value)	Setzt den Wert einer Eigenschaft.

9.6.9 Konfigurieren des Parsers

Es gehört zu den Errungenschaften von SAX2, dass sich die Arbeitsweise des Parsers durch das Ein- oder Abschalten von Merkmalen und die Einstellung verschiedener Eigenschaften beeinflussen lässt. Mit den Methoden `getFeature` und `getProperty` lässt sich die vorhandene Konfiguration auch abfragen.

Um Erweiterungen zu erleichtern, werden die in SAX vordefinierten Merkmale und Eigenschaften mit Hilfe von eindeutigen URIs identifiziert. Für Merkmale wird `http://xml.org/sax/features/`, für Eigenschaften `http://xml.org/sax/properties/` als Präfix vor dem Namen des Merkmals bzw. der Eigenschaft verwendet.

Soll der Parser zum Beispiel über Validierungsfehler berichten, könnte dieses Merkmal mit

```
setFeature("http://xml.org/sax/features/validation", true)
```

»eingeschaltet« werden. Dies ist auch notwendig, wenn mit Validierung gearbeitet werden soll, weil das Merkmal in der Voreinstellung von JAXP auf `false` gesetzt ist.

In jedem Fall muss XMLReader die Merkmale `http://xml.org/sax/features/namespaces` und `http://xml.org/sax/features/namespace-prefix` erkennen. Alle anderen Merkmale sind optional.

Feature ID	Beschreibung
`external-general-entities`	Gibt an, ob der Parser externe allgemeine Entitäten verarbeitet.
`external-parameter-entities`	Gibt an, ob der Parser externe Parameter-Entitäten verarbeitet.
`is-standalone`	Prüft den Wert des standalone-Attributs in der XML-Deklaration.
`lexical-handler/parameter-entities`	Gibt an, ob der `LexicalHandler` Beginn und Ende von Parameter-Entitäten anzeigt.
`Namespaces`	Gibt an, ob Namensraum-URIs und lokale Namen ohne Präfix für Elemente und Attribute verfügbar sind.
`namespace-prefixes`	Gibt an, ob XML 1.0 Namen (mit Präfix) und Attribute (einschließlich xmlns*-Attribute) verfügbar sind.
`resolve-dtd-uris`	Gibt an, ob – was Vorgabe ist – System IDs in Deklarationen relativ zu ihren Basis-URIs in absolute IDs umgewandelt werden, bevor sie gemeldet werden.
`string-interning`	Gibt an, ob alle XML-Namen und Namensraum-URIs mittels `java.lang.String.intern` gehandhabt werden, um schnellere Tests bei Vergleichen mit Strings zu ermöglichen.
`use-attributes2`	Gibt an, ob die Schnittstelle `org.xml.sax.ext.Attributes2` implementiert ist.
`use-locator2`	Gibt an, ob die Schnittstelle `org.xml.sax.ext.Locator2` implementiert ist.
`use-entity-resolver2`	Gibt an, ob die Schnittstelle `org.xml.sax.ext.EntityResolver2` implementiert ist.
`Validation`	Gibt an, ob der Parser alle Validierungsfehler berichtet.

Feature ID	Beschreibung
xmlns-uris	Gibt an, ob der Parser, wenn das Merkmal namespace-prefixes gesetzt ist, die Attribute für die Namensraum-deklaration dem Namensraum http://www.w3.org/2000/xmlns/ zuordnet. Vorgabe ist false, in Übereinstimmung mit der W3C-Spezifikation zu Namensräumen.

Property-ID	Beschreibung
declaration-handler	Wird verwendet, um DTD-Deklarationen zu sehen, soweit sie nicht bereits durch den DTDHandler gesehen werden. Dazu muss die Schnittstelle org.xml.sax.ext.DeclHandler implementiert werden.
dom-node	Wird für »DOM Walker«-Parser, die die parse()-Parameter ignorieren, verwendet, um den DOM-Baum zu spezifizieren.
lexical-handler	Wird verwendet, um spezielle Syntax-Ereignisse zu sehen wie Kommentare, CDATA-Begrenzer etc. Dazu muss die Schnittstelle org.xml.sax.ext.LexicalHandler implementiert werden.
xml-string	Liefert während eines Methodenaufrufs durch den Parser einen Zeichen-String, der die XML-Repräsentation des aktuellen Ereignisses darstellt.

9.6.10 Kleine Lagerauswertung mit SAX

Nach diesem vielleicht etwas stressigen Vorlauf sind die Bausteine vorgestellt, aus denen sich eine SAX-Anwendung wie eine Gruppe von Lego-Bausteinen zusammenstecken lässt.

Es soll nun eine kleine Anwendung gebaut werden, die die oben schon verwendeten Lagerbestandsdaten durcharbeitet, um einige Auswertungen über den Bestand vorzunehmen. Die einfache Frage ist: Wie viele verschiedene Artikel sind auf Lager und wie hoch ist die Gesamtzahl der vorhandenen Einheiten?

Die Lösung ist angelehnt an das dem JASP-Paket beigegebene Beispiel SAXLocalNameCount, das aus Gründen der Übersichtlichkeit etwas vereinfacht und an das zu lösende Problem angepasst worden ist.

Import der notwendigen Klassen

Zunächst werden die notwendigen Klassen-Pakete der JASP-Schnittstelle und zwei allgemeine Java-Pakete importiert:

```
import javax.xml.parsers.*;
import org.xml.sax.*;
import org.xml.sax.helpers.*;
import java.util.*;
import java.io.*;
```

Die neue Klasse als Erweiterung der Basisklasse DefaultHandler

Für die Lösung der gestellten Aufgabe wird nun eine Klasse `SAXAuswertung` definiert und zugleich festgelegt, dass diese Klasse eine Erweiterung der Basisklasse `DefaultHandler` sein soll.

```
public class SAXAuswertung extends DefaultHandler {
...
}
```

Zunächst werden einige Variablen deklariert, die benötigt werden, um Daten festzuhalten, die über die verschiedenen Parser-Ereignisse zugänglich werden.

```
  private int zahlArtikel = 0;
  private double bestandGesamt = 0;
  private StringBuffer elementInhalt = new StringBuffer();
```

Da die Basisklasse `DefaultHandler` schon die Schnittstelle `ContentHandler` mit implementiert hat, lassen sich die Methoden dieses Handlers sofort benutzen.

Arbeit mit den Methoden des ContentHandlers

Das erste Ereignis, auf das reagiert werden soll, ist, dass der Parser den Anfang des XML-Dokuments findet. Hier soll nur ein Hinweis erzeugt werden, dass die Auswertung beginnt.

```
  public void startDocument() throws SAXException {
    System.out.println("Beginn der Auswertung");
  }
```

Die nächste Methode `startElement` ruft der Parser jedes Mal auf, wenn er im XML-Dokument ein Start-Tag findet. Über die Parameter sind dann für die Anwendung die Daten dieses Start-Tags verfügbar. Es soll herausgefunden werden, wie viele unterschiedliche Artikel im Lager vorhanden sind. Also wird der lokale Name des Elements auf Übereinstimmung mit dem Elementnamen `Artikel` geprüft. Ist das der Fall, wird die Anzahl der Artikel hochgezählt. Zusätzlich wird an dieser Stelle der String-Buffer, der den Zeicheninhalt von Elementen aufnehmen soll, jedes Mal geleert.

```
  public void startElement(String namespaceURI, String localName,
  String qName, Attributes atts) throws SAXException
```

```
  {
    if (localName.equals("Artikel"))
      zahlArtikel++;
    elementInhalt.setLength(0);
  }
```

Abgreifen der Zeichendaten

Die folgende Methode `characters` liefert die Zeichendaten von Elementen, die selbst keine Kindelemente enthalten. Diese Zeichendaten werden jedes Mal an den String-Buffer angehängt.

```
public void characters(char[] ch,int start,int length) throws
  SAXException
{
  elementInhalt.append(ch, start, length);
}
```

Jedes Mal, wenn der Parser das Ende eines Elements meldet, wird im Rahmen der Methode `endElement` geprüft, ob es sich um das End-Tag des Elements `Bestand` gehandelt hat. Ist das der Fall, wird der im String-Buffer abgelegte Bestandswert auf den Gesamtbestand addiert.

```
public void endElement(String namespaceURI, String localName,
  String qName) throws SAXException
{
  if (localName.equals("Bestand"))
    {
    double bestand = new Double(elementInhalt.toString()).
    doubleValue();
    bestandGesamt +=bestand;
    }
}
```

Ausgabe der Daten

Wird durch den Parser das Ende des Dokuments gemeldet, werden die aufgelaufenen Werte über System.out ausgegeben:

```
public void endDocument() throws SAXException {
  System.out.println("Das Lager hat " + zahlArtikel +
    " verschiedene Artikel.");
  System.out.println("Gesamtbestand: "  + bestandGesamt +
    " Einheiten.");
  }
```

Zugriff auf die Datenquelle

Damit ist festgelegt, wie die Auswertung des XML-Dokuments stattfinden soll. Nun muss der Parser in Aktion gesetzt werden. Dazu muss er erfahren, welches Dokument gelesen werden soll. Da die `parse`-Methode, die gleich für den Start des Lesens verwendet werden wird, einen URI als Hinweis auf die Dateiquelle erwartet, ist zunächst noch eine kleine Umwandlung notwendig, wenn einfach ein Dateiname als Datenquelle angegeben wird. Dazu wird die folgende Methode verwendet:

```
private static String convertToFileURL(String filename)
    {
      // "path = file.toURL().toString()".
      String path = new File(filename).getAbsolutePath();
        if (File.separatorChar != '/') {
          path = path.replace(File.separatorChar, '/');
        }
        if (!path.startsWith("/")) {
          path = "/" + path;
        }
        return "file:" + path;
    }
```

9.6.11 Aufruf des Parsers

Um die Verarbeitung des Dokuments zu starten, muss innerhalb der `main`-Funktion der Anwendung ein entsprechender Rahmen geschaffen werden.

```
static public void main(String[] args) throws Exception {
  String filename = "lagerdaten.xml";
```

Zunächst wird hier der Dateiname einfach an einen String übergeben. Um den Prozess des Parsens in Gang zu setzen, wird eine JAXP SAXParserFactory erzeugt und konfiguriert:

```
SAXParserFactory spf = SAXParserFactory.newInstance();
spf.setNamespaceAware(true);
```

Mit Hilfe dieser Fabrik wird eine neue Instanz der Klasse JAXP SAXParser erzeugt.

```
SAXParser saxParser = spf.newSAXParser();
```

Die Methode `getXMLReader()` liefert nun die gewünschte `XMLReader`-Schnittstelle.

```
XMLReader xmlReader = saxParser.getXMLReader();
```

An dieser Stelle könnten nun mit `xmlreader.setFeature()` oder `xmlreader.setProperty()` bestimmte Merkmale und Eigenschaften gesetzt werden, wie es oben beschrieben worden ist. Um die Sache zu vereinfachen, übernehmen wir hier aber die schon angesprochenen Voreinstellungen.

```
xmlReader.setContentHandler(new SAXAuswertung());
```

registriert nun die Schnittstelle `ContentHandler` beim XMLReader und gibt die aktuelle Anwendung `SAXAuswertung`, die ja von der Basisklasse `DefaultHandler` abgeleitet ist, als die Klasse an, die über die Parser-Ereignisse zu informieren ist, wobei `new SAXAuswertung()` eine Instanz dieser Klasse und damit ein handlungsfähiges Objekt erzeugt, das die für die Klasse deklarierten Methoden zum Einsatz bringen kann.

Zusätzlich wird der `ErrorHandler` registriert, für den noch eine interne Klasse `FehlerHandler` definiert wird, von der gleich zu reden sein wird.

```
xmlReader.setErrorHandler(new FehlerHandler(System.err));
```

Schließlich erhält der XMLReader den Auftrag, das angegebene XML-Dokument zu parsen:

```
xmlReader.parse(convertToFileURL(filename));
```

9.6.12 Fehlerbehandlung

Es gibt ganz verschiedene Gründe, weshalb selbst eine so einfache SAX-Anwendung in Schwierigkeiten geraten kann. Während des Einlesens werden Fehler im XML-Dokument entdeckt. Das Dokument ist nicht wohlgeformt, weil bei einem Element das End-Tag vergessen worden ist. Ist die Überprüfung anhand einer DTD oder eines Schemas eingeschaltet – was wir hier aus Gründen der Übersichtlichkeit ausgelassen haben –, mag ein ungültiger Attributwert zum Fehler führen.

Wenn, wie oben geschehen, die Schnittstelle `ErrorHandler` beim XMLReader registriert ist, werden alle Fehler, die während des Parsens vorkommen, über diese Schnittstelle gemeldet. Die Schnittstelle enthält einige Standardmethoden, die für die Fehlergrade Warnung, Fehler und fataler Fehler vorgesehen sind.

Wird die Schnittstelle nicht registriert, werden Fehler nicht gemeldet, allerdings führt ein fataler Fehler, also zum Beispiel ein Verstoß gegen die Wohlgeformtheit, dazu, dass eine `SAXParseException` ausgelöst wird, die zum Abbruch der Verarbeitung führt.

Außerdem kann eine `SAXException` durch die `parse()`-Methode ausgelöst werden, wenn etwa die angegebene Datenquelle nicht gefunden wird.

```
private static class FehlerHandler implements ErrorHandler {
  private PrintStream out;
  FehlerHandler(PrintStream out) {
    this.out = out;
  }

  private String getParseExceptionInfo(SAXParseException spe) {
    String systemId = spe.getSystemId();
      if (systemId == null) {
        systemId = "null";
      }
    String info = "URI=" + systemId +
      " Zeile=" + spe.getLineNumber() +
      ": " + spe.getMessage();
      return info;
   }

  public void warning(SAXParseException spe) throws SAXException {
    out.println("Warnung: " + getParseExceptionInfo(spe));
  }
...
}
```

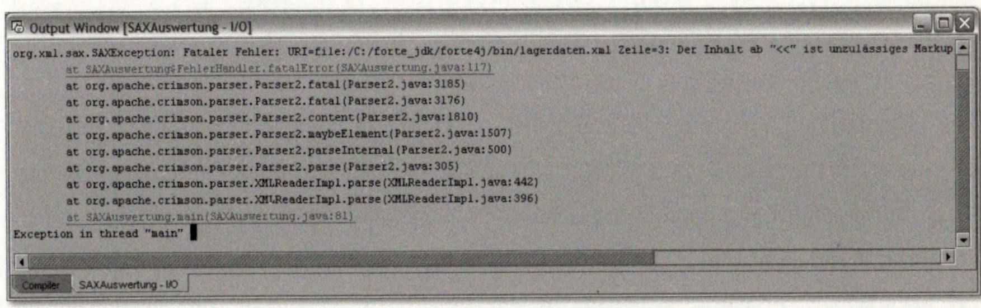

Abbildung 9.12 Fehlermeldung beim Verstoß gegen die Wohlgeformtheit

Auch für die Auswertung von Ausnahmen beim Parsen arbeitet SAX2 mit standardisierten Ausnahme-IDs. Über die `SAXParseException.getException ID()`-Methode lassen sich IDs für berichtete Fehler abfragen. Ähnlich wie bei den Merkmalen und Eigenschaften, die sich über die `XMLReader`-Methoden setzen lassen, wird als Präfix ein URI `http://xml.org/sax/exception/` verwendet. Die Verletzung einer grammatischen Regel kann zum Beispiel mit `http://xml.org/sax/exception/xml/rule-66` angezeigt werden, wobei die Zahl exakt die Nummer der Regel aus der XML-Spezifikation angibt.

9.6.13 SAX-Beispiel 1

Insgesamt sieht das erste SAX-Beispiel unter Verwendung des JAXP-Pakets so aus:

```
// JAXP packages
import javax.xml.parsers.*;
import org.xml.sax.*;
import org.xml.sax.helpers.*;
import java.util.*;
import java.io.*;

public class SAXAuswertung extends DefaultHandler {
  private int zahlArtikel = 0;
  private double bestandGesamt = 0;
  private StringBuffer elementInhalt = new StringBuffer();

  public void startDocument() throws SAXException {
    System.out.println("Beginn der Auswertung");
  }

  public void startElement(String namespaceURI, String localName,
  String qName, Attributes atts) throws SAXException
    {
      if (localName.equals("Artikel"))
        zahlArtikel++;
      elementInhalt.setLength(0);
    }

  public void characters(char[] ch,int start,int length) throws
    SAXException
  {
    elementInhalt.append(ch, start, length);
  }

  public void endElement(String namespaceURI, String localName,
  String qName) throws SAXException
  {
    if (localName.equals("Bestand"))
      {
      double bestand = new Double(elementInhalt.toString()).
      doubleValue();
      bestandGesamt +=bestand;
      }
  }
```

```
public void endDocument() throws SAXException {
  System.out.println("Das Lager hat " + zahlArtikel +
    " verschiedene Artikel.");
  System.out.println("Gesamtbestand: "  + bestandGesamt +
    " Einheiten.");
  }

private static String convertToFileURL(String filename)
  {
    // "path = file.toURL().toString()".
    String path = new File(filename).getAbsolutePath();
      if (File.separatorChar != '/') {
        path = path.replace(File.separatorChar, '/');
      }
      if (!path.startsWith("/")) {
        path = "/" + path;
      }
      return "file:" + path;
  }
static public void main(String[] args) throws Exception {
  String filename = "lagerdaten.xml";
  SAXParserFactory spf = SAXParserFactory.newInstance();
  spf.setNamespaceAware(true);
  SAXParser saxParser = spf.newSAXParser();
  XMLReader xmlReader = saxParser.getXMLReader();
  xmlReader.setContentHandler(new SAXAuswertung());
  xmlReader.setErrorHandler(new FehlerHandler(System.err));
  xmlReader.parse(convertToFileURL(filename));
}

private static class FehlerHandler implements ErrorHandler {
  private PrintStream out;
  FehlerHandler(PrintStream out) {
    this.out = out;
  }

  private String getParseExceptionInfo(SAXParseException spe) {
    String systemId = spe.getSystemId();
      if (systemId == null) {
        systemId = "null";
      }
    String info = "URI=" + systemId +
      " Zeile=" + spe.getLineNumber() +
      ": " + spe.getMessage();
```

```
        return info;
      }

    public void warning(SAXParseException spe) throws SAXException {
      out.println("Warnung: " + getParseExceptionInfo(spe));
    }

    public void error(SAXParseException spe) throws SAXException {
      String message = "Fehler: " + getParseExceptionInfo(spe);
      throw new SAXException(message);
    }

    public void fatalError(SAXParseException spe) throws
      SAXException {

      String message = "Fataler Fehler: " +
        getParseExceptionInfo(spe);
        throw new SAXException(message);
    }
  }
}
```

Listing 9.7 SAXAuswertung.java

Der Quellcode kann innerhalb der Entwicklungsumgebung kompiliert und zum Test auch gleich ausgeführt werden.

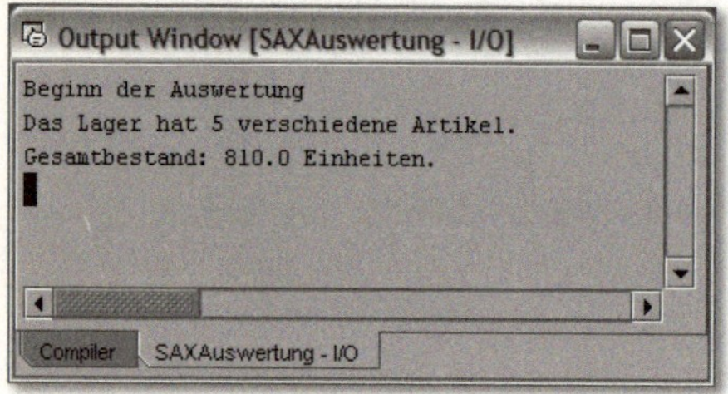

Abbildung 9.13 Die Ausgabe des Programms SAXAuswertung im Output Window von Forte for Java 4

Das kompilierte Programm muss unter dem Namen der deklarierten Klasse, hier also **SAXAuswertung.class** gespeichert werden und kann dann auch innerhalb der Eingabeaufforderung mit

```
java SAXAuswertung
```

ausgeführt werden.

9.6.14 Beispiel 2

Im ersten Beispiel sind die Werte, die über Attribute geliefert werden, zunächst ignoriert worden. Es ist aber ohne große Umstände möglich, die Attribute mit in die Auswertung einzubeziehen. Soll zum Beispiel nur der Bestand für die Artikel einer bestimmten Warengruppe abgefragt werden, sehen die Methoden des `contentHandlers` so aus:

```
public class SAXAuswertungAttr extends DefaultHandler {
  private int zahlArtikel = 0;
  private double bestandGesamt = 0;
  private StringBuffer elementInhalt = new StringBuffer();
  private boolean wg;

  public void startDocument() throws SAXException {
    System.out.println("Beginn der Auswertung");
  }

  public void startElement(String namespaceURI, String localName,
  String qName, Attributes atts) throws SAXException
  {
    if (localName.equals("Artikel"))
    {
      String warenGruppe = atts.getValue("wg");
      if (warenGruppe.equals("Rollo")) {
        zahlArtikel++;
        wg = true;
        }
      }
      elementInhalt.setLength(0);
    }

  public void characters(char[] ch,int start,int length) throws
    SAXException
  {
    elementInhalt.append(ch, start, length);
  }

  public void endElement(String namespaceURI, String localName,
  String qName)  throws SAXException
  {
    if (localName.equals("Bestand") && wg)
    {
      double bestand = new Double(elementInhalt.toString()).
      doubleValue();
      bestandGesamt +=bestand;
```

```
      wg = false;
    }
  }

  public void endDocument() throws SAXException {
    System.out.println("Das Lager hat " + zahlArtikel +
      " verschiedene Rollos.");
    System.out.println("Gesamtbestand: "  + bestandGesamt +
      " Einheiten.");
  }

  private static String convertToFileURL(String filename) {
  ...
  }

  static public void main(String[] args) throws Exception {
   String filename = "lagerdaten.xml";
...
   xmlReader.setContentHandler(new SAXAuswertungAttr());
...
  }

  private static class FehlerHandler implements ErrorHandler {
...
  }
}
```

Listing 9.8 SAXAuswertungAttr.java

Die Abbildung zeigt das Ergebnis der Abfrage:

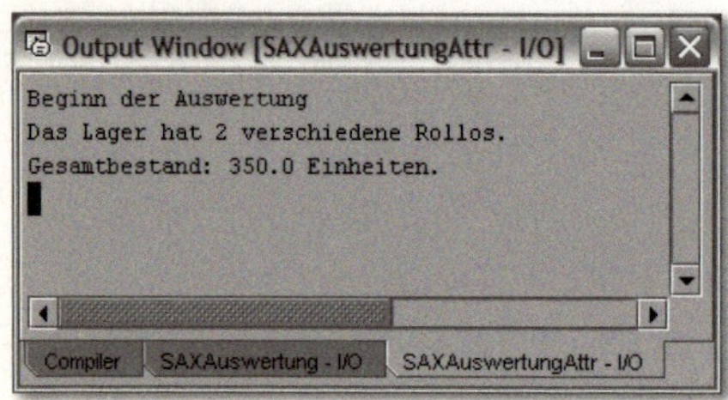

Abbildung 9.14 Die zweite Auswertung im Output Window von Forte for Java 4

9.6.15 SAX + DOM

Wenn an den beiden Beispielen die Eigentümlichkeiten der Arbeit mit der SAX-Schnittstelle deutlich geworden sind, lässt sich die Frage, ob in einem bestimmten Fall eine Lösung mit DOM, mit SAX oder auch mit XSLT vorzuziehen ist, vielleicht etwas besser klären. Zwischen diesen verschiedenen Verfahren besteht allerdings keine scharfe Abgrenzung.

Es ist durchaus möglich, beide Ansätze zu kombinieren, etwa indem aus einem umfangreichen XML-Dokument zunächst mit SAX die Informationen herausgefiltert werden, die interessieren, um sie an eine Verarbeitung mit DOM weiterzureichen. In der Dokumentation zur SAX-Implementierung von MSXML 4.0 finden Sie ein solches `SAX to DOM`-Beispiel. Dabei werden die Methoden der `ContentHandler`-Schnittstelle gewissermaßen in umgekehrter Richtung verwendet, um ein neues XML-Dokument zu schreiben, wie der kleine Ausschnitt aus dem Visual Basic-Code zeigt:

```
cnth.startElement "", "", "author", atrs
cnth.characters "Gambardella, Matthew"
cnth.endElement "", "", "author"
```

9.7 Arbeit mit XML-Klassen in VB.Net

XML wird in dem .NET-Framework von Microsoft nicht nur durch eine Fülle vorgegebener Bausteine unterstützt, um die Entwicklung von Anwendungen, die mit XML-Daten zu tun haben, zu vereinfachen. Die Infrastruktur von .NET verwendet auch selbst in großem Umfang XML als Datenformat. Für die Konfiguration von Systemen wird ein XML-Dokument **machine.config** benutzt, für die einzelnen Anwendungen entsprechende **config**-Dateien mit anwendungsspezifischen Einstellungen. Insbesondere die dynamische Verwaltung von Eigenschaften, die es erlaubt, das Verhalten von Anwendungen flexibel zu steuern, ist durch externe Konfigurationsdateien im XML-Format möglich geworden. Außerdem wird XML in großem Umfang für die Kommunikation innerhalb von verteilten Anwendungen verwendet, insbesondere Webdienste in .NET verwenden XML als Basisformat.

9.7.1 Die XML-Architektur im .NET Framework im Überblick

Das .NET Framework 2.0 stellt zur Unterstützung von XML insbesondere eine Reihe von Klassen zur Verfügung, die in dem öffentlichen Assembly **System.Xml.dll** enthalten sind, das im Global Assembly Cache installiert wird. Hinzukommen verschiedene Schnittstellen, Delegates und Enumerationen. Aktuell unterstützen die vorhandenen Klassen folgende W3C-Standards: XML 1.0, XML-Namespaces, XSD-Schemas, XPath, XSLT und DOM Level 1 und 2. Die neuen Spezifikationen XPath 2.0 mit dem integrierten XQuery 1.0 und XSLT 2.0 werden dagegen bisher ignoriert. Sie sollen aber in naher Zukunft berücksichtigt werden.

Ebenso wird der umfangreiche XSL-Standard, der die Formatierung von Dokumenten mithilfe von Formatierungsobjekten regelt, bisher nicht unterstützt. Ebenfalls nicht unterstützt wird das im letzten Abschnitt beschriebene SAX-API. Microsoft bietet hier innerhalb des .NET Framework eine eigene Lösung rund um die Klasse `XmlReader`.

Die XML-Klassen im .NET Framework decken in etwa die Funktionen ab, die im Rahmen der Behandlung der XML Core Services (MSXML) beschrieben wurden, sie gehen aber weit darüber hinaus. Die gesamte Menge der XML-Klassen wird dabei in verschiedene Namensräume eingeordnet, die im Folgenden kurz vorgestellt werden:

Namensraum	Bedeutung
`System.Xml`	Enthält allgemeine Klassen wie `XmlElement`, `XmlAttribute`, `XmlNode`, `XmlReader` oder `XmlWriter`.
`System.Xml.Schema`	Enthält Klassen, die für die Arbeit mit XML-Schemas benötigt werden.
`System.Xml.Serialization`	Enthält Klassen, die es erlauben, Objekte in XML-Dokumente zu serialisieren oder Datenstreams ins XML-Format zu konvertieren bzw. umgekehrt aus XML-Dokumenten bestimmte Zustände von Objekten wiederherzustellen.
`System.Xml.Serialization.Advanced`	Enthält Klassen zur Anpassung von Code, der aus einem **WSDL**-Dokument generiert wurde.
`System.Xml.XPath`	Enthält Klassen, die für die Bildung und Verwendung von Xpath-Ausdrücken zur Abfrage von XML-Daten benötigt werden.
`System.Xml.Xsl`	Enthält Klassen für die Anwendung von XSLT-Stylesheets zur Transformation vorhandener XML-Daten.
`System.Xml.Xsl.Runtime`	Enthält Klassen zur Unterstützung der Infrastruktur von .NET, die nicht direkt im Code verwendet werden können.

Im Rahmen von .NET werden Namensräume ähnlich wie in XML dazu verwendet, Namenskonflikte bei der Benennung von Objekten zu vermeiden. Es sollte allerdings nicht übersehen werden, dass .NET Namensräume etwas anders handhabt, als es in XML üblich ist. Der Namensraumname wird dem Objektnamen vorangestellt und durch einen Dezimalpunkt getrennt. Während XML nur eine Ebene von Namensräumen zulässt, können Namensräume in .NET auch verschachtelt werden.

Im Folgenden soll das Paar der Basisklassen `XmlReader` und `XmlWriter` und die `XmlSerializer`-Klasse mit dem Methodenpaar `Serialize()` und `Deserialize()` etwas näher vorgestellt werden.

9.7.2 Lesen von XML-Daten

Für den Umgang mit XML-Daten sind innerhalb von `system.xml` vor allem die beiden abstrakten Klassen `XmlReader` und `XmlWriter` zuständig. Von diesen Basisklassen lassen sich in .NET 1.0 direkt keine Instanzen erzeugen. Ein Anwender muss also von der abstrakten Basisklasse `XmlReader` entweder einen eigenen Reader ableiten oder eine der Implementierungen nutzen. Vorgegeben sind:

Klasse	Bedeutung
`XmlTextReader`	Liest Zeichenströme sequentiell und stellt dabei Methoden zur Verfügung, um den Inhalt und den Typ von Knoten abzufragen. Die Validierung durch XML-Schemas oder DTDs wird dabei nicht unterstützt.
`XmlNodeReader`	Stellt einen Parser zur Verfügung, der einzelne Knoten einer XML-DOM-Struktur einlesen und auswerten kann, die über `XmlNode`-Objekte verfügbar sind. Validierungen werden nicht unterstützt.
`XmlValidatingReader`	Stellt einen vollwertigen Parser zur Verfügung, der auch Validierungen auf der Basis eines XML-Schemas oder einer DTD vornehmen kann. Dieser Reader implementiert einen `ValidatingEventHandler`, der das Verhalten beim Auftreten von Validierungsfehlern regelt.

Die verschiedenen Readerinstanzen können zu einer Art Pipeline hintereinander geschaltet werden.

Insbesondere der `XmlValidatingReader` wird allerdings in .NET 2.0 als veraltet eingestuft. Stattdessen wird empfohlen, `XmlReader`-Instanzen mithilfe der statischen `Create`-Methode zu erzeugen. Um diese `Create`-Methode ist die Basisklasse `XmlReader` erweitert worden, um eine genauere Kontrolle der Arbeitsweise des Readers zu ermöglichen. Eine entsprechende Erweiterung gibt es auch bei der `XmlWriter`-Klasse.

9.7.3 XMLReader im Vergleich zum SAX-Reader

Wie schon angesprochen, erlaubt `XmlReader` eine Verarbeitung von XML-Daten, die dem Verfahren ähnlich ist, das für das SAX-API beschrieben wurde. Während Microsoft also in der COM-Welt mit den Komponenten von MSXML SAX noch direkt unterstützt, ist unter .NET eine alternative Schnittstelle eingerichtet, die Merkmale von SAX mit denen des DOM-Modells mischt. Zwar werden die XML-Daten – sei es nun ein Dokument oder ein Datenstrom – wie bei SAX mit einem Nur-Vorwärts-Cursor sequentiell durchgegangen, anders als bei SAX werden die zu verarbeitenden Daten aber wie beim DOM-Modell über ein Pull-Verfahren von der jeweiligen Anwendung abgeholt, wobei die Daten, die für die Anwendung nicht interessant sind, beispielsweise mithilfe der Methoden `MoveToContent` oder `Skip` gleich überlesen werden können, was den Vorgang insgesamt beschleunigt. Außerdem können bei diesem Verfahren auch mehrere Datenströme auf einfache Weise kombiniert werden.

Das SAX-API verwendet bekanntlich ein Push-Modell, bei dem der Parser an die jeweilige Anwendung Benachrichtigungen über alle Ereignisse übergibt, die beim Durchgang durch die vorhandenen Informationseinheiten der XML-Daten ausgelöst werden.

9.7.4 Arbeitsweise von XMLReader

XML-Dokumente lassen sich mithilfe von `XmlReader`-Implementierungen sehr schnell durcharbeiten, da anders als beim DOM-Modell keine Knotenbäume im Speicher aufgebaut werden müssen. `XmlReader` stellt dazu zahlreiche Methoden und Eigenschaften zur Verfügung, um XML-Daten auszuwerten, wobei es auch möglich ist, mehrere Reader miteinander zu verketten. Neben dem Namen und dem Wert des aktuellen Knotens lässt sich beispielsweise mithilfe der Eigenschaft `Depth` auch die Tiefe eines Knotens innerhalb der Elementhierarchie und mit `AttributeCount` die Anzahl der Attribute zu einem Element feststellen.

Für die Auswertung der Attribute stehen ebenfalls mehrere Methoden zur Verfügung: Wenn ein bestimmtes Element erreicht ist, das Attribute enthält, ist es möglich, mit `MoveToAttribute` direkt zu einem bestimmten Attribut zu gehen, wenn der Name oder der Index in der Attributliste bekannt ist. `MoveToFirstAttribute` wechselt dagegen jeweils auf das erste vorhandene Attribut, `MoveToNextAttribute` auf das folgende. Mit `MoveToElement` kann aus der Verarbeitung der Attribute eines Elements auf dieses selbst zurückgesprungen werden.

Alle Reader prüfen den XML-Code automatisch auf Wohlgeformtheit und lösen eine `XmlException`-Ausnahme aus, falls ein Verstoß dagegen vorliegt. Die Abfolge der Bearbeitung der XML-Daten entspricht dabei jeweils der Dokumentreihenfolge, die untergeordneten Knoten werden also zuerst abgearbeitet bevor die benachbarten Knoten an die Reihe kommen.

9.7.5 XML-Dokument mit XMLTextReader auswerten

Zur Demonstration hier zunächst ein einfaches Beispiel, das die Klasse `XmlTextReader` verwendet, um ein als Datei vorhandenes XML-Dokument auszuwerten. Dazu soll in Visual Studio .NET 2005 zunächst nur eine einfache Konsolenanwendung gewählt werden.

Um die XML-Klassen in einer .NET-Anwendung nutzen zu können, muss zunächst ein entsprechender Verweis für das jeweilige Projekt hinzugefügt werden. Innerhalb von Visual Studio .NET geschieht dies über **Projekt/Verweis hinzufügen**.

Der folgende VB.NET-Code soll eine XML-Datei auswerten, die Daten über die in einer Firma installierten Computersysteme enthält. Im Konsolenfenster wird eine einfache Liste ausgegeben werden, die die Namen der Elemente und ihre jeweiligen Werte und die Namen und Werte der Attribute anzeigt.

```
Option Explicit
Option Strict
Imports System
Imports System.IO
Imports System.Xml
  Public Class ElementListe
    Public Shared Sub Main()
      Dim rdr As New XmlTextReader("systeme.xml")
      Try
        DatenLesen(rdr)
      Catch excp As XmlException
        Console.WriteLine("Fehler: {0}", excp.ToString())
      End Try
      Console.ReadLine()
    End Sub
    Public Shared Sub DatenLesen(ByVal rdr As XmlReader)
      While rdr.Read()
        Select Case rdr.NodeType
          Case XmlNodeType.Element
            Console.Write((rdr.Name & ": "))
            Console.WriteLine()
            While rdr.MoveToNextAttribute()
              Console.Write((rdr.Name & ": " & _
                  rdr.Value & " "))
            End While
          Case XmlNodeType.Text
            Console.Write(rdr.Value)
            Console.WriteLine()
        End Select
      End While
    End Sub
  End Class
```

Um den Zugriff auf die benötigten Klassen zu vereinfachen, werden zunächst einige `Imports`-Anweisungen eingefügt. Die `Sub Main()`-Prozedur deklariert eine

Objektvariable `rdr`, die eine neue Instanz der Klasse `XmlTextReader` repräsentiert. Dabei wird mit der `New`-Klausel ein Konstruktor zur Initialisierung eines entsprechenden Objekts aufgerufen, dem als Parameter gleich der Name des XML-Dokuments übergeben wird, das gelesen werden soll. Dann wird die Subprozedur `DatenLesen()` aufgerufen. Dieser Aufruf wird in eine `Try/Catch`-Anweisung eingefügt, damit bei Verstößen gegen die Regel der Wohlgeformtheit eine entsprechende Fehleranzeige erfolgt. Dazu wird die Fehlerklasse `XmlException` benutzt.

Auslesen der Knoteninformationen

Diese Prozedur verwendet die `read()`-Methode von `XmlReader`, um das ganze XML-Dokument vom Anfang bis zum Ende durchzuarbeiten. Diese Methode wird hier in einer `while`-Schleife immer wieder aufgerufen, bis der letzte Knoten verarbeitet ist.

Die `read()`- Methode liefert in jedem Schritt jeweils den aktuellen Knoten, der dann von der Anwendung untersucht werden kann. In diesem Fall wird zunächst die Eigenschaft `NodeType` abgefragt. Die möglichen Werte sind in der `XmlNodeType`-Enumeration definiert. Die möglichen Mitglieder dieser von .NET vorgegebenen Aufzählungen können nun innerhalb der `SelectCase`-Anweisung in der Form

```
Case XmlNodeType.<Membername>
```

verwendet werden, wobei als `<Membername>` die Bezeichnungen der in einem XML-Dokument möglichen Einheiten genutzt werden: `Element`, `Attribute`, `CDATA`, `Comment`, `Document`, `DocumentFragment`, `DocumentType`, `EndElement` (entspricht einem Endtag), `EndEntity` (entspricht dem Ende einer Entitätsersetzung), `Entity`, `EntityReference`, `Notation`, `ProcessingInstruction`, `SignificantWhitespace`, `Text`, `Whitespace`, `XmlDeclaration`. Außerdem wird noch der Wert `None` zurückgegeben, wenn keine `Read`-Methode aufgerufen wurde.

Mit der Version 2.0 des .NET-Frameworks wurde die `XmlReader`-Klasse um Methoden erweitert, die es erlauben, Daten nicht nur als Zeichenfolgen zu lesen und dann gegebenenfalls in den gewünschten Datentyp zu konvertieren, sondern mit Hilfe von typspezifischen Lesemethoden direkt in dem entsprechenden CLR-Typ zu gewinnen:

```
Datum = reader.ReadContentAsDateTime
```

liest beispielsweise den jeweiligen Wert als Datumswert. Besonders praktisch ist die `ReadElementContentAsObject`-Methode. Ist ein Schema vorhanden, wird der Datentyp automatisch anhand des Schemas ermittelt.

Auslesen der Attributwerte

Handelt es sich nun bei dem aktuellen Knoten um ein Element, wird der Name des Elements auf der Konsole ausgegeben, den die Eigenschaft `Name` liefert. Anschließend wird geprüft, ob für das Element `Attribute` vorhanden sind. Dazu wird innerhalb einer `while`-Schleife die Methode `MoveToNextAttribute()` verwendet, um reihum alle Attribute des aktuellen Elements abzufragen und die Attributnamen und -werte auf der Konsole auszugeben. Handelt es sich um einen Textknoten, also den Inhalt eines Elements, wird der Wert ebenfalls ausgegeben. Alle anderen Informationseinheiten innerhalb des XML-Dokuments werden hier für die Ausgabe auf der Konsole ignoriert. Die folgende Abbildung zeigt das so erzeugte Ergebnis:

```
file:///D:/Projekte/netxml/Programme/xmllesen/bin/xmllesen.EXE
systeme:
system:
id: 01
owner: Hermine Dorn
modell:
typ: Desktop
PCNonAldi
cpu:
P4 2.4 GHz
ram:
512 MB
festplatten:
master:
40 GB
slave:
40 GB
system:
id: 02
owner: Thomas Erb
modell:
typ: Notebook
NoteBest
cpu:
P4 2.3 GHz
ram:
256 MB
festplatten:
master:
120 GB
```

Abbildung 9.15 Die Ausgabe, die der XmlTextReader erzeugt

Fehleranzeige

Falls es in dem eingelesenen XML-Dokument zu einem Verstoß gegen die Regel der Wohlgeformtheit kommen sollte, wird das Lesen der Datei abgebrochen. Da im Code eine entsprechende Fehlerbehandlung eingebaut ist, werden die Informationen über den Regelverstoß auf der Konsole ausgegeben, wie die Abbildung 9.16 zeigt.

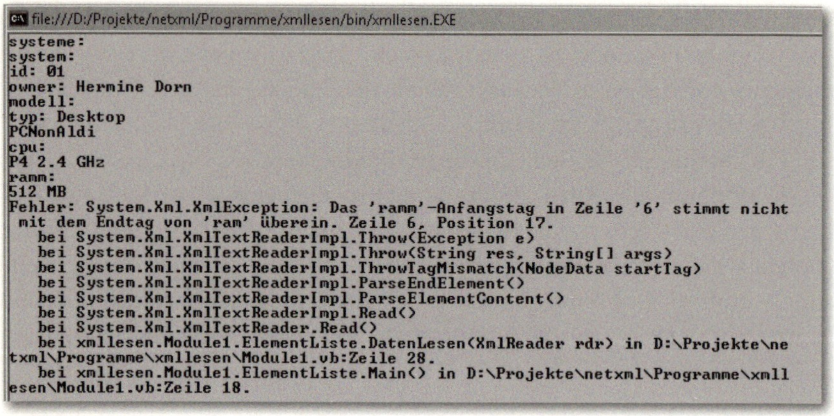

```
file:///D:/Projekte/netxml/Programme/xmllesen/bin/xmllesen.EXE
systeme:
system:
id: 01
owner: Hermine Dorn
modell:
typ: Desktop
PCNonAldi
cpu:
P4 2.4 GHz
ramm:
512 MB
Fehler: System.Xml.XmlException: Das 'ramm'-Anfangstag in Zeile '6' stimmt nicht
 mit dem Endtag von 'ram' überein. Zeile 6, Position 17.
   bei System.Xml.XmlTextReaderImpl.Throw(Exception e)
   bei System.Xml.XmlTextReaderImpl.Throw(String res, String[] args)
   bei System.Xml.XmlTextReaderImpl.ThrowTagMismatch(NodeData startTag)
   bei System.Xml.XmlTextReaderImpl.ParseEndElement()
   bei System.Xml.XmlTextReaderImpl.ParseElementContent()
   bei System.Xml.XmlTextReaderImpl.Read()
   bei System.Xml.XmlTextReader.Read()
   bei xmllesen.Module1.ElementListe.DatenLesen(XmlReader rdr) in D:\Projekte\ne
txml\Programme\xmllesen\Module1.vb:Zeile 28.
   bei xmllesen.Module1.ElementListe.Main() in D:\Projekte\netxml\Programme\xmll
esen\Module1.vb:Zeile 18.
```

Abbildung 9.16 Die Ausgabe, die der XmlTextReader erzeugt

Ausfiltern von Informationen

Soll nun beispielsweise beim Einlesen der XML-Daten das Element `<festplatten>` jedes Mal übersprungen werden, genügt eine Anweisung wie

```
If rdr.Name.Equals("festplatten") Then
   rdr.Skip()
End If
```

um die entsprechenden Daten aus der Ausgabe herauszufiltern. Die Methode `skip()` sorgt dafür, dass der aktuelle Knoten, der durch die `read()`-Methode erreicht worden ist, übersprungen wird, und zwar mit seinem gesamten Inhalt, also einschließlich der untergeordneten Elemente und Attribute, wie die folgende Abbildung zeigt:

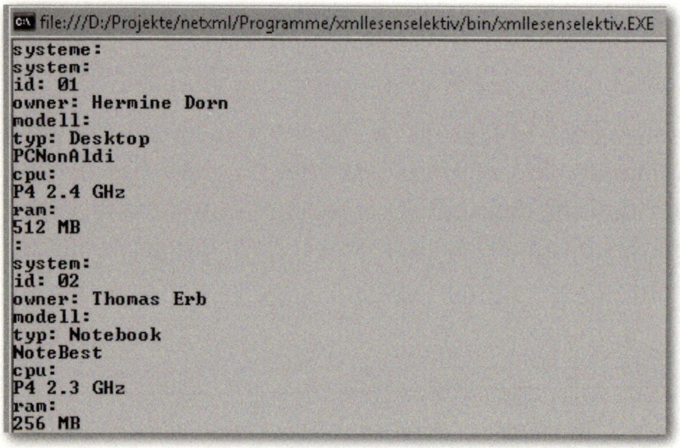

```
file:///D:/Projekte/netxml/Programme/xmllesenselektiv/bin/xmllesenselektiv.EXE
systeme:
system:
id: 01
owner: Hermine Dorn
modell:
typ: Desktop
PCNonAldi
cpu:
P4 2.4 GHz
ram:
512 MB
:
system:
id: 02
owner: Thomas Erb
modell:
typ: Notebook
NoteBest
cpu:
P4 2.3 GHz
ram:
256 MB
```

Abbildung 9.17 Die gefilterte Ausgabe

9.7.6 Lesen von XML-Fragmenten

Während die `XmlTextReader`-Implementierung vorhandene XML-Dokumente direkt einlesen kann, erwartet die `XmlNodeReader`-Implementierung, dass die zu verarbeitenden Daten bereits in Form eines DOM-Objekts zur Verfügung stehen. Hier ein kleines Beispiel, in dem das Fragment eines XML-Dokuments verarbeitet wird.

```
Imports System
Imports System.IO
Imports System.Xml
Public Class KnotenLeser
  Public Shared Sub Main()
    Dim rdr As XmlNodeReader = Nothing
    Try
      Dim fragment As New XmlDocument
      fragment.LoadXml("<!-- vorläufige Plandaten -->" & _
        <Projekt ID='2007-10' Leitung='Karl Franzen'>" & _
        "Dompassage</Projekt>")
      rdr = New XmlNodeReader(fragment)
      rdr.MoveToContent()
      If rdr.IsStartElement Then
        Console.WriteLine(rdr.Name)
      End If
      If rdr.HasAttributes Then
        Dim i As Integer
        For i = 0 To rdr.AttributeCount - 1
          rdr.MoveToAttribute(i)
          Console.WriteLine("{0} = {1}", _
              rdr.Name, rdr.Value)
        Next i
        rdr.MoveToElement()
      End If
      Dim inhalt As String
      inhalt = rdr.ReadElementString()
      Console.WriteLine(inhalt)
      Console.ReadLine()
    Finally
      If Not (rdr Is Nothing) Then
        rdr.Close()
      End If
    End Try
  End Sub
End Class
```

Das Fragment wird hier erzeugt, indem zunächst eine Instanz von `XMLDocument` gebildet wird, die ein DOM-Modell der jeweiligen Daten zur Verfügung stellt. Mithilfe der Methode `LoadXml` werden dann ein paar Daten in dieses Objekt übernommen. Dieses Fragment kann anschließend vom `XmlNodeReader` ausgewertet werden. Um den Kommentar zu überspringen, wird dazu die Methode `MoveToContent` genutzt. Zunächst wird der Name des Starttags auf der Konsole ausgegeben, dann wird geprüft, ob das Element Attribute hat. Wenn ja, werden die Attribute nacheinander mit Bezeichnung und Wert angezeigt. Anschließend erfolgt der »Rücksprung« auf das Element, zu dem die Attribute gehören. Mit der Methode `ReadElementString` wird noch der Textinhalt des aktuellen Elementknotens ausgelesen. Die Abbildung zeigt das Ergebnis:

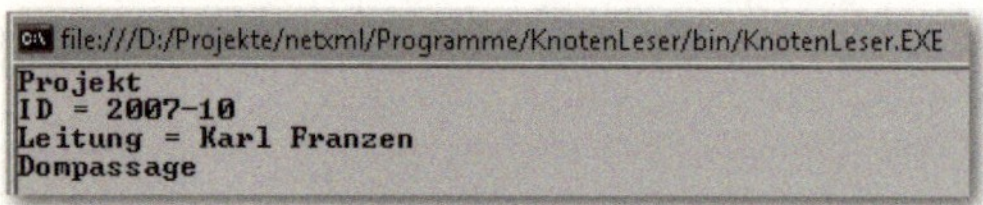

Abbildung 9.18 Das Fragment im Konsolenfenster

9.7.7 Validierung anhand von XML-Schemas oder DTDs

Während die Klassen `XmlTextReader` und `XmlNodeReader` nur die Wohlgeformtheit eines XML-Dokuments prüfen können, erlaubt der `XmlValidatingReader` auch, die Daten auf Gültigkeit gegenüber einem zugeordneten XML-Schema oder auch einer DTD zu testen. Dabei kann der `XmlValidatingReader` die zu prüfenden Inhalte von der vorher aktivierten Instanz von `XmlTextReader` oder `XmlNodeReader` übernehmen oder auch aus einem Datenstrom oder einem String, der ein zu prüfendes XML-Fragment enthält.

Für .NET 2.0 empfiehlt Microsoft allerdings den Verzicht auf diese Klasse und befürwortet die schon angesprochene Verwendung der neuen `Create`-Methode von `XmlReader`. Die `Create`-Methode erstellt eine neue `XmlReader`-Instanz und kann dabei als Parameter neben der Angabe der auszulesenden Daten noch ein Objekt der neuen Klasse `XmlReaderSettings` nutzen. Mithilfe dieses Objekts kann beispielsweise festgelegt werden, wie die Ausgabe des Readers formatiert oder wie bestimmte externe XML-Ressourcen aufgelöst werden sollen. Darüber hinaus, und darum soll es hier gehen, kann bestimmt werden, ob der Parser die einfließenden Daten gegen ein Schema oder eine DTD validieren muss.

Zur Demonstration soll eine einfache Konsolen-Anwendung gezeigt werden, die eine XML-Datei gegen ein Schema prüft und die gefundenen Verstöße nacheinander auflistet. In dem folgenden Listing wird deshalb zunächst ein `XmlSchemaSet`-Objekt erzeugt und mit der `Add()`-Methode ein Schema zugewiesen. Dann wird ein `XmlReaderSettings`-Objekt erzeugt und diesem die Eigenschaft `ValidationType.Schema` zuwiesen. Der `Schemas`-Eigenschaft des Objekts wird dann das vorher erstellte `XmlSchemaSet` zugeordnet.

Damit die Anwendung auf vorkommende Verstöße gegen das Schema reagieren kann, wird eine Ereignisbehandlung für diesen Fall eingerichtet, die dazu führt, dass entsprechende Fehlermeldungen auf der Konsole ausgegeben werden. Dabei handelt es sich um ein öffentliches Ereignis der `XmlReaderSettings`-Klasse. Im zweiten Teil der Anweisung wird mithilfe der `AdressOf`-Anweisung die Verknüpfung zu der Prozedur `ValidationCallBack` hergestellt, die für die Behandlung des Ereignisses zuständig ist.

Nach diesen Vorbereitungen kann die `Create`-Methode von `XmlReader` aufgerufen werden, wobei der Name des XML-Dokuments und das `XmlReaderSettings`-Objekt als Argumente übergeben werden. Anschließend kann der so konfigurierte Reader mithilfe der `Read()`-Methode eine Arbeit tun.

```
Imports System
Imports System.Xml
Imports System.Xml.Schema
Imports System.IO

Public Class Sample
  Public Shared Sub Main()
    Dim schema As XmlSchemaSet = New XmlSchemaSet()
    schema.Add(Nothing, "abstract.xsd")
    Dim rset As XmlReaderSettings = New XmlReaderSettings()
    rset.ValidationType = ValidationType.Schema
    rset.Schemas = schema
    AddHandler rset.ValidationEventHandler, _
              AddressOf ValidationCallBack
    Dim reader As XmlReader = _
                XmlReader.Create("abstracts.xml", rset)
    While reader.Read()
    End While
    Console.Read()
  End Sub

  Private Shared Sub ValidationCallBack(ByVal sender _
               As Object, ByVal e As ValidationEventArgs)
    Console.WriteLine("Schemaverletzung: {0}", e.Message)
  End Sub
End Class
```

Auswertung der Validierung

Die Informationen über den Verlauf der Validierung werden in Form von Argumenten vom Typ ValidationEventArgs empfangen. Die Prozedur ValidationCallBack empfängt diese Argumente als Parameter. Über die Eigenschaft Message lassen sich die einzelnen Fehlerbeschreibungen auf der Konsole ausgeben.

Die Abbildung zeigt eine Auswertung einer XML-Datei, die mehrere Elemente enthält, die in dem XML-Schema, mit dem die Datei verknüpft ist, nicht vorgesehen sind. Anders als bei der Prüfung auf Wohlgeformtheit üblich wird das Lesen des XML-Dokuments also in diesem Falle nicht abgebrochen, wenn der erste Fehler auftaucht. Das Dokument wird zu Ende gelesen und alle erkennbaren Fehler angezeigt.

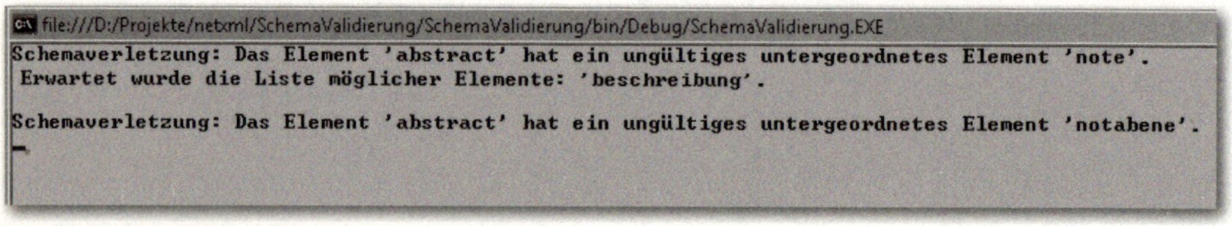

```
file:///D:/Projekte/netxml/SchemaValidierung/SchemaValidierung/bin/Debug/SchemaValidierung.EXE
Schemaverletzung: Das Element 'abstract' hat ein ungültiges untergeordnetes Element 'note'.
 Erwartet wurde die Liste möglicher Elemente: 'beschreibung'.

Schemaverletzung: Das Element 'abstract' hat ein ungültiges untergeordnetes Element 'notabene'.
```

Abbildung 9.19 Ergebnis der Validierung eines fehlerhaften XML-Dokuments

9.7.8 Schreiben von XML-Daten

Eine ähnlich fundamentale Klasse wie XmlReader ist XmlWriter. Für eine Anwendung kann entweder eine davon abgeleitete Implementierungsklasse XmlTextWriter oder eine benutzerdefinierte Klasse verwendet werden. Seit .NET 2.0 gibt es auch hier die Alternative, eine XmlWriter-Instanz mithilfe der neuen Create-Methode zu erzeugen, weil dabei mit entsprechenden XmlWriterSettings-Objekten gleich bestimmte Einstellungen übergeben werden können. Das kann dann so aussehen:

```
Dim wset As New XmlWriterSettings()
wset.Indent = True
wset.IndentChars = "  "
Using w As XmlWriter = XmlWriter.Create("kunden.xml", wset)
  ...
End Using
```

XmlWriter stellt den Entwicklern die Mittel zur Verfügung, um in einem sequentiellen Verfahren schrittweise einen Datenstrom zu erzeugen, der aus einer Abfolge von Informationseinheiten besteht, die insgesamt ein wohlgeformtes XML-Dokument ergeben können. Dabei kommen nacheinander Methoden zum Einsatz, die auf die verschiedenen Einheiten eines XML-Infosets zugeschnitten sind.

Am Anfang wird in der Regel die Methode `WriteStartDokument()` aufgerufen, um die XML-Deklaration zu schreiben. Um ein einfaches XML-Element mit einem Textinhalt zu schreiben, kann die Methode `WriteElementString` verwendet werden, die es erlaubt, in einem Zug ein komplettes XML-Element mit Starttag, Elementinhalt und Endtag zu erzeugen.

```
writer.WriteElementString ("Name", "Hansen")
```

liefert beispielsweise das Element

```
<Name>Hansen</Name>
```

Datenkonvertierung

Bei der Angabe des Elementinhalts können bei Bedarf Datentypen mithilfe der zahlreichen Methoden der `XmlConvert`-Klasse in den gewünschten XML-Datentyp konvertiert werden:

```
Double preis = 12.25
writer.WriteElementString("preis", _
            XmlConvert.ToString(preis))
```

Solche Konvertierungen sind beispielsweise notwendig, wenn es Abweichungen zwischen den von .NET über die **Common Language Runtime** vorgegebenen Datentypen und den Datentypen gibt, die in der XML-Schema-Spezifikation definiert sind. Die folgende Tabelle stellt die entsprechenden Datentypen gegenüber.

XML Schematyp (XSD)	.NET Framework-Typ
anyURI	System.Uri
base64Binary	System.Byte[]
Boolean	System.Boolean
Byte	System.SByte
Date	System.DateTime
dateTime	System.DateTime
decimal	System.Decimal
Double	System.Double
Duration	System.TimeSpan
ENTITIES	System.String[]
ENTITY	System.String
Float	System.Single
gDay	System.DateTime
gMonthDay	System.DateTime
gYear	System.DateTime
gYearMonth	System.DateTime

XML Schematyp (XSD)	.NET Framework-Typ
hexBinary	System.Byte[]
ID	System.String
IDREF	System.String
IDREFS	System.String[]
Int	System.Int32
Integer	System.Decimal
Language	System.String
Long	System.Int64
Month	System.DateTime
Name	System.String
NCName	System.String
negativeInteger	System.Decimal
NMTOKEN	System.String
NMTOKENS	System.String[]
nonNegativeInteger	System.Decimal
nonPositiveInteger	System.Decimal
normalizedString	System.String
NOTATION	System.String
positiveInteger	System.Decimal
QName	System.Xml.XmlQualifiedName
Short	System.Int16
String	System.String
Time	System.DateTime
timePeriod	System.DateTime
token	System.String
unsignedByte	System.Byte
unsignedInt	System.UInt32
unsignedLong	System.UInt64
unsignedShort	System.UInt16

Maskierung in XML-Namen

Neben Konvertierungen für Elementinhalte und Attributwerte können auch Umwandlungen für Element- oder Attributnamen notwendig werden. In der aktuellen Version 1.0 von XML sind die erlaubten Zeichen in diesen Bezeichnern ja bekanntlich eingeschränkt. (Diese Begrenzung wird zwar in der 2004 verabschiedeten Version XML 1.1 weitgehend aufgehoben, diese Neuerungen werden aber von den meisten XML-Parsern noch nicht unterstützt, was auch für das .NET-Framework gilt.) Zu diesen Einschränkungen bei Bezeichnern gehört etwa, dass in einem Elementnamen kein Leerzeichen vorkommen darf. Sollen nun Daten übernommen werden, die nicht nach diesen Regeln gebildet sind, lässt sich mithilfe der Methode `EncodeName()` die Übereinstimmung mit dem gegenwärtigen XML-Standard sicherstellen. Dabei werden in XML unerlaubte Zeichen als numerische Entitäten in Escapezeichen codiert:

```
Dim ename1 As String = XmlConvert.EncodeName("Erstes Lager")
```

liefert beispielsweise den Elementnamen `Erstes_x0020_Lager`.

Einfügen von Attributen

Soll ein Element noch Attribute enthalten, kann die Erzeugung des Elements in einzelne Schritte zerlegt werden, indem nacheinander die Methoden `WriteStartElement`, `WriteAttributeString`, `WriteString` und `WriteEndElement` aufgerufen werden:

```
writer.WriteStartElement("Name")
writer.WriteAttributeString("Gruppe","A")
writer.WriteString("Hansen")
writer.WriteEndElement()
```

Methodenpaare

Das Attribut wird also eingefügt, nachdem das Starttag vorhanden ist. Auch hier ist es möglich, den Attributnamen und den zugewiesenen Attributwert mit einer Methode zu schreiben. Die Methoden `WriteStartElement` und `WriteEndElement` bilden jeweils ein Methodenpaar, wobei die erste Methode den Elementnamen als Parameter verlangt, die zweite Methode dagegen ohne Parameter auskommt. Paare bilden auch die Methoden `WriteStartDocument` und `WriteEndDocument` und `WriteStartAttribute` und `WriteEndAttribute`.

In ähnlicher Weise werden auch alle anderen Informationseinheiten, die innerhalb eines wohlgeformten XML-Dokuments benötigt werden, erzeugt. Dabei ist natürlich die Reihenfolge von entscheidender Bedeutung, insbesondere wenn das XML-Dokument mit mehreren Ebenen arbeitet. Sollen Elemente geschachtelt werden, wird etwa die `WriteStartElement`-Methode gleich zweimal aufgerufen.

Es ist möglich, mehrere XML-Dokumente in einen Ausgabestrom zu schreiben. Sollen binäre Daten in die Ausgabe eingefügt werden, können sie in dem Code **base64** oder **BinHex** in ASCII-Text konvertiert werden. Über die Eigenschaft `WriteState` werden zudem Statusinformationen über den Fortgang der Ausgabe festgehalten, die von den verwendeten Methoden abgefragt werden können, beispielsweise um zu prüfen, ob gerade ein Prolog, ein Attributwert oder ein Elementinhalt geschrieben wurden.

9.7.9 XmlTextWriter

Die Implementierungsklasse `XmlTextWriter` kann XML-Daten in eine Datei, auf die Konsole, in einen Datenstrom oder ein anderes Ausgabeformat schreiben. Die Klasse erweitert die Member-Liste noch um einige nützliche Eigenschaften. Mithilfe der Eigenschaft `Formatting.Indented` kann etwa das XML-Dokument mit hierarchisch eingerückten Element-ebenen ausgegeben werden. Die folgenden Anweisungen sorgen beispielsweise dafür, dass jede Hierarchieebene mit um vier Stellen eingerückt wird, wobei statt Leerzeichen Punkte verwendet werden:

```
writer.Indentation = 4
writer.Formatting = Formatting.Indented
writer.IndentChar = CChar(".")
```

Die Eigenschaft `Namespaces` legt fest, ob das XML-Dokument Namensräume unterstützt oder nicht. Außerdem werden eine Reihe von Methoden, die aus der Basisklasse `XmlWriter` abgeleitet sind, um zusätzliche Aktionen erweitert, die sicherstellen sollen, dass im Endergebnis ein wohlgeformtes XML-Dokument zustande kommt. So werden etwa bei der Methode `WriteString` die Zeichen < und > durch `<` und `>` maskiert, andere Sonderzeichen durch entsprechende numerische Zeichenentitäten. Bei der `WriteAttributeString`-Methode wird automatisch dafür gesorgt, dass Anführungszeichen innerhalb des Attributwerts mit `"` oder `'` maskiert werden. Auch die Leerraumbehandlung wird gemäß der W3C-Spezifikation kontrolliert. Insbesondere stellt `XmlTextWriter` sicher, dass die XML-Deklaration immer an den Anfang der Ausgabe gestellt wird und dass Attribute nur innerhalb von Elementen erscheinen können.

Die `Close()`-Methode, die den Datenstrom schließlich abschließt, führt eine Prüfung auf Wohlgeformtheit aus, die eine `InvalidOperationException` auslöst, wenn die Daten nicht regelgerecht sind. Falls Elemente oder Attribute nicht bereits explizit abgeschlossen wurden, werden diese automatisch geschlossen. Dazu werden automatisch die notwendigen `WriteEnd(xxx)`-Methoden aufgerufen.

`XmlTextWriter` verwendet für die Generierung einer Klasseninstanz einen Konstruktor, der dreifach überladen ist. Drei verschiedene Parameterlisten sind möglich:

```
Public Sub New(TextWriter)
```

In diesem Fall wird die Instanz mithilfe des angegebenen `TextWriter` erzeugt, wobei vorausgesetzt wird, dass dieser bereits auf eine passende Codierung eingestellt ist.

```
Public Sub New(Stream, Encoding)
```

Hier werden der Datenstrom, in den geschrieben werden soll, und die Codierung angegeben. Ist die Codierung nicht spezifiziert, wird `UTF-8` verwendet.

```
Public Sub New(String, Encoding)
```

übergibt den Namen der Datei, die erzeugt werden soll, als String und gibt die Codierung an.

XML-Dokument aus Textdaten erzeugen

Nun ist es in der Regel nicht sonderlich effektiv, quasi manuell einzelne Werte in ein XML-Dokument zu schreiben, wie es das erste Codebeispiel oben zeigt. In der Praxis wird es meist darum gehen, XML-Daten aus bereits vorhandenen Datenbeständen zu gewinnen. Die folgende kleine Konsolenanwendung demonstriert eine der möglichen Einsatzbereiche für `XmlTextWriter`-Instanzen. Ein XML-Dokument soll aus Informationen aufgebaut werden, die in Form einer Textdatei vorliegen. Die einzelnen Informationseinheiten sind dabei durch Semikola getrennt:

```
Hanna Severin; Karl Kohn; ...
```

In dem Zieldokument sollen diese Informationen als `<Name>`-Elemente innerhalb eines Wurzelelements `<Teilnehmer>` eingefügt werden. Zusätzlich soll der Writer in jedes `<Name>`-Element ein Attribut `Nr` einfügen, dessen Wert eine fortlaufende Nummerierung liefert. Hier zunächst der komplette Code:

```
Imports System
Imports System.IO
Imports System.Xml
Imports Microsoft.VisualBasic.Strings
  Class TextDatei2Xml
    Public Shared quelldatei As String
    Public Shared zieldatei As String
    Public Shared stream As StreamReader
    Public Shared writer As XmlTextWriter
    Public Shared wert As String
    Public Shared i As Integer
    Public Shared Function FindeToken(ByVal stream _
              As StreamReader) As String
      Dim temp As Integer = stream.Read()
      Dim token As String = ""
      While temp <> -1 And ChrW(temp) <> ";"
        token += ChrW(temp)
        temp = stream.Read()
```

```
      End While
      Return token
    End Function
    Public Overloads Shared Sub Main()
      Dim args() As String = _
                System.Environment.GetCommandLineArgs()
      quelldatei = args(1)
      zieldatei = args(2)
      i = 1
      'Erzeugt einen Stream aus der angegebenen Quelldatei
      stream = New StreamReader(quelldatei, True)
      'Erzeugt einen neuen XmlTextWriter.
      writer = New XmlTextWriter(zieldatei, _
                  System.Text.Encoding.UTF8)
      'Schreibt den Dokumentkopf
      writer.WriteStartDocument(True)
      'Schreibt das Wurzelelement
      writer.WriteStartElement("Teilnehmer", _
                       "www.testdotnetxml.de/names")
      'Holt das erste Datenelement aus der Quelldatei
      wert = FindeToken(stream)
      'Verarbeitet die Datenelemente der Quelldatei
      While wert <> ""
        writer.WriteStartElement("Name")
        writer.WriteAttributeString("Nr", i)
        writer.WriteString(wert)
        writer.WriteEndElement()
        wert = FindeToken(stream)
        i = i + 1
      End While
      writer.WriteEndElement() 'Endtag von "Teilnehmer"
      writer.WriteEndDocument() 'Beendet das Dokument
      writer.Close()
    End Sub
  End Class
```

Beim Aufruf werden zwei Argumente übergeben, die den vorhandenen Quelltext und die gewünschte XML-Zieldatei angeben. Diese werden als Parameter für die Konstruktoren verwendet, die je eine neue `StreamReader`-Instanz und eine neue `XmlTextWriter`-Instanz generieren.

Auslesen der Quelldaten

Die `StreamReader`-Instanz wird benötigt, um Daten aus dem Quelltext zu lesen und dabei mithilfe der Funktion `FindeToken` in die einzelnen Informationseinheiten zu zerlegen, deren Ende jeweils durch das Trennzeichen erkennbar ist. Diese Instanz verwendet die Methode `Read()`, um den jeweiligen Datenstrom auszulesen. Die Methode liefert jeweils den Code eines gelesenen Zeichens. Die Zeichen werden solange in der Variablen `token` aneinandergefügt, bis das Trennzeichen oder das Ende des Streams entdeckt wird.

Die `XmlTextWriter`-Instanz baut dann den Datenstrom für das Zieldokument schrittweise auf, zuerst den Dokumentkopf, dann das Wurzelelement, schließlich in einer Schleife die einzelnen <Name>-Elemente. Zunächst wird dabei das Starttag gebildet, dann das vorgesehene Attribut mit Name und Wert. Dabei wird immer wieder die Funktion `FindeToken` aufgerufen. Schließlich werden das noch fehlende Endtag des Wurzelelements erzeugt und das Dokument abgeschlossen. `Close()` beendet die Arbeit des Writers.

Die folgende Abbildung zeigt die durch den Writer erzeugte XML-Datei, eingelesen in Visual Studio .NET 2005.

ziel.xml | xmldatenschreiben | Module1.vb

```
<?xml version="1.0" encoding="utf-8" standalone="yes"?>
<Teilnehmer xmlns="www.testdotnetxml.de/names">
  <Name Nr="1">Hanna Severin</Name>
  <Name Nr="2">Karl Kohn</Name>
  <Name Nr="3">Franz Turm</Name>
  <Name Nr="4">Elin Brand</Name>
  <Name Nr="5">Karen Doren</Name>
</Teilnehmer>
```

Abbildung 9.20 Das generierte XML-Dokument

Bei der Arbeit mit `XmlTextWriter` sind allerdings einige Einschränkungen dieser Klasse zu beachten:

- `XmlTextWriter` liefert keine Gewähr, dass alle verwendeten Element- oder Attributnamen gültig sind.
- Es werden auch solche Unicode-Zeichen zugelassen, die gemäß der XML-Spezifikation nicht erlaubt sind. Dies gilt für Zeichen, deren Hex-Code größer als 0×FFFD und kleiner als 0×20 ist.
- Es wird nicht verhindert, dass Attributnamen bei einem Element doppelt vorkommen.

Daraus ergibt sich, dass die Methoden und Eigenschaften der Klasse selbst nicht in jedem Fall ein wohlgeformtes Ausgabedokument gewährleisten können.

Die Implementierung einer benutzerdefinierten `XmlWriter`-Klasse ist deshalb immer dann zu empfehlen, wenn die genannten Einschränkungen von `XmlTextWriter` vermieden werden müssen.

9.7.10 XML-Serialisierung und -Deserialisierung

Unter Serialisierung wird im Zusammenhang von .NET ein Verfahren verstanden, das es erlaubt, den aktuellen Zustand eines in einer Anwendung benutzten Objekts in Form eines Dokuments oder eines Datenstroms zu sichern, sodass später durch eine Deserialisierung dieser Zustand des Objekts wiederhergestellt werden kann. Diese Form der Konservierung eines bestimmten Zustands von Objektinstanzen kann auch dazu verwendet werden, die entsprechenden Informationen an andere Stellen zu transportieren, etwa im Rahmen von verteilten Anwendungen.

Das .NET Framework bietet im Namespace `System.Xml.Serialization` Klassen an, die Objektzustände in Form von XML-Daten festhalten. Dabei ist insbesondere der Unterschied von Bedeutung, dass die XML-Serialisierung immer nur die öffentlichen Felder und Eigenschaften eines Objekts berücksichtigt. Datentypinformationen werden dabei nicht berücksichtigt. Das bedeutet, dass ein Element bei der Deserialisierung nicht unbedingt wieder in demselben Datentyp verfügbar sein muss. Ein Ausweg ist hier, von vornherein mit einem Objektmodell zu arbeiten, das an ein bestimmtes XML-Schema gebunden ist. Wird eine solche Klasse serialisiert, entspricht das generierte XML genau diesem Schema. Das hat den Vorteil, dass die Daten auch plattformübergreifend weitergereicht und wieder verwendet werden können.

XmlSerializer

Die zentrale Klasse für die XML-Serialisierung ist die `XmlSerializer`-Klasse mit den Hauptmethoden `Serialize` und `Deserialize`. Diese Klasse erzeugt einen XML-Stream, der der XML-Schema-Spezifikation und insbesondere den dort definierten Datentypen entspricht. Um eine Instanz der Klasse zu erstellen, wird ein Konstruktor benutzt, der mindestens den Typ des zu serialisierenden Objekts angibt. Der Konstruktor ist mehrfach überladen. Als zusätzlicher Parameter kann beispielsweise mit `XmlRootAttribute` ein anderer Name für das Wurzelelement bestimmt werden. Als Vorgabe wird zunächst immer der Klassenname als Wurzelelementname verwendet.

Ist ein `XmlSerializer` vorhanden, kann anschließend eine Instanz der Klasse erzeugt werden, die serialisiert werden soll. Zusätzlich wird noch eine Instanz benötigt, die die jeweiligen Daten in eine Datei oder einen Stream schreibt, sei es ein `Stream`, ein `Textwriter` oder auch ein `XmlWriter`.

Das folgende Listing zeigt ein einfaches Testbeispiel, in dem der aktuelle Zustand der Instanz einer Klasse für Bestellpositionen in ein XML-Dokument serialisiert wird:

```
Imports System
Imports System.IO
Imports System.Xml.Serialization
  ' Die Klasse, die serialisiert werden soll
  Public Class Bestellung
    Public Name As String
    Public Adresse As String
    Public Datum As String
    Public Bestellnr As Integer
    Public Positionen() As Position
  End Class
  Public Class Position
    Public ArtikelNr As Integer
    Public Beschreibung As String
    Public Gebinde As String
    Public Menge As Integer
    Public Preis As Decimal
  End Class
  Public Class BSeri
    Shared Sub Main()
      Dim bs As BSeri = New BSeri
      bs.SerializeObject("bestellung.xml")
    End Sub
    Private Sub SerializeObject(ByVal zieldatei As String)
      Dim serializer As New _
              XmlSerializer(GetType(Bestellung))
      ' Erzeugt eine Instanz, die serialisiert wird
      Dim bestell As New Bestellung
      With bestell
        .Name = "Hanna Bauer"
        .Adresse = "Dorfweg 10 50678 Koeln"
        .Datum = "10.12.2005"
        .Bestellnr = 102
      End With
      Dim pos1 As New Position
      Dim pos2 As New Position
      Dim bstarray As Position() = {pos1, pos2}
      ' Festlegen der Werte
      With pos1
        .ArtikelNr = 1002
        .Beschreibung = "Raffrollo"
        .Gebinde = "Stck"
        .Menge = 5
        .Preis = CDec(20.35)
      End With
```

```
        With pos2
          .ArtikelNr = 1004
          .Beschreibung = "Papierrollo"
          .Gebinde = "Stck"
          .Menge = 5
          .Preis = CDec(10.35)
        End With
        bestell.Positionen = bstarray
        ' Erzeugt TextWriter, um die XML-Datei zu schreiben
        Dim writer As New StreamWriter(zieldatei)
        ' Serialisiert das Objekt und schliesst den TextWriter
        serializer.Serialize(writer, bestell)
        writer.Close()
    End Sub
End Class
```

Um die `XmlSerilizer`-Klasse verwenden zu können, wird am Anfang eine `Imports`-Anweisung für den Namensraum `System.Xml.Serialization` eingefügt. Da für das Beispiel auch ein `Textwriter` verwendet werden soll, ist der Namensraum `System.IO` ebenfalls hinzugefügt. Zunächst wird dann die Klasse `Bestellung` definiert, deren Zustand serialisiert werden soll. Diese Klasse enthält neben einigen Feldern für die üblichen Kopfdaten einer Bestellung noch ein Datenfeld für die verschiedenen Bestellpositionen, die in der Klasse Position definiert sind. Damit die Felder auch in der XML-Datei erscheinen, sind alle als Public deklariert, da ja bei der XML-Serialisierung – wie schon angesprochen – nur öffentliche Felder und Eigenschaften festgehalten werden.

Serialisierungsinstanz

Für die Serialisierung wird nun eine Klasse `BSeri` definiert, deren `Main()`-Prozedur die Prozedur `SerializeObject` aufruft und dabei als Parameter den Namen der Zieldatei übergibt, die die von der `Serialize`-Methode generierten XML-Daten aufnehmen soll. Diese Prozedur erzeugt eine Instanz der `XmlSerializer`-Klasse, wobei der Konstruktor als Parameter den Typ des Objekts angibt. Dazu wird der `GetType`-Operator verwendet, der das Typobjekt für den angegebenen Typnamen – hier der Klassenname `Bestellung` – liefert. Anschließend wird eine Instanz der Klasse `Bestellung` erzeugt und durch eine schlichte Wertzuweisung mit Daten gefüllt. Die Positionswerte werden dabei zunächst in einem lokalen Array `bstarray` zusammengefasst, der dann an den Positionen-Array der Klasse Bestellung übergeben wird.

Nun wird noch eine Instanz eines `TextWriters` erzeugt, der die aktuellen Daten der Bestellung im Vollzug der Serialisierung in die gewünschte XML-Datei schreiben soll. Die Serialisierung wird schließlich durch die `Serialize`-Methode des

XmlSerialisers vollzogen, wobei als erster Parameter der vorher erzeugte TextWriter angegeben wird und als zweiter Parameter das Objekt, das serialisiert werden soll. Schließlich wird der TextWriter beendet. Die Ausgabedatei sieht in diesem kleinen Beispiel so aus:

```
<?xml version="1.0" encoding="utf-8"?>
 <Bestellung xmlns:xsd="http://www.w3.org/2001/XMLSchema"
             xmlns:xsi="http://www.w3.org/2001/XMLSchema-instance">
   <Name>Hanna Bauer</Name>
   <Adresse>Dorfweg 10 50678 Koeln</Adresse>
   <Datum>10.12.2007</Datum>
   <Bestellnr>102</Bestellnr>
   <Positionen>
     <Position>
       <ArtikelNr>1002</ArtikelNr>
       <Beschreibung>Raffrollo</Beschreibung>
       <Gebinde>Stck</Gebinde>
       <Menge>5</Menge>
       <Preis>20.35</Preis>
     </Position>
     <Position>
       <ArtikelNr>1004</ArtikelNr>
       <Beschreibung>Papierrollo</Beschreibung>
       <Gebinde>Stck</Gebinde>
       <Menge>5</Menge>
       <Preis>10.35</Preis>
     </Position>
   </Positionen>
 </Bestellung>
```

Als Name für das Wurzelelement ist also der Name der serialisierten Klasse verwendet worden, die Namen der untergeordneten Elemente werden von den Feldnamen übernommen. Der Array mit den Positionen wird durch ein <Positionen>-Element wiedergegeben, das untergeordnete <Position>-Elemente für die einzelnen Positionen enthält.

Den Zustand eines Objekts wiederherstellen

Bei der Deserialisierung wird das oben beschriebene Verfahren umgedreht. Die Informationen in dem bei der Serialisierung erzeugten XML-Dokument werden schrittweise ausgelesen und den einzelnen Variablen des serialisierten Objekts wieder zugewiesen, um den gesicherten Zustand wiederherzustellen. Der Ablauf einer entsprechenden Prozedur für das beschriebene Beispiel ist ziemlich ähnlich wie der Ablauf bei der Serialisierung.

```
...
   Public Class BDeseri
    Shared Sub Main()
      Dim bs As BDeseri = New BDeseri
      bs.DeserializeObject("bestellung.xml")
    End Sub

    Private Sub DeserializeObject(ByVal quelldatei _
             As String)
      Console.WriteLine("Einlesen der XML-Daten")
      Dim deserializer As _
          New XmlSerializer(GetType(Bestellung))
      ' Instanz eines FileStreams
      Dim fstream As New FileStream(quelldatei, _
                   FileMode.Open)
      Dim reader As New XmlTextReader(fstream)
      ' Erzeugt eine Instanz der serialisierten Klasse
      Dim bestell As New Bestellung
      ' Deserialize stellt den Objektzustand wiederher
      bestell = CType(deserializer.Deserialize(reader), _
                                  Bestellung)
      ' Ausgabe der Eigenschaften des Objekts
      Console.Write(bestell.Name & ControlChars.NewLine)
      Console.Write(bestell.Adresse & ControlChars.NewLine)
      Console.Write(bestell.Datum & ControlChars.NewLine)
      Console.Write(bestell.Bestellnr & _
                      ControlChars.NewLine)
      Dim obj As Object
      For Each obj In bestell.Positionen
        Console.Write(obj.ArtikelNr & ControlChars.Tab)
        Console.Write(obj.Beschreibung & ControlChars.Tab)
        Console.Write(obj.Gebinde & ControlChars.Tab)
        Console.Write(obj.Menge & ControlChars.Tab)
        Console.Write(obj.Preis & ControlChars.NewLine)
      Next
      Console.ReadLine()
    End Sub
  End Class
```

Die Methode Deserialize()

Der Prozedur `DeserializeObject` wird als Parameter der Name des XML-Dokuments übergeben. Wieder wird unter Angabe des Objekttyps eine Instanz von `XmlSerializer` gebildet. Diesmal wird noch eine `FileStream`-Instanz erzeugt und eine `XmlTextReader`-Instanz, die letztere zum Auslesen der XML-Daten verwendet. Nachdem wieder eine Instanz der Klasse `Bestellung` erzeugt ist, können dieser die Daten, die der `XmlTextReader` eingelesen hat, mithilfe der `Deserialize`-Methode zugewiesen werden, um den alten Objektzustand wiederherzustellen. Dabei wird die `CType`-Funktion benutzt, um die von der XML-Datei gelieferten Daten wieder in die entsprechenden Datentypen des Objekts zu konvertieren.

Nur um zu zeigen, dass dies tatsächlich stattgefunden hat, werden die neu zugewiesenen Werte des Objekts Bestellung auf der Konsole ausgegeben, wie die folgende Abbildung schließlich zeigt.

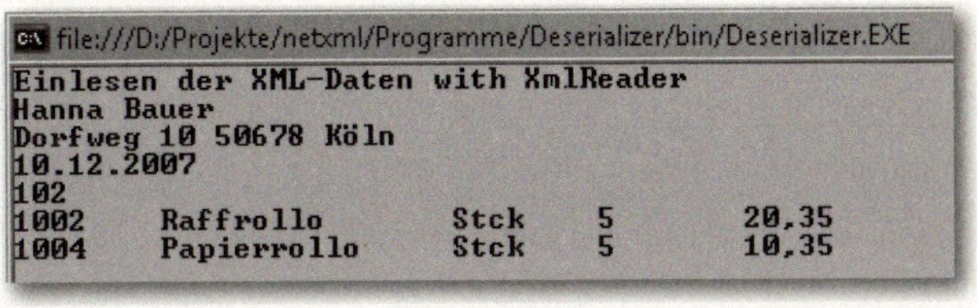

```
file:///D:/Projekte/netxml/Programme/Deserializer/bin/Deserializer.EXE
Einlesen der XML-Daten with XmlReader
Hanna Bauer
Dorfweg 10 50678 Köln
10.12.2007
102
1002    Raffrollo       Stck    5       20,35
1004    Papierrollo     Stck    5       10,35
```

Abbildung 9.21 Anzeige des Objektzustands nach der Deserialisierung

Komplexe Lösungen verlangen heute häufig das Zusammenspiel von verteilten Komponenten über die Grenzen einer bestimmten Plattform hinweg. XML als Basis eines Komponentenmodells hat den Vorteil, unabhängig von Plattformen und Programmiersprachen zu sein.

10 Kommunikation zwischen Anwendungen

Die Interoperation zwischen Anwendungen, die auf verschiedenen Plattformen laufen und die in verschiedenen Sprachen entwickelt worden sind, stößt auf zahlreiche Hindernisse. Betriebssysteme stellen Zahlen und Zeichenketten unterschiedlich dar, verwenden verschiedene Zeichenkodierungen – ASCII, Unicode etc. – und Programmiersprachen speichern Zeichenketten oder Fließkommazahlen in unterschiedlicher Form.

Der Austausch von binären Daten kommt also in der Regel bei plattform- und sprachübergreifenden Lösungen nicht in Betracht. Die Umwandlung binärer Daten in Textformate als Zwischenschritt hilft hier weiter. Als Zwischenformat in diesem Sinne ist zum Beispiel das CSV-Format – Comma Separated Values – häufig verwendet worden, das sich aber nur für einfache tabellarische Datenstrukturen eignet. Hier bietet XML ein Metaformat, mit dem sich beliebig strukturierte Informationen aufzeichnen lassen.

Da XML-Dokumente die in ihnen enthaltenen Informationen durch das verwendete Markup zudem selbst beschreiben, sind auch viel direktere Zugriffe auf bestimmte Informationen möglich, als es bisher etwa bei indizierten Datensätzen der Fall war.

Diese Eigenschaften entsprechen der Idee, mit Hilfe von XML das Internet intelligenter nutzen zu können, als es HTML-Seiten erlauben. Zwar ist es mit HTML möglich, über Webseiten zahlreiche Angebote und Dienstleistungen aufzurufen und zu nutzen, dies setzt jedoch immer den manuellen Aufruf bestimmter Seiten über einen Browser voraus.

Dieses letzte Kapitel will zumindest einen Blick auf eine Form von Anwendungen werfen, die hier einen Schritt weiter gehen: Webdienste oder Web Services.

Dazu wird die Entwicklungsumgebung Visual Studio .NET auf einem PC verwendet, auf dem der Internet Information Server (IIS) installiert ist.

10.1 XML-Webdienste

Webdienste sind eine neue Form von Anwendungen, bei denen XML als Basistechnologie eine wesentliche Rolle spielt. Dabei geht es um Software, die über das Internet oder auch innerhalb eines firmeninternen Intranets zur Nutzung durch andere Anwendungen bereitgestellt wird. Webdienste sind dafür gedacht, einen bestimmten, klar abgrenzbaren Job zu erledigen, der für viele Seiten von Interesse ist.

10.1.1 Gemeinsame Nutzung von Komponenten

Hier kann es um bestimmte Geschäftsprozesse gehen, die allgemeinen Charakter haben, oder um Dienstleistungen, für die Bedarf bei zahlreichen Anwendern besteht. Dies kann ein komplexes Berechnungsverfahren sein, eine Suchoperation in einer Datenbank, die Bereitstellung von bestimmten Wirtschaftsdaten, Wetterdienste oder die Suche nach günstigen Flugverbindungen. Ein Großhändler kann beispielsweise für seine Kunden eine Situation schaffen, in der diese über ihre eigenen Anwendungen direkt mit seiner Produktdatenbank kommunizieren können.

10.1.2 Offen gelegte Schnittstellen

Technisch gesehen sind Webdienste Softwarekomponenten, die anderen Anwendungen über offen gelegte Schnittstellen bestimmte Methoden anbieten, die diese aufrufen und nutzen können. Im Unterschied zu anderen Softwarekomponenten vollzieht sich diese Nutzung über das Internet oder auch innerhalb eines Intranets, ein Anwendungsbereich, der in diesem Zusammenhang nicht unterschätzt werden sollte.

Wie ein solcher Webdienst intern arbeitet, muss dem externen Nutzer nicht bekannt sein. Es handelt sich also um eine Blackbox, an die eventuell bestimmte Parameter übergeben werden und die dann entsprechende Ergebnisse ausspuckt.

10.1.3 Endpunkte

Damit ihre Nutzung möglich ist, müssen Webdienste bestimmte Endpunkte anbieten, über die der Kontakt hergestellt werden kann. Ein Benutzer schickt Anfragen an diese Endpunkte der Webdienste, die über URLs erreichbar sind.

Die Frage stellt sich, wie eine Kommunikation über solche Endpunkte auszusehen hat, damit ein Webdienst genau die gewünschte Methode für den Benutzer aktiviert und die Ergebnisse an ihn zurückschickt.

Uns interessiert hier in erster Linie die Frage, welche Rolle XML und bestimmte XML-Anwendungen wie das **Simple Object Access Protocol** (**SOAP**) und die **Web Services Description Language** (**WSDL**) in diesem Zusammenhang spielen. Microsoft beispielsweise spricht nicht einfach von Web Services, sondern speziell von XML Web Services und definiert diese als Softwaredienste, die über SOAP im Web angeboten und per WSDL beschrieben werden.

Damit ist angesprochen, dass die Anfragen des Benutzers in einem speziellen XML-Datenpaket an den Webdienst geschickt werden und die Antwort des Webdienstes ebenfalls in Form eines XML-Datenpakets geliefert wird. Wie dieses Paket zusammengestellt und verpackt werden muss, wird durch ein einfaches XML-Protokoll, eben SOAP, geregelt. Welche Methoden der Dienst bereitstellt und welche Parameter dafür eventuell erwartet werden, wird in einer speziellen Dienstbeschreibung mit Hilfe von WSDL abgelegt.

10.2 Beispiel für einen Webdienst

Im Rahmen von Microsofts .NET ist sehr viel Wert darauf gelegt worden, die Einrichtung eines Webdienstes so einfach wie möglich zu halten und den Entwicklern dabei eine ganze Reihe von Aufgaben durch die automatische Generierung entsprechenden Codes ganz abzunehmen. Dienste, die irgendwo in der Welt über das Internet angeboten werden, sollen in eine lokale Anwendung im Prinzip genauso umstandslos eingebunden werden können, wie etwa ein Tabellenkalkulationsobjekt in ein Word-Dokument.

In diesem Abschnitt soll ein kleines Beispiel so weit durchgespielt werden, dass die Besonderheiten dieser neuen Form von Softwarekomponenten und die Rolle, die XML-Technologien dabei spielen, deutlich werden. Verwendet wird dabei eine ASP.NET-Webdienstvorlage.

10.2.1 Webdienst mit ASP.NET

ASP.NET ist eine Erweiterung der Active Server Pages, die die Erstellung von dynamischen Webseiten wesentlich vereinfacht, insbesondere durch die Trennung von Seitenlayout und Code.

Abbildung 10.1 zeigt, wie die Kommunikation zwischen einem Benutzer und einem Webdienst unter Verwendung von ASP.NET abläuft. Der Benutzer sendet einen Aufruf an den Webdienst, der über einen URL im Internet bzw. Intranet identifiziert ist. Dabei wird wie beim Aufruf sonstiger Webseiten der Port 80 verwendet, sodass auch Firewalls normalerweise den Aufruf durchlassen.

Der Internet Information Server gibt den Aufruf an ASP.NET weiter. Da der URL in diesem Fall eine **.asmx**-Seite anfordert, wird der Aufruf als Anforderung an einen Webdienst erkannt. Er wird dementsprechend an den Webdienst-Handler geleitet. Er erzeugt eine Instanz des Webdienstes, spricht die verlangte Methode des Dienstes an und übergibt die im Aufruf enthaltenen Parameter, nachdem sie aus dem XML-Format, in dem sie übergeben wurden, automatisch deserialisiert worden sind.

Die Instanz des Webdienstes leistet ihre Arbeit, serialisiert das Ergebnis wieder in ein XML-Dokument und schickt es auf demselben Wege an den Benutzer zurück.

Der Webdienst-Handler erzeugt zudem automatisch eine exakte Beschreibung des Webdienstes und seiner Methoden in Form einer WSDL-Datei. Dazu später mehr.

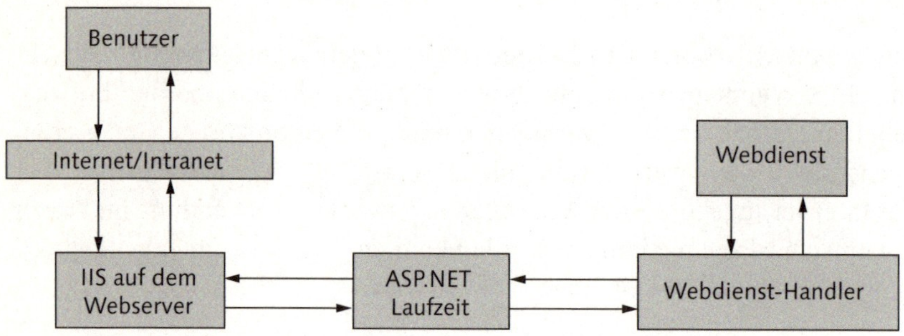

Abbildung 10.1 Aufruf eines Webdienstes durch einen Benutzer

10.2.2 Einrichten eines Webdienstes

Zum Ausprobieren erstellen wir hier eine ganz kleine Dienstleistung: die Umrechnung von mm-Angaben in Punkt-Werte und umgekehrt, was für exakte Layoutangaben manchmal notwendig ist. Der Webdienst soll also zwei Methoden beherrschen und zwei verschiedene Parameter zulassen.

Um die angesprochene ASP.NET-Vorlage verwenden zu können, wird nach dem Start von Visual Studio .NET ein neues Projekt angelegt und im Dialog unter dem Projekttyp **Visual C#-Projekte** die Vorlage **ASP.NET-Webdienst** aufgerufen. Der als Speicherort angegebene Ordner wird automatisch als virtuelles Verzeichnis auf dem lokalen Server angelegt.

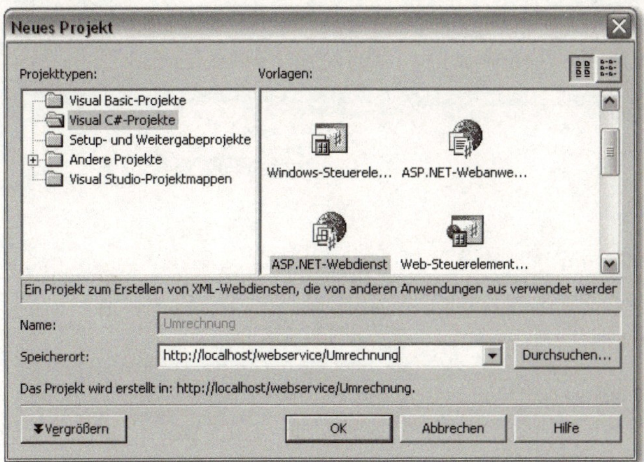

Abbildung 10.2 Start mit einer Webdienstvorlage

Im Projektmappen-Explorer ist erkennbar, dass mit der Vorlage zugleich eine bestimmte Infrastruktur für den neuen Webdienst aufgebaut worden ist.

Abbildung 10.3 Start mit einer Webdienstvorlage

Die Methoden des neuen Webdienstes können nun in der bereits vorgegebenen **.asmx**-Datei eingetragen werden. Wir benennen die Datei um, ändern in der Klassenansicht auch den Namen der vorgegebenen Klasse und öffnen über **Ansicht • Code** die **.asmx.cs**-Datei, die den Quellcode der .asmx-Datei enthalten soll.

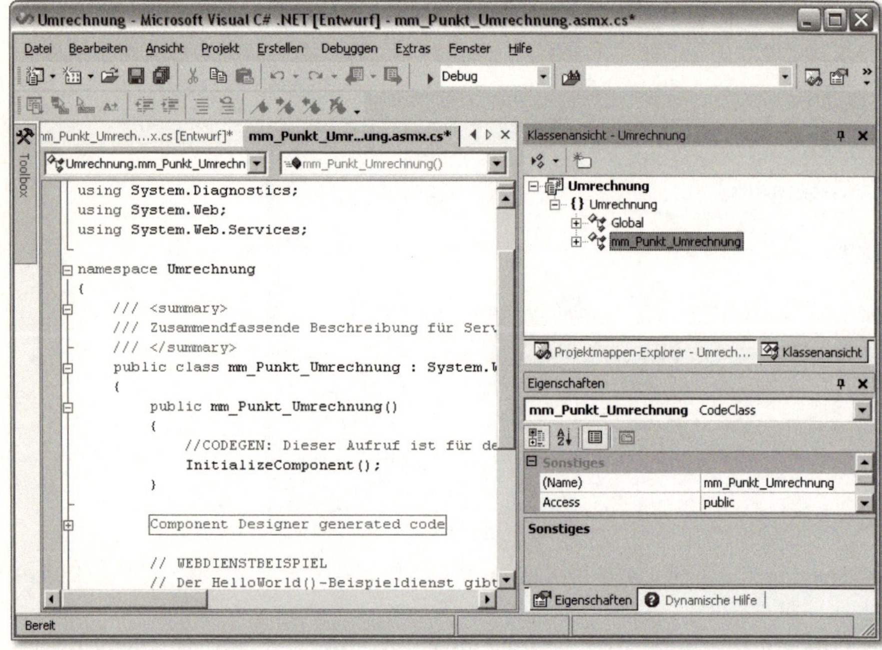

Abbildung 10.4 Codeskelett für die Webdienstklasse

Wir ersetzen die als Beispiel angebotene Dummy-Methode durch die Methoden, die der Dienst beherrschen soll. Schließlich sieht der Code für den Webdienst in C# so aus:

```
using System;
using System.Collections;
using System.ComponentModel;
using System.Data;
using System.Diagnostics;
using System.Web;
using System.Web.Services;

namespace Umrechnung
{
  /// <summary>
  /// Umrechnung von mm in Punkt und umgekehrt
  /// </summary>
  public class mm_Punkt_Umrechnung : System.Web.Services.WebService
  {
    public mm_Punkt_Umrechnung()
    {
```

```
        InitializeComponent();
    }

    #region Component Designer generated code
    private IContainer components = null;
    private void InitializeComponent()
    {
    }
    protected override void Dispose( bool disposing )
    {
      if(disposing && components != null)
      {
        components.Dispose();
      }
      base.Dispose(disposing);
    }
    #endregion

    [WebMethod(Description="Rechnet mm-Angaben in Punkt-Werte
      um.")]
    public System.Single mm (System.Single mmwert)
    {
      return System.Convert.ToSingle(System.Decimal.Round(System.
      Convert.ToDecimal(mmwert / 0.3532778), 2));
    }

    [WebMethod(Description="Rechnet Punkt-Angaben in mm-Werte um.")]
    public System.Single PUNKT (System.Single PUNKTwert)
    {
      return System.Convert.ToSingle(System.Decimal.Round(System.
      Convert.ToDecimal(PUNKTwert * 0.3532778) ,2));
    }
  }
}
```

10.2.3 Webmethoden

Von einer C#-Klasse für eine lokale Komponente unterscheidet sich dieser Code hauptsächlich durch zwei Dinge:

Zum einen zeigt die Klassendeklaration, dass die neue Klasse von der Klasse `WebService` abgeleitet ist:

```
public class mm_Punkt_Umrechnung : System.Web.Services.WebService
```

Zum anderen wird jeweils vor den beiden Methoden, die für die Umrechnung eingetragen sind, das Attribut `[WebMethod()]` eingefügt. Dieses Attribut kennzeichnet die Methoden als diejenigen eines Webdienstes, die für den Benutzer des Webdienstes sichtbar sind, sodass sie über das Web ansprechbar sind. Eine kurze Beschreibung ist jeweils eingefügt.

10.2.4 Test des Webdienstes

Ist der Webdienst mit **Erstellen • Projektmappe erstellen** fehlerfrei kompiliert, wird ein erster Test möglich, um zu prüfen, ob der Webdienst korrekt arbeitet. Dafür kann der Internet Explorer verwendet werden. Sie geben den URL der **.asmx**-Datei auf dem Webserver ein und erhalten folgendes Ergebnis:

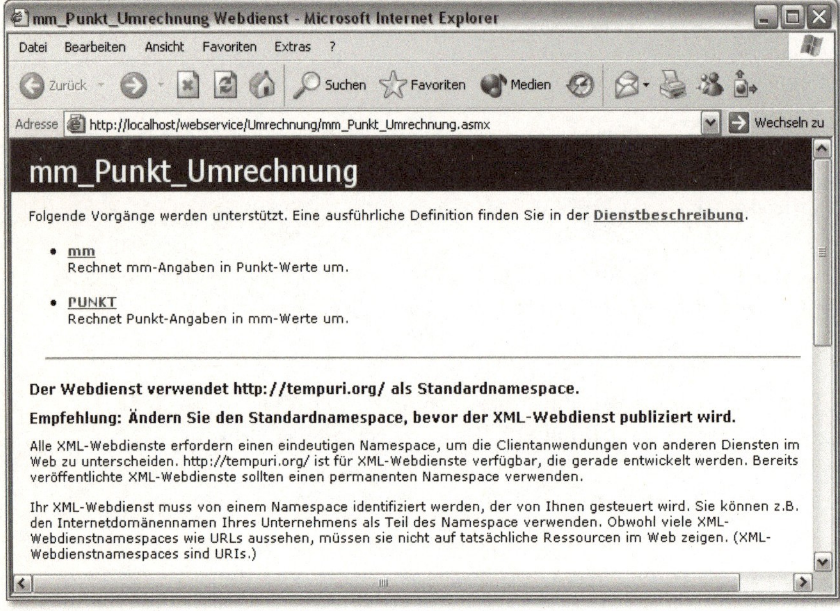

Abbildung 10.5 Aufruf der .asmx-Seite im Internet Explorer

ASP.NET hat automatisch eine Webseite generiert, die die beiden Umrechnungsmethoden anbietet und zudem noch eine Empfehlung, den als Vorgabe verwendeten temporären Namensraumnamen möglichst zu ändern.

Außerdem ist automatisch eine Beschreibung des Webdienstes erzeugt worden, die Sie über den Link **Dienstbeschreibung** einsehen können.

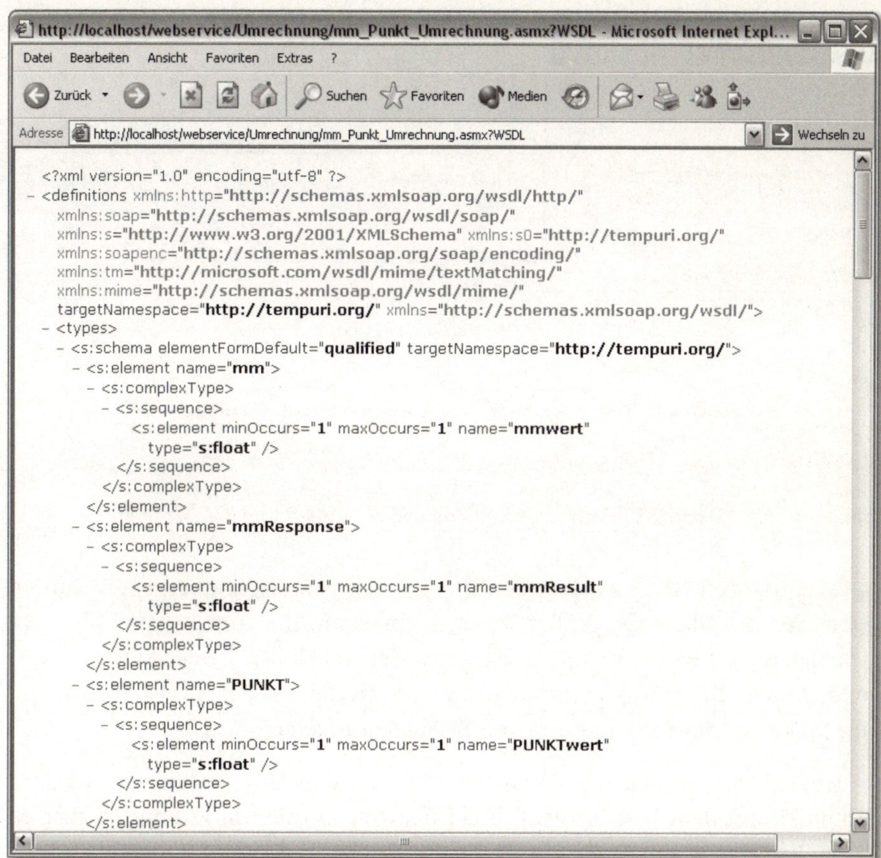

Abbildung 10.6 Die Dienstbeschreibung des Webdienstes

10.2.5 Aufruf einer Methode

Um die Umrechnungsmethoden zu testen, benutzen Sie einfach einen der beiden Links und erhalten ein ebenfalls automatisch generiertes Formular. Wenn Sie einen Wert eingeben, liefert die Schaltfläche **Aufrufen** das Ergebnis der entsprechenden Funktion in Form einer XML-Datei.

In diesem Fall wird für die Kommunikation mit dem Webdienst einfach das HTTP-GET-Protokoll verwendet. Das entspricht einem Aufruf mit einem URL, an den jeweils der Name der gewünschten Methode und die zugehörigen Parameter einfach angehängt werden:

```
http://localhost/webservice/Umrechnung/mm_Punkt_
Umrechnung.asmx/mm?mmwert=12
```

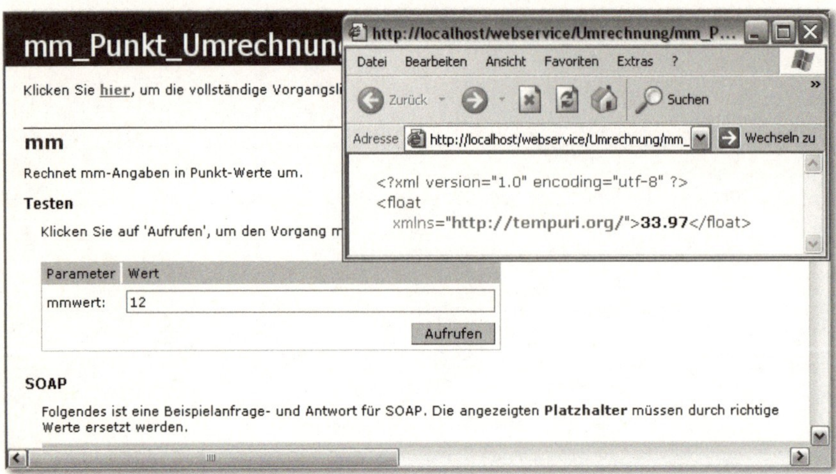

Abbildung 10.7 Test der Umrechnungsmethode und die Antwort im XML-Format

Dieses Verfahren ist sinnvoll, wenn nur wenige Parameter übergeben werden sollen. Für die Übergabe großer Parametermengen, die zum Beispiel über ein Formular erfasst worden sind, ist es sinnvoller, HTTP-POST oder SOAP zu verwenden. Wie diese Anfragen und Antworten in diesem Fall aussehen können, wird Ihnen auf der Seite in Form von Beispielen gezeigt.

Bei HTTP-POST werden die Parameter nicht an den URL angehängt, sondern zusammen mit dem HTTP-Aufruf direkt übertragen. Allerdings können auch in diesem Fall immer nur Paare von Parameternamen und Werten übergeben werden. Für komplexere Datenstrukturen sollte SOAP bevorzugt werden.

10.2.6 Nutzen des Webdienstes über eine Anwendung

Mit dem Test des Webdienstes über den Internet Explorer ist allerdings noch nicht der Stand erreicht, der den Webdienst direkt von einer lokalen oder von einer Webanwendung aus nutzt. Aber auch dieser Schritt wird unter .NET so vereinfacht, dass er gegenüber dem Bau von lokalen Komponenten wenig Zusatzaufwand verlangt. Um den Aufbau der entsprechenden SOAP-Nachrichten muss sich der Anwender zum Beispiel nicht kümmern, ASP.NET generiert die Nachrichtenpakete automatisch.

Wir wollen den Aufbau der Anwendung hier nur kurz skizzieren, weil uns in diesem Abschnitt stärker die XML-Anwendungen interessieren, die dabei als grundlegende Technologien genutzt werden.

Um eine Testanwendung zu schreiben, die das Ergebnis einer Anfrage bei dem Umrechnungsdienst einfach im Fenster der Eingabeaufforderung anzeigt, kann ein neues Projekt erstellt werden, das die Vorlage für eine Konsolenanwendung nutzt.

10.2.7 Einfügen des Verweises auf den Webdienst

Bevor nun der Code für die Kommunikation mit dem Webdienst eingegeben werden kann, muss zunächst ein lokaler Stellvertreter – ein Proxy – für den Webdienst erzeugt werden. Dieser Proxy sorgt dafür, dass die Methoden des Webdienstes von der lokalen Komponente so aufgerufen werden können wie andere Methoden auch.

Dazu wird das Projekt im Projektmappen-Explorer mit rechts angeklickt und der Dialog **Projekt • Webverweis hinzufügen** aufgerufen. Dieser Dialog wird auch verwendet, um Webdienste bei entsprechenden Registrierstellen zu suchen. Wenn Sie hier den URL des Webdienstes eingeben, werden die Daten des Dienstes angezeigt, und Sie können mit **Verweis hinzufügen** den Webverweis in das Projekt übernehmen.

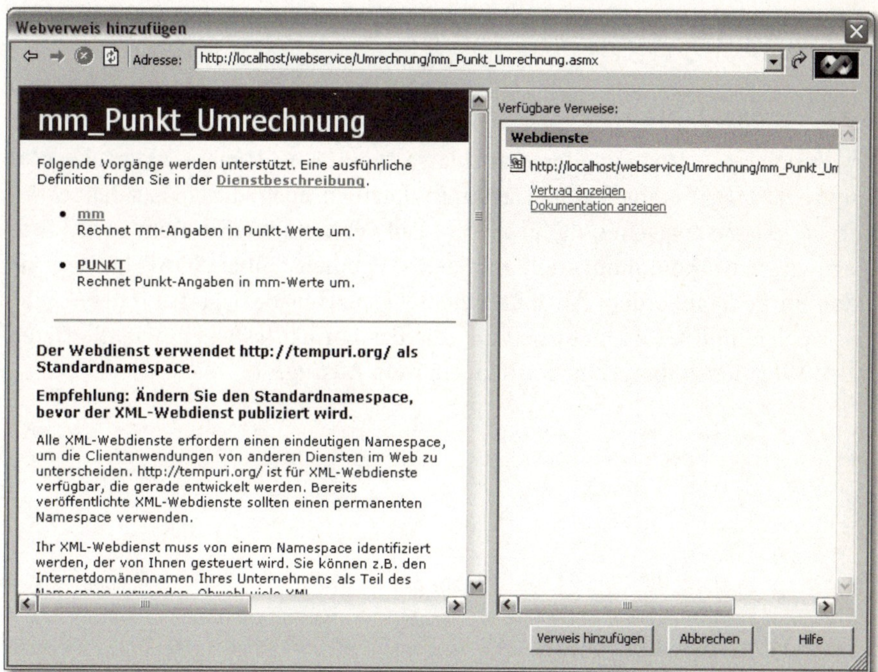

Abbildung 10.8 Einen Verweis auf den Webdienst einfügen

Im Projektmappen-Explorer erscheinen die Dateien, die zu der Referenz auf den Webdienst gehören. Auf der Basis der in der **.wsdl**-Datei abgelegten Dienstbeschreibung wird der Code des Proxies automatisch generiert und in **Reference.cs** abgelegt.

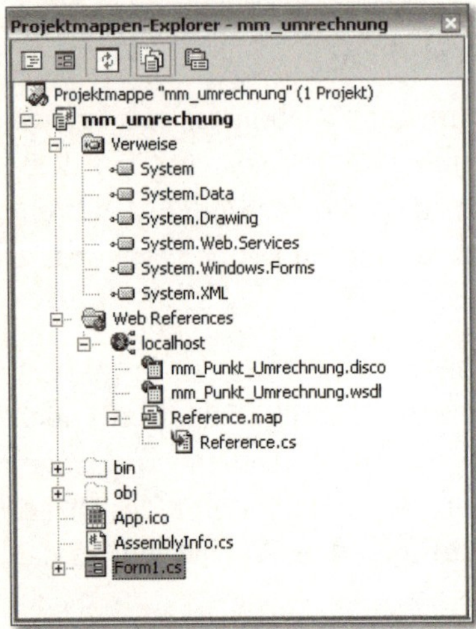

Abbildung 10.9 Der Webverweis im Projektmappen-Explorer

10.2.8 Proxyklasse

Die Proxyklasse ist von der Basisklasse `System.Web.Services.Protocols.WebClientProtocol` abgeleitet. Davon ist letztlich auch die `SoapHTTPClientProtocol`-Klasse abgeleitet, die in diesem Fall verwendet wird. Damit wird festgelegt, dass die Kommunikation mit dem Webdienst über SOAP erfolgt. Sie finden im Code außerdem Attribute wie `SoapDocumentMethodAttribute`, `SoapBinding Use` und `SoapParameterStyle`, die das Format festlegen, wie die Daten an den Webdienst übergeben werden. Hier ein Auszug:

```
...
namespace mm_umrechnung.localhost {
    using System.Diagnostics;
    using System.Xml.Serialization;
    using System;
    using System.Web.Services.Protocols;
    using System.ComponentModel;
    using System.Web.Services;
...     [System.Web.Services.WebServiceBindingAttribute(Name=
        "mm_Punkt_UmrechnungSoap", Namespace="http://tempuri.org/")]
```

```
    public class mm_Punkt_Umrechnung :
    System.Web.Services.Protocols.SoapHttpClientProtocol {
        public mm_Punkt_Umrechnung() {
            this.Url = "http://localhost/webservice/Umrechnung/
            mm_Punkt_Umrechnung.asmx";
        }
[System.Web.Services.Protocols.SoapDocumentMethodAttribute("http://
tempuri.org/mm",
RequestNamespace="http://tempuri.org/",
ResponseNamespace="http://tempuri.org/",
Use=System.Web.Services.Description.SoapBindingUse.Literal,
ParameterStyle=System.Web.Services.Protocols.SoapParameterStyle.
Wrapped)]
        public System.Single mm(System.Single mmwert) {
            object[] results = this.Invoke("mm", new object[] {
                        mmwert});
            return ((System.Single)(results[0]));
        }
        public System.IAsyncResult Beginmm(System.Single mmwert,
        System.AsyncCallback callback, object asyncState) {
            return this.BeginInvoke("mm", new object[] {
                        mmwert}, callback, asyncState);
        }
...
```

Sobald die Proxyklasse als Stellvertreter für den Webdienst verfügbar ist, kann eine Instanz dieser Klasse im Code der Anwendung erzeugt werden. Beim Editieren des Codes werden die Verweise angeboten. Hier der entsprechende Auszug aus dem Quellcode:

```
static void Main(string[] args)
{
    localhost.mm_Punkt_Umrechnung Umrechnung =
    new localhost.mm_Punkt_Umrechnung();
    Console.WriteLine(Umrechnung.mm(15));
    Console.Read();
}
```

Zum Abschluss muss noch der Befehl **Projekt • Als Startprojekt festlegen** verwendet werden, dann kann das Programm mit [F5] direkt gestartet werden. Das Fenster der Konsole zeigt den errechneten Wert (siehe Abbildung 10.10).

Solche Verweise auf Webdienste lassen sich mit Hilfe des von Microsoft angebotenen **Office XP Web Services Toolkits** auch in Makros von Office-Anwendungen einfügen.

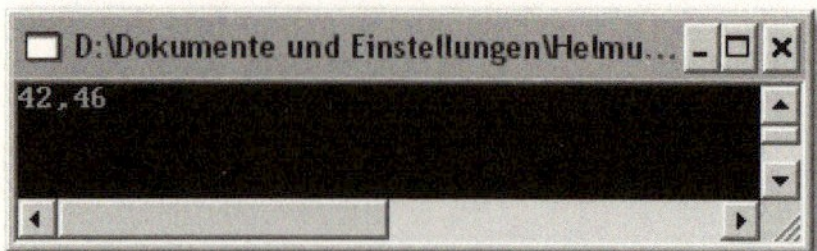

Abbildung 10.10 Ergebnis der Webdienstfunktion auf der Konsole

10.3 Nachrichten mit SOAP

Es ist schon seit einigen Jahren möglich, dass Anwendungen auf verschiedenen Computern miteinander kommunizieren. Die erfolgreichsten Verfahren dazu waren bisher das Distributed Component Object Model (**DCOM**) in der Windows-Welt und das von der Object Management Group entwickelte Internet Inter-Orb Protocol (**IIOP**). Beide Lösungen arbeiten ohne weiteres, aber nur jeweils mit Parteien zusammen, die dasselbe Objektmodell unterstützen. Das ist bei verteilten Anwendungen innerhalb eines Intranets kein Problem, reicht aber für Lösungen nicht aus, bei denen nicht vorher bekannt ist, welche Situation auf der anderen Seite besteht.

10.3.1 Ein Rahmen für Nachrichten

Verteilte Anwendungen in diesem Sinne sind erst möglich, wenn es gelingt, einen Nachrichtenaustausch zwischen den verschiedenen Systemen zu organisieren, der allseits verstanden wird. Hier bietet sich eine Lösung auf der Basis von XML geradezu an. Ein Entwurf für ein entsprechendes Protokoll unter dem Namen **Simple Object Access Protocol** (**SOAP**) wurde im Mai 2000 dem W3C von einer Autorengruppe der Firmen DevelopMentor, IBM, Lotus, Microsoft und UserLand angeboten. Im Juni 2003 hat das W3C schließlich in vier Teilen eine Spezifikation von SOAP Version 1.2 veröffentlicht. Der Kern wurde unter dem Titel SOAP Version 1.2 Part 1: Messaging Framework veröffentlicht und ist über **www.w3c.org/TR/soap12-part1** verfügbar.

Die schon im Namen deklarierte Einfachheit des Protokolls ist dabei ausdrückliches Designziel. Es geht darum, einen unkomplizierten Rahmen für die Nachrichtenübermittlung zwischen Anwendungen bereitzustellen, ohne zu enge Festlegungen über die Art des Nachrichtentransports oder die Anwendungen selbst zu treffen, die das Protokoll nutzen wollen. Dazu wurde ein kleines XML-Vokabular entwickelt, das hauptsächlich angibt, wie die Nachrichten verpackt werden.

Für den Transport werden einfach die Standardprotokolle verwendet, die das Web ohnehin zur Verfügung stellt, insbesondere **HTTP**, womit auf jeden beliebigen Computer zugegriffen werden kann, und auch Firewalls kein Hindernis sind. SOAP wird inzwischen insbesondere als Basistechnologie für Webdienste gesehen und verwendet.

Die Kernspezifikation **Messaging Framework** enthält vier Teile:

- **SOAP Processing Model** definiert die Regeln dafür, wie SOAP-Nachrichten zwischen Sendern und Empfängern ausgetauscht und verarbeitet werden.
- **SOAP Extensibility Model** definiert, wie Erweiterungen des Framework vorgenommen werden können. Dazu wird festgelegt, welche Anforderungen an SOAP-Merkmal und SOAP-Modul zu stellen sind.
- **SOAP Protocol Binding Framework** geht auf die Frage ein, welche Protokolle für den Austausch von SOAP-Nachrichten verwendet werden können. Die Bindung von SOAP an das bisher in der Regel verwendete HTTP-Protokoll wird dabei als Muster eines Transportprotokolls beschrieben. Es wird aber ausdrücklich freigestellt, auch andere Transportprotokolle zu verwenden.
- **SOAP Message Construct** legt fest, aus welchen Informationseinheiten eine SOAP-Nachricht besteht, bestimmt also das Infoset der Nachricht.

10.3.2 Grundform einer SOAP-Nachricht

Eine SOAP-Nachricht ist zunächst ein ganz normales XML-Dokument, das mit den üblichen XML-Prozessoren verarbeitet werden kann. Der Spezifikationsentwurf schreibt als äußeren Rahmen ein `<envelope>`-Element vor, also einen Umschlag, in den alles andere hineingepackt wird. Optional ist ein SOAP-Header, vorgeschrieben, dagegen ein SOAP-Body, der den eigentlichen Inhalt der Nachricht enthält.

In den meisten Fällen wird SOAP heute im Rahmen einer Kommunikation mit dem HTTP-Protokoll nach dem Schema Aufruf/Antwort – Request/Response – eingesetzt, d. h. zu einer SOAP-Nachricht, die einen Dienst aufruft, gehört eine weitere SOAP-Nachricht, die die Antwort des Dienstes zurückgibt.

ASP.NET hat bei unserem Umrechnungsdienst zwei Muster für entsprechende SOAP-Nachrichten generiert, die wir hier als Beispiel nehmen wollen. Zunächst die Nachricht, die die Webmethode aufruft und die Parameter übergibt:

```
POST /webservice/mm_punkt_umrechnung.asmx HTTP/1.1
Host: dellprof
Content-Type: text/xml; charset=utf-8
Content-Length: length
SOAPAction: "http://tempuri.org/mm"
```

```
<?xml version="1.0" encoding="utf-8"?>
<soap:Envelope xmlns:xsi="http://www.w3.org/2001/
XMLSchema-instance" xmlns:xsd="http://www.w3.org/2001/XMLSchema"
xmlns:soap="http://schemas.xmlsoap.org/soap/envelope/">
  <soap:Body>
    <mm xmlns="http://tempuri.org/">
      <mmwert>20</mmwert>
    </mm>
  </soap:Body>
</soap:Envelope>
```

Die ersten fünf Zeilen sind nicht Teil der eigentlichen SOAP-Nachricht, sondern betreffen das Transportprotokoll, das hier für den Nachrichtenaustausch verwendet wird. Das Beispiel verwendet eine HTTP-POST-Operation. Die erste Zeile gibt den Endpunkt an, den der Aufruf erreichen soll. Die Zeile

```
SOAPAction: "http://tempuri.org/mm"
```

bestimmt das Ziel des Aufrufs näher, was einer Firewall die Möglichkeit gibt, eine solche Anfrage zuzulassen oder abzulehnen, wenn entsprechende Filter eingerichtet sind. (In der Praxis sollte der temporäre URI hier natürlich ersetzt werden.)

Die eigentliche Nachricht ist in das `<soap:Envelop>`-Element eingefügt, das immer das Wurzelelement einer SOAP-Nachricht sein muss. Alle SOAP-Elemente gehören zu dem als Attribut angegebenen Namensraum, statt des Präfixes `soap` kann aber auch ein anderes Präfix verwendet werden. (Der hier verwendete Namensraumname `http://schemas.xmlsoap.org/soap/envelope` ist übrigens in der Spezifikation des W3C durch `http://www.w3.org/2003/05/soap-envelop` ersetzt worden.) Abbildung 10.11 skizziert die Hierarchie der Hauptelemente einer SOAP-Nachricht.

Das `<soap:Envelop>`-Element kann zwei Kindelemente haben, wovon das erste – `<soap:Header>` – optional ist, das zweite – `<soap:Body>` – dagegen unbedingt erforderlich.

Das Element `<soap:Header>` kann verwendet werden, um Zusatzinformationen zu übertragen, etwa eine Benutzerkennung oder bestimmte Schlüsselwerte, die die Zuordnung der Nachricht zu einem bestimmten Vorgang erlauben.

Die für den Aufruf des Webdienstes notwendigen Daten müssen dagegen in dem Element `<soap:Body>` zu finden sein. Im Beispiel ist als Kindelement ein Element mit dem Namen der Methode eingefügt, die der Aufrufer verwenden will. Auch für dieses Element, das für den Webdienst spezifisch ist, wird ein Namensraum deklariert – hier als Default-Namensraum –, um sicherzustellen, dass eindeutige Namen für die aufzurufenden Methoden und Parameter existieren.

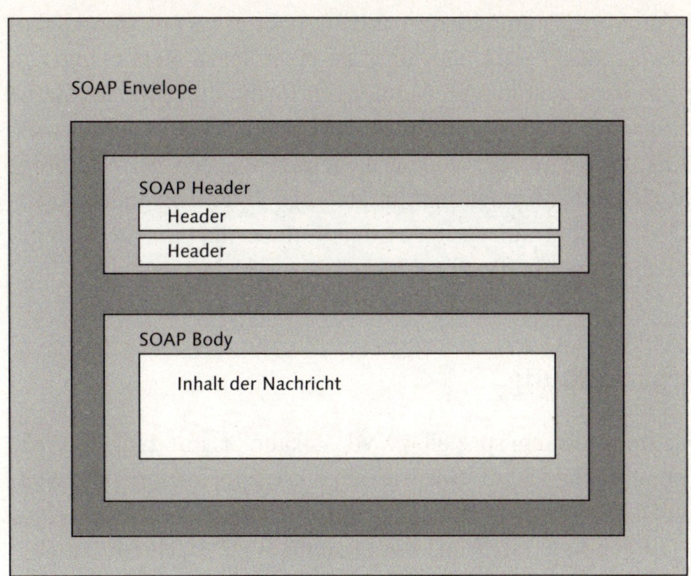

Abbildung 10.11 Genereller Aufbau einer SOAP-Nachricht

Sind für eine Methode Parameter zu übergeben, werden diese als Kindelemente des entsprechenden Methodenelements aufgelistet, wobei wieder als Elementname der Parametername verwendet wird.

Die SOAP-Antwort, in die der Webserver das Ergebnis der Umrechnung zurückliefert, sieht ähnlich aus. Das Result der vom Webdienst vorgenommenen Umrechnung wird über das Element `<mmResult>` geliefert, dessen Name automatisch aus dem im Aufruf enthaltenen Methodennamen generiert wird:

```
HTTP/1.1 200 OK
Content-Type: text/xml; charset=utf-8
Content-Length: length

<?xml version="1.0" encoding="utf-8"?>
<soap:Envelope xmlns:xsi="http://www.w3.org/2001/XMLSchema-
instance" xmlns:xsd="http://www.w3.org/2001/XMLSchema"
xmlns:soap="http://schemas.xmlsoap.org/soap/envelope/">
  <soap:Body>
    <mmResponse xmlns="http://tempuri.org/">
      <mmResult>56.61</mmResult>
    </mmResponse>
  </soap:Body>
</soap:Envelope>
```

Diese Art der Frage/Antwort-Kommunikation mit SOAP über HTTP ist im Augenblick noch die überwiegende Praxis. Sie führt zu einer losen Koppelung von Komponenten, die nur für einen kurzen Moment in Verbindung treten. Sie ist also normalerweise zustandslos, der Webserver »vergisst«, nachdem die Antwort abgeliefert worden ist, was er woher von wem gefragt worden ist. Allerdings können Webdienste Zustandsinformationen in Sitzungs- oder Anwendungsvariablen speichern. SOAP ist aber auf diese Art der Kommunikation nicht eingeschränkt. Man wird sehen, wohin die Reise geht.

10.4 Dienstbeschreibung

WSDL – sprich »whiz-dull« – ist ein spezielles XML-Vokabular, mit dem ein Webdienst so beschrieben wird, dass SOAP-Nachrichten diese Informationen verwenden können, um den Dienst ansprechen und nutzen zu können. Der Nutzer eines Webdienstes muss ja irgendwie erfahren, wie er seine SOAP-Nachricht an eine ihm im Prinzip fremde Komponente aufbauen soll.

10.4.1 Das WSDL-Vokabular

Er benötigt also vorab Informationen, welche Methoden aufgerufen und welche Parameter in welcher Reihenfolge in der SOAP-Anfrage übergeben werden müssen, um die gewünschte Antwort zu erhalten. Sie haben an dem Beispiel oben allerdings gesehen, dass ASP.NET dem Entwickler auch die Umsetzung in SOAP-Nachrichten abnimmt, solange er nicht manuell darin eingreifen will.

Die benötigten Metadaten über einen Webdienst lassen sich in WSDL exakt formulieren und da dieses Vokabular inzwischen von allen Gruppierungen, die Webdienste auf der Basis von SOAP unterstützen, anerkannt ist, hat sich die vom W3C unterstützte Sprache in der Praxis bereits als De-facto-Standard etabliert.

Anders als für SOAP ist aber für WSDL noch kein endgültiger Standard verabschiedet. Im Juni 2003 hat das W3C einen dreiteiligen Arbeitsentwurf Version 1.2 veröffentlicht, der über **www.w3.org/TR/wsdl12/** verfügbar ist.

10.4.2 WSDL unter ASP.NET

Die Beschreibung jedes neuen Webdienstes wird in ASP.NET automatisch generiert und kann auf der Testseite über den Link **Dienstbeschreibung** eingesehen werden. Hier Auszüge der Beschreibung zu dem kleinen Umrechnungsdienst mit kurzen Erläuterungen zu den fünf verschiedenen Kindelementen von `<definitions>`:

```
<?xml version="1.0" encoding="utf-8"?>
<definitions xmlns:http="http://schemas.xmlsoap.org/wsdl/http/"
xmlns:soap="http://schemas.xmlsoap.org/wsdl/soap/"
xmlns:s="http://www.w3.org/2001/XMLSchema"
xmlns:s0="http://tempuri.org/"
xmlns:soapenc="http://schemas.xmlsoap.org/soap/encoding/"
xmlns:tm="http://microsoft.com/wsdl/mime/textMatching/"
xmlns:mime="http://schemas.xmlsoap.org/wsdl/mime/"
targetNamespace="http://tempuri.org/"
xmlns="http://schemas.xmlsoap.org/wsdl/">
  <types>
    <s:schema elementFormDefault="qualified" targetNamespace=
"http://tempuri.org/">
      <s:element name="mm">
        <s:complexType>
          <s:sequence>
            <s:element minOccurs="1" maxOccurs="1" name="mmwert"
type="s:float" />
          </s:sequence>
        </s:complexType>
      </s:element>
     <s:element name="mmResponse">
...
    </s:schema>
  </types>
```

Die gesamte Dienstbeschreibung ist in das Element <definitions> eingebaut. Die erste Gruppe von Definitionen betrifft die Datentypen, die bei der Kommunikation mit dem Webdienst verwendet werden sollen. Dabei wird mit Elementen aus XML Schema gearbeitet, wie der Auszug zeigt.

```
  <message name="mmSoapIn">
    <part name="parameters" element="s0:mm" />
  </message>
  <message name="mmSoapOut">
    <part name="parameters" element="s0:mmResponse" />
  </message>
  <message name="PUNKTSoapIn">
    <part name="parameters" element="s0:PUNKT" />
  </message>
  <message name="PUNKTSoapOut">
    <part name="parameters" element="s0:PUNKTResponse" />
  </message>
  ...
```

Die <message>-Elemente beschreiben die einzelnen Nachrichten, die zwischen Client und Server ausgetauscht werden, wobei die Parameter innerhalb von <part>-Elementen angegeben werden.

```
<portType name="mm_Punkt_UmrechnungSoap">
  <operation name="mm">
    <documentation>Rechnet mm-Angaben in Punkt-Werte um.
    </documentation>
    <input message="s0:mmSoapIn" />
    <output message="s0:mmSoapOut" />
  </operation>
  <operation name="PUNKT">
    <documentation>Rechnet Punkt-Angaben in mm-Werte um.
    </documentation>
    <input message="s0:PUNKTSoapIn" />
    <output message="s0:PUNKTSoapOut" />
  </operation>
</portType>
...
```

Die Methoden, die der Webdienst anbietet, werden innerhalb der <portType>-Elemente beschrieben. Für jede Methode wird ein <operation>-Element eingefügt.

```
<binding name="mm_Punkt_UmrechnungSoap"
type="s0:mm_Punkt_UmrechnungSoap">
  <soap:binding transport="http://schemas.xmlsoap.org/soap/http"
   style="document" />
  <operation name="mm">
    <soap:operation soapAction="http://tempuri.org/mm"
     style="document" />
    <input>
      <soap:body use="literal" />
    </input>
    <output>
      <soap:body use="literal" />
    </output>
  </operation>
  <operation name="PUNKT">
    <soap:operation soapAction="http://tempuri.org/PUNKT"
     style="document" />
    <input>
      <soap:body use="literal" />
    </input>
    <output>
```

```
      <soap:body use="literal" />
    </output>
  </operation>
</binding>
...
```

Das Element <binding> enthält die Angaben, die das Transportprotokoll betreffen, und das Format, in dem die Daten ausgetauscht werden. Das Kindelement <soap:body use="literal" /> gibt zudem an, dass die Daten nach den Regeln der XML Schema-Spezifikation serialisiert werden. Die Beschreibung enthält neben der Bindung für SOAP auch die für HTTP-GET und HTTP-POST, die hier ausgelassen werden.

```
  <service name="mm_Punkt_Umrechnung">
    <port name="mm_Punkt_UmrechnungSoap"
    binding="s0:mm_Punkt_UmrechnungSoap">
      <soap:address location="http://localhost/webservice/
      Umrechnung/mm_Punkt_Umrechnung.asmx" />
    </port>
    ...
  </service>
</definitions>
```

Das Element <service> enthält den Namen des Webdienstes und Kindelemente vom Typ <port>, die schließlich die Adresse des Endpunkts enthalten, über die der Dienst erreicht werden kann.

WSDL-Beschreibungen eines Dienstes lassen sich auch verwenden, um manuell einen Proxy für einen Webdienst zu erstellen. Dafür steht auf der Eingabeaufforderung das Tool wsdl.exe zur Verfügung, das WSDL-Dateien einliest und daraus den lokalen Stellvertreter des betreffenden Webdienstes generiert.

10.5 Webdienste registrieren und finden

Bei den XML Webservices von ASP.NET wird die Funktionalität der Dienste automatisch durch eine **WSDL**-Datei beschrieben. Wer den URI eines solchen Dienstes kennt, kann sich die entsprechende Beschreibung über einen Browser besorgen.

10.5.1 UDDI

Wie sollen aber Dienste gefunden werden, deren URIs nicht bekannt sind? Dafür gibt es gelbe Seiten im Web, öffentliche Verzeichnisse, in denen Webdienste registriert sind. **UDDI** – Universal Description, Discovery and Integration of Business for the Web – heißt das Projekt, das dafür von der IT-Industrie und dem W3C gefördert wird.

Die Spezifikation von UDDI, die seit Juli 2002 in der Version 3 vorliegt, definiert dabei auf der Basis von XML Schemas, wie Informationen über Webdienste beschrieben und wie sie gefunden werden können. Kern ist dabei die Registrierung der Webdienste, die selbst als Webdienst angeboten wird. Dabei wird ein XML-Dokument verwendet, das die Kontaktdaten über den Anbieter und bekannte Identifizierer des jeweiligen Geschäftsbereichs enthält. Zugleich wird der Webdienst nach anerkannten Taxonomien kategorisiert, etwa der ISO 3166 Geographic Taxonomy, die eindeutige Codes für Ländernamen und Regionen bereitstellt, oder der Universal Standard Products and Services Classification (UNSPSC).

Insbesondere liefert das Dokument die notwendigen technischen Details über den Webdienst, die benötigt werden, um den Dienst über URLs zu finden und von Programmen aus ansprechen zu können.

Dienste, die bei UDDI registriert sind, können über den oben schon verwendeten Dialog **Webverweis einfügen** gesucht werden, auch über Matchcodes. Wird ein Dienst gefunden, kann die Dienstbeschreibung eingesehen werden.

Um einen Verweis in eine Anwendung einzufügen, wählen Sie das entsprechende **tModel** des Dienstes aus und benutzen die Schaltfläche **Verweis hinzufügen.**

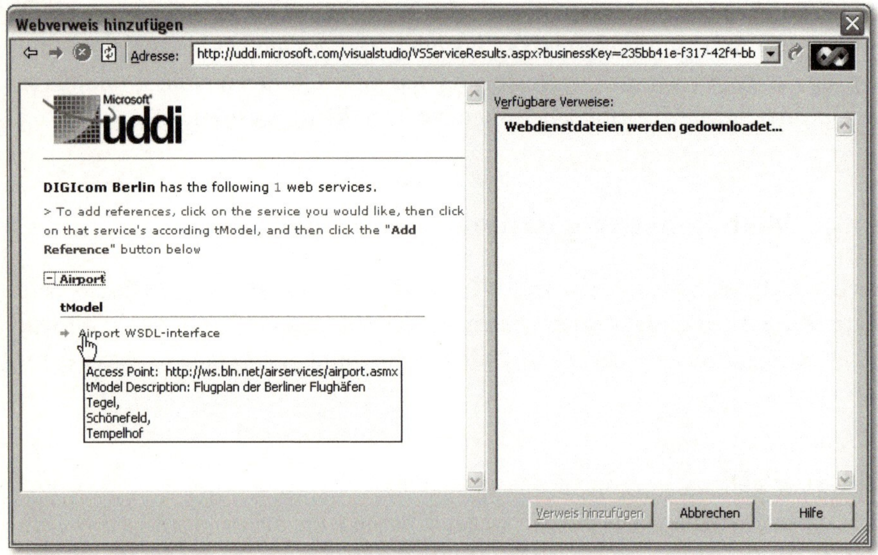

Abbildung 10.12 Suche nach einem Webdienst über den Dialog »Webverweis hinzufügen«

10.5.2 Disco

ASP.NET erzeugt bei der Herstellung eines Webverweises neben dem Proxy noch eine Datei vom Typ **.disco**, die wie die WSDL-Datei ebenfalls ein XML-Dokument ist. Hier die entsprechende Datei für unser Beispiel.

```
<?xml version="1.0" encoding="utf-8"?>
<discovery xmlns:xsd="http://www.w3.org/2001/XMLSchema"
xmlns:xsi="http://www.w3.org/2001/XMLSchema-instance"
xmlns="http://schemas.xmlsoap.org/disco/">
  <contractRef ref="http://localhost/webservice/Umrechnung/
  mm_Punkt_Umrechnung.asmx?wsdl"
  docRef="http://localhost/webservice/Umrechnung/
  mm_Punkt_Umrechnung.asmx"
  xmlns="http://schemas.xmlsoap.org/disco/scl/" />
  <soap address="http://localhost/webservice/Umrechnung/
  mm_Punkt_Umrechnung.asmx" xmlns:q1="http://tempuri.org/"
  binding="q1:mm_Punkt_UmrechnungSoap"
  xmlns="http://schemas.xmlsoap.org/disco/soap/" />
</discovery>
```

Disco ist abgekürzt von Discovery, was den Zweck der Sache andeutet. Es geht um eine schlichtere Alternative zu dem vorhin beschriebenen Verfahren, Webdienste in den UDDI-Registern anzumelden und darüber zur Verfügung zu stellen. Microsoft unterstützt beide Möglichkeiten. Die Datei gibt an, unter welchem URI der Webdienst und seine WSDL-Beschreibung zu finden sind.

Eine Disco-Datei ist dafür gedacht, einen einfachen Zugang zu allen Webdiensten zu schaffen, die auf dem Server in einem lokalen Netz oder auf einem Server, dessen IP-Adresse bekannt ist, angeboten werden.

Die Datei kann dafür beliebig viele `<contractRef>`-Elemente enthalten, die die entsprechenden Zugangsdaten zu den Webdiensten enthalten. Sie lässt sich über den Internet Explorer öffnen.

10.5.3 Safety first!

All die Ansätze, das Zusammenspiel von Anwendungen über das Internet in größerem Umfang zu automatisieren, stehen zweifellos noch am Anfang. Es sind nicht nur die Standards, die noch in Entwicklung sind. Viele Fragen sind noch offen, etwa die möglicher Geschäftsmodelle.

Die stärkere Verzahnung verteilter Komponenten verschärft zudem alle Fragen bezüglich der Sicherheit, die im Internet ja ohnehin keineswegs gelöst sind. Überhitzte Erwartungen sollten vermieden werden, ohne den Schwung der Visionen zu verlieren, die die Entwicklung inspirieren.

Von den Höhen des akademischen Elfenbeinturms hinab in die Niederungen des Büroalltags: Mit dem Übergang zu XML als Dokumentformat für Office-Anwendungen bewährt sich XML im Tagesgeschäft, ganz nach dem Motto: XML for the people. Für die verschlossenen binären Dateiformate gibt es nun eine offene Alternative.

11 XML in Office-Anwendungen

Für die große Mehrzahl der Anwender gehören Office-Anwendungen zweifellos zu den am häufigsten genutzten Programmen. Für die Ausbreitung von XML als plattform- und anwendungsübergreifendem Datenformat ist es deshalb höchst relevant, wenn XML-Technologien zur Basis solch gewichtiger Standardanwendungen werden. Das trägt nicht bloß zur Verbreitung von XML bei, sondern unterstützt gerade auch die Ziele, die beim Entwurf der XML-Standards Pate gestanden haben.

Zum einen kann XML ganz wesentlich dazu beitragen, dass der Datenaustausch innerhalb der Bürowelt durch eine größere Unabhängigkeit von proprietären Dateiformaten ganz entscheidend erleichtert wird. Die Notwendigkeit, Daten mehrfach zu erfassen, entfällt gänzlich.

Zum anderen aber hilft die Datenmodellierung mit entsprechenden Schemas, die Datenerfassung und -pflege selbst auf ein solideres Fundament zu stellen. Dies gilt insbesondere für die Bereiche, in denen bisher mit eher gering strukturierten Informationen umgegangen wurde, wie es beispielsweise für textbasierte Berichte und Dokumente gilt.

In den folgenden Abschnitten werden zunächst die XML-Dateiformate **Open XML** und **Open Document Format** vorgestellt. Open XML wurde von Microsoft mit Office 2007 eingeführt, Open Document Format wurde schon etwas früher – im Mai 2005 – von **OASIS** spezifiziert und im November 2006 von der **ISO** standardisiert. Es wird von einer ganzen Reihe von Office-Anwendungen genutzt, insbesondere auch von **OpenOffice**, dem freien Office-Paket von **OpenOffice.org**.

Da Microsoft in Office 2007 für die Arbeit mit benutzerdefinierten XML-Schemas die entsprechende Funktionalität von Office 2003 unverändert übernommen hat, wird anschließend kurz gezeigt, wie diese Funktionen in Office 2007 aufgerufen werden. Die bisherigen Abschnitte zu diesem Thema über Office 2003 verbleiben ansonsten unverändert, auch um dem Umstand zu entsprechen, dass für einen längeren Zeitraum beide Office-Versionen von Microsoft zum Einsatz kommen.

11.1 XML in Office 2007

Nachdem Microsoft bereits mit Office XP ein XML-basiertes Dateiformat als Zweitformat eingeführt hatte und in der Version Office 2003 die XML-Unterstützung noch einmal deutlich ausgeweitet wurde, ist mit Office 2007 die Reihenfolge umgestülpt worden. Die Dateiformate auf der Basis von XML stellen jetzt für die Komponenten Word, Excel und Powerpoint die Standardformate dar, binäre Varianten werden dagegen nur noch als Zweitformat angeboten. Damit trägt Microsoft der Tatsache Rechnung, dass sich XML-Dokumente inzwischen weltweit als plattformübergreifender Standard für die Datenspeicherung durchgesetzt haben.

11.1.1 Der neue Standard Open XML

Anders als noch in der Version Office 2003 kombiniert Microsoft nun die XML-Formate mit der inzwischen zu einem Quasi-Standard gewordenen ZIP-Technologie. Wird eine Arbeitsmappe erstellt, entsteht also ein ZIP-Archiv, auch wenn die Dateiendungen für die verschiedenen Anwendungen – **.DOCX** für Word, **.XLSX** für Excel und **.PPTX** für Powerpoint – dies nicht auf den ersten Blick erkennen lassen.

Wenn Sie ein solches Archiv mit einem üblichen ZIP-Programm öffnen und den Inhalt in einen Ordner extrahieren, finden Sie eine mehrstufige Hierarchie von Komponenten, von denen die große Mehrzahl aus XML-Dokumenten besteht, die sich mit jedem Texteditor anschauen und bearbeiten lassen.

Vorteile der neuen Formate

Als einer der Vorteile dieses auf den ersten Blick komplizierteren Verfahrens kann gelten, dass das Dokument auch dann noch verwendet werden kann, wenn einzelne Komponenten defekt sind, etwa durch Übertragungsfehler im Netz. Bei einer binären Datei führt ein solcher Fehler oft dazu, dass die Datei insgesamt nicht mehr geöffnet werden kann. Ein weiterer Vorteil ist, dass einzelne Komponenten, etwa ein eingefügtes Bild, ausgetauscht werden können, ohne auf die jeweilige Office-Anwendung zurückgreifen zu müssen.

Dokumenteigenschaften wie der Name des Autors, Themen oder Stichwörter lassen sich ebenfalls »von außen« ändern, etwa durch eine kleine Batch-Anwendung, die in mehreren Dokumenten nach einem Namen sucht und ihn austauscht.

Die den in den verschiedenen XML-Dateien verwendeten Schemas sind von Microsoft offen gelegt und wurden vom Ecma International als **Ecma Office Open XML File Formats Standard** verabschiedet. Die Beschreibung der in fünf Parts aufgeteilten Dokumentation ist insgesamt rund 6000 Seiten stark, was es den Konkurrenten nicht gerade einfach machen wird, kompatible Lösungen zu entwickeln. Das Einstiegsdokument **Fundamentals** ist mit 173 Seiten allerdings noch verträglicher. Es ist auch zu bedenken, dass die meisten Anwendungen nur einen kleinen Teil der Funktionen nutzen, die in der Spezifikation berücksichtigt sind.

Die Spezifikation für die Formate und Schemas ist unter einer gebührenfreien Lizenz veröffentlicht, wie bereits die Microsoft Office 2003-Referenzschemas. Die Texte können über **www.ecma-international.org** heruntergeladen werden.

Struktur der Open XML-Formate

Eine Datei im neuen Format besteht aus einer beliebigen Anzahl von Komponenten, die über eine Auflistung zusammengehalten werden. Die Mehrzahl der Komponenten sind XML-Dateien, im Container können aber auch nicht-XML-Komponenten vorhanden sein, etwa Binärdateien, die eingebettete Bilder oder OLE-Objekte darstellen. Es wird also darauf verzichtet, Bilder in XML zu codieren, wie es in dem XML-Format für Office 2003 praktiziert wird. Der Zusammenhang der einzelnen Komponenten wird durch spezielle Beziehungskomponenten festgelegt.

Durch die Zusammenfassung der Komponenten in einem ZIP-Container bleibt das Dokument für den Anwender eine einzelne Dateiinstanz, die er wie gewohnt speichern oder öffnen kann. Der komplexe Untergrund bleibt im Verborgenen.

11.1.2 Open XML für Excel

Während beispielsweise in Excel 2003 das Zweitformat **XML-Kalkulationstabelle** ein einziges – allerdings meist ziemlich komplexes – XML-Dokument generierte, wird die Arbeitsmappe nun beim Abspeichern in eine Vielzahl von Komponenten zerlegt, die sich, da es sich hauptsächlich um reine Textdateien handelt, sehr gut komprimieren lassen, sodass im Endeffekt kleinere Dateigrößen möglich sind.

Microsoft trennt durch eine andere Dateiendung – **.XSLM** – gleichzeitig Arbeitsmappen, die Makros enthalten, von solchen, die keine Makros enthalten. Für Mustervorlagen wird der Dateityp **.XLTX** verwendet, wenn sie Makros enthalten dagegen **.XLTM**. Eine Arbeitsmappe mit einem **X** am Ende der Dateierweiterung enthält also mit Sicherheit keinen ausführbaren Code, sodass sie ohne Risiko per E-Mail oder innerhalb von Netzen ausgetauscht werden kann. Einer solchen Datei kann auch nicht nachträglich ein Makro zugefügt werden.

Arbeitsmappen, die Makros oder OLE-Objekte enthalten, können umgekehrt über die eigene Dateiendung leicht identifiziert werden, um die eventuell notwendigen Sicherheitsmaßnahmen zu ergreifen.

Das neue Dateiformat ist im Kern ein Container-Format, bei dem festgelegt wird, in welchen Beziehungen die darin enthaltenen Komponenten stehen. Die Abbildung zeigt, in welche Komponenten eine Arbeitsmappe hauptsächlich zerlegt wird und wie diese miteinander zusammenhängen.

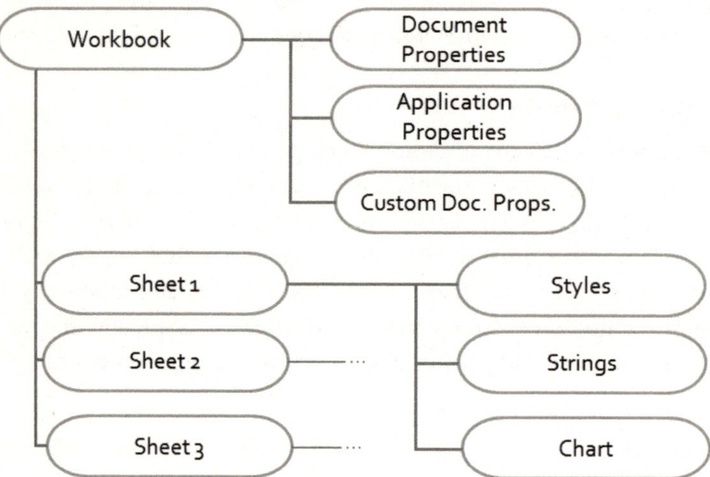

Abbildung 11.1 Beziehungen zwischen den Komponenten in einem Dateicontainer in Excel 2007

Excel 2007 erzeugt zwar eine vorgegebene Ordnerstruktur, die in Abbildung 11.2 für eine Beispielsdatei gezeigt wird. Diese Ordnerhierarchie ist aber nicht streng fixiert. Die Anordnung und auch die Namen der Komponenten können innerhalb des ZIP-Containers geändert werden, allerdings müssen dann auch die definierten Beziehungen entsprechend angepasst werden.

Für die verschiedenen Inhaltstypen werden jeweils entsprechende Komponenten auf der Basis der zugehörigen XML-Schemas erzeugt. Diese Schemas sind eine Weiterentwicklung des **SpreadsheetML**-Schemas für Excel 2003. Einer der

Hauptunterschiede dabei ist, dass das Schema von 2003 eine einzige XML-Datei verlangte, während es sich nun um ein strukturiertes Bündel von XML-Dateien handelt.

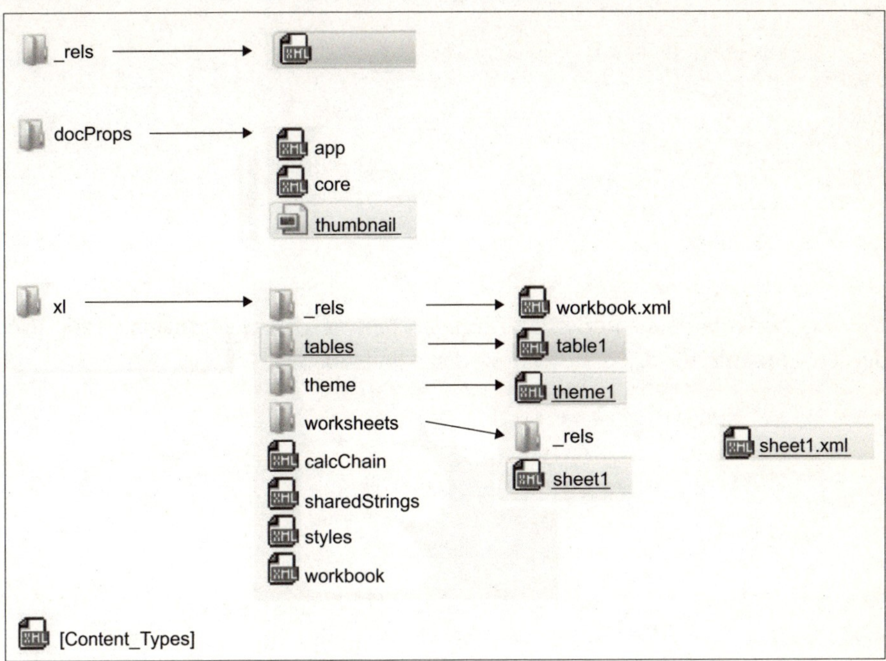

Abbildung 11.2 Beispiel für die Ordner- und Dateienhierarchie in einem XSLX-Archiv

Die Abbildung zeigt zunächst einen **_rels**-Ordner, der eine **.RELS**-Datei enthält. In diesem XML-Dokument werden die Basisbeziehungen innerhalb des Pakets definiert. Die Komponenten werden dabei jeweils durch `ID`-Attribute eindeutig identifiziert. Das Beziehungssystem geht jeweils von einer Hauptkomponente aus und navigiert von dort zu den untergeordneten Komponenten. Die Beziehung verweist immer auf eine Zielkomponente, die über ein `Target`-Attribut angegeben wird. Die folgenden Zeilen verweisen beispielsweise auf ein Tabellenblatt und auf eine Liste mit Metadaten:

```
<Relationship ID="rId1"
  Type="http://schemas.microsoft.com/office/2005/8/relationships/
        xlWorksheet"
  Target="worksheets/Sheet1.xml"/>
<Relationship ID="rId5"
  Type="http://schemas.microsoft.com/office/2005/8/relationships/
        xlMetadata"
  Target="metadata.xml"/>
```

Auffällig ist, dass die Beschriftungen einer Tabelle separat von den Zellwerten in den entsprechenden Spalten gespeichert werden. Die Beschriftungen sind in **sharedStrings.xml** zu finden.

```
<si>
   <t>Hardwarekosten für die Arbeitsgruppe</t>
</si>
<si>
   <t>Komponenten</t>
</si>
<si>
   <t>Anzahl</t>
</si>
```

Die zugehörigen Daten finden Sie dagegen beispielsweise in **sheets1.xml**, also der Komponente für das erste Blatt in der Arbeitsmappe.

```
<row r="10" spans="1:6">
   <c r="A10" t="s">
      <v>19</v>
   </c>
   <c r="B10">
      <v>1</v>
   </c>
   <c r="C10" t="s">
      <v>20</v>
   </c>
   <c r="D10" t="s">
      <v>21</v>
   </c>
   <c r="E10" s="2">
      <v>200</v>
   </c>
   <c r="F10" s="3">
      <f t="shared" si="0"/>
      <v>200</v>
   </c>
</row>
```

Die Datei **[Content_Types].xml** enthält jeweils eine Liste der Inhaltstypen der im Paket vorkommenden Komponenten.

11.1.3 Open XML in Word

Die übliche Ordnerstruktur für ein Worddokument unterscheidet sich auf der obersten Ebene von der für Excel nur dadurch, dass der anwendungsbezogene

Ordner **xl** durch den Ordner **word** ersetzt ist. Der Inhalt des **word**-Ordners enthält dann für ein Word-Dokument typische Komponenten.

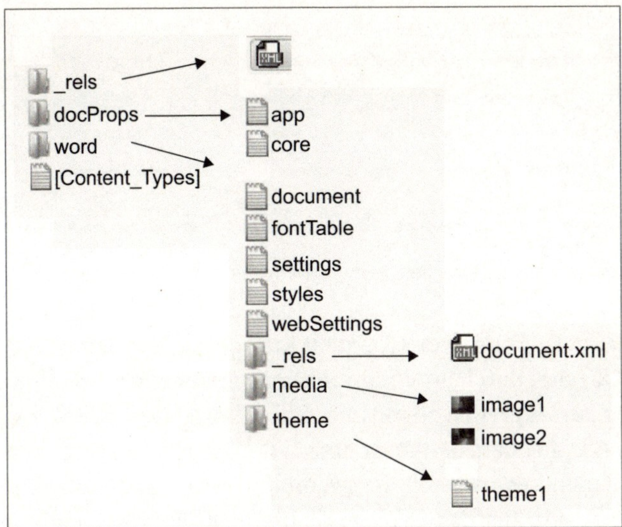

Abbildung 11.3 Beispiel einer Ordnerhierarchie für ein Word-Dokument

Die Datei **document.xml** – der einzige unbedingt erforderliche Teil des Pakets – enthält den Kern des Dokuments, die Textdaten sowie Format- und Zeichensatzeinstellungen. Der Aufbau dieser Datei wird durch das zugrunde liegende **WordProzessingML**-Schema gesteuert, das wiederum eine Weiterentwicklung des gleichnamigen Schemas für Word 2003 darstellt.

Sind Kopf- und Fußzeilen definiert, werden diese Elemente in separate Dateien ausgelagert: **header.xml** und **footer.xml**. Die Dateien **fontTable.xml**, **settings.xml** und **styles.xml** enthalten die Liste der Fonts, die anwendungsspezifischen Einstellungen und die verwendeten Formate. Die Datei **document.xml** in dem Ordner **_rels** enthält die Beziehungen der Komponenten in Form von `<Relationship>`-Elementen, wie oben bereits beschrieben. In dem Ordner **media** werden Bilder oder andere Mediendateien binär abgelegt. Der Ordner **theme** enthält die Definition eines Designthemas, das dem Dokument zugeordnet wird.

Wie bei Excel hat auch bei Word die modulare Vorgehensweise Vorteile, wenn es um die Bearbeitung von Dokumenten geht. Ein Entwickler kann beispielsweise eine Anwendung schreiben, die gleich in einem ganzen Paket von Dokumenten die Kopfzeilenkomponente austauscht.

```
-<Relationships>
  <Relationship Id="rId3" Type="http://schemas.openxmlformats.org/officeDocument/2006/relationships/webSettings"
    Target="webSettings.xml"/>
  <Relationship Id="rId7" Type="http://schemas.openxmlformats.org/officeDocument/2006/relationships/theme"
    Target="theme/theme1.xml"/>
  <Relationship Id="rId2" Type="http://schemas.openxmlformats.org/officeDocument/2006/relationships/settings"
    Target="settings.xml"/>
  <Relationship Id="rId1" Type="http://schemas.openxmlformats.org/officeDocument/2006/relationships/styles"
    Target="styles.xml"/>
  <Relationship Id="rId6" Type="http://schemas.openxmlformats.org/officeDocument/2006/relationships/fontTable"
    Target="fontTable.xml"/>
  <Relationship Id="rId5" Type="http://schemas.openxmlformats.org/officeDocument/2006/relationships/image"
    Target="media/image2.jpeg"/>
  <Relationship Id="rId4" Type="http://schemas.openxmlformats.org/officeDocument/2006/relationships/image"
    Target="media/image1.jpeg"/>
</Relationships>
```

Abbildung 11.4 Inhalt der document.xml-Datei aus dem _rels-Ordner

Das inzwischen verfügbare .NET Framework 3.0 stellt Klassen zur Verfügung, um beispielsweise eine **.DOCX**-Datei durch ein Programm zusammenzustellen, ohne auf die Word-Anwendung zurückgreifen zu müssen. Dabei wird jeweils zunächst mithilfe der `Packages`-Klasse aus dem Namensraum `System.IO.Packaging` eine Paketdatei erstellt, anschließend werden mit der Methode `CreatePart()` die einzelnen Komponenten festgelegt, die das Paket enthalten soll. Entscheidend ist dann, durch Aufruf der `CreateRelationship()`-Methode die Beziehungen zwischen den in den Container eingefügten Komponenten festzulegen.

11.2 Die Alternative ODF

Etwas früher als Open XML wurde bereits ein anderes XML-Format für Office-Dokumente standardisiert, das von der Gruppe **OASIS** entwickelt worden ist. Die **Organization for the Advancement of Structured Information Standards** hat bereits das bekannte XML-Vokabular **DocBook** standardisiert. Die auch immerhin 700 Seiten starke Spezifikation kann von **www.oasis-open.org** als PDF-Datei heruntergeladen werden.

Seit November 2006 ist das **Open Document Format** – kurz **ODF** – als ISO-Standard unter der Bezeichnung **ISO/IEC DIS 26300 Open Document Format for Office Applications (OpenDocument) v1.0** anerkannt. Die ISO-Standardisierung von Open XML ist, während dies geschrieben wird, noch auf dem Weg.

Auch bei ODF handelt es sich um eine Kombination aus Komprimierungs- und XML-Technologien. Die Dokumente werden in einem Java-Archive-Format gespeichert, wobei die sonst für Java-Archive verwendete Endung **.jar** jedoch durch anwendungsbezogene Dateierweiterungen ersetzt wird, beispielsweise:

Dokumenttyp	Dateiendung
Textdokumente	**.odt**
Tabellen	**.ods**
Präsentationen	**.odp**
Zeichnungen	**.odg**

Das Archiv jeder OpenDocument-Datei enthält einen Ordner **META-INF**, der die Datei **manifest.xml** beherbergt. Sie enthält eine Liste der im Archiv enthaltenen Dateien mit dem jeweiligen Medientyp. Hier ein kleines Beispiel für eine kleine Textdatei, die noch zwei Bilder enthält:

```
<?xml version="1.0" encoding="utf-8" ?>
  - <manifest:manifest xmlns:manifest="urn:oasis:names:tc:
    opendocument:xmlns:manifest:1.0">
  <manifest:file-entry manifest:media-type="application/vnd.oasis.
  opendocument.text" manifest:full-path="/" />
  <manifest:file-entry manifest:media-type="text/xml"
  manifest:full-path="content.xml" />
  <manifest:file-entry manifest:media-type="text/xml"
  manifest:full-path="styles.xml" />
  </manifest:manifest>
```

Die Komponenten sind meist XML-Dateien, die die Dokumentstruktur, den Dokumentinhalt, die Dokumentstile und die Dokumenteinstellungen beschreiben. Wie auch bei Open XML werden eventuelle Mediendateien im Binärformat eingefügt. In diesem Fall werden die Bilder in dem Ordner **Pictures** abgelegt.

Abbildung 11.5 Die Ordnerstruktur eines Archivs für ein ODT-Dokument

Der Inhalt der Textdatei ist in der XML-Datei mit dem Namen **content** zu finden

Das folgende Beispiel zeigt die Hierarchie der **content.xml**-Datei, wobei zur besseren Übersicht einige Zweige, die die Formatierung betreffen, eingeklappt und einige Attribute ausgelassen sind:

```
<?xml version="1.0" encoding="utf-8" ?>
- <office:document-content xmlns:office="urn:oasis:names:tc:
```

```
  opendocument:xmlns:office:1.0" ... xmlns:svg="urn:oasis:names:tc:
  opendocument:xmlns:svg-compatible:1.0">
  <office:scripts />
+ <office:font-face-decls>
+ <office:automatic-styles>
- <office:body>
- <office:text>
- <text:h text:style-name="ID0EE" text:outline-level="1"
  text:is-list-header="true">
  Skyechens
  <text:s text:c="2" />
  Geburtstag
  </text:h>
  <text:p text:style-name="ID0EU" />
- <text:p text:style-name="ID0EX">
- <text:span text:style-name="ID0E1">
- <draw:frame ... xlink:href="Pictures/image1.jpeg" />
  </draw:frame>
  </text:span>
  </text:p>
  <text:p text:style-name="ID0EOC" />
  <text:p text:style-name="ID0ERC">Der erste Geburtstag in Leeds
  war ein voller Erfolg. So viele Geschenke und so viele liebe
  Leute.</text:p>
- <text:p text:style-name="ID0EWC">
- <text:span text:style-name="ID0EZC">
- <draw:frame ... xlink:href="Pictures/image2.jpeg" />
  </draw:frame>
  </text:span>
  </text:p>
  <text:p text:style-name="ID0EOE" />
  </office:text>
  </office:body>
  </office:document-content>
```

Die Datei **meta.xml** enthält die Metadaten der Datei, etwa Titel, Beschreibung, Autor, Erstellungsdatum, Schlüsselworte.

Die Datei **settings.xml** nimmt anwendungsspezifische Einstellungen auf, etwa für die Bildschirmanzeige oder den Ausdruck.

In **styles.xml** sind alle im Dokument verwendeten Formate gespeichert.

Open XML oder ODF?

ODF ist als Konkurrenzprodukt zu Open XML vorangetrieben worden. Der Ansatz ist strukturell sehr ähnlich, beide kombinieren ein komprimiertes Archiv mit XML-Dokumenten. Die Schemas von ODF sind kompakter, decken aber nicht alle Optionen ab, die nun einmal mit den Microsoft Office-Anwendungen zur Verfügung stehen. Erfreulicherweise gibt es keine Schwierigkeiten, zwischen beiden Formaten hin- und herzuwandern. Für Word 2007 steht jedenfalls ein Add-In bei dem Opensource-Portal **sourceforge.net** zur Verfügung, um Dokumente in ODF zu speichern. Ist es installiert, wird im Office-Menü von Word 2007 der Befehl **ODF...** zusätzlich angezeigt. Das Menü dazu erlaubt sowohl das Speichern im ODF-Format, als auch das Einlesen eines ODF-Dokuments.

11.3 Einsatz benutzerdefinierter Schemas in Office 2007

Wie schon angesprochen, wurde in Office 2007 für die Verwendung eigener XML-Schemas für Dokumente in Word oder Excel die Verfahrensweise von Office 2003 zunächst einfach übernommen. Anders ist nur der Aufruf dieser Funktionen über die neue Multifunktionsleiste, die die klassischen Menüstrukturen ersetzt. Dies gilt allerdings, wie schon in Office 2003 auch, nur für die professionellen Editionen des Pakets.

Um die erweiterten XML-Tools in Office 2007 nutzen zu können, muss zunächst die Entwicklerregisterkarte aktiviert werden, die als Vorgabe in Excel 2007 und Word 2007 ausgeblendet ist. Dazu wird über die Office-Schaltfläche zunächst **Excel-Optionen** bzw. **Word-Optionen** aufgerufen und dann auf dem Register **Häufig verwendet** die Option **Entwicklerregisterkarte in der Multifunktionsleiste anzeigen** aktiviert.

Anschließend steht auf dem Register **Entwicklertools** die Gruppe **XML** zur Verfügung.

Abbildung 11.6 Die Gruppe XML auf dem Register Entwicklertools in Excel 2007

Die Schaltflächen **Struktur** bzw. **Quelle** öffnen jeweils den Aufgabenbereich **XML-Struktur** und **XML-Quelle**, über die die Zuordnung von XML-Elementen zu Elementen im Dokument hergestellt werden kann.

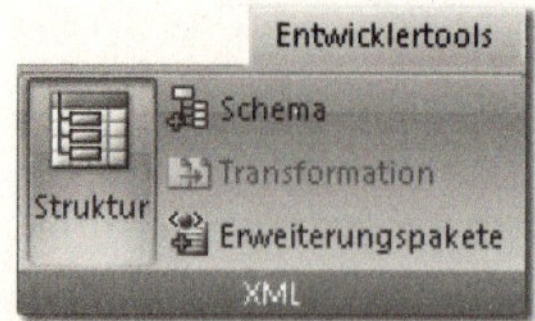

Abbildung 11.7 Die Gruppe XML auf dem Register Entwicklertools in Word 2007

Das weitere Verfahren entspricht dann in Excel 2007 und Word 2007 dem Verfahren, das in den folgenden Abschnitten für Excel 2003 und Word 2003 beschrieben ist.

11.4 Die erweiterte XML-Unterstützung in Office 2003

In diesem Abschnitt werden die Möglichkeiten der Arbeit mit XML zunächst für die Kernprogramme des Microsoft Office 2003-Pakets, also für Word 2003 und Excel 2003 beschrieben. In beiden Abschnitten werden die wichtigsten Verfahren durchgespielt, die die jeweilige Benutzeroberfläche dafür anbietet.

Anschließend wird jeweils an kleinen Makro-Anwendungen mit Visual Basic for Application gezeigt, wie sich XML-Objekte innerhalb der jeweiligen Objektmodelle der Anwendungen auch direkt über Skripte steuern lassen. Dies kann im Übrigen auch von außen über Visual Basic 6-Anwendungen geschehen, falls über eine entsprechende Referenz ein Zugriff auf die jeweilige Objektbibliothek von Word oder Excel hergestellt wird.

Der letzte Abschnitt stellt mit Microsoft InfoPath 2003 die erste Anwendung innerhalb von Office vor, die XML von vornherein als eigenes Datenformat verwendet hat. Auch InfoPath stellt den Formulardesignern ein Objektmodell zur Verfügung, das allerdings nicht über VBA, sondern nur über Skriptanweisungen mit VBScript oder JScript gesteuert werden kann.

11.5 XML-Technologien in Word 2003

In Word 2003 kommen XML-Technologien in vielfältiger Weise zum Einsatz. Die Möglichkeit, mit selbst entworfenen XML-Schemas zu arbeiten, ist allerdings von Microsoft auf die beiden professionellen Editionen und auf die Stand-alone-Version beschränkt worden, die Editionen darunter können aber immerhin mit dem weiter unten beschriebenen WordprocessingML-Format arbeiten.

Word als XML-Editor

Ausgestattet mit der erweiterten XML-Unterstützung kann Word 2003 direkt als Editor für XML-Dokumente genutzt werden. Dabei lassen sich den Dokumenten ein oder auch mehrere XML-Schemas zuordnen, die jeweils in einer benutzerbezogenen Schemabibliothek verwaltet werden. Word 2003 unterstützt allerdings nur die Validierung von XML-Dokumenten durch XML-Schemas, DTDs werden nicht mehr berücksichtigt.

Dabei wird die Zuordnung von Schemas zu Dokumenten explizit vorgenommen. Es reicht also nicht, eine XML-Datei einzulesen, die selbst einen Verweis auf ein Schema enthält. Um sicherzustellen, dass die in einem Schema verwendeten Elementnamen nicht mit Elementnamen aus einem anderen Schema kollidieren, wird jedes Schema über einen eindeutigen Namensraum-URI einem bestimmten Namensraum zugeordnet.

Strukturierte und unstrukturierte Informationen

Ein besonderes Merkmal der XML-Unterstützung in Word ist, dass sie es möglich macht, in einem Dokument sowohl streng strukturierte als auch weitgehend unstrukturierte Informationen parallel festzuhalten, also beispielsweise Formularelemente und ausformatierten Fließtext. Dies kann dadurch erreicht werden, dass mit einem Schema gearbeitet wird, das für bestimmte Elemente gemischte Inhalte zulässt, wie sie im Abschnitt 4.13.5 beschrieben sind.

Gemischte Inhalte

Dazu muss bei der Definition der entsprechenden komplexen Datentypen das Attribut `mixed="True"` verwendet werden. Die andere Möglichkeit ist, nur Teile eines Word-Dokuments über ein Schema zu steuern und beim Speichern des Dokuments mit der XML-Option **Gemischte Inhalte ignorieren** zu arbeiten. Dann bezieht sich die beim Speichern vorgenommene Gültigkeitsprüfung nur auf die Teile des Dokuments, die mit Elementen des Schemas verknüpft sind.

11.5.1 XML-Dokumente in Word einlesen

Zunächst können vorhandene XML-Dokument direkt über den Dialog **Datei • Öffnen** in Word 2003 eingelesen und bearbeitet werden. Die Start- und End-Tags zu den Elementen werden laut Voreinstellung hervorgehoben angezeigt. Um sie auszublenden, braucht nur die Option **XML-Tag im Dokument anzeigen** abgewählt zu werden, die in dem speziellen Aufgabenbereich **XML-Struktur** angeboten wird. Dort wird in dem oberen Fenster jeweils ein Baum der XML-Elemente angezeigt, die in dem Dokument tatsächlich vorkommen. Die Attribute werden übrigens dort nicht angezeigt. Sie erscheinen aber, wenn der Mauszeiger ein Element berührt.

Wahlweise können beim Öffnen von XML-Dokumenten auch XSLT-Stylesheets herangezogen werden, die die Ausgabe der Daten in der ein oder anderen Weise beeinflussen.

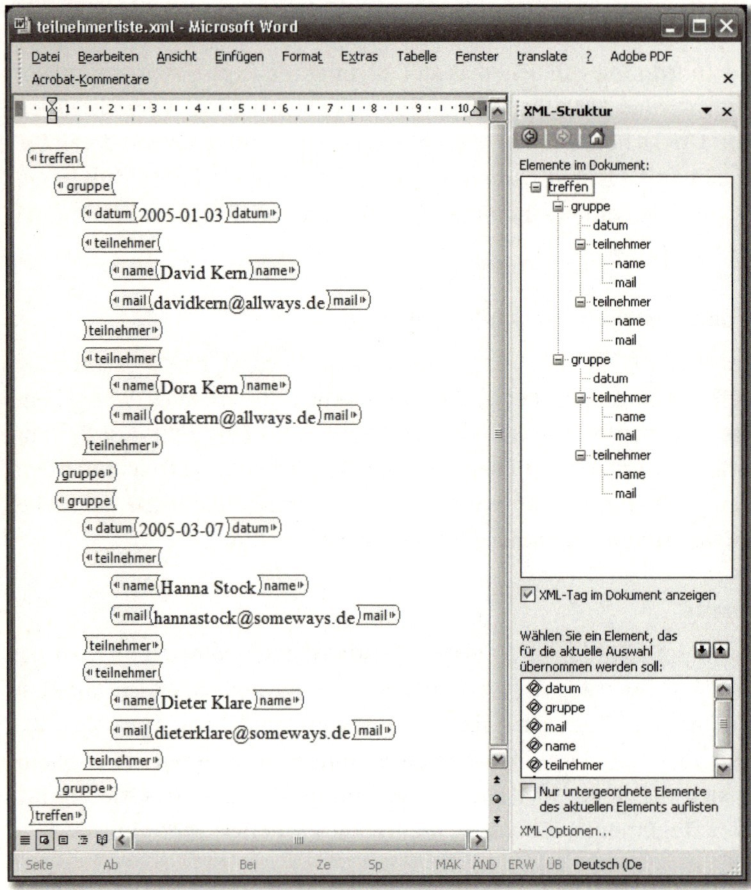

Abbildung 11.8 XML-Dokument in Word mit eingeblendeter XML-Struktur

11.5.2 Öffnen mit XSLT-Stylesheets

Ist für eine Datei ein solches XSLT-Stylesheet definiert, benutzt Word dieses aber auch dann nicht automatisch für die Anzeige im Word-Fenster, wenn eine entsprechende Verarbeitungsanweisung mit einem Bezug auf eine Stylesheet-Datei in der XML-Datei enthalten ist. Die Zuordnung von Stylesheets wird stattdessen explizit über den **Datei • Öffnen**-Dialog vorgenommen, der in diesem Fall zusätzlich im Menü der Schaltfläche **Öffnen** die Option **Mit Transformation öffnen** anbietet.

Zugeordnete Stylesheets werden außerdem auch über den Aufgabenbereich **XML-Dokument** unter **XML-Datenansicht** angezeigt und lassen sich wahlweise aktivieren, um bei Bedarf zwischen verschiedenen definierten Ansichten eines XML-Dokuments zu wechseln.

11.5.3 Dokumente nachträglich auszeichnen

Von besonderem Interesse ist auch die Möglichkeit, vorhandene Word-Dokumente nachträglich ganz oder teilweise mit XML-Tags auszuzeichnen. Dazu muss dem geladenen Dokument ein passendes Schema aus der Schemabibliothek zugeordnet werden. Das manuelle Verfahren ist dabei sehr einfach. Sie markieren den entsprechenden Teil des Textes und klicken dann auf das passende XML-Element in dem unteren Fenster der XML-Strukturansicht.

Die mit XML-Tags versehenen Rohdaten lassen sich dann wahlweise getrennt von der in Word beigefügten Textformatierung als separate XML-Dateien speichern. Dazu wird im Dialog **Datei • Speichern unter** die Option **Nur Daten speichern** aktiviert.

11.5.4 Transformationen beim Speichern

Wie beim Einlesen einer XML-Datei können auch beim Speichern eines Dokuments XSLT-Stylesheets zwischengeschaltet werden, beispielsweise um die Daten in einer bestimmten Weise für die Darstellung in einem speziellen Medium umzuwandeln. Wird im Dialog **Datei • Speichern unter** die Option **Transform anwenden** aktiviert, lässt sich das benötigte XSLT-Stylesheet über die dann aktivierte Schaltfläche **Transformation** auswählen und zuordnen. In der Regel sollte als Ziel der Speicherung dann aber ein anderer Dateiname als der der Originaldatei angegeben werden, weil sonst die Daten, die das Stylesheet nicht berücksichtigt, verloren gehen. Das Programm gibt auch einen entsprechenden Hinweis.

Vorgaben für Stylesheets

Wenn einem bestimmten Schema von vornherein ein oder mehrere Stylesheets zugeordnet werden sollen, kann dies aber auch über den Dialog **Schemabibliothek** geschehen, der gleich vorgestellt wird. Die so vorgegebenen Stylesheets werden dann – wie schon kurz angesprochen – über den Aufgabenbereich **XML-Dokument** unter **XML-Datenansicht** angeboten.

11.5.5 XML-Daten einfügen

Zusätzlich gibt es noch zwei andere Möglichkeiten, XML-Daten in ein Dokument einzubauen. Über die Funktion **Einfügen • Feld** kann eine komplette XML-Datei oder ein durch einen XPath-Ausdruck bestimmter Auszug an der Einfügestelle übernommen werden. Dabei wird *TextInclude* als *Feldname* gewählt. Der Befehl **Einfügen • Datei** ist ebenfalls verwendbar, um komplette Dateien in das Dokument zu holen.

11.5.6 Dokumente auf der Basis eigener XML-Schemas

Word 2003 unterstützt nicht nur das XML-Format, sondern insbesondere durch die Gültigkeitsprüfung das XML-Dokuments durch den Abgleich mit verfügbaren XML-Schemas. Die früher meist verwendeten Dokumenttyp-Definitionen – DTDs – werden dagegen – wie schon angedeutet – in diesem Verfahren nicht unterstützt.

Word 2003 bietet selbst keine spezielle Unterstützung für den Entwurf von XML-Schemas an. Sie können sich aber, wenn kein anderes Werkzeug dafür verfügbar ist, damit behelfen, ein solches Schema einfach als Textdatei zu editieren und im **Nur Text**-Format mit der Endung **.xsd** zu speichern. Professionelle Werkzeuge für das Design von Schemas bieten Visual Studio.Net oder Anwendungen wie XMLSpy. Möglicherweise werden Ihnen aber auch bereits fertige XML-Schemas von Kooperationspartnern, Lieferanten oder Abnehmern angeboten.

11.5.7 Schema für eine Teilnehmerliste

Um die Vorgehensweise an einem Beispiel zu zeigen, soll ein kleines Schema eingesetzt werden, das die Datenstruktur für das oben gezeigte XML-Dokument festlegt.

```
<?xml version="1.0" encoding="ISO-8859-1"?>
<xs:schema targetNamespace="http://www.helmut-vonhoegen.de/schemas"
           xmlns="http://www.helmut-vonhoegen.de/schemas"
           xmlns:xs="http://www.w3.org/2001/XMLSchema"
           elementFormDefault="qualified">
  <xs:element name="treffen">
    <xs:complexType mixed="true">
      <xs:sequence>
        <xs:element ref="gruppe" maxOccurs="unbounded"/>
      </xs:sequence>
    </xs:complexType>
  </xs:element>
  <xs:element name="gruppe">
```

```
    <xs:complexType mixed="true">
      <xs:sequence>
        <xs:element ref="datum"/>
        <xs:element ref="teilnehmer" maxOccurs="unbounded"/>
      </xs:sequence>
      <xs:attribute name="nr" use="required" type="xs:integer"/>

    </xs:complexType>
  </xs:element>

  <xs:element name="teilnehmer">
    <xs:complexType mixed="true">
      <xs:sequence>
        <xs:element ref="name"/>
        <xs:element ref="mail"/>
      </xs:sequence>
    </xs:complexType>
  </xs:element>

  <xs:element name="mail" type="xs:string"/>
  <xs:element name="name" type="xs:string"/>
  <xs:element name="datum" type="xs:date"/>

</xs:schema>
```

Zu Beginn wird ein Zielnamensraum angegeben, der dann zugleich auch als Defaultnamensraum definiert wird. Dies ist zwar nicht zwingend erforderlich, vereinfacht aber die Zuordnung des Schemas in die Schemabibliothek von Word.

Das Schema definiert zunächst das Wurzelelement `<treffen>` als komplexen Datentyp, der eine beliebige Anzahl von `<gruppe>`-Elementen enthalten soll, wobei ein Attribut `nr` zur Durchnummerierung der Gruppen verwendet wird.

Jede Gruppe enthält ein Datumselement und eine beliebige Anzahl von `<teilnehmer>`-Elementen, die sich wiederum aus einem `<name>`- und einem `<mail>`-Element zusammensetzen. Die Abbildung aus XMLSpy verdeutlicht die Datenstruktur:

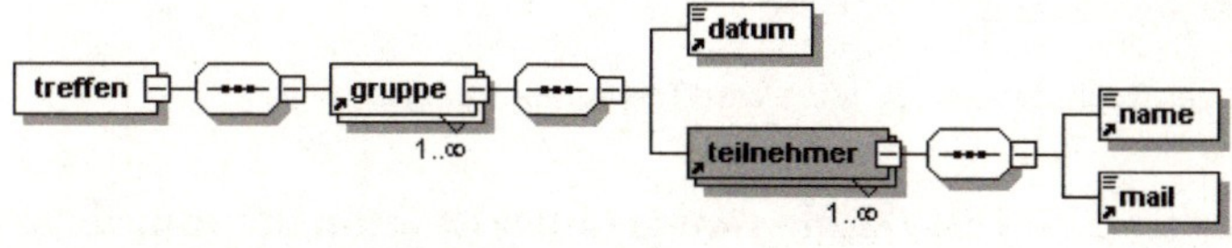

Abbildung 11.9 XML-Struktur der Teilnehmerliste

Mischinhalte

Eine Besonderheit des Schemas ist, dass bei der Definition des Datentyps für das Element `<treffen>` das Attribut `mixed` verwendet wird, wobei der Wert `true` zugewiesen ist. Dies erlaubt dem Anwender, vor, hinter und zwischen den vorgeschriebenen Kindelementen von `<treffen>` noch zusätzliche Texte einzufügen, für die das Schema keine weiteren Einschränkungen festlegt. Entsprechend wird mit den Elementen `<gruppe>` und `<teilnehmer>` verfahren.

Diese Einstellung erlaubt es, bei der Eingabe einer Teilnehmerliste beispielsweise Kommentare oder Notizen zu einzelnen Teilnehmern abzulegen. Das Dokument bleibt dadurch trotzdem ein gültiges XML-Dokument. Word bietet über **XML-Optionen** alternativ auch die Möglichkeit an, mit der Einstellung **Gemischte Inhalte ignorieren** Texte, die im Schema nicht vorgesehen sind, aus der Gültigkeitsprüfung herauszunehmen. Diese Texte werden dann auch beim Speichern der XML-Daten herausgefiltert.

11.5.8 Zuordnen des Schemas

Für die Dateneingabe wird eine Dokumentvorlage mit einigen Beschriftungen entworfen. Wie wird nun das Schema mit der Vorlage verknüpft?

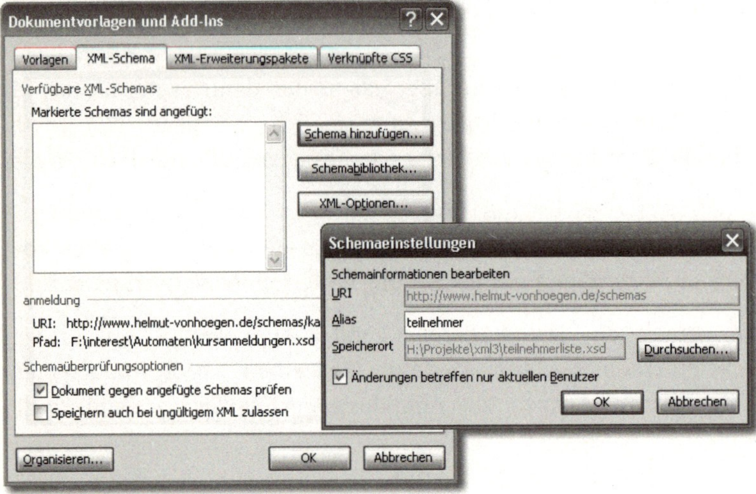

Abbildung 11.10 Über das Register XML-Schema wird das Schema zugewiesen

Sobald die angesprochene Vorlage **Datei • Neu** geöffnet ist, kann der Aufgabenbereich **XML-Struktur** eingeblendet und darin der Link **Vorlagen und Add-Ins** benutzt werden. Dieser Befehl kann auch direkt über das Menü **Extras** erreicht werden.

Über das Register **XML-Schema** wird die Schaltfläche **Schema hinzufügen** angeboten, um die XML-Schema-Datei **teilnehmer.xsd** auszuwählen.

Benutzerbezogene Schemabibliothek

Word stellt jedem Benutzer eine eigene Schemabibliothek zur Verfügung, die mit seinen Dokumenten ganz nach Bedarf verknüpft werden können. Um sicherzustellen, dass die im Schema verwendeten Elementnamen nicht mit Elementnamen aus einem anderen Schema kollidieren, muss dem Schema in dem automatisch angebotenen Dialog **Schemaeinstellungen** ein eindeutiger Uniform Resource Identifier unter **URI** als Bezeichner für den Namensraum zugeordnet werden, zu dem die Elemente des Schemas gehören sollen. Enthält das Schema – wie oben beschrieben – Angaben zum Zielnamensraum, wird der entsprechende Wert in das Feld übernommen.

Namensraum und Alias

Um den Namensraum des Schemas bei Bedarf einfacher ansprechen zu können, wird im Dialog zusätzlich ein **Alias**-Name zugewiesen, der als Präfix vor dem Elementnamen erscheint. Dieser so bestimmte Namensraum ist damit ebenfalls dem Dokument, das mit dem Schema verknüpft wird, zugeordnet. (Bezieht sich ein Schema durch ein **import**-Element auf weitere Schemas, können diese ebenfalls in die Schemabibliothek mit übernommen werden, wenn eine diesbezügliche Nachfrage bestätigt wird.)

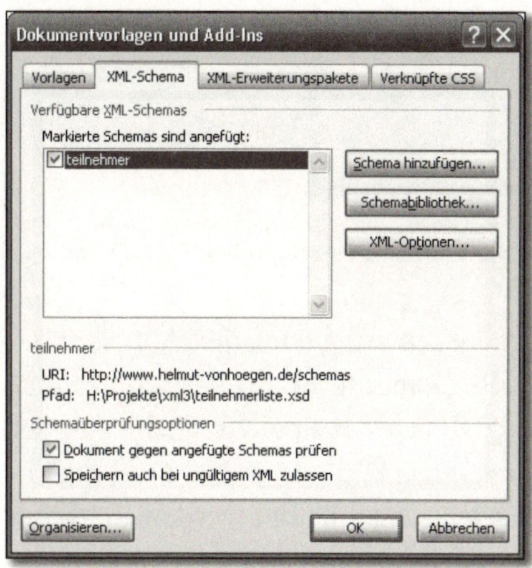

Abbildung 11.11 Das Schema ist angefügt

Das ausgewählte Schema erscheint anschließend im Register. Um das Schema für das Dokument zu aktivieren, genügt es, den Eintrag jeweils abzuhaken. (Soll die

Verknüpfung eines Dokuments mit einem Schema nachträglich wieder getrennt werden, wird der Eintrag einfach abgewählt. Das führt dazu, dass alle in das Dokument eingefügten Tags gelöscht werden, die Elementinhalte aber erhalten bleiben.)

Validierungsoptionen

Auf dem Register **XML-Schema** kann dann noch festgelegt werden, ob das Word-Dokument gegen das angefügte Schema geprüft werden soll oder auch nicht. Ist die Validierung eingeschaltet, lässt sich mit der Option **Speichern auch bei ungültigem XML zulassen** erreichen, dass ein Validierungsfehler das Abspeichern nicht verhindert, was normalerweise der Fall, in der Entwicklungsphase einer Anwendung aber meist unpraktisch ist.

Die Schaltfläche **Schemabibliothek** öffnet einen Dialog, der das Löschen von Schemas oder auch Änderungen der Alias-Namen erlaubt.

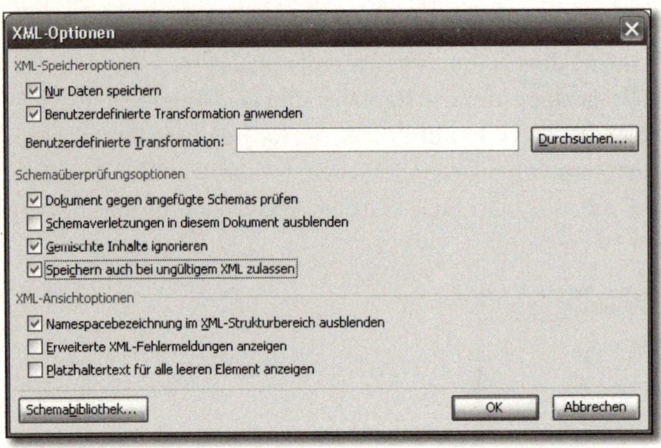

Abbildung 11.12 XML-Optionen zum Speichern, Validieren und Anzeigen der XML-Daten

Nachdem das Schema dem Dokument zugewiesen ist, bietet der Aufgabenbereich **XML-Struktur** im unteren Teil jeweils die Elemente an, die das Schema enthält. Über die Schaltfläche **XML-Optionen** lässt sich das Speichern, die Art der Validierung und die Ansicht beeinflussen. So kann z. B. die Namensraumbezeichnung zu den Elementnamen im Aufgabenbereich ausgeblendet werden. Dadurch wird die Ansicht in den kleinen Fenstern übersichtlicher.

Für leere Elemente lässt sich bei Bedarf auch ein Platzhaltertext einblenden, was hauptsächlich dann sinnvoll ist, wenn gleichzeitig die Option aktiviert wird, die die Anzeige der XML-Tags ausblendet. Dadurch bleibt erkennbar, an welcher Stelle im Dokument welche Eingabe erwartet wird.

11.5.9 Zuordnen von XML-Elementen zu Textteilen

Um nun XML-Elemente aus dem Schema in den Dokumentbereich zu übernehmen, wird zunächst im unteren Fenster des Aufgabenbereichs das Wurzelelement des Schemas per Mausklick ausgewählt, in diesem Fall also das Element `<treffen>`. Bestätigen Sie die Zuordnung mit der Schaltfläche **Für gesamtes Dokument übernehmen**.

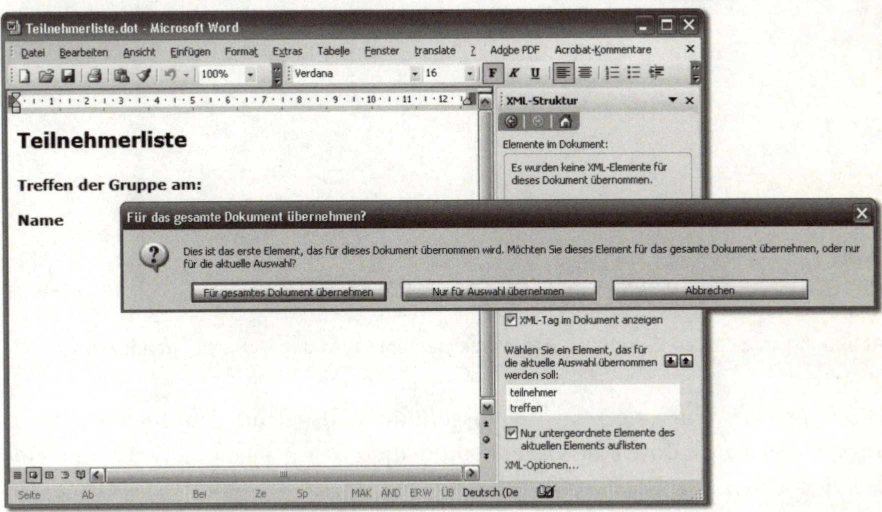

Abbildung 11.13 Zuordnen des Wurzelelements zum gesamten Dokument

Die dem Wurzelelement entsprechenden Tags erscheinen im Dokument, der Name des Elements erscheint gleichzeitig im oberen Fenster des Aufgabenbereichs. Im unteren Fenster werden anschließend das oder die Kindelemente des zuletzt eingefügten Elements angezeigt, sofern die Option **Nur untergeordnete Elemente des aktuellen Elements auflisten** aktiviert bleibt. Mit den kleinen Pfeilen kann das untere Fenster bei Bedarf vergrößert werden.

Für das weitere Vorgehen haben Sie die freie Wahl, entweder erst die Tags an den vorher per Mausklick angesteuerten Stellen der Vorlage einzufügen und sie anschließend mit Inhalt zu füllen oder erst den Inhalt einzutragen und dann dem markierten Inhalt per Mausklick auf den entsprechenden Elementnamen im unteren Fenster die Start- und End-Tags zuzuweisen, was meist praktischer ist. In diesem Fall bietet es sich allerdings an, die Vorlage zunächst nur mit den Tags zu bestücken und sie erneut als Vorlage abzuspeichern. Wer diese Vorlage dann für ein Dokument verwendet, braucht die vorgegebenen Tags nur noch mit Inhalt zu füllen.

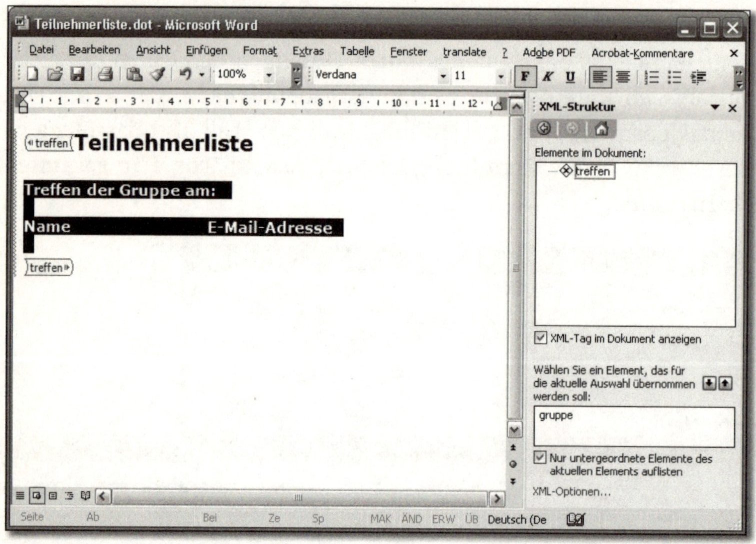

Abbildung 11.14 Nach Zuordnung des Wurzelelements wird das Kindelement angeboten

Die folgende Abbildung zeigt die ausgefüllte Vorlage mit den eingeblendeten Tags, die sich auch durch die Tastenkombination Strg + ⇧ + X aus- und einblenden lassen.

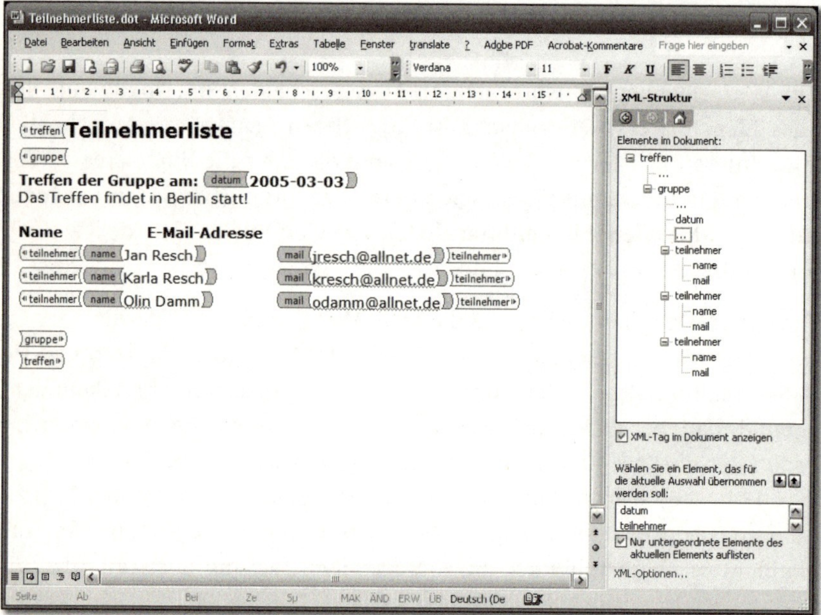

Abbildung 11.15 Das getagte Dokument und die Liste der verwendeten Elemente

Abbildung 11.16 Dasselbe Dokument ohne Tags

Wie das Beispiel zeigt, verwendet XML für den im Schema verwendeten Datentyp `xs:date` Datumsangaben nach dem internationalen ISO 8601-Standard, der auch in Deutschland gültig ist (DIN 5008).

11.5.10 Eingabe von Attributwerten

Etwas umständlich ist in Word 2003 die Eingabe von Attributwerten geregelt. Um den Wert des Attributes `nr` einzugeben, wird das entsprechende Start-Element von `gruppe` mit rechts angeklickt und das Dialogfeld **Attribute** ausgefüllt. Attribute werden im Dokument normalerweise nicht angezeigt, es sei denn, die Attributwerte werden durch entsprechende Stylesheets sichtbar gemacht. Das gilt auch für die Webseitenvorschau, die über das **Datei**-Menü aufgerufen wird.

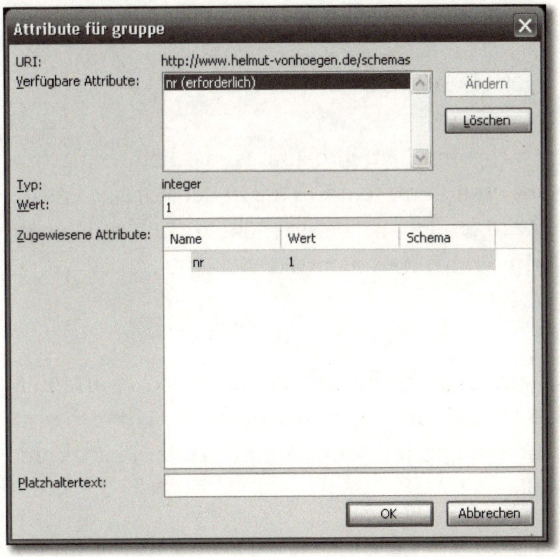

Abbildung 11.17 Das Dialogfeld für die Eingabe des Attributwerts

11.5.11 Speicheroptionen für XML-Daten

Was tun mit der ausgefüllten Vorlage? Zunächst besteht die Möglichkeit, das Dokument ganz normal als **.doc**-Datei zu speichern. Die Verknüpfung mit dem Schema und die eingebetteten Tags bleiben erhalten und stehen beim nächsten Öffnen wieder zur Verfügung. Dabei spielt es keine Rolle, ob das Dokument in allen Punkten dem Schema entspricht, eine entsprechende Prüfung beim Speichern findet für dieses Format nicht statt.

Gültigkeitsprüfung während der Eingabe

Ob ein Dokument im Sinne des beigefügten Schemas gültig ist, wird schon vor dem Speichern im Aufgabenbereich sichtbar gemacht, solange über **XML-Optionen** die Einstellung **Dokument gegen angefügte Schemas prüfen** ausgewählt ist. Auch erweiterte Fehlerhinweise lassen sich hier aktivieren, die am Mauszeiger erscheinen, wenn ein Fehlersymbol im Aufgabenbereich berührt wird. Ist beispielsweise für das Element `<Datum>` ein ungültiges Format verwendet worden, erscheint in der Elementliste ein Andreaskreuz vor dem Element mit einem Hinweis darauf.

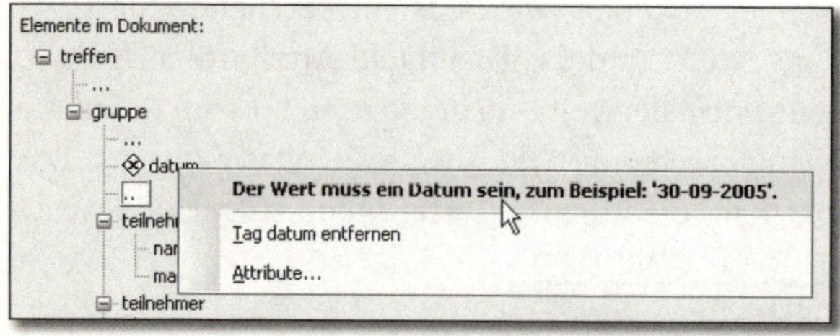

Abbildung 11.18 Hinweis zu einem ungültigen Datentyp für ein Element

Erscheinen dagegen namenlose Zweige im Elementbaum, ist das kein Fehlerhinweis. Die drei Pünktchen repräsentieren in diesem Fall die in der Vorlage enthaltenen Beschriftungen vor den XML-Elementen. Sie erscheinen auch nur, wenn die XML-Option **Gemischte Inhalte ignorieren** nicht aktiviert ist.

Speichern im XML-Format

Kommt es darauf an, die dem Schema entsprechenden Rohdaten sicherzustellen, ist es sinnvoll, das Dokument als XML-Dokument zu speichern. Das gilt insbesondere dann, wenn das Dokument auch für andere Anwendungen oder Plattformen zur Verfügung gestellt werden soll.

Angeboten werden dafür zwei Verfahren, die Speicherung der unformatierten XML-Daten und die Speicherung des formatierten Dokuments unter Verwendung des von Microsoft entwickelten WordML-Schemas.

Auch in dem zweiten Verfahren wird ein von Ihnen eingebundenes Schema bei der Prüfung der Gültigkeit mit berücksichtigt. Entdeckt Word beim Speichern als XML-Datei, dass die Struktur der Daten nicht mit dem unterlegten Schema übereinstimmt, wird deshalb angeboten, das Dokument stattdessen als Word-Dokument zu speichern. Dieser Ausweg ist aber nur nötig, wenn über **XML-Optionen** das Speichern im Falle ungültiger XML-Daten unterbunden wurde.

XML-Dokumente mit Rohdaten

Um von einem Dokument nur die Rohdaten, die dem zugeordneten Schema entsprechen, zu speichern, wählen Sie im **Speichern unter**-Dialog zunächst **XML-Dokument** als Datentyp aus und aktivieren anschließend die Option **Nur Daten speichern**. Diese Art des Speicherns kann über **XML-Optionen** mit derselben Option auch als Standardverfahren vorgegeben werden

Vor dem Speichern eines XML-Dokuments, das in Word bearbeitet wurden, erfolgt jeweils ein Hinweis, dass Bestandteile des Dokuments – Formate, Objekte und automatisch oder manuell zugeordnete Dokumenteigenschaften – verloren gehen, wenn mit **Weiter** bestätigt wird.

Die Schaltfläche **WordML behalten** erlaubt in diesem Moment noch den Wechsel zu dem im nächsten Abschnitt beschriebenen alternativen Verfahren. Abbildung 11.19 zeigt das auf der Basis der Vorlage erzeugte XML-Dokument im Internet Explorer.

Wie zu sehen, wurden die Beschriftungselemente der Vorlage, die das Schema, wie oben beschrieben, zwischen den XML-Elementen durchaus zulässt, herausgefiltert. Dazu wurde unter **XML-Optionen** die Option **Gemischte Inhalte ignorieren** aktiviert.

Diese Option eröffnet Ihnen also generell die Möglichkeit, in einem Dokument strukturierte und unstrukturierte Informationen parallel festzuhalten. Sie können beispielsweise einen längeren Text schreiben und dazu etwa im Kopf oder am Ende des Textes wichtige Metadaten oder bestimmte für andere Anwendungen interessante Werte auf der Basis eines eigenen Schemas festhalten. Beispielsweise könnten in einem Mahnschreiben Informationen wie Kundennummer, Rechnungsnummer, Fälligkeitsdatum und Rechnungsbetrag als XML-Elemente ausgezeichnet werden. Parallel zur Speicherung des gesamten Dokuments lassen sich dann diese Daten in separate XML-Dateien extrahieren.

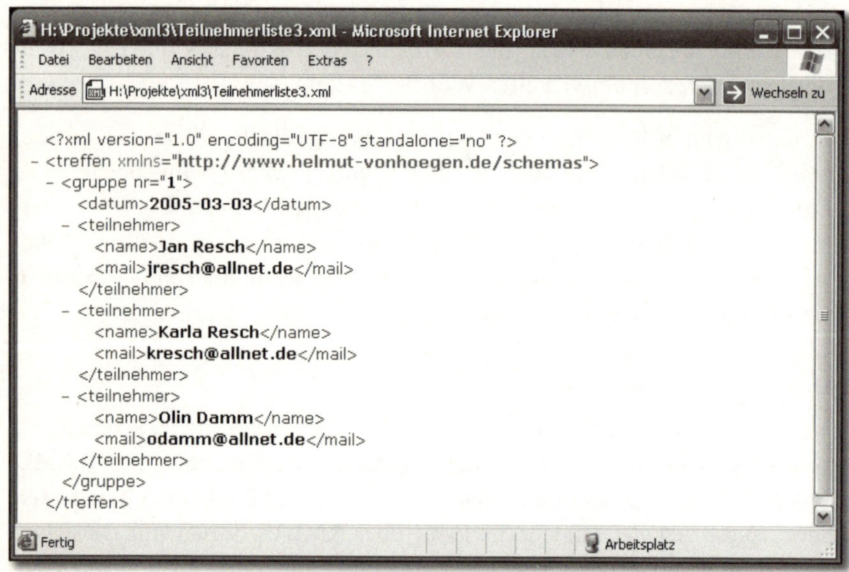

Abbildung 11.19 Das gespeicherte XML-Dokument mit den Rohdaten

11.5.12 WordprocessingML

Unabhängig davon, ob Sie eine Office-Edition mit den oben beschriebenen erweiterten XML-Funktionen einsetzen, haben Sie in allen Editionen auf jeden Fall immer die Möglichkeit, beliebige Word-Dokumente komplett im XML-Format zu speichern. Benutzen Sie dazu im **Speichern unter**-Dialog ebenfalls **XML-Dokument** als Dateityp, aber ohne die Option **Nur Daten speichern** zu aktivieren.

Damit wird eine Datei erzeugt, die automatisch das von Microsoft entwickelte XML-Schema **WordprocessingML** verwendet, das abgekürzt auch als **WordML** bezeichnet wird. Dieses Schema erlaubt es, voll formatierte Word-Dokumente so in XML zu übertragen, dass Formate, eingefügte Objekte und Dokumenteigenschaften aufbewahrt bleiben und bei einem erneuten Einlesen in Word wieder zur Verfügung stehen.

Auch alle über den Dialog **Datei • Eigenschaften** zugewiesenen Metadaten zu dem Dokument bleiben dann erhalten. Selbst Bilder und grafische Objekte lassen sich in diesem Format transportieren. Word verwendet dabei bisher allerdings nicht, was vielleicht nahe gelegen hätte, das vom W3C definierte SVG, sondern eigene Tags wie `<w:binData>` für ein **jpg**-Bild und `<v:shapetype>` für Zeichnungsobjekte, beide jeweils als Kindelemente von `<w:pict>`.

Offen gelegtes Schema

Das Schema wurde von Microsoft offen gelegt und kann vom Microsoft Download Center über die Datei **O2003MLREF2.exe** herunter geladen werden. Neben den verschiedenen Office-Schemas sind in dem Paket auch umfangreiche Referenzen enthalten. Dokumente, die dieses Schema verwenden, sind wohlgeformte und gültige XML-Dateien.

11.5.13 Word-Dokument als Elementbaum

Abbildung 11.20 zeigt in stark gekürzter Form, wie das oben verwendete Beispiel in WordML gespeichert wird. Dabei wird für das neben WordML verwendete Teilnehmer-Schema ein zusätzlicher Namensraum deklariert. Word ordnet ein vorgegebenes Präfix `ns(x)` zu, wobei x für eine Nummer steht, die automatisch hochgezählt wird, wenn mehrere Namensraumdefinitionen des Benutzers vorhanden sind. Die in diesem Schema definierten Elemente sind über das diesem Namensraum zugewiesene Präfix ansprechbar.

Wenn Sie eine solche Datei im Internet Explorer ansehen wollen, muss die Verarbeitungsanweisung

```
<?mso-application progid="Word.Document"?>
```

mit einem beliebigen Texteditor vorübergehend auskommentiert werden, weil Windows die Datei beim Öffnen über den Windows Explorer sonst sofort an Word weiterreicht.

Die Elementhierarchie

WordprocessingML arbeitet mit dem Wurzelelement `<w:wordDocument>`. Der Wurzelnamensraum für das Schema ist `"http://schemas.microsoft.com/office/word/2003/wordml"`. Als Präfix ist »w« vorgegeben. Daneben werden noch zahlreiche andere Namensräume verwendet. Außerdem enthält das Wurzelelement einige Attribute, etwa um zu kennzeichnen, ob das Dokument Makros oder eingefügte Objekte enthält.

Top-Level-Elemente

Unterhalb des Wurzelelements können einige Top-Level-Elemente verwendet werden, die in der folgenden Tabelle zusammengestellt sind:

Element	Bedeutung
`<o:documentProperties>`	Element für die Dokumenteigenschaften, die automatisch oder über den Dialog **Datei • Eigenschaften** zugewiesen werden

Tabelle 11.1 Top-Level-Elemente in WordprocessingML

Element	Bedeutung
`<w:fonts>`	Informationen über die verwendeten Schriften
`<w:lists>`	Container für Listenelemente
`<w:styles>`	Container für Formatvorlagen
`<w:shapeDefaults>`	Container für grafische Elemente
`<w:docSuppData>`	Container für VBA-Code
`<w:docPr>`	Container für Elemente, die Dokumenteinstellungen festhalten, etwa `<w:zoom>` oder `<w:validateAgainstSchema>`
`<w:body>`	Dieser Container umschließt den gesamten Dokumentinhalt.

Tabelle 11.1 Top-Level-Elemente in WordprocessingML (Forts.)

```
<?xml version="1.0" encoding="UTF-8" standalone="yes" ?>
- <w:wordDocument xmlns:w="http://schemas.microsoft.com/office/word/2003/wordml" xmlns:v="urn:schemas-
  microsoft-com:vml" xmlns:w10="urn:schemas-microsoft-com:office:word"
  xmlns:sl="http://schemas.microsoft.com/schemaLibrary/2003/core"
  xmlns:aml="http://schemas.microsoft.com/aml/2001/core"
  xmlns:wx="http://schemas.microsoft.com/office/word/2003/auxHint" xmlns:o="urn:schemas-microsoft-
  com:office:office" xmlns:dt="uuid:C2F41010-65B3-11d1-A29F-00AA00C14882"
  xmlns:ns0="http://www.helmut-vonhoegen.de/schemas" xmlns:st1="urn:schemas-microsoft-
  com:office:smarttags" w:macrosPresent="no" w:embeddedObjPresent="no" w:ocxPresent="no"
  xml:space="preserve">

  <o:SmartTagType o:namespaceuri="urn:schemas-microsoft-com:office:smarttags" o:name="date" />

+ <o:DocumentProperties>

+ <w:fonts>

+ <w:styles>

+ <w:docPr>

- <w:body>

  - <wx:sect>

    - <ns0:treffen>

      + <w:p>

      - <ns0:gruppe nr="1" w:placeholder="Nummer">

        + <w:p>

        + <w:p>

        + <w:p>

        + <w:p>

        + <w:p>

        - <ns0:teilnehmer>

          - <w:p>

            + <w:pPr>

            - <ns0:name>

              - <w:r>

                + <w:rPr>

                  <w:t>Jan Resch</w:t>
```

Abbildung 11.20 WordML-Datei im Internet Explorer. Die meisten Zweige des Elementbaums sind ausgeblendet

Kindelemente von <w:body>

Die wichtigsten Kindelemente in `<w:body>` sind `<w:p>` für je einen Paragrafen, `<w:r>` für einen zusammenhängenden Bereich `range`, mit gemeinsamen Eigenschaften und schließlich `<w:t>` als Element für ein einzelnes Stück Text. Eine Textzeile in WordprocessingML kann also im Minimum so codiert werden:

```
<?xml version="1.0"?>
<w:wordDocument
   xmlns:w="http://schemas.microsoft.com/office/word/2003/wordml">
  <w:body>
    <w:p>
      <w:r>
        <w:t>Etwas Text</w:t>
      </w:r>
    </w:p>
  </w:body>
</w:wordDocument>
```

Das im Schema definierte Vokabular zur Auszeichnung von formatierten Texten konkurriert offensichtlich mit der vom W3C standardisierten Stylesheet-Sprache XSL, die aber wesentlich allgemeiner ausgelegt ist und deren Rolle in der Praxis noch gering ist. Microsoft hat sich aufgrund dieser Tatsache bisher dafür entschieden, zwar XSLT, aber nicht XSL zu unterstützen.

11.5.14 Transformationen mit XSLT-Stylesheets

Lässt sich nun mit WordML mehr machen, als die Dokumente wieder in Word einzulesen? Immerhin handelt es sich um XML-Dokumente nach einem öffentlich verfügbaren Schema. Es gibt keine Probleme, solche Dokumente auf beliebigen Plattformen zu öffnen und mit XML-Tools zu bearbeiten.

Neue Anwendungslösungen öffnen sich hier insbesondere mit Blick auf den Einsatz von Transformationsstylesheets, die die vorhandenen Daten nach Bedarf filtern und für unterschiedliche Formen der Wiedergabe umwandeln. Das gilt vor allem, wenn WordML mit eigenen Schemas kombiniert wird.

Datenauszüge

Das folgende Listing zeigt nur zur Demonstration ein einfaches Stylesheet, das aus der WordML-Datei des Beispiels zunächst in tabellarischer Form einige Daten herauszieht, die als Dateieigenschaften abgelegt sind, und danach eine einfache Liste der angemeldeten Teilnehmer.

```
<?xml version="1.0" encoding="UTF-8"?>
<xsl:stylesheet version="1.0"
 xmlns:xsl="http://www.w3.org/1999/XSL/Transform"
 xmlns:w="http://schemas.microsoft.com/office/word/2003/wordml"
 xmlns:v="urn:schemas-microsoft-com:vml"
 xmlns:w10="urn:schemas-microsoft-com:office:word"
 xmlns:SL="http://schemas.microsoft.com/schemaLibrary/2003/core"
 xmlns:xsi="http://www.w3.org/2001/XMLSchema-instance"
 xmlns:ns0="http://www.helmut-vonhoegen.de/schemas"
 xmlns:aml="http://schemas.microsoft.com/aml/2001/core"
 xmlns:wx="http://schemas.microsoft.com/office/word/2003/auxHint"
 xmlns:o="urn:schemas-microsoft-com:office:office"
 xmlns:dt="uuid:C2F41010-65B3-11d1-A29F-00AA00C14882">
  <xsl:output method="html"/>

  <xsl:template match="/">
    <html>
      <head><title>Teilnehmerliste</title></head>
      <body>
        <xsl:apply-templates
             select="w:wordDocument/o:DocumentProperties"/>
        <h3>Liste der gemeldeten Teilnehmer:</h3>
        <xsl:apply-templates select="//ns0:name/w:r/w:t"/>
      </body>
    </html>
  </xsl:template>

  <xsl:template match="w:wordDocument/o:DocumentProperties">
    <table border="1">
      <tr>
        <td>Titel: </td>
        <td><xsl:value-of select="o:Title"/></td>
      </tr>
      <tr>
        <td>Autor: </td>
        <td><xsl:value-of select="o:Author"/></td>
      </tr>
      <tr>
        <td>Version: </td>
        <td><xsl:value-of select="o:Revision"/></td>
      </tr>
    </table>
  </xsl:template>
```

```
  <xsl:template match="//ns0:name/w:r/w:t">
    <p><em><xsl:value-of select="."/></em></p>
  </xsl:template>

</xsl:stylesheet>
```

Das Stylesheet wendet aus dem Template für die Dokumentwurzel heraus nacheinander zwei Templates an und sucht sich die zu formatierenden Daten über entsprechende XPath-Ausdrücke, die den Ort der Daten in dem Baum der Elemente angeben.

Um das Stylesheet auf die WordML-Datei anzuwenden, benutzen Sie im Dialog **Öffnen** die Option **Mit Transformation öffnen**, die das Menü der Schaltfläche anbietet, und wählen die entsprechende **xslt**-Datei aus. Die Abbildung zeigt, wie die Daten aufbereitet werden.

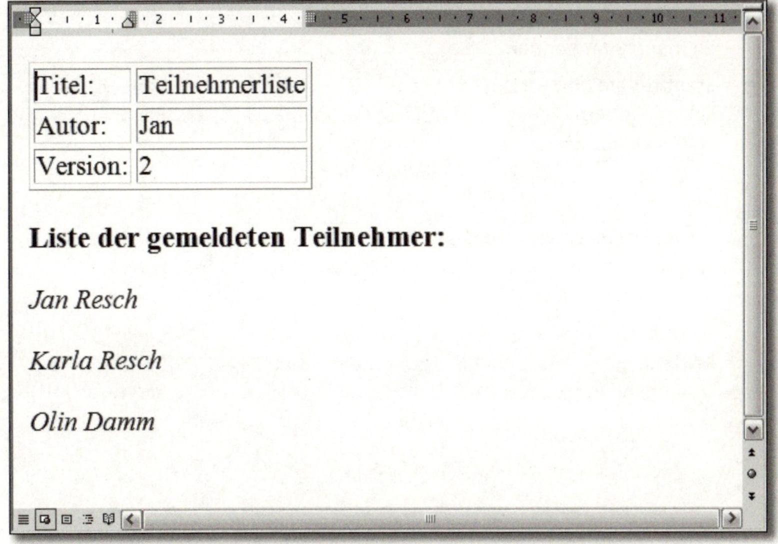

Abbildung 11.21 Die WordML-Datei nach der Transformation durch das Stylesheet

11.5.15 XML-Lösungen in Word 2003 programmieren

Die hier kurz vorgestellten manuellen Verfahren für die Nutzung von XML-Daten in der Benutzeroberfläche von Word lassen sich aufgrund des erweiterten Objektmodells in Word 2003 auch über Skripte oder Programme nutzen. Dazu wurden die vorhandenen Word-Objekte um entsprechende Eigenschaften und Methoden erweitert und zusätzlich spezielle XML-Objekte neu geschaffen.

Neue XML-Objekte

Die Tabelle gibt zunächst eine Übersicht über die XML-Objekte in Word 2003 und ihre Eigenschaften und Methoden:

Objekt	Bedeutung	Eigenschaften	Methoden
XMLChildNode-Suggestion	Steht für einen Knoten, der dem gegebenen Schema entsprechend ein mögliches untergeordnetes Element des aktuellen Elements ist, ohne dass die Gültigkeit garantiert ist.	Application, BaseName, Creator, NamespaceURI, Parent	Insert
XMLChildNode-Suggestions	Steht für eine Sammlung von Elementen, die dem Schema entsprechend mögliche gültige Unterelemente des spezifizierten Elements sein können.	Application, Count, Creator, Parent	Item
XMLNamespace	Steht für ein einzelnes Schema innerhalb der Schemabibliothek.	Alias, Application, Creator, Default Transform, Location, Parent, URI, XSL Transforms	AttachTo-Document, Delete
XMLNamespaces	Steht für eine ganze Sammlung von Schemas in der Schemabibliothek.	Application, Count, Creator, Parent	Add, Install-Manifest, Item
XMLNode	Steht für ein einzelnes XML-Element, das einem Dokument zugewiesen wurde.	Application, Attributes, BaseName, ChildNodes, Child-NodeSuggestions, Creator, FirstChild, HasChildNodes, LastChild, Level, NamespaceURI, NextSibling, NodeType, NodeValue, OwnerDocument, Parent, ParentNode, PlaceholderText, PreviousSibling, Range, SmartTag, Text, ValidationErrorText, ValidationStatus, XML	Copy, Cut, Delete, RemoveChild, SelectNodes, SelectSingle-Node, Set-Validation-Error, Validate

Tabelle 11.2 XML-Objekte in Word 2003

Objekt	Bedeutung	Eigenschaften	Methoden
XMLNodes	Steht für die Knoten in der Baumansicht der XML-Struktur im Aufgabenbereich, die die Elemente enthält, die der Anwender dem Dokument zugeordnet hat.	Application, Count, Creator, Parent	Add, Item
XMLSchemaReference	Steht für ein einzelnes Schema, das einem Dokument zugeordnet wurde.	Application, Creator, Location, NamespaceURI, Parent	Delete, Reload
XMLSchemaReferences	Steht für eine Gruppe eindeutiger Namensräume, die einem Dokument zugeordnet wurden.	AllowSaveAsXML-WithoutValidation, Application, Automatic-Validation, Count, Creator, IgnoreMixed-Content, Parent, Show-PlaceholderText, Under-lineValidationErrors	Add, Item, Validate
XSLTransform	Steht für ein einzelnes registriertes XSLT-Stylesheet.	Alias, Application, Creator, Location, Parent	Delete
XSLTransforms	Steht für alle XSLT-Stylesheets für einen bestimmten Namensraum.	Application, Count, Creator, Parent	Add, Item

Tabelle 11.2 XML-Objekte in Word 2003 (Forts.)

11.5.16 VBA-gesteuertes Zuordnen eines Schemas

Ein einfaches Beispiel soll den Einsatz der neuen Objekte zeigen. Einem leeren Worddokument soll das oben verwendete Schema für die Teilnehmerliste zugeordnet werden. Die Elemente des Schemas können dann ebenfalls per Skript in das Dokument eingefügt werden. Um die Nutzung zu vereinfachen, kann dazu in Word eine eigene Sysmbolleiste angelegt werden mit ein paar Schaltflächen, die mit entsprechenden VBA-Makros verknüpft werden.

Prüfen der Word-Version auf XML-Unterstützung

Da wie angesprochen, nicht jede Word 2003-Version die erweiterten XML-Funktionen unterstützt, muss ein Makro oder auch eine Anwendung in VB zunächst prüfen, ob dies der Fall ist. Dazu kann das `application`-Objekt von Word 2003 abgefragt werden. Mit der folgenden VBA-Anweisung wird beispielsweise dem aktuellen Word-Dokument ein solches Schema nur dann zugewiesen, wenn das Attribut `ArbitraryXMLSupportAvailable` den Wert `True` hat.

Namensraumzuweisung

Die Zuweisung selbst erfolgt über die Add-Methode des Objekts XMLNamespaces, das wiederum ein Unterobjekt von application ist. Das erste Makro kann beispielsweise so aussehen:

```
Sub SchemaEinfuegen()
  If Application.ArbitraryXMLSupportAvailable = True Then
    Application.XMLNamespaces.Add "teilnehmerliste.xsd", _
      "http://www.helmut-vonhoegen.de/schemas", "teilnehmer"
  End If
  Application.XMLNamespaces("http://www.helmut-vonhoegen.de/schemas"). _
      AttachToDocument (ActiveDocument)
  With ActiveDocument
    .UpdateStylesOnOpen = False
    .AttachedTemplate = "Normal"
    .XMLSchemaReferences.AutomaticValidation = True
    .XMLSchemaReferences.AllowSaveAsXMLWithoutValidation = False
  End With
End Sub
```

Die Add-Methode benötigt den Pfad des Schemas, das zweite Argument NamensraumURI ist optional, muss eindeutig sein und wird fallsensitiv behandelt. Optional ist auch der Alias-Name, der in der Schemaliste des Dialogs erscheint. Zusätzlich kann noch ein boolescher Wert für InstallForAllUsers verwendet werden. Wird die Vorgabe false überschrieben, können alle Benutzer auf die Schemas zugreifen. Die Eigenschaft entspricht der Dialogoption zu den Schemaeinstellungen: *Änderungen betreffen nur den aktuellen Benutzer*.

Einfügen in die Schemabibliothek

Die Anweisung bewirkt zunächst nur, dass das Schema in die Schemabibliothek eingefügt wird und im Dialog *Dokumentvorlagen und Add-Ins* auf dem Register *XML-Schema* ausgewählt werden kann, um damit im Dokument zu arbeiten. Die Schemabibliothek wird also durch das Objekt XMLNamespaces repräsentiert, die einzelnen Schemas, die der Bibliothek zugewiesen werden, durch XMLNamespace-Objekte, auf die über die Item-Methode von XMLNamesspaces zugegriffen werden kann.

Zuordnen zum aktuellen Dokument

Das Einfügen eines Schemas in die benutzerbezogene Schemabibliothek ist nicht identisch mit der Zuordnung des Schemas zu einem konkreten Dokument. Dies geschieht erst im nächsten Schritt mit Hilfe der AttachToDocument-Methode des

Objekts `XMLNamespace`. Das entspricht dem Abhaken des Schemas in dem oben genannten Dialog.

Da die Schemas über Indizes identifiziert werden, kann eine solche Anweisung für das erste verfügbare Schema beispielsweise auch so aussehen:

```
Application.XMLNamespaces(1).AttachToDocument ActiveDocument
```

Alternativ kann auch direkt eine Verknüpfung zwischen einem Dokument und einem Schema vorgenommen werden. Dies ist möglich über das Objekt `XMLSchemaReferences`, das ein Kindobjekt des `Document`-Objekts ist. Auch hier wird die `Add`-Methode verwendet. Eine entsprechende Anweisung kann dann so aussehen:

```
ActiveDocument.XMLSchemaReferences.Add "http://www.helmut-
vonhoegen.de/schemas" "teilnehmer" "teilnehmerliste.xsd"
```

Der erste Parameter ist wieder der NamensraumURI. Als zweiter Parameter kann ein Alias verwendet werden, es folgen der Pfad des Schemas und optional der boolesche Wert für `InstallForAllUsers`.

Verknüpfung mit Textteilen

Auch die Verknüpfung der einzelnen XML-Elemente mit dem Dokument kann per Makro gesteuert werden. Dazu wird hauptsächlich die `Add`-Methode des `XMLNodes`-Objekts verwendet, wobei die Reihenfolge der Anweisungen zu beachten ist. Hier nur zur Andeutung der Möglichkeiten ein kleines Makro, das einen ersten Satz der Elemente in das Dokument einfügt, wobei vorausgesetzt wird, dass das Schema schon dem Dokument zugewiesen ist.

```
Sub NeueElemente()
    ActiveDocument.XMLNodes.Add "treffen", _
        "http://www.helmut-vonhoegen.de/schemas"
    ActiveDocument.XMLNodes.Add "gruppe", _
        "http://www.helmut-vonhoegen.de/schemas"
    ActiveDocument.XMLNodes.Add "teilnehmer", _
        "http://www.helmut-vonhoegen.de/schemas"
    ActiveDocument.XMLNodes.Add "name", _
        "http://www.helmut-vonhoegen.de/schemas"
    Selection.MoveRight Unit:=wdCharacter, Count:=1
    ActiveDocument.XMLNodes.Add "mail", _
        "http://www.helmut-vonhoegen.de/schemas"
End Sub
```

Listenerweiterung

Auch wenn weitere Teilnehmer in die Liste aufgenommen werden sollen, kann ein kleines Makro die dafür notwendigen Elemente an der entsprechenden Einfügestelle jeweils vorgeben.

```
Sub NeueTeilnehmer()
    Selection.TypeParagraph
    Selection.XMLNodes.Add "name", _
        "http://www.helmut-vonhoegen.de/schemas"
    Selection.MoveRight Unit:=wdCharacter, Count:=1
    ActiveDocument.XMLNodes.Add "mail", _
        "http://www.helmut-vonhoegen.de/schemas"
    Selection.MoveLeft Unit:=wdCharacter, Count:=2
End Sub
```

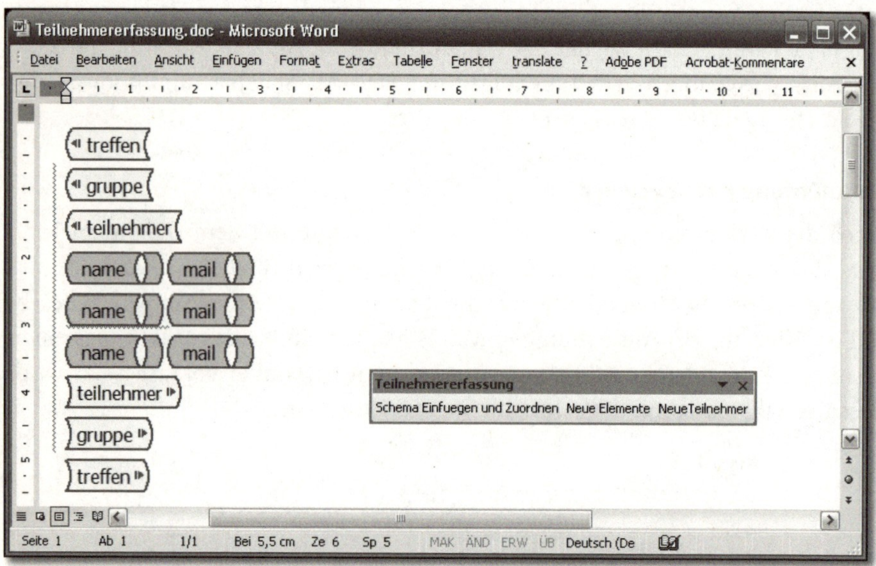

Abbildung 11.22 Das Dokument mit den Schaltflächen, die die Makros aufrufen

11.5.17 Aktivieren von Stylesheets

Jedem `XMLNamespace`-Objekt können bei Bedarf XSLT-Transformationen zugeordnet werden. Dies geschieht mit der `Add`-Methode von `XSLTransforms`, dem Containerobjekt für Transformationen, die selbst jeweils durch ein `XSLTransform`-Objekt vertreten werden. Dazu muss nur der Pfad der entsprechenden XSLT-Datei angegeben werden. Zusätzlich kann ein Alias-Name beigefügt werden, um die Datei einfacher ansprechen zu können. Die folgende Anweisung fügt eine solche Transformation der Schemabibliothek hinzu.

```
Application.XMLNamespaces(1).XSLTransforms.Add _
 "gruppenanmeldung.xslt",  "anmeldeliste"
```

In Word 2003 erscheint die hinzugefügte Transformation im Dialog der Schemabibliothek unter **Solutions**.

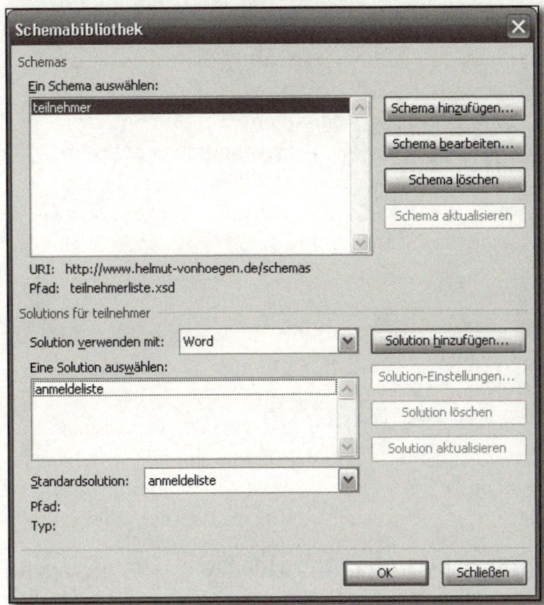

Abbildung 11.23 In der Schemabibliothek verfügbare Transformation

Die folgende XSLT-Datei fasst die verschiedenen Gruppenanmeldungen beispielsweise in Form einer einfachen Tabelle zusammen:

```
<?xml version="1.0" encoding="ISO-8859-1"?>
<xsl:stylesheet version="1.0"
     xmlns:xsl="http://www.w3.org/1999/XSL/Transform" >
  <xsl:output method="html" encoding="ISO-8859-1"/>

  <xsl:template match="/">
    <html>
      <head><title>Anmeldungen</title></head>
      <body>
        <h2>Anmeldungen:</h2>
        <table  cellpadding="5" cellspacing="5">
          <xsl:apply-templates select="//gruppe" />
        </table>
      </body>
```

```
    </html>
  </xsl:template>

  <xsl:template match="gruppe">
    <tr><th width="350" colspan="2" align="left">
         Gruppe: <xsl:value-of select="@nr"/></th></tr>
    <tr><td width="350" colspan="2">
        <xsl:text> Termin: </xsl:text>
        <xsl:value-of select="datum"/></td></tr>
    <tr><th width="150" align="left">Name: </th>
      <th width="200" align="left">E-Mail-Adresse: </th></tr>
    <xsl:apply-templates select="teilnehmer"/>
  </xsl:template>

  <xsl:template match="teilnehmer">
    <tr><td width="150" align="left">
          <xsl:value-of select="name"/></td>
      <td width="200" align="left">
        <xsl:value-of select="mail"/></td></tr>
  </xsl:template>

</xsl:stylesheet>
```

Wird diese Transformation beim Speichern der Anmeldedaten herangezogen, erzeugt Word eine XML-Datei mit einer tabellarischen Zusammenstellung der Anmeldungen für die verschiedenen Gruppen.

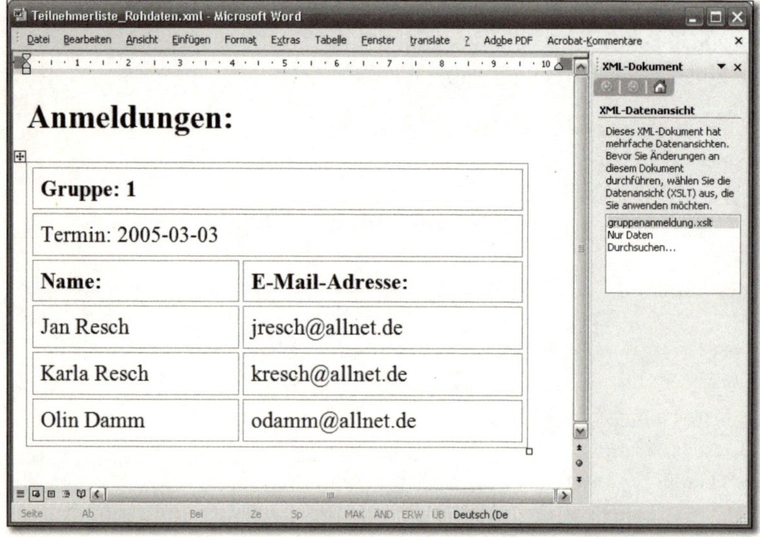

Abbildung 11.24 XML-Dokument nach Anwendung der XSLT-Transformation

11.5.18 Abfrage von XML-Elementen

An einem einfachen Beispiel soll im Folgenden gezeigt werden, wie gezielt bestimmte Inhalte eines Word-Dokuments, das mit einem XML-Schema arbeitet, per VBA-Makro ausgelesen werden können. Dafür wird hier ein kleines Formular mit dem Namen `XMLAbfrage` verwendet, das den Pfad des Dokuments und den Suchausdruck abfragt.

Für den Zugriff auf die einzelnen Informationseinheiten im Dokument lässt sich insbesondere die `SelectNodes`-Methode des `Document`-Objekts nutzen. Diese Methode gibt jeweils ein `XMLNodes`-Objekt zurück, dessen einzelne Elemente als `XMLNode`-Objekte angesprochen werden können.

Die Methode verwendet XPath-Ausdrücke, um die gewünschten Knoten zu lokalisieren. In diesem Falle müssen sich diese Ausdrücke natürlich an dem Knotenbaum orientieren, den Word für das aktuelle Dokument zur Verfügung stellt. Die folgende Prozedur für die Abfrageschaltfläche des Formulars skizziert dafür eine Lösung, die mit den oben angesprochenen XML-Objekten arbeitet:

```
Private Sub abfragen_Click()
  Dim stringout As String
  Dim elementName As String
  Dim doc As Word.document
  Dim docu As String
  Dim knotenliste As XMLNodes
  Dim i, menge As Integer
  docu = XMLAbfrage.document.Text
  elementName = XMLAbfrage.expression.Text
  Set doc = Application.Documents.Open(docu)
  Set knotenliste = doc.SelectNodes(elementName)
  menge = knotenliste.Count
  stringout = ""
  For i = 1 To menge
    stringout = stringout + knotenliste.Item(i).Text + vbNewLine
  Next
  MsgBox stringout
  XMLAbfrage.Hide
End Sub
```

In dieser Prozedur wird zunächst mit

```
  Set doc = Application.Documents.Open(docu)
```

das im Dialog angegebene Word-Dokument geöffnet.

Auslesen der Knotenliste

Der Abfrageausdruck wird dann als Parameter für die `selectNodes`-Methode genutzt, um die gewünschten Elemente über den entsprechenden Namen zu finden:

```
Set knotenliste = doc.selectNodes(elementName)
```

Die gewonnene Knotenliste kann dann in einer Schleife ausgelesen werden, die die `Item`-Methode des `XMLNode`-Objekts nutzt.

In dem abgebildeten Dialog wird ein XPath-Ausdruck

```
//teilnehmer/mail
```

angegeben, der die Elementnamen des verwendeten Schemas benutzt, in diesem Fall, um die E-Mail-Adressen der Teilnehmer zu ermitteln und in einer Messagebox auszugeben.

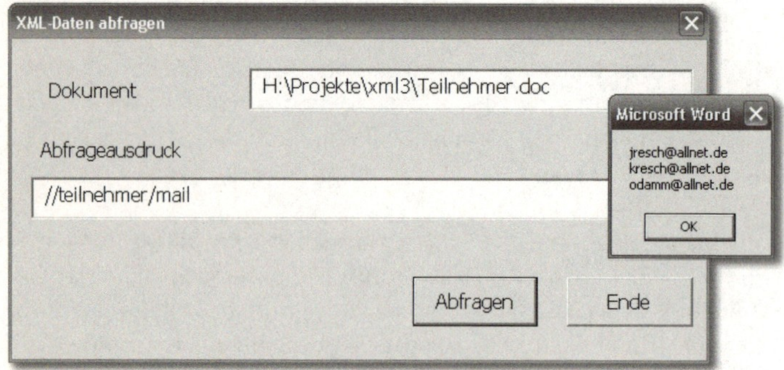

Abbildung 11.25 Abfrage von Elementen in einem Word-Dokument, das XML-Elemente enthält

Wie die Tabelle zu den XML-Objekten zeigt, stehen für die XML-Objekte ähnliche Methoden und Eigenschaften zur Verfügung, wie sie auch für die DOM-Schnittstelle definiert sind. Es ist also nicht nur die Abfrage von Knoten, sondern auch das Einfügen, Verändern oder Löschen von Knoten möglich. Anwendungen können also solche Word-Dokumente von außen in vielfältiger Weise verändern.

11.6 Excel 2003 und XML

Schon in älteren Excel-Versionen war eine rudimentäre Unterstützung für XML als Datenformat enthalten. Mit der Version 2003 ist nun insbesondere die Arbeit mit benutzerdefinierten Schemas integriert worden. Excel 2003 unterstützt die Übernahme oder die Erzeugung von Daten im XML-Format und erlaubt auch die

Gültigkeitsprüfung durch vom Anwender definierte XML-Schemas. Statt eigener Schemas können natürlich auch öffentlich zugängliche Schemas für bestimmte Anwendungsbereiche genutzt werden, die immer zahlreicher angeboten werden.

Allerdings sind diese erweiterten Funktionen – wie schon für Word 2003 beschrieben – nur in die Standalone-Version von Excel 2003 und in die professionellen Editionen eingegliedert. Die anderen Versionen von Excel 2003 erlauben aber wenigstens, mit dem von Microsoft vorgegebenen XML-Schema für Kalkulationsmodelle zu arbeiten, das als Alternative zu dem binären Dateiformat für Arbeitsmappen durchaus attraktiv ist.

Die Tatsache, dass XML als Datenformat unabhängig von konkreten Anwendungen und Plattformen ist, eröffnet jedenfalls für das weitverbreitete Tabellenkalkulationsprogramm eine beträchtliche Erweiterung seiner Einsatzmöglichkeiten. Durch die Unterstützung von XML wird das Programm zum Analysewerkzeug für strukturierte Informationen beliebiger Herkunft und kann seine Ergebnisse wiederum an Anwendungen auf beliebigen Plattformen weiterreichen, die ebenfalls mit XML umgehen können.

11.6.1 Einlesen von XML-Daten

Durch die Zuordnung eigener XML-Schemas zu Arbeitsblättern wird es möglich, für die verschiedenen Anwendungsbereiche in einem Unternehmen, verbindliche Datenstrukturen in Form entsprechender Vorlagen und Formulare zu erreichen.

Schemaübernahme

Sie können ein solches Schema vorgeben oder durch Excel generieren lassen. Öffnet Excel eine XML-Datei, der ein Schema durch eine entsprechende Deklaration zugeordnet ist, benutzt das Programm automatisch dieses Schema, wenn es unter dem angegebenen Pfad zu finden ist. Ist den eingelesenen Daten dagegen kein explizites XML-Schema zugeordnet, versucht Excel aus dem aktuellen XML-Dokument selbst ein passendes XML-Schema zu generieren, sobald Sie den folgenden etwas missverständlich formulierten Hinweis bestätigen.

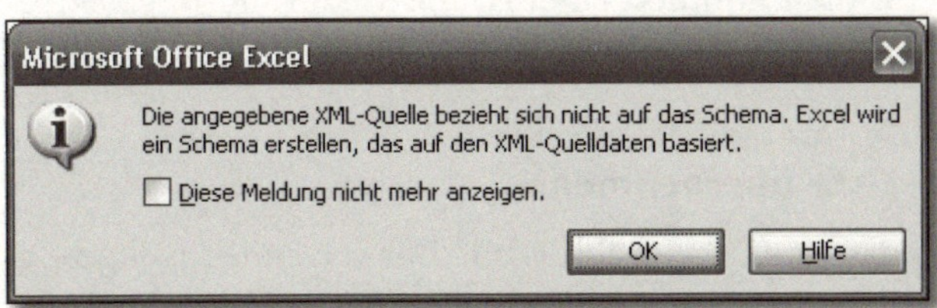

Abbildung 11.26 Hinweis beim Fehlen eines Schemas

Automatische Schema-Generierung

Auf dieses Verfahren sollte allerdings nur gesetzt werden, wenn die Datenstrukturen, um die es geht, sehr einfach und in ihrem Aufbau eindeutig sind. Die automatische Schemagenerierung kann schließlich immer nur Strukturelemente auswerten, die in der aktuellen Dokumentinstanz tatsächlich vorhanden sind. XML-Schemas legen aber in der Regel Einschränkungen für eine ganze Klasse von Dokumenten fest, die sich im Detail unterscheiden dürfen. Wenn also beispielsweise für ein Element drei mögliche Werte erlaubt sind, kann dies Excel nicht aus einem Dokument ableiten, in dem nur einer dieser Werte verwendet wird.

Korrektur generierter Schemas

Ist es notwendig, ein automatisch generiertes Schema zu korrigieren, kann dieses übrigens sichtbar gemacht werden, wenn die Arbeitsmappe als XML-Kalkulationstabelle gespeichert wird, wie weiter unten noch beschrieben wird. In der Regel sollte also möglichst mit explizit definierten XML-Schemas gearbeitet werden. Da es sich um einfache Textdokumente handelt, reicht zur Not ein Texteditor.

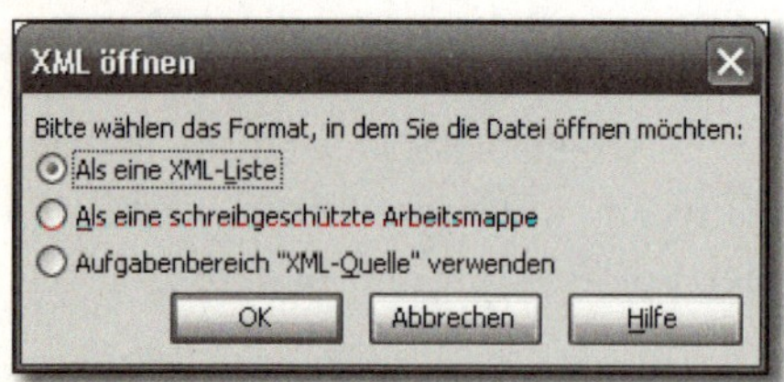

Abbildung 11.27 Optionen beim Öffnen eines XML-Dokuments

Optionen beim Öffnen von XML-Dokumenten

Excel kann ein wohlgeformtes XML-Dokument über den normalen **Datei • Öffnen**-Dialog direkt öffnen. Dabei werden folgende Optionen angeboten:

- Einlesen der Daten als XML-Liste, also in einen Listenbereich
- Öffnen der Datei als schreibgeschützte Arbeitsmappe
- Verwenden der Daten für die Definition einer Datenstruktur im Aufgabenbereich **XML-Quelle** ohne direkte Übernahme der Daten selbst.

11.6.2 Daten als XML-Liste übernehmen

Was geschieht, wenn die erste Option gewählt wird? Das folgende Listing zeigt zunächst ein kurzes XML-Dokument mit Bestelldaten, deren Struktur durch das darin angegebene XML-Schema festgelegt ist:

```
<?xml version="1.0" encoding="ISO-8859-1"?>
<bestellformular nr="01000" datum="2004-11-01" bearb="Sylvia Kaily"
 xmlns:xsi="http://www.w3.org/2001/XMLSchema-instance"
 xsi:noNamespaceSchemaLocation="bestellung.xsd">
  <kunde>
    <name>Hanna Merz</name>
    <strasse>Oststrasse 12</strasse>
    <plz>40678</plz>
    <ort>Düsseldorf</ort>
  </kunde>
  <positionen>
    <position>
      <artikelnr>0045</artikelnr>
      <beschreibung>Rollo XBP 312</beschreibung>
      <gebinde>Stck</gebinde>
      <menge>5</menge>
      <preis>50.00</preis>
    </position>
    <position>
      <artikelnr>0046</artikelnr>
      <beschreibung>Rollo MMX</beschreibung>
      <gebinde>Stck</gebinde>
      <menge>4</menge>
      <preis>40.00</preis>
    </position>
  </positionen>
</bestellformular>
```

Das zugeordnete Schema **bestellung.xsd** definiert die erlaubten Elemente und Attribute, bestimmt, wie oft und in welcher Reihenfolge sie erscheinen und ob sie erforderlich oder optional sind. Das Schema sieht in diesem Fall so aus:

```
<?xml version="1.0" encoding="ISO-8859-1"?>
<xsd:schema xmlns:xsd="http://www.w3.org/2001/XMLSchema"
            elementFormDefault="qualified">
  <xsd:element name="bestellformular" type="formular"/>

  <xsd:complexType name="formular">
    <xsd:sequence>
      <xsd:element name="kunde" type="kunde"/>
      <xsd:element name="positionen" type="positionen"/>
    </xsd:sequence>
    <xsd:attribute name="nr" type="xsd:short" use="required"/>
    <xsd:attribute name="datum" type="xsd:date" use="required"/>
    <xsd:attribute name="bearb" type="xsd:string" use="required"/>
```

```
  </xsd:complexType>

  <xsd:complexType name="kunde">
    <xsd:sequence>
      <xsd:element name="name" type="xsd:string"/>
      <xsd:element name="strasse" type="xsd:string"/>
      <xsd:element name="plz" type="xsd:int"/>
      <xsd:element name="ort" type="xsd:string"/>
    </xsd:sequence>
  </xsd:complexType>
  <xsd:complexType name="positionen">
    <xsd:sequence>
      <xsd:element name="position" minOccurs="0"
                   maxOccurs="unbounded">
        <xsd:complexType>
          <xsd:sequence>
            <xsd:element name="artikelnr" type="xsd:string"/>
            <xsd:element name="beschreibung" type="xsd:string"/>
            <xsd:element name="gebinde" type="gb"/>
            <xsd:element name="menge" type="xsd:decimal"/>
            <xsd:element name="preis" type="xsd:decimal"/>
          </xsd:sequence>
                </xsd:complexType>
      </xsd:element>
    </xsd:sequence>
  </xsd:complexType>

  <xsd:simpleType name="gb">
    <xsd:restriction base="xsd:string">
      <xsd:enumeration value="Stck"/>
      <xsd:enumeration value="kg"/>
      <xsd:enumeration value="cm"/>
    </xsd:restriction>
  </xsd:simpleType>

</xsd:schema>
```

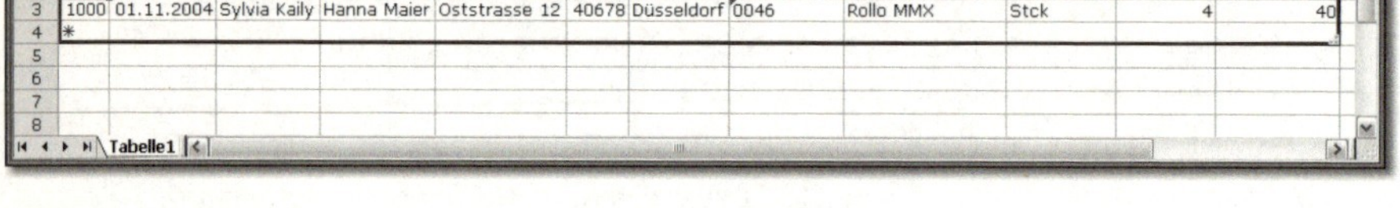

bestelldaten.xls

	A	B	C	D	E	F	G	H	I	J	K	L
1	nr	datum	bearb	name	strasse	plz	ort	artikelnr	beschreibung	gebinde	menge	preis
2	1000	01.11.2004	Sylvia Kaily	Hanna Maier	Oststrasse 12	40678	Düsseldorf	0045	Rollo XBP 312	Stck	5	50
3	1000	01.11.2004	Sylvia Kaily	Hanna Maier	Oststrasse 12	40678	Düsseldorf	0046	Rollo MMX	Stck	4	40
4	*											
5												
6												
7												
8												

Tabelle1

Abbildung 11.28 Die aus dem XML-Dokument erzeugte Liste

Wird das XML-Dokument nun mit der Option **XML öffnen • Als eine XML-Liste** eingelesen, erscheint im Tabellenblatt eine Datenliste, in der die drei Elementebenen des Originals zu einer zweidimensionalen Tabelle flachgedrückt werden.

11.6.3 XML-Listenbereiche

Excel 2003 erzeugt für die eingelesenen Daten also automatisch einen speziellen Listenbereich, wie er seit dieser Version für die Darstellung und Handhabung von Datenlisten angeboten wird. Listenbereiche vereinfachen sowohl die Auswahl als auch die dynamische Erweiterung von Datenlisten.

Jeder Listenbereich enthält zunächst immer eine Zeile mit den jeweiligen Spaltenbeschriftungen und am Ende eine mit einem Stern gekennzeichnete Zeile für die vereinfachte Erweiterung des Listenbereichs. Zusätzlich kann noch eine Ergebniszeile eingeblendet werden, deren Zellen für numerische Spalten unterschiedliche Formen der Auswertung erlauben, also nicht nur Summenbildungen, sondern auch statistische Durchschnittsberechnungen oder die Abfrage von Minimal- oder Maximalwerten.

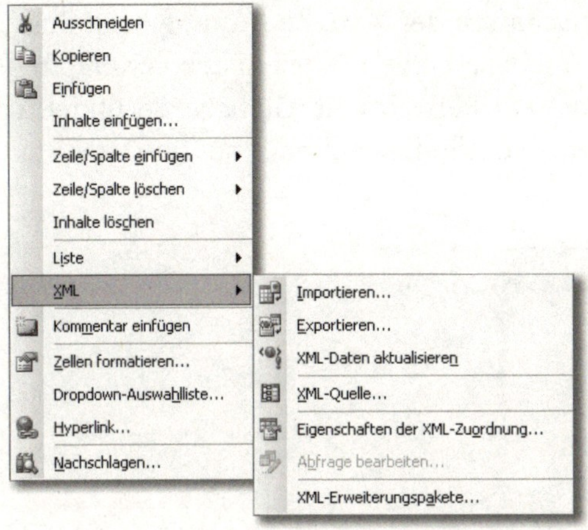

Abbildung 11.29 Kontextmenüs zu einer aus XML-Daten erzeugten Liste

Der Listenbereich kann per Mausklick in eine der darin enthaltenen Zellen aktiviert werden. Dann stehen über das entsprechende Kontextmenü unter **Liste** die Funktionen zur Verfügung, die generell auf Listenbereiche anwendbar sind. Unter **XML** werden Optionen angeboten, die speziell für die Daten innerhalb des Arbeitsblattes gelten, die einer XML-Quelle zugeordnet wurden, was beim Einlesen in dieser Form automatisch geschieht. Außerdem lässt sich eine entsprechende Symbolleiste **Liste** einblenden, die dann auch Optionen zu XML enthält. Ein Mausklick außerhalb des Bereichs deaktiviert den Listenbereich wieder.

Verwendung der XML-Namen für Beschriftungen

In dem hier verwendeten Beispiel werden für die ersten drei Spalten jeweils die Attributnamen des Elements `<bestellung>` als Spaltenbeschriftung verwendet. Die Attributwerte selbst sind mehrfach, also für jede Bestellposition aufgeführt. Auch die Adressdaten werden für jede Positionszeile wiederholt.

Die Namen der übergeordneten Elemente wie `<kunde>`, `<positionen>` und `<position>` erscheinen dagegen nicht als Spaltenbeschriftungen in der Tabelle, da es sich um Namen für Container-Elemente handelt, die wiederum nur Kindelemente enthalten, selbst aber keine Inhalte.

Nur die Elementnamen auf der jeweils untersten Ebene der Elementhierarchie werden ebenfalls als Spaltenbeschriftungen verwendet. Darunter sind dann die entsprechenden Inhalte aufgelistet.

11.6.4 XML-Zuordnungen

Zwischen dem XML-Dokument und der Datenliste im Tabellenblatt wird beim Einlesen eine Verknüpfung aufgebaut. Wie diese gehandhabt werden soll, kann über den Dialog **Daten • XML • Eigenschaften der XML-Zuordnung** beeinflusst werden. Hier legen Sie fest, ob beim Importieren von Daten in den verknüpften Bereich und beim Exportieren aus diesem Bereich eine Gültigkeitsprüfung in Bezug auf das verwendete XML-Schema stattfinden soll oder ob die Daten nur auf Wohlgeformtheit geprüft werden.

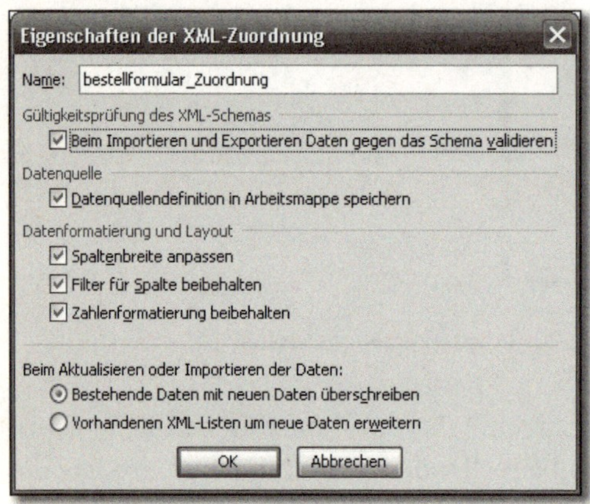

Abbildung 11.30 Dialog XML-Zuordnung

In der Regel sollte die Einstellung, dass die Datenquellendefinition, womit das Schema gemeint ist, mit der Arbeitsmappe gespeichert wird, beibehalten werden. Neben einigen Optionen zur Formatierung kann hier insbesondere auch festgelegt werden, ob Daten, die neu in den Bereich der Datenliste importiert werden, die bestehenden Daten ersetzen oder ob sie angehängt werden. Die zweite Option wäre nötig, um beispielsweise weitere Bestellpositionen an die Liste anzufügen.

11.6.5 Datenaktualisierung

Wenn sich an dem Original-XML-Dokument, das der Liste zugrunde liegt, etwas ändert, bringt der Befehl **Daten • XML • XML-Daten aktualisieren** die Datenliste in Excel auf den neuesten Stand.

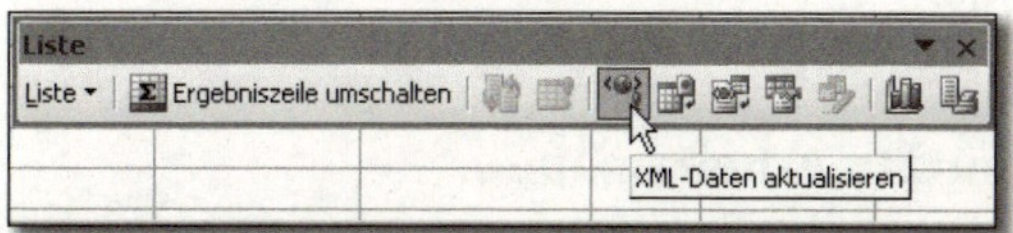

Abbildung 11.31 XML-Befehle in der Symbolleiste Liste

Statt der Menübefehle können auch die entsprechenden Symbole in der Leiste **Liste** verwendet werden.

Prüfen der Exportierbarkeit

Wenn Sie nun allerdings versuchen, Daten, die in dieser Weise als Liste in der Tabelle eingefügt wurden, wieder als XML-Daten zu exportieren, wird Excel mit einer entsprechenden Meldung darauf hinweisen, dass die Daten in der vorliegenden Form nicht exportierbar sind. Den genauesten Hinweis liefert hier der Link **XML-Verknüpfung zum Exportieren überprüfen** im Aufgabenbereich **XML-Quelle**.

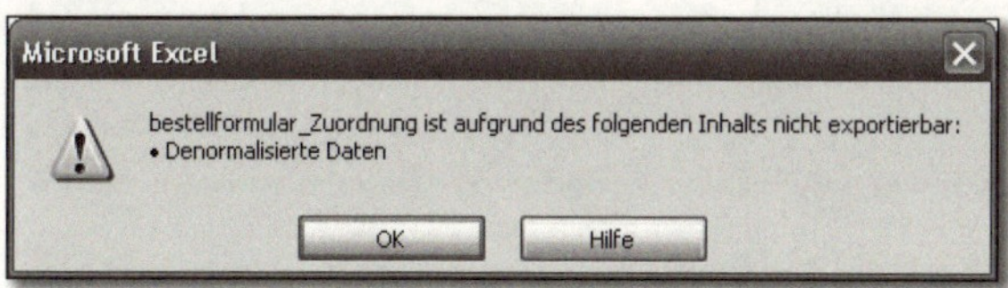

Abbildung 11.32 Hinweis beim Versuch eines Datenexports

Dies ist das Ergebnis der Tatsache, dass die mehrstufige Datenstruktur des ursprünglichen XML-Dokuments im Arbeitsblatt von Excel in eine zweidimensionale Tabelle zusammengedrückt wurde, weshalb ja – wie beschrieben – die Attributwerte für das Element `<bestellung>` mehrfach aufgeführt werden, so als handle es sich um ein wiederholtes Element. Sollen die Daten exportierbar bleiben, müssen die Attributwerte deshalb in einzelnen Zellen außerhalb der Liste abgelegt werden, so wie es weiter unten im Abschnitt zu der dritten Methode, XML-Daten zu übernehmen, beschrieben wird.

11.6.6 Importe von XML-Daten

Anstatt eine bestehende XML-Datei direkt in Excel zu öffnen, lassen sich XML-Daten übrigens auch mit dem Befehl **Daten • XML • Importieren** in eine vorhandene Arbeitsmappe übernehmen. Ähnlich wie beim Import von Daten aus anderen Datenquellen lässt sich dabei ein bestimmter Bereich oder ein Arbeitsblatt als Ziel angeben. Ansonsten entspricht der Vorgang dem Öffnen einer XML-Datei als XML-Liste.

11.6.7 Öffnen als schreibgeschützte Arbeitsmappe

Wenn Sie die zweite Option zum Öffnen einer XML-Datei verwenden, wird das Dokument als schreibgeschützte Arbeitsmappe geöffnet. Es besteht bei dieser Vorgehensweise anders als beim Import als Liste keine Verknüpfung zum Originaldokument. Die Hierarchie des XML-Dokuments wird auch hier in eine zweidimensionale Tabelle gepresst. Das dabei verwendete Flattening-Verfahren wurde schon in Excel 2002 eingesetzt. Der Schreibschutz soll verhindern, dass die Daten in die Originaldatei zurückgeschrieben werden, wodurch die ursprüngliche Struktur verloren gehen würde. Die folgende Abbildung zeigt, wie dies im Falle einer XML-Datei aussieht, die die Daten mehrerer Bestellungen enthält.

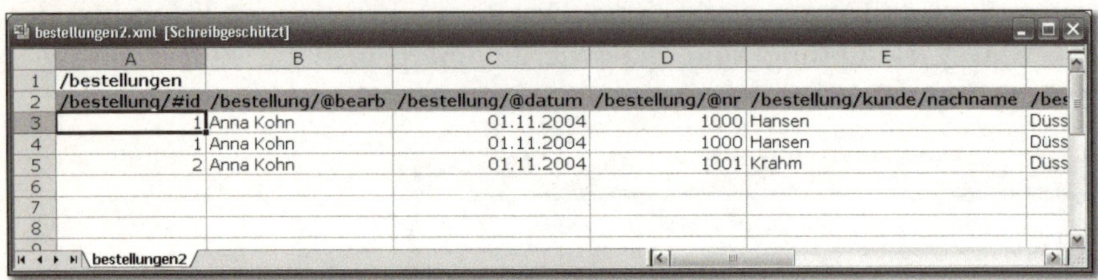

	A	B	C	D	E	
1	/bestellungen					
2	/bestellung/#id	/bestellung/@bearb	/bestellung/@datum	/bestellung/@nr	/bestellung/kunde/nachname	/bes
3	1	Anna Kohn	01.11.2004	1000	Hansen	Düss
4	1	Anna Kohn	01.11.2004	1000	Hansen	Düss
5	2	Anna Kohn	01.11.2004	1001	Krahm	Düss
6						
7						
8						

Abbildung 11.33 XML-Daten schreibgeschützt eingelesen

Flattening-Verfahren

Bei dieser Vorgehensweise werden XPath-Ausdrücke aus Elementnamen und Attributnamen zur Spaltenbeschriftung verwendet, wobei die Attribute wie in XPath üblich durch ein vorgestelltes @-Zeichen gekennzeichnet werden. Die Spalten werden allerdings nicht in der Reihenfolge der Elemente im XML-Dokument, sondern in der alphabetischen Reihenfolge angeordnet.

Da es sich in diesem Fall um eine dreistufige Struktur handelt, die sich nicht ohne weiteres in einer zweidimensionalen Tabelle abbilden lässt, werden zwei zusätzliche Spalten eingefügt. Die erste ist eine `#id`-Spalte, die die verschiedenen Bestellungen durchnummeriert und damit einen eindeutigen Bezug auf die einzelnen Knoten mit dem Namen `<bestellung>` herstellt. Die zweite ist eine `#agg`-Spalte, die für einen Ausfüllbereich steht, wobei jeweils nur der Wert des ersten Knotens angezeigt wird.

11.6.8 Verwenden von XSLT-Stylesheets

Interessanter als in der beschriebenen rohen Form ist das Einlesen der XML-Daten als schreibgeschützte Datei, wenn Stylesheets genutzt werden, die für das XML-Dokument definiert sind.

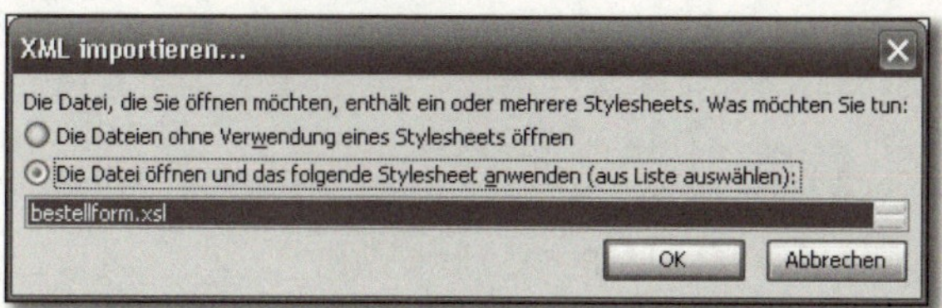

Abbildung 11.34 Auswahl eines Stylesheets vor dem Einlesen der XML-Daten

Einlesen mit einem Stylesheet

Ist einem XML-Dokument intern ein XSLT-Stylesheet zugewiesen, wird beim Öffnen angeboten, die Daten entweder ganz ohne Verwendung des Stylesheets einzulesen oder das Stylesheet zu verwenden, bzw. ein bestimmtes auszuwählen, wenn mehrere Bezüge auf Stylesheets vorhanden sind.

Die Zuordung von Stylesheets findet im XML-Dokument – wie schon beschrieben – mit einer Verarbeitungsanweisung wie

```
<?xml-stylesheet type="text/xsl"
                 href="bestellform.xsl"?>
```

statt. Wird das Stylesheet nicht herangezogen, folgt anschließend die übliche Abfrage mit den beschriebenen drei Optionen.

HTML-Formatierung

Das Stylesheet definiert mit Hilfe von XSLT- und HTML-Tags, wie die Daten ausgegeben werden sollen. Excel kann die Ausgabe im HTML-Format dann direkt in seine Zellstruktur einlesen, sodass Sie mit dem Ergebnis wie mit einem normalen Tabellenblatt weiterarbeiten können. Hier ein einfaches Beispiel für ein solches

Stylesheet, das mit Hilfe von drei <template>-Elementen die Daten des XML-Dokuments ausgibt, wobei die Positionsdaten mit Hilfe einer Schleife in eine Tabelle eingelesen werden. Ohne weitere Kommentare hier die Quelldatei:

```
<?xml version="1.0" encoding="ISO-8859-1"?>
<xsl:stylesheet version="1.0"
  xmlns:xsl="http://www.w3.org/1999/XSL/Transform">
  <xsl:output method="html" encoding="ISO-8859-1"/>
  <xsl:decimal-format name="euro" decimal-separator=","
                               grouping-separator="."/>
  <xsl:template match="/">
    <html>
      <head>
        <title>Bestellung</title>
      </head>
      <body>
        <h3>Bestellung</h3>
        <xsl:apply-templates select="//kunde"/>
        <table border="0" cellpadding="5" cellspacing="5">
          <xsl:apply-templates select="//positionen"/>
        </table>
      </body>
    </html>
  </xsl:template>

  <xsl:template match="kunde">
    <p><xsl:value-of select="name"/></p>
    <p><xsl:value-of select="strasse"/></p>
    <p>
      <xsl:value-of select="plz"/>
      <xsl:text> </xsl:text>
      <xsl:value-of select="ort"/>
    </p>
  </xsl:template>

  <xsl:template match="positionen">
    <tr>
      <th>Nr</th>
      <th>Beschreibung</th>
      <th>Gebinde</th>
      <th>Menge</th>
      <th>Preis</th>
      <hr />
    </tr>
      <xsl:for-each select="position">
```

```
      <tr>
        <td><xsl:value-of select="artikelnr"/></td>
        <td><xsl:value-of select="beschreibung"/></td>
        <td><xsl:value-of select="gebinde"/></td>
        <td><xsl:value-of select="menge"/></td>
        <td><xsl:value-of select=
             "format-number(preis, '##.###,00 &#8364;', 'euro')"/>
          </td>
      </tr>
    </xsl:for-each>
  </xsl:template>

</xsl:stylesheet>
```

Die folgende Abbildung zeigt die Tabelle, die bei Anwendung des Stylesheets angezeigt wird.

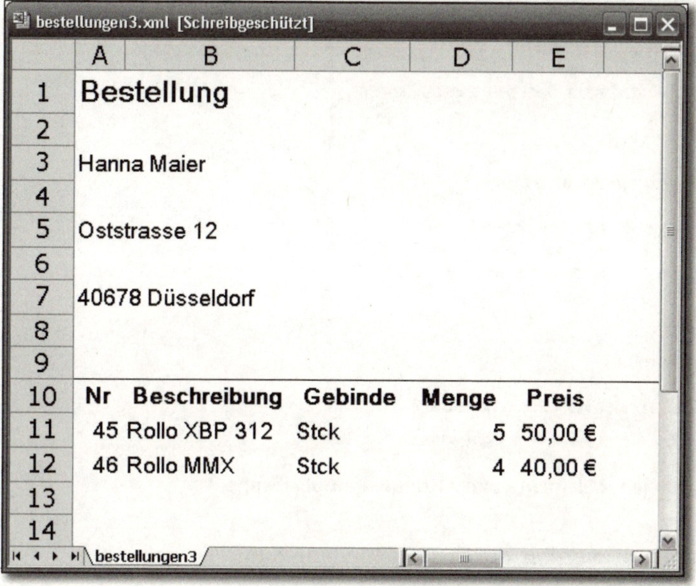

Abbildung 11.35 Ausgabe mit Hilfe des XSLT- Stylesheets

11.6.9 Datenquelle und Tabelle manuell verknüpfen

Richtig zum Zuge kommen die Möglichkeiten, die XML für die Tabellenkalkulation in Excel 2003 bietet, erst mit der dritten Option zum Öffnen eines XML-Dokuments: **Aufgabenbereich »XML-Quelle« verwenden**. In diesem Fall übernimmt das Programm zunächst nur die Datenstruktur des XML-Dokuments in den speziellen Aufgabenbereich **XML-Quelle**.

Die Struktur wird mit der aktuellen Arbeitsmappe zunächst insgesamt verknüpft und diese so genannte **XML-Zuordnung** wird mit einem automatisch generierten Namen versehen, der in dem ersten Listenfeld angezeigt wird. Dabei wird der Name der geöffneten XML-Datei verwendet und als Vorgabe das Wort **Zuordnung** angehängt. Diese Benennung kann nachträglich auch über den Dialog **XML-Zuordnungen** geändert werden, den die Schaltfläche **XML-Verknüpfungen** öffnet.

Im Fenster darunter wird die Struktur des XML-Dokuments in Form eines Baumes von Elementen angezeigt, wie er auch für die Ordnerstruktur im Windows Explorer verwendet wird. Wie bereits erwähnt, kann diese Struktur über die dem XML-Dokument zugeordnete Schema-Datei bestimmt oder von Excel generiert werden.

Übergeordnetes Element
Erforderliches übergeordnetes Element
Wiederholtes übergeordnetes Element
Erforderliches, wiederholtes übergeordnetes Element
Untergeordnetes Element
Erforderliches untergeordnetes Element
Wiederholtes untergeordnetes Element
Erforderliches, wiederholtes untergeordnetes Element
Attribut
Erforderliches Attribut
Einfacher Inhalt in einer komplexen Struktur

Abbildung 11.36 Symbole für Elemente und Attribute im Aufgabenbereich

Die einzelnen Elemente werden durch verschiedene Symbole gekennzeichnet, die darauf verweisen, ob ein Element ein Container für andere Elemente ist, ob es erforderlich ist oder mehrfach vorkommen kann.

Werden nun in einer Tabelle der Arbeitsmappe Daten aus dem XML-Dokument benötigt, lassen sich die Datenobjekte aus dem Aufgabenbereich an die gewünschte Stelle in der Tabelle ziehen. Dabei kann die Reihenfolge frei gewählt werden. Sie können auch so verfahren, dass Sie erst eine Zelle im Tabellenblatt markieren und dann im Aufgabenbereich das zu verknüpfende Element doppelt anklicken.

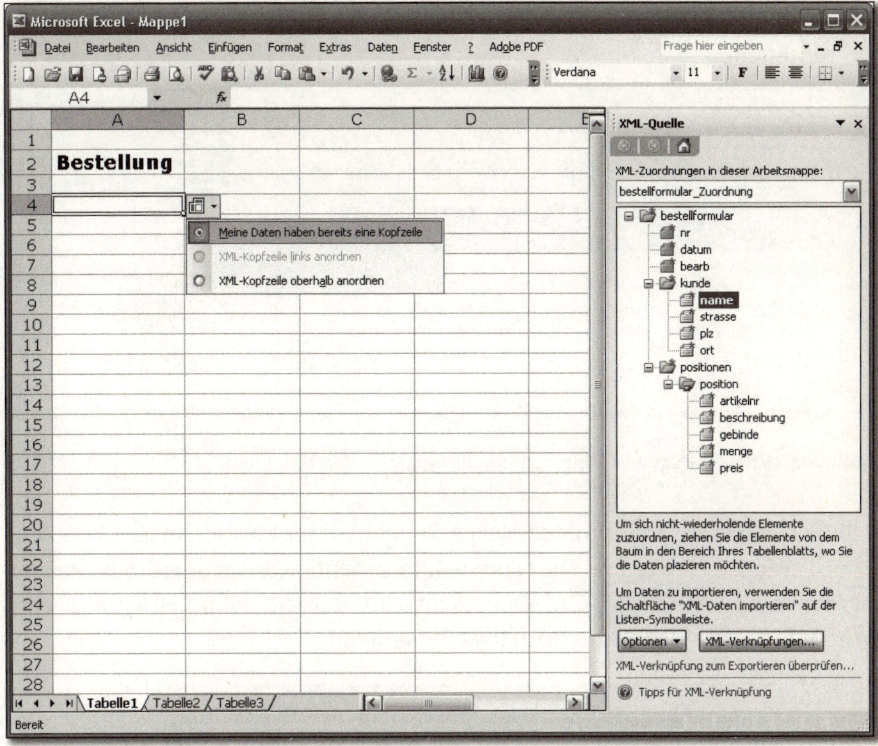

Abbildung 11.37 Einfügen von verknüpften Elementen im Tabellenblatt

Einmalige und sich wiederholende Elemente

Das ganze Verfahren wird auch als »Mapping« bezeichnet. Excel unterscheidet dabei zwischen Elementen, die wiederholt vorkommen und deshalb in Listenform in die Tabelle eingefügt werden, und solchen, die nur einmal benötigt werden und in einzelne Zellen außerhalb eines Listenbereichs zu platzieren sind. Die Attribute zu dem Wurzelelement `<bestellung>` und die Kindelemente von `<kunde>` kommen jeweils einzeln vor. Wenn Sie mit der Maus das Symbol aus dem Aufgabenbereich in das Tabellenblatt ziehen, erscheint eine Schaltfläche, die über ein kleines Menü anbietet, Element- oder Attributnamen als Beschriftung zu übernehmen oder eine eigene Beschriftung des Feldes zu verwenden bzw. auf eine solche zu verzichten, wie im Fall der Adresse (siehe Abbildung 11.38).

Listen

Bei den sich wiederholenden Elementen wird dagegen automatisch ein Listenbereich erstellt, wie er oben bereits beschrieben wurde. Dabei werden die Element- und Attributnamen als Spaltenbezeichnungen vorgegeben.

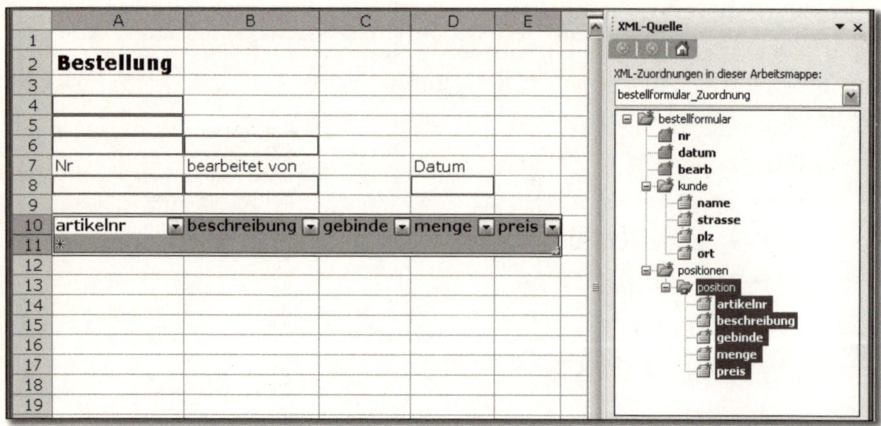

Abbildung 11.38 Einfügen von Elementen, die wiederholt vorkommen

In diesem Fall braucht nur mit der Maus das Symbol für Position in den Tabellenbereich gezogen zu werden. Die Namen der Elemente werden allerdings exakt so übernommen, wie sie im XML-Dokument vorkommen, eventuell ist also eine nachträgliche Anpassung der Schreibweise sinnvoll.

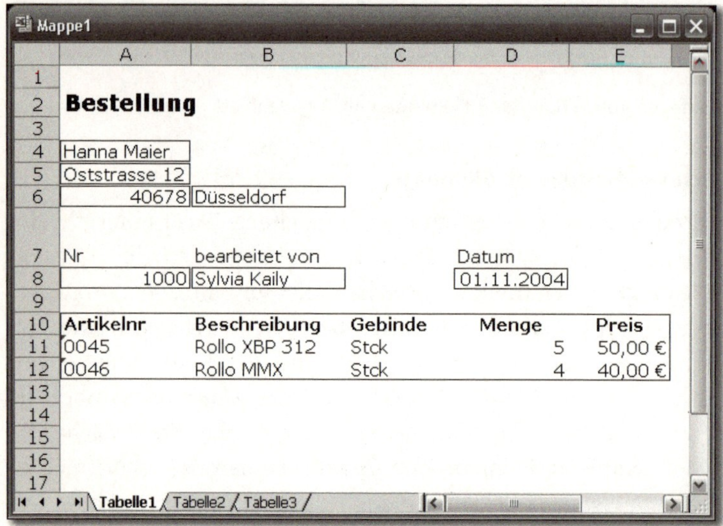

Abbildung 11.39 Das mit den Quelldaten gefüllte Formular

Die mit XML-Daten verknüpften Zellbereiche werden normalerweise durch blaue Rahmen gekennzeichnet, die beim Ausdruck ignoriert werden. Sie können über die **Optionen**-Schaltfläche auch ausgeblendet werden Mit **Daten • XML •**

XML-Daten aktualisieren oder dem entsprechenden Befehl aus dem Kontextmenü können schließlich die Daten für die zugeordneten Zellen aus der XML-Datei übernommen werden.

Zuordnungsverwaltung

Über die Schaltfläche **XML-Verknüpfungen** lassen sich über **Hinzufügen** bei Bedarf auch mehrere Datenquellen gleichzeitig für eine Arbeitsmappe heranziehen. Sie könnten also in dem hier gezeigten Bestellformular beispielsweise für die Adressdaten zusätzlich ein eigenes Schema verwenden.

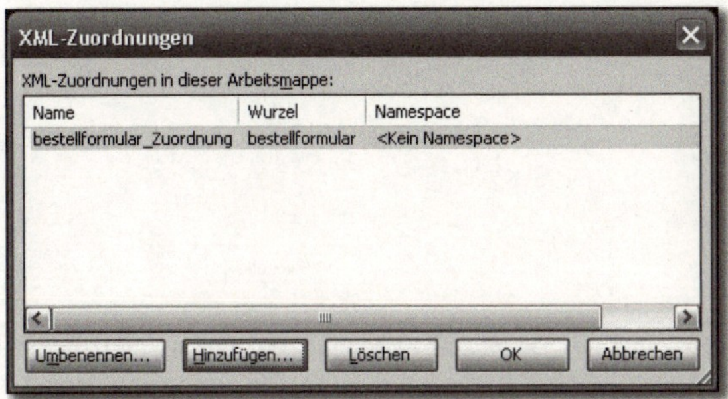

Abbildung 11.40 Verwaltung der XML-Zuordnungen

Über das Listenfeld für die Zuordnungen kann dann mal die eine, mal die andere Zuordnung für den Aufbau des Tabellenblatts herangezogen werden. Weiter unten wird dies noch am Beispiel einer entsprechenden VBA-Lösung demonstriert werden. Die Schaltfläche **Neue Quelle** im **Hinzufügen**-Dialog erlaubt es außerdem, einen Assistenten zu starten, mit dem auch Verbindungen zu entfernten Datenquellen auf SQL- oder SharePoint-Servern definierbar sind.

11.6.10 XmlMap-Objekte

Die Zuordnung zwischen der XML-Datenquelle und den Zellen des Tabellenblatts wird technisch jeweils über ein entsprechendes `XmlMap`-Objekt realisiert, das über Makros oder auch über externe Programme wie etwa Visual Basic-Anwendungen gesteuert werden kann, wie später noch gezeigt wird. Dabei werden für die Definition der einzelnen Verknüpfungen zwischen den Einheiten in der XML-Datenquelle und den Zellbereichen jeweils XPath-Ausdrücke verwendet. Die Zuordnung verbindet ein XML-Schema also insgesamt mit einer bestimmten Arbeitsmappe, während die Verknüpfungen innerhalb der jeweiligen Zuordnung angesiedelt sind und sich auf Zellbereiche oder bestimmte Spalten in Listenbereichen beziehen.

11.6.11 Tabelle auf Basis eines eigenen Schemas

Anwender, die eigene XML-Schemas entworfen haben, können diese auch direkt als Basis für Excel-Tabellen nutzen. Dazu wird der schon angesprochene Dialog der Schaltfläche **XML-Verknüpfungen** im Aufgabenbereich **XML-Quelle** verwendet. Über **Hinzufügen** kann jede brauchbare **.xsd**-Datei ausgewählt werden. (DTDs werden von Excel 2003 nicht unterstützt.) Enthält das Schema mehrere Elemente, die als Wurzel einer Hierarchie von Elementen in Frage kommen könnten, wird zunächst ein Dialog **Mehrere Wurzeln** angeboten, um das zu verwendende Wurzelelement festzulegen.

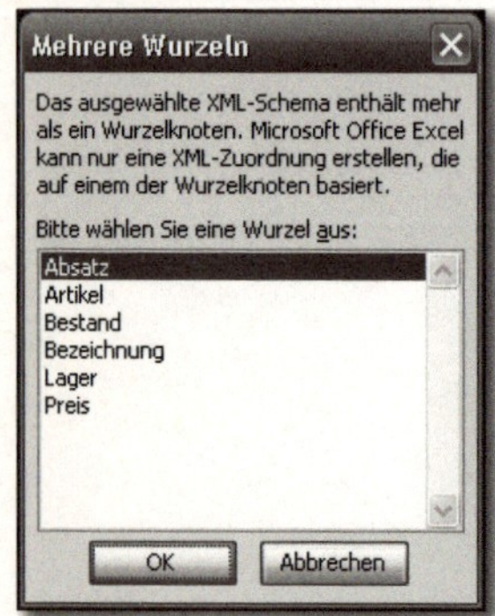

Abbildung 11.41 Beispiel für den Dialog Mehrere Wurzeln

Die entsprechende Struktur steht anschließend wieder für die beschriebenen Drag&Drop-Verfahren zur Verfügung. Ist die Datenstrukur der Excel-Tabelle einmal zugeordnet, können jederzeit Daten importiert werden, die dieser Zuordnung entsprechen. Es ist auch möglich, nur untergeordnete Zweige einer Datenstruktur mit einem Tabellenblatt zu verknüpfen. So könnten beispielsweise XML-Daten mit einzelnen Bestellpositionen eingelesen werden.

11.6.12 Fehlererkennung

Ist über die Eigenschaften der XML-Zuordnung die Validierung der Quelldaten aktiviert, erscheinen entsprechende Fehlerhinweise, wenn beispielsweise in der XML-Datei, die eingelesen wird, ein Element enthalten ist, das im Schema nicht vorgesehen ist oder umgekehrt, wenn ein vorgesehenes Element oder Attribut fehlt (siehe Abbildung 11.42).

Auch wenn Sie versuchen, ein XML-Dokument in Excel einzulesen, das nicht wohlgeformt ist, erhalten Sie einen entsprechenden Hinweis. In diesem Fall wird der Importvorgang allerdings gleich ganz abgebrochen (siehe Abbildung 11.43).

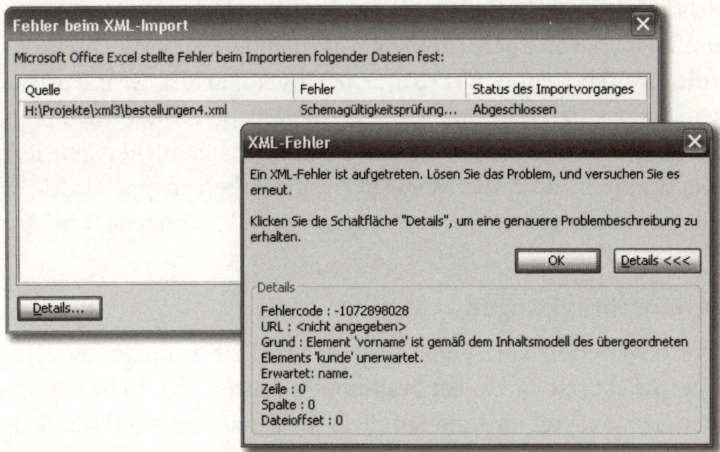

Abbildung 11.42 Fehlerhinweis bei Verstoß gegen das Schema

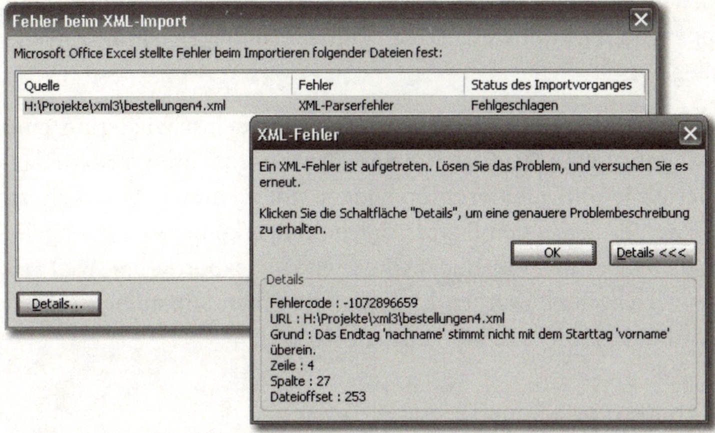

Abbildung 11.43 Hier liegt ein Verstoß gegen die Wohlgeformtheit vor

11.6.13 XML-Dokumente erzeugen

Sollen Tabellendaten im XML-Format gespeichert werden, kann im **Speichern unter**-Dialog der Dateityp **XML-Daten** ausgewählt werden. Das Programm gibt dann zunächst den Hinweis, dass bei dieser Art des Speicherns die Formateigenschaften und Objekte wie Bilder oder Zeichnungen im Zieldokument ignoriert werden. Alternativ kann auch der Befehl **Daten • XML Exportieren** oder das entsprechende Symbol verwendet werden. Dabei wird der richtige Datentyp bereits vorgegeben.

Es ist sinnvoll, schon vor dem Speichern über den angesprochenen Link **XML-Verknüpfung zum Exportieren überprüfen** im Aufgabenbereich **XML-Quelle** zu testen, ob sich die im Tabellenblatt vorhandenen Daten in das XML-Format exportieren lassen. Ist das der Fall, erhalten Sie eine entsprechende Meldung. Andernfalls liefert Excel einen Hinweis darauf, warum die Daten nicht exportierbar sind. Dann bleibt immer noch die Möglichkeit, die Arbeitsmappe als XML-Kalkulationstabelle zu speichern, wie es weiter unten noch beschrieben wird.

11.6.14 Schema-Einschränkungen

Die Integration der erweiterten XML-Funktionen in Excel 2003, die in den letzten Abschnitten beschrieben wurden, hat bestimmte Grenzen, die nicht übersehen werden sollten. Das Programm kann auf diese Weise nur relativ flache Elementhierarchien verarbeiten. Unterhalb des Wurzelelements sind höchstens noch zwei Ebenen möglich, wobei nur eine dieser Ebenen wiederholte Elemente enthalten kann. Dem entspricht beispielsweise die Struktur des Bestell- oder Rechnungsformulars, das im Kopf ein paar Einzelinformationen enthält und dann eine Gruppe von Positionszeilen. Bei Zeitabrechnungen sind ähnliche Strukturen naheliegend.

Wird dagegen versucht, mit einer Liste zu arbeiten, die selbst wiederum eine innere Liste enthält, etwa eine Struktur für eine Firma mit mehreren Niederlassungen, die wiederum jeweils mehrere Abteilungen mit mehreren Mitarbeitern darstellen soll, verweigert Excel den Export. Solche Daten können zwar eingelesen werden, sind dann aber nicht in eine XML-Datendatei exportierbar, weil Listen in Excel nicht verschachtelt werden können. In solchen Situationen sollten Lösungen mit Word oder auch InfoPath versucht werden.

11.6.15 XML-Kalkulationstabellen

Auch wenn Sie nicht mit einer Excel-Version arbeiten, die den vollen Umfang der vorhin beschriebenen XML-Funktionen bietet, haben Sie immer noch die Alternative, ein Tabellenblatt als so genannte **XML-Kalkulationstabelle** abzuspeichern. Eine solche Datei ist eine wohlgeformte und gültige XML-Datei. Dabei wird ein von Microsoft vorgegebenes Schema verwendet, um das originäre Datenformat von Excel so in XML umzusetzen, dass auch Formatierungen, Dateieigenschaften und die gewählten Einstellungen innerhalb der Arbeitsmappe erhalten bleiben.

Wird eine solche Datei erneut in Excel eingelesen, sind fast alle Merkmale der Arbeitsmappe wieder präsent. Nur Diagramme, Zeichnungen oder andere grafische Objekte lassen sich nicht in dieses Format übernehmen, auch eventuelle

VBA-Projekte in einer Arbeitsmappe werden beim Speichern ignoriert. Dagegen werden Pivot-Tabellen unterstützt.

XMLSS

Microsoft verwendet für dieses Format das XML Spreadsheet Schema, das auch als **XMLSS** oder **SpreadsheetML** bezeichnet wird. Dieses Schema entspricht weitgehend dem Schema, das bereits in der Excel 2002-Version für die Speicherung im XML-Format verwendet wurde. Eine umfangreiche Referenz ist in dem Paket **O2003XMLREF2.exe** enthalten, das über das Download-Portal von **www.microsoft.com** frei bezogen werden kann.

Das folgende Listing zeigt Auszüge aus dem generierten XML-Code für ein Arbeitsblatt mit zwei Zellen:

```
<?xml version="1.0"?>
<?mso-application progid="Excel.Sheet"?>
<Workbook xmlns="urn:schemas-microsoft-com:office:spreadsheet"
          ...>
  <DocumentProperties xmlns="urn:schemas-microsoft-com:
                                    office:office">
    <Author>Jens</Author>
    ...
  </DocumentProperties>
  <ExcelWorkbook xmlns="urn:schemas-microsoft-com:office:excel">
    <WindowHeight>7935</WindowHeight>
    ...
  </ExcelWorkbook>
  <Styles>
    <Style ss:ID="Default" ss:Name="Normal">
      <Alignment ss:Vertical="Bottom"/>
      ...
    </Style>
  </Styles>
  <Worksheet ss:Name="Tabelle1">
    <Table ss:ExpandedColumnCount="1"
           ss:ExpandedRowCount="2"
            x:FullColumns="1"
            x:FullRows="1"
           ss:DefaultColumnWidth="60">
      <Row>
        <Cell>
          <Data ss:Type="String">Tagesproduktion</Data>
        </Cell>
      </Row>
```

```
        <Row>
          <Cell>
            <Data ss:Type="Number">1000</Data>
          </Cell>
        </Row>
      </Table>
      <WorksheetOptions
            xmlns="urn:schemas-microsoft-com:office:excel">
        <PageSetup>
          <Header x:Margin="0.4921259845"/>
          ...
      </WorksheetOptions>
    </Worksheet>
  </Workbook>
```

Top-Level-Elemente

Innerhalb eines Wurzelelements <Workbook> werden zunächst in dem Top-Level-Element <DocumentProperties> die Dateieigenschaften abgelegt, die implizit oder explizit vergeben wurden. Danach folgen in dem Element <ExcelWorkbook> Daten über das Anwendungsfenster und unter <Styles> allgemeine Formatierungsmerkmale.

Tabellenelemente

Die sichtbaren Inhalte der verschiedenen Arbeitsblätter einer Arbeitsmappe werden innerhalb von entsprechend vielen <Worksheet> Elementen untergebracht, jeweils eingeschlossen in <Table>-Elemente. Die Daten der Zellen werden zeilenweise innerhalb von <Row>-Elementen in einzelnen <Cell>-Elementen festgehalten, wobei immer nur so viele Elemente verwendet werden, wie sie für die vorhandenen Daten auch benötigt werden. Leere Zeilen oder Zellen werden also nicht über Elemente repräsentiert. Stattdessen wird mit einem fortlaufenden Index gearbeitet, falls die Zellen nicht fortlaufend gefüllt sind. <Cell ss:Index="3"> oder <Row ss:Index="9"> stehen beispielsweise für die dritte Zelle in der Zeile und für die neunte Zeile.

Anschließend sind die für das Arbeitsblatt gewählten Optionen aufgelistet. Wird eine Mappe gespeichert, die Zuordnungen zu einer XML-Quelle enthält, wird das verwendete oder von Excel generierte Schema mit den in der XML-Schema-Spezifikation dafür vorgesehenen Tags unter dem zusätzlichen Element <MapInfo> eingefügt, ergänzt um die einzelnen Verknüpfungen zwischen Zell- oder Listenbereichen und den XML-Elementen des Schemas. Dafür werden jeweils untergeordnete <Map>-Elemente verwendet. Hier ein Auszug:

```
<x2:MapInfo x2:HideInactiveListBorder="false">
  <x2:Schema x2:ID="Schema1" x2:Namespace="">
    <xs:schema xmlns:xs="http://www.w3.org/2001/XMLSchema"
               elementFormDefault="qualified">

      <xs:element name="bestellung">
        <xs:complexType>
          <xs:sequence>
            <xs:element ref="kunde"/>
            <xs:element ref="positionen"/>
          </xs:sequence>
        </xs:complexType>
      </xs:element>
      ...
    </xs:schema>
  </x2:Schema>
  <x2:Map x2:ID="bestellung_Zuordnung" x2:SchemaID="Schema1"
          x2:RootElement="bestellung">
    <x2:Entry x2:Type="single" x2:ID="1">
      <x2:Range>Tabelle1!R5C1</x2:Range>
      <x:FilterOn>False</x:FilterOn>
      <x2:XPath>/bestellung/kunde/name</x2:XPath>
      <x2:Field>
        <x2:XSDType>string</x2:XSDType>
        <ss:Cell>
   </ss:Cell>
  ...
  </x2:Map>
</x2:MapInfo>
```

Codierung der Tabellenblatt-Daten

Der eigentliche Kern, um Daten für eine Exceltabelle in XMLSS darzustellen, ist also das Element <worksheet> mit dem <table>-Element, alle anderen Top-Level-Elemente können auch fehlen. Es ist also durchaus möglich, eine einfache Tabelle in folgender Form direkt in Excel einzulesen:

```
<?xml version="1.0"?>
<?mso-application progid="Excel.Sheet"?>
<Workbook xmlns="urn:schemas-microsoft-com:office:spreadsheet"
 xmlns:o="urn:schemas-microsoft-com:office:office"
 xmlns:x="urn:schemas-microsoft-com:office:excel"
 xmlns:ss="urn:schemas-microsoft-com:office:spreadsheet"
 xmlns:html="http://www.w3.org/TR/REC-html40"
 xmlns:x2="http://schemas.microsoft.com/office/excel/2003/xml">
```

```
  <Worksheet ss:Name="Tabelle1">
    <Table>
      <Row>
        <Cell><Data ss:Type="String">artikelnr</Data></Cell>
        <Cell><Data ss:Type="String">bezeichnung</Data></Cell>
        <Cell><Data ss:Type="String">gebinde</Data></Cell>
        <Cell><Data ss:Type="String">menge</Data></Cell>
        <Cell><Data ss:Type="String">preis</Data></Cell>
      </Row>
      <Row>
        <Cell><Data ss:Type="Number">45</Data></Cell>
        <Cell><Data ss:Type="String">Rollo XXF 3</Data></Cell>
        <Cell><Data ss:Type="String">Stck</Data></Cell>
        <Cell><Data ss:Type="Number">5</Data></Cell>
        <Cell><Data ss:Type="Number">50</Data></Cell>
      </Row>
    </Table>
  </Worksheet>
</Workbook>
```

Das Speichern von Excel-Tabellen in diesem XML-Format bringt zunächst den Vorteil, dass diese Dateien beliebige Plattformen durchwandern können, ohne dass dies Probleme macht. Da es sich um wohlgeformte, gültige XML-Dokumente handelt, lassen sich außerdem Transformationsstylesheets anwenden, die die vorhandenen Daten in bestimmter Weise filtern oder für die Ausgabe in unterschiedlichen Medien umwandeln. Microsoft macht hier also immerhin unumkehrbare Schritte über das proprietäre Datenformat von Excel hinaus.

11.6.16 Programmierter Zugriff auf XML-Objekte

Die in den letzten Abschnitten beschriebene manuelle Handhabung von XML-Daten durch Befehle und Optionen in Excel 2003 basiert auf einer entsprechenden Erweiterung des Objektmodells, das der neuen Version zugrunde liegt, ähnlich wie oben bereits für Word 2003 dargestellt wurde. Dabei wurden einerseits zusätzliche XML-Objekte geschaffen und andererseits die vorhandenen Excel-Objekte um Eigenschaften und Methoden in Bezug auf XML erweitert. Auf diese Erweiterungen kann über VBA-Makros oder auch von externen Programmen wie etwa Visual Basic-Anwendungen zugegriffen werden.

Wenn Sie beispielsweise in VB 6 entsprechende Excel-Automaten programmieren wollen, die auf die erweiterten XML-Funktionen zugreifen, muss für ein entsprechendes Projekt nur ein Verweis auf die Objektbibliothek von Excel hergestellt werden. Dazu kann im Dialog **Projekt • Verweise** der Eintrag `Microsoft`

Excel 11.0 ObjectLibrary ausgewählt werden. Im Objektkatalog von Visual Basic stehen dann die Objekte der Bibliothek zur Verfügung.

Spezielle XML-Objekte in Excel 2003

Die folgende Tabelle gibt zunächst eine Übersicht über die speziellen XML-Objekte in Excel 2003, die neu hinzugekommen sind, und listet ihre Eigenschaften und Methoden auf:

Objekt	Bedeutung	Eigenschaften	Methoden
XMLDataBinding	Stellt die Verbindung mit den XML-Quelldaten für ein XMLMap-Objekt dar.	Application, Creator, Parent, SourceUrl	ClearSettings, LoadSettings, Refresh
XMLMap	Steht für eine einer Arbeitsmappe hinzugefügte XML-Zuordnung.	AdjustColumnWidth, AppendOnImport, Application, Creator, DataBinding, IsExportable, Name, Parent, PreserveColumnFilter, PreserveNumberFormatting, RootElementName, RootElementNamespace, SaveDataSourceDefinition, Schemas, ShowImportExportValidationErors	Delete, Export, ExportXml, Import, ImportXml
XMLMaps	Stellt die Auflistung der XML-Zuordnungen für eine Arbeitsmappe dar.	Application, Count, Creator, Item, Parent	Add
XMLNamespace	Steht für einen einzelnen Namensraum, der der Arbeitsmappe zugeordnet ist.	Application, Creator, Parent, Prefix, Uri	
XMLNamespaces	Steht für eine Auflistung von Namensräumen für eine Arbeitsmappe.	Application, Count, Creator, Item, Parent, Value	InstallManifest
XMLSchema	Steht für ein einzelnes Schema, das in einem XmlMap-Objekt enthalten ist.	Application, Creator, Name, Namespace, Parent, XML	

Tabelle 11.3 XML-Objekte in Excel 2003

Objekt	Bedeutung	Eigenschaften	Methoden
XMLSchemas	Steht für eine Auflistung der XmlSchema-Objekte, die in einem XmlMap-Objekt enthalten sind.	Application, Count, Creator, Item, Parent	
XPath	Steht für einen XPath-Ausdruck, der einem Zell- oder Listenbereich zugeordnet ist.	Application, Creator, Map, Parent, Repeating, Value	SetValue

Tabelle 11.3 XML-Objekte in Excel 2003 (Forts.)

Wenn Sie die Tabelle mit den XML-Objekten für Word 2003 vergleichen, fällt gleich auf, dass in Excel 2003 das für XML so fundamentale `Node`-Objekt fehlt. Das hängt damit zusammen, dass in Word ein Dokument ohne Umstände als XML-Dokument gehandhabt werden kann, während Excel seine tabellarisch angeordneten Tabellenzellen nur über den Umweg von Zuordnungen zu XML-Schemas mithilfe von `XmlMap`-Objekten für XML-Technologien verfügbar macht.

XPath-Verknüpfung

Die einzelnen Verknüpfungen zwischen Zell- oder Listenbereichen und den einzelnen Elementen und Attributen eines zugeordneten Schemas wiederum werden im Detail durch entsprechende XPath-Ausdrücke definiert, die den Zell- oder Listenbereichen dann als Eigenschaften zugeordnet sind. Eine Zuordnung bedeutet also praktisch, dass der erlaubte Inhalt eines Zellbereichs durch die entsprechenden Informationseinheiten des damit verknüpften XML-Schemas bestimmt wird.

Dabei ist es durchaus möglich, eine Arbeitsmappe nicht nur mit einem bestimmten Schema zu verknüpfen, sondern für unterschiedliche Zellbereiche auch mehrere Zuordnungen zu verwenden, wie später noch an einem Beispiel gezeigt werden soll. Verknüpfungen zwischen Einheiten des Schemas und der Arbeitsmappe dürfen allerdings immer nur einmal vorgenommen werden.

Zusätzliche Methoden und Eigenschaften

Neben den speziellen XML-Objekten in Excel 2003 spielen aber auch zusätzliche Eigenschaften, Methoden und Ereignisse der Excel-spezifischen Objekte eine Rolle. Die wichtigsten Erweiterungen der angestammten Excel-Objekte für die XML-Funktionalität sind folgende:

Für das Objekt `Workbooks` stellt die Methode `OpenXML` die verschiedenen Varianten zur Verfügung, XML-Dokumente in Excel einzulesen, die oben beschrieben wurden. Die folgende Anweisung liest beispielsweise XML-Daten als Datenliste ein:

```
Application.Workbooks.OpenXML Filename:="lagerdaten.xml", _
                              LoadOption:=xlXmlLoadImportToList
```

Für die Steuerung des Ladevorgangs werden bestimmte Konstanten als Werte für den Parameter `LoadOption` verwendet, die in der folgenden Tabelle aufgelistet sind:

Ladeoptionskonstante	Bedeutung
`xlXmlLoadImportToList`	Einlesen als Liste
`xlXmlLoadMapXml`	Übernimmt nur das Schema der geöffneten Datei in den Aufgabenbereich XML-Quelle.
`xlXmlLoadOpenXml`	Liest die XML-Datei als schreibgeschützte Arbeitsmappe ein und reduziert dabei die Hierarchie auf zwei Dimensionen, wie oben beschrieben.
`xlXmlLoadImportToList`	Öffnet den Dialog, in dem der Benutzer die Variante des Öffnens selbst wählen kann.

Tabelle 11.4 Konstanten für Ladeoptionen

Das `Workbook`-Objekt stellt außerdem die Methoden `XmlImport` und `XmlImportXml` zur Verfügung, um XML-Daten entweder aus einer Datei oder aus einem im Speicher vorhandenen Datenstrom in Tabellenblätter einzulesen. In beiden Fällen wird ein `xlXmlImportResult` zurückgegeben.

Save as XML

Auch die Methode `SaveAsXMLData` ist dem Objekt `Workbook` zugeordnet und erlaubt es, Tabellendaten, die zu einer bestimmten Schemazuordnung passen, in eine separate XML-Datendatei zu exportieren. Dabei wird mit dem ersten Parameter die Zieldatei angegeben und mit dem zweiten das entsprechende `XmlMap`-Objekt, mit dem die Datenquelle bestimmt wird. Beide Parameter sind erforderlich. Über die Eigenschaft `IsExportable` kann vorher noch geprüft werden, ob sich die betreffenden Daten überhaupt fehlerfrei als eine XML-Datendatei exportieren lassen.

```
Dim objMap As XmlMap
Set objMap = ActiveWorkbook.XmlMaps("Artikel")
If objMap.IsExportable Then
  ActiveWorkbook.SaveAsXMLData "Artikelliste.xml", objMap
  Else
    MsgBox "Daten sind nicht exportierbar"
End If
```

Soll hingegen eine komplette Arbeitsmappe in dem Dateiformat XML-Kalkulationstabelle gespeichert werden, wird dies über den Parameter FileFormat der save-Methode von Workbook mit Hilfe der Konstante xlXMLSpreadsheet bestimmt:

```
ActiveWorkbook.SaveAs "Artikel.xml", _
  FileFormat:=" xlXMLSpreadsheet"
```

11.6.17 XmlMaps

Die Zuordnung von XML-Schemas zu einer Arbeitsmappe wird über die zum workbook-Objekt gehörende Eigenschaft XmlMaps vorgenommen, die ihrerseits das oben schon beschriebene XmlMaps-Objekt liefert. Diese Auflistung der Zuordnungen von Schemas kann dann mithilfe der Add-Methode aufgefüllt werden. Dabei wird der Name des Schemas als String übergeben, zusätzlich kann noch der Name des Wurzelelements angegeben werden. Auf die Elemente der Zuordnungsliste kann anschließend über einen Index oder über den jeweiligen Namen der Zuordnung zugegriffen werden:

```
Dim zuordnung As XmlMap
ActiveWorkbook.XmlMaps.Add("bestellung.xsd", "bestellung")
Set zuordnung = ActiveWorkbook.XmlMaps(1)
```

11.6.18 XmlDataQuery

In Bezug auf einzelne Tabellenblätter einer Arbeitsmappe sind insbesondere die beiden Methoden XmlDataQuery und XmlMapQuery des Objekts Worksheet von Bedeutung. Beide Methoden geben den aktuellen Inhalt eines Zellbereichs in einer Tabelle zurück, der mithilfe eines XPath-Ausdrucks ermittelt wird, vorausgesetzt eine entsprechende Zuordnung existiert und die jeweiligen Zellen nicht leer sind. Der folgende Code liefert beispielsweise die Bezeichnung des ersten Artikels in dem Zellbereich, der mit dem Schemaelement <bezeichnung> verknüpft ist:

```
Dim blatt As Worksheet
Dim bereich As range
Dim stringNS As String
Dim stringXPath As String
stringXPath = "/bestellung/positionen/position/bezeichnung"
Set blatt = wbook.ActiveSheet
Set bereich = blatt.XmlDataQuery(stringXPath)
If Not bereich Is Nothing Then
    MsgBox "Erster Artikel ist " & bereich.Item(1).Value
End If
```

Die zweite Methode – XmlMapQuery – liefert komplette Spalten einer XML-Liste einschließlich der Überschrift und der Einfügezeile zurück.

11.6.19 XPath-Objekt abfragen

Anstatt nun über einen XPath-Ausdruck bestimmte Zellbereiche abzufragen, kann auch umgekehrt geprüft werden, ob ein Zellbereich in irgendeiner Form einem XML-Schema zugeordnet ist. Das folgende Listing zeigt, wie die aktive Zelle auf eine Verknüpfung mit einem XML-Element des zugeordneten Schemas geprüft wird:

```
Dim xp As XPath
Set xp = ActiveCell.XPath
If xp.Value <> "" Then
  MsgBox "Die Zelle ist zugeordnet zu:" & vbCrLf & _
    xp.Value & vbCrLf & "Das Element kommt mehrfach vor: " & _
    xp.Repeating
  Else
    MsgBox "Die aktive Zelle ist nicht zugeordnet."
End If
```

Dabei kann mithilfe der Repeating-Eigenschaft des XPath-Objekts auch ermittelt werden, ob das betreffende Element mehrfach vorkommt.

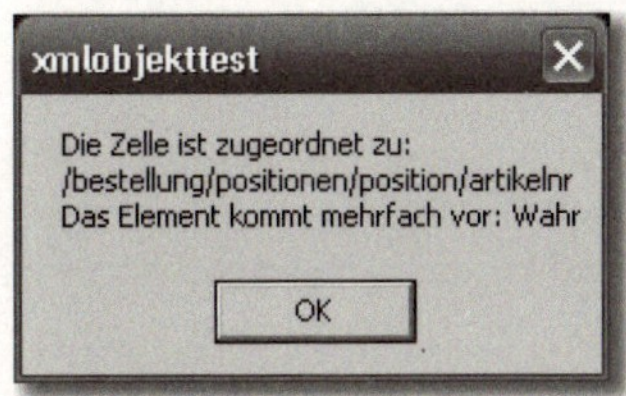

Abbildung 11.44 Eine Zelle offenbart ihre Verknüpfung

XML-Ereignisse

Erwähnt sei hier wenigstens noch kurz, dass das Objektmodell von Excel 2003 auch bestimmte Ereignisse in Zusammenhang mit XML-Daten zur Verfügung stellt. Für das Objekt Workbook können beispielsweise die Ereignisse AfterXmlExport, AfterXmlImport, BeforeXmlExport und BeforeXmlImport genutzt werden. Entsprechende Ereignisse treten auch in Bezug auf das Application-Objekt ein: WorkbookAfterXmlExport, WorkbookAfterXmlImport, WorkbookBeforeXmlExport und WorkbookBeforeXmlImport.

11.6.20 Zuordnen eines XML-Schemas

Die Verwendung der neuen Objekte soll nun im Zusammenhang mit einer kleinen Anwendung gezeigt werden. Dabei soll das oben manuell genutzte Bestellformular über ein VBA-Makro automatisch erzeugt und mit vorhandenen Daten aus XML-Dokumenten gefüllt werden. Um die schon angesprochene Möglichkeit zu demonstrieren, in einer Arbeitsmappe gleichzeitig mit mehr als einem XML-Schema zu arbeiten, wird jeweils ein separates Schema für die Adressdaten und für die Bestellpositionen eingesetzt. Hier zunächst die gesamte Prozedur des Makros im Überblick. Aus Gründen der Übersichtlichkeit ist sie so einfach wie möglich gehalten, insbesondere auf das Abfangen von möglichen Fehlern wird deshalb zunächst verzichtet:

```
Sub bestelldatenimport()
  Dim zuordnungB As XmlMap
  Dim zuordnungK As XmlMap
  Dim importB As String
  Dim importK As String
  Dim out As String
  Dim kd As String
  Dim expForm As String
  Dim wbook As Excel.Workbook
  Dim schemaB As String
  Dim schemaK As String
  Dim liste As ListObject
  Dim xp As XPath
  Dim stringXP As String
  schemaB = "bestellpos.xsd"
  schemaK = "kundenadr.xsd"
  kd = InputBox("Kundennummer: ")
  importB = "bestellpos.xml"
  importK = "kunde" + kd + ".xml"
  expForm = "bestellung.xsl"
  Set wbook = Workbooks.Add
  Set zuordnungB = wbook.XmlMaps.Add(schemaB, "bestellung")
  Set zuordnungK = wbook.XmlMaps.Add(schemaK, "kunde")
  Set xp = ActiveSheet.Range("A3").XPath
  stringXP = "/kunde/vorname"
  xp.SetValue ActiveWorkbook.XmlMaps(2), stringXP
  Set xp = ActiveSheet.Range("B3").XPath
  stringXP = "/kunde/nachname"
  xp.SetValue ActiveWorkbook.XmlMaps(2), stringXP
  stringXP = "/kunde/strasse"
  Set xp = ActiveSheet.Range("A4").XPath
  xp.SetValue ActiveWorkbook.XmlMaps(2), stringXP
```

```
    stringXP = "/kunde/plz"
    Set xp = ActiveSheet.Range("A5").XPath
    xp.SetValue ActiveWorkbook.XmlMaps(2), stringXP
    stringXP = "/kunde/ort"
    Set xp = ActiveSheet.Range("B5").XPath
    xp.SetValue ActiveWorkbook.XmlMaps(2), stringXP
    stringXP = "/bestellung/@nr"
    Set xp = ActiveSheet.Range("A8").XPath
    xp.SetValue ActiveWorkbook.XmlMaps(1), stringXP
    stringXP = "/bestellung/@bearb"
    Set xp = ActiveSheet.Range("B8").XPath
    xp.SetValue ActiveWorkbook.XmlMaps(1), stringXP
    stringXP = "/bestellung/@datum"
    Set xp = ActiveSheet.Range("D8").XPath
    xp.SetValue ActiveWorkbook.XmlMaps(1), stringXP
    Range("A10:E10").Select
    Set liste = ActiveSheet.ListObjects.Add
    stringXP = "/bestellung/positionen/position/artikelnr"
    liste.ListColumns(1).XPath.SetValue zuordnungB, stringXP
    Range("A10").Value = "Artikelnr"
    stringXP = "/bestellung/positionen/position/beschreibung"
    liste.ListColumns(2).XPath.SetValue zuordnungB, stringXP
    Range("B10").Value = "Beschreibung"
    stringXP = "/bestellung/positionen/position/gebinde"
    liste.ListColumns(3).XPath.SetValue zuordnungB, stringXP
    Range("C10").Value = "Gebinde"
    stringXP = "/bestellung/positionen/position/menge"
    liste.ListColumns(4).XPath.SetValue zuordnungB, stringXP
    Range("D10").Value = "Menge"
    stringXP = "/bestellung/positionen/position/preis"
    liste.ListColumns(5).XPath.SetValue zuordnungB, stringXP
    Range("E10").Value = "Preis"
    wbook.XmlMaps(1).Import importB, True
    wbook.XmlMaps(1).AdjustColumnWidth = True
    wbook.XmlMaps(2).Import importK, True
    wbook.XmlMaps(1).ShowImportExportValidationErrors = True
    wbook.XmlMaps(1).ExportXml Data:=out
    MsgBox out

End Sub
```

In dieser Prozedur wird zunächst nach der Vereinbarung einiger Variablen über eine InputBox eine Kundennummer abgefragt, die hier für den Zugriff auf die Kundenadresse genutzt wird. Um die Vorgehensweise zu vereinfachen, wird die jeweilige Kundenadresse aus einzelnen XML-Dateien übernommen, die im Dateinamen per angehängter Kundennummer gekennzeichnet sind.

Anschließend wird mit

```
Set wbook = Workbooks.Add
```

eine neue Arbeitsmappe geöffnet. Es folgen dann die beiden Zuordnungen der Schemas für die Kundenadresse und für die Bestellpositionen:

```
Set zuordnungB = wbook.XmlMaps.Add(schemaB, "bestellung")
Set zuordnungK = wbook.XmlMaps.Add(schemaK, "kunde")
```

Bereichsverknüpfung

Aufsetzend auf diesen Zuordnungen können nun einzelne Zellbereiche mit den Elementen des Schemas verknüpft werden. Für Elemente, die einmalig vorkommen, wird dazu jedes Mal der entsprechende Zellbereich mit einem XPath-Objekt verknüpft, das über die SetValue-Methode definiert wird. Dabei müssen als Parameter zunächst die jeweilige Schemazuordnung und ein passender XPath-Ausdruck übergeben werden.

```
Set xp = ActiveSheet.Range("A3").XPath
stringXP = "/kunde/vorname"
xp.SetValue ActiveWorkbook.XmlMaps(2), stringXP
```

Listenverknüpfung

Bei den Bestellpositionen, die mehrfach vorkommen können, ist die Verknüpfung etwas komplizierter. Ausgangspunkt ist hier nicht ein Range-Objekt, sondern eines der neuen Listenobjekte in Excel 2003. Die Abbildung verdeutlicht den entsprechenden Zweig in der Objekthierarchie.

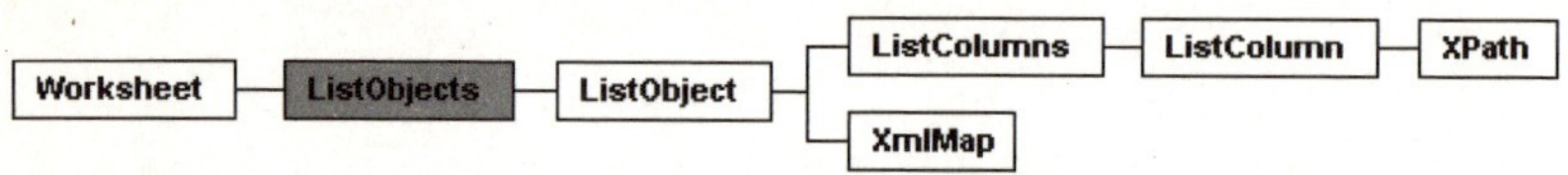

Abbildung 11.45 Objekte zu Listen

Zunächst muss ein solches Listenobjekt der Auflistung der Listenobjekte des Tabellenblatts hinzugefügt werden. Anschließend wird ein XPath-String definiert und wieder mit der SetValue-Methode einer bestimmten Spalte innerhalb der Liste zugewiesen.

```
Set liste = ActiveSheet.ListObjects.Add
stringXP = "/bestellung/positionen/position/artikelnr"
liste.ListColumns(1).XPath.SetValue zuordnungB, stringXP
```

11.6.21 Daten importieren

Nachdem die Verknüpfungen zwischen dem Tabellenblatt und dem Schema abgeschlossen sind, können XML-Daten aus vorhandenen XML-Dokumenten in die entsprechenden Zellbereiche importiert werden. Das kann beispielsweise eine sinnvolle Lösung sein, wenn in einem Formular Daten zusammengefügt werden sollen, die an verschiedenen Stellen erhoben worden sind.

In diesem Fall erfolgt der Import für die beiden Zuordnungen getrennt. Dabei wird jedes Mal die `Import`-Methode des jeweiligen `XmlMap`-Objekts verwendet.

```
wbook.XmlMaps(1).Import importB, True
wbook.XmlMaps(1).AdjustColumnWidth = True
wbook.XmlMaps(2).Import importK, True
```

Über `AdjustComnWidth = True` wird noch erreicht, dass die Spaltenbreite im Tabellenblatt an den Spalteninhalt angepasst wird.

Die folgende Abbildung zeigt das Arbeitsblatt nach der Ausführung der beiden `Import`-Anweisungen.

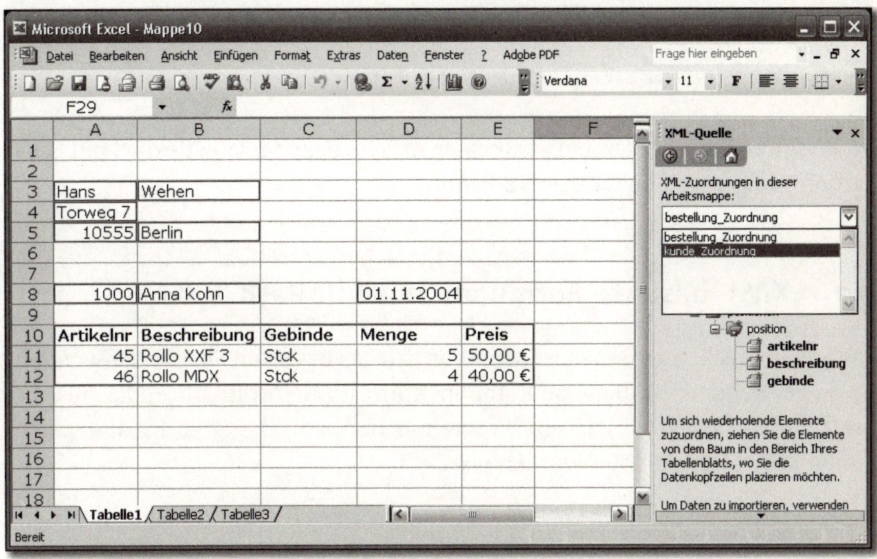

Abbildung 11.46 Arbeitsblatt mit zwei XML-Zuordnungen

11.6.22 XMLMaps exportieren

In einem nächsten Schritt wird noch angedeutet, wie die Daten einer bestimmten Zuordnung exportiert werden können.

```
wbook.XmlMaps(1).ShowImportExportValidationErrors = True
wbook.XmlMaps(1).ExportXml Data:=out
MsgBox out
```

In diesem Fall werden die Positionsdaten einfach in eine Variable übertragen, die anschließend in einer Messagebox ausgegeben wird.

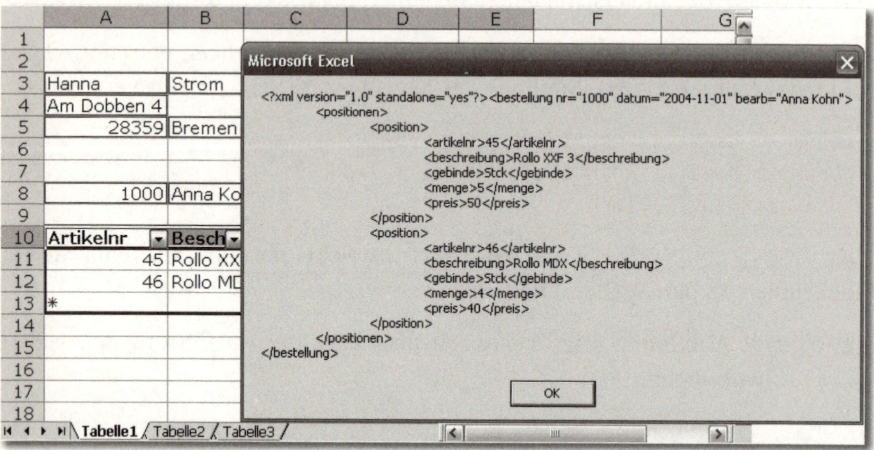

Abbildung 11.47 Anzeige der exportierten Bestellpositionen

Das Beispiel zeigt insgesamt, dass in einer Arbeitsmappe relativ flexibel mit Schemazuordnungen gearbeitet werden kann.

11.7 XML-basierte Formulare mit InfoPath 2003

Ein vielversprechender Versuch, XML-Formate als Basis von Standardanwendungen zu verwenden, ist die neue Komponente von Microsoft Office, das für Microsoft Office System entwickelte Programm Infopath, das zunächst unter dem Namen XDocs angekündigt worden war.

Das Programm ist in erster Linie ein leistungsstarkes Designtool für dynamische Formulare, deren Datenstruktur durch ein XML-Schema kontrolliert wird. Gleichzeitig wird das Programm auch zum Ausfüllen dieser Formulare verwendet und bietet dabei Formatierungsfunktionen, wie sie in Textprogrammen üblich sind.

Angeboten werden die InfoPath-Formulare üblicherweise auf der Unternehmensebene über die entsprechenden lokalen Netze oder im Internet. Für die Personen, die die Formulare ausfüllen, bleiben die dabei eingesetzten XML-Technologien weitgehend verborgen; die Designer von Formularen dagegen können auf ein komplexes Objektmodell zugreifen, das auch detaillierte Skriptlösungen in VBScript oder JScript zulässt.

11.7.1 Werkzeug für dynamische Formulare

Was ist das Besondere an InfoPath? Die meisten Standardanwendungen erfassen und verwalten Daten in der Regel entweder in einer streng strukturierten Form, wie es beispielsweise für Formulare in einem Datenbankprogramm wie Microsoft Access üblich ist, oder in der wesentlich weniger streng strukturierten Form von Textdokumenten. Letztere sind zwar typischerweise durch eine Gliederung in Kapitel, Abschnitte und Absätze geordnet, der Zugriff auf bestimmte Einzelinformationen ist aber meist nur über die Volltextsuche mit Hilfe von Suchbegriffen möglich.

Strukturierung von Informationen

In der Praxis steht dem aber ein starker Bedarf nach einem Mittelweg gegenüber. Das Datenmaterial zu einem bestimmten Vorgang sollte einerseits einen schnellen und direkten Zugriff auf die darin vorhandenen Kerninformationen erlauben, andererseits eine Vielfalt von mehr oder weniger strukturieren Bereichen zulassen: längere Texte und Kommentare, beliebig erweiterbare Tabellen und Listen. All diese verschiedenartigen Informationsformen sollen sich zugleich reibungslos mit einander verknüpfen und austauschen lassen.

Genau in diesem Sinne ist InfoPath als ein Werkzeug gedacht, mit dem leistungsfähige dynamische Formulare entworfen werden, ohne dabei notwendigerweise die Mühen einer Programmierung mit Skriptsprachen oder vollwertigen Programmiersprachen auf sich nehmen zu müssen. Dazu werden InfoPath-Formulare mit bestimmten Datenquellen verknüpft, deren Struktur auf unterschiedliche Weise vorgegeben sein kann. Auf dieser Basis lassen sich bei Bedarf präzise Gültigkeitsprüfungen mit einzelnen Feldern verknüpfen, sodass eine kontrollierte Datenerfassung gesichert ist.

Für besonders komplexe Anforderungen bleibt aber zusätzlich die Möglichkeit, das Formular über Skripte zu steuern. Der Microsoft Skript-Editor erlaubt es beispielsweise, mit dem Laden eines InfoPath-Formulars weitergehende Prüfungen zu verknüpfen. Darauf kann in diesem Rahmen aber nicht näher eingegangen werden.

Das Programm ist wie bereits angedeutet nicht nur ein reiner Formulargenerator. Dabei stehen die in den Office-Anwendungen üblichen Funktionen wie Recht-

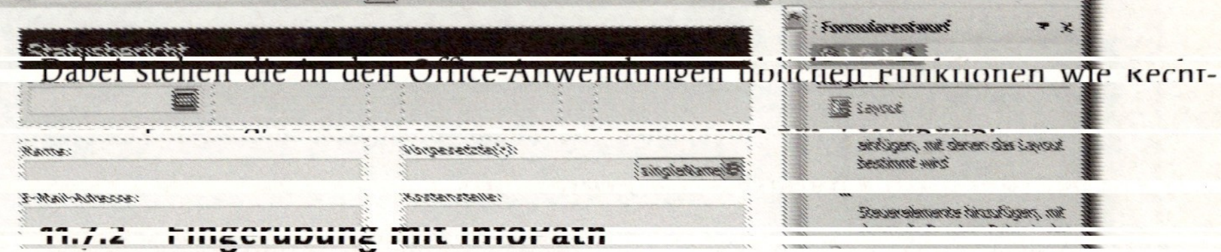

11.7.2 Fingerübung mit InfoPath

InfoPath bietet verschiedene Wege an, um ein neues Formular zu entwickeln. Häufig wird es möglich sein, mit einer der beiliegenden Vorlagen zu beginnen.

Startpunkt für Anpassungen eignen.

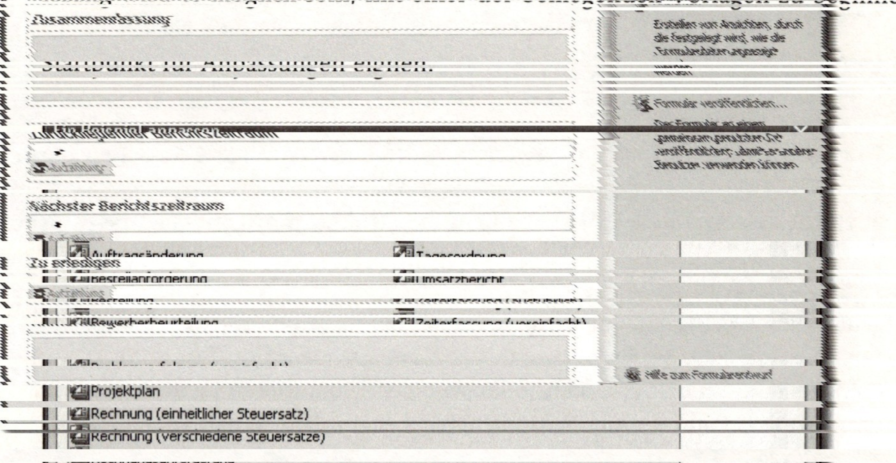

Abbildung 11.49 InfoPath mit einem Beispielformular für einen Statusbericht

11.7.3 Formular mit eigener Datenstruktur

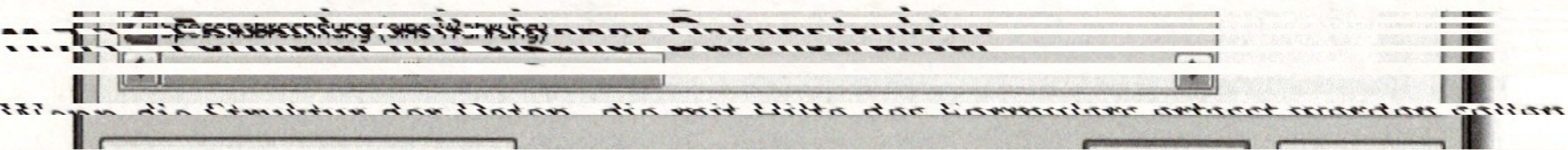

bereits feststeht, ist der praktischste Weg, mit der Option **Neues Formular aus**

Abbildung 11.48 Beispielformulare, die InfoPath anbietet

- ein vorhandenes XML-Schema oder ein als Muster brauchbares XML-Dokument
- eine Datenbank (Microsoft SQL Server oder Microsoft Access), wobei einzelne

Das Formular wird im Arbeitsbereich angezeigt und kann nun umgebaut oder erweitert werden. Die zugrunde liegende Datenstruktur erscheint im Aufgabenbereich Datenquelle.

jeweils eine entsprechende UDDI-Adresse die Verknüpfung her.

nicht entfernt werden.

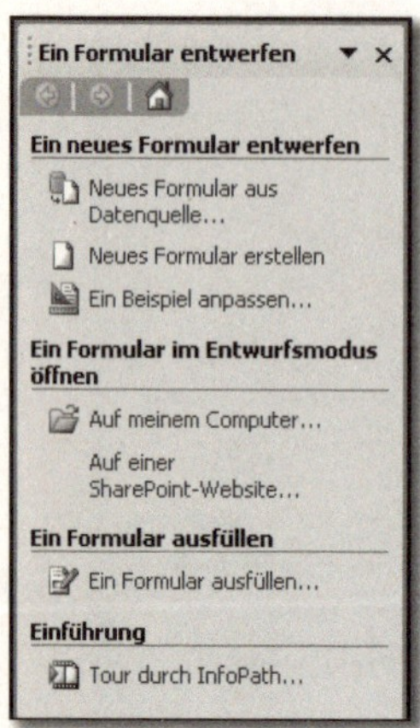

Abbildung 11.50 Aufgabenbereich »Ein Formular entwerfen«

Um XML als Datenquelle zu verwenden, wird entweder eine XML-Schema-Datei oder eine XML-Datei ausgewählt. Ist kein Schema vorhanden, entnimmt InfoPath aus dem ausgewählten XML-Dokument die Strukturinformationen, die es benötigt, und generiert selbst ein dem Dokument entsprechendes Schema. Dieses Verfahren ist allerdings nur in einfachen Fällen erfolgreich anwendbar. Ein bestimmtes XML-Dokument im Sinne der Instanz eines gedachten Schemas muss schließlich nicht schon alle Strukturelemente enthalten, die für einen bestimmten Typ von Anwendung tatsächlich benötigt werden. Optionale Elemente mögen beispielsweise gerade in dem Beispieldokument fehlen. In der Regel ist es deshalb besser, mit einem expliziten XML-Schema, also einer Datei vom Typ **.xsd** zu beginnen.

Für diese kleine Übung wird ein einfaches Schema für ein Bestellformular verwendet. Ist die entsprechende **.xsd**-Datei ausgewählt, zeigt der Aufgabenbereich **Datenquelle** die entsprechende Datenstruktur als einen Baum von Elementen an, wie es unter Windows für Ordnerbäume üblich ist. Die Eigenschaften ausgewählter Elemente lassen sich bei Bedarf über die Dialoge ändern, die über das Kontextmenü geöffnet werden können.

Über den Link **Layout** wird zunächst ein Designmuster für das gesamte Formular ausgewählt, etwa eine Tabelle mit Überschrift.

Um die Felder für das Formular einzurichten, könnte aus dem Fenster **Datenquelle** die Position **bestellformular** komplett in den Entwurfsbereich gezogen werden, InfoPath würde sofort eine Grobfassung des kompletten Formulars liefern, die bereits alle Textfelder, Auswahllisten und Steuerelemente für die Auswahl eines Datums enthielte.

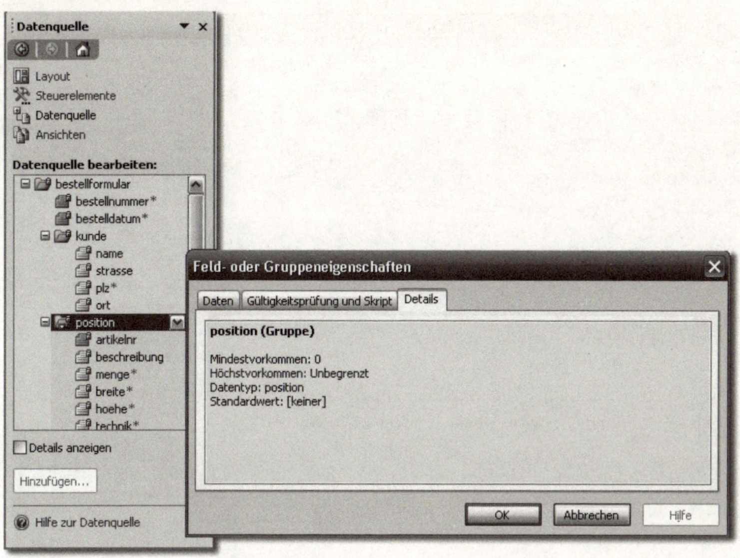

Abbildung 11.51 Objektebaum der Datenquelle und der Eigenschaften-Dialog

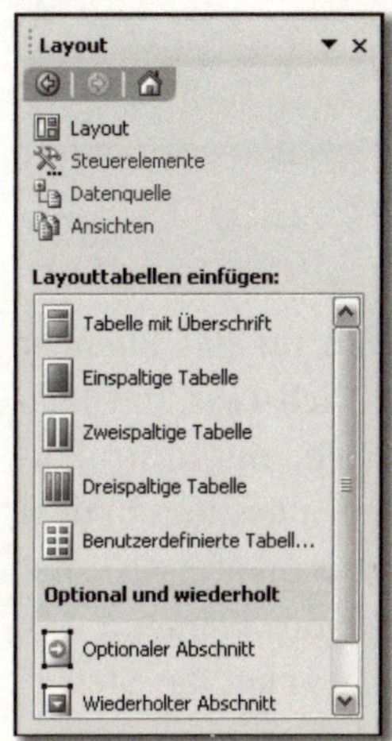

Abbildung 11.52 Auswahl des Basislayouts für das Formular

Da das Bestellformular aber in diesem Fall eine erweiterbare Tabelle mit einer nicht fixierten Anzahl an Positionen aufnehmen soll, ist es hier besser, die Komponenten getrennt in den Entwurf zu ziehen, wobei über das Kontextmenü die Gruppe **position** als **Wiederholte Tabelle** gekennzeichnet wird. Dies erlaubt es, bei der Dateneingabe jeweils so viele neue Positionszeilen anzuhängen, wie nötig sind.

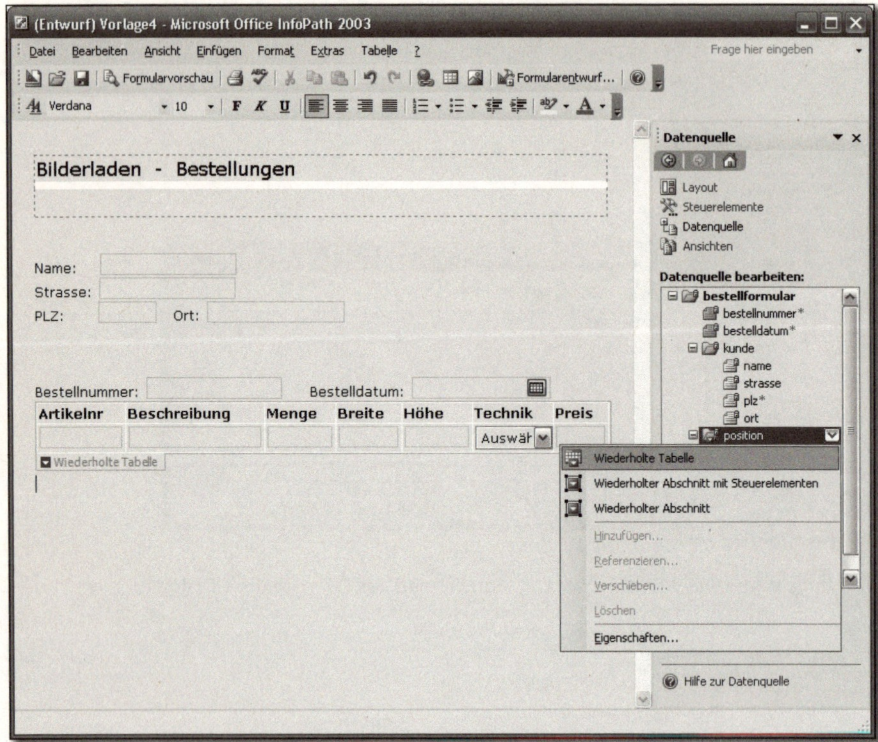

Abbildung 11.53 Entwurf des einfachen Bestellformulars

Unterhalb der Tabelle mit den Positionen soll noch ein Feld für das Element `notiz` eingefügt werden. InfoPath erzeugt dabei ein **Feld für Rich-Text**, das auch größere, ausformatierte Texte erlaubt. Um im Formular Bereiche mit unstrukturierten, aber formatierten Texten zuzulassen, erwartet InfoPath allerdings in dem zugrunde liegenden Schema einen bestimmten Datentyp mit Namen `xhtml`, der gemischte Inhalte zulässt und dessen Inhaltsmodell mit Hilfe des Elements `any` offen gehalten wird. (Wird ein Formular ganz neu angelegt, erzeugt das Steuerelement diesen Datentyp automatisch.) In diesem Fall sieht dies so aus:

```
<xsd:element name="notiz" type="xhtml" />
<xsd:complexType name="xhtml" mixed="true">
  <xsd:sequence>
    <xsd:any namespace="http://www.w3.org/1999/xhtml"
             processContents="lax" minOccurs="0"
             maxOccurs="unbounded"/>
  </xsd:sequence>
</xsd:complexType>
```

Falls nun eine Notiz in das Formular gewünscht ist, werden für die Formatierungen spezielle Elemente verwendet, die zu dem Namensraum »http://www.w3.org/1999/xhtml« gehören:

```
<notiz>Das Paket bitte vor dem
  <em xmlns="http://www.w3.org/1999/xhtml">20.04 </em>
  liefern und als <strong xmlns="http://www.w3.org/1999/xhtml">
  Geschenk</strong> verpacken.
</notiz>
```

Ansonsten lassen sich die einzelnen Elemente und Beschriftungen mit den in Office üblichen Verfahren positionieren und formatieren, wobei sehr präzise Angaben zu Größe, Textabstand und Rändern möglich sind. Quickinfos und Tastenkombinationen sind für jedes Element frei definierbar.

11.7.4 Formularentwurf vom Scratch

Soll der Formularentwurf mit einem leeren Blatt beginnen, wird im Aufgabenbereich **Ein Formular entwerfen** die Option **Neues Formular erstellen** verwendet. Bei dieser Vorgehensweise wird die Datenstruktur aus den eingefügten Steuerelementen mit Standardelementnamen generiert und kann dann notfalls nachträglich bearbeitet werden. Unter **Steuerelemente** steht im Aufgabenbereich die Liste dieser Elemente zur Verfügung (siehe Abbildung 11.54).

Der dynamische Charakter eines Formulars wird dabei hauptsächlich durch Elemente möglich wie **Wiederholter Abschnitt**, **Wiederholte Tabelle**, **Optionaler Abschnitt** oder die verschiedenen Formen von Listen. Dem **Wiederholten Abschnitt** entspricht im XML-Schema ein Element mit einem komplexen Datentyp und der Eigenschaft `maxOccurs="unbounded"`, während der optionale Abschnitt einem Element mit `minOccurs="0"` entspricht. Diese Attribute werden automatisch in dem Schema generiert, das InfoPath erzeugt, wenn das Formular gespeichert wird.

Anstatt die Datenstruktur durch Einfügen der Steuerelemente schrittweise aufzubauen, kann auch innerhalb des Aufgabenbereichs **Datenquelle** mit Hilfe der Schaltfläche **Hinzufügen** ein Elementbaum aufgebaut werden. Im Dialog **Feld oder Gruppe hinzufügen** sind zahlreiche Datentypen vorgegeben. Auch Referenzen auf schon angelegte Gruppen sind möglich. Zusätzlich zur Struktur der Datenquelle lassen sich über **Formularoptionen** auch Standardwerte für die einzelnen Elemente und Attribute festlegen.

Für den Entwurf einfacher Strukturen ist diese Funktion einigermaßen brauchbar, komplexe Schemas sollten allerdings besser mit speziellen Schemaentwurfswerkzeugen wie XMLSpy aufgebaut werden.

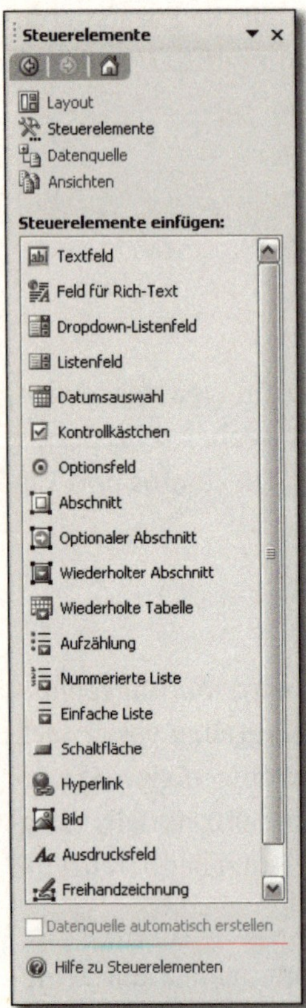

Abbildung 11.54 Liste der Steuerelemente

11.7.5 XPath-Ausdrücke für Berechnungen

Neben den üblichen Formularelementen wird auch ein **Ausdrucksfeld** angeboten, mit dem XPath-Ausdrücke ausgewertet werden. Auf diese Weise lässt sich beispielsweise in einem Bestellformular ein Summenfeld einfügen. Zunächst wird dazu über die Schaltfläche **XPath festlegen** das zu summierende Feld ausgewählt, anschließend muss der XPath-Ausdruck um die Summenfunktion erweitert werden, etwa: `sum(position/preis)`. Im Formular kann vor das Feld noch eine Beschriftung eingefügt werden, die diesmal nicht an ein Datenelement gebunden ist.

11.7.6 Schema-Limits

Bei der Arbeit mit InfoPath müssen allerdings gewisse Mindestanforderungen an die Schemas, die das Programm verarbeiten kann, beachtet werden. Das Schema muss ein bestimmtes Maß an Eindeutigkeit haben. Wenn beispielsweise mit dem

Element `any` gearbeitet wird, muss gleichzeitig das Attribut `minOccurs="0"` verwendet werden, ansonsten gibt eine Fehlermeldung an, dass InfoPath eine solche Struktur nicht verarbeiten kann. In einigen Fällen bietet InfoPath auch einen Dialog, um ein nicht eindeutiges Schema zu korrigieren.

11.7.7 Validierung per Schema

Durch die Verknüpfung zwischen den Formularelementen und den Informationseinheiten des zugrunde liegenden XML-Schemas kann die Dateneingabe von vornherein über die im Schema fixierten Anforderungen kontrolliert werden. Je präziser die Beschreibung der einzelnen Datentypen im Schema ist, desto einfacher ist es, mögliche Eingabefehler abzufangen. Felder mit fehlenden oder ungültigen Daten werden bei der Eingabe mit farbigen Rahmen gekennzeichnet. Tooltipps geben Hinweise zu den angeforderten Daten.

Um den Arbeitsprozess nicht zu erschweren, lässt es InfoPath allerdings zu, auch noch nicht im Sinne des Schemas gültige Formulardaten zu speichern. Das ist ganz praktisch, wenn beispielsweise erforderliche Daten im Moment noch nicht vorhanden sind.

11.7.8 Zusatzprüfungen

Zusätzlich zu den über das Schema gegebenen Einschränkungen können über das Formular noch weitere Gültigkeitsregeln über die Eigenschaftsdialoge der einzelnen Steuerelemente vereinbart werden. Allerdings dürfen diese Regeln die durch das Schema gesetzten Regeln nicht abschwächen oder außer Kraft setzen, sondern nur ergänzen.

Die zusätzlichen Regeln werden über `<xsf:errorCondition>`-Elemente in der Manifest-Datei notiert, von der gleich noch die Rede sein wird. Auch bedingte Formate, die nur unter bestimmten Umständen zum Einsatz kommen sollen, oder Festlegungen, dass Elemente nur unter bestimmten Voraussetzungen angezeigt werden, lassen sich auf diesem Wege in das Formular einbauen.

Im Dialog **Gültigkeitsprüfung** wird als dritte Ebene der Validierung noch angeboten, auf bestimmte Ereignisse wie **OnValidate** oder **OnAfterChange** noch eine Prüfung per Skript einzubauen. Die Schaltfläche **Bearbeiten** führt dabei direkt in die im Programm integrierte Skriptentwicklungsumgebung.

11.7.9 Formularsichten

Zu jedem Formular lassen sich außerdem verschiedene Sichten definieren, etwa um Teile auszublenden, die nicht jedes Mal benötigt werden. Ansichten werden über den Aufgabenbereich **Ansichten** hinzugefügt. Dabei können markierte Elementgruppen zwischen den Ansichten mit Kopieren und Einfügen übernommen werden. Realisiert werden die verschiedenen Ansichten mit Hilfe von XSLT-Stylesheets, die InfoPath automatisch aufgrund der Elemente generiert, die aktuell auf der Zeichnungsfläche angeordnet sind.

11.7.10 Veröffentlichung von Formularen

Wenn der Entwurf eines Formulars abgeschlossen ist, wird er in einer binären InfoPath-Formatvorlagendatei vom Typ **.xsn**-Datei gespeichert werden.

Um nun aber das Formular anderen Personen zum Ausfüllen anzubieten, kann es in der geeigneten Weise veröffentlicht werden. Dazu wird ein spezieller Assistent verwendet, der über **Datei • Veröffentlichen** aufgerufen wird. Hier stehen wieder drei Wege offen.

- Die erste Option ist, das Formular innerhalb des lokalen Netzes in einem freigegebenen Ordner anzubieten. E-Mails an die potentiellen Benutzer können auf diese Freigabe hinweisen. Dazu bietet der Assistenz die Schaltfläche **Benutzer benachrichtigen** an, die den Dialog für eine entsprechende Mitteilung öffnet und den angegebenen Speicherort gleich einfügt.
- Die zweite Möglichkeit ist die Veröffentlichung auf einem Webserver. Dazu muss nur die Adresse eines virtuellen Webordners angegeben werden. Potentielle Benutzer können auch in diesem Fall per E-Mail über das neue Formularangebot unterrichtet werden und finden in der E-Mail gleich den URL, über den eine neue Instanz der Formularvorlage erzeugt werden kann. Werden solche Formulare aufgerufen, landen sie automatisch im Cache des Benutzers und können dort auch offline ausgefüllt werden. Die Formulare erben dabei die Sicherheitseinstellungen, die für den Internet Explorer gesetzt sind. Um die Sicherheit zu erhöhen, lassen sich die Formularvorlagen auch digital signieren.
- Die dritte Möglichkeit ist, das Formular über SharePoint-Formularbibliotheken einem Team zur Verfügung zu stellen, falls ein entsprechender SharePoint-Server vorhanden ist.

Voraussetzung, um Formulare ausfüllen zu können, ist allerdings jedes Mal, dass das Programm InfoPath auf dem jeweiligen Rechner auch installiert ist.

11.7.11 Das Template-Archiv

Die Vorlagendatei vom Typ **.xsn** ist ein komprimiertes Archiv, das sich über den Befehl **Datei • Formulardateien extrahieren** auch in seine Komponenten zerlegen lässt. Der Blick hinter die Kulissen zeigt, dass ein Formular in InfoPath aus einer ganzen Gruppe von Dateien aufgebaut wird. Dazu gehören XML-Dokumente, XML-Schemas, Stylesheets und eventuell auch Skriptdateien für Event-Handler.

In jedem Fall ist mindestens eine XML-Schema-Datei enthalten, die die zugrunde liegende Datenstruktur fixiert. Für jede Ansicht, die für das Formular definiert ist, wird ein entsprechendes XSLT-Stylesheet **view(n).xsl** generiert, wobei n hier für eine fortlaufende Nummer steht. In einer **template.xml** wird eine leere Dokumentinstanz, die dem Schema entspricht, abgelegt. Sie enthält zusätzlich zwei Verarbeitungsanweisungen, die die Verknüpfung zu der Anwendung InfoPath und zu der Manifest-Datei herstellen. In der Datei **sampledata.xml** können Vorgabedaten für das Formular enthalten sein.

Verklammert sind alle Ressourcen für das Formular über ein **InfoPath Form Definition File** mit dem Namen **manifest.xsf**. Für dieses XML-Dokument ist ein XML-Schema für ein `<xDocumentClass>`-Wurzelelement definiert, das allen Formularen von InfoPath zugrunde liegt. Die Datei wird über die Design-Werkzeuge von InfoPath automatisch generiert, Formdesigner können hier aber auch zur Handarbeit übergehen. Das folgende Listing zeigt einen Auszug.

```
<?xml version="1.0" encoding="UTF-8"?>
<xsf:xDocumentClass solutionVersion="1.0.0.4"
  productVersion="11.0.5531" solutionFormatVersion="1.0.0.0"
  xmlns:xsf="http://schemas.microsoft.com/office/infopath/2003/
  solutionDefinition"
  xmlns:msxsl="urn:schemas-microsoft-com:xslt"
  xmlns:xd="http://schemas.microsoft.com/office/infopath/2003"
  xmlns:xsi="http://www.w3.org/2001/XMLSchema-instance"
  xmlns:xhtml="http://www.w3.org/1999/xhtml">
  <xsf:package>
    <xsf:files>
      <xsf:file name="bestellform.xsd">
        <xsf:fileProperties>...</xsf:fileProperties>
      </xsf:file>
      <xsf:file name="template.xml"></xsf:file>
      <xsf:file name="sampledata.xml">
        <xsf:fileProperties>...</xsf:fileProperties>
      </xsf:file>
      <xsf:file name="view1.xsl">...</xsf:file>
    </xsf:files>
  </xsf:package>
  ...
  <xsf:views default="Ansicht 1">
```

```
    <xsf:view name="Ansicht 1" caption="Ansicht 1">
      <xsf:editing>
        <xsf:xmlToEdit name="bestelldatum_1"
                       item="/bestellformular/@bestelldatum">
          <xsf:editWith proofing="no" autoComplete="no"
                        component="xField"></xsf:editWith>
        </xsf:xmlToEdit>
        <xsf:xmlToEdit name="position_2"
                       item="/bestellformular/position"
                       container="/bestellformular">
          <xsf:editWith caption="position"
                        xd:autogeneration="template"
                        component="xCollection">
            <xsf:fragmentToInsert>
              <xsf:chooseFragment followingSiblings="notiz">
                <position artikelnr="">
                  <beschreibung></beschreibung>
                  <menge></menge>
                  <breite></breite>
                  <hoehe></hoehe>
                  <technik></technik>
                  <preis></preis>
                </position>
              </xsf:chooseFragment>
            </xsf:fragmentToInsert>
          </xsf:editWith>
        </xsf:xmlToEdit>
      </xsf:editing>
      <xsf:menuArea name="msoInsertMenu">...</xsf:menuArea>
      <xsf:mainpane transform="view1.xsl"></xsf:mainpane>
    </xsf:view>
  </xsf:views>
  <xsf:applicationParameters application=
          "InfoPath Design Mode">...</xsf:applicationParameters>
  <xsf:documentSchemas>
    <xsf:documentSchema rootSchema="yes"
       location="bestellform.xsd"></xsf:documentSchema>
  </xsf:documentSchemas>
  <xsf:fileNew>
    <xsf:initialXmlDocument caption="NeueBestellvorlage"
      href="template.xml"></xsf:initialXmlDocument>
  </xsf:fileNew>
</xsf:xDocumentClass>
```

11.7.12 Formulare ausfüllen

Soll ein Formular für die Dateneingabe verwendet werden, wird es entweder lokal geöffnet oder über das Netz, je nach Art der Veröffentlichung. Im zweiten Fall besteht die Möglichkeit, Formulare zunächst offline auszufüllen und beim nächsten Netzkontakt die Daten wieder an die entsprechende Stelle zu übergeben.

Die Dateneingabe wird von InfoPath in vielfältiger Weise unterstützt. Für Datumsfelder ist beispielsweise automatisch ein Kalendersteuerelement eingebunden. Das Anfügen von neuen Tabellenzeilen innerhalb des Bestellformulars wird über eine kleine Pfeilschaltfläche angeboten. Dasselbe gilt für wiederholte Abschnitte. Einschränkungen zu Werten werden über eingeblendete Hinweise deutlich gemacht.

Für Rich-Text-Felder stehen die für Textprogramme üblichen Schriftformate zur Verfügung, wie Abbildung 11.55 zeigt. Die Rechtschreibprüfung kann genutzt werden, ebenso Suchen und Ersetzen, Kopieren und Einfügen. Sind für das Formular verschiedene Ansichten definiert, werden diese im Menü **Ansicht** zur Auswahl angeboten.

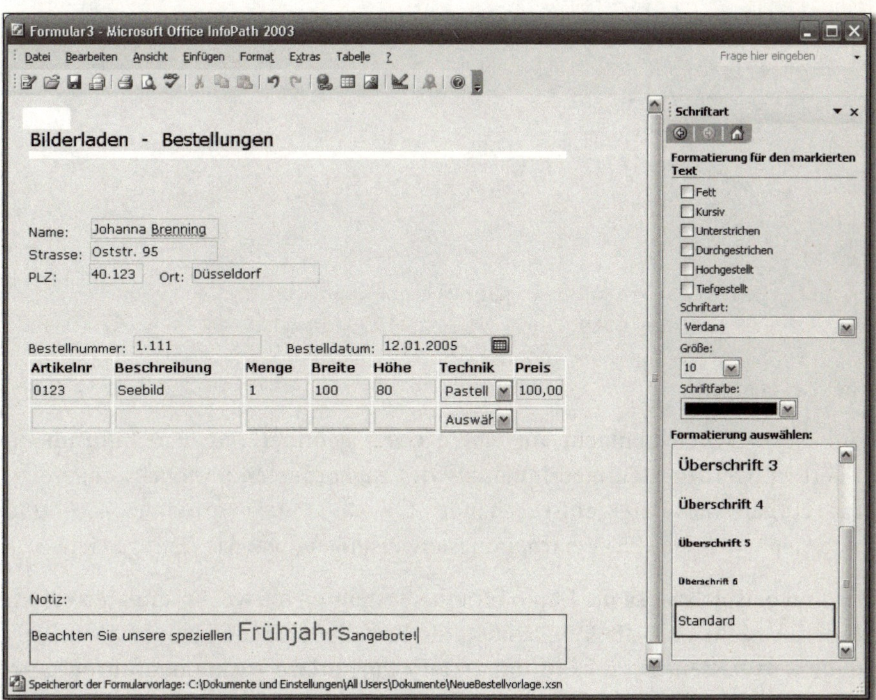

Abbildung 11.55 Dateneingabe in das neue Formular

11.7.13 Speichern der eingegebenen Daten

InfoPath speichert die eingegebenen Formulardaten im XML-Format ab. Listing 2 zeigt einen Auszug aus dem generierten XML-Dokument zu dem oben skizzierten Bestellformular. Das Programm verwendet dabei das zugeordnete Schema.

```
<?xml version="1.0" ...>
<?mso-infoPathSolution solutionVersion="1.0.0.4"
                       productVersion="11.0.5531"
                       PIVersion="1.0.0.0"
                       href="file:///F:\bestellformular.xsn"
                       language="de" ?>
<?mso-application progid="InfoPath.Document"?>
<bestellformular bestellnummer="1111" bestelldatum="2005-01-12"
                 xmlns:xhtml="http://www.w3.org/1999/xhtml">
  <kunde>
    <name>Johanna Brenning</name>
    <strasse>Oststr. 95</strasse>
    <plz>40123</plz>
    <ort>Düsseldorf</ort>
  </kunde>
  <position artikelnr="0123">
    <beschreibung>Seebild</beschreibung>
    <menge>1</menge>
    <breite>100</breite>
    <hoehe>80</hoehe>
    <technik>Pastell</technik>
    <preis>100.00</preis>
  </position>
  ...
  <notiz>Beachten Sie unsere speziellen <font color="#ff0000"
    size="5" xmlns="http://www.w3.org/1999/xhtml">
      Frühjahrs</font>angebote! </notiz>
</bestellformular>
```

Wird dieses XML-Dokument auf einem Gerät geöffnet, auf dem InfoPath installiert ist, werden die Daten innerhalb des zugeordneten Formulars angezeigt. Dazu enthält die Datei entsprechende `<?mso-infoPathSolution ...>`- und `<?mso-application ...>`-Verarbeitungsanweisungen, wie das Listing zeigt.

Sind nun beispielsweise die Daten für eine Bestellung in zwei Formularen erfasst worden, besteht auch die Möglichkeit, die Bestellpositionen in einer XML-Datei zusammenzufassen. Dazu kann mit **Datei • Formulare zusammenführen** gearbeitet werden. Dabei werden in diesem Beispiel die Positionsdaten aus der angegebenen Datei in das aktuelle Formular eingefügt. InfoPath benutzt dabei bestimmte Vorgaben. So werden wiederholte Elemente jeweils am Ende der entsprechenden Sequenz angehängt, dagegen wird bei nicht-wiederholten Elementen der Datenbestand des Formulars beibehalten, das die Daten aus anderen Formularen übernimmt. Das betrifft hier die Adressdaten und die allgemeinen Bestelldaten wie Nummer und Datum.

Rich-Text-Elemente wie in der angehängten Notiz werden aneinandergereiht. Wenn dieses vorgegebene Verhalten nicht brauchbar ist, gibt es auch die Möglichkeit, die Mischung der Daten aus mehreren Formularen gezielt über entsprechende XSLT-Stylesheets zu steuern.

Ausgefüllte Formulare lassen sich natürlich auch ausdrucken; die in Office üblichen Seiteneinrichtungsdialoge sind auch hier zu finden.

11.7.14 Austausch mit anderen Anwendungen

Einer der Wege, Formulardaten weiterzugeben, ist der Versand per E-Mail. Über **Datei An E-Mail-Empfänger senden** werden die Kopfdaten für die Adresseingabe eingeblendet. Der Empfänger findet das Formular – nicht editierbar – im HTML-Format vor. Wird das Formular dagegen als Anlage gesendet, kann der Empfänger, wenn er über InfoPath verfügt, das Formular darüber öffnen und auch bearbeiten.

Der Export eines Formulars nach Excel macht Sinn, wenn sich die Daten als einfache Tabelle wiedergeben lassen. Ein Assistent unterstützt eine entsprechende Auswahl, wobei auch Felder weggelassen werden können. Bei dem Bestellformular wird beispielsweise eine Tabelle erzeugt, bei der die Kundendaten für jede Position wiederholt werden. Der Datenaustausch mit Excel lässt sich aber auch von der anderen Seite aus vornehmen. Excel kann die XML-Daten importieren und dabei auch Verknüpfungen aufbauen, so dass Änderungen an den Daten im Formular in die Exceltabelle übernommen werden. **Datei • Exportieren nach Web** verpackt das ausgefüllte Formular in einer **.mhtml**-Datei, die im Internet Explorer direkt zum Ansehen geöffnet werden kann.

Was InfoPath für unternehmensweite Anwendungen in erster Linie interessant macht, ist die Tatsache, dass aufgrund des für die Datenspeicherung verwendeten XML-Formats die mit InfoPath-Formularen erfassten Daten problemlos in beliebige Geschäftsprozesse übernommen werden können, so dass ihre Wiederverwendbarkeit gesichert ist. Dabei wird insbesondere auch an den Austausch mit Webdiensten gedacht.

Die Tatsache, dass Microsoft das Programm einerseits als Einzelanwendung, zum anderen nur im Paket der Office 2003 Enterprise Edition anbietet, deutet darauf hin, wo die bevorzugten Einsatzgebiete des Programms erwartet werden. Der eine Bereich ist die Unternehmenskommunikation. Typische Anwendungen sind etwa Umsatzberichte, Reisepläne, Projektdokumentationen, Leistungsbeurteilungen, Inventarlisten, wobei professionelle Formulardesigner die Angebote von InfoPath ausreizen können.

Das Zusammenspiel mit Webdiensten, BizTalk-Prozessen und SQL-Servern soll dafür sorgen, dass die erfassten Daten reibungslos in die entsprechenden Prozesse einfließen. Der Bereich am anderen Ende der Skala sind Anwender, die ohne sich mit Programmierung befassen zu müssen, eine Möglichkeit suchen, den Informationsfluss in ihrem Aufgabenbereich akkurater und komfortabler handhaben zu können.

Anhang

A Webressourcen

A.1 Webseiten für Entwickler

Anwendungen

www.adobe.com/SVG	SVG-Site von Adobe
www.ixiasoft.com/	Site von IXIASOFT, Anbieter des TEXTXML-Servers für die Verwaltung umfangreicher Dokumentmengen
www.microsoft.com/biztalk/default.mspx	Microsofts Site für BizTalk Server, die auf der Basis von XML die Interaktion zwischen Geschäftsprozessen ermöglichen
www.coverpages.org/xmlApplications.html	Umfangreiche Linkliste zu Anwendungen von XML
www.w3.org/AudioVideo	SMIL-Site des W3C

Organisationen und Registrierungsstellen

uddi.microsoft.com	UDDI-Seite von Microsoft, mit Informationen und Tools zur Nutzung der UDDI-Registrierung
www.omg.org	Site der Object Management Group, die u. a. für IDL verantwortlich ist
www.sgmltech.com	Site der SGML Technologies Group
www.uddi.org	Portalseite des Universal Description, Discovery, and Integration – Projekts
www.unicode.org	Site des Unicode-Konsortiums
xml.apache.org	XML-Projekt von Apache

Portale und Sites für Entwickler

java.sun.com/webservices	Seite des freien Web Services Developer Packs von Sun
java.sun.com/xml/	Portal von Sun zu Java-Technologien für XML
Msdn.microsoft.com/XML/XMLCodeSamples/default.aspx	Microsofts MSDN Online Code Samples für XML
Msdn2.microsoft.com/en-us/webservices/default.aspx	Webservice-Zentrum von Microsoft
msdn.microsoft.com/xml/default.asp	XML-Entwicklerzentrum von Microsoft

www.alphaworks.ibm.com/xml/	Site für XML-Technologien von IBM mit News, Artikeln und Tools
www.asp.net	Portal zu Microsoft ASP.NET mit zahlreichen Links, Tutorials, Tools und den ASP.NET-Foren
www.gotdotnet.com/	Portal für .NET-Entwickler mit Tutorien, Ressourcen, News etc.
www.mulberrytech.com/xsl/xsl-list/index.html	Offenes Forum für XSL von Mulberry Technologies, Inc. mit Mailinglisten für XSL und DSSSL
www.oasis-open.org/cover/	The Cover Pages – eine umfangreiche Online-Referenz zu allen Sprachen der XML-Familie und zu SGML, unterstützt von OASIS. Verweise auf aktuelle Artikel, Nachrichten und Ressourcen zu allen Bereichen von XML
www.perfectxml.com/	Unabhängiges Entwicklerportal für XML mit Sitz in Illinois.
www.saxproject.org/	SAX-Portal, Nachfolger von www.meggison.com/SAX
www.saxproject.org/apidoc/org/xml/sax	Zugang zu den Dokumentationen zu SAX
www.xml.com	XML-Portal von O`Reilly mit zahlreichen Artikeln, FAQs, Ressourcen
www.xml.org	Portal der XML-Industrie von OASIS: News, Artikel, XML Cover Pages, FAQ, xml-dev Mail List
www.xml.startkabel.nl	Fundgrube für Entwickler mit Links zu allen Ressourcen rund um XML
www.xmlbooks.com/	Bücherliste zu XML von Charles F. Goldfarb
www.xmlhack.com/	News-Site für die XML-Entwicklergemeinde
www.xml-magazin.de/	Site des deutschen XML & Web Services Magazins
www-128.ibm.com/developerworks/xml/	XML-Zone von IBM für Entwickler mit Artikeln, Tools, News etc.

Dokumentmodelle und Vokabulare

dublincore.org/	Dublin Core Metadata Initiative (DCMI), internationale Organisation zur Förderung von Standards für Metadaten und Metadaten-Vokabulare
uddi.org/specification.html	Die Spezifikation von UDDI, Version 3.0 vom Juli 2002

www.edifecs.com	Anbieter von SpecBuilder, einem Werkzeug für die Erstellung von B2B-Spezifikationen in XML, EDI u. a.
www.ietf.org/rfc/rfc2396.txt	Text des IETF RFC 2396 Standard für die Syntax von URIs
www.oasis-open.org/docbook	Site für die docbook-DTD
www.rosettanet.org	Site des Rosettanet-Konsortiums
www.tei-c.org	Portal der Text Encoding Initiative, die Schemas für literarische und linguistische Texte anbietet
www.w3.org/TR/#Recommendations	Gesamtverzeichnis der W3C-Berichte und -Publikationen
www.xcbl.org	Portal der XML Common Business Library, die XML Schema-Repositorien für Geschäftsdokumente anbietet

Tools und Entwicklungsumgebungen

saxon.sourceforge.net	Anbieter von SAXON, dem XSLT-Prozessor von Michael Kay
www.blnz.com/xt/index.html	Anbieter des XSLT-Prozessors XT
www.xmetal.com	Anbieter von XMetal, einer Entwicklungsumgebung für XML-Anwendungen
www.altova.com/	Site von Altova, dem Anbieter von XMLSpy, einer integrierten Entwicklungsumgebung für XML
xml.apache.org/fop	XSL-Prozessor von Apache
www.stylusstudio.com	Anbieter von Stylus Studio, einer DIE für XML

A.2 Liste von Empfehlungen des W3C

Name	Datum	Text
XML Information Set	Oktober 2001	www.w3.org/TR/xml-infoset
Extensible Stylesheet Language (XSL) Version 1.0	Oktober 2001	www.w3.org/TR/xsl/
Scalable Vector Graphics (SVG) 1.0 Specification	September 2001	www.w3.org/TR/SVG/
Scalable Vector Graphics (SVG) 1.1 Specification	Januar 2003	www.w3.org/TR/SVG11/
SMIL Animation	September 2001	www.w3.org/TR/smil-animation/

Name	Datum	Text
Synchronized Multimedia Integration Language (SMIL 2.0) Specification	August 2001	www.w3.org/TR/smil20/
XML Base	Juni 2001	www.w3.org/TR/xmlbase/
XML Linking Language (XLink) Version 1.0	Juni 2001	www.w3.org/TR/xlink/
XHTML™ 1.1 – Module-based XHTML	Mai 2001	www.w3.org/TR/xhtml11/
XML Schema	Mai 2001	www.w3.org/TR/xmlschema-0/ (-1/-2/)
Modularization of XHTML™	April 2001	www.w3.org/TR/ xhtml-modularization/
Canonical XML Version 1.0	März 2001	www.w3.org/TR/xml-c14n
Mathematical Markup Language (MathML) Version 2.0	Februar 2001	www.w3.org/TR/MathML2
XHTML™ Basic	Dezember 2000	www.w3.org/TR/xhtml-basic
Document Object Model (DOM) Level 2 Specifications	November 2000	www.w3.org/TR/DOM-Level-2-Core/(-Views/,-Events/,-Style/, -Traversal-Range/)
Extensible Markup Language (XML) 1.0 (Second Edition)	Oktober 2000, Revision der Empfehlung vom Februar 1998	www.w3.org/TR/REC-xml
XHTML™ 1.0	Januar 2000	www.w3.org/TR/xhtml1
HTML 4.01	Dezember 1999	www.w3.org/TR/html401
XSL Transformations (XSLT) Version 1.0	November 1999	www.w3.org/TR/xslt
XML Path Language (XPath) Version 1.0	November 1999	www.w3.org/TR/xpath
Mathematical Markup Language (MathML™) 1.01	April 1998, revidiert Juli 1999	www.w3.org/TR/REC-MathML
Associating Style Sheets with XML documents	Juni 1999	www.w3.org/TR/xml-stylesheet
Resource Description Framework (RDF)	Februar 1999	www.w3.org/TR/REC-rdf-syntax
Namespaces in XML	Januar 1999	www.w3.org/TR/REC-xml-names
Document Object Model (DOM) Level 1	Oktober 1998	www.w3.org/TR/REC-DOM-Level-1
Cascading Style Sheets, level 2 (CSS2)	Mai 1998	www.w3.org/TR/REC-CSS2
Cascading Style Sheets (CSS1) Level 1	Dezember 1996	www.w3.org/TR/REC-CSS1

Name	Datum	Text
Xpointer Framework	März 2003	www.w3.org/TR/xptr-framework
SOAP Version 1.2	Juni 2003	www.w3.org/TR/soap12-part1

A.3 Liste von wichtigen Namensräumen des W3C

Die Namensräume sind jeweils mit dem vorgegebenen Präfix angegeben.

XLink	xmlns:xlink="http://www.w3.org/1999/xlink"
XSLT	xmlns:xsl="http://www.w3.org/1999/XSL/Transform"
XSL	xmlns:fo="http://www.w3.org/1999/XSL/Format"
XML Namespace	xmlns:xml="http://www.w3.org/XML/1998/namespace"
SMIL	xmlns:smil="http://www.w3.org/2000/SMIL20/CR/Language"
XML Schema	xmlns:xsd="http://www.w3.org/2001/XMLSchema"
Instanz eines XML Schemas	xmlns:xsi="http://www.w3.org/2001/XMLSchema-instance"
XHTML	xmlns:xhtml="http://www.w3.org/1999/xhtml"
SOAP Envelop	xmlns:env="http://www.w3.org/2003/05/soap-envelope"
SOAP Encoding	xmlns:enc="http://www.w3.org/2003/05/soap-encoding"
SOAP RPC	xmlns:rpc="http://www.w3.org/2003/05/soap-rpc"
WSDL	xmlns:wsdl="http://schemas.xmlsoap.org/wsdl"

B Glossar

API (Application Programming Interface) Öffentlich verfügbare Programmierschnittstelle, die bei der Anwendungsentwicklung genutzt werden kann. DOM ist zum Beispiel eine solche Schnittstelle, die Anwendungen unterschiedlicher Sprachen und Plattformen einen gezielten Zugriff auf Teile eines XML-Dokuments bereitstellt.

Attribut Eine Informationseinheit, die einem Element in einem XML-Dokument beigefügt werden kann. Attribute erscheinen im Start-Tag hinter dem Elementnamen in Form von Name-Wert-Paaren, getrennt durch ein Gleichheitszeichen, wobei der Wert in Anführungszeichen gesetzt wird. Mehrere, jeweils einmalige Attribute können getrennt durch Leerraum aufeinander folgen. Alle Attributwerte sind Zeichenketten.

B2B (Business-to-Business) Bezeichnung für die computergestützte Kommunikation zwischen Unternehmen.

B2C (Business-to-Consumer) Bezeichnung für die computergestützte Kommunikation zwischen Unternehmen und ihren Kunden, etwa beim E-Commerce über das Web.

Callback Programmiertechnik, bei der ein Prozess einen anderen auslöst. Der zweite Prozess ruft später den ersten als Ergebnis eines bestimmten Werts, einer Aktion oder eines Ereignisses wieder auf.

CDATA (Character Data) Ein Block von Zeichen in einem XML-Dokument, der nicht geparst werden soll. CDATA-Bereiche werden in die beiden Trennzeichenfolgen `<![CDATA[` und `]]>` eingepackt. Sie werden verwendet, um beispielsweise Texte in das Dokument mit aufzunehmen, die reservierte Zeichen wie `<`, `>` oder `&` enthalten.

Container-Element Ein Element in einem XML-Dokument, das selbst wiederum andere Elemente oder Elementgruppen oder Mischungen aus Elementen und einfachen Zeichendaten enthält.

CSS (Cascading Style Sheets) Stylesheets enthalten Formatierungsregeln für XML- oder HTML-Elemente. Durch die Zuordnung eines Stylesheets kann in einfacher Form die Präsentation der Inhalte eines XML-Dokuments gesteuert werden. Dabei können mehrere Regeln überlagert werden.

Dateninsel (data island) Ein XML-Dokument, das in eine HTML-Seite eingefügt wurde. Dazu wird das Tag `<XML>` verwendet. Auf die Informationen dieser Dateninseln können Skripte angewendet werden. Die andere Möglichkeit ist die der Datenbindung, bei der HTML-Elemente gezielt mit XML-Elementen verknüpft werden.

Datentypen XML Schema erlaubt die Verwendung einer umfangreichen Hierarchie von Datentypen, mit denen festgelegt werden kann, welche Inhalte die Elemente eines XML-Dokuments und welche Werte die verwendeten Attribute annehmen dürfen. Dabei werden zahlreiche vorgegebene Datentypen angeboten, aus denen der Anwender eigene Datentypen ableiten kann.

Dokument Das Dokument ist in XML die Informationseinheit, die alle untergeordneten Informationseinheiten in sich einschließt. Dabei kann ein XML-Dokument physikalisch aus mehreren Dateien zusammengesetzt sein.

Dokumentelement Das Wurzelelement eines XML-Dokuments, das alle anderen Elemente enthält. Muss als erstes Element im Dokument erscheinen. Das Dokumentelement steht für das Dokument insgesamt.

Dokument-Entität Startpunkt für einen XML-Parser. Diese Entität hat keinen Namen und kann auch nicht referenziert werden. In der Dokument-Entität können die XML-Deklaration und eine Dokumenttyp-Deklaration vorkommen.

Dokumentinstanz Ein XML-Dokument ist eine Dokumentinstanz eines Dokumentmodells, das mit Hilfe einer DTD oder von XML Schema definiert ist, wenn es diesem Inhaltsmodell entspricht, also ein gültiges, konkretes Beispiel des abstrakten Modells ist.

Dokumentmodell Inhaltsmodell für ein XML-Dokument, das in Form einer DTD oder eines XML Schemas die Struktur, d. h. das Vokabular und die Grammatik einer bestimmten Klasse von konkreten Dokumenten festlegt.

Dokumenttyp-Deklaration Festlegung der Struktur, der ein XML-Dokument zu entsprechen hat, um als gültiges Dokument von einem validierenden Parser eingestuft zu werden. Die Syntax ist <!DOCTYPE Inhalt>. Statt interner Dokumenttyp-Definitionen kann die Deklaration auch auf externe Dateien verweisen, die DTDs enthalten. Die Deklaration muss der XML-Deklaration folgen und vor dem ersten Element erscheinen.

DOM (Document Object Model) DOM definiert eine abstrakte Programmierschnittstelle, die unabhängig von einer bestimmten Plattform oder Sprache ist, um Programmen und Skripts einen wahlfreien Zugriff auf den Inhalt und die Struktur eines XML-Dokuments zu ermöglichen. Dabei wird jeweils ein Baum von Objekten im Speicher aufgebaut, die bestimmte Methoden des Zugriffs und der Veränderung bereitstellen.

DTD (Dokumenttyp-Definition) Definition der erlaubten Elemente und Attribute und ihrer Zusammensetzung für eine Klasse von Dokumenten. Die DTD legt damit die in der Dokumentinstanz zu verwendenden Tags fest und bestimmt, in welcher Reihenfolge sie auftreten und wie sie verschachtelt werden dürfen. Außerdem werden die bei einem Element erlaubten Attribute und die Art der Werte festgelegt. Eine genaue Datentypbestimmung ist allerdings erst durch XML Schema möglich geworden.

Liegt eine DTD vor, kann ein validierender Parser ein konkretes Dokument an der zugeordneten DTD prüfen. Die Verwendung von DTDs ist aber nicht vorgeschrieben. Fehlt eine DTD (oder ein Schema), wird ein XML-Dokument von einem Parser nur auf Wohlgeformtheit geprüft.

Element Grundlegende Informationseinheit in einem XML-Dokument. Elemente bestehen aus einem den Typ des Elements benennenden Start-Tag, dem Elementinhalt und dem End-Tag. Das Start-Tag kann dabei auch eine unbestimmte Zahl von eindeutigen Attributen enthalten. Die gültigen Elemente können durch eine DTD oder ein XML Schema vorgeschrieben werden. Der Elementinhalt kann direkt aus Zeichendaten bestehen oder wiederum aus untergeordneten Elementen oder aus einer Mischung aus Zeichendaten und Elementen.

Entität (Entity) Ein XML-Konstrukt, das als Platzhalter für unterschiedliche Inhalte verwendet werden kann. Der XML-Parser ersetzt bei der Verarbeitung des Dokuments die Platzhalter durch die zugeordneten Inhalte, das Dokument wird dann mit den geparsten Entitäten weiterverarbeitet. Eine Entität kann ein einzelnes Zeichen oder auch ganze Dateien beinhalten. Für jede Entität muss ein eindeutiger Name verwendet werden. Der Bezug auf eine Entität wird durch eine entsprechende Referenz hergestellt, ähnlich wie bei einer Makrodefinition für Textergänzung. In einer DTD können Entitäten deklariert werden.

Entitätsreferenz (entity reference) Mit einer Entitätsreferenz kann der Inhalt einer Entität in ein Dokument einbezogen werden. Die Referenz beginnt mit dem Zeichen &, dann folgt der Name der Entität und ein abschließendes Semikolon. Wenn der Prozessor die betreffende Zeile verarbeitet, wird der Verweis durch den darin angegebenen Inhalt ersetzt.

Facette Ein bestimmter Aspekt des Werteraums eines Datentyps. Unterschieden wird dabei zwischen fundamentalen und einschränkenden Facetten. Dass ein Wert numerisch ist, gilt zum Beispiel als fundamentaler Aspekt; dass er Werte zwischen 1 und 100 annehmen darf, ist eine Einschränkung dieses Aspekts.

Fragmentbezeichner Erweiterung eines URL, die einen direkten Zugriff auf ein benanntes Element auf einer Webseite erlaubt.

Knoten Die Objekte, aus denen DOM seine Baumstruktur aufbaut, um die logische Struktur eines XML-Dokuments zu präsentieren, werden Knoten genannt. XPath verwendet eine ähnliche Baumrepräsentation des XML-Dokuments.

Komplexer Datentyp (complex data type) Ein Element in einem XML Schema, das andere Elemente oder Attribute enthält. Komplexe Datentypen können anonym oder mit einem Namen definiert werden. Benannte komplexe Datentypen können als Basistypen für abgeleitete Datentypen verwendet werden.

Kontextknoten (reference node) Der Kontextknoten ist bei einer XPath-Lokalisierung innerhalb eines Knotenbaums der Knoten, von dem aus die Operation gestartet wird.

HTML (Hypertext Markup Language) Markup-Sprache, die hauptsächlich für die Erstellung von Webseiten verwendet wird. Die aktuelle Version HTML 4.0 ist durch drei DTDs als SMGL-Abkömmling definiert.

HTTP (Hypertext Transport Protocol) Das Protokoll, das für den Datenaustausch im World Wide Web verwendet wird. Es legt fest, auf welche Weise ein Client – ein Browser – Daten von einem Webserver anfordert und wie der Webserver auf diese Anfrage antwortet und die geforderten Webseiten zur Verfügung stellt. Das Protokoll realisiert ein einfaches Nachrichtenmodell, das aus einer Klasse von Anforderungennachrichten und einer Klasse von Antwortnachrichten besteht. Eine Anforderung ist zum Beispiel die Eingabe einer URL-Adresse, die um Parameter erweitert werden kann.

IDL (Interface Definition Language) Eine sprachneutrale Sprache, in der die Schnittstellen des DOM in der Empfehlung des W3C beschrieben sind. Der Empfehlung sind zwei »Übersetzungen« der IDL-Definitionen in Form so genannter Bindungen für Java und für ECMAScript beigefügt.

Infoset (XML information set) Die im Oktober 2001 vom W3C verabschiedete Empfehlung ist ein Satz von Definitionen, die festlegen, wie in den Empfehlungen der XML-Familie auf die verschiedenen Informationseinheiten in konsistenter Weise Bezug genommen werden soll, die in einem XML-Dokument vorkommen. Der Grundgedanke ist, dass jedes wohlgeformte XML-Dokument, das zusätzlich noch die Einschränkungen in Bezug auf die Verwendung von Namensräumen erfüllt, ein Infoset enthält, womit eine hierarchische Struktur von Informationseinheiten gemeint ist, die unterschiedlicher Art sein können. Die Empfehlung unterscheidet insgesamt elf Informationstypen, die jeweils ihre speziellen Eigenschaften haben. Das Infoset wird teilweise im Knotenbaum des DOM-Modells abgebildet, aber nicht vollständig. Ähnliches gilt für das Datenmodell von XPath.

Inhaltsmodell (Content-Model) Beschreibung der Inhalte eines Elements, entweder innerhalb einer DTD oder in XML Schema. Gibt an, welche Elemente und Daten in welcher Anordnung in einem Element auftauchen dürfen.

Lokalisierungsausdruck Ein Ausdruck, der in XPath benutzt wird, um bestimmte Knoten im Knotenbaum auszuwählen. Lokalisierungsausdrücke sind absolute Ausdrücke, wenn sie mit einem Schrägstrich beginnen, der für den Wurzelknoten steht, ansonsten sind es relative Ausdrücke, die vom aktuellen Kontextknoten ausgehen. Während XPath immer nur der Navigation innerhalb eines XML-Dokuments dient, benutzt Xpointer ähnliche Ausdrücke, um Teilmengen in externen XML-Dokumenten zu identifizieren. Dabei werden Lokalisierungsausdrücke innerhalb von Fragmentsbezeichnern aufgebaut.

Markup Die Teile eines XML-Dokuments, die zur Auszeichnung verwendet werden, insbesondere die Start- und End-Tags, die dafür genutzt werden, die einzelnen Elemente voneinander zu trennen und sie zugleich zu benennen. Auch Entitätsreferenzen, Kommentare, die Trennzeichen für CDATA-Abschnitte, Dokumenttyp-Deklarationen und Verarbeitungsanweisungen werden zum Markup gezählt und damit von den Zeichendaten unterschieden, die den eigentlichen Inhalt des Dokuments ausmachen.

Metadaten Daten die nicht direkt zum Inhalt eines Dokuments gehören, sondern Informationen über das Dokument zur Verfügung stellen, wie Name des Autors, Erstellungsdatum etc.

Mixed content Ein spezieller Elementtyp, der es erlaubt, den Inhalt eines Elements aus Zeichendaten und untergeordneten Elementen zu mischen. DTDs können in diesem Fall aber weder die Reihenfolge noch die Häufigkeit des Vorkommens einzelner Elemente festlegen, während bei einem XML Schema entsprechende Einschränkungen möglich sind.

Namensraum (namespace) Ein XML-Namensraum ist eine Sammlung von Namen, die durch eine URI-Referenz identifiziert wird. Durch die Zuordnung von Element- oder Attributnamen zu Namensräumen ist es möglich, Informationseinheiten eindeutig zu identifizieren und Namenskonflikte zu vermeiden. Auf diese Weise können gleichlautende Namen mit unterschiedlicher Bedeutung in verschiedenen Vokabularen verwendet werden.

Um Namen, die zu einem Namensraum gehören, einfacher verwenden zu können, kann der URI-Referenz eine Abkürzung zugeordnet werden, die dann als Namensraumpräfix vor dem lokalen Namen eingefügt wird, getrennt durch einen Doppelpunkt. Diese Zuordnung geschieht durch eine Namensraumdeklaration mit der Syntax `<xmlns:namensraumpraefix=uri>`. Solche Deklarationen können auch innerhalb einer Element-Deklaration verwendet werden. Alle Kindelemente dieses Elements erben dann den Namensraum. Die URI-Referenz muss nur eindeutig sein, der Parser sucht anders als bei einem Verweis auf eine DTD oder ein XML Schema keine dort abgelegte Namensliste.

NCName Ein *»non-colonized name«*, also ein XML-Name, der keinen Doppelpunkt enthält. Ein gültiger NCName beginnt entweder mit einem Buchstaben oder einem Unterstrich. Die folgenden Zeichen können eine beliebige Kombination von Buchstaben, Zahlen, Akzenten, diakritischen Zeichen, Punkten, Bindestrichen und Unterstrichen sein.

Notation Notationen werden eingesetzt, um Daten in einem Nicht-XML-Format in ein XML-Dokument einzubinden, etwa eine Bilddatei. Die Notation identifiziert über ihren Namen das Format einer Entität, die vom Parser ignoriert werden soll, also einer »unparsed entity«, das Format von Elementen, die ein Notationsattribut enthalten, oder eine Anwendung, an die sich eine Verarbeitungsanweisung richtet.

Parameter-Entität Parameter-Entitäten können nur in einer DTD verwendet werden, und zwar, um Textabschnitte zu benennen, die in der DTD wiederverwendet werden sollen, etwa Teile eines Inhaltsmodells oder eine Liste von Datentypen. Sie werden mit folgender Syntax deklariert: `<!ENTITY % name "Ersetzungstext">`. Die Deklaration muss jedem Verweis auf die Entität vorausgehen, der in der Form `%name` erfolgt.

Parsed entity Eine Entität des XML-Dokuments, die vom XML-Prozessor auf Entitätsreferenzen geprüft werden soll. Der Parser löst alle gefundenen Verweise rekursiv auf, bis für alle Entitäten die entsprechenden Ersatztexte eingebunden worden sind. Geparste Entitäten können nur Zeichendaten oder XML-Markup enthalten.

Parser Ein Programm, das XML-Dokumente liest, auf Wohlgeformtheit prüft und, wenn es sich um einen validierenden Parser handelt, auch auf Gültigkeit. Dabei werden Enity-Referenzen rekursiv aufgelöst. Das Ergebnis des Parsens wird in der Regel an eine weiterverarbeitende Anwendung geleitet. Ist das Dokument nicht wohlgeformt, handelt es sich um kein XML-Dokument und die Verarbeitung wird abgebrochen.

PCDATA (Parsed Character Data) Akronym für »parsed character data«. Datentyp für Elemente, die nur Zeichendaten, aber keine Unterelemente enthalten. Dagegen sind Entitäten erlaubt, die vom Parser aufgelöst werden.

Processing instruction (Verarbeitungsanweisung) Verarbeitungsanweisung für eine Anwendung, die ein XML-Dokument verarbeitet. Auf diese Weise können Informationen vom Parser an eine Anwendung weitergereicht werden. Solche Anweisungen können an beliebigen Stellen des Dokuments auftreten. Die Syntax ist `<? Name der Zielanwendung Text der Anweisung ?>`.

Prolog Ein optionaler, einleitender Teil eines XML-Dokuments, der eine XML-Deklaration, Stylesheet-Deklarationen, Dokumenttyp-Deklarationen, sonstige

Processing Instructions und Kommentare enthalten kann.

QName (qualifizierter Name) Ein qualifizierter Name ist ein Name, dem ein Namensraumpräfix vorgestellt ist. Der Namensteil hinter dem Doppelpunkt wird auch als lokaler Name bezeichnet.

Renderer Prozessor, der ein Dokument in einem bestimmten Format ausgibt.

SAX (Simple API for XML) Eine XML-Programmierschnittstelle, die es ermöglicht, ein XML-Dokument sequenziell abzuarbeiten. Immer wenn dabei ein bestimmtes Ereignis abtritt, etwa das Auftauchen eines Start-Tags, werden bestimmte Methoden aufgerufen, die der Anwendung Informationen bereitstellen, auf die sie dann reagieren kann. Insofern wird von einem ereignisgesteuerten Verfahren gesprochen. Im Unterschied zu DOM wird kein Objektbaum im Speicher aufgebaut, sodass selbst bei großen XML-Dokumenten nur wenige Speicherressourcen benötigt werden. SAX wurde von David Megginson und der XML-DEV-Community 1998 zunächst für Java entwickelt. SAX 2 ist seit Mai 2000 auf dem Markt und unterstützt inzwischen mehrere Sprachen.

Serialisierung Die Abbildung eines geordneten, hierarchischen Objekt- oder Knotenbaums in einer sequenziell aufgebauten Datei wird als Serialisierung bezeichnet. Die Ordnung des Baums, der einem XML-Dokument entspricht, ist dabei nach der Regel der Tiefensuche sortiert, d. h., beim ersten Kindknoten werden zunächst die Kindeskindknoten abgelaufen etc., ehe zum nächsten Geschwisterknoten fortgeschritten wird. Die Abbildung der Datei als Knotenbaum wird umgekehrt als Deserialisierung bezeichnet.

SGML (Standard Generalized Markup Language) Internationaler Standard für plattformunabhängige Auszeichnungssprachen. SGML ist eine Metasprache, von der konkrete Auszeichnungssprachen wie HTML abgeleitet worden sind. XML ist eine vereinfachte Untermenge von SGML.

Simple Data Type Ein Element vom Typ `<simpleType>` enthält nur Text. Auch Attribute werden als Simple Data Types betrachtet, weil ihre Werte nur Text enthalten können.

SOAP (Simple Object Access Protocol) Ein XML-Nachrichtenformat, mit dem Anwendungen über das Web in einer Weise kommunizieren können, die unabhängig von bestimmten Plattformen, Objektmodellen und Programmiersprachen ist. Die Nachrichten werden dabei in ein Umschlagelement verpackt und können auch über Firewalls hinweg Anwendungen direkt verbinden.

Stylesheet Eine Zusammenstellung von Formatierungsregeln, die angeben, wie Elemente im jeweiligen Zielmedium dargestellt werden sollen. Die Optionen des zunächst gebräuchlichen CSS-Standards werden durch XSL und XSLT wesentlich erweitert.

Tag Ein von spitzen Klammern umschlossener Elementname, der zur Auszeichnung eines Dokuments verwendet wird. In XML ist dabei die Wahl der Elementnamen prinzipiell frei, während HTML nur mit vorgegebenen Elementnamen arbeitet. Durch DTDs oder XML Schemas kann die Zahl der gültigen Tags eingeschränkt werden.

Template-Regel XSL- oder XSLT-Stylesheets arbeiten mit Template-Regeln, um aus den Knoten des Quelldokuments die

Knoten des Zieldokuments zu erzeugen. Diese Template-Regeln, die ähnlich wie Funktionen eingesetzt werden können, bestehen aus zwei Teilen. Der erste Teil beinhaltet meist einen Mustervergleich mit Hilfe des `match`-Attributs, der benutzt wird, um im Quelldokument die Knoten zu identifizieren, die umgewandelt oder formatiert werden sollen. Der zweite Teil ist ein Template, das mit Hilfe einzelner Kindelemente die vorgesehenen Umwandlungen festlegt. Alternativ dazu können auch benannte Templates eingesetzt werden.

Token Token sind Zeichen oder Zeichenfolgen, die als nicht zerlegbare Grundbausteine einer Sprache eingesetzt werden. Zeichen wie `<` oder `>` oder Schlüsselworte, Element- und Attributnamen sind Token in XML. Auch die Werte bestimmter Attribute (ID, IDREF, ENTITY, NMTOKEN) werden als Token oder als Liste von Token behandelt (IDREFS, ENTITIES, NMTOKENS).

UDDI (Universal Description, Discovery and Integration) Das von IBM, Microsoft und Ariba Ende 2000 in Gang gesetzte UDDI- Projekt ist ein weltweites Unternehmensnetz, in dem Firmen Webdienste sowohl registrieren lassen können, um sie anderen verfügbar zu machen, als auch selbst suchen können, um die entsprechenden Dienstleistungen zu nutzen.

Unicode Zeichensatzstandard, in dem versucht wird, möglichst alle Zeichen, die in den Sprachen der Welt vorkommen, zu erfassen. Informationen über das Unicode Consortium, das den Standard pflegt, sind über **www.unicode.org** zu bekommen.

Unparsed entity Ein beliebiger Block von Nicht-XML-Daten in einem XML-Dokument, etwa binäre Daten für ein Bild oder auch Textdaten, die der Parser nicht auswerten soll. Um solche Datenblöcke in das Dokument einzubeziehen, ist eine entsprechende Notation notwendig, die das Datenformat oder den Typ der entsprechenden Ressource angibt. Der Parser muss die Informationen über die ungeparsten Entitäten an eine Anwendung weiterreichen.

URI (Uniform Resource Identifier) Oberbegriff für Zeichenketten, die zur eindeutigen Identifizierung von Ressourcen im Web benutzt werden. Am Anfang steht ein URI-Schema-Name, der meist das Zugriffsprotokoll nennt (http, ftp, mailto etc.), dann folgt getrennt durch einen Doppelpunkt der Pfad zu der Ressource. In der Praxis werden heute fast ausschließlich ULRs als URI verwendet. Die allgemeine Syntax von URIs ist in **IETF RFC 2396** definiert, **www.ietf.org/rfc/rfc2396.txt** enthält alle Details dazu.

Der Nachteil einer URL – Uniform Resource Locator – ist allerdings, dass sie ungültig werden, wenn sich der Speicherort der Ressource ändert. Deshalb gibt es seit einigen Jahren Versuche, eine weltweit eindeutige Benennung von Webressourcen in Form von URNs – Uniform Ressource Name –, also mit Hilfe von Namensräumen, zu ermöglichen. Zum Stand dieser Bemühungen gibt es vom W3C eine Art Klarstellung vom 21.9.2001 unter **www.w3.org/TR/2001/NOTE-uri-clarification-20010921/**.

URL (Uniform Resource Locator) Adresse, die den genauen Ort einer Ressource im Internet angibt. Die Syntax ist durch die Internet Proposed Standards RFC 1738 und 1808 für absolute und relative Adressen definiert. Ein URL besteht aus einem Schema (http, https, news, ftp, mailto, nntp, telnet, ldap) und einem schemaspezifischen Teil, der aus folgenden Elementen zusammengesetzt ist: `"//" [benutzer [":" kennwort ] "@" ] host [ ":" port ]`

`"/"` `url_path` (wobei die eingeklammerten Elemente optional sind).

Validierung Wenn einem XML-Dokument eine DTD oder ein XML Schema zugeordnet ist, kann ein XML-Parser eine Validierung durchführen, die prüft, ob das Dokument dem darin festgelegten Vokabular und der Grammatik und den geforderten Datentypen entspricht und die in der XML-Spezifikation festgelegten Regeln einhält. Ist das der Fall, handelt es sich um ein gültiges XML-Dokument. Wird ein Fehler gefunden, muss er an die jeweilige XML-Anwendung gemeldet werden.

Vererbung Generell die Weitergabe der Eigenschaften und Methoden einer Klasse von Objekten an davon abgeleitete Objekte. Entsprechend erben bei XML Schema abgeleitete Datentypen die Eigenschaften des jeweiligen Basistyps.

W3C (Worldwide Web Consortium) International anerkannte Institution, die seit 1994 mit der Schaffung von Standards für Webtechnologien befasst ist. Arbeitsentwürfe für neue Standards oder Erweiterungen bestehender Standards werden zunächst in Form von Working Drafts zur Diskussion gestellt. Die verabschiedeten Standards werden als Empfehlung – recommendation – bezeichnet.

Wohlgeformtes XML Ein Dokument, das die syntaktischen Regeln der XML-Spezifikation erfüllt. Das Dokument muss ein Dokumentelement enthalten und alle anderen Elemente müssen darin eingeschlossen sein, wobei korrekt geschachtelt werden muss. Für jedes Start-Tag muss ein passendes End-Tag existieren. Eine DTD oder ein XML Schema sind nicht erforderlich.

WSDL (Web Services Description Language) Ein spezielles XML-Vokabular, mit dem für einen Webdienst beschrieben wird, wie SOAP-Nachrichten aussehen müssen, um den Dienst nutzen zu können.

Wurzelelement Das Basiselement eines XML-Dokuments, das alle anderen Elemente in sich einschließt, auch Dokumentelement genannt.

Wurzelknoten Basisknoten des Knotenbaums, von dem alle anderen Knoten abstammen.

XHTML Ein Neuformulierung von HTML 4 in Form einer XML-Anwendung. XHTML 1.0 ist seit dem 26. Januar 2000 als Standard vom W3C definiert. Dabei wird die Absicht verfolgt, eine Familie verschiedener Module und Dokumenttypen von XHTML bereitzustellen, die eine Nutzung für ganz unterschiedliche Gerätetypen ermöglicht.

XLink (XML Linking Language) Ein XML-Vokabular für Elemente, die in XML-Dokumente eingefügt werden können, um Links zu Ressourcen aufzubauen und zu beschreiben. Über URL-basierte Hyperlinks und Anker hinaus, wie sie von HTML bekannt sind, können Verknüpfungen zu beliebigen Positionen in einem Dokument oder auch Verknüpfungen in mehrere Richtungen hergestellt werden. Seit Juni 2001 ist XLink als Empfehlung vom W3C verabschiedet.

XML (Extensible Markup Language) Eine Untermenge von SGML, die für Webanwendungen optimiert und vereinfacht wurde. XML bietet eine einheitliche Methode für die Beschreibung und den Austausch strukturierter Daten, unabhängig von einer bestimmten Plattform oder Programmiersprache. Dabei wird der

Inhalt völlig von der Form der Darstellung getrennt, die aber jederzeit über Stylesheets zugeordnet werden kann.

XML-Anwendung Ein konkretes Vokabular für einen Sachbereich, das mit Hilfe der Metasprache XML formuliert worden ist. Beispiele sind etwa MathML, eine Sprache für mathematische Formeln oder SVG, eine Beschreibung von Vektorgrafiken.

XML-Deklaration Die erste Zeile eines XML-Dokuments kann und sollte in der Regel eine XML-Deklaration als Verarbeitungsanweisung enthalten. Sie macht das Dokument für einen Prozessor sofort als XML-Dokument erkennbar. Neben der Angabe der XML-Version kann hier der zu verwendende Zeichensatz explizit deklariert und außerdem mit dem Attribut `standalone` angegeben werden, ob das Dokument als abgeschlossene Einheit verwendet werden kann oder ob externe Dateien geladen werden müssen, etwa eine externe DTD. Ein typisches Beispiel ist: `<?xml version="1.0" encoding="ISO-8859-1" standalone="yes" ?>`

XML-Dokument Ein Dokument, das im Sinne der XML-Empfehlung wohlgeformt ist. Ein XML-Dokument kann zugleich ein gültiges oder auch ein ungültiges Dokument sein, das einer DTD oder einem XML Schema entspricht oder nicht. Die logische Struktur eines XML-Dokuments ist zusammengesetzt aus Informationseinheiten wie Elementen, Kommentaren und Verarbeitungsanweisungen. Physikalisch ist das Dokument zusammengesetzt aus Entitäten.

XML-Prozessor Generischer Begriff für eine Software, die XML-Dokumente lesen und auf ihren Inhalt und ihre Struktur zugreifen kann. Der XML-Prozessor arbeitet in der Regel im Dienst einer Anwendung, etwa eines Webbrowsers wie dem Internet Explorer.

XML Schema Eine formale Festlegung der Struktur einer bestimmten Klasse von Dokumenten. XML Schema legt fest, welche Elemente und Attribute in einer gültigen Dokumentinstanz erlaubt sind und in welcher Anordnung die Elemente auftreten dürfen. Gleichzeitig können, anders als bei DTDs, denen sie ansonsten funktionell entsprechen, sehr präzise Definitionen der Datentypen gegeben werden, die den Inhalt der Elemente und die Werte von Attributen einschränken. Im Unterschied zu DTDs ist ein XML Schema zudem selbst ein XML-Dokument, kann also auch von XML-Prozessoren entsprechend verarbeitet werden.

XML Schema Definition Language Die XML-Sprache zur Definition von XML Schemas, die seit Mai 2001 als W3C-Standard vorliegt. Die Sprache besteht aus zahlreichen Elementen, die die Konstruktion von Datenmodellen und die Definition und Ableitung von Datentypen erlauben, wobei eine große Anzahl von Datentypen bereits vorgegeben wird.

XPath (XML Path Language) Eine Sprache, die es ermöglicht, Teile eines XML-Dokuments zu adressieren. XPath verwendet dafür eine Adressierungssyntax, die auf den Knotenbaum Bezug nimmt, der aus der Struktur eines Dokuments aufgebaut werden kann. Die Lokalisierungsausdrücke, die ähnlich wie Dateipfade aufgebaut sind, werden sowohl von XSLT als auch von XPointer benutzt.

XPointer (XML Pointer Language) Im März 2003 hat das W3C die Empfehlung für XPointer veröffentlicht. Die Sprache kann verwendet werden, um auf der Basis von XPath-Ausdrücken über entsprechend erweiterte URI-Verweise Fragmente in

Webressourcen zu identifizieren, etwa einzelne Elemente oder auch Teile einer Zeichenkette, die über Positionsangaben angesteuert werden können.

XSL (Extensible Stylesheet Language) Seit Oktober 2001 vom W3C als Standard fixierte Sprache für die Formulierung von Stylesheets. XSL besteht aus zwei Teilen, einer Sprache für die Steuerung von Transformationen, die ein XML-Quelldokument in ein anderes XML- oder auch Nicht-XML-Dokument umwandeln kann, etwa eine HTML-Datei, und einem Vokabular für die Spezifizierung von Formaten für die Präsentation der Quelldaten. XSL arbeitet dabei mit Formatierungsobjekten, die dem Gestalter jeweils einen Satz von Eigenschaften anbieten, die er benutzen kann, um die Gestaltung des Ergebnisdokuments im Detail festzulegen. Anders als bei CSS kann die Formatierung mit Verfahren wie Datensortierung, Filterung oder auch mit Berechnungen verknüpft werden, wobei das Quelldokument jeweils unverändert bleibt, da alle Ausgaben in einem separaten »result tree« zusammengestellt werden.

XSLT (XSL Transformations) Die schon 1999 verabschiedete Empfehlung für XSLT erlaubt auf der Basis von XPath-Ausdrücken, die für die Auswahl von Elementen in einem XML-Dokument verwendet werden, aus einem Quelldokument ein umgewandeltes Zieldokument zu erzeugen, das selbst wiederum ein XML-Dokument sein kann, aber nicht muss. Die vorzunehmenden Veränderungen werden in einem wohlgeformten XML-Dokument in Form von Templates zusammengestellt. XSLT kann sowohl als Teil von XSL als auch unabhängig von XSL verwendet werden, etwa um ein XML-Vokabular in ein anderes zu übersetzen.

Zeichendaten (character data) Alle Zeichenketten in einem XML-Dokument, die nicht zum Markup gehören, werden als Zeichendaten – character data – verstanden, etwa der Inhalt eines Elements und der Wert eines Attributs. Zeichendaten werden im DOM-Baum als Textobjekte gespeichert.

Index

A

B

C

D

E

F

G

H

I

Z